史料・史跡と古代社会

佐藤　信編

吉川弘文館　刊行

序

佐藤信先生は、この三月に満六五歳をもって、めでたく定年退職を迎えられる。本書は、これを記念し、慶祝の意と学恩への感謝をあらわすために編んだ、論文集である。

先生は、一九五二年一一月に東京都千代田区でお生まれになった。私立武蔵高等学校を卒業後一九七一年に東京大学教養学部文科三類に入学、一九七六年に同大学文学部国史学専修課程を卒業されると、同大学院人文科学研究科修士課程に進まれ、一九七八年一二月に同博士課程を中退された。一九七九年一月より奈良国立文化財研究所研究員に採用され、平城宮跡発掘調査部で発掘調査に従事されたが、一九八五年四月に文化庁文化財保護部記念物課にうつられ、一九八七年には文化財調査官となった。一九八九年四月に聖心女子大学文学部助教授として迎えられ、教育職にうつり、一九九二年四月に東京大学文学部助教授として着任、一九九六年七月には東京大学大学院人文社会系研究科教授に昇任され、今日まで研究教育および日本史学研究室の運営にあたってこられた。この間学外でも、放送大学客員教授や國學院大學大学院・法政大学大学院などでも教育にあたられた。

先生の主要な研究領域は、主著『日本古代の宮都と木簡』（吉川弘文館）に示されているように、平城京をはじめとする古代宮都の構造、米の輸貢制などの律令財政、それらの分析で用いた木簡自体の資料学的分析であり、木簡を用いての地方社会の解明におよぶ。さらに、出土文字史料をはじめ遺跡・遺物などから豊かな古代史像の構築をめざした『出土史料の古代史』（東京大学出版会）や、地方での発掘や木簡の出土によって進展した国府・郡家研究の現段階をまとめて古代在地社会にせまる『古代の地方官衙と社会』（山川出版社）も著し、古代史料の共同注解でも『藤氏家伝』『風土記』『朝野群載』などの多くの成果をあげてこられた。また文化庁に勤務されたこともあり、全国の遺跡保存・活用などの文化財行政に熱意を注がれ、文化審議会委員をつとめられるほか、多賀城跡・大宰府史跡をはじめとする各地の史跡関係の委員を多数つとめられていることは特筆される。

先生が、東京大学・大学院での教育に多年にわたりご尽力され、多くの古代史研究者が育ったことはいうまでもない。このたび先生が定年を迎えられるにあたり、感謝の微意をあらわすため論文集を編もうとの議がおこり、日本史学研究室の助手経験者である坂上康俊・佐々木恵介・鐘江宏之・有富純也と同僚である大津透とで編集委員会を組織し、卒業生に執筆を呼びかけたところ、さいわいにも四一編もの論考が寄せられた。先生を編者として『史料・史跡と古代社会』『律令制と古代国家』の二冊を刊行する運びとなった。

本書の刊行を快く引き受け、数々のご配慮をいただいた吉川弘文館社長吉川道郎氏と同社編集部に厚くお礼申し上げる。また校正には、東京大学大学院の西本哲也・神戸航介・武内美佳・林奈緒子・古田一史・櫻聡太郎・杉田建斗の諸氏のご協力を得た。

献呈にあたり、先生のますますのご健康と、ご研究のご発展を、心からお祈りする。

二〇一八年一月

佐藤信先生退職記念論文集編集委員会

大　津　透

目次

編者
佐藤信
編集委員
坂上康俊
佐々木恵介
大津透
鐘江宏之
有富純也

Ⅰ　古代の史料

『松浦廟宮先祖次第幷本縁起』について

北　啓太

はじめに

『松浦廟宮先祖次第幷本縁起』は藤原広嗣の上表文を載せることでよく知られている。しかしその上表文は早くから偽作とする説が強く[1]、さらに上表文以外の部分も玄昉と道鏡の混同をはじめ、内容に荒唐無稽なところが多く、「乱脈」とまで評されている[2]。だがそのような散々な評価の一方、本書は肥前国松浦郡の歴史において参照され[3]、また広嗣と玄昉の説話研究や怨霊研究でしばしば利用されている[4]。広嗣上表文についても、従来からこれをほぼ信用する考え方もあり、疑う立場にあっても、書かれている事柄には信用できるものもあるとする態度がみられてきた[5]。そして古天文学の成果を受けて[6]、上表文の新たな真作説も発表されている[7]。このような状況のなかで、本書の書誌等、基礎的な事柄については、『群書解題』における西田長男氏による解説や、坂本太郎氏が触れたところ[8]以外にはあまり研究がみられないと言ってよい。そこで本稿では、本書の写本や成立の問題についての検討を行うものである。

一　諸本とその関係

本書（以下、前後の関係により「当縁起」と記すことがある）の版本・写本としては、版本の1群書類従巻二十五所収本の他、写本として、2徳川ミュージアム所蔵（彰考館本）『諸社縁起文書』所収本、3国立公文書館所蔵（内閣文庫本）『諸社縁起文書』所収本、4阪本龍門文庫所蔵本、5九州大学附属図書館所蔵本、6『松浦記集成』所収本、及び7石清水八幡宮所蔵『諸起記』所引本文が管見に入った。このうち7は唯一の古写本であるが略本で、1～6とは本文の違いがあり、一方1～6はほぼ同じ本文を有しているので（但し5は特殊）、1～6を現行本と総称することにする。

まず7から紹介すれば、石清水八幡宮所蔵『諸起記』は巻子本一巻（もと袋綴じの如くである）[9]。首尾を欠くが、包紙に「諸起記　不足本」とあり、八幡宮寺及び関係社寺の縁起等を収め、鎌倉時代の書写とされている[10]。同書残存部分中、最も新しい年紀のものは嘉禄二年（一二二六）十一月六日の神祇権少副卜部兼頼注進である。なお、同所蔵『石清水八幡宮幷極楽寺縁起之事』にも同じ本文の当縁起が引かれており、同書は寛永十年（一六三三）書写の冊子本であるが、本奥書があって、宝徳四年（一四五二）二月書写の旨が書かれており、それ以前に成立した書である。これらにおいては当縁起は「松浦縁記云」として引かれており、現行本の二割弱程度の本文が存している。冒頭の「先祖次第」に当たる部分や、後半の無怨寺に関わる記述、道鏡関係の話などはないが、広嗣上表文はごく僅かに引用されている[11]。西田長男氏は本文に玄昉と道鏡を混淆するような荒唐無稽な記事が見受けられないことから、鎌倉時代中期以降にこの本が抜萃した元のものを原資料として、幾多の潤色を加えたのが現行本であるとする見解を示した[12]。これに対し坂本太郎氏は、「『本縁起』の原資料と見るべきものではなく、『本縁起』を抄録した略本[13]」とし、その後の研究でも詳細にそのことが確認されており、(14)本稿でもその結論を大筋で継承する。その現行本との差異の詳細については次節で取り上げたい。なお、以下ではここに表れた本文を、『諸起記』等の呼称に従って、『松浦縁記』と称することにする。

次に現行本のうち、3の内閣文庫本『諸社縁起文書』は、2の同書彰考館本を明治十二年（一八七九）に謄写したものであり、以下これら所収の本書を諸社縁起文書本と称する。但し、2は本稿執筆時までに閲覧ができず、諸社縁起文書本の本文についての検討は、3内閣文庫本によることをお断りしておく。4龍門文庫本は、(15)1群書類従本を転写したものであり、また5九州大学本は群書類従本や6『松浦記集成』所収本、及び『大日本史』を参照したものとみられ、(16)本文の移動や、「道鏡」を「玄昉」に改めるなどの改変が行われている。よって、ここでは諸社縁起文書本・『松浦記集成』所収本・群書類従本について検討していくことにする。

『諸社縁起文書』は彰考館が蒐集した諸社の縁起を編纂したものである。彰考館における史料採訪等の記事を載せる『館本出所考』(17)には、次の関係記事がある（〈　〉内は割注。以下同様）。

一、松浦廟宮先祖次第幷本縁起〈手形ニハ鏡社記トアリ〉一本、

　右、元禄辛未秋小野沢京新写、諸社縁起第三ノ中へ入、

元禄辛未は元禄四年（一六九一）で、小野沢は小野沢助之進長貞。同書には元禄二年以後、小野沢助之進が京都において様々な書写を行っていたことが見えており、「京新写」とは京にて新写という意味であろう。即ち当該書は元禄四年秋、京都にて書写されたことが判明する。言うまでもなく『大日本史』編纂事業のための資料蒐集の一環である。

次に『松浦記集成』は、肥前国松浦郡の秀島義剛が文化三年（一八〇六）以来、松浦郡の古跡について蒐集した資

料を編纂したもので、その無怨寺大明神の項に本書の全文が収録されている。以下、これを松浦記集成本と称する。『松浦記集成』[18]自体はいくつかの写本があり、本稿では東京大学史料編纂所本、国立公文書館所蔵内閣文庫本、佐賀県立図書館本、及び刊本の『松浦叢書二』[19]所収本を参照した。さて松浦記集成本の末尾には、「天平勝宝三年二月十一日染筆／鏡廟宮本縁起終」との跋語・尾題がある。これは他本に見えないものであるが、『新校群書類従』の解題に「一本奥書に天平勝宝三年二月十一日染筆などゝあるが、これ亦信ずるに足らぬ」と紹介してあるのは、これを指しているのであろう。また当本には、その次に以下の奥書があることも注目される。

右、肥前国松浦郡鏡宮所蔵縁起一巻、文字不㆑正、間有㆑可㆑疑者、応㆓松平和泉守之侍臣仙石利重及侍医市井玄迨之需㆒而校㆓正之㆒、別写㆓一本㆒、以為㆓倭訓㆒云、

元禄三年庚午三月庚申日　下御霊神主従五位下春原朝臣信直

松平和泉守は当時の唐津藩主松平乗春で、元禄三年三月にその家臣仙石利重、及び侍医市井玄迨の求めに応じて、唐津藩領内の鏡宮所蔵の縁起一巻を、京都下御霊神社の神主春原信直即ち出雲路信直が校正し、別に一本を写したのである。ここに見える市井玄迨は『出雲路信直日記』[20]（出雲路家文書）にしばしば見える人物で、信直と親しく交流している。また同記によれば、信直は元禄四年正月元日に唐津藩の松平源次郎（乗邑。前年十一月に襲封）の祈禱を奉仕している。下御霊社には藤原広嗣が祀られており、このような関係の中で唐津藩士によって本書の写本が信直のもとに持ち込まれたのであろう。

この奥書から、鏡宮伝来本は出雲路信直の校正を経るとともに、信直による転写本が作成されたことがわかるが、現在出雲路家には本書の写本は存しないという。『松浦記集成』の編纂事情からみて、そこに収載される本書は出雲路家の蔵本でなく、鏡宮伝来本またはその現地における写本から収録したものであろう。信直の奥書がそこに残され

ているのは、奥書が鏡宮伝来本に書き入れられたか、別紙に書いて添付したか[21]、或いは信直の別に写した一本も唐津方面にもたらされたものか、いずれかの事情によるものだろう。

このように松浦記集成本は鏡宮所蔵本の系統を引く写本であるが、本書の写本が数少ない中で、先の諸社縁起文書本が元禄四年に京都で書写され、この松浦記集成本の祖本がその前年の元禄三年に同じ京都で出現していることは、両者の間に関連を想定させるものである。出雲路信直は山崎闇斎の門下で、闇斎の没後、垂加神道の正脈が正親町公通に継承される中、信直も一門で重きをなし、公通の妹を娶り、公通と深い関係にあると共に多くの同志と交わった[22]。市井玄迫もその一人である。ところで前出の彰考館『館本出所考』によれば、元禄十二年のことであるが、小野沢助之進は正親町公通から『長秋記』を贈られ、また年次不明ながら「梨木民部少輔家蔵本」をもって『吉槐記』『親王元服記』を写している。梨木民部少輔も信直同志の梨木祐之（下鴨神社禰宜）であり、彰考館の史料蒐集が信直の関係者に及んでいることがわかる。なお元禄五年に彰考館総裁になった鵜飼錬斎は、京都出身で闇斎の門人であった。このように出雲路信直の関係範囲と彰考館は接点を持ち、彰考館本は唐津藩士所持の本、または信直の写本を書写したものとみてよいであろう。

次に、1群書類従本の由来について考えると、その奥書には「右松浦宮縁起、以レ無二類本一不レ能二校正一矣」とあるのみで、底本を明らかにしていない。ここで諸社縁起文書本・松浦記集成本と群書類従本の本文を比べると、諸社縁起文書本と群書類従本が一致し、松浦記集成本が異なるという例が比較的多い。ここから、群書類従本は彰考館の諸社縁起文書本によったものと考える。塙保己一は立原翠軒の推挙により寛政元年（一七八九）八月頃から、彰考館において『源平盛衰記』の校合に従い、その後十月頃から『大日本史』の校訂に関与したという[23]。この時期は群書類従正編の編纂の初期に当たり、保己一が彰考館の『諸社縁起文書』から直接または間接的に本書を得た可能性は十分に考えられよう。

ところで諸社縁起文書本・松浦記集成本は、先述の通り伝来からみて同系統と想定されるが、右に群書類従本との近似性を比較したように、両本には文字の異同が少なからず存し、そこに実は単なる誤写でないものが含まれていると考えられる。以下、その問題について述べたい。諸社縁起文書本の本文について参考になるものとして、彰考館において編纂された『本朝文集』に載せる広嗣上表文がある。即ち『本朝文集』巻六所収の「上文〔聖〕武天皇劾僧正玄昉等表」とするものであるが、これは出典を「諸社縁起文書巻三」とするもので、彰考館が蒐集し、『諸社縁起文書』に収められた本文によって掲載されたものである。飯田瑞穂氏によれば、『本朝文集』は徳川光圀の下命により水戸の史臣によって採集された史料に基づいて編集され、貞享三年（一六八六）、一応の完成をみて光圀に提出されたが、その後も増補は続けられ、光圀の薨去（元禄十三年）等により、いつのまにか編集も放棄されて現在に伝わっているものという。[24] いま、『本朝文集』の貞享三年時の目録である『旧文集目録』（東京大学史料編纂所所蔵謄写本）には藤原広嗣の名は見えないが、『本朝文集』（東京大学史料編纂所所蔵、彰考館本の謄写本による。以下、単に『本朝文集』とする場合、これを指す）に付属している目録のうち、増補分の目録「本朝文集補遺姓氏　書目録附」を見ると、藤原広嗣の名があり、また補遺標出書目に「諸社縁起文書」と見えている。つまり、広嗣上表文は貞享三年以後の増補により収められたもので、本書が元禄四年に収集されたという、先に見た事実に合っている。

さて、その『本朝文集』所収広嗣上表文と本書の文字を比べると、諸社縁起文書本と松浦記集成本の文字が異なる場合に、『本朝文集』所収文が松浦記集成本の方と一致するケースがしばしば存在することが注意を引く。そしてその場合、『本朝文集』にはしばしば「当作○」という朱頭書または朱傍書が付されていることがあり、それによって改められた文字が諸社縁起文書本と一致するのである。例えば内閣文庫本で「懸旌進善」とする個所（群書類従本も同じ。続群書類従完成会『群書類従』第二輯〈一九八三年刷版〉、三三九頁上段）は、松浦記集成本・『本朝文集』では「懸弦進善」となっており、『本朝文集』に「弦、当作旌」との朱による頭書があるのである。[25]これについては、『本朝文集』の段階の誤写が、たまたま松浦記集成本と一致したものであり、その校訂註は親本たる諸社縁起文書本を参照して付せられたものである、という可能性も考えられる。しかし『本朝文集』の校訂註が「当作〇」の形をとることは親本との対校らしくなく、またこの場合の全てに付されているわけでもないことや、中には「客カ」「疑当作成」等の、確定しない按を付すものもある（内閣文庫本はそれぞれ「客」「成」）ことなどを踏まえると、『本朝文集』に利用された『諸社縁起文書』所収本には松浦記集成本と同じ文字が入っていたこと、そして現在伝わる『諸社縁起文書』所収本は、彰考館で『本朝文集』と同様（『本朝文集』で校訂されていない文字もあるので、さらにそれ以上）の校訂がなされて文字が改められた本であることが想定されよう。[26]

即ち、現『諸社縁起文書』所収本には後次的な校訂が入り込んでおり、松浦記集成本の方が古態を示す場合もある、ということが考えられるのである。以上は広嗣上表文の比較に基づくものであるが、これによってその他の部分でも同様なことは考えられるであろう。例えば上表文引用の直前、群書類従本に「高野姫天皇発二御不快之気一、令レ候二道鏡一」とある所が、内閣文庫本に「藤原皇后発二御不快之気一、令レ候二玄昉一」とあることを西田長男氏は『群書解題』で注意しているが、これなども内閣文庫本の方は後次的な校訂の可能性があろう。内容的にも、確かに群書類従本（松浦記集成本も同じ）の記述は広嗣の時代のことではないが、内閣文庫本の記述では皇后が主体となる内容になり、すぐその後に「帝王之位因レ斯難レ惜」と言っていることと合わないし、その後にも道鏡（左に見るように、ときに玄昉とも）への寵愛が全て天皇との関係で語られていることを踏まえれば、内閣文庫本の記述は警戒しなければならない。なおこの場合、群書類従本が現諸社縁起文書本と異なる本文となり、現本文の比較から群書類従本を諸社縁起文書本の系統とみた先ほどの推論に反するようだが、群書類従に採られた段階ではまだ改訂がなされていなかったと考えれば矛盾はない。内閣文庫本では上表文の後にある「時帝更不レ被レ納二件表奏一、可レ譲二帝位於玄昉一之由」云々の個所に「此玄昉当下改二作道鏡一而除二去此段一為中別文上」との頭朱書がある。ここには道鏡と玄昉の混乱に関して本文改訂への積極的意思が感じられるが、実行されてはいない。恐らく同様な按が前記の個所にも付されて、それが群書類従本成立以後に実行されたのではなかろうか。

全体的にみて松浦記集成本の方が善本とは必ずしも言えないが、右の結果を踏まえると、本文を厳密に読もうとする時には松浦記集成本も参照しなければならないと言えよう。よって本稿でも本書現行本を引用する場合には、諸社縁起文書本・松浦記集成本・群書類従本を参照して本文を定め、必要に応じて諸本の違いに触れることにする。

二　成立の問題と異文

1

本書は藤原鎌足以来の系譜を記す部分（以下「先祖次第」と言う）と、主要部をなす「本縁起」（この標題がある）によって構成されており、このうち、「本縁起」の冒頭には、撰述動機や執筆者などの記述がある（後掲）。しかしそこに見える人名については他に確かめられない。また右にみた通り、松浦記集成本には天平勝宝二年（七五一）の跋語があるが、本文に照らして信用できるものではない。従って本書の成立については別に検討しなければならない。但し跋語は述作の原資料となったものの情報を反映している可能性があり、それについては後述する。なお成立期の本文の全貌は確かめられないので、ここで述べるのは本書の祖と言えるものの成立の様相であることをお断りしておきたい。

まず、本書の内容を本稿なりに要約しておきたい（矛盾や史実との違いが目立つが、一々注記しない）。あわせて【　】内に、関係が深い鎌倉時代までの史料について、表現の共通する所伝を記す史料、及び表現の共通性は薄いが内容的には類似する史料（こちらを括弧でくくる）を、その個所の一部でもあれば掲げた。また、『諸起記』所収の『松浦縁記』についても記事の有無をここに示した。略称は次の通り。

続…『続日本紀』、今…『今昔物語集』、七…『七大寺巡礼私記』、伊…十巻本『伊呂波字類抄』、古…『古今著聞集』、一…『一代要記』、延…延慶本『平家物語』（『平家物語』は諸本に関係記事があるが、ここでは延慶本のみを掲げる）、元…『元亨釈書』、記…『松浦縁記』

《先祖次第の部分》

鎌足以下、宇合の男に至る系譜。【伊】

《本縁起の部分》

①撰述の動機、執筆者、伝者。【伊、一、記】
②広嗣の系譜と官歴。【七、伊、記】
③広嗣の非常に優れていること（五異七能）。【伊、古、延、（今）、記】
④真吉備と道鏡と広嗣近親の人々が、広嗣の優秀さと、害をなすことを話し合う。【七】
⑤新羅賊に会し、勤公により天平十四年十一月従四位下右近少将となる。【七、（今）】
⑥高野姫天皇が道鏡を寵愛し天変も起きる。

⑦広嗣が上表する。上表文引用。【(今)、記】
⑧帝は表奏をいれず、玄昉に譲位する由を、和気清麻呂を勅使として宇佐大神宮に奏せしめる。以下清麻呂の受難と神護寺の建立譚。
⑨玄昉が広嗣の在京の妻に横恋慕し、広嗣はたちまち上洛して、高声にて放言する。世人は僧正は殺されるかと噂し、広嗣は必ず凶計を致すので、朝廷より却け身命を断つに如かずとする。【七、元、延、記】
⑩朝廷は軍を徴発し大野東人を大将軍として広嗣を征討せしめ、板倉橋河で対峙する。【続、七、延、(今)、記】
⑪広嗣は肥前国松浦郡値加浦に遁去、隣朝を目指したが吹き還され、小値嘉嶋、ついで松浦橘浦に着く。忌日は十月十五日である。【続、七、延、(今)、記】
⑫遺体は三日間空中にあって流電し、落ちた所が今の鏡宮である。併せて鏡宮の名の由来。【七、延、記】
⑬広嗣霊を鎮めるため真吉備を遣わす。真吉備は修法し祓を勤め匍匐して来たり、師としての唱えを申すに、広嗣の忿心は和らいだ。【延、(今)、記】
⑭道鏡は北斗七星の法、調伏の法を修せしめ、また六尺弥勒仏像を造り、金泥法華経を書写し、二十口の僧を使いとしてこれらを納めた。
⑮勅使真吉備は天平十七年(七四五)に廟殿二宇を造立、両所廟を鎮座し、神宮知識無怨寺を建立、仏・経を安置。住僧・宮寺雑掌人を置き、天平十九年十二月騰勅符により年分戒者を置く。
⑯天皇の寵愛甚だしく、道鏡は太政大臣に任じられるも、天皇が死去すると下野国薬師寺別当に下されて死ぬ。世人は藤少将霊罰と云った。舎弟弓削清人らも流され死んだ。
⑰十余年を過ごす間、真吉備は松浦藤廟に奉事せんと祈念、天平勝宝六年大宰都督に任じ、廟宮二季の読経、法会

を行い、その料の田地を施入、また神宮無怨寺に水田を寄せ置く。
⑱その次いでに鏡尊廟の号を定めた。【七】
⑲則ち大悪忿怒といえども真吉備に祈り鎮められる。以下真吉備への賛辞。
⑳（結語）則ち大略を記す。後代の宮寺の間に神妙稀有のことあれば、緇素注し加えよ。

右の通り、内容をかなり細分して示したが、「本縁起」の部分を大きく分ければ、起筆（①）と結語（⑳）の部分を除き、Ⅰ広嗣の紹介と優秀さ（②〜⑤）、Ⅱ高野天皇・道鏡の関係と広嗣の上表（和気清麻呂の説話を含む。⑥〜⑧）、Ⅲ広嗣の征討に関わる話（⑨〜⑪）、Ⅳ広嗣霊の鎮撫、鏡宮と神宮知識無怨寺の整備、道鏡の没落など広嗣死後の話（⑫〜⑲）という内容で構成されていると言える。なお広嗣上表文の引用は「本縁起」の約四割を占めている。

さて本書の成立時期について、坂本太郎氏は憶測と断りながらも、上表文に中国への対抗意識が強いことなどから、元寇以後の成立とした。(27) しかしその後、説話研究において本書と平安・鎌倉期の他の書の本文との類似・継承関係が取り上げられ、十巻本『伊呂波字類抄』には既成の本書が利用されていること、『七大寺巡礼私記』にも本書の記述を抄略・整理したものがみえること、『松浦縁記』と延慶本『平家物語』玄昉・広嗣説話との近い関係などが指摘されている。(28) ただ説話研究では『平家物語』に至る玄昉・広嗣説話の系譜関係に研究の主眼があるので、以下には本書の成立の問題を中心に検討したい。

2

まず十巻本『伊呂波字類抄』（以下『伊呂波字類抄』と記す）の記載を取り上げる。同書については鎌倉時代初期の成立とされてきたが、三巻本『色葉字類抄』を増補したものという従来の理解を見直す研究を踏まえ、田島公氏は社寺の項目の増補時期を、そこに現れる年紀のあり方から、十二世紀中葉をやや降った頃と想定した。(29)但し、同書志篇諸寺部「成勝寺」の項に「崇徳院」の語が見え、この諡号は安元三年（一一七七年。八月四日改元して治承元年）七月二十九日に上られたものなので、(30)成立時期はそれ以降に下げることができる。(31)しかし鎌倉初期とされる写本も存在していることから、社寺の増補記事については平安時代最末期〜鎌倉時代初期の間の成立とみてよいであろう。以下、同書末篇諸社部の記事を掲げるが、ここでは花山院本系統である早稲田大学図書館本によった。(32)同書には室町中期書写の大東急記念文庫本がよく用いられるが、花山院本は江戸時代の写本しか伝存しないものの、大東急本よりも同書の原形を保存しているとされる。(33)

〔伊呂波字類抄〕

松浦明神〈マツラノミヤ／坐二肥前国一〉 頭書云、号二鏡宮一 件広継黒帝〔異常カ〕人也、朝夕往二反花洛鎮西一、有生兵〔マヽ〕、

A右近少将従四位下藤原朝臣広継、太宰少弐任中慮外難罪、観世音寺読師能鑒執筆、筑前介南淵深雄・内竪儀上興良等、慕二主公一而伝、

B右少弐広継朝臣者、孝徳天皇御宇大織冠太政大臣中臣鎌子連鎌足御殿戸之孫、正三位式部卿藤原朝臣宇合之第一子也、以二天平十年四月一校〔授〕従五位下、拝二式部少輔一、兼二大養徳守一、同｜十二月為大、C五、花洛鎮西朝夕往返、〈往古今来世人未レ有二此事一、奇異甚多、今略挙二五異七能一而已、設雖レ得二龍駒一、朝夕往返、身力豈堪乎、仍異二常人一也〉

右にA・B・Cの記号を付した文に対応する現行本の本文は左記の通りである。

〔現行本〕（①②③の番号は前記要約の番号。以下同様）

A①右近少将従四位下藤原広継、太宰少弐任中慮外難罪、観世音寺読師能鑒執筆、筑前介南淵深雄・内竪儀上興

波等、慕㆓主公㆒而伝、

B（改行してAに続く）②右少弐広継朝臣者、孝徳天皇御宇臣大織冠太政大臣大中臣鎌子連鎌足御殿戸之孫、正三位式部卿藤原朝臣宇合之第一子也、以天平十年四月授㆓従五位下㆒、拝㆓式部少輔㆒、兼㆓大養徳守㆒、同年十二月為大宰少弐、

C（「五異」のうち）③五、花洛鎮西朝夕往返、〈往古今来世人未㆑有㆓此事㆒、奇異甚多、今略挙㆓五異㆒而已、設雖㆑得㆓龍駒㆒、朝夕往返、身力豈堪乎、仍異㆓常人㆒也〉

以上から分かるように、『伊呂波字類抄』には本書現行本と殆ど同じと言ってよい本文が存している。(34) しかもAの部分は執筆者など撰述の経緯を示す序文的文章であり、『伊呂波字類抄』が成立した平安最末〜鎌倉初期の時点で、一書としてのまとまりを有する、本書現行本の祖と言えるものが既に成立していたことが明らかである。

さらに『伊呂波字類抄』には続けて「松浦廟宮先祖」の語を掲げ、次の記載がある。

贈太政大臣大中臣鎌子連鎌足 ―― 一男右臣藤原不比等 被授藤原姓、
三男参議式部卿正三位宇合 本名馬養、見国史、 ―― 一男太宰少弐正五位下広継 松浦廟、

これは現行本で「先祖次第」に当たる部分のうち、広嗣までにかかる部分のみを抜き出し、要約した内容になっており、花山院本では右の通り「本名馬養、見国史」「松浦廟」の傍注があるが（大東急本にはない）、現行本にもこれらは「三男　参議式部卿正三位宇合、式家、〈本名馬養、見国史〉」「一男　太宰少弐従五位下広継、松浦廟」と注記的に書かれていて、現行本との親近性を示しており、やはり現行本の祖となるものの存在を示している。但し、花山院本では人物の間に系線が書かれていて（大東急本では系線はない）、現行本とは形が違っており、その本文表記は現行本の「先祖次第」とは違いの存するものだったであろう。ちなみにこの部分は広嗣の官位を従五位下（『伊呂波字類抄』

では正五位下）とするが、「本縁起」では従四位下とし、また鎌足から広嗣への系譜を述べることは記事が重複するので、もとは「本縁起」と別にあったものが合わされたものと考えられる。しかし右のように『伊呂波字類抄』に並んで見えるので、『伊呂波字類抄』撰者のもとに既に両者は同時に存在していたのである。

ここに平安最末～鎌倉初期における本書の状況について確認したわけであるが、本書の鎌倉時代の状況を一方で表している『松浦縁記』には、右の『伊呂波字類抄』に表れた本文と異なる部分がある。『松浦縁記』は次のように始まる。

松浦縁記云〈観世音寺読師能鑒執筆〉
右近少将従四位下太宰少弐藤原朝臣広継者、正三位式部卿宇合之第一〔子脱〕也、

この二行目は『伊呂波字類抄』及び現行本のA「右近少将従四位下藤原（朝臣）広継、太宰少弐任中慮外難罪」（括弧内は現行本になし）、またはB「右少弐広継朝臣者、（中略）正三位式部卿藤原朝臣宇合之第一子也」と対応させることができるが、その違いは誤写によるものとは言えず、『松浦縁記』は恐らくA・Bを総合して書かれている。そして鎌倉時代末期まで書き継がれた『一代要記』（東山御文庫本）には「松浦縁起云、右近少将従四下大宰少弐藤原広継」とあり、これは右の『諸起記』所引文の冒頭とほぼ同じで、『松浦縁起（記）』の書名を含めて、ごく一部ではあるが同様の本文の存在を別に確かめることができる。しかし一方では、『伊呂波字類抄』に見られる現行本と同じ本文もあったわけであり、両者が並存していた状況が見出されよう。

3

次に、少し時代を遡る『七大寺巡礼私記』（以下、しばしば『私記』と記す）の記載について検討する。同書には興福

寺の段に玄昉と広嗣の説話を記す「古老伝」と「口伝」が引用され、このうち「口伝」と本書の文章には明らかな対応が認められ、「口伝」に見える文は本書（或いは原縁起）の記載を抄略・整備したものと考えられることが既に指摘されている。(35) よってここで詳しくは繰り返さないが、一例を左に挙げておこう。(36)

〔私記〕

少弐遺体三箇日懸二虚空一、照曜如二竃（電カ）光一、此霊忿怨（怒カ）之時、御在所輝光如レ懸レ鏡、故号二鏡大明神一、

〔現行本〕

⑫其遺体三箇日懸レ虚流レ電、鎮落之所今鏡宮也、抑廟霊非レ愚、只依二朝祈一神冥感趣也、何因名称二鏡宮一、電光照耀、夜之如レ昼、

⑱又其次定二置鏡尊廟之号一、其故何者、廟霊忿怒之時、御在所方丈照耀如レ懸レ鏡、仍称二鏡山一也、又藤少将者、是累葉高門之胤、勤皇忠臣之烈、仍授二尊号一、故称二鏡尊廟一也、

右には広嗣の遺体が虚空にあって電光を発したことと鏡宮の名の由来が説かれているが、現行本は鏡宮の名を説明することにおいて記事が整理されていない感がある。しかし『私記』ではそれが整理統合されているとみなされる。なお、この例も示しているが、当該「口伝」の参照した縁起はある程度の分量を有していた。つまり『私記』口伝の記述は、先に本書の内容要約の際に注記したところだが、現行本の②④⑤のI広嗣の紹介に加えて、⑨〜⑪のⅢ広嗣征討、それに続くⅣの⑫、さらにかなり後ろにとんで⑱の文にも対応しており、元となった縁起が既にある程度の範囲をカバーしていたことがうかがわれるのである。

その縁起が参照された時期について、まず『七大寺巡礼私記』は、序文に大江親通が嘉承元年（一一〇六）南都を巡礼した後、再び保延六年（一一四〇）に南都諸大寺を巡礼した際に記録したものとあるが、田中稔氏は同書が、先

行する『十五大寺日記』を最も基本的な参考書とし、それに依拠しつつその他の諸書を併せ参照して編纂されたことを指摘した(37)。氏はさらに、『十五大寺日記』こそ親通撰で、『私記』はその親通に仮託したものかとするが、それは憶測として述べられているのみなので、ここでは序文によって保延六年の巡礼に基づき大江親通が撰したものとしておく。但し、文中に自らの巡礼時期について「保延六年三月十五日」などと記しているから、述作自体は翌年以降に降る可能性もあると思われるが、保延六年を大きく降るものではあるまい（田中氏は、保延六年頃から親通没〈一一五一年〉の間、「おそらくは保延六年をやや降った近い頃」とする）。以上から、『私記』の文章の成立は一応保延六年頃と捉えておきたい。一方田中氏によれば、「口伝」や「古老伝」も『十五大寺日記』に含まれていた可能性もあり、むしろその場合「口伝」の本文は保延六年を遡ることになるが（但し『十五大寺日記』の成立は一一二〇年前後頃が最上限とされる）、その確証は得られないので、ここでは付記するに止める。

『七大寺巡礼私記』自体の成立は右のように捉えられるが、問題となる当該「口伝」は次のような構成をとっている。

口伝云、玄昉与二広継一結レ怨之因縁者女事也、抑少弐広嗣朝臣者正三位式部卿藤原朝臣第一子也、（中略）故号二鏡大明神一、而怨讎之基、類〔起カ〕自二玄昉之談一、仍為二彼霊一被二撃殺一云々、

冒頭「玄昉与二広継一……女事也」と末尾「而怨讎之基」以下は「口伝」独自の文であり、その間にある文が縁起を参照して記されたものと解される。とすれば、「口伝」は縁起を参照し、自らの語を付加して成立しているもので、しかもそれが「口伝」として伝えられていることからすれば、縁起を参照した時期は保延六年頃をある程度遡った時としなければならないであろう。よって、ここに存在が認められる縁起については、一応十二世紀初頭頃までのものとしておきたい。これが今のところ本書の祖と言えるものの成立時期について、その下限として設定できるものであ

る。但し『私記』口伝の参照した縁起が現行本のある程度の範囲をカバーしていたとしたが、確認できるのは一部であり、特に広嗣上表に関わるまとまりの部分（Ⅱ⑥〜⑧）について確認できないことは留意しておく必要があろう。即ち、更なる本文の増補がこれ以後にあった可能性は残っている。そのような条件を付した上で、本書の祖と言えるものがその時期までには成立していたと考えるものである。

次に、その段階の縁起に見られる本文と現行本の差異について、『私記』と現行本を比べると、次の個所は注目される。

〔私記〕

于時玄昉僧正、誇二帝皇之御恩一、憍恣日長、於二少弐在京之妻室一通二花鳥之書一、是時挙レ世云、僧正被殺寄〔害カ〕歟、広継朝臣天下優士也、以二一箭一能被〔射カ〕四方、為二方〔衍〕為徴〔君カ〕臣一必致二凶計一歟、僧正以二此状一奏二天皇一、々々用二玄昉之談一、天平十五年九月、忽下レ勅下〔衍カ〕召二於東山・東海・山陽・〔山脱カ〕陰・南海之軍一、

〔現行本〕

⑨于時玄昉、帝王御恩之餘、矯恣自長、於二少弐在京妻室命婦一欲レ通二花鳥之気一、以風二多情之志一、女已不レ宜、破二白単衣一染レ翰飛レ文、落二居都庁前一、少弐忽以上洛、高声放レ言、城中之人普聞為レ恐、是挙レ世云、僧正被レ殺歟、⑩広継朝臣已上才人也、天下俊者也、〈一箭射二四方一〉為レ君為レ臣、必致二凶計一、不レ如下却二朝庭一乃至断中身命上、即天平十五年九月、急徴二発軍兵一、（「天平十五年」については後述）

『私記』傍線部では玄昉が広嗣の危険性を天皇に奏し、天皇がその談を採用したといい、それが広嗣征討の契機となっているが、この話は現行本に見えない。そのため、広嗣が玄昉を威嚇した話から広嗣征討に至る流れは、『私記』の方が現行本よりも説明に具体性がある。広嗣征討理由に玄昉の讒言をあげる所伝としては、『今昔物語集』玄昉僧

正亘唐伝法相語に「公、横様ニ我レヲ被罰ムトス、是、偏ニ僧玄昉ガ讒謀也」と広嗣が語ったとし、後にも『神皇正統記』に「玄昉僧正ノ讒ニヨレリトモイヘリ」とあって、流布した言説であった。この話は「口伝」が参照した縁起にあったものが、現行本に至る過程で消えたのであろう(38)。

さらに『松浦縁記』も加えて、『私記』に引かれた部分に関わる本文の異同の状況を見ておこう。

〔私記〕

天平十五年九月、忽下レ勅下（衍カ）召二於東山・東海・山陽・（山脱カ）陰・南海之軍一、凡五道之兵一万七千人、悉以来集、以二従四位上大野朝臣東人一為二大将軍一、以二従五位上紀朝臣飯麻呂一以（為）副将軍、為レ追二討広継一、引二率若干兵士等一令二発遣一也、（中略）次還二来松浦郡橘浦一、少弐遺体三箇日懸二虚空一、照曜如二竈（電カ）光一、

〔松浦縁記〕

天平十二年九月、急徴二発軍兵一、以二従四位上大野朝臣東人一為二大将軍一、従五位上紀朝臣飯麻呂為二副将軍一、（軍監軍脱）曹各四人、并召二集東山・東海・山陰・山陽・南海五道之輩惣一万七十（マヽ）人一、委二東人等一、持節討之、（中略）次還二来松浦郡橘浦一、十一月十五日被レ誅已畢、其遺体二个日虚流レ電、鎮落之所令（今）鏡宮也、

〔現行本〕

⑩天平十五年九月、急徴二発軍兵一、以二従四位上大野朝臣東人一為二大将軍一、従五位上紀朝臣飯麻呂為二副将軍一、軍監・軍曹各四人、并召二集東山・東海・山陰・山陽・南海五道之軍総一万七千人一、委二東人等一、持節討之、（中略）

⑪次還二来松浦橘浦一、〈彼御忌日、十月十五日也〉⑫其遺体三箇日懸レ虚流レ電、鎮落之所今鏡宮也、

三者には種々違いがあるが、ここでは傍線部の違いに注意したい。傍線部aは広嗣征討の年で、『私記』と現行本では天平十五年となっている。なお、現行本の群書類従本及び諸社縁起文書本ではこれを天平十二年とするが、いま

松浦記集成本の文字を採用したものである。史実としては天平十二年が正しいが、そうするとその前に天平十四年に広嗣が右近衛少将に任じたという記事があるので、話に大きな矛盾が生じてしまう。しかし松浦記集成本では天平十五年とし、『私記』(やはり天平十四年の任官を記す)も同様であって、これによって矛盾は解消されるので、いま十五年の方を採用した。しかし『松浦縁記』ではこれが天平十二年となっている。同本では天平十四年の任官のことは記されていない。天平十二年の事実を知る者が、十四年の記事の省略と合わせて正しい年を入れたのであろう[39]。僅かな違いであるが、この年紀については、『平家物語』の広嗣・玄昉譚において、覚一本など語り本系の諸本で天平十五年とするのに対し、延慶本等の読み本系諸本では天平十二年としており[40]、十五年と十二年の両説が並存する状況が作り出されている。

次に傍線部bは広嗣死亡の記事で、『松浦縁記』では十一月十五日に誅されたとするが、現行本では誅された旨は記されず、割注内に忌日が十月十五日とするのみで、曖昧な記述になっている[41]。延慶本『平家物語』では「十一月十五日被レ誅畢」とし、『尊卑分脈』書入れでも十一月十五日に斬首されたとしており、『松浦縁記』と同様である。一方『私記』では死亡の記事は欠けており、そのために説明の流れが不自然な感がある。『私記』口伝における縁起の文の整理は巧みなので、このような不自然さは元々基づいたものが現行本同様、死亡の状況を曖昧にするものだったことを示唆する。『今昔物語集』は広嗣は海に入って死んだとし、『尊卑分脈』書入れのうちの「又云」や『河海抄』では自ら頸を切ったとする。これらも広い意味では「被レ誅」だが、それをあえて書かない本文が古くからあったとみられよう。また十月十五日の日付については古い史料に確認できず、後世の変化の可能性がある。ちなみに寛政元年(一七八九)成立の『松浦古事記』は十月十五日とし、現代でも唐津市浜玉にあって広嗣を祀る大村神社(近世には無怨寺があった)では十月十五日に例大祭が行われており、後世には十月十五日説が広まっている。

次に傍線部cでは広嗣の遺体が空中にあって流電する日数が、現行本は三日、『松浦縁記』は二日と、一日の違いがある。些細な違いであり、元は誤写に発した可能性が高いが、三日とするのは『私記』も同様であり、一方二日説は延慶本『平家物語』がそれを採っている。即ちこの違いは古くからあり、それぞれに一定の伝播を果たした内容であった。

以上、『七大寺巡礼私記』の記載により、本書の祖と言えるものが十二世紀初頭頃までに成立しているとし、同『私記』と現行本、及び鎌倉時代の『松浦縁記』の間で本文を比較し、周辺の説話との関連にも留意しつつ、本文の異同の状況をみてきた。先の『伊呂波字類抄』の場合と同様、現行本に至る過程で変化した部分が存在すると共に、鎌倉時代に現行本と異なる本文があり、一定の流布があったとしても、現行本の本文もそれ以前から存在していた状況も見出されたと考える。

4

次にその成立時期について、上限となる時点を考えたい。本書には平安時代の知識に基づく記載が見えるが、その一つに広嗣を右近衛少将とすることがある。これは『七大寺巡礼私記』でも同様であり、本書と関わり深い『今昔物語集』『古今著聞集』や延慶本『平家物語』（但し右近衛権少将とする）もそのように書いている。一方、広嗣に触れるが本書とあまり内容が重ならない『扶桑略記』『水鏡』や興福寺本『僧綱補任』裏書・『七大寺年表』などの文献には書かれておらず、広嗣を右近衛少将とすることは本書及び本書の関連説話の特徴の一つと言ってよい。言うまでもなく右近衛府は大同二年（八〇七）に中衛府を改称して成立したもので、奈良時代の人物である広嗣が帯する官ではありえない。そのような事実と異なる官職を広嗣に付したのは、「文武並朗」「武芸兹朗」と書かれているような広嗣の武将的性格を強調したいためだろうが、そこで右近衛少将とするのは何故だろうか。ここで大宰少弐と右近衛少将を兼ねた事例を探すと、貞観十一年（八六九）、坂上滝守が右近衛少将のまま大宰権少弐に任ぜられ、同十四年には権少弐から少弐になっている例がある。(42) 滝守の大宰少弐任命は、貞観十一年に新羅の海賊が博多津に侵入し豊前国の年貢の絹綿を略奪して逃走した事件を受けて、対外警固に当たるためであり、後に元慶二年（八七八）に大宰権少弐藤原仲直に警固の事を摂行させた時にも滝守の例が言及され、(43) 同年藤原房雄を大宰権少弐（のち少弐）兼左近衛権少将に任じた時も、翌年の勅で警固の事は坂上滝守の例に准ずることとされており、(44) 滝守の大宰府警固は先例として強く記憶されたものであっただろう。右近衛少将にして大宰少弐であった人物は他に見当たらず、(45) 左近衛少将も右の藤原房雄のみであり、広嗣を右近衛少将とするのは、坂上滝守の記憶に基づいた脚色に違いない。(46)

以上から、本書は坂上滝守が大宰少弐に任じた貞観年間より後に成立していると言えるが、さらにその年代を引き下げる材料として、広嗣が右近衛少将に任じられた際の功績として挙げる「相二会彼新羅賊一之日、為二我朝一有二勤公之節一」(5) という記述がある。ここに「彼新羅賊」とあって、具体的な新羅船来寇の、それも撃退した事件を念頭に置いていると考えられる。古代においてこの記述に該当する事件としては、寛平五年（八九三）から同六年にかけて繰り返された新羅賊来襲が挙げられよう。なかでも六年九月の対馬への来襲が『扶桑略記』に詳細な記事を有し、賊を破っている様子がわかる。(47) 先の貞観十一年の事件に際しては新羅船に掠奪と逃走を許しており、実際に戦って撃退した寛平の事件の方がふさわしいであろう。また一連の来襲のなかで、寛平五年には賊が肥前国松浦郡に来ている(48) ことも注目され、本書の撰述に影響を与えたことが考えられる。

以上のように、本書における広嗣の人物像には貞観年間及び寛平年間の事実を背景にした脚色があると考えられる。しかも寛平期に起った事件に広嗣を重ね合わせる虚構が通用するためには、寛平の時の世間の記憶が、その詳細はもちろんのこと、その起った時期までも曖昧になるほどの時間の経過が必要であろう。その時間について具体的根拠はないが、少なくとも百年程度は必要ではなかろうか。即ち本書の成立時期の上限としては、大変荒削りな想定ではあるが十世紀末頃という時期が設定される。先の検討とあわせ、本書（但しその祖と言えるもの）成立の時期として一応十世紀末から十二世紀初頭頃という結果を得たことになる。

5

さて、本書の広嗣死亡以後の話の中心は、広嗣霊の鎮撫及び神宮知識無怨寺と鏡廟宮の創建・整備の過程である。この神宮知識無怨寺については、従来から次の『類聚三代格』定額寺事に載せる官符にいう弥勒知識寺との関係で捉えられている。(49)

太政官符
　応レ令レ常二住肥前国松浦郡弥勒知識寺僧五人一事
右得二大宰府解一偁、観音寺講師伝灯大法師位光豊牒偁、依二太政官去天平十七年十月十二日騰勅符一、件寺始置二僧廿口一、施二入水田廿町一、自レ尓以来年代遥遠、緇徒死尽、寺田空存、修行跡絶、望請、置二度者五人一、令レ修二治彼寺一、即鎮二国家一兼救二逝霊一者、府依二牒状一謹請二官裁一者、右大臣宣、宜選乙心行無レ変精進不レ倦、堪下住二持仏法一鎮中護国家上之僧甲、以令二常住一、
　　承和二年八月十五日

即ち、天平十七年十月十二日の騰勅符によって、肥前国松浦郡弥勒知識寺に僧二十口が置かれ、水田二十町が施入されたこと、その後荒廃したため承和二年（八三五）に再興の措置がとられたことがわかる。『東大寺要録』巻六末寺

章にも、

弥勒知識寺　在二肥前国松浦郡一

右、天平十七年十月十二日、本願聖皇施二入水田廿町一、

とあり、創建時の事実を裏付けている。一方、これに関わる本書の記載は次の通りである。

⑮乃以二二十口僧一為レ使、奉レ担二件仏経一、其料夫六十人也、於レ斯勅使真吉備朝臣、以二天平十七年一造二立廟殿二宇一、奉レ令レ鎮二坐両所廟一、以即建二立神宮知識無怨寺一、奉レ安二置仏経一、以二彼廿口僧一、定二置祈願住持之僧一、以二持夫六十人一、分二置宮寺雑掌人一、〈御墓守三十人、寺家雑役三十人、〉至二于彼遠忌日一者、昼則披二存時持仏法華経一、講二説一乗妙義一、夜伝二菩薩三聚浄戒一、被レ加二行府御誦経一、復次天平十九年十二月騰勅符、為レ誓二度逝霊一始置二年分戒者一、又同令レ始二修法華三昧一、如レ此等事、皆以為二祈鎮一也、（中略）⑰如レ此過二十餘年一之間、真吉備朝臣内心祈念云、尅年若相叶、先可レ奉二事松浦藤廟一、所レ念已成就、以二天平勝宝六年一拝二任大宰都督一、即経二奏聞一、定二行廟宮春秋二季千巻金剛般若読経幷最勝会・弥勒会等一、其料買二取大領田拾伍町一施入、〈在二当郡一見留加志之庄是也、〉又神宮無怨寺寄二置水田四十町一、〈二十町灯油仏聖幷廟御忌日十五日料、二十町住持料、願僧二十口之料也、〉又免田六十町、〈三十町分置御墓守三十人料、三十町寺家雑役人三十人料也、〉

右には天平十七年のこととして、廟殿二宇の造立、神宮知識無怨寺の建立と仏経の安置、二十口の住僧・六十人の宮寺雑掌人を置くことその他が書かれており、『三代格』や『東大寺要録』記載の事実と合致するものが含まれている。ついで天平十九年十二月騰勅符により年分戒者を置いたとするのは怪しいが、そこに「誓度逝霊」とあるのは、『三代格』に「救逝霊」[50]とあることに通じ、「騰勅符」の語が共通することとあわせ、何らかの実在の資料に関連しているとみられる。

このように本書の記載には、古い根拠の存することも想定されるのだが、ここでこれらの創建・整備が吉備真備によって行われたとしていることが注意される。『続日本紀』から真備の官歴を見ると、天平十二年の広嗣の乱当時は右衛士督であり（本書所収広嗣上表文には右衛士督兼中宮亮近江守とある）、同十三年七月三日には東宮学士、十五年六月三十日春宮大夫、十九年十一月四日右京大夫となったが、天平勝宝二年（七五〇）正月十日筑前守に「左降」された。さらに宝亀六年（七七五）の薨伝によれば、「俄遷二肥前守一」という。しかし勝宝三年十一月七日には入唐副使に任ぜられ、その後入唐して無事帰国し、勝宝六年四月五日大宰大弐となり、天平宝字八年（七六四）正月二十一日に造東大寺長官となるまでその任にあった。

真備が鏡宮や弥勒知識寺に関わったことは正史には見えないが、『三代格』に記す弥勒知識寺には始め住僧二十口、水田二十町が置かれており、これはこの頃置かれた国分寺の当初の規模（封五十戸、僧二十口、水田十町）と比べれば、肥前守や大宰大弐の地位にある者が関わりを持ったとしても不思議ではない規模と言え、真備が何らかの形で関わったことは考えられるであろう。ここで松浦記集成本に残る「天平勝宝三年二月十一日染筆」という跋語を想起したい。即ちその日付は真備が肥前守に在任したと思われる時期にあてはまる。縁起の編纂に使われた材料の中に真備の肥前守在任時のことに関わる資料があって、その日付がここに利用されているということが考えられよう。

さらに真備に注意して改めて本書の全体を眺めると、後半、広嗣霊の鎮撫や右の通り鏡宮・神宮知識無怨寺の整備の話が真備の功績として述べられ、さらに本書の最後は、

⑲爰真吉備朝臣任二大宰都督一、既歴二八箇年一之間、建二立施薬院一、幷始二起種々仏事等一、凡此朝臣若冠時者、被レ択為二遣唐使一、挙二日本之面目一、帰朝以降、広聞二賢名一、是〔得カ〕依二仏神之有レ助也、遂登二大臣位一、多是藤廟助成云々、書云、玉雖レ有レ映、不レ研専無二其光一、雖二能治之人一、無傷時者、曾不レ見二其所レ治、若於二世間一、無二如レ斯大乱一者、

誰知二真吉備朝臣忠言之潭一哉、⑳然則委尋二其奥一、大略記レ之、若於二後代宮寺之間一、有二神妙希有事一者、詳緇素
注二加之一耳、

とあって、真備を礼賛して結ばれている。本書が藤原広嗣の無念を晴らし、その異能・優秀ぶりを知らしめんとする基調で始まっていることは明らかなのだが、ここではいつのまにか主役が交代している如き感すら受ける。しかも真備は広嗣が敵視した一人なのであり、本書所収の上表文にもそのことは書かれているのである。おそらく元々は鏡宮及び神宮知識無怨寺の右のような具体的経過を含む創建譚があったのであろう。それは創建・整備を吉備真備の功績に帰する基調で書かれていたのである。それに藤原広嗣を顕彰する話が重ねられて本書が成立していると考えられる。実際にはより複雑な重層化があったと思われ、説話研究においても言及はあるが[51]、本稿では右のことを推測しておきたい。

おわりに

本稿ではまず『松浦廟宮先祖次第幷本縁起』の諸本を検討し、諸社縁起文書本・松浦記集成本・群書類従本の由来を明らかにした上で、諸社縁起文書本には校訂が入り込んでいることを述べた。ついで本書の成立について検討し、その祖と言えるものの成立時期を一応十世紀末〜十二世紀初頭頃と考定した。またその成立期から鎌倉時代における本文の状況について、現行本との異同を見出し、現行本に至る過程で変化した部分がある一方、現行本と異なる要素と共に現行本の本文も並存していた状況もあることを述べた。さらに本書の成立過程においては、吉備真備の肥前守在任時のことに関わる資料も利用され、元々は真備の功績として語られていた鏡宮・神宮知識無怨寺の創建譚に、広

嗣を顕彰する話が重ねられて本書が成立しているのであろうと推測した。
僅かな拠り所からの推測が多くなり、誤りもあろうと思う。また論及できなかった問題も少なくない。本稿は『松浦廟宮先祖次第幷本縁起』という書の基礎的検討を目的とするもので、広嗣上表文についても本格的には論じなかった。得られた結果はささやかなものであり、残された課題も多いが、本稿が『松浦廟宮先祖次第幷本縁起』の性格の解明と史料としての利用に少しでも寄与することができれば幸いである。

註

(1) 重野安繹『右大臣吉備公伝纂釈』（吉備公保廟会事務所、一九〇二年）、坂本太郎「藤原広嗣の乱とその史料」（『坂本太郎著作集』三、吉川弘文館、一九八九年、初発表一九六八年）。
(2) 坂本太郎前掲論文。
(3) 唐津市史編纂委員会編『唐津市史』（唐津市、一九六二年）、浜玉町史編集委員会編『浜玉町史』上・下（浜玉町教育委員会、一九八九・九四年）など。
(4) 横井孝「平家物語と広嗣・玄昉説話」（『静岡大学教育学部研究報告　人文・社会科学篇』三九、一九八九年）、名波弘彰「延慶本平家物語と仏教—興福寺菩提院における広嗣・玄昉説話をめぐって—」（『軍記と語り物』三一、一九九五年）、延慶本注釈の会編『延慶本平家物語全注釈』第三末（巻七）（汲古書院、二〇一三年）、小番達「延慶本平家物語における広嗣・玄昉関連記事の形成過程の一端—『松浦縁記逸文』をめぐって—」（『国学院雑誌』一一四—一一、二〇一三年）、山田雄司「怨霊から神へ—菅原道真の神格化—」（『怨霊・怪異・伊勢神宮』思文閣出版、二〇一四年、初発表二〇一〇年）、多田一臣「怨霊譚二題」（『大学院紀要』二松』二九、二〇一五年）。
(5) 宮田俊彦『吉備真備』（吉川弘文館、一九六一年）は、本書の上表文の部分を信用できるとし、一部を「切りすて」つつ、その読み下し文を掲げている。石母田正『日本の古代国家』（『石母田正著作集』三、岩波書店、一九八九年、初発表一九七一年）は宮田説を参照し、使用にたえる史料を含むとして、上表文のうち、唐・新羅の脅威と軍備の必要を説いた部分を引いて、天平期における国際的契機の分析に利用している。一方、偽作であることを詳細に論じた坂本前掲論文においても、個々の事実の中には信用できるものもあるとし、また橋本裕「射田の制度的考察―律令軍団制とのかかわりにおいて―」(『律令軍団制の研究　増補版』吉川弘文館、一九九〇年、初発表一九八〇年)も坂本論文に従いつつ、この上表文の記載を利用している。

(6)　斉藤国治『国史国文に現れる星の記録の検証』(雄山閣出版、一九八六年)、同『古天文学の道』(原書房、一九九〇年)。

(7)　細井浩志「「藤原広嗣上表文」の真偽について」(『古代の天文異変と史書』吉川弘文館、二〇〇七年、初発表一九九七年)。また辻憲男「藤原広嗣の上表文を読む」(『神戸親和女子大学研究論叢』三〇、一九九六年)及び「野馬台讖は吉備真備がもたらしたか―藤原広嗣の上表文を読む・補遺―」(『親和国文』三八、二〇〇三年)は、上代の真正な遺文とみなし略注を施している。

(8)　『群書解題』神祇部「松浦廟宮先祖次第并本縁起」(西田長男執筆。群書類従完成会、一九六二年)。坂本太郎前掲論文。

(9)　『石清水八幡宮史料叢書二　縁起・託宣・告文』解説(臼井信義執筆、石清水八幡宮社務所、一九七六年)。

(10)　『群書解題』神祇部の「松浦廟宮先祖次第并本縁起」(前掲)及び「石清水八幡宮護国寺略記」(西田長男執筆)、『石清水八幡宮史料叢書二』解説(前掲)、村田正志「石清水八幡宮創建に関する二縁起の流伝」(『村田正志著作集』五、思文閣出版、一九八五年、初発表一九八三年)。

(11)　なおこの本文については西田長男氏が翻刻し(「諸社縁起叢考」『ぐんしょ』一―七、一九六二年)、その後『諸起記』及び『石清水八幡宮并極楽寺縁起之事』全体が『石清水八幡宮史料叢書二　縁起・託宣・告文』(前掲)に翻刻されている。本稿ではこれらに加え、東京大学史料編纂所所蔵の写真版も参照した。

(12)　西田長男前掲「諸社縁起叢考」及び『群書解題』の当縁起の解説。

(13)　坂本太郎前掲論文。

(14)　名波弘彰、小番達各前掲論文。

(15)　「阪本龍門文庫善本電子画像集」を参照した。当写本は伴信友の筆、『八所御霊』と合冊。信友による詳細な書入れがあるが、そこに広嗣上表文に関する見解が記されているので一部を紹介しておこう。

　サテ此表文、此縁起ノ地ノ文トハコヨナシ、サラニウキタルコトニハアラズ、其案ヲ持伝ヘタルモノ、アリテ、後ニ広嗣ノ廟ニ納メタリシヲ書写テノセタルモノナルベシ、

(16)　「田島神社社務所」の印があり、もと佐賀県唐津市にある田島神社の所蔵だったのだろう。辻憲男前掲「藤原広嗣の上表文を読

む」に近代の写本と指摘する。

(17) 徳川ミュージアム所蔵。国文学研究資料館所蔵の写真による。

(18) 佐賀県立図書館「古文書・古記録・古典籍データベース」を参照した。

(19) 吉村茂三郎編・発行、一九三八年。

(20) 出雲路家所蔵。京都市歴史資料館所蔵の写真によって調査した。この日記については、出雲路敬直「『出雲路信直日記』序論」(『神道史研究』九―三、一九六一年)参照。また出雲路敬直氏からは種々親しく御教示を頂いた。

(21) 龍門文庫本の本書と合冊されている『八所御霊』には、明治時代に出雲路信直の子孫の出雲路通次郎がその本を見たことを記した紙が奥に挟み込まれている。

(22) 出雲路信直の垂加神道をめぐる交流については、出雲路敬直前掲論文および磯前順一・小倉慈司編『近世朝廷と垂加神道』(ぺりかん社、二〇〇五年)。

(23) 三木正太郎「塙検校と大日本史」(『塙保己一記念論文集』温故学会、一九七一年)。

(24) 飯田瑞穂「『本朝文集』解題」(『飯田瑞穂著作集二』吉川弘文館、二〇〇〇年、初発表一九七一年)。

(25) 国史大系本『本朝文集』は「挹松浦宮縁起改」として「旌」に改めるが、このように国史大系所収以前にそもそも校訂がなされているものが多い。但しそこに「松浦宮縁起」等の書名は見えない。

(26) ちなみに『大日本史』に収められた広嗣上表文では、さらに文字が改められている。

(27) 坂本太郎前掲論文。

(28) 横井孝、名波弘彰、小番達各前掲論文。

(29) 田島公「「東人の荷前」(「東国の調」)と「科野屯倉」―十巻本『伊呂波字類抄』所引「善光寺古縁起」の再検討を通して―」(吉村武彦編『律令制国家と古代社会』塙書房、二〇〇五年)、同「古代史史料として分析した「長谷寺観音造立縁起」―未翻刻史料の紹介と神亀六年三月太政官符の検討を中心に―」(浅見和彦編『『古事談』を読み解く』笠間書院、二〇〇八年)。なお田島氏からは『伊呂波字類抄』に関し種々御教示を頂いた。

(30) 『玉葉』安元三年七月二十九日条、『百練抄』治承元年七月二十九日条。

(31) 但し十巻本『伊呂波字類抄』全体に目を広げれば、早くから知られていることだが、志篇雑物部に寿永二年(一一八三)の文書を引用している。ここでは社寺の増補史料に限定して考える田島氏の説に従っておく。
(32)「早稲田大学図書館古典籍総合データベース」を参照した。
(33)高橋久子「花山院本伊呂波字類抄の価値」(『国語語彙史の研究』二二、和泉書院、二〇〇三年)。
(34)なお、『伊呂波字類抄』に「頭書云」とある部分(大東急本にはない)も、本書と関係の深い伝である。
(35)横井孝、名波弘彰各前掲論文。
(36)以下、『七大寺巡礼私記』の本文は奈良国立文化財研究所編『七大寺巡礼私記』(一九八二年。釈文と法隆寺本写真を掲載)を参照した。
(37)田中稔「七大寺巡礼私記と十五大寺日記」(『中世史料論考』吉川弘文館、一九九三年、初発表一九七二年)。以下、田中稔氏の説はこれによる。
(38)『松浦縁記』にも見えないが、そこに「云々」とあり、略されている可能性もある。
(39)群書類従本・諸社縁起文書本が十二年とするのも、同様に彰考館で史実に即して改めたことが考えられる。ちなみに広嗣の乱の年をめぐるこの矛盾は、坂本太郎氏が本書の「乱脈」ぶりの一例としたものである(前掲論文)。
(40)この年紀の『平家物語』諸本間における違いについては、加美宏「藤原広嗣の乱の記録と説話」(『軍記と語り物』五、一九六七年)に指摘がある。本稿では次の諸本を確認した。天平十二年九月とするもの…延慶本(前掲『延慶本平家物語全注釈』)、四部合戦状本(斯道文庫編『四部合戦状本平家物語』大安、一九六七年)。天平十二年十月とするもの…長門本(麻原美子他編『長門本平家物語』三、勉誠出版、二〇〇五年)、南都本(『南都本南都異本平家物語』上、汲古書院、一九七一年)、源平盛衰記(『源平盛衰記』五、三弥井書店、二〇〇七年)。天平十五年十月とするもの…屋代本(『屋代本平家物語』角川書店、一九六六年)、平松家本(『平松家本平家物語』清文堂出版、一九八八年)、覚一本(『日本古典文学大系　平家物語』下、岩波書店、一九六〇年)、百二十句本(斯道文庫編『百二十句本平家物語』汲古書院、一九七〇年)。
(41)『続日本紀』では広嗣は十月二十三日に逮捕され、十一月一日に処刑されたことが将軍の報告に見えており、『松浦縁記』・現行本ともに誤りである(『続日本紀』天平十二年十一月丙戌条、戊子条)。
(42)『日本三代実録』貞観十一年十二月十三日条、二十八日条、元慶五年十一月九日条(卒伝)。なお貞観十四年二月二十九日条には大弐になったとするが、卒伝に言う少弐の正官になったとするのが正しいであろう。離任は同十六年に左近衛権少将に遷った時であろう。

(43)『日本三代実録』元慶二年七月十三日条。

(44)『日本三代実録』元慶二年十二月二十日条、三年正月十一日条、十五日条。

(45)宮崎康充編『国司補任』二～五（続群書類従完成会、一九八九～九一年）、市川久編『近衛府補任』一・二（続群書類従完成会、一九九二～九三年）。

(46)笹山晴生氏はこのような衛府官人の地方官人兼帯について、地方の混乱の抑圧に衛府の権威を利用しようとしたものとする。（「左右近衛府上級官人の構成とその推移」『日本古代衛府制度の研究』東京大学出版会、一九八五年、初発表一九八四年）。

(47)『扶桑略記』寛平六年九月五日条。

(48)『日本紀略』寛平五年五月二十二日条、閏五月三日条。

(49)前掲『唐津市史』、『浜玉町史』。

(50)国史大系本には「遊霊」とあるが、底本（東寺観智院本）の「逝霊」を前田本・印本によって改めたものであり、「逝霊」でよい。

(51)名波弘彰前掲論文。

野中寺弥勒像台座銘の「カイ」

森　公章

はじめに

野中寺は現在も大阪府羽曳野市野々上に所在する真言宗金剛峯寺派の寺院で、境内地の発掘調査によれば、古代の野中寺は川原寺式（東に塔、西に金堂）の亜流の伽藍配置（塔と金堂の位置が逆）を持つもので、「庚戌」（白雉元年〔六五〇〕）銘の平瓦が出土しているので、七世紀中葉創建の寺院であったと考えられる。当地は河内国丹比郡野中郷に属し、「野中・古市人」（喪葬令親王一品条集解古記）と称される渡来系氏族、特に王辰爾の子孫である船・葛井・津氏、就中船氏の氏寺とされている。(1)

野中寺弥勒像は大正七年（一九一八）に宝蔵から発見されたもので、「丙寅年」（天智五年〔六六六〕）の銘を持つ金銅像として知られるが、文字の釈読、その内容理解、また刻銘が像の鍍金後になされていることと制作年代の問題、そして野中寺への伝来過程など、様々な論点があり、なお多くの検討課題が残されている。以下、小稿では近年の研究の展開を整理し、この銘文が七世紀史、特に天智朝前後の情勢理解に投げかける問題点を考究してみたい。

一　研究小史と問題点

まず野中寺弥勒像台座銘の文字の見取図と近年の有力な釈文を示す。(2)

図1　野中寺弥勒像台座銘の見取図

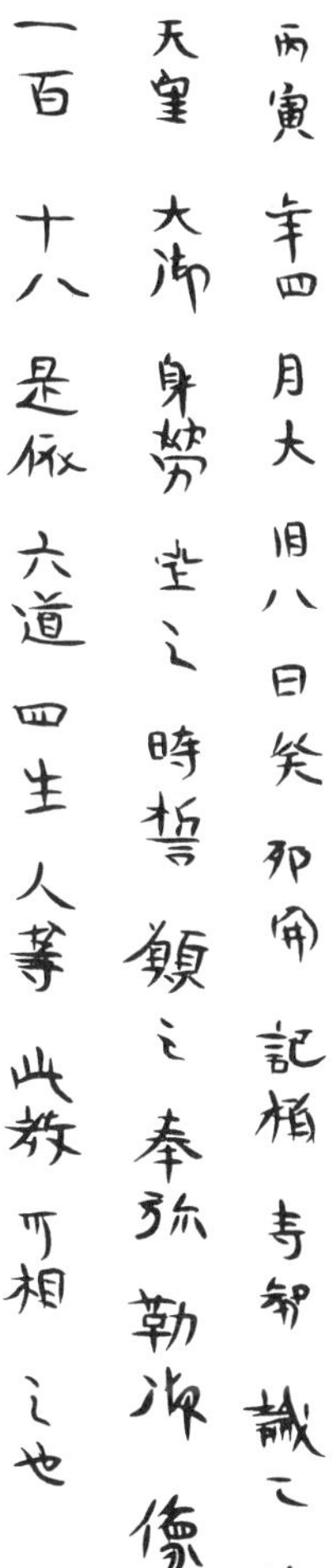

a 野中寺弥勒像台座銘

丙[1]寅[2]／年[3]四[4]／月[5]大[6]／旧[7]【朔】八[8]／日[9]癸[10]／卯[11]開[12]／記[13]栢[14]／寺[15]智[16]／識[17]之[18]／等[19]詣[20]／中[21]宮[22]／天[23]皇[24]／大[25]御[26]／身[27]労[28]／坐[29]之[30]／時[31]
誓[32]／願[33]之[34]／奉[35]弥[36]／勒[37]御[38]／像[39]也[40]／友[41]等[42]／人[43]数[44]／一[45]百[46]／十[47]八[48]／是[49]依[50]／六[51]道[52]／四[53]生[54]／人[55]等[56]／此[57]教[58]／可[59]相[60]／之[61]也[62]

野中寺弥勒像には台座下框見付右側から背面を通り左側まで、一行二字、三一行にわたり、計六二字の銘文が鐫刻されている。銘文は像に鍍金を施した後に刻されたもので、文字の輪郭にタガネによるメクレが認められる。文字の書風は六朝風で、聖徳太子筆とされる『法華義疏』の書に似ていると言われ、概ね明瞭である。七〜八行目（14・15字）の寺院名は「橘寺」と読む説が呈されたことがあるが、(3)字形からは「栢寺」と読むべきであり、これが現在の有力説になっている。

丙寅年は天智五年（六六六）に比定され、丙寅年で四月が大月、八日の干支と十二直が癸卯開になるのは、元嘉暦法による同年暦の復元結果と合致している。『書紀』持統四年（六九〇）十一月甲申条「奉レ勅始行三元嘉暦与二儀鳳暦一」とあり、日本で儀鳳暦（唐の李淳風が麟徳二年（六六五）に造った麟徳暦のことで、儀鳳年間（六七八～六七九）に新羅経由で伝来したので、日本では儀鳳暦と称する）を始用したのはこの時点で、文武二年（六九八）からは儀鳳暦のみが使用された。したがって天智五年には元嘉暦が用いられており、元嘉暦と合致する記述は至当であることになる。但し、四行目第一字（7字）は「旧」と読むと、これは「旧暦」、つまり儀鳳暦に対して古い暦法である元嘉暦では「八日癸卯開」になるの意と解され、この銘文は六九〇年以降に記されたものと判断せざるを得ない。(4)

この銘文中には「天皇」の文字が存し、天皇号の始用・制度的定着の時期は古代国家の形成過程をどのように考えるかという問題とも関係する重要な論点で、推古朝、天智朝、天武・持統朝などが注目されてきた。以上の銘文成立年次の理解はこの金石文の存在が天智朝以前に天皇号が使用されていたことを裏付けるものではないという位置づけにつながり、他の金石文の評価、また白村江戦や壬申の乱を契機とする律令体制の確立という視点とも相俟って、天皇号天武・持統朝成立説が有力説として浮上している次第である。(5)

ところが、その後、近年においては「旧」を「舊」の略体字として用いるのは日本では室町時代以降（中国での用例出現に依拠）のことである点が指摘され、この文字は「朔」と読むべきもので、銘文作成年次も天智五年（六六六）でまちがいないとする見解が呈されるに至っている。(6)その他、これを「洎」（および）と読み、仏像が完成してから暫くの間は銘文が刻まれず、少し時間が経過した天智五年になってから、漸く銘文が刻まれたというニュアンスを示しているという理解も示されており、この説ではまた、他にもいくつかある文字の字形を比較した上、九行目第二字（18字）は「々」、二一行目第二字（42字）は「共」と読むべきことを指摘している。(7)図1に見るが如く、同じ文字でありながら、字形が異なるという不審も残るが、九行目第二字は「之」、二一行目第二字「等」と釈読するのがよいと考える。

b『藤原宮木簡』一—一九六号

旧濡田儛人腰褶十三　　109・25・3　032

c『飛鳥藤原宮発掘調査出土木簡概報』十七—一五八号

・朔十四日記三□（川カ）□

・□（十カ）□五日記三川□（国カ）　　(152)・30・3　019

問題になる四行目第一字が「舊」の略字「旧」ではあり得ないということになると、この字形に似た文字の事例として、b・cの七世紀後半に記された文字が注目されてくる。bの一文字目については、銘文に関する最近の見解以前のものであるが、『藤原宮木簡』一（解説）（奈良国立文化財研究所、一九七八年）八七頁が「旧は臼または舊の異体か」と述べている。但し、二文字目も字形は明瞭であるものの、意味不明で、「舞人」の語からは、例えば『書紀』推古二十年（六一二）是歳条「又百済人味摩之帰化。曰、学二于呉一得二伎楽舞一。則安二置桜井一而集二少年一令レ習二伎楽舞一。於レ是、真野首弟子・新漢斉文二人、習レ之伝二其舞一。此今大市首・辟田首等

図2　藤原宮木簡（右）と石神遺跡出土木簡（左）（奈良文化財研究所蔵）

野中寺弥勒像台座銘の「カイ」（森）

祖也」とある辟田（さきた・さくた）首の氏族名か地名、あるいは舞の名称と推定されるが、一・二文字目の釈読に断案はない。cは七世紀木簡に特徴的な月生表記の一例と目され、今のところ「月朔」と書くのはこの事例のみであるが、「阝」のような篇と「月」と目される旁からなる字形、また意味合いからも「朔」と判読することができると思われる。したがって銘文四行目第一字は「朔」の意味合いで記されたものと考えられ、aに【　】で新案を追記しておいた。

この新しい釈読案に依拠して読み下し文を示すと、次のようになる。

> 丙寅の年四月大朔八日癸卯開に記す。栢寺の智識の等《ともがら》、中宮に詣り、天皇の大御身労き坐しし時、誓願し奉りし弥勒の御像也。友等《ともら》の人数一百十八、是に依りて六道四生の人等、此の教を相るべき也。

では、これですべての問題が解決したかと言えば、銘文の内容理解、文体・語句、さらには仏像様式など様々な論点が山積である。文体・語句をめぐっては、「之」が中止・終止を示す助字ではなく、空白を埋めるだけの置字（「空白符」）として多用される点、「友等《ともら》」の「等」を「ともがら」と読ませる点など正格漢文としては不自然であり、「六道四生人等」は人だけでなく全ての生き物を含む「六道」・「四生」の語を理解しておらず（甲午年（六九四）法隆寺観世音菩薩造像記では「六道四生衆生」）、当時の銘文として不審が残るとする見解が示されている。また享和元年（一八〇一）『河内国名所図会』巻之四野中寺の項の経蔵には、「恵心作の阿弥陀仏長三尺、又弥勒仏金像を安置す。これ聖徳太子慈母追福の為に鋳せられし霊像也」とあり、「弥勒仏金像」が本像を指すのであろうが、『河内国名所図会』では他の墓誌銘や碑銘は全文を掲げるのに、本像の銘文に言及がないのは、当時は銘文がなかったためではないかという疑問も呈されている。即ち、鍍金後の刻銘例は上述の法隆寺蔵観世音菩薩像など他にも事例があるが、本像は村山家の観音像と似ていること、像の表面の状態が第二次世界大戦前と戦後に一変しているという問題があることなどが指摘さ

れ、大きな疑惑が示唆されているところである。(8)

これらの疑問に対しては、本銘文中にも「誓願し、弥勒の御像を奉る」のように中止法の「之」があること、「等」は漢文では「なかま」「ともがら」の意があり、ここは「智識のともがら」と読むことができ、漢文として不自然とする懸念を退け、本像のような半跏像は中・近世には如意輪観音や救世観音と呼ばれていたので、『河内国名所図会』に「弥勒仏金像」とあるのは銘文から判断したものであって、やはり江戸時代(それ以前から)には本像に銘文があったのではないかという批判が示されている。また何よりも美術史的様式論から見て、本像は「像が正面から見られる時にできるだけ多くの部分が明瞭に、かつ最大限効果的に見えるように造形し、側面や背面から見られることはほとんど考慮しないか、しても側面観・背面観の自然らしさをそれほど重視しないような造形的性質」である正面観照性が強く、観念的あるいは抽象的な肉体や衣文の表現が看取されるので、飛鳥から白鳳への過渡的性格を多分に残すものであり、六六六年頃の作で、銘文は像の完成後間もない時期に刻まれたと考えられると指摘されている。(9)

美術史には不案内で、容喙すべき論点ではないが、様式は白鳳期の中でも後期、つまり七世紀末の作例と共通点が多いとする見解もあり、銘文の内容よりも後代に制作された像に、「丙寅」年に「弥勒」像を天皇周辺で制作したという事実を仮託したものとする解釈が示されている。この見解ではまた、本像は半跏思惟像で、銘文の「弥勒御像」とは別物ではないか、『河内国名所図会』は銘文を持つものはすべて掲載しており、本像が『図会』の「弥勒仏金像」と同じものであるか否かは疑問があり、『図会』に載るような名宝が行方不明になって再発見されたという経緯にも不審が残ることなどが指摘されている。(10)

その他、「空白符」としての「之」の多用の問題は払拭されていないと思われるが、さらに本像と野中寺の関係については、銘文中の栢寺の比定や銘文の内容理解に関わる論点が存する。栢寺については、これを「はくでら」と読み、「栢舟之操」（『詩経』、夫を亡した女性が貞操を堅く守る心情を栢舟〔ヒノキ類の堅い木材で作られた舟〕に喩えた語）に由来し、舟運に関係の深い船氏の氏寺である野中寺を示すとする解釈があり[11]、これは本像が野中寺に伝存することを端的に説明しようとするものである。しかし、野中寺が栢寺と呼ばれた明証はなく、仏像の移坐の可能性が考慮されていないとする批判が呈されている[12]。またこの見解では「中宮」にいた「天皇」を六六一年死去の斉明とするものの、野中寺と斉明の関係、即ち百済救援の派兵を指揮するために筑紫の朝倉宮に移居し、そこで病床に臥って死去した斉明に対して、栢寺＝野中寺の人々がどのようにして病床に赴き、病気平癒を祈願するに至ったのかという点も不明であると言わざるを得ない。論点が銘文の内容理解に移ってきたので、節を改めて、この点をさらに探究したい。

二　栢寺と本像の来歴

栢寺と本像の造立に至る由来という点からは、栢寺を岡山県総社市の栢寺廃寺跡に比定し、七世紀史の展開の文脈の中で説明しようとする説が注目される[13]。栢寺廃寺跡（大文字遺跡）からは七世紀中頃の創建瓦が出土しており、近年においても七世紀後半の平瓦に篦書線刻で「評太君服」などと記された文字資料が検出されている[14]。当地は備中国賀夜郡に所属し、『書紀』応神二十二年九月庚寅条に見える吉備氏一族の系譜に、

- 浦凝別……苑県／苑臣の始祖
- 御友別＊
  - 稲速別……川嶋県／下道臣の始祖
  - 仲彦……上道県／上道臣・香屋臣の始祖
  - 弟彦……三野県／三野臣の始祖

┣鴨別……波区芸県／笠臣の始祖
┗兄媛……織部を賜与

とあり（＊応神二十二年三月丁酉条分註には「吉備臣祖御友別」とある）、『国造本紀』にも「加夜国造。軽嶋豊明御世、上道国造同祖、元封₂中彦命₁、改定₂賜国造₁」と記されている加夜国造の本拠地であった。[15]

七世紀後半に当地には加夜評が設定されていた（『藤原宮』一〇二号、『飛鳥藤原京木簡』一―二〇・二一・二二・一〇七号など）。関係史料の中には「賀賜評塞課部里」（『飛鳥藤原京木簡』一―二〇号）、即ち宗我部と関連する地があり、この里（郷）名は『和名抄』には見えないものの、『和名抄』の阿曾（宗）郷に関連して、天平十一年（七三九）備中国大税負死亡人帳に阿蘇郷宗部里の存在が知られる（『大日本古文書』二―二五一）。この木簡は飛鳥池遺跡のSX一二二〇水溜出土で、南区の工房区域から検出されたものである。最古の銅銭である富本銭などが出土した飛鳥池遺跡の工房については、飛鳥寺の附属工房、飛鳥浄御原宮に関係する官営工房、両説を折衷した「官営の工房」、つまり特定の供給先のために置かれた工房ではなく、官に関わる様々な製品を供給する工房であり、そのために政府が直接に管理し、運営していた総合的な工房と位置づける説などがあるが、[16]飛鳥池工房の工人集団にはかつて蘇我氏および東漢氏の支配を受け、蘇我本宗家が檀越であった時代に飛鳥寺に属していたと考えられる工人の系譜を引く者が多く存在していたことはまちがいない。とすると、宗部里が存する加夜評の地も蘇我氏とのつながりが強かったのかもしれない。加夜評・賀夜郡の評司・譜第郡領氏族は賀陽臣と考えられ、同氏は奈良時代にも采女を出している（『続紀』神護元年〔七六五〕六月辛酉朔条の賀陽臣小玉女〔朝臣賜姓〕など）。また『扶桑略記』寛平八年（八九六）九月条所引「善家秘記」によると、賀陽氏は大領・吉備津神社の神職・統領など、政治・祭祀・軍事上の要職を一族で掌握しており、地方豪族としての勢威を維持していくようである。[17]

以上の備中の賀夜郡・賀陽臣や栢寺廃寺と本銘文の栢寺を結びつけるものとして留意されるのが、『書紀』舒明二年正月戊寅条の「又娶㆓吉備国蚊屋采女㆒生㆓蚊屋皇子㆒」という記述である。即ち、舒明の子女としては皇后宝皇女（皇極・斉明）との所生子中大兄（天智）・間人・大海人（天武）の異母兄弟となる蚊屋皇子の存在が知られ、その母である蚊屋采女は吉備氏一族から上番した女性であった。銘文中の「栢寺」は備中の栢寺に他ならず、皇子宮を有した蚊屋皇子には賀陽臣の一族が奉仕し、備中から出仕する人々もいたはずであると考え、舒明子女である蚊屋皇子と斉明とのつながりを想定して、「天皇」＝斉明が病臥する「中宮」に「栢寺智識之等」が詣でて、病気平癒を祈願することは可能であったと解するのである。なお、この備中の栢寺説の一説では、銘文を二区分した上で、銘文前半部分は栢寺の知識の人々の過去の事績を顕彰する内容であり、彼らが天皇の宮に詣でて病気を見舞い、病気平癒の所願が造像によって実現したことを讃えているとも説明されているので、斉明の病気とは六六一年死去時のものとは別の時点での出来事と推定されているようであり、六六六年にこの出来事を銘文に刻んだ理由として、後半部分では弥勒像への結縁者、つまり栢寺の知識の人数が増えることを希望しており、それはこの時点で栢寺において新たな伽藍造営が発願されたことが契機であったと述べられている(18)。

以上、備中の栢寺説とその一説を紹介したが、この説明では備中の栢寺と野中寺との関係は不明で、本像が栢寺の何らかの造営を記念するものであったとすれば、いずれかの時点で栢寺から野中寺に移坐したということになるが、その過程には特に言及されていない。またこの説では銘文中の「天皇」は斉明に比定されるが、その当否は如何であろうか。斉明と備中の関係と言えば、三善清行の意見十二箇条に引用された『備中国風土記』逸文に「皇極天皇六年、大唐将軍蘇定方率㆓新羅軍㆒伐㆓百済㆒。百済遣㆑使乞㆑救。天皇行㆓幸筑紫㆒、将㆑出㆓救兵㆒。時天智天皇為㆓皇太子㆒、摂政従行。路宿㆓下道郡㆒、見㆓一郷㆒戸邑甚盛。天皇下㆑詔、試徴㆓此郷軍士㆒、既得㆓勝兵二万人㆒。天皇大悦、名㆓此邑㆒曰㆓二万郷一。後改曰二邇磨郷一」とあるのが想起される。軍士二万人の徴発は『藤原宮跡出土木簡概報』三七号の「吉備中国下道評二万ア里」の表記から作られた話と思われるが、ここでは斉明天皇、あるいは中大兄皇子が当地に立ち寄ったことが記されており、百済救援の出兵では瀬戸内海地域からも徴発が行われているので、充分に可能性のある出来事であろう。(19)

では、備中の栢寺―蚊屋采女を出した豪族賀陽臣―蚊屋皇子―(舒明)―斉明―野中寺像というつながりは盤石な根拠に基づくものと見てよいのであろうか。まず「天皇」の病気平癒をめぐる理解であるが、「大御身労坐」の場合は法隆寺金堂薬師仏造像記(「大御身労賜」)では用明天皇は死去してしまい、「誓願賜、我大御病大平欲坐、故将造寺薬師像作仕奉詔、然当時崩賜、造不堪者」という事情があって、後日造像した旨が記されている。金堂釈迦三尊造像記でも厩戸王の病気に際して、「共相発願、仰二依三宝一、当レ造二釈像尺寸王身一、蒙二此願力一、転レ病延レ寿、安二住世間一。若是定レ業、以背レ世者、往二登浄土一、早昇二妙果一」と祈願されたが、結局死去してしまったので、その後に造像に至り、「乗二斯微福一、信道知識、現在安穏、出生入死、随二奉三主一、紹二隆三宝一、遂共二彼岸一、普遍六道、法界含識、得レ脱二苦縁一、同趣二菩提一」との趣旨が示されている。したがって木像の場合も「天皇」の病気→死去→死後の造像という流れで理解すべきであり、銘文を二区分しても、「天皇」の病を平癒した霊像という解釈は導き出すことはできないと思われる。(20)

次に蚊屋皇子の位置づけや斉明との関係の問題である。蚊屋采女と舒明の婚姻時期は不明であるが、『書紀』舒明八年(六三六)三月条「悉劾下奸二采女一者上皆罪レ之。是時、三輪君小鷦鷯苦二其推鞫一刺レ頸而死」とあり、こうした綱紀粛正を行っている舒明自身が即位前に采女と通じることはなかったとすれば、即位後の婚姻ということになる。推古は最晩年まで明確に後継者を決めていなかったので、舒明即位前紀のような紛擾が起きているのであり、推古朝段階で舒明が有力な王位継承候補者として采女と通じることができたとも考え難い。[21]とすると、蚊屋皇子は中大兄の弟大海人（舒明六年頃の誕生か）と同じ頃に生まれたことになる。[22]但し、地方豪族所生子、その後の活躍も不明であり、皇子宮の如き経済基盤を有したか否か、[23]また舒明死後も皇極・斉明女帝との関係形成を行うことができたかどうかなどは手がかりに欠ける。

ちなみに、『書紀』天武十三年（六八四）十一月戊申朔条の朝臣賜姓氏族の中には、吉備氏一族では下道臣・笠臣だけが登場している。笠臣は大化元年（六四五）九月丁丑条に古人大兄皇子謀反事件の密告者として笠臣垂が活躍しているのが理由と目され（『続紀』宝字元年（七五七）十二月壬子条では中功とされる）、その他天智六年（六六七）十一月乙巳条には旧百済領に駐留する唐軍からの使者司馬法聡の送使となった笠臣諸石の存在も知られる。下道臣も真備の父圀勝らが活動する時代であり、中央への進出が企図されていた。しかし、賀陽臣は八色の姓では朝臣賜姓に与っておらず、当時の朝廷中枢部とは疎遠であったと目される。したがって蚊屋皇子の母蚊屋采女の出身氏族である賀陽臣氏が斉明―中大兄・大海人と特別な関係にあったという明証は見出せない。

そして、「大御身労坐」＝斉明の危篤と栢寺＝備中の寺院とその檀越賀陽臣氏および蚊屋皇子の関係である。斉明は筑紫の朝倉宮で重篤になっているので、「栢寺智識之等」も朝倉宮に赴いたと解釈せねばならない。上述のように、蚊屋皇子の動向は不明であるが、『書紀』斉明七年正月甲辰条では吉備の大伯海において大海人皇子と大田皇女の間に大伯皇女が生まれたとあるので、百済救援の出兵のための移居は朝廷中枢部を挙げてのものであると見られるから、蚊屋皇子が朝倉宮に同行した可能性も考えられなくはない。備中の栢寺との関係も上述の下道地域での募兵と関連づけることができるかもしれない。しかし、それでも備中の栢寺の人々が朝倉宮に詣でて、斉明の病気平癒を祈願するという情景を想定することは難しいと思われる。

以上を要するに、備中の栢寺説にはなお多くの究明すべき点が残っており、この説では言及されていない移坐の過程をどのように理解するかも課題である。また「天皇」＝斉明の崩御に至る病とは別の病気平癒とする解釈に疑義が存することは上述の通りであるが、上掲法隆寺金堂釈迦三尊造像記では病気平癒→死去→冥福祈願の造像は概ね一年くらいで実施されており、六六一年七月斉明崩御時の病気平癒を起点とする造像という文脈では年次が隔たりすぎるという難点が残ると思われる。では、「天皇」＝斉明以外の比定は如何であろうか。最後に斉明朝から天智朝の間に位置する本銘文の内容理解に関連して、銘文中の「天皇」の人物比定や天智即位に至る事情などに私案を示したい。

三　斉明朝から天智朝へ

本銘文の「天皇」は「大御身労坐之時」に「中宮」にいたとあり、漢語の「中宮」は皇后の意である（諸橋轍次『大漢和辞典』）。「天皇」＝斉明説では「中宮」をもと皇后の女帝の居所を指すと理解する訳であるが、近年の男帝と同様の資質・能力を以て即位した女帝という観点を俟つまでもなく、即位後の女帝の居所は大王宮に他ならず、それとは別に「中宮」が存したとか、もと皇后の女帝の居所を「中宮」と称したといった説明には疑問が生じる。そこで、「中宮」＝皇后説に立つと、これを孝徳の皇后であった間人皇女に比定する説が呈されていることに注意したい(24)。本銘文の時期では中大兄は即位前で、斉明は女帝であったから、「中宮」と称することができたのは間人皇女しかいない。

d『万葉集』巻一第三番歌《舒明朝》

天皇遊二猟内野一之時、中皇命使二間人連老一献歌

やすみしし　我が大君の　朝には　取り撫でたまひ　夕には　い寄り立たしし　みとらしの　梓の弓の　中弭の音すなり　朝狩に　今立たすらし　夕狩に　今立たすらし　みとらしの　梓の弓の　中弭の音すなり

e『万葉集』巻一第一〇〜一二番歌《斉明朝》

　中皇命往二于紀温湯一之時御歌

君が代も　我が代も知るや　岩代の　岡の草根を　いざ結びてな

我が背子は　仮廬作らす　草なくは　小松が下の　草を刈らさね

吾が欲りしは　野島は見せつ（子島は見しを）　底深き　阿胡根の浦の　殊そ拾はぬ

　右、検二山上憶良大夫類聚歌林一曰、天皇御製歌云々

f『大安寺伽藍縁起幷流記資財帳』

（上略）爾時後岡基宮御宇　天皇造二此寺一司阿倍倉橋麻呂・穂積百足二人任賜、以後　天皇行二車（幸カ）筑志朝倉宮一、将二崩賜一時、甚痛憂勅久、此寺授レ誰参来止先帝待問賜者、如何答申止憂賜支。爾時近江宮御宇　天皇奏久、開伊髻墨刺乎刺、肩負レ鉏、腰刺レ斧奉レ為奏支。仲天皇奏久、妾毛我妋等、炊女而奉レ造止奏支。爾時手柏（拍カ）慶賜而崩賜之。以後飛鳥浄御原宮御宇　天皇歳次癸酉十二月壬午朔戊戌、造寺司小紫冠御野王・小錦下紀臣訶多麻呂二人任賜、自二百済地一移二高市地一。（下略）

g『本朝文集』巻二天智天皇崇福寺願文〈園城寺伝記巻一〉（参考）

（上略）以二此勝因功徳善根一、奉二資辛酉年七月廿三日崩親祖天皇豊財重日足姫天皇・乙丑年三月十三日薨親妹中宮太皇后二所御霊一、慈尊引導、託二生内院一、面奉二慈顔一、聞レ法悟レ忍、永滌二塵労一、早登二仏位一。（下略）

d・eの「中皇命」に関しては、これをナカツスメラミコトと読み、間人皇女に比定し、『書紀』には漏れている

が、斉明崩御後に称制した、あるいは皇位に即いたとする説がある。(25) 但し、長屋王家木簡には「長屋皇」の表記があり、皇をミコと読めば、ナカツミコノミコトと読むべきものであって、兄中大兄皇子に対偶する称として間人皇女を指すものとして問題なく、また間人皇女の即位云々は論点にならないとする見解も示されている。(26) 間人皇女の動向が問題になるのは、百済救援の出兵途中で斉明が死去、中大兄が称制という形で白村江戦や敗戦後の防衛網構築などを推進するものの、近江大津宮に遷都後に漸くにして即位するのは六六八年のことで、七年間もの空位が続く要因とも関係するためである。称制の方が権力行使が容易であったとする説明もあるが、やはり天皇位の安定・即位した方が権力は盤石になると思われる。(27)『書紀』天智四年（六六五）二月丁酉条「間人大后薨」、三月癸卯朔条「為㆓間人大后㆒度㆓三百卅人㆒」とあり、六年二月戊午条「合㆘葬天豊財重日足姫天皇与㆓間人皇女㆒於小市岡上陵㆖」とある一連の飛鳥での課題を処理した上で、遷都→即位に進むことができたとすれば、間人の存在が問われねばならない。

乙巳の変後に孝徳が改革の拠点として遷都した難波宮が完成する頃、六五三年に中大兄は突如飛鳥還都を主張し、母皇極前大王や皇后間人皇女らを奉じて飛鳥に戻ってしまう（『書紀』白雉四年（六五三）是歳条）。この時に孝徳は「鉗着け　吾が飼ふ駒は　引出せず　吾が飼ふ駒を　人見つらむか」と詠じて嘆いたといい、「見る」には男女相会の意味もあるので、中大兄は同母妹の間人と近親相姦の禁忌を犯していたため、間人が死去するまで即位できなかったとする意見がある。(28) また孝徳崩御後も孝徳派は潰滅したのではなく、孝徳喪葬時に飛鳥から難波に赴いた中大兄らのうち、間人は難波に留められ、「難波朝廷」が維持され、斉明没後に間人が即位したとする見方も呈されている。(29) さらには天智紀に二つの称元紀年が存する（称制時から起算、即位時から起算）理由を探究して、中大兄は六六一年の斉明死去時に「治天下大王」として即位し、次いで当時の国際環境や国内における政治的安定などの諸問題を克服する強力な政治体制の構築・王権強化の課題に対処するために、六六八年正月に「治天下天皇」として二度目の即位を行った

とする二段階即位説を主張し、間人云々の問題を除去して考えようとする案も存する。(30)

私は『書紀』斉明四年（六五八）正月丙申条で死去する左大臣巨勢徳太、天智三年（六六四）五月是月条で死去する大臣蘇我連など、孝徳に通じる勢力や旧来の中央有力豪族の勢威はなお強大で、中大兄―中臣（藤原）鎌足が乙巳の変以降の政務の中心にいたのではないと考えている。(31)中大兄→天智の即位が遅れる理由に明確に答えることは難しいが、間人との近親相姦は孝徳紀の歌謡の解釈が唯一の論拠で、「難波朝廷」の存続と間人の擁立もeに窺われる斉明朝の間人の動向＝斉明・中大兄と行動を共にしていた点などからは疑問が残る。天智の二段階即位に関しては、天智紀編纂の問題、また斉明死去時と翌六六二年を起点とする二つの称制紀年、六六七年三月即位説（『書紀』天智七年正月戊午条分註）を加えると、計四つの称元紀年が想定されることなどにも留意が必要であり、(32)天智朝に天皇号が存在したか否かも含めて、さらに検討すべき論点が存すると思われる。

現時点では「称制時の中大兄は「天皇」として位置付けられていないことになり、形式的には「大后」間人による大王代行が想定される。天智の即位は大后間人の死去後であり、両者には密接な関係がある。中大兄による「称制」「摂政」の内実は、額田部に見られたような「大后」間人による大王代行を前提とすれば理解しやすい。「中皇命」「仲天皇」の意味は、斉明の次（二番目）の天皇としての位置付けを追号されたものであろう」という見解を概ね支持したいと考えている。(33)(34)七世紀の倭国の権力集中のあり方を敷衍すると、推古女帝―王族の厩戸王・権臣の蘇我馬子→舒明と権臣蘇我蝦夷の対立萌芽→皇極女帝―権臣蘇我入鹿→（蘇我系の古人大兄擁立―権臣蘇我入鹿）→孝徳→斉明女帝―王族の中大兄→間人大后―中大兄→天智と変遷したものと展望され、東アジア情勢の画期となる六四二年以降では、高句麗型の権臣専制→百済型の国王専権とその挫折（孝徳朝）→新羅型の女王と王族有力者の補佐による権力維持と、朝鮮三国の権力集中方式をすべて体験した上で、白村江戦の敗北を契機に、新羅と同様に、唐に倣った中央集権体制の構築、王を中心とする律令国家確立へと歩み始めるものと解せられる。[35]そこに至る円滑な移行の方法として、白村江戦後の諸課題への対応と中大兄即位までの確実な基盤作り、[36]六六四年五月の大臣蘇我連死去による中大兄―中臣鎌足による権力掌握などもふまえて、斉明朝から続く女帝―王族の有力者による補佐という権力集中の型を暫く維持する方向が求められたとすれば、間人大后を表に立てて、間人―中大兄による権力維持、「仲天皇」としての間人の存在が不可欠になったのではあるまいか。

では、間人には「仲天皇」と称されるような即位の実態があったのであろうか。『常陸国風土記』では「倭武天皇」(信太郡・行方郡・香島郡条)、「息長帯比賣天皇」(茨城郡条)、『播磨国風土記』には「宇治天皇」(揖保郡条)などが見え、記紀では即位していない人物が八世紀の文献に「天皇」と記される例が存する。但し、これらは日本武尊、神功皇后、菟道稚郎子皇子などかなり古い時代の人々であり、即位の有無は不詳とせねばならない(記紀編纂のある段階で即位が構想されていた可能性は残る)。但し、記紀編纂に近接する間人皇女が即位していたとすると、人々の記憶や事実認識も明白であったと思われるので、即位を抹消することは難しいと考えられる。[37]論を銘文の「天皇」に戻すと、私は六六六年という造像年次、斉明朝から天智朝への移行過程などをふまえると、「中宮」において「大御身労坐」となった「天皇」は間人皇女に比定するのがよく、六六五年二月死去→六六六年四月の造像というあり方は、上述の病気平癒祈願→死去→冥福祈願の造像にも合致するものであろう。栢寺は畿内の寺院(野中寺と同じか否かは不詳)と推定され、その知識の人々が飛鳥で死去した間人の病臥を見舞う可能性、上述の間人死去に伴う度者賜与との関係などもより整合的に説明し得るのではないかと思われる。[38]

ただ、本銘文を本当に丙寅年＝六六六年のものと見てよいか否かについては、天皇号始用時期に関わる論点があり、なお不審を残しておきたい。天智紀には編纂不備の問題が存し、統一不充分な点があるが、逆に原史料の表記が維持されていると目される部分も残る。そうした事例の一つに間人や倭姫王を「皇后」ではなく「大后」とする記述があり(39)、天智朝には天皇・皇后は未成立であったと考えるべき証左が窺われる。本銘文の「天皇」＝間人はfの「仲天皇」＝間人と同様、間人即位説に棹さす一史料であり、その成立時期にも幅を持たせて位置づけるべきものではないかと思う。

むすびにかえて

小稿では野中寺弥勒像台座銘について、近年の研究動向・新説を整理し、若干の私見を呈示した。本銘文をめぐる論点は多岐に亘り、諸説に対していくつかの疑問を指摘し、当該期の政治情勢との関連で銘文字句に関する解釈を試みた。釈文はaの通りであるが、近年問題になっている「旧」か「朔」かについては、この文字を「朔」と読み切る確信はない。bの表面一・二文字は釈文は立つが、釈読は未定であると思われ、本銘文中の問題の文字と相似する一文字目を「朔」と読むべきか否かは、さらに同時代史料の出現が俟たれる。

「朔」の字は日本の金石文には用例が少なく、いずれも八世紀のものであるが、元明天皇陵碑（『集古十種』所載）の「養老五年歳次辛酉冬十二月癸酉朔十二日乙酉葬」、石川年足墓誌の「天平宝字六年歳次壬寅九月丙子朔乙巳」「十二月乙巳朔壬申」、高屋連枚人墓誌の「宝亀七年歳次丙辰十一月乙卯朔廿八日壬午葬」などが知られるくらいである。それらを『五體字類』や『碑別字新編』（文物出版社、一九八五年）などに所載のものと比べると、同形の字を見出すことができる。しかし、本銘文の字形と近似するものは見あたらないと思われ、事例数は少ないが、七世紀の金石文にはこうした月日表記は存在しない。この点の理解如何、また第三節で示した「天皇」＝間人説での解釈の評価などは、なお課題として残らざるを得ないところがある。表題の「カイ」には「解」が入ればよいが、小稿を読了された方には「怪、恠、悔、壊……」など適切な文字をあてはめていただければ幸甚である。

図3 「朔」の字形比較

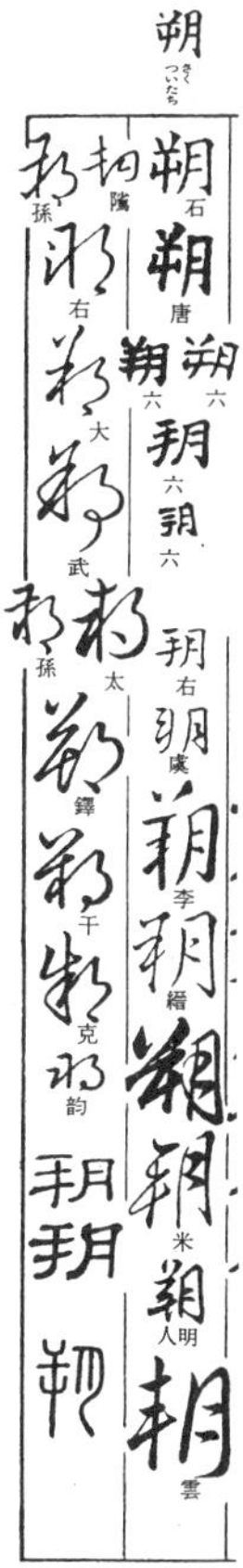

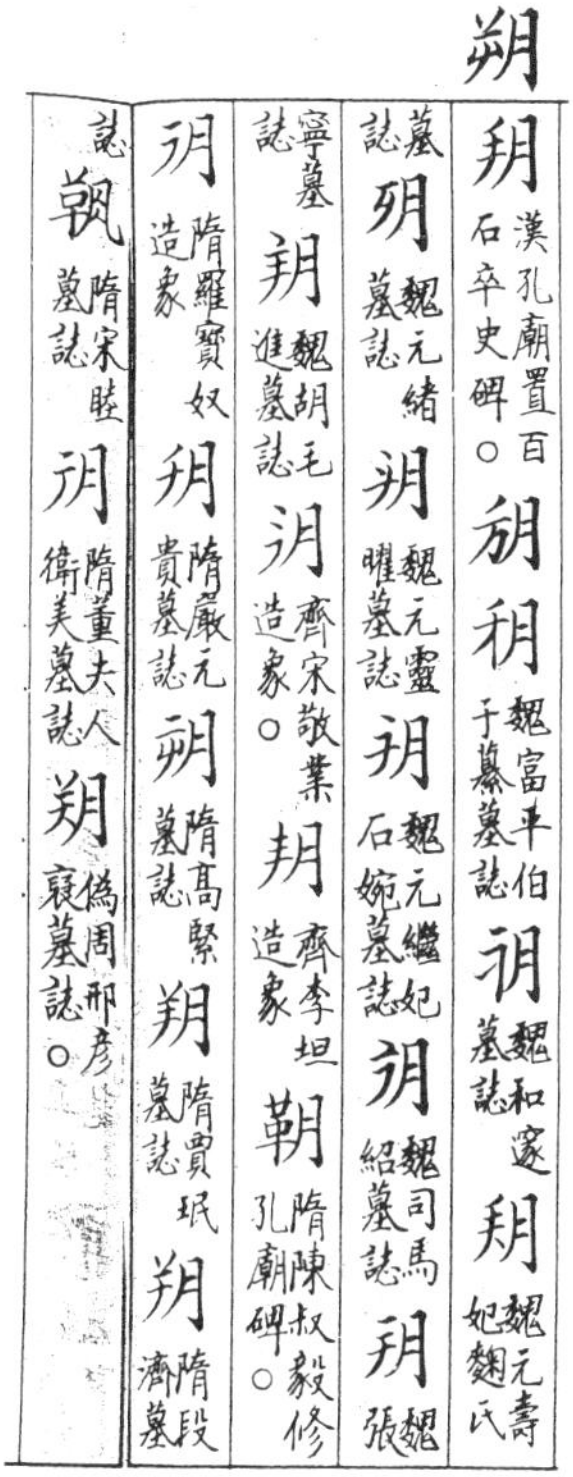

（備考）『五體字類』、『碑別字新字』、奈良国立文化財研究所飛鳥資料館編『日本古代の墓誌』（一九七九年）より転載・集字。

野中寺弥勒像台座銘の「カイ」（森）

註

（1）王辰爾の後裔氏族については、井上光貞「王仁の後裔氏族と其の仏教」（『日本古代思想史の研究』岩波書店、一九八二年）、加藤謙吉「「野中古市人」の実像」（『大和政権とフミヒト制』吉川弘文館、二〇〇二年）などを参照。

（2）奈良国立文化財研究所飛鳥資料館編『飛鳥・白鳳の在銘金銅仏』（同朋舎、一九七九年）一八一頁。

（3）藪田嘉一郎「銘刻小考」（『史迹と美術』一七一、一九四六年）。

（4）東野治之「天皇号の成立年代について」（『正倉院文書と木簡の研究』塙書房、一九七七年）。

（5）研究史は拙稿「天皇号の成立をめぐって」（『古代日本の対外認識と通交』吉川弘文館、一九九八年）、「日本国号と天皇号」（宮地正人他編『新体系日本史1　国家史』山川出版社、二〇〇六年）などを参照。

（6）鎌田元一「野中寺弥勒造像銘と天皇号」（二〇〇一年三月日本史研究会例会口頭報告〔北康宏氏所持の録音源を二〇一一年度日本史研究大会報告のために竹内亮氏が入手されたもののコピーを拝聴した〕）、麻木脩平「野中寺弥勒菩薩半跏像の制作時期と台座銘文」（『仏教芸術』二五六、二〇〇一年）。

（7）松田真平「野中寺弥勒菩薩像の銘文読解と制作年についての考証」（『仏教芸術』三一三、二〇一〇年）。

（8）東野治之a「野中寺弥勒像台座銘の再検討」（『国語と国文学』七七―一一、二〇〇〇年）、b「野中寺弥勒像銘文再説」（『仏教芸術』二五八、二〇〇一年）、c「古代在銘仏二題―村山家の観音像と野中寺弥勒像―」（『萬葉集研究』三一、塙書房、二〇一〇年）、d「七世紀以前の金石文」（『大和古寺の研究』塙書房、二〇一一年）など。bでは「舊」の異体字として「旧」が古代に見あたらないことは確実であるが、四行目第一字は「朔」とは読めず、擬古作とすれば、やはり「旧」でよいことも指摘されている。

（9）麻木註(6)論文、同「再び野中寺弥勒像台座銘文を論ず」（『仏教芸術』二六四、二〇〇二年）。なお、藤岡穣「野中寺弥勒菩薩像について」（『MUSEUM』六四九、二〇一四年）は、蛍光X線分析の調査をふまえた上で、古代の金銅仏であり、六六六年の作と見てよいとする。また『河内名所図会』以前に、元禄十二年（一六九九）に慈観玄道が作成した野中寺蔵『青龍山野中寺諸霊像目録』に「弥勒大士金像坐身長八寸聖徳太子為悲母而鋳之〈有銘〉」と記されていること、体部は江戸時代の補作ながら、頭部は平安末～鎌倉初期に遡ると目される勝軍寺（「下ノ太子」）観音堂本尊の半跏思惟形の如意輪観音像が「中ノ太子」と称される野中寺の像の模刻と認められることなどから、野中寺像は江戸初期（以前）に遡る伝来を確認することができるという。

（10）礪波恵昭「野中寺菩薩半跏像をめぐって」（中野玄三他編『方法としての仏教文化史』勉誠出版、二〇一〇年）。但し、藤岡註

（9）論文は、隋唐様式を基調としながらも北斉様式との関連（新羅経由で伝来かと見る）を想定すべきであり、初唐様式は必ずしも看取できないとする。

（11）松田註（7）論文。なお、藤岡註（9）論文も「栢寺」が野中寺の前身寺院である可能性を探るべきであるとする。

（12）竹内亮「古代の造寺と社会」（『日本古代の寺院と社会』塙書房、二〇一六年）。

（13）鎌田註（6）報告、竹内註（12）論文。なお、この点について藤岡註（9）論文は、様式や製作技法からは地方での造像を疑問とする見方を示している。

（14）岡山県総社市教育委員会『大文字遺跡（栢寺廃寺）』（二〇〇九年）。平瓦の釈読は竹内註（12）論文に依拠。

（15）吉田晶「吉備地方における国造制の成立」（『吉備古代史の展開』塙書房、一九九五年）。

（16）寺崎保広「飛鳥池遺跡の性格についての覚書」（『古代日本の都城と木簡』吉川弘文館、二〇〇六年）、吉川真司「飛鳥池木簡の再検討」（『木簡研究』二三、二〇〇一年）、櫛木謙周「生産・流通と古代の社会編成」（歴史学研究会他編『日本史講座二　律令国家の展開』東京大学出版会、二〇〇四年）、市大樹「飛鳥池遺跡南地区出土木簡と工房」（『飛鳥藤原木簡の研究』塙書房、二〇一〇年）、十川陽一「奈良時代の「所」と「大夫」」（『日本古代の国家と造営事業』吉川弘文館、二〇一三年）、竹内亮「飛鳥池遺跡北地区出土木簡と飛鳥寺」（註（12）書）など。

（17）拙稿「郡司表（稿）〔第二版〕」（『平安・鎌倉時代の国衙機構と武士の成立に関する基礎的研究』平成二十一年度〜平成二十三年度科学研究費補助金〔基盤研究（C）〕研究成果報告書〔研究代表者・森公章〕、二〇一二年）、「地方豪族と人材養成」（『地方木簡と郡家の機構』同成社、二〇〇九年）。なお、竹内註（12）論文は上掲大文字遺跡出土瓦の「評太君」はコホリノオオキミ、評督のことで、服＝服部氏と見て、七世紀後半の時点で服部氏が評司になっていたと述べるが、賀夜郡の郡司の実例が判明するものは少なく、この服部氏の行方も不明であるので、一説と位置づけるに留めたい。

（18）竹内註（12）論文一八九〜一九一頁。

（19）拙著『「白村江」以後』（講談社、一九九八年）。

（20）古市晃「竹内報告を聞いて」（『日本史研究』五九六、二〇一二年）は、銘文解釈は支持するが、知識結集の契機として栢寺造立を想定し、弥勒造像と分離して理解する点には問題があるとし、銘文と弥勒像が不可分の関係にあることは明白であると述べる。

（21）天智の后妃と所生子の年齢から考えると、氏女・采女クラスと思しき栗隈首徳萬の女黒媛娘、越道君伊羅都女とは即位後の婚姻と推定されるが、伊賀采女宅子との間には大化三年（六四八）に大友皇子が誕生している。ここには乙巳の変の実働部隊としての中大兄の功績など、孝徳朝における位置づけを考慮すべきであろう。

(22)　大海人の年齢推定は、拙稿「中大兄の軌跡」（『海南史学』四三、二〇〇五年）を参照。

(23)　仁藤敦史「皇子宮の経営」（『古代王権と都城』吉川弘文館、一九九八年）によると、皇子宮の経営は王位継承資格を有する王族内の有力者が担当したとされている。

(24)　坂本太郎「古代金石文二題」（『古典と歴史』吉川弘文館、一九七二年）。なお、藤岡註(9)論文では註(43)において、間人説であれば、野中寺像の発願と造立の時間差についての疑問は解決するが、その当否は後考に期したいと述べる。

(25)　坂本註(24)論文、原秀三郎「孝徳紀の史料批判と難波朝廷の復元」（『日本古代国家史の研究』東京大学出版会、一九八〇年）など。

(26)　東野治之「長屋王家木簡からみた古代皇族の称号」（『長屋王家木簡の研究』塙書房、一九九六年）。fの「仲天皇」に関しても、間人皇女または倭姫大后に比定され、間人皇女と断定できないこと、田中卓「中天皇をめぐる諸問題」（『壬申の乱とその前後』国書刊行会、一九八五年）が指摘するように、「中皇命」をナカツスメラミコトと誤読して、これを「仲天皇」の三字にあてた可能性があることなどを指摘されている。なお、大平聡「「中皇命」と「仲天皇」」（吉田晶編『日本古代の国家と村落』塙書房、一九九八年）はナカツミコノミコトと読み、舒明と皇極（斉明）所生子の中大兄・間人・大海人の中で二番目のミコであったためと説明する。

(27)　遠山美都男『天智天皇』（ＰＨＰ研究所、一九九九年）は、乙巳の変や古人大兄殺害など、中大兄の血塗られた足跡が即位遅延の一因であったと見ている。

(28)　吉永登「間人皇女」（『万葉　文学と歴史のあいだ』創元社、一九六七年）。

(29)　八木充「乙巳の変後の政権構成」、「七世紀中期の政権とその政策」（『日本古代政治組織の研究』塙書房、一九八六年）。

(30)　河内春人「天智「称制」考」（『日本古代君主号の研究』八木書店、二〇一五年）。なお、中村順昭「不改常典と天智天皇の即位に関する試論」（吉村武彦編『日本古代の国家と王権・社会』塙書房、二〇一四年）は、称制段階での実質的な大王位執行と、即位時の天皇号の成立、甲子宣や亡命百済人への冠位授与、大友皇子を太政大臣とし、皇子と雖も臣下であることを示して君主権の絶対化を企図したその到達点に天皇号の採用、また君主のあり方を定めた不改常典の存在があると述べている。

（31）拙稿「中臣鎌足と乙巳の変後以降の政権構成」（『日本歴史』六三四、二〇〇一年）。

（32）坂本太郎「天智紀の史料批判」（『日本古代史の基礎的研究』上、東京大学出版会、一九六四年）、遠藤みどり「〈大后制〉の再検討」（『日本古代の女帝と譲位』塙書房、二〇一五年）、註(22)拙稿など。

（33）仁藤敦史「古代女帝の成立」（『古代王権と支配構造』吉川弘文館、二〇一二年）三一二〜三一三頁。なお、新川登亀男「「仏教」文明化の過程」（『仏教』文明の東方移動』汲古書院、二〇一三年）二一四〜二一五頁では、間人は孝徳とともに難波宮において「治天下」を分有・共有した存在で、難波から退去した後も「大后」として「治天下」の可能性を常に秘めていたとする。そして、近江遷都と天智即位はその選択肢がなくなること（間人の薨去）を必要としていたと述べられている。

（34）拙稿「天智天皇」（『歴史読本』五八―四、二〇一三年）。

（35）当該期の政治過程や国際情勢の理解は、拙稿「倭国から日本へ」（『日本の時代史3　倭国から日本へ』吉川弘文館、二〇〇二年）、拙著『東アジアの動乱と倭国』（吉川弘文館、二〇〇六年）を参照。

（36）斉明崩御時に中大兄は三六歳で、仁藤註(33)論文、義江明子『古代王権論』（岩波書店、二〇一一年）一八六〜一八七頁などが指摘する四〇歳（以上）即位適齢説に依拠すると、まだ少し若いという懸念もあったと考えられる。

（37）笹川尚紀「『日本書紀』編修論序説」（『日本書紀成立史攷』塙書房、二〇一六年）は持統の母の名前についても、遠智娘、造媛、美濃津子媛などの混乱を整理できていない点を指摘し、『書紀』編纂開始を持統死後（持統が生きていれば、持統に尋ねれば解決した筈）、大宝令制下に想定しようとしている。それでも王位継承の次第は明白であったと思われる。

（38）間人皇女の資養に関わる間人連（宿禰）については、佐伯有清『新撰姓氏録の研究』考證篇第一（吉川弘文館、一九八一年）四五九〜四六一頁を参照。畿内での本拠地は不詳である。

（39）遠藤註(32)論文。なお、天智即位前紀には「天萬豊日天皇後五年十月崩」とあり、大化・白雉年号を用いない独自の表現になっているのも原史料を残した記述と目される。

（補註）註(6)の指摘に関連して、『平城宮発掘調査出土木簡概報』十五―一二頁に、
　備前国邑久郡旧井郷秦勝小國白米五斗
という木簡があることに注意しておきたい。奈良文化財研究所の木簡データベースにより写真版（図4）を見ると、字形は「旧」でまちがいないので、これが「舊」の略字体とすると、註(6)諸論考の指摘は成り立たなくなり、本稿第一節の考察も全面的に改

める必要があるが、もはや改稿は難しく、この知見を付載することでご寛恕願いたい。ただ、これも第一節で考究した「朔」の字であるかもしれず、なお検討課題としたい。ちなみに、「旧井郷」は『和名抄』には見えない郷名である。

図4　平城宮跡出土木簡（奈良文化財研究所蔵）

〔付記〕　本稿は拙著『人物叢書　天智天皇』（吉川弘文館、二〇一六年）執筆の過程で勉強した事柄を整理したもので、木簡・金石文にも通じている佐藤信先生の記念論集に蔵していたが、人物叢書の方が先に出来上ってしまい、出版に至っている。したがって結論部分は既にそこに示しているが、改めて詳しい論点をまとめたものとして、献呈させていただいた。

五月一日経書写事業の給与支給帳簿

大平　聡

はじめに

正倉院文書として伝えられる写経所帳簿群のなかで、写経・校正・装潢に携わる現業職員の給与（布施）支給のために作成された、いわゆる布施申請解は、最も安定した書式を有する帳簿と言えよう。しかし、不思議なことに、写経所の脊椎的事業とも言うべき五月一日経書写事業においては[1]、布施申請解はほとんど遺されていない。

布施申請解作成のための原資料となるのは、現業職員個々から提出される業務報告書とも言うべき「手実」であった。たとえば、天平一八年（七四六）正月から天平二〇年五月にかけて書写が行われた後写一切経事業では、春夏秋冬の季ごとに布施支給が行われ、各季末に提出された手実と布施申請解を貼り継いだ手実帳・布施帳がきわめて良好に遺存している。手実は一部が庫外に流出しているが、布施帳と突き合わせて検ずると、欠失したものは数点程度と考えられ、その保存状況の良好なことが確認される。それは、事務局による布施物の申請（請求）・受領、そして現業職員への支給という、重要な事務処理を管理する文書として、両帳が大切に扱われた事実を示すものと言えよう。

五月一日経書写事業（以下、「五月一日経事業」と表記）においても、天平一一年（七三九）七月下番（七月後半分）以降の手実帳が遺されている。しかし、五月一日経事業は天平八年に開始されており、右記手実より五ヵ月前に作成された五月一日経の中間報告書たる「写経司啓」(2)によって、天平一一年二月一三日までには、当初予定の約半分弱の二二一八巻の書写が完了していたことを知る。この既写分に関する手実は、現在のところ一点も確認されていない。

かつて私は、天平一一年七月下番以降の五月一日経事業の手実について、その記載様式の変遷を検討し、現存最初の手実が、意外にも給与支給を直接の目的として提出させられたものでなく、用紙管理を第一義的目的としていたことを指摘したことがある。(3)そこでは、天平一一年七月下番から、天平二〇年春季までの手実を、書式という点から五つの時期に分け、第Ⅳ期にあたる天平一六年一二月から一七年一二月の間に作られた三つの手実帳(4)が、個々の職員から提出されたものを貼り継いで作られたのではなく、事務担当者によって統一的に一括して作製されたものであり、手実から布施申請解を作成するという事務処理を一つの帳簿で済まそうとした、手実と布施申請解（歴名部）の折衷的形態の帳簿と呼ぶべきことを指摘した。

しかし、Ⅲ期以前の手実も給与支給と全く関係がなかったわけではない。給与額に関する追記を有する手実が少なくないのである。前稿では、書式の変化に分析の主眼を置いたため、手実に追記された給与関連記述の意味を追究することを怠った。五月一日経事業の帳簿に「布施帳」が見えないことと、手実に給与関連追記が見えることとの間には何らかの関係があるのではないか、それを考えることが本稿の課題である。

もう一つ、右記の統一的「手実」について、頭の隅にこびりつき、忘れ去ることができない蟠りのごときことがある。今からもう三〇年以上も前のことであるが、東京大学大学院での皆川完一先生ご担当の演習において、渡辺晃宏氏がこの手実について、これを手実と言ってよいのかと疑問を投げかけたことがある。この問いに対し、私は即座に、この史料自体が自らを「手実」と称している以上、手実と言わねばならないと発言し、考察の深化を塞いでしまった。演習での渡辺氏の呈する疑問には、写経所文書を理解する上で重要な論点が含まれていることが多々あった。その芽を摘んでしまったという思いを消し去ることができないまま、今日に至っている。このたび、五月一日経事業における給与支給事務処理方法について考えるなかで、やはりその懸念が当たっていたことに気づかされた。三〇年来の宿題にこたえること、これが本稿での私のもう一つの課題である。(5)

一 布施申請解の書式・構成要素

五月一日経事業の帳簿の考察にはいる前に、まず、布施申請解の書式、およびその構成要素について確認しておくこととしたい。管見の限り、定型的な最も古い布施申請解は天平一四年（七四二）六月三日の年紀を有する「福寿寺写一切経所解」(6)（八60〜63）である。この史料には追記・訂正が多数見られるのであるが、書式を確認することを第一の目的とし、当初の記述のみを引用することとする。

史料①（八60〜63）

ⓐ福寿寺写一切経所解　　申請経師布施物事

ⓑ合奉写経弐伯弐拾参巻

　一百八十一巻一切経

　卌二巻外写法花経幷最勝王経

ⓒ用紙参仟玖伯玖拾壹張

三千二百二張一切経
三千九十八張麁
廿張注
八十四張結願
七百八十九張雑経
ⓓ応給布施銭弐拾壱貫伍伯肆拾弐文
十九貫七百卌二文経生料
十九貫四百卅四文麁経料、以五銭充一紙
一百卌文注経料、以七銭充一紙
一百六十八文結願料、以二銭充一紙
四百文装潢料、以二百銭充四百紙
一千四百文校生料、以二百銭充一千紙
ⓔ坂合部文麻呂　写紙一百十四張一百十一張麁 三張結願　銭五百六十一文
（以下、経生一八人、装潢生二人、校生三人省略）
ⓕ以前、起二月五日至于四月廿九日、写経并布施等物、顕注所請如前、謹解
ⓖ　天平十四年六月三日　田辺史「真人」
小野朝臣「国堅」

布施申請解は、首部・歴名部・尾部の大略三つの部分から構成される。首部は書出文言（ⓐ）と総計部（ⓑ～ⓓ）か

ら成る。総計部ではまず製品量が記される。依頼者（発願者）に対して報告すべき最重要事項である。次に、その作業量が紙数をもって示される（ⓒ）。布施（給与）が紙数を基準にして算出されるからで、最後に布施（給与）額（ⓓ）が記される。ⓑ〜ⓓはそれぞれ、まず総数を記し、一字下げて内訳が示されるが、総数には大字を用い、内訳には小字を用いることも含め、こうした書式は正税帳などに共通し、律令文書行政における帳簿作成様式の統一性がうかがえる。

歴名部（ⓔ）は、ⓒの布施支給の対象者全員の姓名・作業量・布施額がこの順に一行で記される。ⓒの詳密な内訳とみなされるからであろう、数値には小字が用いられる。本事例では、経師・装潢・校生の順に記されるが、校生と装潢の順を入れ替えている事例も多く、いずれの場合でも、ⓓの内訳と歴名部の順番は一致している。

尾部は、ⓕ書き止め文言とⓖ年月日・担当事務官署名から成る。ⓕには布施支給の対象期間が記される。長期間にわたって行われる写経事業では、対象期間の終末は月末の日付で記される。月末締めで布施（給与）支給が行われていたことを知る。ⓖは必ず年から記され、実名部分は自署によることが多い。当然ながら、布施申請解は写経依頼者（発願者）もしくは所管官司に宛てて作成されるものであるから、現在、正倉院文書として遺る写経所文書中の布施申請解は、案文ということになる。案文に自署が据えられることは珍しいことではなく、これもそうした事例の一つと考えられないこともない。

しかし、布施申請解、そしてこれと作成経緯が類似する筆墨申請解の案文は、単なる文書発行の事実の証拠として写経所側に置かれたものではない。写経所は支給すべき布施物の下給を申請すればそれで事務処理が完了するのではなく、下給された布施物を受給者に支給して初めて、一連の事務処理を完了したことになる。布施申請解の案文は、支給作業の台帳となる重要な公文書なのである。右掲の引用には示していないが、本事例でも、歴名部の姓名上部に点が打たれている。これは布施を支給する際、支給済みであることを示すために打たれた印である可能性が高い。姓名の右肩部を覆うように合点が施されることも多い。これは筆墨申請解案文にも共通して見られることである。つまり、布施申請解の案文も、筆墨申請解の案文も、写経所にとっては所管官司への送信事実の記録であると同時に、その次に行うべき受給対象者への支給原簿という側面を有するものと言えよう。給与支給は現業職員にとって重要な事務処理作業であったため、担当者の自署が据えられて文書の威厳が高められたのであろう。

布施申請解の構造、およびその機能はおおよそ以上の通りである。

二　五月一日経書写開始以前

五月一日経が、玄昉の将来した『開元釈教録』に基づく五〇四八巻の経典を底本に書写された古写経であることを最初に指摘したのは福山敏男であった(7)。福山は、この写経事業が玄昉帰朝の翌年の天平八年（七三六）九月二九日より開始され、天平一四年一一月三〇日までに約九割が完了したことを指摘した。

この大部の写経事業に取り組んだことで、皇后宮職の写経担当部門として発足した写経所は、官司としての実体を整えていくのであるが、では、五月一日経事業開始以前は、現業職員への給与支給はどのように行われていたのであろうか。まず、この点から見ていこう。

天平八年以前の写経所関係文書を見ていて気づくのは、皇后宮職より諸官司に宛てられた下級官人の業務実態を報告する文書群の存在である。『大日本古文書』一巻四四二～六三〇頁にかけて収録される一連の文書は、天平三年八月から天平七年八月の間に収まる。つまり、五月一日経書写開始以前ということになる。

宛所には、図書寮、監物、右京職、民部省、兵部省、中務省、太政官の名が見える。このうち、最も多くの人員を提供し、報告を受けていたのは図書寮であった。図書寮は中宮職と同じく中務省の被官であり、長官である頭の職掌には「校写、装潢」が見え、写書手・装潢手・造紙手・造筆手・造墨手が所属していた。厳密に言えば皇后宮職は令外官であり、中宮職と同一視することはできないが、中宮職相当官司と見れば、写経事業を行うための現業職員の提供を受けようとする場合、中務省は最も妥当な官司と言えよう。宛所として二例見える監物も、中務省所属の大・中・少監物のいずれかを指すものであろう。

報告されている人名を見ていくと、有位者は初位どまりであり、他は無位者である。無位は官僚の道に入ったばかりでまだ叙位に至らない状態にあるものを指す。官職を見ると、史生以外に確認することはできず、いずれにおいても官司に何とかはいりこむことができた最下級の官人と言ってよかろう。

肝腎の報告内容は、「上日」と「写紙」であり、これに「夕」が加わることがある。「夕」とは宿泊しての夜間勤務のことである。「写紙」は担当した業務内容の数的表現であり、一般的に言えば「行事」ということになる。「上日(夕)」と「行事」は官人にとって最も重要な勤務実績そのものであった。官人は毎年の勤務評定を受け、勤務評定を一定年数重ねて初めて叙位・昇進の機会を得る。なかでも「上日」は評定を受けるための基本要件であった。

つまり、皇后宮職からの報告対象となった下級官人は、自己の所属する本司での勤務のかわりに皇后宮職で働いていたということになる。皇后宮職での勤務は余業や勤務外勤務などではなく、本来業務そのものであったから、皇后宮職から彼らの所属本司への勤務実績報告によって、彼らは本司から給与の支給を受け、勤務評定を受けることができたのである。写経所の側からすると、勤務実績を報告すれば、別に彼らに対する給与支給を行う必要はなかった。

しかし、他官司の職員に頼る方式は、経済的基盤を十分に持たずに作業を行えるという点では良かったが、常に安定して労働力を確保できるのかという点で不安定さを内包していたと言わざるを得ない。やはり自前の現業職員を確保する必要があった。そこで注目されるのが次の史料である。

史料②（一582〜583）

今写最勝王経十部一百巻　用紙一千六百張

応給布廿二端　絁十一疋

安曇広麻呂　写紙一百六十張　絁一疋　布一端

（以下、九人略）

装潢倉椅部小滓造紙一千六百張以四百紙充一端布　絁一疋　布二端

右十一人、応給功布如件、謹啓

天平六年七月十一日

省略部分の人名のみを示すと左の通りである。

尾張張人、凡河内土持、安曇広浜、高屋赤麻呂、古頼小僧、三嶋広浜、飛鳥刀良、末蘇比麻呂、万昆嶋主

史料②に見える人名を、先に示した皇后宮職より諸官司に宛てられた文書に求めていくと、安曇広浜のみ図書寮所属の無位と見えるだけで（一476）、他は見出すことはできない。しかし、三嶋広浜・末蘇比麻呂と装潢の倉椅部小滓を除く他の八人は、後、この写経所での活動が確認される。他官司に頼るばかりでなく、自前の現業職員が確保されていたことが確認される。なお安曇広浜は本司からの出向ではなく、この事業のためにだけ声をかけられ、応じたものであろう。本来任務としての出向労働ではなかったため、給与支給の対象となったものと推測される。三嶋広浜・末蘇比麻呂も安曇広浜と同様であったかもしれない。

他官司からの出向ではない、この写経機関に雇用された現業職員には、当然、給与が支払われたと考えねばならない。しかし、現在、それが確認できるのは史料②が最も古く、これ以前の給与支給関連史料を見出すことはできない。次に確認されるのが史料③（七39〜42）と史料④（七43〜44）である。③は三つの断簡より成り、これを［1］（39〜40）・［2］（40〜41）・［3］（41〜42）とする。史料④は二つの断簡から成り、これを［1］（43）・［2］（43〜44）とする。史料③と④は表裏の関係にあり、③［1］の裏が④［1］で、③［2］の裏は空、③［3］の裏が④［2］である。ここでは、首尾が完存していると見られる史料③［1］を示す（史料④は掲出省略）。

史料③［1］（七39〜40）

写経幷論一百一十三巻観仏三昧経十巻 千手千眼経一巻　瑜伽論一百二巻

用紙二千六十六張

応給布五十七端二丈六尺（経生功・装潢功内訳略）

相折布卅六端充絁十八匹　見布廿一端

安曇広麻呂　写紙二百十張　絁二匹　布一端一丈

（以下、一一人略）

右一十二人

天平七年九月十八日

これを史料②とともに前節に示した布施申請解の一般的構造（史料①）と比較してみると、首部ⓐを欠く以外はおおむね一致しており、すでに布施申請解の原型が出来上がっていると見てよい。ただし、史料②はⓑⓒを一行に記す点で史料③と異なる。史料③の方が後の布施申請解に近いと言えよう。なお、史料②③がともに首部ⓐを欠くのは、官司としての未熟さを示すと言うべきであろうか。

この書式がいつまでさかのぼるものであるかは、史料が遺っていないので不明とせざるを得ない。ただ、天平五年正月二七日の日付を有し、「謹啓　写経事」に始まる文書（七33〜34）を見てみると、この文書が布施申請解と類似する構造を有していることが注目される。首部ⓐ〜ⓒ・歴名部ⓔ・尾部ⓕⓖ相当部分が確認されるが、給与に関する首部ⓓ、および歴名部の給与額記載はない。この史料の末尾は「可召史戸赤麻呂　丸白麻呂　秦並行」の一行で終わっているが、この三人はいずれも皇后宮職の上日・行事報告文書にその名を見出すことができる。この史料の性格を今一つ明確にできないのであるが、給与支給に関する文書と見て間違いなかろう。天平四年以前については不明とせざるを得ない。

三　五月一日経事業の開始

五月一日経事業の開始が天平八年（七三六）九月二九日とされるのは、「自天平八年九月廿九日始経本請和上所」に始まる長大な帳簿（継文、七54〜90）の記述による。最初の請本記録末尾が、

天平八年九月廿九日
高屋赤麻呂
自和上所請奉

に結ばれており、各請本記録が冒頭から経典名を記していることからすると、右に記した第一行の記述は、この帳簿全体の名称、表題と見るべきである。「和上」とは入唐僧玄昉にほかならず、この帳簿は玄昉が唐より将来した経典を、写経機関が借出するたびに記した借受記録ということになる。この帳簿を見ていくと、末尾に近く、「天平十一

年七月十日僧上所本経請舎人市原王」に始まる記録（七84～85）がある。この一行は、右に指摘したこの帳簿全体の冒頭第一行に匹敵する、いわば第二表題と見られる。というのは、天平一一年二月に中間総括が行われており、どうもここで体制の変革がなされたと見られるからである。天平一一年二月一三日の日付を有する「写経司啓」（二157～158）は、開元目録による一切経五〇四八巻のうち、現在書写完了した経典二二一八巻、残り二八三〇巻であることを報告する。

前稿で述べたように、現存する五月一日経の手実の最も古いものは天平一一年七月下番のもの（七300～308、二四417）である。右に示した、玄昉からの経典借受帳簿に見える第二表題の日付と近いことは単なる偶然ではなく、五月一日経書写が同年二月の中間報告後、何らかの体制変更を経て七月に再開されたものと推測される。そこで本節では、天平八年九月二九日の五月一日経事業開始後、中間報告のなされた天平一一年二月までの時期について見ていくこととする。

『大日本古文書』を見る限り、この時期の給与支給に関する文書を見出すことができない。布施申請解作成の原資料となる手実が見え始めるのは、右に述べたように中間報告以後のことである。しかし、『大日本古文書』には未収であるが、前節に見た布施申請解の原型と思しき文書と同じ構造を有する文書群が存在していた。それは塵芥六・八・一一・三八巻に整理されている文書の中に確認される。点数が多いのは六巻と八巻で、一部は『大日本古文書』二・二四巻に収載されているが、ほとんどが未収である。写真版を見ても傷みがひどく、判読することが困難なのであるが、『正倉院文書目録』（以下、『目録』と略称）(8)により、概要を知ることができるようになったことはありがたいことである。特に接続関係は写真版を見てもほとんどわからず、『目録』により、全体のおよその姿がわかるようになったことの意義は大きい。今、判明する限りの布施申請解の年月日を示すと左の通りである。

天平九年一二月二五日
天平一〇年二月二〇日・五月二九日・七月六日・八月二日
天平一一年三月六日・四月一五日・四月二五日
以下、『目録』の示す復原に従い、首部の判明する史料⑤［1］～［10］を左に示す。(9)
史料⑤［1］（二161～166、塵芥六①→②）
　写経司啓
　合写法華経七百九十二巻
　　用紙一万五千七百七十六張
　　応給布四百六十五端一丈五寸
　　　三百九十四端一丈六尺　経師料
　　　卅九端一丈六寸五寸〔尺ノ誤〕　装潢料
　　　卅一端一丈八尺　校生料
　　計銭九十三貫五十三文　以銭二百文、充布一端
　　七十八貫八百八十文　経師
　　七貫八百八十三文　装潢料
　　六貫二百九十文　校生料
　　経師　大宅真立写紙二百九十八張応給布七端一丈八尺 若銭一巻四百九十文
　　（以下、七七人分略）

装潢　三野乙万呂造紙三千張銭一貫五百文　秦大床紙三千廿張銭一巻五百廿文
（以下、四人分略）
校生　養徳御勝校紙四千二百張銭八百卌文　大宅諸上紙三千枚銭六百文
（以下、八人分略）
合九十四人　七十八人経師　六人装潢生
十人校生
天平十一年四月十五日　史生小野朝臣「国方」
高屋赤麻呂
舎人市原王

史料⑤［2］（二166～167、塵芥六③）

写経司啓　□□□□写経事
写法華経八巻
用紫紙一百六十四張
応給布十七端八尺八寸（経師・装潢分内訳略）
（経師四人分、装潢一人分略）
天平十一年四月廿二日史生高屋「赤麻呂」
舎人「市原」王

史料⑤［3］（未収、塵芥六④（2））

写経司啓

注写大仏頂経一十一巻
用紙卌四張
准麁経用紙一百廿一張
応給布三端五尺四寸（経師料、装潢生料内訳略）
（経師三人分、装潢一人分略）
天平十一年三月六日史生高屋赤麻呂

史料⑤［4］（未収、塵芥六④（3）→⑱）
写経司啓
合写経□□
用紙一千五百一張
応給布四十五端一丈（経師料、校生料、装潢料内訳略）
経師安曇広麻呂（以下欠）

史料⑤［5］（未収、塵芥六⑫→⑧）
経師所解　申写経事
用紫紙九十四張金光（以下欠）
応給布九端二丈五尺四寸（経師料、装潢料内訳略）

史料⑤［6］（未収→二四68〜69、塵芥六⑤→塵芥八⑱…→塵芥八⑮）
経師所解

合写経十巻弥勒経三巻　注経三巻 方広経三巻　金剛般若経三巻
用紙一百（以下欠）
（経師料、装潢料内訳のみ判読可、略）
若絁一匹四丈九尺七寸（経師料、装潢料内訳略）
□土持　写紙（以下欠）
天平九年十二月十五日「小野国方」

史料⑤［7］（二四67～68→67 l.8～l.11→67 l.3～l.7→67 l.1～l.2　塵芥八⑭→⑬→⑫→⑪（1））

先写灌頂経十二巻　弥勒経三巻奉請車持忍強 伝聞施尓波真咋
法華経八巻教達師願 奉請赤染万呂
更写灌頂経十二巻（以下欠）

経師所解　申写経事
合写法華経八巻
用紙一百九十二巻
応給布五端一（以下欠）
（歴名部三名分略）
天平十年二月廿日

史料⑤［8］（二四66 l.8～l.10→66 l.5～l.7→66 l.2～l.4、塵芥八⑩→⑨→⑧）

合写経一十二巻法華経八巻 大仏頂経四巻注

用紙二百十張
応給布（以下欠）
（歴名部三人分略）
　　　　　大初位下高屋連「赤麻呂」
　　　　　正八位下秦人伊美吉「吉麻呂」
　　　　　　内蔵「黒人」

史料⑤[9]（二四65 l.9～l.12→65 l.5～l.8→64 l.12～65 l.4、塵芥八⑥→⑤→④）

経師[所解]（以下欠）
写経弐拾伍巻七巻章七巻（大仏頂経二巻注　弥勒経三巻紫紙　摩訶摩耶経一巻／摂論十巻　梵網経疏二巻）
用紙漆佰玖拾張（紫紙廿二張／白紙六百八十七張）
応給布拾玖端壹（以下欠、内訳、部分的に見えるも略）
　応給布（以下欠）
合応給布弐拾壹端壹丈弐尺伍寸
経師三嶋万呂　写紙廿二張紫紙　応給布二端八尺
凡河内土持　写（以下欠）
歴名部（経師二名分、装潢一名分略）
　　天平十年五月廿九日　史生无位小野国万

史料⑤[10]（二四64 l.8～l.11、塵芥八③）

写経司解　申写経事
合写経玖巻法華経八巻 梵天経一巻　「出雲宣」
用紙壹伯陸拾捌張
応給□□□端弐□肆（以下略）

『目録』によれば、史料⑤［1］～［10］は、［1］を右端に、［10］を左端に、この順に貼り継がれていたということである。

全容がわかる［1］～［3］を見ると、尾部のⓕ部の記述が定型的ではないものの、首部ⓐも備わっており、布施申請解の原型が出来上がっていたと見てよい。首部ⓐで名称は写経司、経師所と一定していないが、五〇〇〇巻にのぼる写経に取り組み始めたことが、官司としての内実強化を促し、写経部署の名称を確定させていったのであろう。(10)しかし、詳細に見ると、首部ⓓの給与額記載において、内訳が総数下方に小さく双行で書かれている点は、第一節に示した定型的布施申請解が総量記載の次行以下に一字下げて記すのと異なる。また、現業各部の給与額内訳に支給基準が明示されない点も、定型的書式と異なる点として指摘される。［4］～［10］は傷みが激しいものの、おおむね［1］～［3］と同一書式であったと判断される。ここで内容に目を転じてみたい。首部ⓑの記述に着目し、列記すると左の通りである。

［1］法華経七九二巻
［2］法華経八巻
［3］大仏頂経一一巻
［4］最勝王経五〇巻、千手経五〇巻(11)

［5］金光明最勝王経
［6］弥勒経三巻、注経三巻、方広経三巻、金剛般若経三巻
［7］灌頂経一二巻、弥勒経三巻、法華経八巻
［8］法華経八巻、大仏頂経四巻
［9］大仏頂経二巻、弥勒経三巻（紫紙）、摩訶摩耶経一巻、摂論一〇巻、梵網経疏二巻
［10］法華経八巻、梵天経一巻

［1］～［3］は、先に述べた五月一日経書写中間報告以後のものであるが、［4］～［10］は本節で対象とする五月一日経書写期の史料である。しかし、右を一覧してわかるように、どうもこれらは五月一日経として書写された経典ではなさそうである。［5］および［9］の一部は紫紙が用いられており、五月一日経とは明らかに異なる。また、［7］の前半に見える法華経八巻の下方に「教達師願、奉請赤染万呂」、［10］に「出雲宣」とあるのは、これらが五月一日経の一部ではないことを明示するものと判断される。同一経典名が重複して見えることも、これらが五月一日経とは異なる写経事業に関するものであることの証左となろう。つまり、これらは五月一日経事業がこの写経機関の主要事業となった時期に、それとは別に発願・指示されて行われた写経事業に関する記録だということになる。となると、二二〇〇巻以上に及んだ大量写経に関する給与支給記録が全く見えず、外部からの依頼を含む小規模写経の記録しか遺っていないということになる。

そこで改めて『大日本古文書』を繰ってみると、校生の業務記録の中に、校生に対する給与支給に関する記載を有する帳簿があることに気づく。「自二月廿五日始校紙目録　合五月十三日給布廿四端、絁十二匹」を第一行に記す文書（七99～102）がそれで、いわゆる口座式の帳簿であり、各校生の口座末尾に給与物の量が記載されている。ここに、

五月一日経事業における給与支給方式を考えるヒントがあるように思われる。中間報告以後の実態を見る次節で検討していきたい。

四　中間報告以後の給与支給方式

中間報告後の新たな事務処理体制を象徴するのが、前節に史料⑤［1］として示した「写経司啓」（二161～166）である。経師七八人、装潢生六人、校生一〇人、計九四人分の給与支給にかかる長大な文書である。定型的な布施申請解と異なり、歴名部を一行二人分に記す書式は、給与支給対象となる現業職員数の膨大さによるものであろう。定型的な布施申請解の書式を備えていることもここに改めて指摘しておく。しかし、この給与支給文書に注目するのはこうした点にあるのではない。この文書が、現業職員それぞれから提出された手実に基づいて作成されている点である。

手実と布施申請解の対応関係は、個別写経事業を分析した経験のある者にとっては当たり前のことと思われるであろう。しかし、それは自明のことではなく、どうもこの事例が初例である可能性が高い。そもそも手実の遺存例として、最初に確認される手実が史料⑤［1］と対応関係にある手実群（七239～254）なのである。ただし、この手実と給与支給原簿である史料⑤［1］は五月一日経事業のものではない。史料⑤［1］のⓑ部冒頭に明示されているように、「法華経七九二巻」分の記録である。手実に経典名が記されず、単に「二部十六巻」「一部八巻」などと記されるのはそのためである。七九二巻は九九部に相当する。これに、紫紙に恐らく金泥か銀泥で書写された一部（史料⑤［2］）を加えた百部法華経事業の記録だということになる。中間報告（二157～158）の年紀天平一一年二月一三日と史料⑤［1］の年紀天平一一年四月一五日、またすべてではないが一部手実に記された四月九日・一〇日の日付を並べてみると、中間報告後に取り組まれた写経がこの百部法華経事業であったと推測される。あるいは、この事業が飛び込んできたことにより五月一日経を一時中断せざるを得ず、それが中間報告を行う契機となったのかもしれない。

この百部法華経事業での給与支給事務から手実提出が始まったのではないかとする推測は、手実の遺存状況に基づくものである。現存手実は経師に限られ、全七八人中、三八人分しか遺っていない。経師に限っても半分以上が失われ、装潢・校生分は全く遺っていない。ならば、これまでにも手実は作成されていたが、たまたま遺らなかったに過ぎず、事務処理の革新とまでは言えないのではないかという疑問が投げかけられよう。確かにその可能性はないわけではない。しかし、それでもなお手実提出→給与支給簿作成という事務処理手続きがここに始まったと考えるのは、この後、五月一日経再開後に提出させられた手実の扱いと、対照的であることに基づく。

天平一一年七月下番（七月後半）から提出された五月一日経の手実は、継文に整理され、手実自体として保管された。それに対して、ここに示した百部法華経の手実は、手実そのものとして遺存するのではなく、二次利用された結果現存するに過ぎないのである。経師四〇人分、それに作成されていたとすれば装潢・校生の手実も、すべて他の帳簿などに二次利用されたのであろう。この事実は、手実をその事業にかかわる、保存しておくべき重要文書（帳簿）とする認識がいまだ定着していなかったことを示している。それまで継続的に作成されながら保存されてこなかった手実が、突然、保存すべき帳簿と認識されるようになったとするよりは、短期大部写経事業の給与支給事務の円滑処理のために新たに作成・提出させた手実の利便性、重要性が認識され、五月一日経の事務処理上の必須文書・帳簿として採用され、保存されるようになったと考えた方が蓋然性が高いのではないだろうか。百部法華経手実の二次利用の状況(12)から見ると、給与支給から三ヵ月後にはすでに廃棄扱いされたことが確認される。給与支給からほどなく、不要文書として扱われることになったということになる。

では、天平一一年七月下番より提出が求められ始めた手実は、どのように事務処理に用いられたのであろうか。この点については前稿で、布施支給のためというより、用紙管理のための帳簿として作られ始めたことを強調した。手実は布施申請解を作成するための一次資料であり、布施支給事務完了後は事務処理の監査機能を有する根本資料として布施申請解とともに保管されていたと考えていたので、書式の変化を調べていくうちに、当初の製作目的が用紙管理にあったことに驚き、この側面を強調するあまり、給与支給のための原資料としての側面にほとんど言及しなかったことを反省しなければならない。手実に、給与支給に関する「合〇〇〇枚、〇〇〇文」という追記が朱墨によってなされていることには気づいていたが、布施支給には布施申請解があるはずだという思い込みから、それら朱書追記についてほとんど考えを及ぼさなかった。今、改めて五月一日経事業における布施支給事務処理手続きという観点から手実を見直す時、この手実こそ、布施申請解にかわる給与支給原簿の機能を果たす帳簿ではなかったかとの結論に至る。以下、その理由を述べていくこととする。(13)

天平一八年正月から天平二〇年五月にかけて書写が行われた後写一切経事業の手実帳と布施申請解を貼り継いだ布施帳が非常に良好に遺存していることは本稿冒頭に述べたが、手実面には当季の布施支給対象となる作業量が書写紙数として追記された。この写経事業では、布施は絁、布による現物支給であったため、支給基準に合わせて作業量の数値を整える必要があった。そのため、手実面にその数値が記されたのである。当季の布施支給対象から除外される作業量は次季に送られ、精算された。手実が保管されなければならなかった理由の一つとして付け加えておかねばならない。なお、手実提出者においても、同一経巻を二季にまたがって写した場合など、申告済・未申告紙数を自己管理しておく必要があった。そのための記録も作成されたようであるが、それらは個々の職員の備忘のために作成されるものであり、写経所に提出されることがなかったためであろう、確認することはほとんどできない。

⑧	㋑	7月	八 74～76	続々修 1-2
	㋺	6月	八 76～77	
	㋩	8月	八 77～86	
	㋥	9月	八 86～93	
	㋭	10～11月	八 94～107	
⑨		天平15年 7～12月	八 375～376, 八 256～272	続々修 1-3
⑩		天平16年12月	二 365～387, 八 514	正集 29, 34, 37 裏
⑪		天平17年 5月	八 545～557, 二 434～435	正集 13, 14 裏
⑫	㋑	12月 A	八 601～615	続々修 19-5
	㋺	12月 B	八 616～622	続々修 23-5
⑬		天平18年 3月	九 142～165	続々修 19-7
⑭		6月	九 231～236	続々修 23-4, 27-3, 正集 43 裏
⑮		9～閏9月	九 266～270	続々修 23-4, 27-3
⑯		天平19年正月	九 330～332	続々修 23-4, 27-3
⑰		6月	九 400～402	続々修 19-9
⑱		12月	九 586～596	続々修 19-12, 続修 28 裏
⑲		天平20年春季	十 153～162	続々修 1-4

後写一切経事業の場合、追記されたのは布施支給のために整えられた写紙数（作業量）だけであった。この数値と布施申請解の歴名部の紙数とが対照確認されることになる。作業量に対する対価の確認は、歴名部の作業量と布施量の検算として行われればよい。手実に布施量を書き込む必要はなかった。

そこで五月一日経の手実を見ると、前述のように、作業量（紙数）とその労働対価の両方が追記されている。後写一切経の事例と対比すると、給与支給額が記されているということは、布施申請解が作られなかった可能性を示唆するものではないかと思われる。手実に即し、具体的に見ていこう。なお、手実の所在は前稿に用いた表を再掲して示すこととする。

この表に基づき、手実面の朱書追記の有無を整理していくと、興味深い事実を見出すことができる。

まず、最初の天平一一年七月下番手実であるが、全一八点すべての手実に朱書追記が見られる。この事実に基づく限り、当初から手実は給与支給のために作成

表　五月一日経の手実

記号		年月	『大日本古文書』巻・頁	所属
①	㋑	天平11年7月下番	七 300～308, 廿四 417	続々修 19-2
	㋺	8月上番	七 308～316	
	㋩	8月下番	七 316～320, 七 325	
	㊁	9月上番	七 320～329	
	㋭	9月下番	七 329～337	
	㋬	10月上番	七 337～347	
	㋣	10月下番	七 347～355	
	㋠	11月下番	七 355～362	
	㋷	11月上番	七 362～370	
	㋦	12月上番	七 370～378	
②	㋑	天平12年 2月上番	七 423～431	続々修 19-3
	㋺	2月下番	七 431～442	
	㋩	正月下番	七 442	
	㊁	3月上番	七 442～451	
	㋭	3月下番	七 451～463	
	㋬	4月上番	七 463～472	
③	㋑	天平13年閏 3月	七 503～511	塵芥 19
	㋺	4月	二 256～257, 二 283～295	塵芥 12
			七 520～523	塵芥 37
④	㋑	6月	廿四 142～143, 七 530～537	塵芥 14
	㋺	5月	七 537～541, 七 523～527, 廿四 130～131, 廿四 143～144, 二 296, 二 303～304, 二 298～299, 七 528～530	塵芥 14, 塵芥 22
⑤		7～ 9月	廿四 131～143	塵芥 4
⑥	㋑	10月	八 132～133, 七 596	塵芥 20
	㋺	11月	七 588～593, 七 595～596	
	㋩	12月	七 593～595, 七 597～598	
⑦	㋑	天平14年 2月	八 1～5	続々修 1-1 「天平年間写経生日記」 続々修 23-4
	㋺	3月	八 5～12, 二 309～310	
	㋩	4月	二 310, 八 12～18, 八 54～55	
	㊁	5月	八 55～60	

されていたということになる。しかし、次の八月上番以降、同時提出された手実の中に数点、朱書追記が見えないものがあることが一般的となる。天平一九年下番手実に至っては、全一八点中、追記のあるものが五点と、追記のないものの方が多い場合さえある。追記のないことが即、給与支給が行われなかったことを意味するとはにわかには断じがたいが、天平一一年一〇月上番以降、追記に「両番」「参番」の文言が加わる事例がふえてくることが注目される。これは番二回分、番三回分の合計を意味するものと考えられ、そうすると一回、または二回、手実を提出しながらも給与支給を受けないことがあったということになる。そこで、まず、「両番」「参番」の記載が見え始める前の、天平一一年九月下番以前の手実について見てみよう。

大鳥高人の天平一一年八月上番手実（七312）には給与額記載がなく、同年八月下番手実（七317）には給与支給額記載がある。その記載を見ると、「合廿一枚、一百五文」とあり、手実本文には「一弖七十九枚用訖申、未納用紙廿一枚」とあるので、八月下番手実の追記はこの「未納用紙廿一枚」に対するものであることを知る。そこで八月上番手実の記述を見ると、「可給都合百七十九枚」の墨書があり、これは右に引用した八月下番手実の「一弖七十九枚用訖申」に相当するのではないかと思われる。「弖」は「百」の誤読で、八月上番の給与は朱書追記がないものの、当期に支給されたと考えるべきであろう。つまり、朱書追記のない場合でも、給与支給が行われていたことを示す事例である。

次に安刀息人の手実を見る。八月上番手実（七314）、八月下番手実（七325）には朱書追記がなく、九月上番手実（七326）には朱書追記がある。まずこの朱書追記から見ると、「合二百十一枚、充一千五十五文」とある。手実本文には「別受紙一枚、合百六十一枚、今見用紙一百卌八枚巻別着空紙四枚、遺紙十九枚」と見える。「見用紙」一三八枚、それに付された双行の割書きに見える空紙四枚、そして遺紙一九枚を加えると、「別受紙一枚、合百六十一枚」に一致する。つまり、九月上番だけに限ると、一三八枚が当期の作業量であったということになる。そこで、前期の八月下番手実を見ると、末行に「受紙七十五枚現用紙」の記述が目につくが、その前に「用紙百七十二枚之中」と記された部分に目を移すと、その下に二行の割書きがあり、

九十九枚八月上番用紙料給了
七十三枚八月下番用紙未料給

とある。八月下番未料給の七三枚を、右に見た九月上番の一三八枚に合すると二一一枚となり、九月上番手実の朱書追記と一致する。よって八月下番手実の朱書追記不在は、布施支給がなされなかったことの反映と判断される。八月上番手実には末尾上部に「合」一字のみの朱書がある。紙数・布施額の記述は見えないが、布施支給が行われたことを示す朱書追記と理解してよかろう。

合わせて、「両番」「参番」の事例もそれぞれ一例ずつ挙げ、確認しておこう。

一難宝郎の一〇月上番手実（七343）には、「両番合百九十四枚、九百七十文」の朱書追記がある。九月下番手実（七337）には朱書追記はなく、九月上番手実（七327〜328）には朱書追記がある。九月下番手実本文の「見用百四枚」、一〇月上番手実の「見用紙九十枚」を加えると朱書追記の「両番合百九十四枚」に合致する。

次に「参番」の例として安曇広麻呂の手実を見る。一〇月下番手実（七347）に「参番合二百八十一枚、一千四百五文」と朱書追記され、本文には「受紙八十枚、見用紙六十枚、遺紙十九枚」とあるが、「見用紙六十枚」は「六十一枚」の誤りであろう。一〇月上番手実（七337）には「受紙百枚已用之」、九月下番手実（七331〜332）には「受紙八十七枚」下方の双行割書きに「見用百廿枚」とあり、六一枚・一〇〇枚・一二〇枚を合算すると、一〇月下番手実の朱書追記「二百八十一枚」に合致する。なお、安曇広麻呂の九月上番手実（七322〜333）には朱書追記のあることを付け加えておく。

以上のことを総合するなら、五月一日経事業の場合、手実提出が即、布施支給とはならなかったということになる。(14)と同時に、給与支給が手実によって管理されていたこともまた確認することができたと思う。こうした状況は天平一四年一一月手実（表中⑧）まで確認される。しかし、表中⑨以降、手実の様相に変化が見える。以下、節を改めて述べることとする。

五　天平一五年以降の写経司

天平一四年（七六二）、五月一日経事業は当初の目標をほぼ達成し、天平一五年より、新たな方針のもと再開された。(15)この時期、皇后宮職付属の写経機関として出発した写経司は、大きな転機を迎えることとなる。天平一四年には福寿寺関連の大規模写経事業が開始され、天平一五年には大官一切経が開始される。大官一切経はその名称から、発願主体が天皇であることはまず間違いない。(16)

第一節で示した定型的布施申請解の一番古い事例は、福寿寺一切経にかかわるものであったが、事務処理方法、帳簿管理に大きな影響を与えたのは大官一切経であった。冒頭に帳簿名称を記すなど、帳簿の体裁に統一性が与えられただけでなく、帳簿群が写経事業全体にわたって配されていく様を観察することができる。言い換えるなら、事務処理過程の一つ一つを帳簿で管理する体制が確立されていったのである。帳簿による物品管理、労務管理体制が整備されていった。帳簿革新といっても過言ではない。料紙として大量の廃棄公文が流れ込んできたことも、これと無関係ではない。モノだけでなく、事務処理技術そのもの、つまり事務系官人の流入も考えられるのだが、ここでは給与支給事務処理に限って見ていくこととする。

この時期の特筆すべきこととして、五月一日経事業ではきわめて珍しい、定型的布施申請解が二通三点遺存していることがあげられる。天平一五年一二月一七日付（二四245〜248→八373〜375）と天平一六年一二月一六日付（八514〜516→八520〜524）の二通で、後者には別に草案（二四282〜284→八516〜520）がある。この布施申請解に対応する手実も遺っているが、天平一五年のものと天平一六年のものとでは様相が大いに異なる。天平一五年の手実（表中⑨）は従来型のものであるが、天平一六年の手実（表中⑩）は、一人の記主によって記された統一的書式による手実である。

まず、天平一五年の手実と布施申請解について見ると、手実は各現業職員から提出されたものを貼り継いだ一般的形態である。ただし、一部に複数の経師の分を同一書式で書きならべた部分があり、この部分は布施申請解の書き様とほぼ一致している。この部分の内容を見ると、各経師の仕事量が少なく、そのために一括して「手実」が作成され、布施申請解に反映されたものと判断される。そのほかは通常想定される、手実に基づく布施申請解作成の一事例と了解される。なお、手実には布施量の記載はない。

これに対し、天平一六年の事例は、手実と布施申請解の歴名部の間に緊密な関係のあることが見てとれる。手実の職種別記載順は歴名部と同じ経師・装潢・校生の順で、装潢・校生については内容的にも両者は一致している。経師については、一部、職員の配列に違いがあり、歴名部の情報と異なる点があるが、基本的には一致していると見てよい。

ここで経師の一単位の記載、つまり経師一人分の記載を見ることとする。冒頭二人分には傷んでいる部分があるので、三番目の大鳥高人の分を左に示す。

史料⑥（二366）

大鳥高人写疏三巻

花厳論第四帙第五弓用卅七破二、第六用廿七、順正論上帙第九弓用紙卌一廿二高人、空用一十広足、九子虫
合受紙一百八見用八十六、六十四論、廿二疏破二、反上廿枚
天平十六年十二月十五日検人成

（朱書）
「都合壹伯弐拾玖枚八十六常、六十四麁卌三間、六十五疏　充七百七十五文」

末尾に天平一一年七月下番から天平一四年までの手実に見えていた写経枚数（作業量）とそれに対する給与額が朱書追記されていることに注目したい。玄昉将来経書写後半段階に回帰した感がある。しかし、ただの回帰ではない。写紙枚数（作業量）の数値が大字で記されていることに注目したい。これは朱書追記の厳格さを顕示することを目的とした措置と解釈される。手実自体が統一的に記され、公文書としての体裁を整えていることを合わせ考えると、この統一型手実をもって定型的布施申請解に代わる給与支給事務手続きの支証文書としようとする意図があったのではないかと推測される。

天平一一年七月下番から天平一四年段階の手実は、内容的には統一性が確保されてはいるものの、職員個々から提出される手実をそのまま貼り継いだものであったため、一つの文書としての整序性という側面においては、布施申請解歴名部と比べると、確かに公文書としての体裁上、見劣りがすることは否定できない。歴名部の実正性を保証する支証文書としては十分な機能を果たす手実継文を、従来通り、給与支給事務処理のための支証文書そのものとすることは、形の整った定型的布施申請解が導入された段階、特に大官一切経事業の開始された天平一五年段階では、さすがに維持することがためらわれたのではないだろうか。五月一日経事業においても定型的布施申請解が作成されたのは、そのような事情によるものと推測される。

しかし、五月一日経事業の事務担当者の間には、それまで培ってきた独自の事務処理方式があったわけで、その伝統的技法を新来の帳簿管理技術に対応させ、独自性の継続を図ったのが、天平一六年に現れた統一型手実だったのではないだろうか。新たな方式で作成された「手実」は、確かに作成手続きという観点からは手実とは言いがたい。だが、内容的には手実と呼んで不都合はない。布施申請解歴名部を意識して作られたこの手実には、公文書としての型式的統一性が十分に備わっている。これに、天平一一年七月下番以来の伝統的事務処理方法である、朱書による写紙枚数（作業量）とそれに対する給与額の追記を施すことによって、布施申請解に代わる給与支給事務文書としての新生「手実」が誕生したのである。

ただし、この新様式の「手実」は、自らを手実とは呼んでいない。この新様式の帳簿は、前半に五月一日経（常写）の分を、後半にそれ以外のいわゆる間写経の分を収めており、それぞれの末尾に次のような文言を記している（二387・386）。

以前、起八月一日、尽十二月十六日、一切経内所写疏等料物、所請如前、以解

以前、起八月一日、尽十二月十六日、間所写紙料物等、所請如前、以解

第一節に示した福寿寺一切経の布施申請解の末尾文言「写経幷布施等物、顕注所請如前、謹解」と比べると、若干の違いはあるものの、「手実」の末尾文言は布施申請解のそれにほぼ匹敵すると言ってよかろう。

翌天平一七年にも、同様の帳簿が作られている（表中⑪）。その一単位の書式を冒頭忍坂成万呂の分で示すと次の通りである。

史料⑦（八545）

忍坂成万呂写書「一巻」

法苑林章第一巻用五十三　合受紙六十枚返七　正用五十三
五月十日「成万呂」
「検酒主」「人成」

一行目の「　」を付して示した部分以外を欠いた文書を各経師に示して、第一行末に巻数を記入させ、日下に実名を署名させる。そして、最後に内容を点検、確認した阿刀酒主と辛国人成が自署してこの帳簿の一単位が完成する。天平一六年に登場した統一型手実に、現業職員の自筆を加えて記述を完成させるという工夫が加えられたのである。その結果、この帳簿は自らを「手実」と呼ぶことが可能となった。端裏書に「従十七年正月一日迄四月卅日経師等手実并常間共継」（八545）、末尾文言に「以前、従今年正月一日迄四月卅日、手実如前、故案」（二435）と「手実」の語が見えるのはこの工夫の結果である。

ただし、この手実には給与額の朱書追記は見られない。給与支給のための文書が別に作成されたと考えざるを得ないが、それを現存写経所文書の中に見出すことはできない。しかし、五月一日経書写（常写）部門では、この後も、統一的書式の「手実」に給与額を記入する方式の帳簿が作られ続けている。そこでは、給与額は朱書追記でなく、その帳簿の記載事項としてはじめから記入されていったようである。

そうした帳簿の実例として、今、二通の帳簿を見出している。一通は「天平廿年正月一日始」に始まる帳簿（一〇1～5→一二198～199）で、一単位の書式は、経師名の直下から書写経典名とその用紙数を記し、続いて総作業量が紙数で示され、その下方に給与額が示されるというものである。日付も、確認担当者の署名もなく、手実の体をほとんどなしていないが、統一型手実の流れを汲むものであることは間違いない。なお、この帳簿には自らの性格を示す帳簿名の記載はない。

もう一通は「天平勝宝三年十二月十二日申送布施文案自充本帳検出者」に始まる帳簿（三528〜535）で、経師名の次行から書写経典名を書き始めること以外は、前帳と同じである。注意されるのは、自らを「布施文案」と呼んでいることで、その作成経緯についても、充本帳から検出したと記しており、手実とのかかわりを見出せない。しかし、これも前帳と同じく、統一的書式による手実の流れを汲むものと言ってよかろう。ただ、この二帳が作成された頃には、手実を提出させ、布施申請解を作成することが当然の事務処理手続きになっていた。そのような状況の中で、もはやこの二帳を手実と呼ぶことはできなかったのであろう。「布施文案」の名称はまさにこの文書の性格を言い表すものであった。天平一七年の統一的書式の「手実」は、まさに「布施文案」の源流となる帳簿であった。しかし、給与額はその根拠となる作業量とともに追記されたものである。従って、現業職員個々から提出される手実とは形態は大きく変わってしまってはいたが、同じ機能を継承するものとして作成されたことに基づき、「手実」と自らを称したのであろう。

以上が、五月一日経書写部門の最終段階に近い時期の、布施支給事務処理帳簿の姿であった。

おわりに

五月一日経事業が開始される前、給与支給には後の布施申請解の原型というべき文書（一582〜583）が作成されていた。(17)

やがて天平八年、入唐僧玄昉が当時の唐における最新の経典研究成果である『開元釈教録』に基づいて将来した経典を底本に、五月一日経事業が開始される。この時期にも引き続いて布施申請解の原型と評すべき文書が作成されていた。しかし、それらは五月一日経とは別に行われた写経事業、あるいは光明皇后以外の発願主体によって行われた事業に限られ、本体の五月一日経事業においてはどのような事務処理手続きによって給与が支給されたのか、それを示す帳簿を見出すことはできない。

このように見てくると、五月一日経書写開始以前の給与支給に関する帳簿も、皇后発願以外の写経に関係するものであったことも考えられる。外部からの依頼であれば、給与支給の厳正さの支証文書として、公文書格の文書が作成される必要がある。翻って、光明皇后発願の写経であれば、それは皇后宮職内の必要経費の中で処理された可能性がある。写経担当部局の整備状況も関係するであろうが、組織としての充実が想定される五月一日経事業開始後においても、本体の五月一日経事業の給与支給の姿が写経所文書に見えないことを、どう考えればよいのであろうか。

天平一一年、五月一日経が当初目標の折り返し段階を迎えた頃、一旦中断して事業の中間報告がなされ、百部法華経八〇〇巻の書写事業が行われた。この事業で、恐らく初めて、現業職員に手実の提出が求められ、手実を原資料に布施申請解が作成された。すると、百部法華経書写終了後に再開された五月一日経事業でも手実提出が義務付けられ、この手実に給与支給額の朱書追記がなされる。布施申請解の存在は確認されず、手実への給与額朱書追記が布施申請解の機能を果たしたと推測される。

五月一日経事業の当初予定が一段落した天平一四年、福寿寺一切経書写が開始され、翌天平一五年には天皇発願の大官一切経書写事業がこの写経機関で開始される。特に天皇発願写経が開始されたことの影響は大きく、単なる規模の拡大にとどまらない、写経司の公的機関としての進展がみられた。帳簿管理体系の整備としてそれを確認することができる。本格的な定型的布施申請解は福寿寺写経事業に初めて確認され、以後、写経所における代表的事務処理文書として作成され続けた。

恐らく、こうした変化の中で、五月一日経事業の事務処理にも変革が求められたのであろう。天平一五年には手実に基づいた定型的布施申請解が初めて作成された。それは翌年にも作成されたが、今度は原資料となる手実に変化が現れた。現業職員個々から手実の提出を求めるのではなく、あらかじめ事務局で作製した統一型帳簿に職員個々の自署を求め、給与額を追記するという事務処理が復原される。(18)それは布施申請解の歴名部に、作業量の根拠となる具体的内容を明示した文書である。天平一六年段階では、布施申請解も作成されてはいるが、翌年以降はこの統一的書式の「手実」しか作成されなくなり、やがてこれは「布施文案」と呼ばれるようになる。つまり、統一的書式の「手実」が布施申請解の機能を果たす文書となったということになる。

以上要するに、五月一日経事業においては、天平一一年以後、手実を基礎帳簿に布施支給を行う事務処理方式が確立し、後の布施申請解に発展するような給与支給文書を作る技術を有しながらも、それを用いることはなかった。給与支給文書は、外部からの写経依頼を受けた際など、給与支給の根拠を明示するために作成された可能性がある。光明皇后発願の写経については、まさに皇后宮職の日常業務として処理されていたのではないだろうか。手実に給与額を朱書追記して給与支給を行うという、簡略化した方式で済まされた背景には、そうした前史があったものと考えられる。

天皇発願写経の受注という、言ってみれば天皇権力の「介入」を受け、一時はその影響下に一般的事務処理手続きとして布施申請解の作成を行った五月一日経書写（常写）部門であったが、その影響を受けつつも、従来の方式に回帰する。ただしそれは単純な回帰ではなく、布施申請解の要素を取り入れ、公文書としての厳密性をより体現したものとして現れたのである。それは以後も堅持され、ついに布施申請解を作成することはなかった。五月一日経書写部門としての伝統的事務処理方式へのこの強いこだわりは、ただたんに慣れ親しんできた方式が便利だったからという以上の意味を示すものではないだろうか。皇后宮職の一部門として発足し、五月一日経という、奈良朝仏教の土台を築く経典全集を作り上げた機関であるという意識が、この事業を支えた事務職員の間に生まれてはいなかったか。天皇権力の「介入」を受け、大きく変化していく写経機構の中で、官司としての普遍化の必要性を迫られ、一旦はそれに合わせながらも、光明皇后の機関たる自覚のもと、従来の事務処理方式に改良を加えることによって独自の方式を堅持した彼ら事務職員の意識を、そう推測することは考えすぎであろうか。光明皇后と聖武天皇との関係に思いをめぐらせてきた私には、この事務処理手続きの変化にもそれが影を落としているように思えてならない。[19]

以上が三〇年来の宿題に対する私なりの解答である。ここに述べたことは、ほとんどがすでに周知の事柄に属すると思われるが、何か一つでも写経所帳簿研究に新たな見方を示すことができたなら幸いである。

註

（1）五月一日経書写事業については、皆川完一「光明皇后願経五月一日経の書写について」（同『正倉院文書と古代中世史料の研究』吉川弘文館、二〇一二年、初出は一九六二年）および同論文のもととなった「奈良時代写経所に関する基礎的研究」（右同書所収、一九五二年提出東京大学文学部卒業論文）によって、帳簿整理・復原に基づく検討がなされている。

（2）『大日本古文書』二巻一五七～一五八頁。以下、『大日本古文書』からの引用の際、その所在は本文中に、巻数を漢数字で、ページ数を算用数字で示す。

（3）拙稿「写経所手実論序説―五月一日経手実の書式をめぐって―」（皆川完一編『古代中世史料学研究』上巻、吉川弘文館、一九九八年）。以下、特に断らない限り、本稿でいう「前稿」とは、本拙稿を指す。

（4）三つの手実帳は左の通りである。なお、後掲表を参照されたい。
天平一六年一二月（二365～387、八514）
天平一七年五月（八545～557、二434～435）

天平一七年一二月Ｂ（八616〜622）

（5）天平一七年五月手実には、端裏書に「従十七年正月一日、迄四月卅日、経師等手実」（八545）、末尾に「以前、従今年正月一日、迄四月卅日、手実如前、故案」（二435）と記されている。

（6）福寿寺の写経事業については、栄原永遠男「福寿寺と福寿寺大般若経」（同『奈良時代写経史研究』塙書房、二〇〇三年、初出は一九八五年、ただし、原題「福寿寺大般若経について」を改題）を参照されたい。

（7）福山敏男「奈良朝に於ける写経所に関する研究」（同『福山敏男著作集二　寺院建築の研究　中巻』中央公論美術出版、一九八二年、初出は一九三二年）。

（8）東京大学史料編纂所編『正倉院文書目録五　塵芥』（東京大学出版会、二〇〇四年）。

（9）以下、史料⑤として示す史料の所在は、『目録』の記述に従う。

（10）五月一日経書写開始後も、史料③④と同じく、首部ⓐを欠く書式の給与支給文書が作成されていた（七120〜121、七122〜123、七123〜124）。これらはすべて唯識論疏の書写に関する文書であり、前二者はそれぞれ天平九年一〇月一八日、天平九年一二月二〇日の年紀を有している。

（11）『目録』に、史料⑤［4］は二四70〜71に掲載される文書の案文であるとの指摘があり、これによって経典名を補った。

（12）現存する手実は、大きく二断簡に分かれ、現状では続々修三帙一巻裏と続々修二四帙五巻裏に所在する。続々修三帙一巻裏は、達沙牛養から高〈屋〉赤麻呂の分（七240〜247）までで、天地を逆にせず裏返しし、右端（高〈屋〉赤麻呂分の裏）から東院一切経所受物帳（七263〜270）の料紙として二次利用されている。この帳簿は、「受物案文」「天平十一年六月三日」と表裏に記した題籤を有し、初行に「東院写一切経所受物」の表題を据え、「天平十一年六月三日受銭四貫五百六十二文」に始まる、日次式の帳簿である。百部法華経手実の裏は、その途中、天平一一年一〇月一八日の記録の途中から使われ始め、天平一三年閏三月一六日の記載で終わっている（契斤乙麻呂分の裏）。そしてそこから四人分四紙（大友氏麻呂〜子部大麻呂分）の裏を空白として間をあけ、「写経司解　申月料米用事」（七270〜274）が記された（加良佐土万呂〜緑恵万呂・辛広浜分の裏）。末尾二人分二紙（達沙牛養・石村乙万呂分裏、手実面から見ると冒頭部分）は空のままである。この「写経司解」は草案のようで、東院写一切経所受物帳の末尾の空白部分を利用して書かれたものであろう。四紙分の空白を置いたのは、この草案が東院写一切経所受物帳とは直接かかわらないことを示すためと推測される。もう一断簡（七248〜249）は、校生の口座式帳簿（二四97〜99）に二次利用された。記載内容より、天平一一年七月から二次利用が始まったことがわかる。

(13) 拙稿「写経事業と帳簿」(石上英一他編『古代文書論—正倉院文書と漆紙文書』東京大学出版会、一九九九年)において、写経所帳簿の特徴として、一つの事象を関係する二つ以上の帳簿で管理する構造を有していたことを指摘した。たとえば、物品の授受に関して言えば、紙を授けた記録と、それを受け取って製品化して納入する記録とを突き合わせることにより、紙の適正な消費を確認するという構造である。

(14) 提出された手実の記主に対し、一斉に給与支給が行われなかった背景には、支給物が布や絁といった物品ではなく、銭であったことが関係していると思われる。布や絁といった物品を給与する場合、その出納事務を考えると一斉支給することが事務の省力化には必要であったろう。同じく銭で給与が支給された、天平一五年一〇～一二月に行われた僧正五〇部法花経書写事業では、一〇月一七日、一一月六日・一〇日・一二日・一七日・三〇日、一二月二日と、いわば五月雨式に給与支給が行われた。ある程度、製品(書写経典)が納入されると、その分に対し、順次給与支給が行われたということで、支給物が銭であったからこそ可能な対応であったと思われる。なお、五月一日経事業では、ほぼ常に銭で給与支給が行われていた。皇后宮職の財政との関係において別に考察されるべき問題であることを指摘しておく。

(15) 皆川前掲註(1)論文。

(16) 福山前掲註(7)論文。

(17) ただし、給与の名称としては「功布」と記され、「布施」の語はまだ見られない。

(18) 統一的書式の「手実」の原資料として充本帳が想定される。たとえば後写一切経では、あらかじめ書写すべき経典目録が作成され、書写以降の作業工程がこの目録に追書されていった。書写については、経師名、用紙数が記録されたので、これをもとに統一的書式の「手実」作成は十分に可能である。天平勝宝三年の布施文案(三528～535)が、表題の下方に「自充本帳検出者」と記しているのは、まさに右に推測した作成方法を述べているのであろう。

(19) 拙稿「皇太子阿倍の写経発願」(『千葉史学』一〇、一九八七年)。

正倉院文書に見える「口状」について

山口英男

はじめに

正倉院文書は、奈良時代史・日本古代史にとどまらず、日本の文化・社会のあらゆる事象について、歴史的に解明しようとする際に欠かすことのできない情報の宝庫となる史料群である。律令制官司が業務を進めるにあたって作成・保管した現用書類であり、不要となって廃棄されたものという史料としての特質から、正倉院文書の解析は、その書類・書面を用いて行われた事務の実態をできる限り具体的に明らかにしていく作業に他ならない。筆者はこうした観点から、正倉院文書の分析においては、文書・帳簿・記録(メモ)などのすべてを、まずは一様に書類・書面として扱う分析法が有効であると考え、その立場を正倉院文書の〈書類学〉と呼んでいる。

正倉院文書の〈書類学〉においては、業務の具体的解明に資する書類の区分・分類が必要であり、その一つとして、筆者は次のような手法の適用を試みてきた。すなわち、すべての書面は文字によって情報を定着させた「定着書面」であり、これによって情報の移動が行われる。しかし、単なる情報の移動と、意識的な情報の伝達とは区別されるものであり、伝達の「仕掛け」の有無によって「伝達書面」か、そうでないかを判別することができる。こうした区分を用いた結果、「伝達書面」に該当しない「非伝達書面」であっても作成主体以外の所に移動して使用・保管されること、「伝達書面」が発信者・受信者ではない第三者のもとに移動して使用・保管されることなど、書面の使用法の諸様相を明らかにすることができた。そして、その背後に、当該書面とは別の手段による伝達（別の「伝達書面」ないし口頭）の存在がうかがえるとともに、情報伝達において口頭と書面が並用される場合のあることを指摘した。(1)

律令制官司での業務遂行における口頭伝達の存在や、その書面との関係は、古代国家の政務の発展段階を跡付けるうえからも注目されてきた論点である。(2)そうした視角からも、情報伝達における口頭と書面の関係を具体的な形で明らかにしていくことは意味のある作業となろう。これまでの分析の中で、筆者は「口状」の検討が課題の一つであると述べたことがある。(3)「口状」の用例は正倉院文書の中にそれなりに存在し、口頭と書面の関係を考えるために取り上げるべき表現と思われるが、これまで検討が及ばなかった。

「口状」は、辞書的な説明によれば「口上」と同義とされ、「口頭で述べること。口頭で伝えること。またその内容」というように、口頭・音声での伝達に限定して理解されているようである。(4)しかしこれには疑問がある。以下に述べる通り、正倉院文書に見える「口状」には日付があるもの、文面を引用するものなど、書面の形で存在すると考えざるを得ない例が含まれている。この点、十分な検討は行われていないと思われる。(5)こうした状況にかんがみ、ここでは正倉院文書に見える「口状」の用例の基礎的な検討を行ってみたい。

一　「状」と「口状」

「口状」の検討の前に、まず「状」の語義を確認しておく。「状」には、ものごとの様子・状況・実状の意味と、書状などの書面の意味がある。正倉院文書に「状」の用例は多いが、「録事状、以牒」などの実状の意味の用例、書面・書類としての「状」の用例、ともに一般的に見られる。後者では、天平六年（七三四）の出雲国計会帳（古一ノ五八六～六〇六）[6]に書き上げられた浮浪人状・官稲混合状・衛士逃亡状といった種々の公文を示す「状」や、「辞状」（古三ノ六一九）、「解状」（古五ノ一四三）、「申状」（古五ノ四九四）、「款状」（古五ノ五二一）などが見え、「今以状牒」（古三ノ四九三）などは定型句である。[7]また、「頓首頓首、謹状／宝字二年九月四日大津大浦状」（古四ノ三〇〇～三〇一、傍線は引用者、以下同じ）のように、書面で伝えるという意味の動詞的な用法の「状」も頻出する。

書面の「状」の用例には、人物名・組織名を付した〈某＋状〉や、日付を付した〈日付＋状〉の形がしばしば見られる。また、「状」の内容が引用されたり、「某状に依り」といった形である行為・行動の理由・根拠として記述されたりしている。〈某＋状〉の某は「状」の発信者であり、〈日付＋状〉の日付は「状」の発信日（具体的には「状」に書き記されている日付）を示すものであろう。発信者は、官人・僧侶などの個人ばかりでなく、「三論宗僧等状」（古三ノ五四九）、「三綱願照等状」（古三ノ六一九）といった複数名の場合や、「画工司状」（古四ノ二六〇）、「田上山作所状」（古五ノ一二）、「弁官考選司状」（古一四ノ一七六）などの官司・組織の場合がある。女官・尼などの「状」は管見の限り見られないようである。これらが書面としての「状」であることは異論のないところであろう。とすると、同じ「状」の字を用いながら、「口状」だけを口頭伝達の意味で解し、書面との関わりなしとする理解は成り立つのか、疑問となるところである。

以上を確認したうえで、正倉院文書などに見える「口状」の用例を通覧してみよう（表）。その特徴として次の点が指摘できる。

史料名・記号		出典	刊本
一切経納櫃帳（天平13年）		続々15-1	古7/494
律論疏集伝等本納并返送帳（天平15年5月）	J	正33裏	古8/192
私写雑経疏充本等帳（天平16年10月）	K	続々11-1	古24/275
天平21年2月壬戌勅	P	『続日本紀』	—
東大寺装潢所経紙進送文（天平感宝元年閏5月13日）	C	続々37-9	古24/596
大安寺華厳経紙継文（天平感宝元年閏5月）	B	続々28-10	古10/656
			古10/654
東大寺写経所経疏紙出納帳（天平勝宝元年7月）		続々37-9	古11/2
東大寺写経所雑物借用并返納帳（天平勝宝元年8月）	H	続々44-1	古11/3
			古11/3
			古11/5
大般若経料遺紙用帳（天平勝宝2年正月）	G	続々4-20	古11/464
			古11/464
一切経散帳（天平勝宝2年?）	I	続後25	古11/226
一切経散帳案（天平勝宝2年?）		続々2-11	古11/359
奴婢買進印書送文（天平勝宝2年5月9日）	D	東南院4附9	東3/66
造東寺司牒案（天平勝宝2年9月29日）	A	続々16-3	古11/419
他田水主大小乗経目録請返文（天平勝宝3年6月12日）	L	続々16-3	古12/8
経紙并軸緒納帳（天平勝宝4年）	M	続々37-5	古12/340
経紙出納帳（天平勝宝4年）	N	続々37-4	古3/601
造東寺司牒案（天平宝字2年8月17日）	O	続々3-8裏	古13/485
奉写一切経所解案（天平宝字5年2月23日）	E	続々3-4	古15/30
写経所奉請文案（天平宝字8年正月17日）	F	続々3-10裏	古16/419
念林老人手実（宝亀3年7月17日）		続々30-2	古19/428
備前国津高郡司牒（宝亀7年12月11日）			古6/591
某請経啓（年未詳）		続々40-4裏	古22/57
飯高息足状（天平宝字7年2月29日）		続々44-10	古16/341

表　奈良時代の「口状」

事例番号	年　月　日	事　　例
1	天平　14年　7月13日	依田辺史生口状
2	16年　8月25日	依慈訓師口状
3	16年　10月　8日	依進膳令史私口状
4	（21年　2月壬戌）	式部更問口状
5	天平感宝元年閏5月12日	依舎人常世馬人口状
6	元年閏5月12日	依舎人常世馬人口状
7	元年閏5月14日	随若桜部梶取口状
8	天平勝宝元年　7月22日	依阿刀史生口状
9	元年　7月22日	依阿刀史生口状
10	元年　8月	依志斐史生口状
11	3年　3月17日	依葛井主典口状
12	2年　正月25日	依阿刀史口状
13	2年　正月27日	依阿刀史生口状
14	2年　4月21日	依葛井主典口状
15	2年　4月21日	依葛井主典口状
16	2年　5月　9日	依造寺司舎人美努三蓋口状
17	2年　9月29日	得舎人物部益万呂口状 云
18	3年　6月　9日	依標瓊師月九日口状
19	5年　8月	依恵尊師口状
20	5年　8月　8日	依恵尊師口状
21	天平宝字2年　8月　8日	得佐官平栄師今月八日口状
22	5年　2月23日	依舎人安宿真浄今日口状
23	8年　正月17日	依使辛国連形見口状
24	宝亀　3年　7月17日	随口状
25	7年　12月　1日	使口状
26	（未詳）	挨中男女共申入口状 云
参考	天平宝字7年　2月29日	（含使師口状不勝至憑）

第一に、「口状」はその多くが〈某＋口状〉という形で人物呼称と結びついて使用されている。「口状」が誰のものであるかを明示しておくことが、「口状」の語を用いるうえで重要な要素であったといえよう。一方で、〈官司名＋口状〉という用例は見えない。これは「状」との違いである。「口状」は、具体的・個別的人物との関係が強く意識されていたと考えられそうである。また、「口状」と結びつく人物呼称には、女官・尼など個別の女性名は現れない。

これは「状」と同様である。

第二に、「某口状に依り」という表現が「状」と同様にしばしば見られる。「口状」が、ある行為や行動の理由・根拠として記述されているのである。命令・指示・依頼といった性格の内容が「口状」によってもたらされていたといえよう。

第三に、「口状」には日付の伴う場合がある。「口状」は日付が意識されること、すなわち日付によって区別する意識のあったことになる。また、「口状」の内容がその日付とともに日数を経ても保持されていたことを示している。

第四に、「口状」を「得る」という表現があり、また「口状」の内容が文面として引用される場合がある。「口状」を実体のある書面として扱っていることになろう。

二　使者の「口状」

そこで「口状」の具体的事例を検討していきたい。まず、「口状」の性格をよく示すものとして、使者の「口状」を取り上げる。

次の史料は、「口状」の実態を知るうえで極めて注目すべき内容を持っている。

史料Ａ　造東寺司牒案（続々修一六ノ三、古一一ノ四一九）

造東寺司┓牒　笠山寺三綱所

奉請陀羅尼集経之第十一巻（紫微中台御願一切経内者　黄紙及表綺帯紫檀軸）

右、得二舎人物部益万呂（口）状一云、上件経先奉二請宮中（於内裏）一、彼今探二覓官（宮）中一、都无レ所レ得、望請便借二寺家経一（期日尤近欲二奉請一）者、司

依二申状一、令〈即二付益万呂一〉二奉請一如レ前、乞察〈此〉二事趣一、事畢早速即付益万呂還令レ請之、以牒、

（天平勝宝二年）九月廿九日

判 （奥麻呂）美努主典

史料A（事例17）(8)は、天平勝宝二年（七五〇）九月二九日付笠山寺三綱宛の造東大寺司牒の草案である。内容は、笠山寺三綱の依頼を受けて貸し出すこととした陀羅尼集経第一一巻の送り状で、その中に「舎人物部益万呂口状」が引用されている。笠山寺三綱からの使者が益万呂であり、「益万呂口状」は依頼の内容を示すものとして引用されている。ややもすれば、「益万呂口状」と称する書面が造東大寺司に届けられたと理解するところであろう。しかし、「益万呂口状」を益万呂本人が使者として届けるという事情がそもそも理解しにくい。そして、この事例ではさらに特異な状況がうかがえる。

この史料の原本を見ると、文字を消して書き直したり、行間に文字を書き入れたりして、文面全体に推敲を加えた痕跡が認められる。そしてこれには、「口状」の部分も含まれている。写し間違いがあったための訂正ではなく、「口状」の文面を含めて内容に手を加えたものと判断される。そうであるなら、益万呂が伝えようとした内容を聞き取って書面とする作業は、造東大寺司において行われたと考えざるを得ない。益万呂は、ここに引用されているような文面の書面を造東大寺司に持参して来たのではない。「益万呂口状」と称する書面は、益麻呂と造東大寺司との伝達のその場で作成されたものだったのである。

使者が口頭で伝達した内容を、それを聞き取った側が書面化するという手法の存在がここに明らかとなる。それが「口状」と呼ばれている。本事例は、「口状」の作成と造東大寺司牒の起案とが時を置かずに行われる中で、後者に引用する際に「口状」の文面に修正が加えられたと考えられる。「口状」が受信者側で作成する書面であるからこそ、そうした事態が生じたのであろう。

こうした「口状」の文面作成には、使者本人も立ち会っていたと思われる。この事例で、使者の益万呂は自己の「口状」を引用する造東大寺司牒を経巻とともに笠山寺に持ち帰った。使者益万呂の伝えた内容、それを受信者の造東大寺司側が理解した内容が、両者の了解のもとに文面として確定されたと思われる。造東大寺司にとって、笠山寺からの申し入れ内容を確認し、記録に残し、先方に示すことにもなったであろう。口頭伝達に際して、その内容を書面化して記録に残す意識が、当事者双方に存在したことがうかがわれる。それが「口状」を必要とする一つの背景であったと考えたい。この事例が、思いがけぬ状況での即時対応を要したという事情もあったかもしれない。

本史料では、「状」と書いた脇に、後から「口」を補って、「口状」と訂正している。「益万呂状」ではなく、「益万呂口状」と表記するのがより適切であるとする意識が読み取れる。笠山寺側にしても、「益万呂口状」を引用する造東大寺司牒を受け取って、「口状」がいかなる実態を意味するものか、造東大寺司と同様に理解できたのだと思う。「口頭で伝達された内容をその場で受信者側が書き取って書面にしたもの」、それが「口状」であるという解釈がこの事例から導き出される。この解釈が他の事例でも成り立つかどうか、以下、検証していきたい。

史料B　大安寺華厳経紙継文（続々修二八ノ一〇、古一〇ノ六五二〜六五七）

東大寺装潢所　進送紙一韓櫃櫃乗者先日如㆑員

右、随㆓若桜部梶取口状㆒、附㆓民部省仕丁物部小貴㆒、進送如㆑件、（略）

（天平感宝元年）閏五月十四日賀茂書手辰時　（事例7）

（略）

千部法花料紙合一万四百張廿帙者以㆓十巻㆒為㆑帙々別二百張冊部以㆓八巻㆒為㆑部々百六十張（別脱カ）

右、依㆓舎人常世馬人口状㆒、進送如㆑件、

（事例6）

潤五月十二《マヽ》日賀茂書手

史料B（事例7・6）は、天平感宝元年（七四九）閏五月から大安寺で作業の行われた大安寺華厳経書写事業に伴う帳簿で、同事業では、東大寺写経所で装潢作業（継打界）を終えた料紙が順次大安寺に送付され、その状況を大安寺側で記録したのが本史料である。継文の中に、切封痕のある東大寺写経所（装潢所）の料紙送り状が含まれることから、大安寺側での記帳であることがわかる。それが正倉院文書として伝わったのは、東大寺写経所の案主が大安寺に出向して書写事業を差配し、この帳簿も記帳し、事業終了後、関係書類を東大寺写経所に持ち帰ったためと考えられる。(9)

同継文には、料紙等の送付九件の記録があり、そのうち五件は、書止を「附二舎人某一進送如レ件」とするほぼ同一の書式の送り状となっている。装潢作業の終わった料紙はその都度、舎人が使者となって、送り状とともに東大寺写経所から大安寺に届けられるというのが、通例の手順だったのだろう。(10)それに対して、上記の「千部法花料紙」の事例6は、舎人常世馬人の「口状」による送付と記されている。大安寺に送付された「千部法花料紙」とは、この時期に東大寺写経所で行われていた千部法華経書写のための用紙を、大安寺華厳に転用して送ったものである。他の用紙の転用という点で通例と異なるため、その事情を書き残す意識が働いたのではなかろうか。この点は関係史料があり、それが史料C（事例5）である。

史料C　東大寺装潢所経紙進送文（続々修三七ノ九、古二四―五九六〜五九七）

進二送大安寺写所《経》所一紙

合一万四百張（四千張者先六万張類紙者／六千四百張者後二万八百張類）

右、得二今月十二日舎人常世馬人口状一云、蒙二長官王《市原王》宣一偁、為レ奉二写花厳経一、便可レ借二用千部法花料紙一者、

仍随二口状一、附二馬人一進送如レ件、

天平感宝元年閏五月十三日賀茂書手

常世馬人

「七月七日、如員納已訖、」（追記）

事例5・6を合わせて状況を整理すると、造東大寺司長官の市原王の宣として、大安寺華厳経書写の用紙に千部法華経料紙を使用せよとの指示が出され、常世馬人はその使者となって、「口状」という形でその旨を東大寺写経所に伝えた。同所は、送り状とともに用紙を馬人に持たせて大安寺に送ったことになる。(11)馬人は、東大寺写経所に所属し、この時は大安寺での書写事業に加わっていた。(12)

「口頭で伝達された内容をその場で受信者側が書き取って書面にしたもの」という解釈を適用すれば、馬人は閏五月一二日に大安寺から東大寺写経所に出向いて口頭で用件を伝え、それが「口状」として書き取られ記録されたと考えられる。引用されている「蒙長官王宣偁、為奉写花厳経、便可借用千部法花料紙者」が、その文面そのものであろう。馬人は、東大寺写経所に出向く前に市原王のもとに行き、この宣を受けたものと思われる。翌一三日、馬人は再び東大寺写経所に出向き、用紙を受け取った。

史料Bに見えるもう一つの事例7「若桜部梶取口状」はどうであろうか。若桜部梶取は、この時期、千部法華経の校正に従事していることが知られるが、運営を任されるような立場ではない。(13)上掲の史料は料紙進送文案で、「梶取口状」により東大寺写経所は一韓櫃の用紙を大安寺に送付したとある。一韓櫃という点が、通例と異なるといえる。梶取がこの件にどのように関わったのか、事例5・6のようにはわからないが、用紙の入った韓櫃を大安寺に送付する旨を梶取が口頭で述べ、それがその場で「口状」として記録されたと考えられる。用紙入り韓櫃を大安寺へ運んで行ったのは、民部省仕丁物部小貴であった。(14)梶取は、大安寺への用紙送付を命令・承認するような立場ではなかったようであるから、その行動は誰か上位者に指示された使者としてのものと考えておきたい。

史料D　奴婢買進印書送文（東南院文書第四櫃附録第九巻、東三ノ六六〜六七）

近江国　但馬国　丹後国

右、三国奴婢買進上印書各一枚、依二造寺司舎人美努三蓋口状一、即付二三蓋一、送二造寺司務所一如レ前、

天平勝宝二年五月九日

上座安寛

史料D（事例16）は東南院文書の例であるが、近江・但馬・丹後各国からの奴婢進上状である奴婢買進上印書（国司解）(15)を、東大寺から造東大寺司務所に送付することを述べた書面で、「造寺司舎人美努三蓋口状」により送付すると記され、末尾に東大寺三綱の上座安寛が署名している。(16)「口状」の先の解釈に従えば、三蓋は造東大寺司から国司解を受け取りに来たという趣旨を口頭で述べ、それを東大寺側が書面化したと考えられる。舎人三蓋が、東大寺に対して国司解の送付を依頼（ないし指示）する主体とは考えられないから、それは造東大寺司の官人か務所の意思、あるいはそこを経由したより上位者の意思と考えられる。それを使者の三蓋が取り次ぎ、渡された国司解を持ち帰ったのであろう。但馬国司解・丹後国司解は、国印の押された正文が東南院文書の中に現存している。(17)奴婢の送り状に相当する国司解は、そもそもは太政官に提出され、その奴婢が内裏の指示で東大寺に送付されたのに伴い、国司解も奴婢と共に造東大寺司へ、更に東大寺へと移動していたのであろう。(18)

史料E　奉写一切経所解案（続々修三ノ四、古一五ノ二九〜三〇）

奉写一切経所解　申仕丁幷火頭等事

（員数・種別・歴名記載等略ス）

右、依二舎人安宿真浄今日口状一、申送如レ前、

天平宝字五年二月廿三日史生下道福万呂

史料E（事例22）は、奉写一切経所が、他司所属の仕丁・火頭で同所に出向して勤務している者の歴名を、「舎人安宿真浄口状」により造東大寺司に報告したものである。これも上述の解釈に従って、真浄が造東大寺司からの指示を口頭で伝え、奉写一切経所がそれを書き取り「口状」を作成したと考えて問題なく理解できる。

史料F　写経所奉請文案（続々修三ノ一〇裏、古一六ノ四一八〜四一九）

合疏卅三巻並白紙黄表綺帯梨軸「前山」（朱書）

涅槃経疏卅巻

恵遠師疏七巻（略）

法宝師疏十一巻（略）

憬興師疏十二巻（略）

花厳経疏五巻

教分義記三巻恵遠師　旨帰一巻　遊心法界記一巻

右、件書、依二使辛国連形見口状一、便付且令レ請如レ件、

天平宝字八年正月十七日行上馬養

受韓国形見

史料F（事例23）は、写経のための本経を太師恵美押勝家へ貸し出す際の送り状の案文である。太師家への貸し出

しに関わる太師家牒（借用依頼状）や造東大寺司牒案（送り状）・奉請文案（同）などが一括して継文（太師家経本奉請文、続々修三ノ一〇裏）[19]とされた中の一通である。継文は、東大寺写経所側の出納台帳として利用されたのであろう。上記の記載は、継文の中の天平宝字七年（七六三）七月五日写経所奉請文案の奥の余白に追記されている。これによれば、太師家からの使者辛国連形見の「口状」により、計三五巻の疏が貸し出されている。この奉請文継文に見える他の貸し出し例は、すべて太師家牒に基づいて行われており、この事案だけが異例であるが、太師家牒という正式な書面を伴わない借用が、使者の「口状」で行われたことがわかる。使者が口頭で借用の意思を伝え、写経所側はそれを書き取って「口状」としたと解することが可能である。

ここで想起されるのが、写経の本経の貸借の際に、使者が借用すべき経典のリストを持参し、借用の申し入れ自体は使者が口頭で伝達する場合があることである[20]。本事例も同様の状況として理解できよう。使者の辛口連形見は、経典リストを持参して口頭で借用を申し入れ、写経所はそのリストをもとに貸し出しを行うとともに、奉請文（送り状）・同案を起案したという推測も可能である[21]。

さて、ここまでの検討で、「口状」とは「口頭で伝達された内容をその場で受信者側が書き取って書面にしたもの」と解釈して差し支えない事例がいくつも見られることを示せたと思う。口頭伝達の当事者は、伝達の場に立ち会った者に限られる。ここまで見たのは、使者の「口状」であったが、それでは使者のものではない「口状」についてはどうであろうか。

三　意思発信者本人の「口状」

史料G　大般若経料遺紙用帳（続々修四ノ二〇、古一一―四六四）

大般若料紙

勝宝二年正月廿三日五枚依阿刀吏（史）生宣、為写奏文用者

廿四日二枚同奏文者同日又六枚請内裏論帙用者

廿五日八十張依政所宣、為公文（写）用者、得史生阿刀阿刀史（生脱カ）口状、出大伴蓑万呂

廿七日二枚依阿刀史生口状、出充調呰万呂

大槃若遺紙百五張　勝宝三年正月十九日検定

史料G（事例12・13）は、大般若経用紙の残部について、いつ何に使ったかを書き上げた記録である。二五日の事例は「阿刀史口状を得るに」とあることから、書面としての実体が存在するものとして扱われている。「依政所宣、為写公文用者」がその文面そのものであろう。「口状」を「口頭で伝達された内容をその場で受信者側が書き取って書面にしたもの」と解するなら、造東大寺司史生の阿刀酒主が写経所をおとずれて、大般若経紙の残部八〇枚を公文に使用せよとの造東大寺司政所の命令があったことを口頭で伝達し、写経所側はそれを書き取って「阿刀史口状」として記録したことになる。紙は大伴蓑万呂に渡して造東大寺司政所へ送られたのであろう。二七日の事例も同様に解されるが、紙数が二枚と少ないことからすると、この「阿刀史生口状」は二五日の「口状」を指していて、二五日送付分に不足・破損等があるといった理由による追加の送付を意味しているとも考えられる(22)。

ところで、同史料の正月二三日の項には「阿刀吏（史）生宣」も見える。日付が近いことから見て、「宣」と「口状」を使い分けて記していると考えられる。「宣」と「口状」は、伝達の仕方が違ったのではなかろうか。「口状」は阿刀史生本人が出向いて来た直接の伝達であるのに対し、「宣」は使者を介した伝達だったと思われる。

史料H　東大寺写経所雑物借用幷返納帳（続々修四四ノ一、古一一―三〜九）

（略）

天平勝宝元年七月廿二日借用千部法花料紙廿張 右依二阿刀史生口状一山代長官佐伯殿千手経料用者、受三嶋宗万呂

八月借用千部料表紙五枚 右依二志斐史生口状一附二田辺判官薬師経十巻料一者

（略）

天平勝宝元年八月四日検常世馬人　賀茂書手

（略）

帙一枚 緋裏錦縁地白者町方織

右、以二勝宝三年三月十七日一、依二葛井主典口状一借遣、 使糸井谷万呂

返来了　知呉原生人

（略）

史料H（事例9〜11）は、写経用紙等の借用・返納を記録した出納台帳である。これも、前の史料Gの「口状」と同様の状況で理解できる。「阿刀史生口状」は、千部法華経の用紙を山代長官佐伯殿（佐伯浄万呂）発願の千手経書写に借用することに関するもので、阿刀酒主が写経所に出向いて口頭で伝達し、それを写経所が書き取り「口状」としたのであろう。その用紙は三嶋宗万呂に渡された。「志斐史生（志斐麻呂）口状」は、田辺判官（田辺真人）発願の薬師経

の表紙に千部法華経の用紙を借用することに関する内容、「葛井主典（葛井根道）口状」は、帙の借用に関するもので、使者糸井谷万呂の名が見える。いずれも、「口頭で伝達された内容をその場で受信者側が書き取って書面にしたもの」と理解できる。

なお、この借用幷返納帳に見える借用の事由では、大徳（良弁）宣、判官上毛野（真人）宣、玄蕃頭（市原王）宣、佐伯次官（佐伯今毛人）幷葛井主典宣、上毛野判官宣、次官佐伯宿祢宣等と、「宣」と記す場合の方が多い。また、「上毛野判官天平勝宝三年正月廿七日私状」という表現もある。これらはいずれも使者を介した伝達であり、中でも「私状」は使者を介した書面による伝達である。

史料Ｉ　一切経散帳（続修後集二五、古一一―二二三〜二二七）

（略）

明門論一巻依二天平勝宝二年四月廿一日葛井根道状一、令レ奉二請大納言宅一

（略）

大乗百法明門論一巻以二勝宝二年四月廿一日一、依二葛井主典口状一、令二大納言藤原殿請一已訖、使子部人主

（略）

摂大乗論十巻　弁中弁(辺)論三巻　因明論一巻以勝宝二年正月廿四日、依少(主)典葛井連宣、奉請内裏　使下道主　若桜部梶取

史料Ｉ（事例14）は、東大寺写経所の一切経を収めた櫃から貸借のために持ち出された経典を書き上げたリストである。その草案が事例15の一切経散帳案（続々修二ノ一一、古一一ノ三五五〜三五九）で、そちらにも同じ記述がある。これによると、天平勝宝二年四月二一日に大乗百法明門論一巻が大納言藤原仲麻呂宅に貸し出された。(23)仲麻呂宅から経典を受け取りに来た使者が子部人主である。貸し出しは、造東大寺司主典の「葛井根道状」によるとも、「葛井主典

口状」によるとも書かれている。これについては、前者の「状」は「口」字の書き落としで、後者の記事が正確な表現であったとも、「状」と「口状」の双方が存在したとも考えられる。(24) いずれにせよ、葛井根道が写経所に出向いて、仲麻呂宅へ貸し出すよう口頭で伝達し、それを写経所で書き取ったのが「口状」であろう。

史料Ⅰには、葛井根道の「宣」による貸し出しという表現も見られる。内裏への奉請であることから、内裏（天皇）の意向が何らかの方法で葛井根道に伝えられ、それを写経所に取り次いだのであろう。根道が内裏からの命令を「尼君宣」として書き取って写経所に伝えたところ、これを写経所では「根道宣」と表記した例があるので、(25) ここも同様の理解が可能であろう。

史料Ｊ　律論疏集伝等本納幷返送帳（正集三三裏、古八ノ一八五～一九三）

廿五日返送書花厳疏四巻元暁師撰　第一　五　七　十

右依二慈訓師口状一、返送如レ件受使平摂師　人成

史料Ｊ（事例２）は、金光明寺写一切経所が天平一五年五月に、五月一日経書写の対象を開元釈経録（入蔵録）に記載されている以外の律論疏集伝等に拡大したことに伴い、諸所から借用した本経の収納と返送を記帳した出納台帳で、掲げたのは同一六年八月二五日の項である。

この日、写経所は借用していた元暁撰花厳経疏を返送した。それは「慈訓師口状」に基づいてなされた処置であり、使者として受け取りに来たのは平摂師であった。(26) 返却の申し入れを慈訓が口頭で写経所に伝え、それを写経所側で書き取った「口状」が作成され、ついで平摂がその受け取りの使者となって経典を持ち帰ったという状況で理解できる。

ただ、この文面だけを見ると、平摂が使者として「慈訓師口状」を持って写経所に来て経巻返却を求め、それを持ち帰ったという解釈があるかもしれない。しかし、そうではなさそうである。同史料の天平一六年六月一一日の項

（古八ノ一九〇）に、慈訓所持の「吼（孔）目四巻」を平摂の手を介して写経所が借用した記事があり、その返却について「以十六年八月廿五日返㆓送平摂師所㆒受慈訓師使人成」と注記されている。これによれば、辛国人成は事例2と同日の八月二五日に、華厳経孔目四巻の返却のため平摂師所に出向き、平摂が不在であったためか、それを慈訓に手渡したことが判明する。この日、人成と慈訓は写経所ではなく、平摂師所で出会っているのである。その機会に、花厳経疏四巻も返却するよう、慈訓が人成に直接口頭で伝え、それを人成が書き取ったのが「慈訓師口状」ではないだろうか。人成は「口状」を写経所に持ち帰り、花厳経疏四巻を平摂に返却した。平摂が受け取りの使者となった事情はわからないが、たまたま平摂が写経所を訪ねていたり、どこか便宜のある場所に出向いていたりというようなことを、人成は慈訓から教えられていたのかもしれない。

史料K　私写雑経疏充本等帳（続々修一一ノ一、古二四ノ二七四〜二七五）

奉写法花経一部八巻（略）

右、依㆓進膳令史私口状㆒、奉㆓写件経㆒如㆑前、（天平一六年）十月八日人成

史料K（事例3）は、金光明寺写経所が書写を託された私的な願経について、経典名、料紙数・内訳、作業した経師、委託の経緯、日付等を書き記した書面である。[27] 進膳令史高屋赤麻呂は、金光明寺写経所の前身である皇后宮職の写経組織の運営を長く担当し、この時は金光明寺写経所の上部機関である金光明寺造物所に所属している。[28] 上記の記載から、その赤麻呂が自らの発願による法華経書写を金光明寺写経所に依頼し、書写が行われたことがわかる。赤麻呂が写経所に出向いて書写依頼の趣旨を口頭で伝え、それを案主の辛国人成が書き取ったといった状況で理解して問題ない。

史料L　他田水主大小乗経目録請返文（続々修一六ノ三、古一二ノ八）

目録二巻　大小乗者

右、依二標瓊師月九日口状一、随二返来時一進送如レ前、披二覧事趣一、早速返送、

（天平勝宝三年）六月十二日舎人他田水主

新薬師寺三綱務所

史料Ｌ（事例18）は、東大寺写経所が新薬師寺三綱務所宛に送った大小乗経目録二巻の返却依頼状である。返却依頼は、東大寺僧標瓊の天平勝宝三年六月「九日口状」によってなされたものである。経疏出納帳（続修後集三八、古三ノ五五〇～五五一）によると、東大寺写経所は六月九日の新薬師寺三綱牒の依頼を受けて、大小乗経目録二巻の新・旧二セットを新薬師寺に貸し出し、新目録が六月一二日に、旧目録が同二五日に返却されている。標瓊は、両目録が新薬師寺へ貸し出されたその日に、返却後は自分のもとへ送付するよう写経所に申し入れたことがわかる。その申し入れは、標瓊が写経所に出向いて口頭で行ったのであろう。写経所はそれを書き取って「九日口状」を作成し、「口状」は実体のある書面として保管されたと考えられる。数日を経た一二日になって、「九日口状」で申し入れがあって、標瓊が返却を待っている旨、写経所は新薬師寺に連絡し、新薬師寺からの返却があったという事情が判明する。

史料Ｍ　経紙幷軸緒納帳（続々修三七ノ五、古一二ノ三三三～三四二）

（天平勝宝五年）八月五日納穀紙弐仟参伯張（之中百張表紙料、依二恵尊師口状一、為レ曝二如法経一、十張用、依二次官宣一、奉レ写二陀羅尼集経一料、出百廿張）

右、自二弥努宮一進紙如レ前、

呉原生人

紙拾張如法者

右、依二恵尊師天平勝宝五年八月八日宣一、用二如法経奉レ源（曝カ）所一者、

判次官

呉原生人　上馬養

紙壱伯弐拾張如法者

右、依二次官佐伯宿祢天平勝宝五年九月廿二日宣一、用二陀羅尼集経一部奉写料一、注者

呉原生人　上馬甘

史料N　経紙出納帳（続々修三七ノ四、古三ノ五九四〜六一二）

（天平勝宝五年）八月五日納穀紙弐仟参伯張之中百張表紙料自二弥努宮一所レ進、

以二八月八日一、為レ□（曝カ）二如法経一、依二恵尊師口状一、出二拾張一、

以二九月廿二日一、為レ奉レ写二陀羅尼集経一、依二次官宣一、出二伯弐拾張一、

知呉原生人

史料M（事例19）と史料N（事例20）は、写経所が収納した料紙等を日次式で記録した帳簿である。双方の天平勝宝五年八月五日の項に、弥努宮から進送された穀紙二三〇〇張の収納記載があり、後日の出用として同八日の「恵尊師口状」による一〇張と、九月二二日の次官宣による一二〇張の出用のことが追記されている。この「恵尊師口状」は、恵尊の口頭での申し入れを写経所で書き取ったものと理解できる。

ただ、史料Mは出用について別項を立ててあらためて記載しており、そちらには恵尊師の同日の「宣」による出用と記載されている。これについては次のように考えられる。史料M別項の記載は「右、依恵尊師天平勝宝五年八月八日宣、用如法経奉源（曝カ）所者／判次官」とあり、これは造東大寺司次官佐伯今毛人が署判を加えた書面を書き写したものである。このことから、この事案の取り扱いは、まず恵尊の申し入れを書き取った「口状」が作成され、それをもと

に造東大寺司の承認を得るための書面が作られ、そこに今毛人が署判するという手順で進んだことがわかる。案主にとって、恵尊の申し入れを自らが書き取った書面は「恵尊師口状」であるが、恵尊からの申し入れを造東大寺司に伝える際には「恵尊師宣」という言葉で表記すべきものだったのであろう。「口状」と「宣」とは通用する言葉ではなく、両者は場面に応じて使い分けられていたことを、この例は伝えている。また、「口状」の形で伝達されながら、それに対応する種々の手順が進んでいくことで、「口状」の存在が見えなくなっていく事情をうかがわせる史料でもある。

史料O　造東寺司牒案（続々修三ノ八裏、古一三ノ四八五）

造東寺司　牒菅原寺三綱務所

千手千眼経伍拾巻　黄紙黄漂（マヽ）綺帯朱頂軸

右、得㆓佐官平栄師今月八日口状㆒云、被㆓少僧都慈訓師同日宣㆒偁、件経為㆓転読㆒千手千眼悔過所奉請者、今依㆓宣旨㆒、随㆓写畢㆒、奉請如㆑件、故牒、

天平宝字二年八月十七日主典正八位上安都宿祢「雄足」（自署）

次官従五位下高麗朝臣（大山）

史料O（事例21）は、造東大寺司が天平宝字二年八月一七日付で菅原寺三綱務所に宛てた千手千眼経五〇巻の送り状である。少僧都慈訓師の八月八日宣を引用する同日の「佐官平栄師口状」が引用されている。平栄は造東大寺司に口頭で用件を伝え、同司がそれを書面化したものが「佐官平栄師口状」であったと考えられる。造東大寺司は「口状」を受けて、写経所に指示し、一〇日間ほどかけて千手千眼経を書写し終え、それを菅原寺へ届けたことになる。経過日数から考えて、八日付の「平栄師口状」は実体のある書面として存在したとみてよかろう。

宝亀三年（七七二）七月一七日念林老人手実（続々修三〇ノ二、古一九ノ四二八）は、注大品経第五帙のうちの七巻一八四紙の書写を報告するものであるが、その奥の余白に、手実の勘検に当たった韓国（辛国）形見が「今更受㆓注大品経第三帙㆒、充了、仍随㆓口状㆒申送如㆑前」（事例24）と追記している。韓国形見は、念林老人が注大品経第三帙の作業も担当したことを「口状」で承知し、その旨を追記したことになる。老人は形見のもとへ出向いて口頭でこのことを報告し、形見はその場で内容を書き取り、その趣旨をいずれかに申し送ったと考えられる(29)。形見が書き取ったのがここの「口状」であろう。

年未詳・某請経啓（続々修四〇ノ四裏、古二二ノ五七）は、後欠のため発信者不明であるが、本経の借用を申し入れる内容である。その文面に「挨（族）中男女共申入口状云、己等穢家内、敢難㆓久清㆒、今望、二三日之間欲㆑奉㆑畢者」（事例26）とある。男女が述べた申し入れを取りまとめて書面化したのが「男女申入口状」であろう。口頭伝達を聞き取った者が書面とした「口状」と理解してよいと思われる。書き取ったのは、この啓の差出人の某ということになる。

正倉院文書ではないが、備前国津高郡司牒（古六ノ五九一）の事例25は、本文の文末付近に「使口状」と見えている。前欠のため詳細不明であるが、使者の「口状」のことと思われ、解釈上に支障はない。

最後に、「口状」の異なる用例と思われる史料を挙げておく。

史料P　『続日本紀』天平勝宝元年二月壬戌（二七日）条

勅曰、頃年之間、補㆓任郡領㆒、国司先検㆓譜第優劣・身才能不・舅甥之列・長幼之序㆒、擬㆓申於省㆒。式部更問㆓口状㆒、比㆓校勝否㆒、然後選任。（略）

史料P（事例4）は、奈良時代の郡司任用制度に関する著名な史料で、上記はこの時期の郡司選考の実態について述べた部分である。これによれば、国司が選考して上申した郡領候補者に対し、式部省がその優劣を点検する際に、

「口状」を問うことが行われている。その具体的なあり方は『弘仁式』（式部）・『延喜式』（式部下）に記述があり、式部省での選考の際に郡司候補者に譜第について口頭で述べさせる口頭試問と、「問頭」を課して書面に答案を書いて提出させる筆記試験とがその場で行われている。史料Pの「口状」はそのことを指すのであろう。口頭で述べた内容を聞き取った者が書面化するという意味の「口状」とは異なる用例であるが、これは「口」と「状」、口頭と書面を指し、言葉の一般的な意味に基づく用例と考えたい[30]。ともあれ事例4から、「口状」が口頭伝達を意味するという解釈は導けないことを指摘しておきたい[31]。

おわりに

正倉院文書に見える「口状」の用例について、「口頭で伝達された内容をその場で受信者側が書き取って書面にしたもの」と理解し、それに基づいて網羅的に検討を行った。その結果、この理解で支障なく諸事例の説明が可能であることを示せたと思う。検討の中で触れた点からいえば、「口状」を口頭伝達だけの意味で理解することには問題がある。また、正倉院文書以外の史料に、「口」と「状」、すなわち口頭と書面を指す意味で用いられた「口状」の例があるが（史料P）、それは「口」・「状」の語の一般的な意味合いに基づく使われ方であり、「口頭（伝達）と書面」の意味が「口状」の当時の通常の用例であったとは思えない。「口状」と「状」、あるいは「口状」と「宣」に違いはないという見方があったとしても反証を挙げることが可能である（史料G・H・I・M）。以上を総合的に判断して、正倉院文書に見える「口状」の語は、上記の意味に理解して差し支えないというのがここでの結論である。

そのうえで、「口状」の性格として次のようなことが指摘できるのではなかろうか。冒頭にも述べたが、「口状」は

「某口状」のように人物呼称を付して用いられることが多い。この呼称は、口頭で何事かを述べた人物その人（口述主体）を指すものである。口述された内容を聞き取って筆記した側の人や組織（筆記主体）を指すとみなさなくてはならないような事例は存在しなかった。

「口状」による伝達行為の基本的な形は、用件のある者が、それを伝えるべき所に出向き、口頭で用件を述べ、それを聞き取った者が書き取るというものである。史料J（事例2）のように、口述主体のもとへ筆記主体が出向いた折に「口状」が作成されたと思われる例もある。筆記主体の方が先方に出向いて「口状」を作成する行為は、同じ組織の中などで上司が口述主体、部下が筆記主体である場合などに当然起こり得ると思われるので、「口状」のあり方に外れるわけではなかったと考える。

「口状」の口述主体として見えるのは、造東大寺司の主典・史生クラスの官人、写経所のスタッフや舎人、そして僧侶といった人々である。女官や尼など個別の女性名の例がないばかりでなく、高位の官人・貴族の例や、造東大寺司の判官以上の例も見えない。僧侶は、良弁のような最高位クラスではないにしても、それなりに高い地位の者が含まれるが、東大寺僧にほぼ限られている。口述主体として現れるのは、写経所と身近な関係にある人物という点で共通するといってよさそうである。同様に「口状」の受信側、筆記主体を見ると、史料の性格から当然ではあるが、造東大寺司・同写経所の事務機構がほとんどで、東大寺三綱の例が一つある。(32)

「口状」による伝達においては、その内容を記録した書面は受信側にのみ残り、発信側には残らない。したがって、伝達内容を発信側でも記録しておかなくてはならないような場合には採用できなかったであろう。官司制的秩序に厳密にのっとった公的性格の強い案件には適用できないといえよう。

以上から、「口状」による伝達とは、相互に近しい関係者の間で行われるもので、公式・正式な性格の低い実務レベル、現場レベルの手法であったといえそうである。史料M（事例19）のように、現場レベルでの「恵尊師口状」が、より上位への伝達では「恵尊師宣」の表記となったと思われる例から考えると、実務の現場を離れるにつれ「口状」であったことへの意識が薄れていく、ないしは見えなくされていくように思われる。したがって、「口状」が写経所・造東大寺司の部内に限定して登場するからといって、そこでの限られた手法ということではなく、どの官司においても実務レベル・現場レベルで行われていたと考えられる。その背景には、口頭の伝達内容であっても、それを記録に残しておく意識の存在がうかがえる。[33] また、「口状」として伝達されたという記録が残ること自体が、現場レベルの業務遂行に役に立つ情報だったのではなかろうか。

「口状」の検討を通じて、口頭で伝えられた内容を、それを聞き取った者が書き付けて書面化するという行為の存在が浮かび上がってきた。そうした手法は、正倉院文書に見られる「受命記録」の宣の存在からすでに指摘されている。[34] 受命記録は、A（発令主体）が口頭で命令を発し、それを聞き取ったB（奉令主体）がその場で書面化したものである。命令の内容に応じて、Bはその内容をC（受令主体）に伝達する。伝達の方法には、①使者の口頭伝達のみで行う場合、②使者の口頭伝達とともに受命記録（非伝達書面）を参考資料として交付する場合、③別途作成した伝達書面を使者に届けさせる場合などが考えられる。[35] これに対して「口状」の多くは、奉令主体が使者となって命令の内容を受令主体に口頭で伝え、それを受令主体が書面化したものであった。また、発令主体が使者の役割を果たす例や、受令主体が発令主体・奉令主体のもとまで出向いたと思われる例もあった。発令主体・奉令主体・受令主体の動きの中に使者の役割が吸収された形といえるかもしれない。こうした性格・位置づけの違いが、当事者相互の社会的関係や、伝達の内容、業務進行の実態などとどのように関わるのか、その検討は今後の課題である。

「口状」が作成された背景には、情報の伝達を記録として残そうとする強い意識が働いていたと思われる。ここで見た事例のように、日常的な業務進行に伴うこまごまとした情報伝達は、その場に立ち会った担当者レベルにおける個別的受容から処理が始まる。しかし、それを組織としてのレベルに上げて対処するためには、伝達内容の集団的受容（情報共有）の手段が必要である。口頭による伝達は、音声が消え去れば、その場にいた者の記憶としてしか保存されない。その後も、記憶に基づく口述でしか情報を広めることはできない。これは、業務進行にとって効率と精度を欠く状況といわざるを得ない。時間・空間を超えて情報を共有するためには、書面化する以外に方法はない。これが「口状」を必要とした理由であると思う(36)。

「口状」に類似する言葉に「口宣」がある。ここで本格的な検討を行うことはできないが、正倉院文書などに見える用例をざっと見た限りでは(37)、口頭での伝達を受信側が書き取ったものという「口状」と同様の解釈が可能ではないかと思われる。「口状」と異なるのは、口述主体に造東大寺司の判官以上、大納言、左大弁などの高位者や、造東大寺司・装束忌日御斎会司・弾正台・弁官・民部省といった官司が見える一方、史生以下の官人、舎人、僧侶などが見られないことである。口述主体の地位の違いが、「口宣」と「口状」の使い分けに反映されているのではないかという見通しが立ちそうである(38)。さらにいえば、「状」は書面、「口状」は口頭伝達の書面化という関係が、「宣」と「口宣」の関係にも適用できるかもしれない(39)。これらの本格的な検討も今後の課題である。

「口状」の用例をより長い時代的スパンで検討することも、ここで残した課題である。平安時代の史料では、『日本三代実録』貞観八年（八六六）九月二二日条、応天門の変での伴善男らの罪状を述べる宣命に「清縄《（伴）》・恒山《（生江）》等加所レ申口状乎以天、中庸《（伴）》加中辞尓参験須留尓」とあって、「口状」の語が見える。口頭で述べた内容を書き取って書面化したものという理解を妨げる用例ではなさそうである。平安時代の古文書や古記録にも多くの事例が見られるが及ばなかった。

「口状」がどういう形で書き留められ、保管されたのかという視点も、古代史料研究にとって意味を持つと思う。実務レベルにおける書面作成の作法の解明は、木簡を含め、官司で業務に実際に用いられた現用書類・書面の検討に新たな視野を開くことにつながるであろう。(40)

以上、倉卒の間の検討で、従来から識者に了解されている内容を事々しく述べたにすぎないかもしれない。検討未了の課題も多く残すこととなった。諸賢のご叱正を乞いたい。

註

(1) 筆者の現在の理解は、山口英男a「正倉院文書の機能情報解析—口頭伝達と書面—」(『国立歴史民俗博物館研究報告』一九四、二〇一五年)、同b「正倉院文書の〈書類学〉」(『日本史研究』六四三、二〇一六年)に示している。

(2) 吉川真司a「奈良時代の宣」(同『律令官僚制の研究』塙書房、一九九八年、初出一九八八年)、早川庄八a『宣旨試論』(岩波書店、一九九〇年)、鐘江宏之「口頭伝達の諸相—口頭伝達と天皇・国家・民衆—」(『歴史評論』五七四、一九九八年)、川尻秋生「口頭と文書伝達—朝集使を事例として—」(平川南ほか編『文字と古代日本2　文字による交流』吉川弘文館、二〇〇五年)など。

(3) 山口前掲a・b論文参照。

(4) 『日本国語大辞典・第二版』(小学館、二〇〇一年)参照。用例として、後述(史料P)の『続日本紀』や、中右記・大治五年(一一三〇)四月二八日条「予依㆓不参㆒、以㆓史俊重口状㆒所㆑記也」を挙げているので、奈良・平安時代からの語義ということになろう。ここで付言すると、「口宣」の語を考えた時、「口状」の読みは「こうじょう」でよいのか、「口状」と「口上」とは同義なのか、検討の余地があるように思う。

(5) 西岡芳文「前近代日本の口頭伝達について—「口状(上)」の語史から—」(山田忠雄編『国語史学の為に　第三部　語誌・語史』笠間書院、一九八六年)が、「口状・口上」の語史という観点からの通史的検討の中で、正倉院文書の用例を取り上げているが、古代史料の扱いとして再検討の余地があると思われる。渡辺滋『古代・中世の情報伝達—文字と音声・記憶の機能論—』(八木書店、二〇一〇年)第三章注3は、正倉院文書の例について「使者による口頭説明は、当時「口状」と表現されていた」とし、西岡論文を挙げているが、特に論証は行っていない。
(6) 本稿では史料の出典の表記に関して、『大日本古文書（編年文書）』を「古」、『同　東大寺文書』を「東」、その冊・頁を「一ノ二三四」または「1/234」、正倉院文書の種別・帙巻を通例に従って略記する。
(7) 後掲註(33)の「不以状」・「不知状」の表現も、書面としての「状」と解さなくては意味をなさない。
(8) 表の事例番号。以下同じ。
(9) 渡辺晃宏「天平感宝元（七四九）年大安寺における花厳経書写について」（『日本史研究』二七八、一九八五年）参照。
(10) これらは、大安寺華厳のために送付した用紙数を記録した東大寺写経所側の帳簿である進送大安寺花厳経紙注文（古一〇ノ六五七～六五八、続々修六ノ一二）にも記載されている。
(11) なお、史料Cは、この時に東大寺写経所（装潢所）から大安寺に宛てた用紙の送り状そのものであろう。千部法華経から使用されたこの用紙は、その後、大安寺から東大寺写経所へ返却され、そのことを示すのが、史料Cの末尾の七月七日の追記と思われる。史料Cの経紙進送文は、その時に大安寺から東大寺写経所へ戻されたのではなかろうか。また、史料Bの経紙継文は、前に触れたように五件の送付については東大寺写経所から大安寺側へ送られた経紙の送り状の貼継と考えられるが、事例6の書面に限れば、送り状そのものではなく、受領記録として大安寺側で記帳したものであろう。
(12) 渡辺晃宏前掲論文参照。
(13) 栄原永遠男「千部法華経の写経事業（上）（下）」（『正倉院文書研究』一〇・一一、二〇〇五・〇九年）参照。
(14) 物部小貴は、他に史料がなく、写経所に所属する人物ではないと思われる。
(15) 奴婢買進上印書が国司解であることは後述する。
(16) 『大日本古文書　東大寺文書』の按文によれば、史料Dは全文安寛の自筆である。
(17) 天平勝宝二年正月八日但馬国司解・同元年一二月一九日丹後国司解（東南院文書第四櫃附録第九巻、東三ノ六三～六六）。
(18) 上記二通の国司解の余白書入も参照。
(19) 東京大学史料編纂所編『正倉院文書目録』六・続々修一（東京大学出版会、二〇一〇年）参照。
(20) 山口前掲b論文で指摘した天平勝宝四年五月二三日備中宮奉請文（続々修三ノ一〇裏、古三ノ五七六～五七七）の例。
(21) 使者が持参したリストそのものに、写経所側が追記する形で奉請文（送り状）の正文とされた可能性もあろう。

（22）事例1「田辺史生口状」や事例8「阿刀史生口状」も、田辺真人・阿刀酒主の口頭伝達を写経所が書き取った同様の例と考えられる。

（23）明門論と大乗百法明門論は同一のもので、一切経散帳の記載は重複しているのであろう。処々奉請経注文（続々修一五ノ二、古一一ノ一二～一六）は、一切経散帳と書き上げている経典がほぼ一致するが、明門論は見えず、大乗百法明門論のみ記載している。なお、同じ天平勝宝二年四月二一日には倶舎論疏一五巻も仲麻呂宅に貸し出されている（本経疏奉請帳、続々修一五ノ二、古一一ノ一一）。栄原永遠男「藤原仲麻呂家における写経事業」（同『奈良時代の写経と内裏』塙書房、二〇〇〇年、初出一九九九年）参照。

（24）「状」と「口状」の双方が存在する場合として、当初は使者のもたらした「根道状」で伝達されたが、経典名が「明門論」と不十分であったので、根道と直接面談して確認がなされ、あらためて「口状」が作成されたといった事態が考えられる。仲麻呂の表記が双方で異なることなどから、「状」と「口状」は別のものと考えた方がよいかもしれない。

（25）天平勝宝元年九月八日葛井根道状・東大寺写経所奏案（続々修一〇ノ二五、古一一ノ七三）。山口前掲a論文参照。

（26）この時期に平摂と慈訓が花厳衆として居所を同じくしていたことは、山下有美「東大寺の花厳衆と六宗―古代寺院社会試論―」（『正倉院文書研究』八、二〇〇二年）参照。

（27）濱道孝尚「写経所における「私書」の書写―奈良朝官人社会に関する小論―」（『正倉院文書研究』一三、二〇一三年）参照。

（28）山下有美『正倉院文書と写経所の研究』（吉川弘文館、一九九九年）第一章七六頁。

（29）翌八月の念林老人手実に、注大品経第三帙の布施の一部を先渡しされていることが記されており（続々修二一ノ三、古二〇ノ一五九）、追記の処置と関わるのではなかろうか。

（30）あるいは、口頭の返答を式部省側で書き取り「口状」としたと考えれば、前述と同様の用例に含めることができるが、後考を俟ちたい。

（31）なお、次の事例も検討しておく。天平宝字七年二月二九日飯高息足状（続々修四四ノ一〇、古一六ノ三四〇～三四一、表の参考事例）は、二部大般若経書写事業に際して、調綿の売却を請け負った飯高息足が、指示された金額での売却が不調であることを安都雄足に報告した書面である。その文末に、「子細事趣含使師口状不勝至憑伏乞処分」と記されている。「使師」は、この件で息足と共に行動している僧光豊であろう（天平宝字六年売料綿下帳（続々修四三ノ一六、古一六ノ七六）参照）。文面を「子細事趣含」

使師口」、状不勝至憑」と読めば「口状」の用例とはならないことになる。子細は使者に口頭で伝えさせるという意味の「含二使口一」「在二使口一」の用例は正倉院文書に散見される（古一ノ六三二、九ノ五九九、一四ノ六三、一五ノ二二四など）。

この事例については、「子細事趣、含二使師口状一」と読んで、「使口状」は「使口」と同じく口頭伝達を意味すると考える見解がある（西岡前掲論文）。しかし、仮にそう読むとしても、「使口状」と「使口」とは意味が異なると思われる。延暦二三年（八〇四）一二月二五日太政官牒（菅孝次郎氏所蔵文書、『平安遺文』八―四三〇〇号）は、桓武天皇の不予のため、東大寺に布施料を送り、読経行道を実施するよう命じたものである。引用する右大臣宣の末尾に「停止之限、依二使口状一者」とあり、読経行道を終了する時期は使者の「口状」によれと指示している。これに関連して同牒は「其使経レ彼間、用二寺物一供給、事畢還日、即擬二補納一」と述べている。この使者は、読経行道の間、東大寺に滞在するのであり、その費用は東大寺が立て替えておき、行事が終わって使者が帰京する時に補納することとなっていたのである。終了の時期は朝廷からこの使者に連絡され、それを東大寺に伝える手順を予定していたのであろう。この「使口状」は、書面を届けた使者がその場において口頭で説明するという意味の「使口」とはニュアンスが異なっている。むしろ「口状」の用例と考えてよさそうである。「停止之限、依二使口状一」とは、使者の口頭の指示を東大寺側が書面に書き取り、それをもって読経行道の終了時期とせよ、という趣旨で理解できるであろう。

(32)　東大寺三綱の例は事例16「造寺司舎人美努三蓋口状」である。これ以外に事例26「挨（族）中男女申入口状」があり、男女の申し入れを取りまとめる立場のこの請経啓の差出者が筆記主体であろう。身近な関係である点は問題ない。事例25は史料の欠損で詳細不明である。

(33)　山口前掲a論文で検討した事例であるが、天平一五年のものかと思われる経巻納櫃幷散帳（続修後集二三、古七ノ一九七〜二二一）に散経として経巻の貸し出し三七件が記載されている。それぞれに貸出先やその日付が注記されているが、貸出先の記載はありながら、「状不レ知」と注記のあるものが二件、「不レ以レ状」とあるものが一件みられる。これは、その貸出に関する書面が見当たらないものが二件、そもそも書面を伴わない貸出であったものが一件あるということであろう。このことからいうと、書面に記録を残さない事例は例外的なあり方であったといえそうである。それだけ、書面として記録に残す意識が強かったのではなかろうか。

(34)　早川前a掲書。

(35)　山口前掲a論文。

(36) 書面による伝達に対して、口頭・音声による伝達の持つ特殊な機能、「霊的な、マジカルな機能」ということが指摘されている（早川庄八「前期難波宮と古代官僚制」、同b『日本古代官僚制の研究』岩波書店、一九八六年、初出一九八三年）。そのこととの関連でいえば、書面による情報伝達は、一人一人が書面を読み取る方法でしか拡がらない。情報を同時に受容できる対象は限定される。これに対して、口頭・音声による伝達は、同時に多数の聞き手を対象とすることができる。情報の集団的同時受容は音声でこそ可能である。音声による伝達が情報の受け手に及ぼす特殊な効果・効力の背景として、書面と異なるこうした特徴にも着目できるのではなかろうか。吉川真司b「申文刺文考」（同前掲書、初出一九九四年）、渡辺滋前掲書第一章も参照。

(37) 奈良時代古文書データベース（東京大学史料編纂所）・木簡データベース（奈良文化財研究所）で「口宣」を検索すると、次の用例が得られる。「九月一日口宣」（古一ノ六〇一）、「大納言藤原卿口宣」（古三ノ四一四）、「寺家去九月十五日口宣」（東二ノ一五三）、「佐官口宣」（古四ノ三六五）、「即日口宣広庭」（古四ノ五二三）、「少判官口宣」（古六ノ二五六）、「主典阿刀宿祢口宣」（古六ノ二六三）、「大判官美努連口宣」（古六ノ二八〇）、「二月十九日司口宣」（古七ノ四八一）、「月七日大倭国掾口宣」（古九ノ三六四）、「次官口宣」（古一〇ノ六二九）、「装束忌日御斎会司今月廿日口宣」（古一五ノ二八）、「大納言従二位藤原卿口宣」（古二五ノ二〇五）、「御装束司左大弁紀朝臣古佐美口宣」（古二五附ノ三三）、「十九日弾正台口宣」（『平城宮木簡』七―一二五八三）、「口宣」（『平城宮発掘調査出土木簡概報』一九―二〇頁）、「左弁官□〔口カ〕宣」（『同』三八―二〇頁）。このほか「養老四年正月一日弁官口宣」（令集解・儀制令祥瑞条）、「神亀三年民部省口宣」（出雲国風土記）、「勝宝九歳左弁官口宣」（古語拾遺）、「口宣」（延喜式・大学寮・月料米条）など。

(38) 早川前掲a書に同様の指摘がある。

(39) 「宣」の実体が書面である場合のあることは、吉川前掲a論文に指摘がある。

(40) 木簡データベースによると、木簡に「口状」の語の用例は見当たらないようであるが、正倉院文書や木簡の中に「口状」の実物が存在することが十分考えられそうである。その発見も今後の課題である。

紙への書記

――紙木併用の具体相――

杉本一樹

はじめに

日本古代史を考えるための諸材料――ここでは文字で記されたものに限定するが――、そこでは編纂された正史や法典と並んで、同時代に記された正倉院文書や木簡などの現物資料が大きな位置を占めていることはいうまでもない。この史料群の、編纂物からは得がたい豊かな内容が現存することは、中国や周辺地域（当面の関心は朝鮮半島から日本におよぶ東アジア）における書記文化の歴史を展望する際にも、大きな意味を持っている。

書記の歴史、その変遷の跡をたどる共通座標のなかで、古代の日本は、紙木併用期と位置づけられている。本稿は、この紙木併用の具体的なあり方を求めて、いくつかの視点から断片的な考察を加えるものである。ただし、木簡については近年に至るまでに木簡の概念規定、守備範囲、内容分類等々について議論が深められており、ここに何か新しいことを付け加えようという意図があるわけではないので、どちらかといえば登攀者の少ない紙ルートから登り始め

ることにする。どこが頂上かは定かでないので、少しでも見晴らしのよいところに立てれば良しとしたい。(1)

一　書記と書写材料

最初に紙・木という書写材料について、考え方の整理をしておこう。

実際に紙や木に文字が書かれる局面に注目してみよう。私は、「紙や木に文字が書かれる」を、「書記行為＝文字を書くこと」という「こと」世界の出来事と、紙や木（そして近くには筆墨硯なども控える）の「もの」世界との二つの次元にいったん分解し、両者の交差する局面として理解してみたい。(2)

書記の最も簡単なモデルケースとして、正倉院文書中に残る実例を思い浮かべながら、一枚物の書状が書かれる場面を想定する。

この書状は、（1）本文が定型書式に則って書かれたのち、（2）奥から折り畳まれて、端に（3）切封と（4）宛名が加えられた、としよう（この後に続く受信以降の過程は略す）。

ここにみられる行為としては、（1）（3）（4）の書記行為のほか、（2）（3）の自己包装・封緘という行為が想定される。「もの」としての同一性は一貫して保持されているが、上記の一連の行為を受けて、「こと」世界においては、「紙（であること）」から「書状（であること）」に転生する。また、先に述べた「もの」と書記行為の「交差」ポイントは、一回とは限らないことにも注意したい。(3)

なぜ、このような迂遠な考え方をとるのか。われわれが普段目にする史料は、二つの次元が一回以上交わった事例である。しかし、両者が交差しないけれど、極めて近い位置関係にあると思われる事例も、界線だけが施された紙

（施界は書記とは別の行為とみておく）、文字のない題籤軸や付札など、いくつも思い浮かぶ。このための措定である。

紙や木の加工で、書記を想定するものがある――文字のあることが主たる関心事だから、少しよそよそしい表現だが、いちおうこう述べる。経典や諸国進上の官文書などの使用目的に最適化した巻子の一群など、ここまで作り込んでは、所定の内容を書く以外には使えないというものもある。が、まずは控え目に「紙や木の加工で、書記を想定するものがある」といっておこう。

ここで、書記行為を主格として考えてみる。そうすると客体となる紙や木は、「書記行為を受け止め、定着せしめるための平面をそなえた用材」と表現できる。反対に紙や木の「もの」側から見れば、「適切な大きさと平面性をそなえ、書記行為を受け止め、定着せしめるのに適した状態にある」という「受容態」にあり、書かれる前、使用途中、用済みという時制に応じた活用形（未然形、進行形、完了形）をもつと考えれば、未用品から廃棄までを説明することができる。「もの」自身の同一性を保ちながら、書記行為との距離が近づき、交わり、離れていく過程と見るのである。

木はもちろん書写材料以外の用途が多いだろうし、紙とても書記を離れて独り立ちできる(4)。発生論的にいえば、紙は平面性や折りたたみに適した物性を見込まれて、むしろ初め包装材料として評価を受けた(5)。

また、木と紙では、何とか使える書写材料に至るまでの製造工程に大きな差がある。作り方が違い、手間のかかり方が違う。しかも、当面の課題として書写材料としての紙に目標を定めるにしても、その形は単一ではない。律令制公文書を対象として旧稿で論じたように、そこには二種類の形が見られた(6)。

二　紙文書の形態

天平六年（七三四）に作成された出雲国計会帳[7]には、同国から進上された数多くの公文の名称が記される。計会制度じたいが律令国家の文書行政の申し子のような存在だが、朝集使・大帳使・運調使などの諸使に付して進上された文書の実態は貴重である。特に、文書の形態を基準にした二種の区別が見えることに注目される（個別の文書名については省略する）[8]。

すなわち、各記事には、調帳、大帳ほか、いわゆる四度公文に数えられる各種の文書が見えるが、ここには「紙」を単位に数えるものと、「巻」を単位に数えるものとの二種が見えており[9]、これが

A、巻子

B、一枚物

の二種類の形態の区別を示すことは、律令制公文書原本の観察結果を総合して得られた知見とも合致する。

両者の違いは、料紙製造の段階から異なる。

Aの巻子では、いったん完成した製品としての紙に対して、さらに装潢の手による継、打、界の加工を行ない、ようやく料紙として書写の準備が整う。次いで一連の書記行為が完了した後に、巻子としての体裁を整えるため装書（化粧裁ちや表紙・軸の取り付け）の工程を踏んで最終形完成に至る。これは、右に見た律令制公文書の範囲を超えて、写経を含めた巻子という形態に共通する属性である。

Bは、完成した成紙をそのまま使用（書写）する。時に連署押印の過程も経て内容が確定した後は、折り畳んだり、封を加えたり、文書函に納める、などして、送り先に発せられる。

この二種を、書写材料としての紙の基本的な二様態と見做してよいだろう。Bの一枚物は、使用される直前まで、書記以外の目的に充てられる可能性をもっていたのに対し、Aの巻子は、書記行為を中に包蔵する形で完結する。書

記と一体化ないし書記に従属する形であり、文字を書くしか使い道がないところまできわまった状態である。

こう考えると、内容に由来する重要性や文書としての格とはまた別に、手間のかけ方一つにしても、A巻子のほうが、Bの一枚物よりも格上のかたちという意識がうかがわれるのではないか。この着想は、正倉院文書・聖語蔵経巻の現物に接する中での印象に基づくが、もう少し考えてみたい。

いま残る正倉院文書は、基本的に写経所に集積した公文の集合体である。写経所といえば、現業主体の出先機関で、仕事がら紙・墨・筆は豊富にあったが、筆墨が官給品として厳重に管理されたのと同様、紙もシビアな管理下にあった。未使用、新品の紙が優先的に使用された用途は、第一には固有の中核業務である経典そのものの書写製造であり、次には、写経所から外の上位機関に向けて発信される正文に限られた。これは、初め正文として書かれた文書が、内容変更などがあって、控えの案文となって写経所にとどまる事例から確認できる。その形態は、第一の経典はいうまでもなく巻子装、第二の写経所正文は、一枚物ないしその延長にある数紙継ぎのいわゆる続紙の形態をとる。

逆に、写経所内にとどまった写経所公文の類、すなわち正倉院文書の大多数では、不用になった文書（払い下げられた律令制公文書類を含む）の反故や、経巻の余り紙や書き損じなどを使用する、二次、三次のリユースが励行されている。これは、先の順位付けでいえば、等外とも言えるが、新規に大規模な事業が開始されるときには、むしろ新しい紙に書くほうが普通という時期もある。

二次利用の最も単純なやり方は、一度使った紙の裏の余白を利用することであるが、同時に経巻書写の過程で排出される不要料紙も重要な供給源となっている。経巻の書き損じや、余りを切除した部分（破紙・除紙）、品質上難のある料紙、経巻作成過程での補助料紙の「端継《はしつぎ》」、書写用具の「下纏《したまき》」など、使えるものであれば、選り好みせず供給源として利用する。写経所の事務局ではなく、写経の現場から提出された、経師・校生・装潢らの手実などに、その傾向は著しい。装潢から提出された文書では、正規品の紙の製造の際に排除された塵を大量に含む滓紙の使用例もあり、紙として使われ始めてから後のリユースのほか、紙を漉く工程まで遡っての再生紙抄造、すなわち写経所内でのリサイクルも、普通に行なわれていたことが明らかになっている[10]。

少し角度を変えて、写経所文書のなかに記載されている紙の区分に注目してみよう。紙の出納に関わる帳簿などに、経巻の料紙「経紙」と「凡紙」の別が見られる。

この区分は、紙の格付けに着目したものであり、品質の上下の等級づけを示すが、同時に先に述べた紙の用途と対応するものと見てよい。すなわち、「経紙」は経典書写用で、将来巻子に仕立てられることが想定され、「凡紙」は写経所文書や紙製用具のための普通紙（端継・下纏・裹紙には新品の凡紙が充てられる）として一枚物の状態をとり、それ以下の用途[11]には、あらかじめ専用の紙を計上せず余り紙等を充てる、という階層構成の存在を暗に示している。写経所文書の内容との双方から帰納された右記の結果を踏まえて書記材料としての紙の利用法について総合的にランキングすると、次のようになる。

（第1位）経巻・典籍
（第2位）律令制公文のうち進官文書を巻子に書写
（第3位）律令制公文（公式様文書）や書状で一枚物ないし続紙に書いたもの
（第4位）写経所内などの雑公文
（等外）二次利用による紙製品

公文のなかには、詔勅・戸籍のように案の作成が明記されたものがある。提出先がごく近くである手実のような例は別として、作成者・発信元に控えを残すことは基本的に必須であったろう。内容の軽重に応じて、提出版の完全コピーを作成する場合から、下書き段階のいくつかのバージョンの利用や、初め正文として書き始めたものが訂正を受けて案に格下げになる場合まで、さまざまな案のあり方が認められるが、総合評価で一ランク格が下がると見るべきであろう。

このように整理してみると、いわゆる紙木併用も、木簡から紙への移行というのも、どのランクで起こった事象なのか、分けて考える必要があることが見えてくる。以下、上位から順に見ていきたい。

三　経巻・典籍の書写

漢籍・仏典が日本にもたらされた当初から、それが紙本墨書の巻子の形態であったことは、論者の暗黙の了解となっているようである。あらためて見てみよう。

現在、宮内庁正倉院事務所には、有名な宝物群のほか、東大寺の塔頭尊勝院に伝来した約五〇〇〇巻にのぼる仏教経典「聖語蔵経巻」[12]が所蔵されている。このうち奈良時代八世紀に書写された経典群は、概括的にいえば、作成された時期を異にする二セットの一切経、すなわち（1）光明皇后御願（天平十二年）五月一日経[13]、（2）今更一部一切経[14]に由来し、長い年月を経て、それぞれ部分的に残ったものであるが、全て巻子装である。

古代の一切経書写[15]は、同一経典の大量書写と並んで、この時代を特徴づける国家的・組織的な事業であった。国内の一切経で総巻数の明らかな初例は、『大安寺伽藍縁起幷流記資財帳』に見える大安寺の一切経で、「合一切経一千五百九十七巻部帙巻数如別録二巻。右平城宮御宇　天皇、以二養老七年歳次癸亥三月廿九日一請坐者」とある[16]。実物では、『舎利弗阿毘曇』巻十二に見える沙門知法が和銅三年（七一〇）五月十日に「一切経論及律」を書写・荘厳するとある[17]。

和銅五年には、長屋王願経の大般若経書写が功を終えている。願文によれば、長屋王が従兄文武天皇の崩御を悼んで発願し、その北宮（妃吉備内親王の邸）に写経生を集めて書写したとある。[18]すなわち、一つの場所で集中的に作業が進められたが、この長屋王主導による経典書写はその後も整備され、長屋王木簡や大般若経（神亀経）の列位を含む奥書からは、[19]邸内に専従のセクションを置いて実施されたことがうかがわれる。[20]同じような組織・人員のあり方が、神亀年間まで遡ってたどれる光明子邸での同時期の写経にも共通するとすれば、結局、われわれが主として正倉院文書から知る奈良時代の写経事業の原形は、和銅までは遡ると見てよい。

一切経の前例は遡って『日本書紀』に見える。天武天皇二年（六七三）三月是月条には、書生を聚めて始めて一切経を川原寺において写したことが記され、同四年十月癸酉条には、使を四方に発遣して一切経を求めたとある。さらに同六年（六七七）八月乙巳条には、飛鳥寺に大設斎を行なって一切経を読ましめ、天武天皇は寺の南門に御して三宝を礼したという。三つの一切経は同じもので、先に見た光明皇后御願五月一日経の例でも、底本入手は思うに任せぬところが多かったが、天武朝の時点で「一切経」と称するに足る規模の経典群を書写しようと思えば、これくらいの期間を要したのも不思議ではない。

白雉二年（六五一）十二月晦には、味経宮で僧尼二千一百余を請して一切経を読ましめたとある。これについては、隋仁寿二年（六〇二）撰録の衆経目録に見える二一〇九部との数の合致を指摘して「相当に完備せる一切経の伝来」とみる説がある。[21]その内実は不明であり、衆経目録に録されている経典が完備したとまでは言えないだろうが、部数と同数の僧尼を屈請して象徴的な意味を持たせたことまでは否定しがたい。

さらに古い時期の史料で、経典のすがたをうかがわせるものは、いわゆる仏教公伝の時期に近い『日本書紀』の記事となる。

推古天皇三十二年（六二四）四月戊申条には、僧が斧で祖父を殴つという事件が録される。[22]波紋は広がって、これを機に、悪逆の僧尼を一斉検挙し、いったんは世俗の法によって処罰することとなった際、百済僧の観勒の進言によって、寛大な処置がとられたという顚末を伝える。日本における僧綱制度の創始を伝える記事と解されているが、そこには観勒の言として、「仏法は、西方から中国本土に伝わって三百年を経てから百済に伝わり、僅かに百年であった。それでもわが百済王は日本の天皇の賢哲なることを聞いて、仏像と内典を貢上したが、そこからまだ百年も経たない」とある。話の本筋は「だから僧尼が法に対して未熟なのだ……」と続いていくが、当面の関心事からもこの言は興味深い。すなわち、これは欽明天皇十三年（五五二）十月、百済の聖明王が遣使して、釈迦仏金銅像一軀とともに幡蓋若干・経論若干巻を献じた、いわゆる仏教公伝記事（上宮聖徳法王帝説によれば五三八年）と対応するものであり、この時点までの時間の経過は、まだ実年代で七二ないし八六年にすぎない、僧尼が法に習熟するほどには長い時間が経ってはいない、という認識が示されている。

この「長くはない」時間のなかで、何かが変われば、それは急激な変化というのに近い。今注目したいのは、この間に経典のすがたが変化したか、である。最初の仏典貢上と、推古三十二年（六二四）現在との途中地点である敏達天皇六年（五七七）十一月庚午条には、百済国王が還使大別王に付して、経論若干巻ならびに律師・禅師・比丘尼・呪禁師・造仏工・造寺工の六人を献じたと記す。「経論若干巻」の表現は、初伝の記載と全く同じで、ここに変化はない。

ここで日本で書写された経巻の最古の遺例に目を転じると、年紀の明記されたものは、『金剛場陀羅尼経』[23]と『浄名玄論』[24]巻四・巻六の二件にとどまる。

前者は、丙戌年（天武天皇十五年・六八六）五月、川内国志貴評の知識経として書写されたもので、「教化僧宝林」の名が見える。経巻の料紙・体裁など写経の決まり事としては、奈良朝写経と変わるところはない。

後者は、慶雲三年（七〇六）十二月五日・八日の日付が奥に記される。白紙を用い、縦横の墨界のうち縦界が、天地を画する横界とはきちんと接することなく、特に下方ではかなり離れたところで終わる。しかし、同じ仏典であっても経とは区別される経疏・章の書写で規制が緩んだと見れば、これは特に異とするに足りない。

この二件に、『法華義疏』（御物）[25]が加わる。いま聖徳太子御製の所伝に関し当否さまざまな議論があることは承知しているが、そこには立ち入らず、原本の外形的な所見から指摘された次のような特徴[26]を考察のベースにする。

貼紙や行間の書入れなどによる訂正があるから草本であって、先行の稿本を参照しつつかなり流暢に書きあげたものである、ただ立派な紙に書き、訂正も丁寧に文を整えているからそれをもとにした浄書本が別にあったとは考えがたい。若干の異紙、異筆も認められるが、基本的には一筆で、訂正もまた同筆である。しかも訂正には誤写・誤字を機械的に改めたもののほかに、内容に立ち入って補足・敷衍したものが少なくない。したがって本書の筆者はただ一人であり、筆者は同時に著者である。

この原本に即しての所見からすれば、本文の書風は成立の時期を直接に示す指標と解される。推古天皇十四年（六〇六）是歳条に、「皇太子また法華経を岡本宮に講ず。天皇大いに喜ぶ」との講経記事との関連を指摘する説もあり[27]、内容等に立ち入った成果からしても、推古朝の半ばから一定の幅の間に成立したものと見てよい[28]。『法華義疏』の料紙の染め色、墨界ではなく押界の使用、軸付けの方法などは、先に見た『金剛場陀羅尼経』・『浄名玄論』のあり方を、時期を遡る地点に置いたすがたとして何ら問題はない。

したがって経典の形状という観点では、『日本書紀』の記事と、その記事が見える時期の幅のほぼ端から端まで（推古朝〜藤原宮時代）に布置される現存遺例との双方から、日本では六世紀前半の初伝のときから仏教経典は巻子の形状であったことを確かめることができる。翻って中国写経の変遷をみれば、五世紀には、前身の木簡時代を想起させる隷意を湛えた文字などの要素を残しつつも、紙本墨書の巻子に完全移行していた。[29]

なお、仏典の関係記事は、始点である初伝記事に到達して終わりとなるが、『日本書紀』『古事記』は、さらに古く応神天皇の時代のこととして漢籍の論語・千字文伝来に関する所伝を記す。これを含めて記紀の漢籍に関する記事は、一々の内容の吟味は省略するが、標準形態が巻子であったとの想定に反するものはない。

ここで、再び法華義疏に戻ろう。先にも述べたように内容の検討は迂回して進むが、何よりも推敲の跡、すなわち紙の上で書きながら思考を巡らした痕跡が見て取れることはたいへん興味深い。当時の仏典との向き合い方を想像すると、文字そのものへの習熟が社会的にひろく要請される状況にあって、写経、すなわち完成した経典を忠実に書写することが第一に求められたと思われる。その次元に比べて遥かに高い水準の知的営為の跡をとどめる法華義疏は、極めて先進的な特殊例と考えられる。聖徳太子は『日本書紀』の所伝では太子は、内教（仏教）を高麗僧慧慈に、外典（儒教）を博士覚哿に習い（推古天皇元年〈五九三〉四月己卯条）、やがて仏典研究を究めて、その成果は推古天皇十四年七月の勝鬘経、翌年の法華経の講義として披露されたという。[30]

太子の研究の裏付けとして、慧慈に代表される師僧のほか、物質的には関連仏典の書写が存在したと思われる。

ここで想起されるのが、有名な推古天皇十八年（六一〇）三月の高麗王が僧曇徴・法定を貢上したという記事である。[31]曇徴は儒家の五経から彩色材料や紙墨の製造にわたる幅広い知識を備え、さらに本邦初の碾磑《みずうす》を造ったという。この碾磑は、『日本書紀』天智天皇九年（六七〇）是歳条の「造二水碓一而冶レ鉄」だけでなく、さらに汎用性のある技術と見てよく、推古紀の文脈の中では、直前に挙がっている分野に関連させて解すべきであろう。紙を例にすれば、製紙工程の中で煮熟後に行なわれる叩解の作業に、水力を利用した臼を導入して、生産効率の向上を図ったという理解も成立する。[32]

ともかくこの時には、いってみれば造寺造仏やその荘厳、写経という眼前の課題を解決するオールラウンドにわたる技能を備えた知識人を招いたことになるが、その人を求めるにあたって、太子のブレーンである僧慧慈の本国である高句麗を選んだのは必然ともいえよう。

ここから推測すると、紙の製法、筆墨の使用は、写経もその大きな位置を占める仏教文化の伝播の中で、全国に広められた部分も多いのではないか。結果から見ると仏教の浸透と軌を一にして、経典の書写普及もこの後拡大したといえる。

八世紀日本の各地の紙の実例を通じ、地域ごとの紙の特質は、これより早い時期の、楮紙を材料とする紙の標準製法の普及をベースとしてその上に加上、展開をとげたというモデルを私は想定した。[33] その中で先端的な役割を担ったのが、仏典の書写であった。六世紀初頭の推古朝時点で、高句麗に代表される朝鮮半島は、奈良時代には白紙がその特徴と認識されるに至るが、楮紙が高い水準に達していた地域である。

以上のように、経巻・典籍を巻子に書写することは、日本では初伝以来変わらなかったと考えるのが正しいと思われる。日本における冊書使用の可能性を検証し、結局その存在に対して否定的な結論に至った岸俊男氏の論考を、[34] 逆の側から跡づけたことになる。

四　地方から進上された律令制官文書——附、中央からの頒布——

次に検討するのが、先に（第2位）とした、律令制公文のうち進官文書を巻子に書写したものである。このグループの中で、最も重要なものが戸籍である。日本での造籍の起源について語る記事が『日本書紀』に見え、古代の官文書のなかでも出現が飛び抜けて早い。

欽明元年（五四〇）八月条の「秦人・漢人等、諸蕃より投化せる者を召集して、国郡に安置し、戸籍に編貫す」以下、一連の関連記事があり、その評価は別に述べた(35)。この段階の籍は、古訓からうかがわれるフムタ（＝フミイタ〔板〕の約）の原義通り木簡であったことは、福岡県太宰府市国分松本遺跡出土木簡など(36)、時代が下がる造籍関連の木簡の存在によって推測できる。また、出挙関連であると推定される静岡県浜松市伊場遺跡出土の木簡（『伊場木簡』八六号）は、上端が折損しているが少なくとも四段以上にわたって書かれ、戸主・戸人記載のベースになる歴名形式の書式は御野型戸籍の系統に連なるものであろう(37)。いずれも紙に書くのは最終の清書段階になってからで、紙本墨書巻子装の形態をとる律令制公文書の裏方として、木簡が広く利用されていた状況は、一般的であったと見ておく。

清書本としての戸籍が、紙本の巻子装として作成された初例として確認できるのは、『日本書紀』天智天皇九年（六七〇）二月に「戸籍を造る。盗賊と浮浪とを断《や》む」と記される庚午年籍である。

大宝元年（六四五）に新令が施行される。新しい戸令には、「水海の大津の宮の庚午年籍は除くこと莫かれ」と永世保存規定が注記されたが(38)、折しも庚午年から五比三〇年以上経過した時期であり、大宝三年（七〇三）七月甲午には、詔して「籍帳之設は国家の大信なり」と述べ、「時を逐いて変更せば、詐偽必らず起こらん。宜しく庚午年籍を定と為し、更に改易すること無かれ」と同じ趣旨の念押しをしている（『続日本紀』）。これは戸籍三通の保管先（国・民部省・中務省）すべてに対して、広く周知せしめるものであろうが、神亀四年（七二七）に至って「筑紫諸国の庚午籍七百七十巻、官印を以てこれに印す」という記事が見える（『続日本紀』七月丁酉条）。中央で保管していた庚午年籍のうち西海道分に外印（太政官印）を捺したというもので、その理由は不詳であるが、これが紙本墨書の巻子であることは疑いない。

正倉院文書中の諸国進上公文としての事例が出現するのは、大宝・養老年間の戸籍、神亀～天平の計帳、天平前半期を中心とする正税帳・計会帳などが主である。関連するものを含めてこれらを年代順に排列すると次のようになる。

大宝二年（七〇二）　御野国戸籍（正倉院文書に現物）
大宝二年（七〇二）　西海道戸籍（完成は大宝四年国印頒下後。正倉院文書に現物）
和銅元年（七〇八）？　陸奥国戸口損益帳（正倉院文書に現物）
和銅八年（七一五）　大倭国志癸上郡大神里計帳（出土軸。棒軸木口に墨書）(39)
養老五年（七二一）　下総国戸籍（正倉院文書に現物）
養老七年（七二三）　肥後国益城軍団兵士歴名帳（出土軸。棒軸木口に墨書）(40)
神亀元年（七二四）　近江国志何郡手実（神亀二年、天平元年～同十四年まで。正倉院文書に現物）
神亀三年（七二六）　山背国愛宕郡出雲郷計帳（正倉院文書に現物）
神亀五年（七二八）　出羽国郡司考状帳（出土軸。棒軸木口に墨書）(41)
神亀六年（七二九）　志摩国輸庸帳（正倉院文書に現物）
天平年間　諸国計帳・正税帳・郡稲帳・義倉帳・封戸租交易帳・計会帳・大税負死亡人帳・輸租帳（正倉院文書・漆紙文書に現物）

概観すると、大宝初年は、令が施行されたばかりの時期に当たる。諸国進上公文のなかでも最重要視されたはずの戸籍ですら、御野・西海道戸籍の書式が大きく異なっていることから知られるように、急速に全国的な統一に向かうにしても若干のタイムラグがあったことが想像され、戸籍以外の諸国公文は、少し遅れて徐々に整備されたと思われる。これらのボリュームのある進官文書は、ほぼ例外なく巻子装の形をとる紙本墨書であり、『続日本紀』養老元年（七一七）五月辛酉条に見える大計帳・四季帳・六年見丁帳・青苗簿・輸租帳等の書式頒下(42)などを経てしだいに形式が整備されていき、最終的には四度公文とその枝文（『政事要略』五七）として固定化される。思うに、書式の整備のようなものは、情報伝達のルートが開通し、幾度かの双方向からの発受信の繰り返しの中で、不具合が発見され、改善されてやがて安定した段階に至るのであろう。

養老以前の段階の状況を示す貴重な実例が、陸奥国戸口損益帳である(43)。内容もさることながら、公文の体裁において、養老以後の様子と大いに異なり、洗練の度において欠ける。なかでも、継目を封じるための国印を表側に捺す例は、本帳以外には見られない。これは、字面全体に印を捺すことをしなかったことと表裏の関係にある（表全体がふさがれば、継目専用の印は裏側に捺さざるをえない）。さらには、以下のような令規定を知らなければ、起きなかった現象であろう。

（戸令19造戸籍条）凡戸籍。六年一造。（中略）其縫皆注二其国其郡其里其年籍一。（下略）

（公式令40天子神璽条）（上略）諸国印。方二寸。上レ京公文。及案調物則印。

（公式令41行公文皆印条）凡行公文。皆印二事状。物数。及年月日。并署。縫処。鈴。伝符。剋数一。

純然たる戸籍ではないが、京に送る必要ありと判断された戸口損益帳について、国印一つにしても上記の諸規定をどう組み合わせて運用すべきか。細かいマニュアルがない段階では、現存例に見る押印の方式もあながち誤りとは言えない。「正しい方式」はこの陸奥のような事例の集積・仕分けの中で定まったものとも見られる。

このような状況を想定し、巻子形状の諸国進上公文の形式は、戸籍からは後れてその後の和銅養老年間を経て整備されたものとみておきたい。しかし紙質そのものからうかがわれる抄造技術と、巻子に仕立てる手わざは、大宝戸籍の段階ですでに天平頃の官文書に遜色ない水準に達していた。[44] 結論として、巻子形態の公文が大量に進上されるという状況自体は、大宝令の施行にともなって大きく変化した結果であろうが、この始まりの時点で既に紙への移行は完了していたと考える。

では、この逆の方向、すなわち中央で作られた巻子形態の文書が地方へ向かう場合はどうだろうか。先進地で作られたということから、論理的予測としては、当然地方からの進上に先行していたであろう。個別の検討は省略し、要目のみ掲げる。

(一) 大宝律令の施行に際して、諸国に向けて大部の律令公定写本が発送された。[45]

(二) 飛鳥浄御原令の頒下についても同様。

(三) 天智朝で庚午年籍が存在。地方で巻子の公文を作成進上することが全国レベルで可能となっていた。近江令も紙本巻子装の形態で頒下されたと想定される。

(四) 中央で一括書写、頒布された暦についても同様。[46]『日本書紀』は、持統天皇四年十一月甲申条に、始めて元嘉暦と儀鳳暦とを行なうと記し、推古天皇十年（六〇二）十月のこととして、百済僧観勒が来朝し、暦本・天文地理書・遁甲方術之書を貢したと述べる。[47] 暦についても初発から巻子のものであったとみて支障はない。

なお、中央官司公文で相当のボリュームをもち、それゆえに巻子形式で完成させることを想定したものについて見ておこう。

慶雲・和銅年間（七一〇前後） 官人考試帳（正倉院文書に現物）

天平六年（七三四） 造仏所作物帳（正倉院文書に現物）

前者は、陰陽寮に所属する官人の考文と思われる。[48] 律令制公文としての側面に注目されたことはないが、墨界を施

し、巻子装での仕上げを想定していた。(49)

後者も、正倉院文書の中では比較的早期のものだが、ここでの関心からすればやや時代が下がる。興福寺西金堂造営に際して皇后宮職のもとに置かれた造仏所の作成にかかる公文で、(50)案と明記されているが、墨界を施し、正文と同等の体裁で作成されていることがうかがわれる。同時期の諸国進上公文のあり方を見れば、すでに安定期に入った様相を示している。

五　中央官司における一枚物文書

次には、律令制公文（公式様文書）や書状で一枚物ないし続紙に書いたもの、について見よう。これまでの検討から、紙木併用のなかの移行の相は、これ以下のランクで最も顕著であると予想される。『続日本紀』和銅六年（七一三）九月己卯条に見える摂津国能勢郡の建郡記事には、河辺郡玖左佐村が「山川遠隔、道路嶮難」という事情から「大宝元年始めて館舎を建て、雑務公文、一に郡例に准ず」とある。この地では、大宝元年に地域の拠点施設で公文を使って行なうしごとを始めたことが、律令地方行政の一画期と認識されている。

しかし、検討の対象となるべき紙文書の早い事例はほとんどなく、『日本書紀』の（一）敏達天皇元年五月丙辰条。高麗が奉った上表の疏の文字を帛に転写して読む。（二）推古天皇十六年（六〇六）六月丙辰条。小野妹子が帰国に際して唐皇帝から授かった書を百済人に掠取される。（三）天武天皇元年（六七二）三月壬子条。唐使郭務悰が書函・信物を進める、といった例から、外交の場では、帛や紙の正式な文書が使用されたことがうかがわれる。

次に国内での命令伝達や報告では、中央・地方間の情報伝達に関わる記事が『日本書紀』に散見する。(51)これが、背後に紙の文書が存在したことの証明としてどれだけの力をもつのか。上位の巻子に対して試みたような史料をたどる手法は効力をかなり減じると言わねばならない。いっぽうで七世紀以前木簡の発見によって、この面からの事例の集積、事実解明は今後なお進むであろう。(52)

令条を通覧する限り、律令行政のなかでやりとりされた文書類は、紙に書かれたものが標準と想定されたと見てよく、包括的には、公式令に定める押印規定が紙の文書であることの支証となる。

また、勅裁までの過程に、天皇みずからの御画による確認を含み、それを留案として印署し、施行用として別に一通を写す規定をもつ詔、勅、論奏、令旨などの最高レベルの文書や、同じく大宝令から内印押捺規定があった勅授位記式なども、当然紙だったであろう。

一方、公式様文書の解移牒符などは、文書木簡の形態でも多数通用していたことが出土例から知られている。(53)だからといって、木簡に記しても構わないというような文言は、令の規定では表には出てこない。(54)

これは、かつて指摘した公式令そのものの性格に起因する。(55)公式令に示された文書様式の中核部分は、あるべき姿を提示してその遵守を求めるように見えるが、全体としてはそのように積極的なものではない。その書式に従って文書が書かれる限り、どんな条件下でも最低限の伝達だけは保証しよう、という態度に終始し、規定外の書式について一々目くじらを立てるようなことはない。紙と木との使い分けにしても、当然ながら介入するつもりは全くない。実態として存在した紙の文書と木簡の役割分担（食口案・考選木簡）に対しても、「どうぞご自由に」というスタンスを崩すことはなかったのである。

現存例では、神亀五年（七二八）の「伯耆広国解」（続々修二六ノ二裏。『大日本古文書』二十四ノ五頁）は公式様文書の解の実物としては古いが、断片的でよく分からない。また天平十七年（七四五）の大粮申請解の一群は、集中的な残り方のなかに多くの作成官司が知られる貴重な事例であるが、(56)一方で孤立的ともいえる。すでに紙の使用が安定した時期に到達し、その前段についてはうかがいにくい。

次には、中央官司における紙の供給源の観点から考えてみたい。

わが国の律令制度では、紙に関する諸業務は中務省管下の図書寮に一元化されている。(57)図書頭の職掌は、「経籍図書。修㆓撰国史㆒。内典。仏像。宮内礼仏。校写。装潢。功程。給㆓紙筆墨㆒事」と広く、四等官の下には、写書手・装潢手・造紙手・造筆手・造墨手を置く。図書寮の唐名は「秘書省」であり、(58)確かに唐令（三師三公臺省職員令）秘書省の「監一人。掌経籍図書。監㆓国史㆒」との形式上の対応は見られるが、唐制では、秘書省本省には秘書郎四人を置いて四部の経籍図書を分掌し、校写・功程を分判せしめ、また管下に著作・太史の二局を従え、その規模は大きく違う。また、日本の写書手以下に対応する楷書手・熟紙匠・装潢匠・筆匠は、秘書本省および管下の二局のほか、門下省の弘文館、中書省の集賢殿など、必要な官司には個別に定員が配置されている。(59)

中国では、南北朝から隋唐にかけて、紙の広範な生産と流通が全国規模で進んだと見られ、社会に浸透するとともに、各地の特色のある紙が特産品として広く認識されていた。唐代では、産地を指定して特別に抄造した紙を貢納させることも行なわれていた。蜀（益州）の麻紙は多数都の長安に運ばれて内府の使用に供されたと伝え、集賢殿が書写収蔵した天子の書物には益州の麻紙が選ばれたという。『元和郡県図誌』、『新唐書』地理志、『通典』食貨典ほか唐代の物産について言及した書には、全国の貢紙地区が挙げられている。官府で使用する紙の入手に困難はなかった。(60)

日本の図書寮は、大宝令での設置以前の前身官司等、全く不明であるが、内典から仏像や宮内の礼仏など、仏教関係については、「図書」を超える広い職掌をもち、一方では官司内に「紙戸」という令前の品部雑戸制に由来する生産組織を抱えている。いささか急ごしらえの感が強く、古くから確たる職掌を有した官司のようには見えない。当然、紙そのものも、社会への浸透度や、その使用を巡る状況において中国とかなりの隔たりがあったと推測できる。

別稿で論じたように、(61)神亀年間に、図書寮「紙屋」が存在したことが正倉院文書から知られる。一方、宝亀五年（七七四）の段階で、諸国に貢納が割り当てられた紙・筆・紙麻の未進について報告した図書寮解（『大日本古文書』六ノ五八〇～五八一頁）が残っており、延喜式（主計式）に見えるような、製紙原料の調達体制はこの頃まで確実に遡る。写経所文書のなかに散見する徴証を総合すると、天平期には、京での紙生産、畿内からの成紙納入と、畿外諸国からの紙・原材料の進上という複数のルートが並存する状況であったようである。(62)

この体制はどこまで遡れるのか。三つの指標から見てみたい。

第一に、諸国特産品としての紙とその材料との認識の契機である。『続日本紀』和銅六年（七一三）五月甲子条には、「畿内七道の諸国、郡郷名は好字を着けよ。其れ郡内の所生、銀銅彩色草木禽獣魚虫等の物は、具さに色目を録し、及び土地の沃堉、山川原野の名号の所由、又た古老相伝の旧聞異事は、史籍に載せて言上すべし」とある。いわゆる風土記の撰進を命じた記事であるが、これ以後和銅年間には、諸国の物産に関心を寄せた記事が見られる。

紙に関しては、出雲国風土記の神門郡・飯石郡・仁多郡・大原郡の各郡の条に、管内の山野に生える草木の一つとして紙の原料となる楮《かぢ》が見える。出雲国風土記は、天平五年（七三三）の勘造であるが、この物産記事は、和銅の命で言上が求められている「郡内の所生」に即したものであり、天平にならなければ書けない内容ではない。和銅六年の制に応じて、数年のうちには全国規模での情報が中央政府に集まったのではないか。

第二は、諸国進上公文の経常化、すなわち各地域から現物としての紙文書が定期的に送進されるという状況である。第四節でみたように、大宝令施行ののち、和銅養老年間に地方進上の官文書に対する関心が強くなった時期があった。

実例に基づく調査からは、地方からの進上公文に使用された原材料は、楮（穀）を主流とし、それ以外にも雁皮・三椏・オニシバリといったジンチョウゲ科の紙材料（斐）なども使用されていることが判明している。(63)

正倉院文書の中では、写経関連の用紙に関わる記述が多いのは当然で、ここでは写経料紙としての麻紙が主流であるが、穀紙・斐紙ほか、多彩な原材料から漉き上げられた紙の名称を見ることができる。特に天平勝宝年間あたりを中心とする写経事業においては、装飾や素材の面白さを狙って選ばれた料紙の存在が目立つ。宝亀五年（七七四）度の図書寮解（品目は紙・紙麻〈穀皮・斐皮〉のみ）を中継点として延喜式制につながる、麻紙・楮紙・斐紙に絞り込まれた標準料紙との位相差、さらには生産効率による淘汰の双方を視野に入れることが必要だが、前頁でみた諸国特産の知識と相俟って、天平の初めには、紙の産地とその特徴は中央で知られるようになっていたであろう。なお、この図書寮解のなかで、越後・佐渡の二国には「未進調文」と注記され、筆紙の未進額も後で記入されている。ここからは図書寮の管理する紙が広義の調としての中男作物であることは注目される。(64)

第三は、その調副物としての紙である。賦役令1調絹絁条に「凡調絹絁糸綿布。並随㆓郷土所出㆒。（中略）其調副物。正丁一人。（中略）紙六張。長二尺。広一尺」と規定された。養老元年に調副物・中男正調が廃止された後は、代わって成立した中男作物の品目の一つとなり、延喜式制（主計式）まで継承される。また、製紙材料の紙麻・斐紙麻の貢上は、延喜式では年料別貢雑物という種目に含まれ、中男作物の紙を補完する関係にある。(65)

地方進上の官文書に対する関心が高まった和銅養老年間の『続日本紀』の記事で注目されるのは、正調たる繊維製品に関わる一連の施策である。(66)

和銅六年二月壬子条の「始めて度量・調庸・義倉等の類五条の事を制す。語は別格に具さなり」以下、各地の生産の実情に応じた絁・糸・布の適用税目の調整に関する記事が集中する。

前述の中男作物について制定した養老元年（七一七）十一月戊午の詔では、まず諸国の輸貢する絹絁に「貴賤有レ差、長短不レ等」という問題が生じていることから始まり、結論として「所司宜下量二一丁輸物一、作中安穏条例上」と命じ、調の品目について諸国の実情を踏まえて決定し、一方でその多様化した製品相互の価値交換が可能なように基準を整備している。このように純化した正調に対して、補完的に多様な品目の収取を確実にするための制度として創出されたのが中男作物制であろう。

慶雲年間の史生増員にみられるように、文書行政の急激な拡大は、事務用紙の調達が和銅頃には猶予を許さぬ切実な問題となっていたらしく、地方からの成紙貢上と図書寮における生産増強との両面からこれを解決しようとする努力は、それ以前に始まっていただろう(67)。制度として、諸国の紙・紙材料に、国ごとの種別数量が定められる画期としてこの養老元年制を評価したい。中男作物の成立は、食料品について注目されることが多く、諸官司で必要となる物資の確実な収取を図るための制度改定と見られているが、国郡を単位とした貢納が手順の簡素化・効率化につながる点では、紙についても変わりがないはずである。地方各国から経常的に紙が集まる体制の一つの画期を、養老元年に求めることができるだろう。なお、この制度が調に由来することから、封戸ルートによる紙の調達も想定される。

六　正倉院文書の初期写経所文書

正倉院文書における料紙の利用というテーマは、これまで写経所における紙の調達ルートの探究と、現物では主として律令制公文の反故利用を主として論じられてきた。原本へのアプローチに制約があるため、それ以外の研究は限定的である(68)。

正倉院文書の写経関係文書のうち、初期写経所文書といわれる一群がある。(69)写経を行なった機関とその活動は、皇太子妃であった光明子の邸宅で写経が行なわれていた時期をいわば準備段階として、皇后宮職の設置、東院写一切経所、福寿寺写一切経所、造東大寺司の成立といったいくつもの画期を経て次第に拡大していったことが知られているが、ここでは、そのごく初期、天平初年あたりまでの料紙利用について見てみたい。

写経事業の進捗という観点からみれば、天平八年（七三六）の玄昉将来経に基づいて、新たに開元釈教録に基づく一切経書写に目標を定めた方針確定が、初期写経所の大きな画期であるが、(70)それ以前では、天平元年の光明子立后に伴う皇后宮職の成立が重要であろう。いうまでもなく、この頃までの写経機構の様子を伝える史料は、正倉院文書の中には、ごく僅かしか残らない。

初期の写経所文書のいくつかを扱った経験からすれば、料紙の使用方法がどこかしら不安定な印象がある。正規の律令制官文書ではないが、私的な文書ではない、といった微妙な位置取りの文書群である。残された材料には、偶発的な要因を反映するものも混在するリスクがあるが、以下、いくつかの事例を提示することで、この印象に裏付けを与えたい。

事例1　写経料紙帳　神亀四年（七二七）、神亀五年（『大日本古文書』一ノ三八一～三八三頁は小杉本により収載。原本は続々修四ノ二〇）

この文書は、光明子邸内で行なわれた大般若経ほかの経典書写に関わり、現存する写経所文書の中で最も古いものである。(71)これらの写経の意義について議論があるほか、(72)さらに、「紙屋紙」「上野紙」「直紙」「麻紙」「穀紙」など紙に関するいくつもの用語が一つの史料の中に登場する点も興味深い。

この文書は二紙継ぎ（14紙、15紙）であるが、その内容を帳簿のつもりで眺めていくと、日付が前後してやや理解し

がたいところがある。写真を見ると、14紙は完全一紙、15紙は途中で切断されて尾欠となっているが、本来は、

14　大槃若分麻紙五千三百八十張欠千廿張 定四千□百六十　神亀四年三月廿三日　老人
　端続分紙二百張

および、

15　大槃若経分紙一千一百六十張　神亀四年五月十六日　老人
　理趣般若分受穀紙五百六十張　神亀四年七月廿二日　壬生子首

と記された二枚の包み紙ないし上掛け紙であったものを、そのまま継ぎ合わせ、そこに書いてあった内容明細を生かしてその後の受紙を追い込みで書き足していき、結果としては帳簿に転用したものと見るべきであろう。

写経所で使用された紙用品の一つに「裹紙」がある。その多くの例では、一張で紙一〇〇張を包むという標準がうかがわれるが、紙が最初に収納される際には、別の「裹紙」も見える。こちらは「一張を以て一万張を裹む」とあり（「更写一切経料紙収納幷充装潢帳」天平十八年正月始。『大日本古文書』二ノ四九四頁）、神亀の事例はこちらと同じであろう。

裹紙を帳簿の料紙として転用すること自体は珍しくはない。初期写経所の重要文書の一つ、「写経請本帳」（『大日本古文書』七ノ五四頁以下。続々修十六ノ八）は、天平八年九月二十二日に玄昉所蔵の経典を借用する際に書き始めて、以後長期間にわたって書き継がれていった記録である。その料紙には「大般若卅二帙」「広弘明集十巻第三帙」（未収ヵ）の裹紙も使用される。しかし、この**事例1**のようになし崩しに帳簿へと越境していくのは、一般的なあり方ではない。

事例2　処々雑物出充帳（『大日本古文書』二十五ノ二一一〜二一二頁に天平勝宝年中として収載。続々修十八ノ一）

本帳は、鷺森浩幸氏の考証によって[73]、神亀四、五年頃の光明子家の記録であり、内容は「米・塩などいわゆる重物以外の物資を納める蔵の出給状況を一定期間を限って整理・集計したもの」と考えられている。二次利用の際に紙半枚ほどの分量が切り取られて残るにすぎないが、内容や記載の際の書き癖をみると、鷺森氏の指摘にあるように、前段階に出給ごとの木簡による記録の存在が想定される[74]。ただし、物資の明細と、使者を含めた行き先とが、比較的詳しく記される一方で、本帳には日付がまったく書かれていない。おそらく元の木簡に日付がなかったのであろう。紙そのものの由来は不明であるが、後の時期の、諸帳簿が呼応する整然たる様相に比べると、随分な違いを感じる。

事例3　写書雑用帳　天平二年七月四日（『大日本古文書』一ノ三九三〜三九五頁。続修十六裏）

光明子邸における経巻書写は、立后に伴って設置された皇后宮職での事業として新たに位置づけられるに至った。神亀六年二月に長屋王の変、八月五日天平改元、八月十日立后と政局の急展開が続いた後である。**事例3**はこの写経機関が行なった漢籍・仏典の書写について記した記録で、あわせて所用の雑物について書き上げている[75]。作成に当たっては、典籍ないし写経料紙をそのまま転用し、本来の墨界を無視して帳簿に使用したものである。界高二一・五、界幅二・三《チ》《セン》は、注を含む内容を書くための規格。天地の余白から化粧裁ち前の紙であることが確認できる。継目を含んで料紙が二紙以上にわたることから、書写の際に生じた余り紙などではなく、本来目的での使用に堪える紙を流用したものと解する[76]。

興味深いのは、この「写書雑用帳」がさらに、皇后宮職解移案（図書寮ほか写経生の本属官司に充てた上日・行事の報告）に二次利用されていることである[77]。控えの案とはいえ、皇后宮職の公文を、写経所公文の二次利用（典籍料紙に始点を置けば三回目の使用）となる紙に書くというのは平常時には考えにくい。この公文の一連の別断簡について見ると、紙背連書の例（続修十六①）は、手近の白紙に書いたことを示す。また別断簡の一次文書である丹比広公手実（続修十六③（3）裏。『大日本古文書』二十四ノ八八頁）は、界高二三・二、界幅二・三〜二・四センチの墨界のある料紙に書かれたものである。左端に料紙段階の旧継目があり、その解釈によって、紙が手実になった経緯の説明も左右されるが、界線規格からみると、広公の申告内容である注付きの法華経論の料紙そのものを手実に利用した可能性もある。皇后宮職成立の直後は、官司として独自の事務用紙の調達は十分ではなかったように見受けられる(78)。

事例４　「写経目録」（続々修十二ノ三。『大日本古文書』七ノ五〜三二頁）

『大日本古文書』は目録と名付けるが、内容を見ると、必ずしも適切ではない。帙を単位とする目録の形式に拠るところが多いが、書写された経典とその品質形状、書写の目的、進納の日時宛先などの記載が入り混じって一体となった記録の一種である。この文書は、首部が傷んで欠失しているが、残存している部分では、天平三年八月十日の記事が最も古い。以後の記載は、いくつかのまとまりごとに、全体としては日時の順に奥の方に書き継がれている。経典のうちのあるものには、個別に追記の形で、遡って進納の日時・宛先を記す。最も新しい日付は、天平九年十一月三日で、この後に若干の余白があるので、ここで完結していると見てよい。

このように、記載は行きつ戻りつして、やや複雑な様相を呈しているが、ここではそれらを捨象して料紙に注目したい。全体は、そこに引かれた墨界の違いによって大きく二分される。

前半（1〜8紙）の墨界は、界高二三・五、界幅二・一センチの基本墨界（横界は①・④）に、上半に二条の横墨界（横界②・③）を加える。

後半（9〜14紙）の墨界は、界高一九・二、界幅一・九センチ、注のない麁経を書写するための規格である。天地の余白からみて化粧裁ち前の紙を用い、「写経目録」全体としては終始同じ紙高が保たれている。両者の変わり目は、内容の切れ目とは無関係な箇所で起こっている。

史料の引用はあまり意味をもたないので、検討の結果のみを記すと、前半では、使い始めてすぐに、公文用の界線を追加したものの、十分に機能はしていない。後半では、天地の横界は最初から無視されて、記載には天地一杯を使っている。後半の墨界は、第12、13紙の両紙で、各最終行が幅広となり、また全般に縦界の丈が足りず横の地界に届かぬ箇所が多いが、それだけの理由で、十分使えそうな部分を含めて公文に回したとも考えがたい。結論としては、この事例も、全体が写経料紙を流用して公文を書いた例と見られる。

以上、四つの事例をあげて、初期の写経所や皇后宮職において、雑公文専用の紙が用意されることが少ないことを示した。このような観点から実際の文書を観察することで、同様の事例の積み増しはまだ行なえると思う(79)。

さて、第二節において、写経所文書のなかに記載されている紙の区分として、「経紙」と「凡紙」の別が見られると述べた。普通、写経所公文のような用途には、凡紙が充当されると考えられている。この原則は大局的には正しいが、正倉院文書の時代幅のなかでも時期ごとに全く変化がないわけではない。

「凡紙」という用語の初見は、『大日本古文書』が天平勝宝六年（七五四）七月三十日に類収する「写書所解」（十三ノ八五～八七頁。続々修四十一ノ六）であろう。栄原永遠男氏が正しくは天平十一年（七三九）の百部法花経書写関係と指摘した史料で、この事業で使用された「雑色之紙」を列挙する(80)。同年四月にはこの事業の用残物の決算を行なっているので（「写経司解案」七ノ二五六～二六二頁。続々修十七ノ三）、これに比較的近い時期に書かれたものと見られる。

史料全文の掲出は省略するが、ここには「凡紙料」という他であまり見ない語が使われている。しかも一つの文書の中に「公文幷雑用料」のほかに「式敷紙・下纏・端継・裏紙」を含む場合と、別立ての場合との両様があり、「凡紙」の定義が広狭一貫していないことに注意しておきたい。

またほぼ同時期の史料に、天平十一年六月三日から書き始められた「東院写一切経所受物帳」（『大日本古文書』七ノ二六三頁以下。続々修三ノ一）がある。(81) この中では、紙関連項目は、「（一切または某）経料紙」「紙」「端継紙」「裏紙」「敷紙」などと記される。記載箇所によっていくぶん揺れがあるが、「式幷敷紙料」として収納されているのは、ただの「紙」であり、「凡紙」は見えない。まだこの時点では安定した語とはなっていないようである。

これに続く例は、天平十五年十月十五日の「写疏所解案」（『大日本古文書』二十四ノ二三三〜二三八頁、続修後集九。題籤軸を付す。同年五月〜九月の行事）および同月十六日の「写法華経所解」（二十四ノ二四一〜二四二頁、二十四ノ二四〇〜二四一頁、八ノ三五一頁の順に接続。続々修四十二ノ五。天平十五年八月、九月分の行事）であろう。文書作成主体の名称が違い、別々の継文に整理保管されたようであるが、対象としている仕事の内容は重なる。したがって、この二通に見える「凡紙」は、「式・下纏・敷紙で廿三張」「下纏・敷紙で八張」と数量は違うが、同じ仕事の同じ科目である。ここで写真を見ると、両者ともに「凡紙」と書くのに、僅かな引っかかりがある点は気になる。すなわち前者では「紙」の右肩に小さく「凡」を追記、後者では逆に「凡廿三」と書いてから「凡」の右下（少しアキがある）に小さく「紙」を追記するのである（『大日本古文書』の翻刻でも表現されている）。前者では、すぐ後の別の訂正箇所で、黄紙・白紙を総括した名称として「紙」を使用しているため、これと区別するために「凡」を加えたという意味合いがある。

右のように天平十五年の写疏所解案・写法華経所解の段階では、これ以降の写経所文書で自明の用語として使用される「経紙」「凡紙」を、最初はそう書かなかった。追記による「凡紙」は、その後の用例から見れば直接の始点なのかもしれない。

ただ、ここまでの検討から、下纏・端継・式・敷紙・裏紙など、用語「凡紙」の内容に相当する種々の紙製用具は、天平十一年段階で、実際に使用されていたことも明瞭となった。写経事業が着実に進行していることを思えば当然である。例えば端継は、上記**事例1**の神亀四年の文書にも見え、写経所文書の最初期に遡ることは確実である。そこに注記として見える「直紙」を「ただの紙」の意と解すれば、これが「凡紙」とほぼ同義で、時期的に先行する語と見られる。

ここで注目されるのが、先に掲げた「写書所解」とともに、栄原氏が天平十一年の百部法花経書写関係と指摘した「写経司解案」（『大日本古文書』十三ノ八七～九一頁。続々修三ノ一裏）、「写経司解案」（『大日本古文書』十三ノ九二～九七頁。続々修十七ノ三裏）である。ここには「調紙」の語が見える。百部法花関係の史料を比較してみると、数量と端継・式・敷紙という用途からみて、先の「凡紙料」として計上されていた紙と同じものを指すようである。調紙は、文字通り封戸からの調として貢納された紙であり、小回りのきく物資であったとみられる。天平十五年正月九日の「写一切経所解」（『大日本古文書』八ノ一六三～一六四頁。続々修三ノ二）には、この時点までの「調紙」の用途を書き上げており、使用した八八〇枚の内訳は、一切経帙、端紙、一切経目録、寺文抄写料、褾紙など多様である。しかし、使用された枚数は、「先残」として繰り越された五一五九枚の一七％にすぎず、「今残」四二七九枚を残して決算している。この時期は、「凡紙」の本格的なスタートにあたり、以後「調紙」の事例が写経所文書の表面には見られなくなることからすると、「調紙」への依存度は以後逓減したと見られる。しかし、その存在自体が消えたのではなく、伏流水のように何かのはずみで表面化する。天平宝字四年四月五日の写経所解案に「湯沐倉」から凡紙を請けようとした（後に寺家への請求に変更された）との記述が見え（『大日本古文書』十四ノ三七九頁、続々修十八ノ六）、紙の調達に際して、光明皇太后の封戸が意識にのぼったのも、こういった背景があったからではなかろうか。(83)

先に見た凡紙の初見史料（天平十一年）は、同時にその用途の一つに「公文幷雑用」が明記された初見でもある。天平十五年の「調紙」の用途の一つに「寺文抄写料」が見えるのも、意味は正確にとりがたいが同じ範疇に入るだろう。

その後天平勝宝二年正月から後は、装潢（ときに舎人も）が、「造（政所）公文紙」の作業にしたがったという記述が、写書所の食口案に連続して見受けられ、以後食口案の残る天平宝字元年頃まで続く。

上記の用語「凡紙」についての検討結果は、公文料紙が経常支出として定着する階梯を示すものであり、天平初年までの実例（**事例1〜4**）から抽出された状況と概ね一致する。今後、調査が進めば、本稿で拾い上げたネガティブな事例との対照によって、最初から公文用として使われた紙が、どの時期から出現し、普及するのかというポジティブな事例が蓄積されていくであろう。

ともかく、本節で扱った時期、巻子に仕立てられる上位の典籍・写経用紙、あるいは端継ほかの作業用紙には、紙の支給は十分であったとしても、官司内公文のレベルには、まだ十分達していなかったという想定をしておきたい。

七　封緘木簡と文書軸

これまで知られている事例で、木と紙の接点として想起されるのは、封緘木簡、文書の棒軸、題籤軸、文書箱などである。これらについては、それぞれに先行研究がすでにあり[84]、文書の軸については、筆者もかつて資料の集成を別に行なったことがあるので[85]、ここではその個別の内容には立ち入らず、総論的な形で見ていくことにする。

封緘木簡は、二枚一組のセットで紙の文書を直接挟んで封緘する機能をもち、古代では宮都から地方まで広範に用いられたと見られる。まさに一枚物の重要文書の送達に使用されたものである。封緘木簡の存在が、「封じられた重要文書」の存在を示すことから、紙の文書の側では、文書に封緘木簡の使用の痕跡が残っているものはないか、紙文書自身（礼紙を含む）に切封の機能を備えた事例では封緘木簡と共存しないことが証明可能か、封緘の必要のないものはどのように運ばれたか、といった視点からの再検討も要請されよう。

題籤軸は、軸と見出しとの複合機能をもつ製品で、木簡としての形態分類では「用途の明瞭な木製品に墨書のあるもの」（061形式）というとらえ方はまず穏当なものであろう。かつて検討したように、同じ軸とはいえ棒軸とは対照的に、成長途中の公文に付されるもので、本質的に未完の状態にある巻子に着く。端裏書があたかも表題のごとく付されることもあるが、さらに継ぎ足されることを許容する。正倉院文書の実例からも知られるように、写経所公文で盛行し、出土例もまた、文書行政実務の現場で中央地方を問わずこの題籤軸が広く使用されたことを示す。しかるに、正式な巻子仕立ての公文につく軸は棒軸であり、題籤軸の存在は、継文などの形にまとめられた紙の文書（雑公文）が使用されたことと実質的に同義である。

いずれも紙の文書の存在を直接に示すものには変わりないが、現在のところ、これらの出現時期には差が見られる。封緘木簡は、和銅から霊亀年間にかけて長屋王家木簡にいくつかの事例があるほか、藤原宮木簡にも出土例があり、藤原京時代に遡ることが知られている。一方、題籤軸は、出土例では現在のところ二条大路木簡に含まれる天平八年（七三六）のもの、(86)正倉院の伝世品では天平九年の「日用紙帳」「日用紙目録」(87)が最古である。

また、平城宮内で発見された棒軸の年代は、題籤軸より古く、天平以前のものでは、和銅八年（七一五）の大倭国志癸上郡大神里計帳、養老七年（七二三）の肥後国益城郡団兵士歴名帳、神亀五年（七二八）の出羽国郡司考文などの例が知られている。

今後、出土例のほうでは、より古い時期のものが出現する可能性があるのは当然だが、ここでは現時点の仮説として、封緘木簡と棒軸・題籤軸との違いが、そこに反映していると考えておく。つまり、そこに共伴したはずの一枚物の重要文書、巻子の進官公文、官司内雑公文の使用状況を反映した時期差だと考えるのである。見方を変えれば、先にみた地方・中央での進官巻子公文の状況や、初期写経所文書の検討を通じて、紙の用途としての雑公文が、巻子に仕立てられる経典・漢籍・官文書などに比べて、遅れて認知されることなどを見たが、封緘木簡・棒軸・題籤軸の出現時期の差は、そのことと対応すると考える。

現実の事象にはムラがあり、出土による発見も偶発性から自由にはならない。したがってここでの結論は、封緘木簡と棒軸・題籤軸との出土例を変数として、それらの間に有意な時期差があるならば、という条件のついた多変数関数のかたちで示される。

題籤軸について、現在知られているものより遥かに古いものが出現する可能性を示唆するものが、韓国出土の題籤軸であろう。

近年、咸安城山山城出土木簡(88)、扶余・双北里二八〇—五番地遺跡木簡(89)のなかに題籤軸の事例が報告され、六世紀半ばの新羅や七世紀の百済における題籤軸の使用が確認されている。文字を使用しての政治文化の多くの事例と同様に、日本での題籤軸の起源がここに求められるとしたら、その始用は現在知られているより大きく遡ることとなるだろう。

この点について、私はこう考えている。題籤軸の存在やその使用法を知る機会は少なくなかった。しかし、主に紙の普及という条件の制約によって、その使用が現実化する段階に至らず、日本での本格的な使用開始は遅れた。したがって何か特殊な条件のもとでは、題籤軸の使用自体は起こりえた。ただ、一般の律令官司や写経所のような機関で全面的に使用される時期は、前述の「意外に遅い」頃においておきたい。

それにしても新羅・百済の使用事例との「一五〇年の差(90)」は大きい。文書形式「牒」や出挙制の運用に関わる書記技術の継受などと比べると(91)、なぜもっと早く（仮定に基づく問いであるが）使用が開始されなかったのか、訳を知りたくなる。

ここでもう一つの状況証拠として、公式令82案成条（養老令文は「凡案成者。具条納目。目皆案軸。書其上端云。某年其月其司納案目（下略）」）に注目する。鐘江宏之氏の復原によれば、大宝公式令案成条は、「〔凡〕案成〔者、具条〕納目。〔目皆案軸。〕書其上端云、〔某年其月〕其司納案目。〔毎十五日納庫使訖。其詔勅〕抄目、〔別所安置。〕内外諸司皆准之」（〔　〕内は養老令文からの推補）であり、養老令とは少し字句を異にする。この間の変更について同氏は「唐令の文章をそれほど改めずにそのまま持ち込んだが、これに基づいて政務を運営する体制が未整備であったり、相違していたりしたために、なんとかその矛盾を解決する必要があった」と指摘する[92]。また、現存する出雲・伊勢両国計会帳の比較から、当時の計会制度の実態として、出雲国計会帳の背後にはこのようにしてじっさい保管された各種の案の存在が見て取れるという[93]。鐘江氏の論点とは少しずれるが、雑公文を貼り継いでまとめ、題籤軸を付けて、上端に日時や名称を記すというファイリングの方法は、まさにこの案成条を、唐令への不十分な理解のまま、文字通りの意味で忠実に実行したものと考えられないだろうか。私は、朝鮮半島から伝来した題籤軸の知識ないし使用が基層にあった可能性を認めた上で、大宝令の施行が、その再発見から広範な利用拡大に続く、題籤軸の第二の始点であったと考えてみたい。

おわりに

ここまで、紙木併用の具体相を求めて、いくつかの方向から論じてみた。日本古代の書写材料としての紙に着目し、使用された紙のランクや位相ごとに、紙そのものや周囲の状況から考えたものである。もとより明確な結論が出にくい「いつ頃から使われたか」という問いの形式に対し、「ある種の用途では、使用は案外遅かったかも知れない」という答えもまた茫漠たるものだが、これで擱筆する。

注

(1) 本稿の問題関心の、いわば正規ルートからの登攀の試みは、角谷常子編『東アジア木簡学のために』(二〇一四年、汲古書院)。

(2) もの・ことの弁別については、拙稿「正倉院文書―ものごとの見極め」(『国文学　解釈と教材の研究』四七―四、二〇〇二年)。

(3) 拙稿「古代文書と古文書学」(『日本古代文書の研究』二〇〇一年、吉川弘文館、初出一九九八年)。ここでモデル化した内容に加上したものが注(2)前掲拙稿である。

(4) 中国における紙の創始については、多くの議論があるが、本稿の主題に関わる書写材料としての紙について整理したものとして、籾山明「簡牘・縑帛・紙―中国古代における書写材料の変遷」(籾山明・佐藤信編『文献と遺物の境界―中国出土簡牘史料の生態的研究』二〇一一年、六一書房)。

(5) 冨谷至『木簡・竹簡の語る中国古代―書記の文化史』(二〇〇三年、岩波書店)。私も、かつて、紙出現の早期例である中国甘粛省の出土紙を現地で実見し、直交する折れ筋に加わる四五度斜行の折れ筋が、いわゆる折立による立体成型(箱の内貼りなどに用いる)の痕跡と判定した。

(6) 拙稿「律令制公文書の基礎的観察」(注(3)前掲書所収、初出一九九三年)。

(7) 『大日本古文書』一ノ五八七〜六〇六頁。基本的業績として、早川庄八「天平六年出雲国計会帳の研究」(『日本古代の文書と典籍』一九九七年、吉川弘文館、初出一九六二年)。なお同計会帳・解部の復原および校訂釈文については、平川南「出雲国計会帳・解部の復原」(『漆紙文書の研究』一九八九年、吉川弘文館、初出一九八四年)参照。

(8) 個別の文書名については注(6)前掲拙稿参照。

(9) さらにこの計会帳の中で、巻単位・紙単位の公文の間に、目録のみにあらわれるか、別立てでの記載がなされたかの差があることは、鐘江宏之「計会帳作成の背景」(『正倉院文書研究』五、一九九七年)。

(10) 拙稿「端継・式敷・裏紙」(注(3)前掲書所収、初出一九九一年)、佐々田悠「手実と端継―正倉院文書の成り立ち―」(『正倉院紀要』三九、二〇一七年)。「正倉院宝物特別調査　紙(第2次)調査報告」(『正倉院紀要』三二、二〇一〇年)。

(11) 正倉院宝物の実例では、丹の裏、帙の様(模型)、屏風の本紙および下貼、鳥兜の下貼、幡脚端や屏風縁裂に用いられた錦地の裏打などがある。

(12) 聖語蔵経巻については拙稿「「聖語蔵経巻」概観」(『書誌学研究』(韓国) 五六、二〇一三年)、佐々田悠「正倉院文書と聖語蔵経巻」(『東大寺の新研究2　歴史のなかの東大寺』二〇一七年、法藏館)。

(13) 皆川完一「光明皇后願経五月一日経の書写について」(『正倉院文書と古代中世史料の研究』二〇一二年、吉川弘文館、初出一九六二年) ほか多くの論者が言及する。

(14) 飯田剛彦「聖語蔵経巻「神護景雲二年御願経」について」(『正倉院紀要』三四、二〇一二年)。現在、聖語蔵経巻第四類「神護景雲二年御願経」として分類されている経巻のほとんどが今更一部一切経である。

(15) 上川通夫「一切経と古代の仏教」(『日本中世仏教史料論』二〇〇八年、吉川弘文館、初出一九九九年)。

(16) 『大日本古文書』二ノ六二九頁。大安寺史編集委員会『大安寺史・史料』(一九八四年、大安寺)。

(17) 根津美術館所蔵。桑原祐子注解「舎利弗阿毘曇巻十二」(上代文献を読む会編『上代写経識語注釈』二〇一六年、勉誠出版)。

(18) 『大日本古文書』二十四ノ二～三頁。発願の経緯については、岸俊男「「嶋」雑考」(『日本古代文物の研究』一九八八年、塙書房、初出一九七九年)、堀池春峰「大般若経信仰とその展開」(『南都仏教史の研究　遺芳篇』二〇〇四年、法藏館、初出一九九五年) 参照。

(19) 『大日本古文書』二十四ノ五～六頁。長屋王が父高市皇子と母御名部内親王 (天智天皇皇女) の冥福を祈り、あわせて聖武天皇以下代々の天皇奉為を願って書写したもの。料紙はおそらく舶載されたとみられる長麻紙を用い、各紙の長さは通常の料紙の三ないし四紙分に相当する一七六チセンに及ぶという (文化遺産オンライン「大般若経　巻第二百六十七 (神亀五年長屋王願経)」〈根津美術館所蔵〉解説)。

(20) 奈良国立文化財研究所編『平城京長屋王邸宅と木簡』(一九九一年、吉川弘文館)。寺崎保広「長屋王家木簡」(『平城京左京二条二坊・三条二坊発掘調査報告』一九九五年)、森公章「長屋王家木簡と家政運営」(『長屋王家木簡の基礎的研究』第一部、二〇〇〇年、吉川弘文館)。

(21) 石田茂作『写経より見たる奈良朝仏教の研究』(一九二九年初版、東洋文庫刊。一九八二年原書房より復刊)、富貴原章信『日本唯識思想史』(一九八九年、国書刊行会)。

(22) 新川登亀男『日本古代文化史の構想―祖父殴打伝承を読む』(一九九四年、名著刊行会)。

(23)『大日本古文書』二十四ノ一頁。文化庁所蔵。遠藤慶太注解「金剛場陀羅尼経」（注(17)前掲書所収）。
(24) 京都国立博物館所蔵。桑原祐子注解「浄名玄論巻六」（注(17)前掲書所収）。
(25) 御物（宮内庁侍従職保管）。花山信勝『(聖徳太子御製）法華義疏の研究』（東洋文庫論叢第一八―一、二、一九三三年）。
(26) 花山信勝「内容」、石田茂作「装潢」（ともに聖徳太子奉讃会編『法華義疏（御物本）』コロタイプ版解説、一九七一年）。
(27) 石田尚豊「総論　聖徳太子の生涯と思想」（『聖徳太子事典』一九九七年、柏書房）。
(28) 井上光貞「三経義疏成立の研究」（『井上光貞著作集第二巻　日本古代思想史の研究』一九八六年、岩波書店、初出一九七二年）、東野治之「初期の太子信仰と上宮王院」、同「ほんとうの聖徳太子」（ともに『大和古寺の研究』二〇一一年、塙書房、初出一九九七年、二〇〇〇年）。
(29) 赤尾栄慶「漢字の経典―中国・朝鮮の写経」（頼富本宏・赤尾栄慶『写経の鑑賞基礎知識』一九九四年、至文堂）、赤尾栄慶「総説　古写経―聖なる文字の世界」（『古写経―聖なる文字の世界』二〇〇四年、京都国立博物館）。朝鮮半島における写経の最古例は、天宝十四年（七五五）の奥書をもつ新羅写経の八十巻本大方広仏華厳経（韓国・湖巌美術館所蔵）であり、三国時代の遺例は知られていない。
(30) 注(27)(28)に同じ。
(31) 池田温「前近代東亜における紙の国際流通」（『東アジアの文化交流史』二〇〇二年、吉川弘文館、初出一九八九年）。
(32) 増田勝彦「料紙抄造の変遷」（湯山賢一編『古文書料紙論叢』二〇一七年、勉誠出版）も同様の見解をとる。
(33) 拙稿「律令制公文書の料紙について」（注(32)前掲書所収）。
(34) 岸俊男「宣命簡」（『日本古代文物の研究』一九八八年、塙書房、初出一九七六年）。
(35) 拙稿「戸籍制度と家族」（『日本古代文書の研究』二〇〇一年、吉川弘文館、初出一九八七年）。
(36) 福岡県太宰府市国分松本遺跡出土木簡（『木簡研究』三五、二〇一三年）。
(37) 静岡県浜松市伊場遺跡出土八六号木簡（新釈文は『木簡研究』三〇、二〇〇八年）。
(38)『令集解』戸令22造戸籍条古記。
(39) 平城京左京二条二坊五坪東二坊坊間路西側溝ＳＤ五〇二一出土（第二〇二―一三次調査）。軸木口墨書に「・大倭国志癸上郡大神里　・和銅八年／　計帳」（『木簡研究』一二、一九九〇年）。

(40) 平城宮南面大垣東端地区南北溝ＳＤ一一六四〇出土（第一五五次調査）。軸木口墨書に「・肥後国第三益城軍団養老七年兵士歴名帳　・肥後国第三益城軍団養老七年兵士歴名帳」（『平城宮木簡』六―九八八四、二〇〇四年）。

(41) 平城宮南面大垣東端地区南北溝ＳＤ一一六四〇出土（第一五五次調査）。軸木口墨書に「・出羽国郡司考□□〔状帳カ〕　・神亀五年」（『平城宮木簡』六―九八八三、二〇〇四年）。

(42) この書式整備は、唐の新書式の将来を機にバージョンアップを図ったものと評価できる。池田温『中国古代籍帳研究―概観・録文―』（一九七九年、東京大学出版会）。

(43) 『大日本古文書』一ノ三〇五～三〇八頁に「陸奥国戸籍　養老五年類載」として収める。研究史については、かつて注(3)前掲拙著第三部に紹介し、その後も多くの論者が注目する史料であるが、文書書式についての言及は管見に入らない。

(44) 注(10)前掲「正倉院宝物特別調査　紙（第2次）調査報告」。注(33)前掲拙稿。

(45) 井上光貞「日本律令の成立とその注釈書」（井上光貞・関晃・土田直鎮・青木和夫校注『日本思想大系三　律令』一九七六年、岩波書店）。青木和夫・稲岡耕二・笹山晴生・白藤禮幸校注『新日本古典文学大系一二　続日本紀』一、一九八九年、岩波書店）。

(46) 『延喜式』陰陽寮式4造暦用度条（条文番号は虎尾俊哉編『訳注日本史料　延喜式』中、二〇〇七年、集英社による）。御暦の書写は図書寮官人が、頒暦の書写は諸司の史生・内豎・大舎人が担当した。

(47) 細井浩志『日本史を学ぶための〈古代の暦〉入門』（二〇一四年、吉川弘文館）。

(48) 『大日本古文書』二十四ノ五五二～五五四頁に「官人考試帳　天平年中」として収め、東京大学史料編纂所編『正倉院文書目録』二　続修では、「続修二十八⑦　官人考試帳？　年未詳」とする。本文書の年代については、田中卓「続・還俗」（『続日本紀研究』三―一、一九五六年）の考証に従って本文のように解した。平城宮出土の考選木簡との関わりでは、寺崎保広「考課木簡の再検討」（『古代日本の都城と木簡』二〇〇六年、吉川弘文館、初出一九八九年）。

(49) なお考状の例として、神亀五年の出羽国郡司考状の軸（注(41)前掲）が出土し、皇后宮職が造東大寺司に命じて考状用の紙を打たせる例（天平二十年八月二十四日牒。『大日本古文書』三ノ一一一頁。正集四十四）も知られている。

(50) 福山敏男「奈良時代に於ける興福寺西金堂の造営」（『日本建築史の研究』一九四三年、桑名文星堂、初出一九三三年）、渡辺晃宏「金光明寺写経所と反故文書」（『弘前大学国史研究』八一、一九八六年）。

(51) 欽明天皇三十一年に高麗使人が越国に漂着した際は、越人江渟臣裾代が京に詣でて報告を奏している（四月乙酉条）。崇峻天皇即位前紀の大連物部守屋討滅記事には、河内国司から朝庭への「牒上」と朝庭からの「下苻」とを伝達方法として対比的に記す（用明天皇二年七月条）。このほか「某国言。云々」や、「某国に詔（勅）して……せしむ」といった表現が頻出する。

（52）近時七世紀木簡の事例が蓄積されるとともに、同じく事例が増えつつある韓国出土木簡との関連性が指摘されている。三上喜孝『日本古代の文字と地方社会』（二〇一三年、吉川弘文館）。鐘江宏之『地下から出土した文字』（日本史リブレット一五、二〇〇七年、山川出版社）。また大宝令以前の文書について考察したものに、東野治之「大宝令成立前後の公文書制度」（『長屋王家木簡の研究』一九九六年、塙書房、初出一九八九年）、山本崇「オシテフミ考―大宝令制以前の文書について―」（奈良文化財研究所学報九二『文化財論叢』Ⅳ、二〇一二年）がある。

（53）早川庄八「公式様文書と文書木簡」（『日本古代の文書と典籍』一九九七年、吉川弘文館、初出一九八五年）。

（54）養老公式令では22過所式条に規定のある過所は、大宝令では「便に随いて竹木を用いる」ことが注に書かれて許容されていた（この注が付された条文は、鎌田元一「日本古代の官印」〈『律令公民制の研究』二〇〇一年、塙書房、初出一九九四年〉は過所式条、「唐日両令対照一覧」〈仁井田陞著・池田温編集代表『唐令拾遺補』一九九七年、東京大学出版会〉は公式令40天子神璽条とする）。和銅八年五月一日格によって、過所には当国の印を捺すことが定められ、紙に限定され、この変更が養老令に取り入れられた。しかし、過所木簡の出土例と紙の過所の実例（正倉院文書続修二十八②、『大日本古文書』二十四ノ五五六頁）とを見ても、「正しい書式」への意識は希薄なように見える。

（55）拙稿「古代文書と古文書学」（注（3）前掲書所収）。

（56）現存断簡の集成は注（50）前掲渡辺論文で行なわれている。継文として八省ごとにまとめられ、押印されたものであるが、中央官司公文としての研究はまだ十分になされていない。

（57）職員令6図書寮条。

（58）『拾介抄』官位唐名部第三。

（59）注（54）前掲「唐日両令対照一覧」三師三公臺省職員令第二―職員令第二。

（60）潘吉星著／佐藤武敏訳『中国製紙技術史』（原著『中国造紙技術史稿』一九七九年、北京 文物出版社、一九八〇年、平凡社）。王菊華主編『中国古代造紙工程技術史』（二〇〇六年、太原 山西教育出版社）。なお、古代中国の文書料紙について、いくつかのトピックを挙げて概観した近時の業績に、小島浩之「中国古文書料紙の展望」（注（32）前掲書所収）がある。

(61) 注(33)前掲拙稿。
(62) 仲洋子（白石ひろ子）「写経用紙の入手経路について」（『史論』三三、一九八〇年）、同「写経用紙の入手経路について（補論）」（『史論』三八、一九八五年）。
(63) 注(10)前掲「正倉院宝物特別調査　紙（第2次）調査報告」。
(64) 土田直鎮「宝亀五年の「図書寮解」」（『平安京への道しるべ』一九九四年、吉川弘文館、初出一九七八年）。鬼頭清明「宝亀年間の図書寮解について」（『古代木簡の基礎的研究』一九九三年、塙書房、初出一九七八年）。中男作物については、直木孝次郎「贄に関する二、三の考察」（『飛鳥奈良時代の研究』一九七五年、塙書房、初出一九六九年）。
(65) 年料別貢雑物については、塩田陽一「年料別貢雑物制について」（『ヒストリア』五三、一九六九年）、鶴巻秀樹「年料別貢雑物に関する若干の考察」（『弘前大学国史研究』一〇九、二〇〇〇年）。
(66) 薗田香融「律令財政成立史序説」（『日本古代財政史の研究』一九八一年、塙書房、初出一九六二年）、狩野久「律令財政の機構」（『日本古代の国家と都城』一九九〇年、東京大学出版会、初出一九七六年）、明石一紀「調庸の人身別輸納と合成輸納」（『編戸制と調庸制の基礎的考察』二〇一一年、校倉書房、初出一九八一年）。吉川真司「常布と調庸制」（『史林』六七―四、一九八四年）。大津透「律令収取制度の特質」（『律令国家支配構造の研究』一九九三年、岩波書店、初出一九八九年）。今津勝紀「律令調制の構造とその歴史的前提」、同「調庸墨書銘と荷札木簡」（ともに『日本古代の税制と社会』二〇一二年、塙書房、初出一九九二年、八九年）。
(67) 注(45)前掲『続日本紀』一（補注4―二九）は、和銅～天平間の史生の新置・増員記事を集成し、「大宝令によって本格的に施行されることとなった文書による行政方式が、和銅年間にいたってようやく軌道に乗りはじめたことの反映であろうと思われる」と述べる。
(68) 注(10)前掲拙稿および佐々田論文。
(69) 栄原永遠男「初期写経所に関する二三の問題」（『奈良時代の写経と内裏』二〇〇〇年、塙書房、初出一九八四年）、山下有美『正倉院文書と写経所の研究』（一九九九年、吉川弘文館）。
(70) 注(13)前掲皆川論文。
(71) 福山敏男「奈良朝に於ける写経所に関する研究」（『寺院建築の研究』中、一九八二年、中央公論美術出版、初出一九三二年）、

注(69)前掲栄原論文。

(72) 栄原永遠男「藤原光明子と大般若経書写―「写経料紙帳」について―」(注(69)前掲書所収、初出一九九一年)、新川登亀男「皇太子誕生と写経事業」(『日本古代の対外交渉と仏教』一九九九年、吉川弘文館、初出一九九八年に加筆改題)。

(73) 鷺森浩幸「藤原光明子家に関する一史料」(『続日本紀研究』三〇五、一九九六年)。

(74) 紙の帳簿と木簡の関係については、山口英男「帳簿と木簡」(『木簡研究』二二、二〇〇〇年)、三上喜孝「古代地方社会における公粮支給と帳簿」(注(52)前掲書、初出二〇〇一年)。

(75) 鬼頭清明「高屋連赤万呂の世界」(『日本古代都市論序説』第一章、一九七七年、法政大学出版局)。

(76) 律令制公文の二次利用が始まる金光明寺写経所の時期にも、それと混じって染め紙の経巻料紙が使用される。例えば、天平十六年十二月に始まる常疏紙充帳では、養老五年下総国戸籍を使って記されるが後半では写経料紙が主体を占める。しかし、これは写経の余り紙や、品質不良の紙など、何らかの理由で本来の目的には使用に堪えない紙が主であるように思われる。

(77) 天平三年八月から同七年八月に及び、続修十六、続々修二十四ノ五などに断簡が分かれて存在する。内容の分析については、井上薫『奈良朝仏教史の研究』(二版一九七八年、吉川弘文館、初版一九六六年)。作成当時の形態について石田実洋「正倉院文書写経機関関係文書編年目録―養老七年より天平十年まで―」(『東京大学日本史学研究室紀要』三、一九九九年)は、「当初は複数年時にわたる帳簿とする意図はなかった」と推定する。

(78) 成立当時における皇后宮職の人員・体制については、注(73)前掲鷺森論文参照。

(79) 厳密な画期として指し示すことはできないが、写経事業でいえば天平十一年四月頃の百部法花経書写、写経機関でいえば天平十一年六月から活動し始める東院写一切経所を境に、公文関係の事務処理は一段と洗練されたという印象がある。すなわち、これ以後のあり方が、概ね写経所文書の基本形と諒解されている「かたち」として最後まで続く。須原祥二「正倉院文書写経機関関係文書編年目録―養老七年より天平十年まで―」(注(77)前掲『東京大学日本史学研究室紀要』三)は、天平十一年頃に保管されてきた反故はひとまとめに整理されたが、それ以前は多くは一紙物であったこと、紙の両面を使い切るのが当時の利用法であったこと、等々を各項で個別に指摘する。この初期特有の紙利用のあり方は、本稿の考察結果と一致する。

(80) 栄原永遠男「百部法華経の写経事業」(『奈良時代写経史研究』二〇〇三年、塙書房)。

(81) 東院写一切経所成立の意義については、注(69)前掲栄原・山下論文参照。

（82）　なお、関根真隆『正倉院文書事項索引』（二〇〇一年、吉川弘文館）に採録されている「調紙」の用例のうち、天平十四年七月二十四日「装潢本経充帳」にみえる「調紙已《すべ》て反《かえ》す」（四諦論の注記。『大日本古文書』八ノ一一三頁）は、その前後の注記を見ると経師「調小屎の紙」の略記と判断される。

（83）　田島公「抹消された「湯沐倉」」（西洋子・石上英一編『正倉院文書論集』二〇〇五年、青史出版、初出二〇〇四年）。

（84）　封緘木簡については、佐藤信「封緘木簡考」（『日本古代の宮都と木簡』一九九七年、吉川弘文館、初出一九九五年）、文書の棒軸については注（6）前掲拙稿、題籤軸については北條朝彦「古代の題籤軸」（皆川完一編『古代中世史料学研究』上、一九九八年、吉川弘文館）、拙稿「文書と題籤軸（報告要旨）」（『木簡研究』二四、二〇〇二年）、高島英之「古代の題籤軸」（『古代東国地域史と出土文字資料』二〇〇六年、東京堂出版、初出二〇〇四年）、文書箱については小池伸彦「木箱と文書」（『木簡研究』一一、一九八九年）。

（85）　文書の軸については、筆者もかつて資料の集成を試みた。拙稿「文書と題籤軸」（報告資料。木簡学会但馬特別研究集会実行委員会事務局『木簡学会但馬特別研究集会―古代但馬国と木簡―』二〇〇二年）。

（86）　二条大路木簡に含まれる天平八年のものが現在は最古。例示的に挙げると、奈良文化財研究所『平城京木簡　三―二条大路木簡一―』（二〇〇六年）、四九九四～五〇〇二には、「・北倉雑物帳　・天平八年二月十日」（四九九七）ほか、左京二条二坊五坪二条大路濠状遺構（北）SD五三〇〇出土の題籤軸が紹介されている。最新事例は、奈良文化財研究所の提供する資料・木簡データベースの参照を求めたい。なお同書五〇〇二～五〇〇六には、同時期の文書箱の蓋に墨書した事例も紹介される。

（87）　正倉院の伝世品で最も早い例は、天平九年二月二十三日の日付を記した「日用紙帳」（中倉二二往来残欠　頭部残欠九号。松嶋順正編『正倉院宝物銘文集成』第一編六）、同日の「日用紙目録」（続々修四三ノ一。『大日本古文書』七ノ九二頁）である。

（88）　「咸安　城山山城」（国立昌原文化財研究所編・発行『韓國의古代木簡』二〇〇四年）。

（89）　朴泰祐・鄭海濬・尹智熙「扶余双北里二八〇―五番地出土木簡報告」（『木簡と文字』二、二〇〇八年）。また橋本繁『韓国古代木簡の研究』（二〇一四年、吉川弘文館）参照。

（90）　尹善泰「韓国古代木簡の出土現況と展望」（注（88）前掲書所収）。

（91）　三上喜孝「文書様式「牒」の受容をめぐる一考察」（『山形大学歴史・地理・人類学論集』七、二〇〇六年）、同「古代東アジア出挙制度試論」（注（52）前掲書所収、初出二〇〇九年）。

(92) 鐘江宏之「公式令における「案」の保管について」(池田温編『日中律令制の諸相』二〇〇二年、東方書店)。
(93) 注(9)前掲鐘江論文。

『延喜式』土御門本と近衛本の検討

――巻五を中心に――

小倉慈司

一　土御門本と近衛本の研究史

『延喜式』の近世写本の中で、国立歴史民俗博物館に蔵される田中教忠氏収集土御門家旧蔵本（以下、土御門本と略称）は五〇巻全巻がそろった（ただし上延喜格式表や目録・歴運記を欠く）善写本として知られ、虎尾俊哉編『訳注日本史料　延喜式』（集英社、二〇〇〇～一七年予定）において底本として用いられている。各巻一冊ごとの全五〇冊からなる。土御門本は長らく個人蔵であったことから研究が進まなかったが、一九八九年三月に国立歴史民俗博物館の管理となり、一九九三年刊行の『延喜式』校訂本（神道大系『延喜式』下、神道大系編纂会）において虎尾俊哉氏が始めて校訂に利用された。虎尾氏はその解題において、土御門本巻五〇に本写本が土御門泰重によって書写されたとする土御門泰福の奥書があり、全巻ではないものの実際に土御門泰重（一五八六～一六六一）の筆が入っていること、ただし巻一三は版本による補写であることなどを述べられている(1)(2)。

その後、一九九五年には田島公氏が検討を加え、土御門本が元和三年（一六一七）に土御門泰重が一条家より借用し、翌年にかけて書写校合を行なった写本であることを明らかにされた[3]。田島氏は土御門本の親本について、大部分が一条家巻子本[4]（またはその写本）であったのではないかと推測し、また大きく括れば、土御門本は宮内庁書陵部図書寮文庫所蔵藤波家旧蔵本（以下、藤波本と略称）や国立公文書館所蔵慶長写本・無窮会専門図書館所蔵神習文庫本等の主だった近世写本に近く、さらには近世流布版本とも類似していることを指摘された[5]。

これに対し、虎尾氏は田島説を承けて再検討を加え、土御門本が一条家巻子本巻一〜五と異なりながら他の主だった近世写本と一致する誤りを持つ点などを指摘され、土御門本の親本を一条家巻子本と想定することに疑問を呈された[6]。虎尾氏はまた土御門本の筆跡調査を行ない、泰重の筆跡が一部に限られることも指摘されている。その後、土御門本は二〇〇〇年から〇一年にかけて影印本が刊行され、最終冊に虎尾氏による解題が収録された[7]。

一方、近衛本はもと近衛家の陽明文庫に伝来した近世写本で、近衛家より京都帝国大学附属図書館に寄託、一九四四年に寄贈された近衛文庫本二一九部中の一部である[8]。一巻一冊で巻一六を欠いており、それに上延喜格式表や目録・歴運記を収録する一冊を加えた五〇冊からなる。一九二六年に国学院大学にて開催された延喜式撰上一千年記念展覧会で出陳され、皇典講究所・全国神職会によって一九二九年に刊行された『校訂延喜式』において校訂に利用された。同書の解説では「黄表紙美濃紙判の冊子本にて、京都帝国大学図書館に寄託保管せらる。書写の年代詳かならざれども、比較的新らしきものゝ如し。全五十巻中、巻十六陰陽式の一巻を闕く」と記されている。また佐伯有義氏は『延喜式』写本・版本を紹介した中で、「書写の年、《ママ》代は詳ならぬが、系統は楓山本前田本と同一であると思はる。出雲本に京極宮御本と称するものも、矢張系統は同一の様である」と延べ、また藤波本について「是も奥書なく書写の年代は詳ならねど、近衛本とよく相似たり」と推測した[9]。

それ以降、近衛本が注目されることはあまりなかったが、田島氏は土御門本を論じたなかで近衛本についても言及され、佐伯氏の説を紹介して近衛本が藤波本とともに土御門本と近い関係にある可能性があることを指摘した(10)。さらに近年、金子善光氏が土御門本と同じ一条家本系統の写本であるとして注目し、土御門本（の巻八）について「行数・用字の一致が多く、京都大学附属図書館所蔵本（陽明文庫本）と同じ祖本によって書写したものと思われる。ただし複数の写本によって校合してある京都大学附属図書館所蔵本（陽明文庫本）の方が傍訓は多い(11)」「京都大学附属図書館所蔵本（陽明文庫本）と同系写本によったものと思われる。ただし、京都大学附属図書館所蔵本の方により多く傍訓が認められる。また両者には都合三一二ヵ所にわたり行末・行頭のずれが認められる(12)」と述べられ、近衛本巻八を翻刻された。

実際に諸写本を調査してみると、これまでに指摘されている同系統の写本のなかでも、土御門本に最も近いのは近衛本であることが確認できる(13)。土御門本と近衛本の優劣関係について考えてみると、確かに近衛本巻八には土御門本より多くの傍訓が付されているものの、これは金子氏自身が述べられているように「複数の写本によって」追補されたと見られる（実際、本文二丁表に「踸ノ字吉田本甕字」、二四丁表に「或本待字作持字」との頭書が見える）ので、それだけでは土御門本より近衛本が優秀であるということを意味しない。また、巻ごとに書写態度や校合・書入れの相違があった可能性も視野に入れておく必要があろう(14)。土御門本あるいは近衛本の系統についてさらに考察を進めるためには、巻ごとの検討作業が欠かせないことになる。そこで本稿ではまず巻五を選んで土御門本と近衛本の異同に検討を加え、両写本(15)の関係について考察することにしたい(16)。

二　土御門本と近衛本の書誌

まず初めに、両写本の基本的な書誌について比較しておく。巻一三を除いた土御門本全体の書写時期が元和三年（一六一七）から四年にかけてであることは先に述べた通りであり、これに対し近衛本は紙質等より見てそれよりも書写時期が遅れると考えられる。そうなると、まずは近衛本が土御門本の転写本である可能性を検討する必要があろう。近衛本が土御門本の転写本であるならば、少なくとも本文については近衛本を調査素材とする意義が見出せないことになるからである。この点については、近衛本一九丁裏（土御門本も同じ）40[17]五月節条「調布七段一条八尺」の注の弥書部分において、二度目に「女孺二人」と記している箇所が土御門本では「孺二人」と「女」字を脱落していることにより、否定して良い。近衛本二二丁表（土御門本も同じ）43造備雑物条において土御門本が「独行皮」と誤っている部分を正しく「独犴皮」と記していることも、それを裏づける（無意識のうちに「独行皮」を「独犴皮」と正して転写することは、想定しなくて良いであろう）。

どちらも袋綴写本で墨付五五丁、土御門本の寸法は二七・三×一九・八センチ、近衛本の寸法は二六・二×二〇・〇センチ、土御門本が渋染栗皮色表紙に左下に「五」と墨書、また胡粉によって右肩に「神祇五　斎宮」、左に「延喜式　第五」と外題を記す[18]のに対し、近衛本は支子色無地表紙で右肩に「神祇」とのみ墨書する。土御門本は蔵書印がなく、近衛本は本文第一丁表に「近衛蔵」「陽明蔵」印、また「京都大学図書之印」「近衛本」印、「1115066／昭和 34. 7. 6」の印が捺される。

本文は土御門本が一六〜一七字程度を九行に記すのに対し、近衛本は一五〜一七字程度を九行に記す。一行字数に小異があるとはいえ、どちらも五五丁表を八行記し、同丁裏に尾題を一行記して書写を終えている点は同じである。また共にヲコト点や句点・合符・返り点・傍訓を朱書で、傍書を墨書（一部朱書）で記し、近衛本は他に訂正符号や文字の訂正（傍書）を墨書で記している箇所がある（土御門本にも同様の書き入れが多少存するが、近衛本に比べ、ごくわずかである）。

三　朱点・傍訓の異同

次に、本文の異同比較に先立って、朱点や傍訓の異同を比較することにする。両本の朱点・傍訓には若干の相違点があり、細かな傍訓の異同まで数えると八六ヵ所となる(19)（表1）。しかし例えば土御門本一丁表だけで朱点（合符も含む）が四八ヵ所も存在することからするならば、この異同は巻五全体から見ればごくわずかなものであり、土御門本と近衛本の朱点・傍訓はほぼ同一であると言ってよいであろう。これだけ近似していることからすれば、土御門本と近衛本の朱点・傍訓は同一もしくは極めて系統の近い写本を親本としていると考えられる。そしてそれは、可能性としては、①朱点・傍訓まで付された同一（系統）の写本を共に転写した、もしくは、②同一（系統）の写本を転写し、重ねて別の同一（系統）の写本から朱点・傍訓を転写した、のどちらかと想定できる。しかし②の場合では、傍訓の位置に至るまでほとんど異同なく、細部まで偶然に近似するとは考え難いので、①の可能性に絞られると考えるべきであろう。すなわち、土御門本と近衛本は同一（系統）の写本をそれぞれ別に、朱点や傍訓の微妙な位置に至るまで丁寧に転写したのである。

土御門本の親本と近衛本の親本は、仮に同一でなかったとするならば、細部に至るまで極めて丁寧に模写された親

表1　土御門本と近衛本の朱点・傍書の異同

No.	丁	行	文字	種類	土御門本	近衛本	備考	一条家巻子本
1	1表	8右	綿	切点	あり	なし	近本脱落か	なし
2	1裏	2	大刀	合符	〃	〃	〃	あり
3		5	雑	ノ	〃	〃	〃	〃
4		8	宮	句点	〃	次の「為」字右上	近本の誤か	〃
5		9左	祭	ノ	〃	なし	近本脱落か	(不明)
6	2表	7	賢木	合符	〃	〃	〃	あり
7		9	塔	ハ	〃	〃	〃	〃
8	2裏	1	寺	ヲ	〃	〃	〃	なし
9		4	堂	ハ	〃	〃	〃	〃
10		7右	入	ノ	なし	あり	(どちらも可)	〃
11	3表	5	(十四)人	句点	あり	なし	近本脱落か	〃
12		7	参議一人	切点	〃	〃	〃	あり
13		〃	院	ノ	〃	〃	〃	(不明)
14		〃	別当一人	切点	〃	〃	〃	あり
15	3裏	3	所	句点	なし	あり		なし
16	4裏	9右	宮	ハ	あり	なし	近本脱落か	〃
17	5表	4	把	切点	中央下	右下(句点)	近本が良いか	〃
18		5右	上	ハ	あり	なし	近本脱落か	あり
19		5左	祭	ノ	〃	〃	〃	(不明)

No.	丁	行	文字	種類	土御門本	近衛本	備考	一条家巻子本
20	5裏	6	庭火	合符	あり	なし	近本脱落か	あり
21		〃	此	ニヵ	〃	〃	〃	〃
22		9	斤	切点	中央下	右下(句点)	土本の誤か	右下(句点)
23	6裏	6	具	句点	あり	なし	近本脱落か	あり
24	7裏	2	臣	切点	〃	〃	〃	〃
25		2右	三両二分	句点	〃	〃	〃	なし
26		〃	之一	〃	〃	〃	〃	〃
27		2左	塩	ノ?	なし	あり	近本の誤か	(不明)
28		3左	魚	切点	あり	なし	近本脱落か	あり
29		〃	類	〃	〃	〃	〃	〃
30		〃	臣	ニ	〃	〃	〃	〃
31		5右	粮	一、句点	〃	〃	近本脱落	〃
32		5左	物	ハ	〃	〃	近本脱落か	なし
33		〃	臣	ニ	〃	〃	〃	あり
34		8	毎	一?	〃	〃	土本の誤か	なし
35	9裏	〃	ホコ	傍訓	「鋒」に付す	「槍」に付す	近本の誤か	「槍」下に付す
36	10裏	9左	式	二	あり	なし	近本脱落か	(不明)
37	11表	1	履	(左下)	なし	あり	近本の誤か汚れか	下にあり
38		2	斗	句点	あり	なし	近本脱落か	なし
39	13表	5	土	ノ	〃	〃	〃	あり
40		9	酒垂	傍訓	サカタレ	サカタシ	近本の誤	サカタレ

41	14表	八左	子	返り点	あり	なし	近本脱落か	なし
42	15表	9	二丈	切点	なし	あり	近本の誤か	〃
43	24表	1	寮馬	返り点	あり	なし	近本脱落か	あり
44		4	殿	〃	〃	〃	〃	〃
45		8	柏	傍訓	なし	ウツ	土本脱落か	〃
46	24裏	5	人	ヲ	あり	なし	近本脱落か	〃
47		6	頭	返り点	〃	〃	〃	〃
48		8	祓	ノ	〃	〃	〃	〃
49	25裏	1	菓	傍訓	ケムシ	ムシ	〃	ケムシ
50		8	宮	ニ	あり	なし	〃	（不明）
51		〃	一日	返り点	なし	あり	土本脱落か	なし
52	26裏	4	部	傍訓	サカサ	ツカサ	土本の誤か	司
53	28表	6	斎	ハ	あり	なし	近本脱落か	あり
54	28裏	3	座	句点	〃	〃	〃	〃
55		4	処	ノ	〃	〃	〃	（不明）
56		〃	堺	〃	〃	〃	〃	あり
57		8	六口	句点	〃	〃	〃	〃
58	29裏	4	鎮祓	合符	〃	〃		〃
59	30表	9	マムヤマ	傍訓	麻牟にかかる	麻牟山にかかる		麻牟にかかる
60	30裏	1	マトマ	〃	麻刀にかかる	麻刀方にかかる		麻刀方にかかる
61	31表	〃	ウルフツ	〃	宇留布にかかる	宇留布都にかかる		宇留布都社にかかる

No.	丁	行	文字	種類	土御門本	近衛本	備考	一条家巻子本
62	31表	1	ハタケ	傍訓	畠田にかかる	畠にかかる		畠田にかかるか
63	31裏	2	粟皇子	〃	アミユ	アミコ	土本の誤	アミコ
64		7	捧	〃	スキ	ス		スキ
65	33裏	2	為	ス	あり	なし	近本脱落か	あり
66		9	頭	返り点	なし	あり	土本脱落か	〃
67	34表	〃	宣	ス	〃	〃	〃	〃
68	35表	8	祓	ノ	〃	〃	〃	〃
69	37表	2	神司	合符	〃	〃	〃	〃
70	37裏	6	殿部	〃	あり	なし	近本脱落か	〃
71		〃	部	傍訓	ツカサ	〃	〃	司
72		〃	所請	合符	あり	〃	〃	あり
73		7	細布	〃	〃	〃	〃	〃
74	38表	3右	黄楊	〃	なし	あり	土本脱落か	〃
75	39表	2	段	句点	あり	なし	近本脱落か	〃
76	41表	5	物	返り点	〃	〃	〃	〃
77		〃	充	ヨヵ	〃	〃	〃	〃
78	41裏	6	床	ノ	〃	〃	〃	(不明)
79	43裏	2	釿	傍訓	テウノ	テヲノ	土本の誤	テヲノ
80	46裏	2右	上	ハ	なし	あり	土本脱落	あり
81	47表	5	(官)人	切点	〃	〃	土本脱落か	なし

82	49表	4	各	切点ヵ	〃	〃	〃	あり
83	51裏	8	上	ノ	あり	なし	近本脱落か	〃
84	52表	5	得	レ点	〃	〃	〃	なし
85	52裏	2	殿	ハ	〃	〃	〃	〃
86		〃	致	〃	〃	〃	〃	（不明）

注　丁・行は土御門本によって示した。参考として一条家巻子本との異同も記した。ただし一条家巻子本の確認はモノクロ影印本によって行なった不充分なものである。

子関係ないし兄弟関係の写本と考えざるを得ない。極めて忠実に模写された写本が介在した可能性を排除することが困難である以上、両本の親本が同一写本である（同一写本から土御門本と近衛本を転写した）とは厳密には確定できないが、ただ同一写本でなかったとしても、土御門本と近衛本の親本は模写を通じた極めて近い関係にあったと考えられる。そこで、以下の叙述ではそのような可能性も含めた上で「親本」の語を用いることにする。

若干生じている異同には、土御門本が優れているものと近衛本が優れているものとがあるが、全体的には近衛本の転写漏れと考えられる箇所の方が多い。朱点・傍訓の転写態度は土御門本の方が優れているが、一部においては土御門本の転写の誤りを近衛本によって補うことができる（表1の34・45・51・52・63など）。

このように考えることができるとすれば、土御門本・近衛本双方に存在する傍書（表2）も、親本段階で既に存在していたものと推測できよう。これらは13と14を除き、基本的に一条家巻子本にも存在していた（6は微妙な位置のずれであり、8・11はもとの写本にあったものであることを示す「本」字の有無にすぎない）ので、両本の親本と一条家巻子本とが密接な関係にあることを示すものでもある。

一条家巻子本は一条家に伝来した平安末ないし鎌倉写と言われる古写本で[20]、昭和戦前期まで巻一～五の五巻が伝存

表2　土御門本・近衛本に共に存在する傍書

No.	丁	行	条文名	位置	色	文	備考	一条家巻子本
1	8表	2	17鎮野宮地	「(一)段」の右	朱	庸布五段		(同じ)
2	9裏	3	22野宮祈年祭	「十斤」の右	〃	滑海藻各		〃
3	11裏	1	26大祓	「藻」の右	〃	滑海藻		〃
4	12裏	2	29野宮新嘗祭	〃	〃	〃		〃
5	14表	1	33鎮炊殿祭	〃	〃	雑海菜各		〃
6	14裏	2	35卜戸座火炬	「畢」の右	〃	即		右下に記す
7	15表	3	36野宮装束	「帯袴」の右	〃	布		(同じ)
8	22裏	2	43造備雑物	「(二尺)二包」の右	〃	本尺二ー		「尺二ー」とあり
9	23裏	〃	〃	「隻」の右	〃	尺	音か	(同じ)
10	30裏	〃	61祈年祭神	「香山社」の右	〃	日本紀云アマノカコヤマ		〃
11	44裏	8	71年料供物	「薬」の右	〃	本	「籍」字の上	なし
12	〃	〃	〃	〃	墨	籍　禾六		(同じ)
13	46表	3	〃	「茵草」の右	〃	茵歟	朱合点あり	亡　禾
14	50裏	5	78調庸雑物	「(槾椒油四)升」の右	〃	斗歟		なし
15	53表	6	89修理	「充分」の右	〃	下上		なし　ただし「分」右に転倒符あり
16	54裏	1	97斎王相代	「帰京」の右	〃	諸本無字検弘式有還字必可有字已		(同じ)

注　丁・行は土御門本によって示した。参考として一条家巻子本との異同も記した。

していたが、戦災で焼失した。幸いにして巻四と巻五については影印本が残されているがモノクロであり、また複製本としては不備のあることが虎尾氏によって指摘されている。[21] したがって、細かな朱点の確認には限界があるものの、[22] それでも全体を見渡すと、土御門本・近衛本とは数多くの異同が確認される。これまで検討してきた土御門本と近衛本における転写状況・転写態度から見ても、それらの異同をすべて転写の際の誤写や書き落とし、あるいは断りなしの修正等といったことで説明することは困難であるので、一条家巻子本を両本の親本と位置づけることはできないであろう。ちなみに、一条家には他に五〇巻二〇冊の冊子本も伝来していたが、同じく戦災で焼失した。[23]

なお、一条家巻子本という古写本が存在し、仮にその末流に土御門本と近衛本が位置づけられるとするならば、土御門本と近衛本を検討対象とすることにはあまり意味がないのではないかと考える向きがあるかもしれないので、ここで付言しておきたい。土御門本と近衛本が一条家巻子本を祖本とするかどうかは稿を改めて検討を行ないたいが、[24] 仮にそうであったとしても、土御門本と近衛本およびそれらの親本について検討することは、一条家巻子本における後世の加筆の有無、また巻五以外の巻における土御門本・近衛本本文の信頼性や本文系統等を考察する上で、大きな手がかりを与えるものとなることが予想される。そのことを念頭に置きつつ、考察を先に進めたい。

四　両本の親本の字詰め

先に土御門本と近衛本とで一行の字詰めに異同のあることを記したが、それではどちらが親本の体裁に近いであろうか、あるいはどちらとも親本の体裁とは無関係に転写されたのであろうか。この問題を考える上では土御門本に見られる改行の転写ミスが鍵となるので、その事例を検討することとする。

①土御門本一一丁裏八〜九行目（27鎮火祭条末尾、28道饗祭条冒頭）

土御門本は最初、

四口坩四口坏四口㯰四把瓠四柄薦一枚野

宮道饗祭

と書写した後に、八行目末尾の「野」と九行目冒頭の「宮」を擦り消し、九行目冒頭に「野宮」二字を記している。九行目から28道饗祭条が始まるので、訂正後の形が正しい。このところは近衛本では、

四口坩四口坏四口㯰四把瓠四柄薦一枚

野宮道饗祭

と間違えることなく書写している。そこから、親本は近衛本のように行末が「枚」で終わり、次行が「野」から始まっていたため、当初、土御門本書写者が勘違いして「野」を続けて書写してしまったと想定することができる。ちなみに、一条家巻子本は両本と同じように「四口」を行頭とするものの、「薦一枚」の下には一字半程度の空白があり、一条家巻子本から直接転写した場合には、土御門本のような誤りが生じない。

②土御門本一四丁裏七〜八行目（36野宮装束条のうち）

土御門本は六行目から七行目にかけて「笠二具」の双行注「一盛緑袋一盛油絁袋」を書し（四文字まで六行目で以下は七行目）、そこで改行して八行目に「刺扇一枚」と記していく。これに対し近衛本は七行目（これ以前、土御門本が二行で書写しているところ〈一〜二行目〉を近衛本が三行で書写している〈一〜三行目〉ため、土御門本の六行目が近衛本の七行目に相当する）までに「一盛緑袋一盛油絁袋」を記し、その下に若干の空白を置いて八行目行頭より「刺扇一枚」と書写する。本来、改行すべきところではないので、近衛本の形が正しく、親本にもそう記されていたのであろう。それを土御門

本書写者が改行と勘違いしたものと想定される。ちなみに、一条家巻子本は近衛本と全く同じ字詰めである。

③土御門本一七丁裏六〜七行目（37野宮年料供物条末尾、38野宮月料条冒頭）

土御門本では38野宮月料条の冒頭「月料」の「月」が37野宮年料供物条末尾に続けて前行に記されている。近衛本では37条末尾の「廷」が行末となっており、①の事例と同様に、親本が近衛本と同じ体裁であったために、土御門本書写者が勘違いして「月」を続けて書写してしまったと想定される。このところも一条家巻子本は近衛本と同じ字詰めである。

以上の三点からは、土御門本書写者が必ずしも親本の字詰めを意識してそのまま転写しようとは考えていなかったことが明らかとなる。

それでは、近衛本書写者には親本の字詰めをそのまま転写しようという意図があったのであろうか。この点についてはその決定的証拠を押さえることは困難であるが、いくつか徴証を見出すことができる。

④近衛本六丁表六行目[25]（14初斎院装束条のうち）

この行は土御門本・近衛本とも「大翳二枚」の注である「入平文筥」（細字双行）より始まるが、近衛本が「捧壺二口」の下にやや大きめの空白をとってから細字双行「加柄」二字を記して次の行に移るのに対し、土御門本は空白をとらず、細字双行「加柄幷志」四字を記してから次行に移っている。これは近衛本が親本の字詰めを意識したためであろう。ちなみに一条家巻子本は「大翳二枚」の「枚」字を行頭とし、近衛本と同じく細字双行「加柄」を行末としている。

⑤近衛本一七丁表七行目（37野宮年料供物条のうち）

この行は土御門本・近衛本とも「簀四枚」から始まるが、土御門本が「円槽三隻洗」までを記すのに対し、近衛本では「槽一口」とその下の細字双行「受二石」との間に空白を置いて「円槽三」でこの行を終え、「隻洗」は次行に送っている。五〜六行目および九行目の字詰めは土御門本と近衛本とで全く同じであり、七行目のみ近衛本が他行に比較して余裕をもって書写している。一条家巻子本では「簀四枚」の二字前である「三枚」を行頭として「円槽三」までを一行に収めている。

この他にも同様の事例は一三丁表、一五丁裏、一六丁表裏、二〇丁裏等において確認できるので、全般的傾向として近衛本では親本の字詰めを維持しようという意識があったと見ることができるであろう。ちなみに近衛本は首題・尾題を除いて本文九七九行よりなる（土御門本も同じ）が、うち七五〇行について一条家巻子本と字詰めが一致する（一条家巻子本の全行数は九七四行）。

五　本文の異同および近衛本の訂正箇所

近衛本と土御門本の間には、表1で挙げた朱点・傍書の他に、本文およびその傍書に関しての異同が一三〇ヵ所程度存在する（表3参照）。それらは以下のように分類できる。

（A）土御門本・近衛本ともに傍書がないもの……20・30・39・40・41・43・47・50・57・59・61・72・73・75・83・97・105・115

基本的にはどちらかの誤写（あるいは誤脱）ということになるであろう。親本はどちらかの文字であったと考えられる。土御門本の誤りと判断される事例が多いのは、近衛本の誤写については傍書で訂正されている場合（Ｃａ）が多いためであり、全体としては書写時の誤りは近衛本の方が多い。

（B）土御門本が文字を訂正したもの……32・53・63・108・119・128

抹消符がなく傍書されているだけのものも含む。校正時に誤りに気づいて訂正したものであろう。親本の文字は訂正後（＝近衛本）の文字であったと考えられる。

（C）近衛本が文字を訂正したもの

抹消符あるいは挿入符がある場合（表3では「訂正」「補入」と表記）とない場合（表3では「傍書」と表記）とがあるが、そこに相違があるかどうかは不詳。訂正・傍書がなされた時期は確定できないが、一筆ではなく、時期差が存在する印象を受ける。a～dの四種に細分できる。

（a）もともと土御門本とは別の文字を記し、それを土御門本と同じ文字に改めたもの……2・8・11など

大部分、近衛本の誤写と考えられる。校正時に付されたものであろう。ただし7や93については本文・傍書が一条家巻子本とも一致するので、近衛本が親本通りに書写したのに対し、土御門本は正しい文字を本文に置き換えて書写したと考えられる。Caの中にはそのような事例が他にも存在する可能性がある。80も一条家巻子本と同じ「指」であるから、親本は「指」に誤読しかねない字体で記されており、土御門本が正しく判読したのに対し、近衛本は「指」と判読し、後で「拍」である可能性を頭書したのであろう。

（b）近衛本の異体字あるいは誤字を通用字に改めたにすぎないもの……9・13など

「柒」を「漆」に改めたり、「文」の異体字「攵」を土御門本で「父」のように記しているものに「攵」の傍書を付したりしている事例である。近衛本が校正時に記したのか、あるいは読みやすいように注記したのか、もしくは別の写本によって注記したものなのか判断できないため、別に分類した。

（c）訂正後の文字が土御門本と異なるが、一条家巻子本と同じもの……4・45・52・55・66・77・82・85など

表3　土御門本と近衛本の本文異同

No.	丁	行	条文名	土御門本	近衛本	一条家巻子本	備考	分類
1	1表	4	1定斎王	定	「諸イ」を傍書	(土本に同じ)		Cd
2		9	〃	官	「宮」と記し「官」に訂正	〃	近本誤写訂正	Ca
3	2表	6	3祓禊	勢宮	間に挿入符を記し「斎」を傍書	〃		Cd
4	3裏	5左	6河頭祓	禄	「録」に訂正	録		Cc
5		6左	〃	当之	間に挿入符を記し「給」を傍書	(土本に同じ)		Cd
6	4表	2	7河頭祓料	米一	間に挿入符を記し「各」を傍書	米各一		Cc
7		8	8初斎院祓清料	鳥	「鳫」と記し「鳥」を傍書	(近本に同じ)		Ca
8	5表	2	10忌火等祭	攵	「父」と記し「攵」を傍書	(土本に同じ)	近本誤写訂正	〃
9		7	11庭火等祭	父	「攵」を傍書	〃	土本誤写か	Cb
10	6表	6右	14初斎院装束	盛	「入」を傍書	(近本に同じ)	土本誤脱か	Cc
11		6左	〃	加	「如」と記し「加」に訂正	(土本に同じ)	近本誤写訂正	Ca
12		8	〃	鈑	「飯」に訂正	飯	土本誤写か	Cc
13		9	〃	柒	「漆」に訂正	(土本に同じ)	(異体字)	Cb
14	6裏	2	〃	〃	〃	〃	〃	〃
15	7表	8	15別当以下員	丁	「下」と記し「丁」に訂正	〃	近本誤写訂正	Ca
16	7裏	5右	16食法	食	「舎」と記し「食」に訂正	〃	〃	〃
17	8表	2	17鎮野宮地祭	父	「攵」を傍書	攵	土本誤写か	Cb
18		〃	〃	朱傍書「庸布五段」	「調布一段」の下に挿入符を記し傍書を補入	(土本に同じ)		Cd

19	8裏	1	18造野宮畢祓料	藻九	間に挿入符を記し「滑海藻各」を傍書	傍書「滑海藻雑海菜各」	土本誤脱か	Cd
20		5左	19野宮河頭禊	日	目	（土本に同じ）	近本誤写	A
21	9表	8	20野宮河頭祓禊料	枝	「枚」と記し「枝」に訂正	〃	近本誤写訂正	Ca
22	9裏	3	21野宮祓清料	朱傍書「滑海藻各」	「海藻」の下に挿入符を記し傍書を補入	〃		Cd
23		6左	22野宮祈年祭	火	「父」と記し「火」に訂正	〃	近本誤写訂正	Ca
24		8	〃	父	「攵」を傍書	攵	土本誤写か	Cb
25	10裏	5	25御贖料	〃	〃	〃	〃	〃
26	11裏	1	26大祓	朱傍書「滑海藻」	「各」を補書した上で「海藻」の下に挿入符を記し傍書を補入	（土本に同じ）		Cd
27	13表	3左	30野宮供新嘗料	寸	「十」と記し「寸」を傍書	〃	近本誤写訂正	Ca
28	13裏	8	33鎮炊殿祭	父	「攵」を傍書	攵	土本誤写か	Cb
29	14表	1	〃	藻	「薄」と記し「藻」に訂正	（土本に同じ）	近本誤写訂正	Ca
30		4	34忌火庭火祭	父	攵	（近本に同じ）	土本誤写	A
31		8左	35卜戸座火炬	童	「重」と記し「童」に訂正	（土本に同じ）	近本誤写訂正	Ca
32	14裏	6	36野宮装束	「翳」上に「菅」を補入	菅翳	（近本に同じ）	土本誤写訂正	B
33	15裏	9	37野宮年料供物	箐	「簀」に訂正	（土本に同じ）		Cd
34	16表	8	〃	板	「飯」に訂正	〃		〃
35		9	〃	所	「部」と記し「所」に訂正	〃	近本誤写訂正	Ca
36	16裏	4右	〃	部	「斜」と記し「部」に訂正	〃	〃	〃
37		8	〃	檳	「櫛」と記し「檳」に訂正	〃	〃	〃

No.	丁	行	条文名	土御門本	近衛本	一条家巻子本	備考	分類
38	17表	4	37野官年料供物	抜	「柭」と記し「旅」に訂正	(土本に同じ)	〃	Ca
39		7	〃	柄	枚	〃	土本誤写か	A
40	17裏	7右	38野宮月料	引	別	(近本に同じ)	土本誤写	〃
41		8	〃	束	東	〃	〃	〃
42	18表	2	〃	腹	「腸」に訂正	(土本に同じ)		Cd
43		〃	〃	貼	貽	(近本に同じ)	土本誤写	A
44		4	〃	堅	「鑒」と記し「堅」に訂正	(土本に同じ)	近本誤写訂正	Ca
45	19表	5	39正月三節料	粟	「栗」に訂正	栗		Cc
46		9左	〃	襌	「裨」と記し「襌」に訂正	(土本に同じ)	近本誤写訂正	Ca
47	19裏	6左	40五月節	孺二人	女孺二人	(近本に同じ)但補入部分	土本誤脱	A
48	20表	3右	42斎終行事	祇	上に挿入符を記し「神」を補入	神祇		Cc
49		4右	〃	筒	「簡」に訂正	(土本に同じ)		Cd
50		9左	〃	仕	在	〃	土本誤写か	A
51	20裏	4右	43造備雑物	鼓	「皷」を傍書	〃	(異体字)	Cb
52	21表	3右	〃	隂	「塗」に訂正	塗		Cc
53		5	〃	「七」を記し「匕」に訂正	匕	(近本に同じ)	土本誤写訂正	B
54		〃	〃	板	下に挿入符を記し「飯」を補入	(土本に同じ)		Cd
55	21裏	〃	〃	(五)尺	「丈」に訂正	丈		Cc
56		9左	〃	(三)尺	「疋」と記し「尺」に訂正	(土本に同じ)	近本誤写訂正	Ca

57	22表	1	〃	行	犴	(近本に同じ)	土本誤写	A
58	22裏	2	〃	朱傍書「本尺二ｌ」	「寸」を補入 朱傍書「本 尺二ｌ」	欄外朱書「尺二ｌ」		Cd
59	23表	1	〃	苧	苧	苧	(異体字)	A
60		6	〃	韓	「朝」と記し「韓」を傍書	(土本に同じ)	近本誤写訂正	Ca
61	23裏	2左	〃	方三寸	方二寸	(近本に同じ)	土本誤写か	A
62		9左	〃	枚	「枝」を傍書	(土本に同じ)		Cd
63	24表	1	44御馬	「孺」上に挿入符を記し「女」を補入	女孺	(近本に同じ)	土本誤脱訂正	B
64	25表	8	50朝庭大祓料	庭	「廷」に訂正	(土本に同じ)		Cd
65	26表	3	53頓宮	壹	「臺」と記し「壹」に訂正	〃	近本誤写訂正	Ca
66		7	54監送使	位下	間に挿入符を記し「以」を補入	位以下		Cc
67	27表	3	〃	綾	元なし、挿入符を記し「綾」を補入	(土本に同じ)	近本誤脱訂正	Ca
68		7	〃	四屯	「屯」と記し上に挿入符を記して「四」を補入	〃	〃	〃
69		9	〃	各絹	「絹」と記し上に挿入符を記して「各」を補入	〃	〃	〃
70	27裏	4	55給馬	人	「疋」に訂正	〃		Cd
71		7	〃	人(二箇所)	「疋」に訂正(二箇所)	〃		〃
72	28表	9	58発日	御殿	御後殿(「殿」は擦消の上に記す)	(近本に同じ)	土本誤脱	A
73	28裏	4左	59六処堺川	度	鹿	庶	土本誤写	〃
74		7	〃	藻	「薄」と記し「藻」に訂正	藻	近本誤写訂正	Ca
75	29裏	3	60鎮祓	領	領	(近本に同じ)	土本誤写	A

No.	丁	行	条文名	土御門本	近衛本	一条家巻子本	備考	分類
76	29表	5	61祈年祭神	祈	「社」と記し「祈」に訂正	祈	近本誤写訂正	Ca
77	32表	4	〃	雑菜	間に挿入符を記し「海」を補入	雑海菜(但し傍書部分)		Cc
78	33裏	6右	62三時祭禊料	所	抹消符を付し「イ無」と傍書	所		Cd
79		6左	〃	行	「計」と記し「行」に訂正	(土本に同じ)	近本誤写訂正	Ca
80	34表	5	〃	門	「内」に訂正	〃		Cd
81	34裏	2	〃	拍	「指」と記し「拍歟」と頭書	指		Ca
82	35裏	〃	65新嘗祭	大	「火」に訂正	火		Cc
83	36裏	3	66供新嘗料	于	干	于		A
84		4	〃	薫	「薑」に訂正	薑	(異体字)	Cb
85	37裏	7	〃	知	「短」に訂正	短		Cc
86		8	〃	板	「坂」に訂正	(土本に同じ)		Cd
87	38表	3	〃	子具	間に挿入符を記し「一」を補入	刀子一具		Cc
88		4	〃	水	「沓」に訂正	沓		〃
89		8	〃	裨	「褌」に訂正	(土本に同じ)		Cb
90	40表	4	67諸司春祭	藻	「薄」と記し「藻」に訂正	藻	近本誤写訂正	Ca
91		6	68大神宮幣	二大	間に挿入符を記し「所」を補入	(土本に同じ)		Cd
92	40裏	5	70斎宮鋪設等	文	「斎」に訂正	斎		Cc
93	41裏	7	71年料供物	(二)尺	「丈」と記し「尺」に訂正	「丈」と記し「尺」と傍書		Ca
94		〃	〃	(六)尺	元なし、挿入符を記し「尺」を補入	(土本に同じ)	近本誤脱訂正	〃

95	42表	2	〃	簾		「薦」に訂正	〃		Cd
96		8	〃	板		「飯」に訂正	〃		〃
97	43裏	3	〃	婉		埦	（近本に同じ）	土本誤写	A
98		5	〃	大		「丈」と記し「大」に訂正	（土本に同じ）	近本誤写訂正	Ca
99		7	〃	株		上に挿入符を記し「十」を補入すると共に「株」を「枚」に訂正	〃		Cd
100	44裏	〃	〃	夕		「芍」に訂正	〃		〃
101	45表	5	〃	升		上に挿入符を記し「五」を補入	五升		Cc
102		〃	〃	両		上に挿入符を記し「七」を補入	七両		〃
103	45裏	1	〃	夕		「芍」に訂正	（土本に同じ）		Cd
104		2	〃	茹		「茄」と記し「茹」に訂正	〃	近本誤写訂正	Ca
105		6	〃	昌		菖（艹はあるいは補筆か）	〃		A
106	47表	7	72月料節料	使		「仕」に訂正	〃		Cd
107	48表	3	73元日	賀賀		下の「賀」に抹消符	賀		Cc
108		7左	74六月	襌	傍書「襌歟」	「襌」と記し「襌」に訂正	襌		B
109	48裏	2	〃	外		「餘」に訂正	（土本に同じ）		Cd
110		6	75九月祭	外		〃	〃		〃
111	49表	4	76官人禄	火		下に「炬」を補書	火炬		Cc
112	49裏	3	77供田墾田	其		「廿」と記し「其」に訂正	（土本に同じ）	近本誤写訂正	Ca
113		4	〃	賃		「賃」と記し「賃」に訂正	〃	〃	〃
114		5	〃	准		「雑」に訂正	〃		Cd

No.	丁	行	条文名	土御門本	近衛本	一条家巻子本	備考	分類
115	49裏	6	78調庸雑物	貯	貯	(近本に同じ)	(異体字)	A
116	50表	2右	〃	五	「六」に訂正	(土本に同じ)		Cd
117		9右	〃	卅	「卌」と記し「卅」に訂正	卌		〃
118		〃	〃	(四)百	元なし、挿入符を記し「百」を補入	(土本に同じ)	近本誤脱訂正	Ca
119		9左	〃	石斗 間に挿入符を記し「三」を補入	石三斗	(近本に同じ)	土本誤脱	B
120	50裏	1右	〃	(九十)五	「一」に訂正	(土本に同じ)		Cd
121		8左	〃	信	「伊」と記し「信」に訂正	〃	近本誤写訂正	Ca
122	51表	5	〃	藻	「薄」と記し「藻」に訂正	藻	〃	〃
123		9	〃	石	「百」に訂正	(土本に同じ)		Cd
124	52表	3	81名簿	着	「箸」に訂正	〃		〃
125	52裏	2	84神殿勤守	命	「令」に訂正	〃		〃
126	53表	8	89修理	條	「修」に訂正	〃		〃
127	53裏	6	91月俸衣服	行	「別」に訂正	〃		〃
128	55表	2左	99遣使奉迎	「反」と記し朱抹、「又」と傍書	又	(近本に同じ)	土本誤写訂正	B

注(1) 土御門本を基準として近衛本の本文(本文に関わる傍書も含む)異同を示し、参考として一条家巻子本についても紹介した。
(2) 抹消符がある場合には「訂正」、ない場合には「傍書」あるいは「補入」(挿入符がある場合)と記した。
(3) 一般によく目にする異体字・通用字は原則として取り上げず、ごく一部のみ掲載した。
(4) 比較のため、底本に近い字体を用いて示した場合がある。
(5) 「近衛本」欄の網掛けおよび「分類」欄については本文参照。

当初は土御門本の文字と同じであったが、その後に改めた結果、一条家巻子本の文字と同じものとなったという事例である。土御門本・近衛本の両方ともたまたま同じように親本の文字を誤写もしくは誤脱するという可能性も皆無ではないであろうが、一般的には、親本の文字も土御門本・近衛本と同じであったか、少なくともそのように誤写・誤脱しやすい状態であったと考えるのが妥当であろう。前者であれば、別の写本あるいは版本によって校訂を加えたということになるが、後者の可能性（最初の書写時には見誤り、校正時に気づいて改めた）も存するので、Cdとは区別した。このうち10については、一条家巻子本も近衛本と同様に本文を「盛」とし、「入」と傍書しているが、この傍書を持つ写本は管見では他に天理大学附属天理図書館所蔵梵舜本・同館所蔵梵舜別本・西田長男氏旧蔵九条家冊子本・京都国立博物館所蔵京都博物館本に限られ、藤波本・国立公文書館所蔵慶長写本・同館所蔵林家旧蔵本等や諸版本には見えない。たまたま傍書を持つ写本を目にした可能性も皆無ではないが、それよりは、親本にも「入」の傍書があったものを土御門本が書写し忘れた可能性の方が高いと考えられる。

（d）訂正後の文字が土御門本・一条家巻子本と異なるもの

当初は土御門本と同じであったが、その後に改めた結果、一条家巻子本の文字とも異なるものになったという事例である。この場合、何によって改めたのかが問題となるが、版本と見比べると、Cと分類したうちの大部分が一致する（「近衛本」欄に網掛けを付したもの）。一致しないのは、先に述べた10の他には、17などの「攵」への訂正と52だけである。このうち「攵」は版本では「文」となっており、版本を見て訂正したのであれば、なぜわざわざ異体字で記したのかが問題となるが、版本でも「攵」となっている箇所もあり（8など）、もとの字が「父」であったことを考慮して「攵」と記した可能性が考えられなくもない。

これに対し、52は版本では「塗」と記されているが、管見の写本の中では国立公文書館所蔵堀氏花迺家文庫本（特六六―六）のみ「塗」とし、その他の写本では（土御門本を除き）「塗」としている。これについては、他の傍書・訂正の字体から考えれば、版本の異体字を近衛本へ書き入れる際に正字に改めたと考えるよりは、「塗」とある他の写本によって書き入れたと考えるべきであろう。

よって、すべてを版本によって書き入れたと考えることは難しく、複数の写本あるいは版本によって傍書の書き入れや訂正がなされたと考えておきたい。なお、「版本」と一括りにして述べてきたが、このうち1については「諸」とするのは正保四年刊本もしくは慶安元年修訂本のどちらかと考えられる大和文華館所蔵鈴鹿文庫本や明暦修訂本（国立公文書館所蔵、一七九―六九など）・寛文七年修訂本（筑波大学附属図書館所蔵、ム二一二―七など）であり、享保八年修訂本（国立公文書館所蔵、一七九―六三など）では「定」と記している。[26] 一方、18はもともと土御門本と共通して存在する「庸布五段」という朱書（この傍書を持つ写本は一条家巻子本を始めとして多く存在する）について、挿入符および挿入符と傍書を結ぶ墨線が書き加えられて本文であることが明示されるようになったものである。この「庸布五段」の四文字は、版本では明暦修訂本以降に加えられている。

なお、版本との異同がすべて近衛本に書き込まれているわけではない。版本によって書き入れがなされているとしても、どのような基準で校訂を行なったのかが問題として残る。

む す び

本稿では『延喜式』巻五を取り上げて土御門本と近衛本の異同を検討した。結論をまとめれば、以下のようになる。

①土御門本と近衛本は、親子関係ではなく、同一の親本（細部に至るまで極めて丁寧に模写された親子関係ないし兄弟関係

の写本である可能性も含む）を傍書や朱書・朱点に至るまでそのまま転写した兄弟関係にある写本である。土御門本の誤写・誤脱を近衛本によって正すことができる。この親本は一条家所蔵本ではあったが、「一条家巻子本」ではなく、また二〇冊からなる「一条家冊子本」であったかどうかは不明である。(27)

②土御門本の方が全般的に文字の書写態度は丁寧であるが、親本の字詰めに関しては、近衛本の方が親本の体裁を残している可能性が高い。

③近衛本には親本に基づく校正と他本による校訂が加えられている。後者は複数の写本あるいは版本によっており、それを校異として利用するにあたっては注意が必要である。

以上はあくまでも巻五に限った検討結果であり、そのまま他巻に及ぼすことはできない。実際、巻一では土御門本と近衛本の近似性が巻五ほど高くはない。本稿のような検討は各巻ごとに個別に行なう必要があろう。それでも、現在、明らかになっていない土御門本の写本系統を探る上で、巻五について近衛本とその親本が同一であることが明らかになり、かつ近衛本によって土御門本の誤写・誤脱を補うことができるようになったことは、『延喜式』写本研究の上で、大きな前進と言える。今後はこの検討を他巻にも及ぼし、土御門本・近衛本全体の写本系統を明らかにしていくことが求められる。(28)

注

（1）巻一三が版本として刊行されたのは慶安元年（一六四八）以降であるので、土御門本巻一三についてはそれ以降の書写ということになる。

（2）虎尾俊哉「解題」（同校注『延喜式』上〈神道大系古典編一一〉神道大系編纂会、一九九一年）。

（3）田島公「土御門本『延喜式』覚書」（門脇禎二編『日本古代国家の展開』下、思文閣出版、一九九五年）。

（4）一条家巻子本については後述。
（5）田島氏注（3）論文。田島公「『延喜式』諸写本の伝来と書写に関する覚書」（田島公編『禁裏・公家文庫研究』五、思文閣出版、二〇一五年、初出二〇〇五年）も参照。
（6）虎尾俊哉「延喜式写本についての覚書」（『延喜式研究』一四、一九九八年）。
（7）虎尾俊哉「延喜式　土御門本　解題」（『国立歴史民俗博物館蔵貴重典籍叢書』歴史篇一八、臨川書店、二〇〇一年）。
（8）京都大学附属図書館近衛文庫本については、同館編・発行『京都大学附属図書館六十年史』（一九六一年）一九七〜一九九頁、小野則秋『日本図書館史』補正版（玄文社、一九七三年、初版一九五二年）二七二頁、新村出「陽明文庫沿革史大観」（『陽明』一、一九四七年）等参照。新村論文については田島公氏に御教示いただいた。
（9）佐伯有義『延喜式綱要』（日本宗教講座第一二回配本）（東方書院、一九三五年）五頁。
（10）田島氏注（3）論文。
（11）金子善光「諸本覚書」（『延喜式祝詞の研究』大河書房、二〇一四年、初出一九九八年等）八頁。
（12）金子善光「翻刻・京都大学図書館蔵「陽明文庫本　延喜式・巻八・祝詞」」（『文化史史料考証』刊行委員会編・発行『〈嵐義人先生古稀記念論集〉文化史史料考証』二〇一四年）二三頁。
（13）この点については別稿を用意している。著者が調査したのは、巻五に関しては、土御門本・近衛本の他、宮内庁書陵部図書寮文庫所蔵藤波本・貞享本（壬生本は巻五欠）、国立公文書館所蔵慶長写本・林家旧蔵本・堀氏花迺家文庫旧蔵本、東京大学史料編纂所所蔵塙本（島原本）、天理大学附属天理図書館所蔵梵舜本・梵舜別本、前田育徳会尊経閣文庫所蔵本（二種）、京都国立博物館所蔵京都博物館本・一条家旧蔵巻子本（影印による）、西田長男氏旧蔵九条家冊子本（影印による）、岩瀬文庫所蔵法隆寺弥勒院旧蔵本（東京大学史料編纂所架蔵写真帳による）である（東京国立博物館所蔵九条家旧蔵巻子本は巻五欠。無窮会専門図書館所蔵神習文庫本は未見）。
（14）以下、丁数は本文墨付で示す。
（15）以下、繁雑になるので、土御門本巻五、あるいは近衛本巻五のことを単に土御門本・近衛本と記す場合があることをお断りしておく。
（16）巻五を選んだのは、同巻の一条家巻子本影印・九条家冊子本影印が存在することによる。

(17)『延喜式』の条文番号および条文名については、訳注日本史料本によることとする。
(18)胡粉の「五」は墨書の「五」に一部重なって記される。
(19)近衛本の朱は場所によってはかなり薄く見づらい場合があるので、なかには本来は朱があったものの現状では確認できないという事例があるかもしれない。
(20)一条家巻子本については、宮地直一「解説」(『九条家本延喜式神名帳』稲荷神社、一九二五年)、梅本寛一「延喜式の異本及び版本に就いて」(『国学院雑誌』三四―九、一九二八年)、木村春太郎「延喜式古写本の三種に就きて」(『史学会会報』八、一九二九年)、皇典講究会・全国神職会「解説」(同校訂『校訂延喜式』上、校訂延喜式出版部、一九二九年)、佐伯氏注(9)書、黒板勝美「凡例」(新訂増補国史大系『延喜式』吉川弘文館、一九三七年)、田島氏注(3)(5)論文、虎尾氏注(2)解題、注(6)論文、虎尾俊哉「解説」(同編『延喜式』上〔訳注日本史料〕集英社、二〇〇〇年)等参照。
(21)虎尾氏注(6)論文。
(22)一条家巻子本の模写本が無窮会専門図書館に蔵されているが、本稿作成時には休館中で閲覧がかなわなかった。
(23)一条家冊子本については、梅本氏注(20)論文、皇典講究会・全国神職会注(20)解説、佐伯氏注(9)書、田島氏注(3)(5)論文、虎尾氏注(6)論文、同氏注(7)解題、同氏注(20)解説等参照。
(24)一条家巻子本には37野宮年料供物条において土御門本・近衛本その他写本に存する「望陀布一端、〈水部所料、〉曝布一端二尺、〈一丈二尺酒部所料、三丈水部所料、〉」の部分が脱落しているが、それは一条家本書写後の脱落ではなく書写時点で既に存在していた脱落であるので、少なくとも、手が加わらずに一条家巻子本がそのままの形で両本の祖本になったということはあり得ない。
(25)近衛本と土御門本の字詰めは大きくは変わらないが、近衛本についての記述なので、ここでは近衛本を基準として述べることにする。
(26)『延喜式』諸版本の修訂年次推定については、早川万年「延喜式の版本について」(『延喜式研究』一、一九八八年)を参照した。
(27)一八七七年頃に書写されたと見られる東京大学史料編纂所所蔵『一条家書籍目録』(RS四一〇〇―一〇五。武井和人「一条家の蔵書」『中世古典学の書誌学的研究』勉誠出版、一九九九年、初出一九九四年、同「東京大学史料編纂所蔵『一条家書籍目録』〔四一〇〇・一〇五〕」同書所収、初出一九九五年、参照)によれば、巻一三と巻二四を欠く二五冊本が一条家に伝来していたことが知られる(田島氏注(5)論文参照)。

(28)　なお、近衛本には土御門本にない上延喜格式表・目録・歴運記を収録した冊がある。これについて、本来は土御門本にもあったものが後に失われたのか、もともと親本にはなく近衛本において新たに加えられたものであるかは不詳であるが、全体に細字で記されているなど、他冊とは体裁が大きく異なっている。

〔付記〕　本稿は科研16H03485・26284099・17H06117・17H00921および人間文化研究機構基幹研究プロジェクト「異分野融合による「総合書物学」の構築」ユニット「古代の百科全書『延喜式』の多分野協働研究」、「総合資料学の創成」の研究成果の一部でもある。京都大学附属図書館をはじめとした史料所蔵機関には史料の熟覧等について大変お世話になり、また訓点に関して藤本灯氏の御教示を得た。ともに記して謝意を表したい。

『類聚三代格』における格の追補
――尊経閣文庫本の朱訓点の検討から――

新井重行

はじめに

『類聚三代格』は官司ごとにまとめられていた弘仁・貞観・延喜の三代の格を、内容ごとに類聚編纂したものである。十一世紀頃の成立とされ、古代史研究においては基本的な法制史料と言える。『類聚三代格』についての研究は一九六〇年代後半より飛躍的に進展し、現存する写本には十二巻本系と二十巻本系があること、『類聚三代格』はもと十二巻からなり、二十巻本系は取り扱い上の便宜のために分巻したものであると考えられること、闕逸した部分は全体の一割程度に留まることなどの点が明らかにされた(1)。

また写本研究や、『新訂増補国史大系』(以下、単に『国史大系』と記す)の校訂上の問題点についてなど、史料に即した検討が深められる一方で、編纂された格の利用のされ方など、格の性格についての研究も進み、『類聚三代格』の理解は深まってきていると言える(2)。

このような研究状況のなか、課題として残る問題の一つとして、尊経閣文庫本の位置づけが挙げられる。尊経閣文庫本は『類聚三代格』古写本のうち最も多くの巻を伝える重要なものであるが、『類聚三代格』の完本が伝存せず、古写本間で重複する巻が少ないこともあってか、写本相互に訓点や傍訓などの後次の情報までを含めて比較検討することは、これまであまりなされていないように思われる。本稿は、尊経閣文庫本に付された訓点に着目したところ、朱訓点が施されていない格が多く存在し、それらのうちに『類聚三代格』の成立後に追補されたと考えられるものがあるため、その検討を行うものである。

一　『類聚三代格』の古写本

まず現存する『類聚三代格』の古写本について簡単に説明を加えておく。『類聚三代格』の古写本には、東寺観智院本（天理図書館蔵、以下「東寺本」と表記）、金沢文庫本（宮内庁書陵部蔵、以下「金本」と表記）、尊経閣文庫本（前田育徳会尊経閣文庫蔵、三条西家旧蔵、以下「前本」と表記）、狩野文庫本（東北大学附属図書館蔵、当写本は『類聚三代格』の抄出本）がある。

東寺本は巻三の一巻のみであるが、鎌倉時代初期の写しで、中原家に伝わったものと考えられる。文永五年（一二六八）に校合・加点がなされ、本文は金本に近く、校合に用いられたイ本が前本に近いことが指摘されている(3)。

金本は、巻五・巻十二が存しており、現在はそれぞれが上下に分巻されている。また金沢文庫本（原本が現存しない巻を含む）の忠実な写本である水谷川本（天理図書館蔵）などにより(4)、安貞二年（一二二八）に豊原奉重が写した本を、文永年間（一二六四〜七五）に北条実時が書写させたものであることが知られる。

前本は、唯一の二十巻本系の古写本であるが、やや複雑な構成をしており、室町時代中後期の書写とされる十六巻（巻一上、巻二上、巻二中、巻二下、巻五上、巻五下、巻六、巻七下、巻八上、巻八下、巻十二上、巻十二下、巻十五、巻十六、巻十七、巻十八）、享禄元～三年（一五二八～三〇）に三条西公条が「竹園御本」によって補写した四巻（巻一下、巻四、巻七上、巻十）、および重複する断簡をまとめた一巻の二十一巻からなる。飯田瑞穂氏の指摘によれば、(5)全体に公条筆と見られるイ本注記があることなどから、三条西公条が、家蔵の『類聚三代格』の校合を行い、不足する巻を補写したものとされる。なお、『国史大系』の巻二前半・巻四・巻六・巻十・巻十七・巻十八は前本を底本としている。

狩野文庫本は、室町時代後期の写しで、抄出本。唯一の伝本である前本の巻四における欠失部分を補うことができる写本として有用である。

最後に影印本としては、東寺本は天理図書館善本叢書『古代史籍続集』(6)、前田本は『尊経閣善本集成』(7)、狩野本は『狩野文庫本類聚三代格』(8)がある。これらによって『類聚三代格』は、比較的容易に古写本の検討ができる環境にあると言える。

二　『類聚三代格』写本にみえる追補・改変の徴証

『類聚三代格』には、前本系の本文にのみ追補されたと見られる格があることが、すでに指摘されている。(9)この他にも、写本を比較すると、『類聚三代格』成立後になされたと考えられる追補・改変の徴証を見出すことができるので、まずこれらについて確認しておきたい（以下の記述では、断らない限り前本の巻次によって示し、併せて『国史大系』の頁を「大系〇頁」の如く記す）。

巻五下の天長八年（八三一）十二月九日格「応三左右防城使弁侍従厨防鴨河葛野河両所五位以下別当四年遷替兼責二解由一事」（大系二四九頁、以下事書を引用する際は『国史大系』による）には、「茲符不レ載二諸本一、然而或本有レ之、仍注二巻外一也（金本は「仍注巻外之云々」）」という注記が、金本・前本の両者に存する。[10]すなわち金本が書写された時点では、すでに或本によって書き加えられていた格ということになる。なおこの格に鼇頭はなく、金本では巻五の末尾（前本では巻五下の末尾）に記されていることに注意しておきたい。

同様の例として、金本巻五の弘仁五年（八一四）正月十三日格「更加二大宰府算師一員一事」（大系二〇八頁）には、「一符落畢、追可二入書一」と書き入れがあり、この前に別の格が存在する写本により校合がなされたことを示す。抜けていた格については、その位置から諸国の官員の廃置に関する内容であったと思われるが、詳細は不明である（なおこの書き入れは前本にはない）。これらの例は『類聚三代格』が成立したのち早い時期から格の追補がなされていたことを示しており、実用の書として情報が随時蓄積されていたことを窺わせる。

また、金本系写本と前本とで、項目内の格の配列が異なっているものがある。巻八冒頭の「農桑事」の項がそれに当たるが、『国史大系』では金本系の配列に依っており、さらに前本によって格を一つ補っている（表1参照）。

諸本で項目内の格の配列が異なっているのは、確認できる限りでは「農桑事」のみである。その理由については、偶然に格の切れ目と紙端が一致しており、かつ一時的な糊離れによって錯簡が生じたなどの状況を想定することは難しく、配列を変えた写本が存在していたと考えざるを得ない。[11]

なお改変とまでは言えないかもしれないが、写本間で項目名が異なっているものがある。以下に例を挙げると、前本巻一下（公条筆）の「班務事」の項は、金本系写本では「神郡雑務事」となっている（『国史大系』も同じ）。また巻二下の「家人事」の項を見ると、東寺本には「奴婢イ」とのイ本注記が傍書されている（前本・金本系写本にはイ本注記がない）。

また、前本巻一上冒頭の目録のうち、「神社公文事」には、「塡二納神社帳勘出之物一在二塡納部一、勘畢移事在二諸国四度使部一」との割書がある（金本系写本にこの割書はない）。これは関係する格が別の場所にも存在することを示す注記であり、前本には「諸国四度使部」と称する項目が存在していたことになる。「勘畢移事」という記述から、これが巻

表1　巻八「農桑事」の配列

前本	大系	鼇頭	事書・書出	年月日	備考
1	1	弘民	勅夫農者天下之本也	神護景雲元年四月二十四日	
2	11		詔曰国家隆泰要在富民	和銅六年十月七日	弘仁格抄にあり
3	12	弘民	畿内七道諸国耕種大小麦事	養老七年八月二十八日	
4	16		応七道諸国催殖桑漆事	大同二年正月二十日	弘仁格抄にあり
5	3		応諸国荒田令民耕食事	天長元年八月二十日	
6	4		一可耕食荒田更延年限事	貞観十二年十二月二十五日	大系は前本で補う
7	13	貞民	応営陸田事	承和七年五月二日	
8	14	〃	応種大小麦事	弘仁十一年七月九日	
9	15	〃	応勧課播種蕎麦事	承和六年七月二十一日	
10	2	貞臨	応勧督農業事	仁寿二年三月十三日	
11	5	貞雑	応作水車事	天長六年五月二十七日	
12	6	〃	応設乾稲器事	承和八年閏九月二日	
13	7	貞臨	応令百姓下種子弁漑水事	承和九年三月九日	
14	8	延臨	応禁止鴨河堤辺耕営水陸田事	貞観十三年閏八月十四日	
15	9	〃	応許耕作鴨河堤辺東西水陸田廿二町百九十五歩事	寛平八年四月十三日	
16	10	〃	応聴耕作崇親院所領地五町事	昌泰四年四月五日	

七下（大系巻十二）「諸使幷公文事」の貞観五年（八六三）九月二十五日格（大系三七五頁）に相当することが知られるが、前本の巻七下冒頭の目録を見ると、「四《ミ》度《ミ》《諸イ》使幷公文事」とあり、イ本によって「四度使」が「諸使」に訂正されている。(12)以上の例からは、『類聚三代格』の項目名は写本によって異なるものがあったことが知られる。項目名を変えることは、そこに含まれる格の検索の便を考えてのことと推定されるが、これもまた実用の書としての大きな特徴と言えよう。

三　前本に朱訓点のない格

1　前本の訓点

前本には全巻にわたって、夥しい数の朱ヲコト点、および朱・墨の片仮名による傍訓が書き込まれている。これについては沖森卓也氏により、次の点が指摘されている。(13)

・朱ヲコト点には太点・細点の二種類があり、太点は室町中後期のものと見られ、細点は（公条書写巻以外の巻についても）公条による加点と考えられる。

・公条書写巻以外の墨点は、本文書写時期とほぼ同一時期のもので室町時代と見られる。また墨点は朱点と別人によるものと考えられる。

・巻五上と巻五下など、十二巻本の構成で一巻となる巻は、加点状況が類似している（加点の特徴は、十二巻本の巻次構成をよく残している）。

前本は前節に述べたように複雑な構成であり、本文は享禄年間（一五二八〜三二）以前に書写されたものと、三条西公条書写のものとがある。さらに訓点については、享禄年間以前に書写された巻にも公条による加点と考えられるものがあるという指摘から、前本は大きく分けて次の三種に分類できることになる。前本の性格を考える上での目安となろう。

（ア）本文・訓点ともに享禄年間以前の書写にかかるもの（巻一上、巻二上、巻二中、巻二下、巻五上、巻五下、巻六、巻八上、巻八下、巻十五、巻十六、巻十七）

（イ）本文は享禄年間以前の書写であり、後に公条が訓点を加えたもの（巻七下、巻十二上、巻十二下、巻十八）

（ウ）本文・訓点ともに公条によるもの（巻一下、巻四、巻七上、巻十）

いま訓点の内容について詳細に検討することは、筆者の能力の及ばないところであるが、巻二上の冒頭の項目名「仏事上」に「点本无二此三字一」との書き入れがある点には注意しておく必要がある[14]。この書き入れは本文と同筆であることから、（ア）においては、親本に訓点がすでに存在していたものと考えられる。また前本の祖本においては、本文の書写の後に「点本」によって別に加点が行われたことになる[15]。

次に訓点のうち特に朱訓点に着目したい。表2（末尾に掲載）は、前本に朱訓点のない格をまとめたものである。行論の都合上、異例と思われるものを先に指摘しておく。

前本に朱訓点が施されていない理由については、まず親本の傷みなどの理由によって移点することができなかった可能性を考えておかなくてはならない。例えば、巻二上の朱訓点のない格は、巻頭に集中しており、親本の巻頭が傷んでいたことが推定される。

また巻一下（公条筆）の朱訓点のない格は、巻頭・巻尾など一定の範囲に連続して並ぶ傾向がある。さらに本文には空欄や「、、、」の如く記された部分が多く見え、判読不能であることを示していると考えられることから、親本の状態があまり良くなかったと思われる。また巻四（公条筆）は、全体的に傷みが激しい。このため以下の考察では、巻二上および本文・訓点ともに公条による写本（分類の（ウ））はとりあえず考察から外しておきたい。

さらに巻五上・巻五下の両巻においては、前本に朱訓点がないものの鼇頭が存在する格があり、これらのうち「弘」の鼇頭をもつものについては、いずれも『弘仁格抄』においてその存在が確認できるので、「貞」「延」の鼇頭をもつものを含め、『類聚三代格』成立当初から存在していたと考えるべきである。これらに朱訓点がないことについては別の理由を求めなくてはならず、格の内容が官職の新置に関わるもので、本文が非常に短く定型的であることが関連しているかとも思われるが、現在のところ断案はない。これもしばらく検討から除外しておく。

右のような例とは異なり、前後の格には朱訓点が施されていながら、単独で朱訓点のない格が存在するような場合には、加点に使用した本において、その格自体が存在していなかったと考えるのが最も自然であろう。以下ではこのような事例を主に検討していくこととする。

2　貞観十二年格

前本に朱訓点がない格のうち特徴的であるのは、貞観十二年十二月二十五日格が五つ見えることである。この格はすでに吉田孝氏・福井俊彦氏・早川万年氏などによって、前本のみに見える格であり、『類聚三代格』成立後に追補されたと考えられることが指摘されている。(16)

このことは、前本系の加点に使用した本は、前本系が伝える本文よりも『類聚三代格』成立時の形に近い本文に加点されたものであり、朱訓点のない格については補入されたものである可能性が高いという推定を裏付けるものであると言える。

3　重出する格

次に前本に朱訓点のない格のうちに、『類聚三代格』に重出する格が多く存在することが指摘できる。これらについては、さらにいくつかに分類することができる。

まず前提として確認しておきたいのは、『類聚三代格』には、編纂の際にあえて重複して収載されたと考えられる格があるということである。内容は同じながら事書が異なる大同五年（八一〇）三月二十八日格（大系三六九・三七三頁）などがその例であろう。また転写の際の誤りと考えられるものもある。前本の例を示すと、巻二下の大同三年七月四日格（大系一二一頁）や、巻五下の弘仁十二年二月十七日格（大系二三三頁）などは、同じ項目内の近い場所に重出しており、前本は、ある時点で生じた誤写を継承しているものと考えておく。(17)

次に右記以外の理由で重出する格を分類していくことにするが、一つには金本系と前本の両方に存在する重出格が挙げられる。いま巻八下、巻十二下に前後に並んだ形で重出している宝亀十一年（七八〇）十一月二日格「定㆓私鋳銭首従幷家口罪名㆒事」（大系四二三・六四五頁）および貞観十六年十二月二十六日格「応㆑没㆓私鋳銭者田宅資財㆒事」（大系四二三・六四六頁）を例に考察する。

この両格は、金本および金本系写本によって、金本系では両方の場所に存在し、訓点も付されていることが確認できる。ところが前本では、巻八下には朱訓点があるものの、巻十二下では朱訓点が施されていない。しかし巻十二下には、それぞれに「此符入㆓第十四巻㆒」(18)「入㆓同十四巻㆒」との書き入れがあり、重出することを示して訓点を省いたものとも考えられるので、一応原撰本の段階から重複して存在していたものとしておく。(19)

二つには、前本にあって金本系にない重出格がある。前本巻二下の巻尾に存在する元慶六年（八八二）六月三日格、弘仁七年十月二十三日格、天平十六年（七四四）七月二十三日詔、天平六年十一月二十日格（事書を欠く）の四つは、それぞれ大系六〇〇頁、三九九頁、三九五頁、七五頁に重出しているが、巻二下においては朱訓点がなく、金本系の写本および東寺本に、この四つの格は存在しない(20)。これらも先の推定の如く前本系の加点に使用した本には存在していなかった可能性があり、巻二下において追補された可能性が高いと考えられる（元慶六年格については、形式に不審な点があるので後述する）。

巻六と巻十八に重出する天長八年七月二十七日格「応下奪乙不レ貢二相撲人一国司公廨甲并言中上不二貢上一怠由上事」（大系二七三・五七四頁）、および巻四と巻六に重出する大同四年正月七日格「応レ充二便補隼人粮一事」（大系一八七・二七三頁）について見ると、巻六は金本系の写本が存在しないが、前本では巻六に収められている方の格に朱訓点がなく、「事力并交替丁事」の項目の末尾に、先述の貞観十二年格（追補された格）に続いて配列されている。よってこれらも前本系の巻六に後補された可能性が高いと考えられる。

前本のみに重出する格が存在することは、『類聚三代格』が数次にわたって増補がなされていたことを示すことになる。これは『類聚三代格』成立後の使用のされ方や、写本系統を考える上で重要な示唆を与えるものであろう。

以上の例は、概ね『類聚三代格』の他の巻から重ねて写されたと考えて矛盾のないものであるが、右に検討した重出格のうち前本の巻二下巻尾に追補されたと推定した元慶六年六月三日格は、単純にはそのように説明できない点がある。いま、重出している巻十二上の書出を示すと、

太政官符

応レ禁二流レ毒捕一レ魚事二箇条内、

右権僧正法印大和尚位遍照奏状称、今聞（以下略）

とあり、これに対して、追補と推定した巻二下の書出は、

太政官符

応レ禁二流レ毒捕レ魚事

右同前奏状称、今聞（以下略）

となっている。この点については川尻秋生氏が検討された、もと数箇条からなる官符を『類聚三代格』収載時に分割した事例が参考になる。(21)川尻氏の検討によって、分割収載に際しては、もとの官符の「同前」などの文言は適宜改変され、何を示すのかが不明にならないように配慮されていることが知られるので、巻二下の如く、本来の官符の文言を残した形になっているということは、これが巻十二上から写されたものではないということになる。補入の際に『延喜格』もしくは原官符の本文を伝える史料を参照したことになろうか。

同様の例として、巻六の中に重出する大同四年正月二十六日格「一、聴レ運二位禄季禄料米一事」がある。この格は同じ巻六の「位禄季禄時服馬料事」の項（大系二五四頁）と「公粮事」の項（大系二七八頁）に重出しており、後者には前本に朱訓点がない。内容や形式についてはすでに川尻氏が詳細に分析しているので、ここでは再説しないが、氏は「同前符」などの文言の書き替えに着目して、後者は『弘仁格』の本文のままであり『類聚三代格』の本文とするには不審な点があると指摘している。重出の理由については、氏もいくつかの想定をしておられるが、朱訓点のない後者が補入されたものと考えれば説明がつく。こちらは補入の際に『弘仁格』もしくは原官符の本文を伝える史料を参照したことになろうか。

巻八下の巻尾は複雑な様相を呈している。いま巻尾の四つの格を挙げると次の通りである。

①寛平元年（八八九）十月二十一日格「応下以二鋳銭司返抄一勘中会税帳採銅料物数上事」
②宝亀十一年十一月二日格「定二私鋳銭首従弁家口罪名一事」
③貞観十六年十二月二十六日格「応レ没二私鋳銭者田宅資財一事」
④寛平元年十月二十一日格「応下以二鋳銭司返抄一勘中会税帳採銅料物数上事」

①と④は同じ格であり、いずれも前本には朱訓点がなく、金本系の写本には存在しない。その間に配列されている②③は先述の通り、重出格であるが当初からこの位置に存在していたと推定されるものである。

前本には①に鼇頭「弘民」があるが、年代からして明らかに誤りである。恐らくは②に付けるべき鼇頭を誤って写し、消し漏らしたものと思われる(22)。

また①と④を比べると、①には親本の欠損を示すと思われる空欄が多く存するが、④には空欄がなく完全な本文が記されている。つまり④は①の欠損を補うために重ねて写されたものと考えられる。

さらに複雑なことに、この寛平元年格は金本系の巻七、前本の巻七下（大系三七八頁）に重出するが、前本巻七下ではこの格のみが公条筆の別紙によって補入されており(23)、本来存在していなかったものである。つまり④は同系統の巻七下から補われたものではないことになる。少なくとも①④が前本系において補入されたものであることは間違いないと思われるが、巻八下巻尾の書写過程を整合的に説明することは困難である。

4　その他の格

前本に朱訓点のない格のうち、これまでに検討したものを除いても、さらにいくつかの格が残っている。それらを挙げると、

（a）巻二下　弘仁十一年十一月七日詔（大系一二五頁）
（b）巻七下　延暦十六年（七九七）正月二十三日格（大系三六六頁）
（c）巻十五　延暦二十二年十月二十五日格（大系四四三頁）
（d）巻十五　寛平三年八月三日格（大系四六一頁）
（e）巻十二上　貞観元年（八五九）八月十三日格（大系五九八頁）

となる。

まず（a）は、すでに飯田氏の指摘があるように、欠失巻に収載されていたものの重出または攙入と考えられるものである。(24)これまでの検討からすると、朱訓点のない巻二下には、本来存在していなかったと考えられる。（c）は金本系の写本が存在しないが、この格は『弘仁格抄』に確認できるので、(25)『類聚三代格』成立当初から存在していたものと考えるべきである。また、前本に鼇頭が存在する（d）（e）も類似の例である。（d）は金本系の写本がなく、前本には鼇頭に「延民」と見える。この鼇頭は擦り消されているようにも見えるのであるが、年代に矛盾はないので、一応『延喜格』に存在していたと考えておく。（e）は金本に存在しないが、前本には鼇頭に「雑」とあり、年代からは『貞観格』に存在したことになる。(26)これらについても、鼇頭を信じるならば『類聚三代格』成立当初から存在していたと判断される。

前本において（c）（d）（e）に朱訓点がないことの理由としては、重出と考えて、本来は欠失巻に存在していたとする推定も一応は可能であるが、欠失部分の内容は高い精度で復原されており、(27)この推定は成立しないものと思われる。そうなると、これまでの検討によれば、前本系の加点に使用した本に傷みがあった、もしくはこれらの格を書き漏らしていたと考えなくてはならず、やや無理な想定であることは否めない。そのため判断は留保しておきたい。

なお、この想定とは逆の例も存在することに注意しておく必要がある。すなわち、巻十二上の元慶七年十月二十六日格は、前本には朱訓点が施されているものの、金本にこの格はなく、『国史大系』は前本によって補っているのであるが（大系六一五頁、なお前本に鼇頭はない）、この場合には、前本系の本文および加点に使用した本（巻十二上は分類の（イ）に当たる）には存在していたことになるので、金本の書き漏らしなどを想定することになる。根拠に乏しい想定であることには変わりないが、注意を要する点として指摘しておく。

残る（b）は、朱訓点のない理由が不明なものである。この格は前本のみに存在し、鼇頭は擦り消されているように見える。内容は、延暦十六年正月二十三日に、左右大弁・八省卿が、自らが兼帯する国からの公文を直接官司に提出することを禁じたもので、『日本後紀』同日条にも同様の記事がある。この格は『弘仁格抄』にはみえず、追補である可能性が高いと考えられるが、何を参照したものか判然としない。

5　前本にない格

最後に本稿の趣旨からは逸れてしまうが、前本になく金本系写本に存在する格を二つ指摘しておきたい。

寛平九年十二月二十二日格「応レ置二伊勢大神宮神郡検非違使一事」（大系四〇頁）は、前本では巻一下（公条筆）に当たるが、前本にこの格は存在しない。この巻は先述の如く親本が傷んでいたことが予想され、またこの格が収まるべき場所には二〜三行分の空欄があることから、親本が欠損していた可能性を考慮する必要がある。

大同三年九月二十六日格「東山道出挙正税事」（大系三九五頁）は前本では巻八下に当たるが、やはりこの格は存在しない。これには鼇頭に「弘民」とあるものの『弘仁格抄』に対応するものがないこと、また本来は記載されないはずの宛所が記されていることなどの点からして、金本系のみに補入された格である可能性を考える必要があろう。

おわりに

本稿では前本における朱訓点の有無に着目して、朱訓点の施されていない格について検討を行った。最後に結論をまとめておく。

・現状の『類聚三代格』諸写本は、成立後にも追補や改変がなされ、情報が重層的に存在していることに注意する必要がある。

・前本に朱訓点がない格については、『類聚三代格』成立後に追補された格と考えられるものがある（親本の傷みなど、特殊な理由が推定できるものを除く）。この際、巻尾または項目の末に配列されていることがその指標となる。

・重出する格については、『類聚三代格』編纂当初から存在していたもの、成立後の早い段階で追補されたもの（前本・金本系の両方に存在）、それ以降に補入されたもの（前本または金本系のみに存在）に分けることができる。

・重出格の多くは『類聚三代格』の別の巻から写されたと考えて矛盾はないが、三代の格から写されたと見られるものや、出典が不明なものも存する。

これまでの『類聚三代格』の写本研究は、現行の本文がいかにして成立したか、を知るためのものが主であったと言える。本稿は逆に『類聚三代格』原撰本の姿を探る試みであり、朱訓点に着目することで追補の指標を提示することができたと思う。現存する『類聚三代格』の諸写本は、追補や改変だけでなく、数次にわたる校合や訓点の書き入れを経た複雑な本文であり、利用に当たっては留意すべき点であろう。また朱訓点の他にも重層的に存在している情報を整理していくことが求められるのであるが、これらは今後の課題としたい。

注

（1）主要なものを挙げると、巻次や本文の復原に関する研究として、渡辺寛「類聚三代格の基礎的研究」『藝林』二〇―三、一九六九年。同「類聚三代格の成立年代」『皇學館論叢』二―三、一九六九年。同「類聚三代格の編纂方針」『歴史教育』一八―八、一九七〇年。同「類聚三代格の復原に関する若干の問題点」『皇學館大学紀要』一一、一九七二年。吉田孝「類聚三代格」『国史大系書目解題』上、吉川弘文館、一九七一年。飯田瑞穂A「『類聚三代格』の欠佚巻に関する一史料について」『飯田瑞穂著作集3　古代史籍の研究　中』吉川弘文館、二〇〇〇年、初出一九七〇年。同B「『類聚三代格』巻第四の復原に関する覚書」『飯田瑞穂著作集3　古代史籍の研究　中』（前掲）、初出一九八四年。熊田亮介「類聚三代格復原に関する覚書」『歴史』四九、一九七六年など。

また研究史と課題をまとめたものとして、福井俊彦「格式研究の成果と課題」『弘仁格の復原的研究』民部上篇、吉川弘文館、一九八九年。同「格式研究の成果と課題（二）」『弘仁格の復原的研究』民部下篇、吉川弘文館、一九九一年。吉岡眞之「古代の史書と法典」『古代文献の基礎的研究』吉川弘文館、一九九四年、初出一九九三年など。

（2）写本研究としては、熊谷公男A「解題」神道大系『類聚三代格』神道大系編纂会、一九九三年。同B「『類聚三代格』の校訂をめぐって」『神道古典研究所紀要』二、一九九六年。熊田亮介「『類聚三代格』の諸本についての覚書」『律令国家の構造』吉川弘文館、一九八九年。同「『類聚三代格』の印本についての覚書」『古代中世史料学研究』上、吉川弘文館、一九九八年。同「古代史料の調査―類聚三代格を中心として―」『青森県史研究』三、一九九九年。鹿内浩胤「東山御文庫十一冊本『類聚三代格』について」『日本古代典籍史料の研究』思文閣出版、二〇一一年、初出二〇〇六年。同「金沢文庫旧蔵本『類聚三代格』とその転写本」『国史談話会雑誌』五六、二〇一五年。中村憲司「中御門家本『類聚三代格』」『日本歴史』七八九、二〇一四年など。

格の利用については、川尻秋生「平安時代における格の特質」『日本古代の格と資財帳』吉川弘文館、二〇〇三年、初出一九九四年など。

（3）田中卓「解題」天理図書館善本叢書『古代史籍続集』天理大学出版部、一九七五年。なお、東寺本は鼇頭に「弘治」などの記載のほかに「四イ」の如く、三代の格の冊次を記したイ本注記がある。金本系写本の巻三、および前本巻二下には、「弘治」などの鼇頭のみであるので、このイ本注記は、いずれの系統とも異なる本から写したことになる。

（4）水谷川本は金本を忠実に写したものであるが、『国史大系』の校訂には使用されていない。熊谷氏注（2）B論文参照。

（5）飯田氏注（1）B論文参照。

(6)『古代史籍続集』（前掲）。
(7) 尊経閣善本影印集成『類聚三代格』一～三、八木書店、二〇〇五～〇六年。二色刷の影印で、朱筆の確認などにおいても有益。
(8)『狩野文庫本類聚三代格』吉川弘文館、一九八九年。
(9) これについては後述する。吉田氏注(1)論文。福井俊彦「『貞観式』の編纂」『交替式の研究』吉川弘文館、一九七八年。早川万年「貞観式の編纂と造式所」『延喜式研究』四、一九九〇年。
(10) 但し前本の書き入れはイ本注記と同じ細字であり、公条によって記された可能性が高い。さらに金本巻五には「交替幷解由事」の項の寛平七年七月十一日格の前に朱で「奥官符可レ有二此行一」との書き入れがあるが、前本にはない。
(11) 前本は弘仁・貞観・延喜の順に配列してあるように見える。この項目には前本系に追補された貞観十二年格が含まれており、後述するように貞観十二年格は、巻の末尾もしくは項目の末尾に記される傾向があるが、「農桑事」においては、項目の途中に補入されていることが関連しようか。
(12) 本文における項目名は「諸使幷公文事」とある。
(13)「尊経閣文庫所蔵『類聚三代格』の訓点」尊経閣善本影印集成『類聚三代格』三、八木書店、二〇〇六年。
(14) この書き入れについては、熊田亮介「前田家本類聚三代格の基礎的研究」『三島海雲記念財団研究報告書』二八、一九九一年、および石上英一「尊経閣文庫所蔵『類聚三代格』の書誌」尊経閣善本影印集成『類聚三代格』三（前掲）、に指摘がある。
(15)（イ）において公条が加点に使用した本については不明。公条は享禄年間書写の写本についても校合を加えているので、「竹園御本」によって加点した可能性もあるが、断言はできない。
(16) 吉田氏注(1)論文、福井氏・早川氏注(9)論文参照。
(17) なお巻五下には、朱で抹消の記号が付されている。
(18) 金本系写本には「兼載二鋳銭事一」「兼載二鋳銭部一」との注記がある。
(19) 金本が書写される以前の早い段階で補入された可能性は残る。なお前本の巻八下は分類の（ア）に、巻十二下は分類の（イ）に当たることに注意する必要がある。
(20)『国史大系』には翻刻されていないが、頭注に指摘がある。
(21)「三代の格の復原についての一考察」『千葉県立中央博物館研究報告（人文科学）』三―二、一九九四年。

(22) なお前本には鼇頭の擦り消しもまま見られるが、多くは次の格に付けるべき鼇頭を誤って記し、抹消したものと考えられる。
(23) 石上氏注(14)論文参照。
(24) 飯田氏注(1)A論文参照。
(25) 前本には鼇頭「弘民」があるが、擦り消されているように見える。
(26) (e)は貢鷹の停止に伴い鷹を飼うことや捕獲することを禁止した内容であり、次に配列されている貞観十五年三月十五日格の冒頭にも法源として引用されているので、『貞観格』に存在していたとしても矛盾はない。
(27) 欠失部分については、瀧川政次郎「九条家弘仁格抄の研究」法制史論叢第一冊『律令格式の研究』角川書店、一九六七年、初出一九二六年、および飯田氏注(1)A論文によって、選叙、勘籍、学校、帳内資人、服章儀礼、封禄の削減などの内容に限られることが推定されている。

〔付記〕本稿は日本学術振興会平成二六年度〜平成三〇年度科学研究費補助金(基盤研究(B)(一般))『類聚三代格』の史料学的研究」(研究代表者　東北学院大学　熊谷公男)による研究成果の一部である。

表2　前本に朱訓点のない格

大系	前本	項目名	鼇頭	事書・書出	年月日	加点分類	朱訓点のない理由ほか	備考
巻一	巻一下(公条筆)	斎王事		一斎内親王禊用度事	延暦十一年七月三日	ウ	巻頭(墨傍訓あり)	前本に重複巻あり(朱点あり)
				藤原朝臣可多子	貞観八年十二月二十五日	〃		前本に重複巻あり
		神宮司神主禰宜事		応任諸国神宮司神主事	延暦十七年正月二十四日	〃		〃
				斎宮主神司	延暦十九年十一月三日	〃		〃
				加置伊勢大神宮司員事	貞観十二年八月十六日	〃		〃

巻二	巻二上	科祓事		応定伊勢大神宮司大小員幷位階事	元慶五年八月二十六日	〃			前本に重複巻あり（朱点あり）
				定准犯科祓例事	延暦二十年五月十四日	〃		巻尾（墨傍訓あり）	前本に事書なし、日付を欠く
				応科上祓祈年月次新嘗祭不参五畿内近江等国諸社祝事	貞観十年六月二十八日	〃			
		神郡雑務事		応加決罰神郡司事	延暦二十年十月十九日	〃			
			弘（墨）	応多気度会両郡雑務預大神宮司事	弘仁八年十二月二十五日	〃			
				応以伊勢国飯野郡寄大神宮事	寛平九年九月十一日	〃			
		神社公文事		応勘造住吉社神財帳三通事	元慶三年七月二十二日	〃			
				応三年一進諸神祝部氏人帳事	元慶五年三月二十六日	〃			
		造仏々名事		応奉造四天王寺埝像四軀事	宝亀五年三月三日	ア		巻頭（墨傍訓あり）	
				応安置一万三千画仏像七十二鋪事	貞観十三年九月八日	〃			
				応行諸国仏名懺悔事	承和十三年十月二十七日	〃			
				応改仏名懺悔日事	仁寿三年十一月十三日	〃			
				応勤修吉祥悔過事	昌泰元年十二月九日	〃			

（巻二）	（巻二上）	（造仏々名事）		応令鎮守府講最勝王経幷修吉祥悔過事	貞観十八年六月十九日	ア		（巻頭（墨傍訓あり））	
		経論幷法会請僧事		応令薬師寺毎年修最勝王経講会事	天長七年九月十四日	〃			
巻三	巻二下	定額寺事	弘治（擦消）	応諸国定額寺燈分稲便預講師三綱事	大同三年七月四日	〃	同項目内に重出		
		僧綱員位階幷僧位階事		詔随時損益別言之嘉猷	弘仁十一年十一月七日	〃	（a）欠失巻に重出か		大系は前本で補う
		（家人事）		応禁流毒捕魚事	元慶六年六月三日	〃	重出	巻尾	大系は翻刻なし
				可出挙霊安寺料稲四千束事	弘仁七年十月二十三日	〃	〃		〃
				詔曰畿内七道諸国々別割取正税四万束	天平十六年七月二十三日	〃	〃		〃
				応令度者闇誦法華最勝両経事	天平六年十一月二十日	〃	〃		大系は翻刻なし、前本に事書なし
巻四	巻四（公条筆）	廃置諸司事		勅斎宮寮	神亀五年七月二十一日	ウ		巻頭	前本傷み
				斎宮主神司	延暦十九年十一月三日	〃			〃
				応併省春宮職員事	大同二年八月十二日	〃			〃
		加減諸司官員幷廃置事	兵（墨）	勅近衛府	天平神護元年二月三日	〃			前本傷み、鼇頭あり、墨傍訓あり
			弘（墨）	勅内匠寮	神亀五年七月二十一日	〃			前本傷み、鼇頭あり
			弘式（墨）	□□医博士	（年欠）十月一日	〃			前本傷み
			〃	鋳銭司史生十員事	延暦十七年十二月二十日	〃			鼇頭あり

			弘兵(墨)	中衛左右衛士府医師各二員	延暦十八年六月一日	〃			〃
巻五	巻五上	加減諸国官員幷廃置事	延式	応停史生一員補弩師事	貞観十七年十一月十三日	ア			〃
			弘式	応停対馬嶋史生一員置新羅訳語一人事	弘仁四年九月二十九日	〃	弘仁格抄にあり		〃
			〃	加減傔仗事	弘仁三年四月七日	〃	〃		〃
	巻五下	定官員幷官位事	〃	勅准令弾正尹者従四位上官	天平宝字三年七月三日	〃	〃		〃
			貞式	改定左右京職大夫官位事	弘仁十三年正月二十六日	〃			〃
				定文章博士官位事	弘仁十二年二月十七日	〃	同項目内に重出	連続	朱で抹消さる
			弘	応改大宰大弐官位事	延暦二十五年二月十三日	〃	弘仁格抄にあり		鼇頭あり
			弘式	令定内記四人事	大同元年七月二十一日	〃	〃		〃
			〃	炊部司長官主典官位事	大同三年八月三日	〃	〃	連続	〃
			〃	准陸奥国博士医師官位事	延暦十五年十月二十八日	〃	〃		〃
			貞式	定大宰府明法博士官位事	天長二年五月二十五日	〃			〃
		定秩限事	貞兵	応鎮守府医師秩六年為限事	貞観八年十二月五日	〃			〃

（巻五）	（巻五下）	（定秩限事）	弘式	応出羽国史生并弩師歴五年為限事	弘仁三年十一月十五日	ア	弘仁格抄にあり		鼇頭あり
		交替并解由事		応左右防城使并侍従厨防鴨河葛野河両所五位以下別当四年遷替兼責解由事	天長八年十二月九日	〃	補写、金本にもあり	巻尾	書入「茲符不載諸本、然而或本有之、仍注巻外也」
				一可定国司已下不待解由与不入京並帰本郷科責事	貞観十二年十二月二十五日	〃	貞観十二年格		大系は前本で補う、前本「太政官符」の文字なし
巻六	巻六	事力并交替丁事		一可停給国司已下到任之後留京者事力公廨田事	〃	〃	〃	項目末	前本「太政官符」の文字なし
				一可改定受業師料数事	〃	〃	〃		〃
				応奪不貢相撲人国司公廨并言上不貢上怠由事	天長八年七月二十七日	〃	重出		
				応充便補隼人粮事	大同四年正月七日	〃	〃		
		公粮事		一聴運位禄季禄料米事	大同四年正月二十六日	〃	〃		書式に不審あり
巻八	巻八上	農桑事		一可耕食荒田更延年限事	貞観十二年十二月二十五日	〃	貞観十二年格		大系は前本で補う、前本「太政官符」の文字なし
		調庸事		一可例損戸課丁与得戸丁同率事	〃	〃	〃	項目末	〃
巻十二	巻七下	諸使并公文事	（摺消痕あり）	不可遥附公文事	延暦十六年正月二十三日	イ	（b）		大系は前本で補う

巻十四	巻八下	鋳銭事	弘民（誤り）	応以鋳銭司返抄勘会税帳採銅料物数事	寛平元年十月二十一日	ア	重出	巻尾	前本、本文に空欄あり、大系は翻刻なし
				〃	〃	〃	〃	〃	前本、本文に空欄なし、大系は翻刻なし
巻十五	巻十五	墾田并佃事	弘民（擦消か）	応禁占開出羽国郡内田地事	延暦二十二年十月二十五日	〃	（c）弘仁格抄にあり		鼇頭あるか
		諸司田事	延民（擦消か）	応以官田給中宮職宮主并戸座等月料事	寛平三年八月三日	〃	（d）		〃
巻十七	巻十七	蠲免事		応停止土師宿禰預凶儀事	延暦十六年四月二十三日	〃	重出	項目末	
巻十九	巻十二上	禁制事	雑	応禁制養鷹鷂事	貞観元年八月十三日	イ	（e）		大系は前本で補う、鼇頭あり、朱傍訓あり
巻二十	巻十二下	断罪贖銅事	弘九刑（墨）	定私鋳銭首従家口罪名事	宝亀十一年十一月二日	〃	重出	巻尾	前本「此符入第十四巻」と頭書、金本には朱訓点あり
			延九刑（墨）	応没私鋳銭者田宅資財事	貞観十六年十二月二十六日	〃	〃		前本「入同十四巻」と頭書、金本には朱訓点あり

注（1）「項目名」「事書・書出」「年月日」の項は『国史大系』に従ったが、前本では文字や日付が異なるものがある。
（2）「鼇頭」の項は前本の情報で、特に記さない限り朱書である。
（3）前本の欠損により存在が確認できない場合などは除外した。

Ⅱ　史跡と都城

宮町遺跡出土木簡と紫香楽宮

渡辺晃宏

はしがき

滋賀県甲賀市信楽町に所在する宮町遺跡が紫香楽宮跡の遺跡として周知されるようになったことについては、遺構もさることながら木簡出土の果たした役割が大きい。宮町遺跡からは、これまでに一四次にわたる発掘調査において、計約七二〇〇点（うち削屑約六九〇〇点）の木簡が出土している。一つの遺跡から出土した木簡の点数としては、平城・藤原・長岡の各都城に次ぐものとなっており、宮町遺跡は貴重な歴史資料としての木簡の「一大宝庫」の一つとなっている。その点でも宮町遺跡が紫香楽宮という都城の系列に位置付けられる遺跡の中枢部であることは、揺るぎないものとなっているといって過言ではないであろう。従来、信楽町黄瀬・牧にある礎石の残る遺跡が紫香楽宮跡として史跡に指定されてきたが、この成果を受け二〇〇五年には宮町遺跡や新宮神社遺跡が史跡の範囲として追加指定されるに至っている（以下、本稿では、史跡紫香楽宮跡を構成する遺跡のうち、宮町盆地に所在する木簡出土遺跡として、宮町遺跡の呼称を用いることとする）(1)。

ところが、宮町遺跡の木簡の全体像をつかもうとすると、なかなか困難なのが現状である。木簡概報が二冊、木簡を中心とする発掘調査報告書が一冊、そして木簡が出土した次数ごとに木簡出土情報を掲載した『木簡研究』の事例報告があり、またそれらを搭載した奈良文化財研究所の「木簡データベース」を参照することはできる。しかし、その全貌をイメージするのは容易なことではない(2)。

そこで本稿では、現在公表されているデータによって、宮町遺跡出土木簡の全体像をイメージできるよう、交通整理を試みてみたいと思う。もとより、識者にとっては自明のことで、屋上屋を重ねる誹りは免れ得ないであろうが、共有する情報の底上げの意味も込めて、整理した結果を提示させていただくこととする。

一　宮町遺跡出土木簡の特徴、出土遺構、及び点数

宮町遺跡出土木簡の特徴を端的に整理すると、次の三点にまとめることができる。

ア、点数が厖大であること。

イ、削屑の割合が非常に高いこと。

ウ、紫香楽宮活動期に合致する年紀・内容の木簡が出土していること。

要するに、これらの特徴は、宮町遺跡が紫香楽宮の遺跡であることを決定づけた資料群であることを明確に示すものといってよい。

次に、宮町遺跡出土木簡の遺構別の出土点数を整理しておこう（括弧内は削屑。内数）。出土遺構は、ａ谷地形の木簡、ｂ排水路の木簡、ｃ溝の木簡の三つに大別することができる。

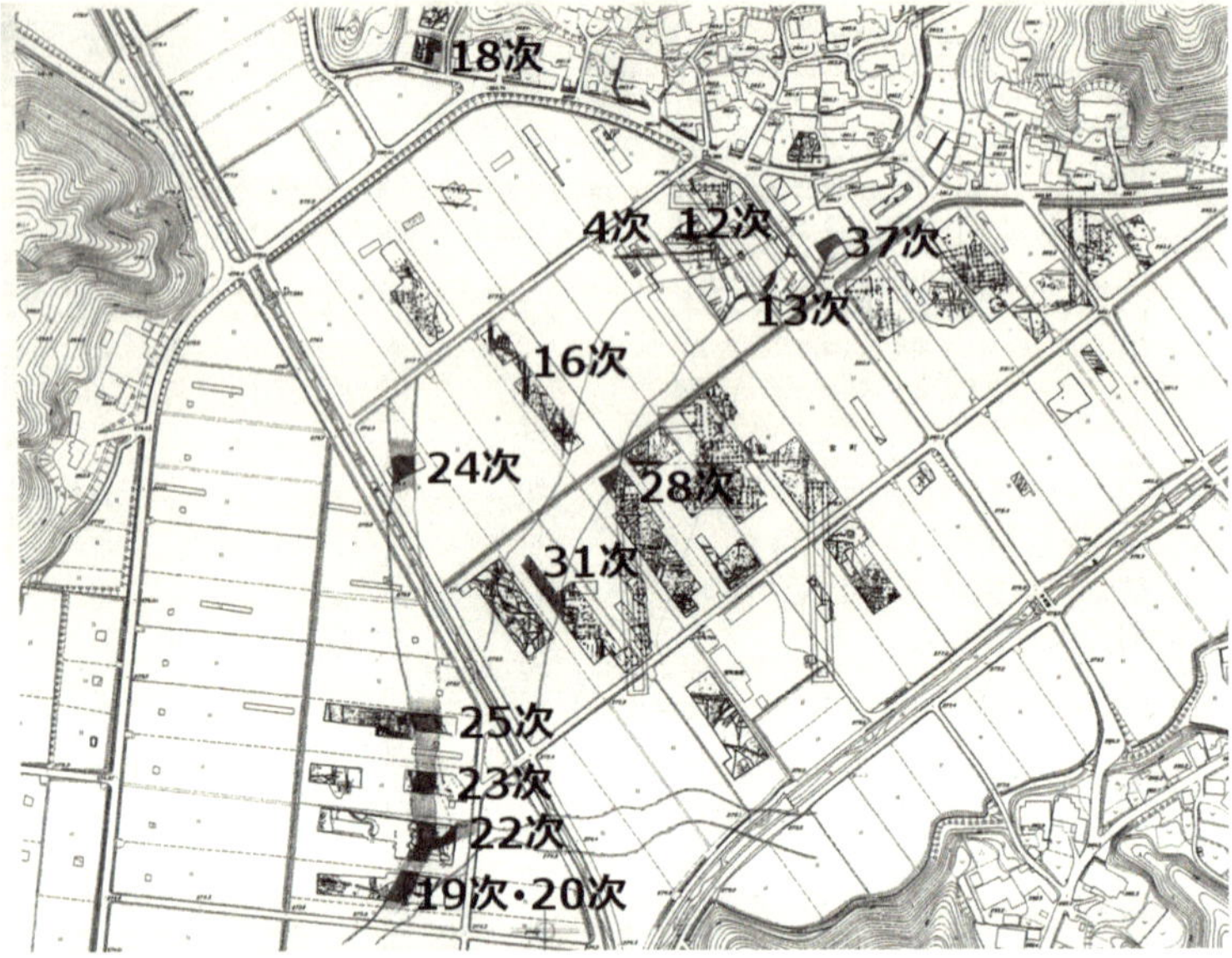

図1　宮町遺跡の木簡出土調査とその位置

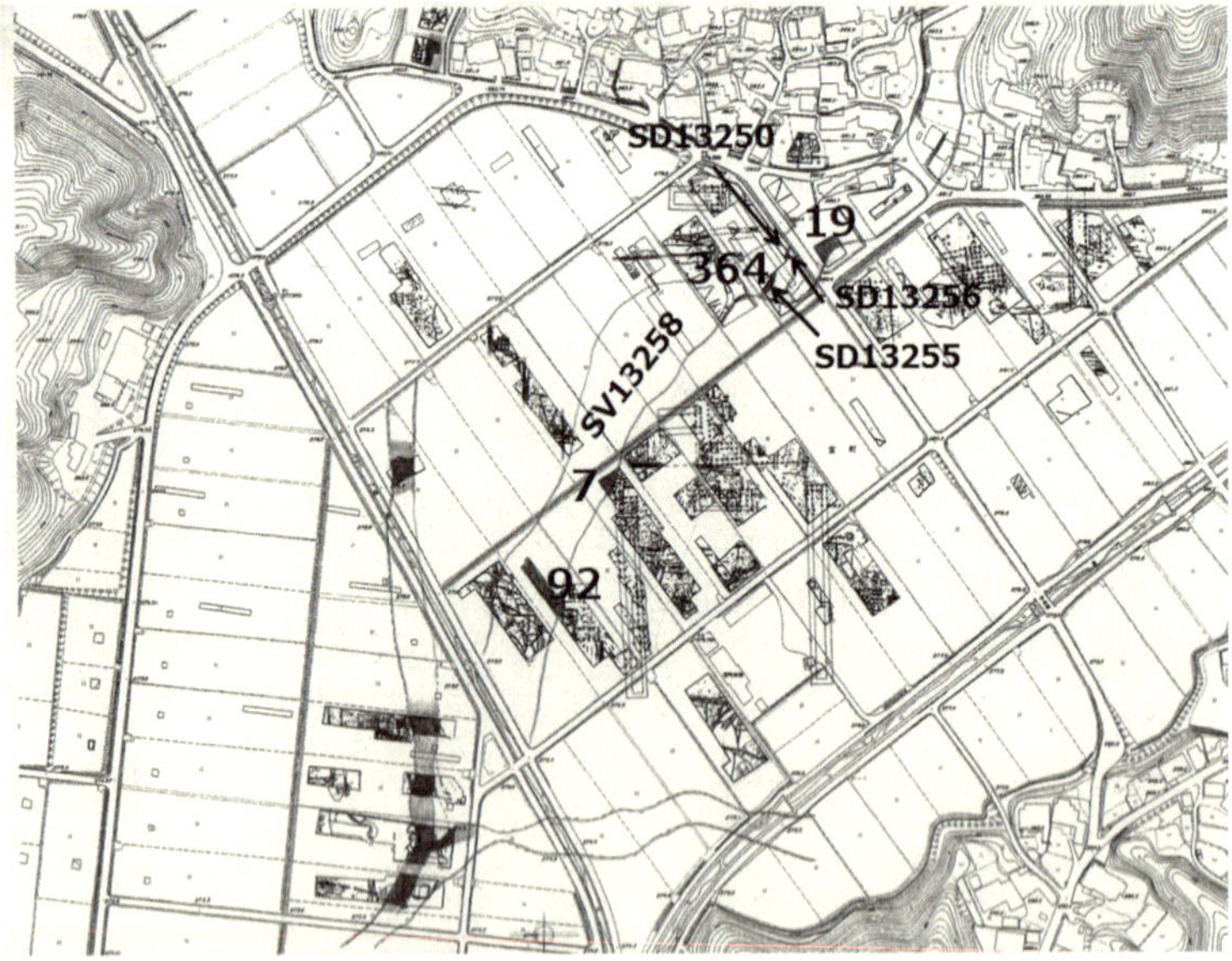

図2　谷地形の木簡出土遺構と出土点数

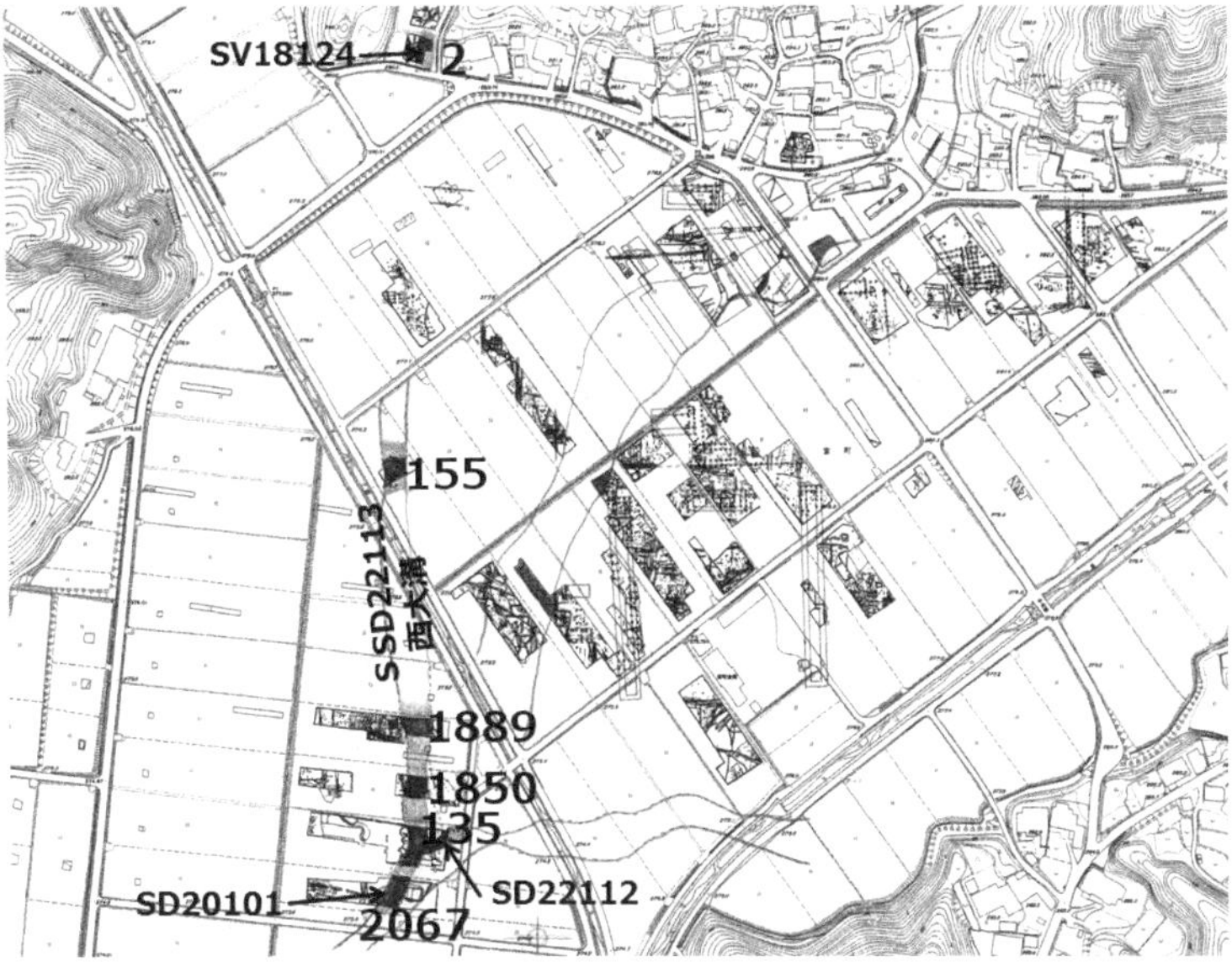

図３　排水路の木簡出土遺構と出土点数

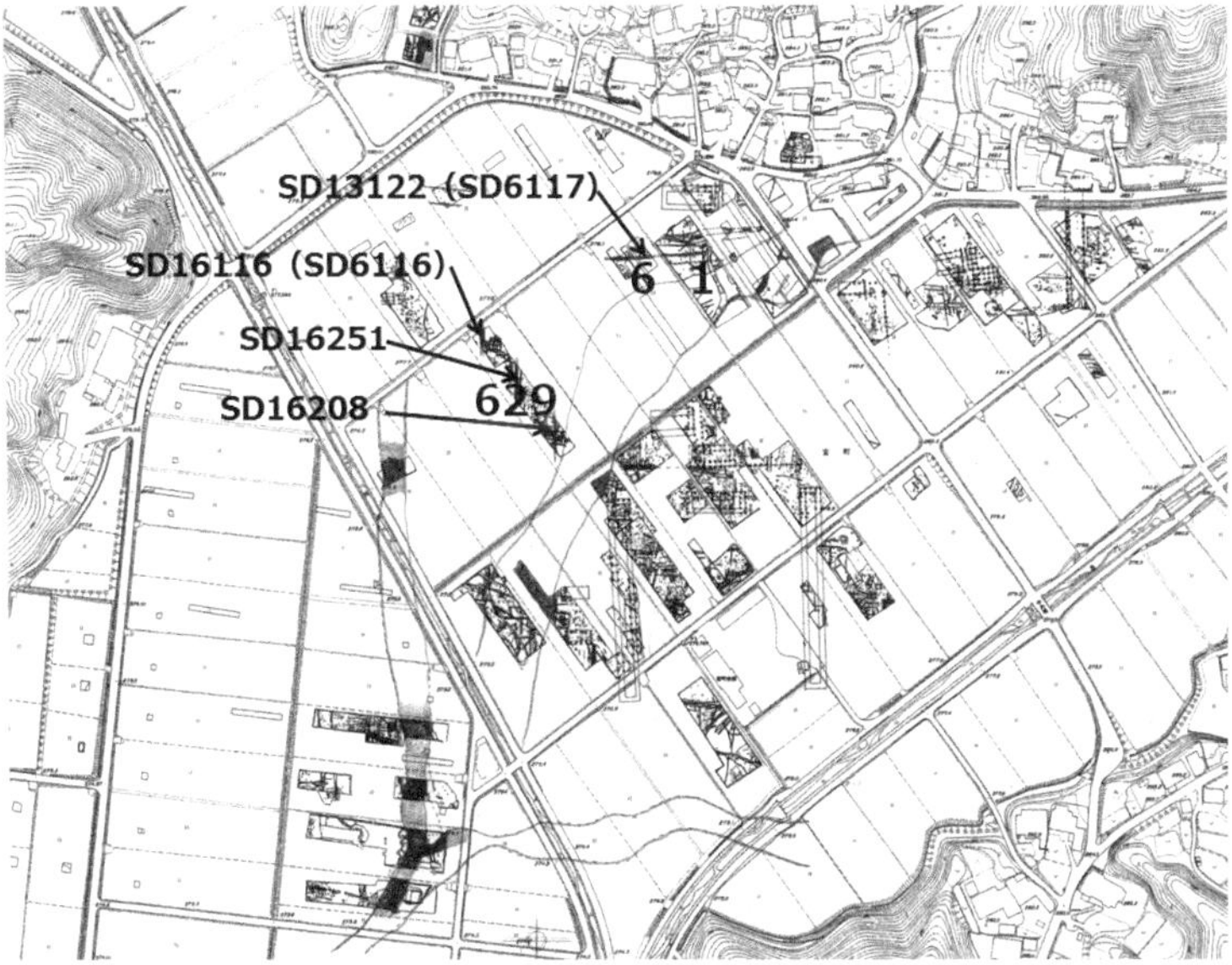

図４　溝の木簡出土遺構と出土点数

ａ谷地形の木簡

これは紫香楽宮の造営に伴って埋め立てられた遺構の木簡である。

①ＳＤ一三二五〇……宮町盆地北部を北東から南西に流れる斜行する溝状の遺構。

②ＳＤ一三二五五……宮町盆地北部を北東から南西に流れる斜行する溝状の遺構。ＳＤ一三二五〇と一連の遺構。

③ＳＤ一三二五六……宮町盆地北部の東西溝状の遺構。

④ＳＶ一三二五八……宮町盆地を北東から南西に向かって走る谷地形。①②③はこれを埋めたあとに掘られている。

出土点数は、以上の四つの遺構で計四八二（四〇三）点である。[3]

ｂ排水路の木簡

これは、紫香楽宮造営後も溝として機能した遺構の木簡である。

⑤ＳＤ二二一一三（西大溝）……約四〇〇〇点。[4]宮町盆地西部を南北に流れる排水路（自然流路か）である。

⑥ＳＤ二〇一〇一……約二〇〇〇点。[5]西大溝のうち、⑦ＳＤ二二一一二との合流点よりも下流の部分。次第に向きを南西方向に変える。

⑦ＳＤ二二一一二……二三（二二）点。宮町盆地西南部で⑤ＳＤ二二一一三に合流する東西方向の排水路（自然流路か）である。

⑧ＳＶ一八一二四……二（二）点。宮町盆地北端の南北方向の谷地形。ＳＤ二二一一三の上流にあたる可能性があるため排水路に含めた。

ｃ溝の木簡

これは、紫香楽宮造営以後に新たに掘られた遺構の木簡である。

⑨ＳＤ一三一二二……七（一）点。北側のＳＤ一三一〇一と心心で約九メートルの間隔をもつ東西溝。東西方向の道路状の遺構の南側溝とみられる。最新の紀年銘木簡は天平十七年（七四五）。

⑩ＳＤ一六一一六……宮町盆地西北部の南北溝。⑪⑫で構成される道路状遺構と西大溝の中間に位置する。

⑪ＳＤ一六二〇八……南北方向の道路状遺構の東側溝。西側溝（⑫）との心心間距離は約二〇メートル。

⑫ＳＤ一六二五一……南北方向の道路状遺構の西側溝。出土点数は、⑩⑪⑫で計六二九（六〇四）点である。(6)

以上の管見の整理に基づき、木簡出土状況を整理すると、表のようになる。

二　各遺構出土木簡の概要

出土遺構ごとに、主要な木簡の釈文を、『木簡研究』(7)の凡例に則った書式で掲げ、内容について私見に基づく見出しを付し、合わせて必要に応じて簡略なコメントを付す。

ａ谷地形の木簡

①斜行溝ＳＤ一三二五〇の木簡（一三次。以下、同様に出土した調査次数を示す）

１山背国司解・皇后宮職などの習書のある木簡（概報一—一〇頁右から一番目〔以下、概報一—一〇—一、と略記〕、木研一七—二(7)、報告書Ａ七〔同報告書では、Ｂが削屑、Ａは削屑以外の木簡を示す。以下、Ａは略し〈七〉と略記〕）

・「山背国司解解官
　后后皇后
　皇后宮職　職　職
　皇后宮皇后宮

c溝の木簡				合　計	木簡概報	報告書
⑨ SD13122	⑩ SD16116	⑪ SD16208	⑫ SD16251			
6 (0)				6 (0)	6 (0)	6 (0)
1 (1)				1 (1)	0 (0)	—
				364 (310)	37 (16)	63 (17)
	629 (604) 19 (10)	19 (16)	1 (1)	629 (604)	39 (27)	48 (27)
				2 (2)	0 (0)	—
				65 (60)	7 (4)	9 (4)
				2002 (1941)	106 (72)	131 (83)
				135 (130)	7 (4)	—
				1850 (1812)	53 (35)	—
				155 (153)	4 (3)	—
				1889 (1802)	112 (63)	—
				7 (0)	—	—
				92 (87)	—	—
				19 (6)	—	—
7 (1)	629 (604)			7216 (6908)	371 (224)	257 (131)
				1 (0)	1 (0)	1 (0)
				1 (0)	0 (0)	—
				7218 (6908)	372 (224)	258 (131)

表　宮町遺跡出土木簡の調査次数・遺構別出土点数（括弧は削屑内数）

<table>
<tr><th rowspan="2">次数</th><th rowspan="2">調査年</th><th colspan="4">a 谷地形の木簡</th><th colspan="4">b 排水路の木簡</th></tr>
<tr><th>①
SD13250</th><th>②
SD13255</th><th>③
SD13256</th><th>④
SV13258</th><th>⑤
SD22113</th><th>⑥
SD20101</th><th>⑦
SD22112</th><th>⑧
SV18124</th></tr>
<tr><td>4</td><td>1986</td><td></td><td></td><td></td><td></td><td></td><td></td><td></td><td></td></tr>
<tr><td>12</td><td>1992</td><td></td><td></td><td></td><td></td><td></td><td></td><td></td><td></td></tr>
<tr><td rowspan="2">13</td><td rowspan="2">1993</td><td colspan="4">364（310）</td><td rowspan="2"></td><td rowspan="2"></td><td rowspan="2"></td><td rowspan="2"></td></tr>
<tr><td>11（4）</td><td>18（9）</td><td>4（1）</td><td>2（0）</td></tr>
<tr><td>16</td><td>1994</td><td></td><td></td><td></td><td></td><td></td><td></td><td></td><td></td></tr>
<tr><td>18</td><td>1995</td><td></td><td></td><td></td><td></td><td></td><td></td><td></td><td>2
（2）</td></tr>
<tr><td rowspan="2">19</td><td rowspan="2">1995</td><td rowspan="2"></td><td rowspan="2"></td><td rowspan="2"></td><td rowspan="2"></td><td colspan="2">65（60）</td><td rowspan="2"></td><td rowspan="2"></td></tr>
<tr><td>1（0）</td><td>6（4）</td></tr>
<tr><td>20</td><td>1996</td><td></td><td></td><td></td><td></td><td></td><td>2002
（1941）</td><td></td><td></td></tr>
<tr><td>22</td><td>1997</td><td></td><td></td><td></td><td></td><td>112
（108）</td><td></td><td>23
（22）</td><td></td></tr>
<tr><td>23</td><td>2998</td><td></td><td></td><td></td><td></td><td>1850
（1812）</td><td></td><td></td><td></td></tr>
<tr><td>24</td><td>2998</td><td></td><td></td><td></td><td></td><td>155
（153）</td><td></td><td></td><td></td></tr>
<tr><td>25</td><td>2999</td><td></td><td></td><td></td><td></td><td>1889
（1802）</td><td></td><td></td><td></td></tr>
<tr><td>28</td><td>2000</td><td></td><td></td><td></td><td>7
（0）</td><td></td><td></td><td></td><td></td></tr>
<tr><td>31</td><td>2003</td><td></td><td></td><td></td><td>92
（87）</td><td></td><td></td><td></td><td></td></tr>
<tr><td>37</td><td>2007</td><td></td><td></td><td></td><td>19
（6）</td><td></td><td></td><td></td><td></td></tr>
<tr><td colspan="2">合　　計</td><td colspan="4">482
（403）</td><td colspan="2">6073
（4245）</td><td>23
（22）</td><td>2
（2）</td></tr>
<tr><td colspan="2">20, 22</td><td></td><td></td><td></td><td></td><td colspan="3">1（0）</td><td></td></tr>
<tr><td colspan="2">20, 22-25, 28</td><td></td><td></td><td></td><td colspan="4">1（0）</td><td></td></tr>
<tr><td colspan="2">総　　計</td><td></td><td></td><td></td><td></td><td></td><td></td><td></td><td></td></tr>
</table>

・「　　足足
□□解□司□足
解解解司□　　(98)×41×3　019

表裏両面とも、他にも削り残りや重書の習書がある。

2天平十五年の年紀のある木簡（概報一一―一〇―四、木研一七―二⑻、〈二八〉）

天平十五年十月十三□〔日ヵ〕　　(85)×20×3　081

反対面には墨痕は残らないが、荷札の裏面などの可能性がある。

3「金光明寺」と書かれた木簡（概報一一―九―七、木研一七―二㊳、〈三五〉）

「金光明寺　　(59)×(14)×3　081

金光明寺は「金光明四天王護国之寺」、いわゆる国分僧寺のこと。天平十三年（七四一）八月に国分寺建立の詔が出されている。天平十五年には平城京における金光明寺写経所の活動が知られ、東大寺の前身となる金光明寺の存在が確認できる。

4「造大殿所」と書かれた削屑（概報一一―一二―五、木研一七―二㉙、〈B13〉）

造大殿□〔所ヵ〕　　091

大殿は天皇の居住空間の正殿を指すことが多いから、紫香楽宮の中心建物の造営に関わる組織とみられる。

②斜行溝ＳＤ一三二五五の木簡（一三次）

5駿河国有度郡からの調の煮堅魚の荷札（概報一一―一一―三、木研一七―二⒄、〈八〉）

・「∨駿河国有度□……□〔調カ〕煮堅」　(60＋62)×22×4　032

・「∨魚八斤□〔五カ〕　……　」

中間欠で直接は接続しない。煮堅魚の貢進量は八斤五両。荒（麁）堅魚よりも加工に手間がかかる分だけ高価である。

6越前国江沼郡からの荷札（税目・品目不詳）（天平十五年）（概報一―一一―五、木研一七―二(21)、〈一二〉）

・「∨越前国江沼郡八田郷戸主江沼臣五百依戸口×

・「∨　天□□〔平十カ〕五年十一月二日　(203)×22×6　039

7上総国朝夷郡からの調の鰒の荷札（概報一―一一―四、木研一七―二(18)、〈九〉）

「∨□□□〔上総朝カ〕　□□□□〔輸鰒調カ〕　」　285×27×8　032

腐蝕が著しいが、辛うじて上総国朝夷郡の調の鰒の荷札であることが読み取れる。

③東西溝ＳＤ一三三五六の木簡（一三次）

8駿河国駿河郡からの調の荒堅魚の荷札（天平十五年）（概報一―一三―四、木研一七―二(33)、〈一七〉）

・「∨駿河国駿河郡宇良郷戸主春日部小麻呂戸口春日部若麻呂」

・「∨　調荒堅魚七連一節　　天平十三年十月　」　276×24×3　032

荒（麁）堅魚の貢進量は一一斤一〇両。ここでは梱包形態のみ記している。

9御炊殿の職務分担に関わるとみられる木簡（概報一―一三―六、木研一七―二(34)、〈一六〉）

「御炊殿食　宮主□末□〔呂ヵ〕」　(148)×(27)×4　081

御炊殿は「御」を伴うことからみて、天皇の飯を炊く組織か。そこに勤務する人々への食料支給に関わる木簡。

④谷地形ＳＶ一三二五八出土木簡（一三、二八、三一、三七次）

10参河国幡豆郡の荷札（概報一―一三―八、木研一七―二(39)、〈二二〉）

「＜参河国播豆　□＜」　245×24×5　031

参河国播豆郡の篠嶋・析嶋が月交替で貢進する特徴的な書式の贄の荷札の可能性がある。この書式による楚割の荷札は、天皇・皇后と直接関係する場所からしか出土しないという顕著な特徴がある。[8]

11天平十四年の年紀のある鹿脯の付札（『木研』三三―二(1)一）

「＜鹿枚脯参斤　九十條　十四年十二月十三日＜」　190×24×5　031

12小付札1（木研三一―(3)）

「止己呂」　116×15×2　051

止己呂はトコロ。ヤマイモ科の食材。

13小付札2（木研三一―七）

「栗」　109×15×3　051

14小付札3（木研三一―八）

「梨」　101×15×3　051

15小付札4（木研三一―六）

「由」　103×12×2　051

「由」は「柚」に通じ、ユズか。

16小付札5（木研三一―五）

「□子」　106×12×2　051

17小付札6（木研三一―四）

「家伊毛」　92×12×2　051

家伊毛はイエイモ。家芋。以上の12から17までは、果実・芋類の品目のみを記すごく簡略な書式の〇五一型式の付札で、平城宮跡にも類例がない。志摩国の贄とみられる〇五一型式の荷札木簡を参照するなら[9]、これらも贄として天皇への貢進物の付札の可能性が考えられる。

18心太の付札（木研三一―二）

「<心太二古」　234×(20)×7　032

心太はココロブト。トコロテンの材料となる海藻。古はコ。「個」の意味の場合と、「籠」に通じ、籠に梱包されていることを示す場合がある。なお、心太の荷札はSD一三二五五からも出土している（「<薩麻□心太一古〈入三斗〉」概報一―一一―六、木研一七―二(19)、〈一〇〉）。

19外西門の門籍（通行証）の木簡（木研三一―一三）

・『申』外西門籍『□』　多治比□

・『道道道□□□』『曾□』　(177)×(25)×5　081

紫香楽宮の外西門を通過するための門籍の木簡。紫香楽宮の区画施設が、内・外の二重の構造であったことを示すもの。

b 排水路の木簡

⑤SD二二一一三（西大溝）の木簡（一九、二二・二三・二四・二五次）

20 難波津の歌と安積山の歌を表裏に記す木簡（概報二一―一―六、木研二二―二(5)(6)、木研三三に訂正あり）

・奈迩波ツ尓……久夜己能波□□由己□〔母カ〕×

・阿佐可夜　……□□流夜真×　(79＋140)×(22)×1　081

極めて薄い削屑状の木簡の表裏に墨書がある。『古今和歌集』仮名序で歌の父母とされる二首の歌、難波津の歌（「難波津に咲くやこの花冬ごもり今は春べと咲くやこの花」）と安積山の歌（『万葉集』一六、三八〇六では「安積山影さへ見ゆる山の井の浅き心を我が思はなくに」）を表裏に記す。

21 仕司宛の牒（概報二一―二一―一、木研二二―二(1)）

・「　断四人
　牒　仕司務所
　凡海麻呂
　宇治マ廣瀬　右人等令荷持且
　勝稲麻呂　」

・「令参向請依歴名検領　四月□六日□□□□　」　301×(25)×4　081

仕司は仕丁に関する事務の担当者か。荷物運搬者の差配依頼か。

22 月借銭解の木簡（概報二一―四―五、木研二二―二(14)）

刑部□〔多カ〕麻呂解　請月借　091

23「中衛」の小付札1（身分証か）（概報二一―三―四、木研二二―二(11)）

・「○中」
・「○衛」　31×17×3　021

40と45に類例がある。特に40は全く同文。

24美濃国武儀郡からの庸米の荷札（天平十五年）（概報二一―二―三、木研二二―二(3)）

・「＜美濃国武義郡揖可郷庸米□斗」
・「＜　天平十五年十一月　」　176×20×3　032

25隠岐国（役道郡）からの調の腊の荷札（天平十五年）（概報二一―二―四、木研二二―二(4)）

「＜隠伎国都麻郷鴨マ久々多利＜
　調腊一斗天平十五年　」　124×31×6　031

郡名「役道郡」を書き落としている。

26鯖の付札（概報二一―三―二、木研二二―二(8)）

「上鯖」　166×23×2　051

「上」は鯖の品質、または「たてまつる」の意であろう。

27（若狭国）遠敷郡からの調の塩の荷札（天平十五年）（概報二一―一―五、木研二四―二(13)）

・×国遠敷郡玉置郷　私×
　御調塩　□〔斗カ〕」
・　天平十五年九月廿九日」　(147)×22×3　019

人名と数量部分は読み取れない。

28 隠岐国海部郡からの調の海藻の荷札（天平十五年）（概報二一—一二—四、木研二四—二⑲）

「∨隠伎国海部郡御宅郷□部
　百代調海藻六斤天平十五年　∨」　124×26×6　031

29 隠岐国海部郡からの調の海藻の荷札（天平十五年）（概報二一—一二—五、木研二四—二⑱）

「∨隠伎国海部郡御宅郷
　日下部□□調海藻六斤天平十五年　∨」　87×22×3　031

冒頭の国名から右に寄せて二行割書で書き出す書式は珍しい。出雲国の荷札には類例がある（『平城宮発掘調査出土木簡概報十九』二三頁上など）。

30 隠岐国役道郡からの調の鰒の荷札（天平十六年）（概報二一—一二—六、木研二四—二⑳）

「∨隠伎国役道郡武良郷伊我マ都支波　∨
　調鰒六斤　天平十六年」　206×25×6　031

31 尾張国海部郡からの荷札（税目・品目不詳）（天平十六年）（概報二一—一〇—三、木研二四—二(4)）

・尾張国海郡津積郷□」
・天平十六年　」　(107)×13×3　019

32 讃岐国阿野郡からの庸米の荷札（概報二一—一二—七、木研二四—二㉑）

・「∨讃岐国阿野郡□□郷戸主酒マ刀良戸鮎庸米一俵∨」
・「∨　天平十六年　∨」　217×23×6　031

33 中男作物の大凝の荷札（国名不詳）（天平十六年）（概報二一—一三—三）

×男作物大凝　六斤　納一古　天平十六年九月廿日」　(185)×(19)×4　081

34丹後国加佐郡からの赤春米の荷札（概報二一―一二―二、木研二四―二⒃）

「＜丹後国加佐郡田辺郷赤春米五斗＜」　172×16×4　031

35イカの荷札（概報二一―一四―二、木研二四―二㉙）

「＜御交易烏賊六斤＜」　70×16×4　031

「御」とあるから、天皇への貢進を示すか。明記はないが、交易によって調達した贄の荷札であろう。

36雑魚の付札（概報二一―一四―三、木研二四―二㉚）

「＜雑魚煮四百九十」　191×14×5　033

37矢の付札？（概報二一―一五―二、木研二四―二㉟）

「忌人鳴矢」　(63)×24×2　019

38人君の書状の木簡の断片（概報二一―八―五、木研二四―二(1)）

・「人君牒　□□前

・「充給宜　月一日　(123)×29×2　019

「牒」は官人が官司に上申する文書の書式。「□□前」は個人宛の書状に用いる宛先の書き方。「充給宜」（「あてたまうべし」と語順のままに読む）のような古い表記法が見えることとともに、新旧融合した型式になっている。

39少将の見える木簡（概報二一―九―一、木研二四―二(2)）

「佐伯殿　少将殿
　□□　　□□」　(143)×(30)×4　081

「少将」は、紫香楽宮の時代で該当するのは中衛府の次官。また、衛門督で紫香楽宮時代に該当するのは、佐伯常人（『続日本紀』天平十二年十月壬戌条・同天平十七年正月朔条見任）、また同じく左衛士督としては、佐伯浄麻呂が知られる（『続日本紀』天平十年四月庚申条任、同天平勝宝二年十一月己丑条見任のまま没）。

40「中衛」の小付札2（概報二一—一四—四、木研二四—二(31)）

・「○中」
・「○衛」　32×18×2　021

23と45に類例がある。特に、23は同文。

41歴名木簡（概報二一—一四—六、木研二四—二(36)）

・「出マ百足
　守マ国万呂
　□マ□万呂
　□□□□□」
・「上
　谿　」　129×(70)×6　081

裏面は木目と直交する方向に記す。表裏の関係は定かではない。

⑥SD二〇一〇一の木簡（一九・二〇次）

42書状の木簡（概報一—二〇—一、木研二一—(4)、〈一一五〉）

・□尊者座下　右以今月□□日□□
・□□石垂□□□□□」
・□〔鬱カ〕思□乍侍恨不□□者□□諸□□由
　□莫无礼□謹頓首　当月十八日□付進出　」　(284)×38×3　019

「□尊者」が宛先に相当。日付を指定していることからみると、来訪を依頼する文書木簡か。

43千字文の習書が書かれた木簡（概報一―二九―六、木研二一―(67)、〈B八〇〉）

□（字カ）文勅員□（外カ）
『兵衛□（衛カ）□』　091

「字文勅員外」は『千字文』冒頭に付される、「千字文勅員外散騎侍郎周興嗣次韻」の一部。

44解の末尾（概報一―一九―六、木研二一―(1)、〈一二五〉）

□□　□　□□
□不得状事具注謹解　(129)×25×(4)　081

右辺は二次的に整形されている。

45「中衛」の小付札3（概報一―二三―八、木研二一―(25)、〈八一〉）

・「○中衛」
・「○　官　」　38×17×4　021

23と40に類例があるが、両者は「中」「衛」を表裏に分けて記す。これらは中衛の身分証かとみられるが、他の遺跡出土木簡には全く類例は知られない。

46参河国渥美郡からの荷札（税目・品目不詳）（概報一―二一―一、木研二一―(7)、〈九七〉）

・「＜参河国渥美郡渥美郷石部□石部□□
・「＜　天平十五年九月廿六日□　152×25×6　033

下端は左右から二次的に削って加工している。

47天平十六年の年紀のある白米の荷札（国名不詳）（概報一一―二二―六、木研二一―(12)、〈九二〉）

・　□□川匂□神得白米五斗

・天平十六年　(135)×(17)×5　081

48近江国浅井郡からの（米の）荷札（概報一一―二二―七、木研二一―(14)、〈七八〉）

・「近江国浅井郡益田郷」

・「□部小神戸大麻呂　」　145×17×4　051

49近江国高嶋郡からの（米の）荷札（概報一一―二二―九、木研二一―(15)、〈七九〉）

「近江国高嶋郡三邑郷」　154×21×5　051

現状では反対面には墨痕は残らないが、本来は裏面に人名が続いていたとみられる。

50播磨国の荷札（概報一一―二二―五、木研二一―(11)、〈一一九＋一二一〉）

「播磨国賀茂　(88)×(12)×3　081

51丹後国熊野郡からの荷札（税目・品目不詳）（概報一一―二一―四、木研二一―(10)、〈九八〉）

「<丹後国熊野郡佐野　(126)×30×4　039

52尾張国山田郡からの白米の荷札（概報一一―二〇―四、木研二一―(5)、〈一一三〉）

・「<尾張国山田郡両村郷白米<」

・「<　五斗　<」　189×25×4　031

両村郷からの米の貢進荷札には、平城宮跡に類例がある。

53（下総国）千葉郡からの真手と蛤の混ぜ腊の荷札（概報一一―二一―二、木研二一―(8)、〈八三＋八四〉）

「∨
真手蛤交腊　上　千葉郡　　(145)×17×2　039

真手はマテガイか。「交」は混ぜるの意。腊は干物。税目は書かれていないが、贄であろう。

⑦ＳＤ二二一一二の木簡（二二次）―顕著な木簡がない（釈文未公表）ため省略。

⑧ＳＶ一八一二四の木簡（一八次）―顕著な木簡がない（釈文未公表）ため省略。

c　溝の木簡

⑨ＳＤ一三一二二の木簡（四・一二次）

54王名を列記する木簡1（概報一―九―一、木研一七―一(2)、〈三〉）

┐奈加王
┐□
(105)×(40)×5　081

「┐」は合点。何らかの照合を行った際に付けた印。54・55・56は、腐蝕や折損のため接続関係は明らかでないが、王名を列記した木簡の断片とみられる。「奈加王」は、天平宝字元年（七五七）五月に無位から従五位下に叙され、七月に讃岐守に任じられた奈賀王か。

55王名を列記する木簡2（概報一―九―二、木研一七―一(1)、〈二〉）

┐　垂見□〔王カ〕

□王
(156)×(47)×5　081

「垂水王」は、天平勝宝三年（七五一）に三嶋真人の賜姓を受けた無位垂水王か。

56王名を列記する木簡3（天平十七年）（概報一―九―五、木研一七―一(3)、〈四〉）

天平十七年　(108)×(82)×7　081

形状からみて、王名を列記した木簡の一部であろう。

⑩南北溝ＳＤ一六一一六の木簡（一六次）

57伊豆国田方郡からの調の麁堅魚の荷札の木簡（概報一一―一四―六、木研一八―一(2)、〈四二〉）

「∨伊豆国田方郡棄妾郷戸主大生部綾師戸大生部大麻呂調麁堅魚拾壱斤拾両　七□」　(296)×25×4　039

量目の数字を大字で記すのは、安房国の鰒の調の荷札では比較的類例が多いが、伊豆国の堅魚の荷札の類例は少なく、年紀の残るものでは平城宮内裏北外郭官衙のＳＫ八二〇出土の天平十八年が最古である（『平城宮木簡一』三四二号）。57は紫香楽宮跡の時期の木簡であることから、これを僅かに遡るのは確実で、大字で量目の数字を記す伊豆国の荷札の最古の事例となろう。

58鶏煮物の付札（概報一一―一五―五、木研一八―一(7)、〈四七〉）

「鶏煮物」　103×15×3　051

簡略な書式の付札で、12〜17や26と同様に、贄貢進に関わるものか。

59猪干宍の付札（概報一一―一五―四、木研一八―一(6)、〈五〇〉）

「猪干宍」　93×15×3　051

簡略な書式の付札で、これも贄貢進に関わるものか。

60遠江国長下郡からの荷札（税目・品目不詳）（概報一一―一四―五、木研一八―一(1)、〈四九〉）

・「∨遠江国長下郡伊筑郷×

・「∨　天平十六年七月□」　(112)×20×5　039

61山背国葛野・従六位上・秦などの習書のある刀形（概報一一―一四―四、木研一八―一(8)、〈五四〉）

・「山背国葛野□　『□　養　従六位上』
　　　　　　　　□□□戸秦□秦□□□□年廿　『物部佐月』」

・「　山　　　□　　　□□□□□『月月月月月月月月』」　565×26×8　061

長大な木簡で刀形に習書がある。割書は一行のみなら通常は右行に書くが、左行にのみある特異な事例。本貫地と年齢を二行割書で記す場合には、年齢は右行が一般的である。

⑪南北溝ＳＤ一六二〇八の木簡（一六次）

62国司の見える削屑（概報一―一七―二、木研一八―一⑿、〈Ｂ三八〉）

正六位□行大掾□（「□」と「行」の間に欠あり）　091

「大掾」は大国の第三等官で、正七位下相当であるので、「行」とあるのと矛盾はない。

63請求（または受け取り）削屑（概報一―一七―一、木研一八―一⒃、〈Ｂ三五〉）

□所　請　091

64人名の削屑１（概報一―一七―八、木研一八―一⒇、〈Ｂ三五〉）

宇治越方　091

65人名の削屑２（概報一―一七―七、木研一八―一⒆、〈Ｂ三五〉）

小子マ黒万呂　091

⑫南北溝ＳＤ一六二五一の木簡（一六次）―顕著な木簡がないため省略。

三　紀年銘木簡の出土分布

前節でも記したが、出土遺構ごとに、紀年銘木簡の概要を改めて整理すると、次のようになる。

ａ谷地形の木簡

ＳＤ一三二五〇……天平十五年（木簡2）

ＳＤ一三二五五……天平十五年（木簡6）

ＳＤ一三二五六……天平十三年（木簡8）

ＳＶ一三二五八……天平十四年（木簡11）

紫香楽宮の造営過程と照らし合わせると、造営が本格化するまでの時期の資料を主体としていると理解することができる。したがって、これらの谷地形は、造営段階で埋められた遺構とみることができよう。

ｂ排水路の木簡

ＳＤ二二一一三（西大溝）……天平十五年（木簡24・25・27・28・29）・天平十六年（木簡30・31・32・33）

ＳＤ二〇一〇一……天平十五年（木簡46）・天平十六年（木簡47）

天平十五年・十六年に限られることからみて、紫香楽宮造営期の史料とみることができよう。したがって、紫香楽宮の造営が一定の進捗をみ、宮として機能し始めた時期のもので、排水路として機能していた遺構と考えることができよう。

ｃ溝の木簡

ＳＤ一三一二二……天平十七年（木簡56）

ＳＤ一六一一六……天平十六年（木簡60）

天平十七年は平城還都の年である。その年紀を記す木簡が投棄されていたということは、平城還都直前まで生きていた遺構であることを意味する。また、木簡56は租税の荷札ではなく、王名の目録として何らかの儀式に伴って作成された可能性が考えられるから、紫香楽宮の活動の記録の一部とみてよかろう。したがって、ＳＤ一三一二二は、溝としての掘削時期は明瞭にし得ないものの、紫香楽宮の構造体の一部として機能した溝であったことは間違いない。このことは、その埋没が紫香楽宮廃絶時点よりも遡ることが、この溝を埋め立てたあとで建設された遺構が確認されていることからも明らかである。木簡の作成、廃棄、溝の埋め立て、溝と重複する建物の建設が、天平十七年の一月から五月までの間に集約されることになり、平城還都にかなり近い時期まで紫香楽宮における造営工事が継続していたことを示す点でも重要な遺物といえよう。

四　宮町遺跡出土の木簡の内容からみた特徴

次に木簡の内容（機能）という観点から、宮町遺跡出土木簡の特徴を整理しておく。木簡は機能からみると、①意思伝達機能の木簡（文書木簡）、②属性表示機能の木簡（荷札・付札木簡）、③墨書媒体機能の木簡（習書・落書木簡）に三分することができる。これに即して宮町遺跡出土木簡を概観する。

①意思伝達機能の木簡（文書木簡）

律令制下の文書木簡には、差出・宛先が書かれるものが多い。それは木簡の使用場所やその性格を考える重要な根拠ともなる。しかし、宮町遺跡出土木簡には、律令官司名を記すものが少ないという顕著な特徴がある。令外官も含めて、律令官司で登場するのは、皇后宮職（1）くらいで、しかも習書である。

こうした一般的な傾向の中で、衛府に関連する資料が多いことが注目される。特に中衛府関連の内容が集中している。例えば、「中衛」の小付札（23・40・45）、少将（39）などで、時期を考えると、中衛府関連の官職とみてよい（これらはいずれも西大溝出土木簡である点にも注意が必要であろう）。

その一方で、律令官司としては知られていない機構が散見する。例えば、御炊殿（9）、仕司（21）などである。「御」を付して天皇関連であることを示すものの、「炊殿」は一般的な呼称である。「仕司」も略称ないし便宜的な銘名であり、他に類例は知られない。

また、官司の業務というよりも、役人個人に関わるものを含む点も特徴の一つでる。例えば、月借銭に関わるもの（22）、書状（38・42）などである。

そうした中で特異なのは、SD一三一二二出土の王名木簡（54・55・56）であろう。現在は複数の断片に分かれているが、丁寧な楷書でゆったりと書かれていること、通常の木簡よりも分厚い材を用いていることなどからみて、本来は大型の何らかの特別の用途をもった木簡だった可能性が高い。同様の書きぶりで思い起こすのは、平城宮東方官衙の大土坑SK一九一八九から出土した衛府の担当者を書き上げた太政官奏とみられる歴名木簡である（『平城宮発掘調査出土木簡概報三九』一、二）。方や兵士、方や諸王と、書かれている人名の属性は異なるが、天皇の御覧も想定できるような木簡とみるのもあながち的外れな想定ではないであろう。天平十七年（七四五）の五月よりも前という限定的な時期を考慮するなら、紫香楽宮で行われた何らかの儀式や行事に関わるものかもしれない。

②属性表示機能の木簡（荷札・付札木簡）

まず、貢進物付札、すなわち租税の荷札はたいへんヴァラエティーに富む。東海道では、尾張（31、税目・品目不詳。52、白米）、参河（10・46、いずれも税目・品目不詳）、遠江（60、税目・品目不詳）、駿河（5、調煮堅魚。8、調荒堅魚）、伊豆（57、調麁堅魚）、上総（7、調鰒）・下総（53、贄か・真手蛤交腊）など、東山道では、近江（48・49、米か）、美濃（24、庸米）、北陸道では、若狭（27、調塩）、越前（6、税目・品目不詳）、山陰道では、丹波、丹後（34、赤舂米。51、税目・品目不詳）、隠岐（25、調腊。28・29、調海藻。30、調鰒）、山陽道では、播磨（50、税目・品目不詳）、美作、南海道では、阿波、讃岐（32、庸米）などであり、西海道を除く六道一八ヵ国に及ぶ。平城宮・京跡に見られる典型的な荷札は粗方含まれているといってよかろう。点数的には近江と隠岐が多い。但し、近江の場合は、国名を書かない簡略な書式が目立つ。近江国府からもたらされるなど、紫香楽宮所在国であることに起因する可能性があろう。

ところで、天平十五年十月に、東海・東山・北陸三道二五国の当年の調庸は紫香楽宮に納めるよう命じられている（『続日本紀』同年十月壬午条）。天平十五年以後の年紀をもつ荷札は、国名の明確なものに限ると、尾張（31、天平十六年）、参河（46、天平十五年九月）、遠江（60、天平十六年七月）、美濃（24、天平十五年十一月）、若狭（27、天平十五年九月）、隠岐（25・28・29、以上いずれも天平十五年。30、天平十六年）、讃岐（32、天平十六年）となる。天平十五年の指示が出されたのは十月後半のことであるから、十月末が貢進期限の中国でも運脚の途上で納入先の変更など混乱が生じた可能性はあろう。しかし、東海・東山・北陸三道の調庸が紫香楽宮にもたらされたことについて、荷札という物証を得たと評価することができよう。

隠岐国の天平十五年のものが含まれていることについては、一つには恭仁宮から転送されたという説明も不可能ではない。天平十三年（8）・十四年（11）の荷札が出土していることはこの点を支持する証拠となろう。しかし、翌天平十六年の南海道の讃岐国の荷札（32）が含まれており、また年紀はないが丹後（34・51）や播磨（50）の貢進物もたらされていることからすれば、翌天平十六年にかけて、三道に対する紫香楽宮への貢進指令が、さらに範囲を広げて全国的な規模で継続的に実効力をもったとみることは許されるであろう。

税目という点でも、調、庸、中男作物、舂米、贄などヴァラエティーに富むが、典型的な贄の荷札が少ないという点は、特徴として抽出しておくべきであろう。

品目からみて贄の可能性があるのは、鹿枚脯（11）、御交易烏賊（35）、真手蛤交腊（53）などである。特に楷書で丁寧に記された文字の書きぶりはこの点を支持しよう。しかし、貢進主体の国名記載がないものや、あっても53のように郡名を追記するだけで、平城宮・京跡出土木簡には類例のないものばかりである。その点で注目されるのは、果実や芋などの品目のみを記す、きわめて簡略な書式で書かれた〇五一型式の木簡（12—17）である。梨・柚・栗・芋などの荷札・付札は他に全く類例がない。品目的には紫香楽宮という山間の盆地に立地する宮殿の立地とも深く関連するとみられよう。また、一端を尖らせただけの簡略な形態の〇五一型式をとる点は、志摩国の贄と明記しない贄の荷札木簡とも通じる部分がある。この形が、荷物に添付する際の最も簡便な加工形態ということになろうか。

③墨書媒体機能の木簡（習書・落書木簡）

一定量の習書木簡が含まれ、下級官人の活動を示している。論語とともに下級官人の習書の定番ともいえる千字文の習書（43）があり、しかも「兵衛」の習書と共存している点は、二条大路木簡に見られる千字文の習書木簡とも共通性があり注目される。

断片的で、それ以上考察を深めるのは困難であるが、皇后宮職と記す木簡（1）の存在も注目される。同じ木簡に山背国司解とある点も、紫香楽宮との関係で説明するのは難しいが、山背国が登場する習書がもう一点ある（61）のも偶然ではないかもしれない。恭仁宮が「大養徳恭仁大宮」と称しつつも山背国相楽郡に所在したことからみて、恭仁宮との関連で説明するのがよいと考えるが、断案はもたない。

五　宮町遺跡出土木簡が語る紫香楽宮——まとめにかえて——

以上、機能別に宮町遺跡出土木簡の概要をみてきたが、これらは、他の都城の木簡と比べるなどの視点でみたとき、全体としてどのように評価することができようか。

まず、宮町遺跡の木簡に官司名の見えるものが少ないことは、平城宮跡の木簡と比べると、律令官司の運営全般というよりは、より狭い範囲の活動を反映しているように思われる。しかも、宮町遺跡の木簡には、内容を把握できないほど微細な削屑が多量に含まれているという顕著な特徴がある。削屑の存在は、一般に木簡の再利用を伴う活発な官司活動の証拠と捉えることが多いが、宮町遺跡の木簡の場合には、官司の活動というよりは、むしろ造営活動の産物とみるべきなのではないか。その点では、「造大殿所」の削屑（4）の存在が注目される。

これは裏返せば日常的な官司活動の痕跡が窺えないということでもある。それを端的に示すのが、題籤軸の出土が全く見られないことであろう。また帳簿状の木簡が少ないのも大きな特徴の一つに数えられよう。要するに、日常業務の痕跡が窺えないのである。

一方、宮の活動として生活の痕跡は窺えるだろうか。中衛の存在など、聖武天皇の存在を前提にすべき資料はあるものの、明確な贄の荷札がないなど、その生活に直結した資料は少ないとまとめることができるであろう。

これらのことは、宮町遺跡出土木簡が、紫香楽宮の運営そのものではなく、その造営に関わる段階の遺物が多いことを示すのではないか。木簡の大半が、紫香楽宮完成期（完成したかどうかは措く）には埋まっていたはずの遺構の遺物であることもこれを裏付ける。その中で、王名木簡こそは、紫香楽宮そのものの活動に直結するほとんど唯一の資料として注目すべきであろう。

註

（1）　紫香楽宮を構成する遺跡で他に木簡が出土している遺跡としては、天平十六年十月の年紀のある上総国の荷札（調の鰒であろう）が出土した新宮神社遺跡がある（木簡学会『木簡研究』二三、八五頁(1)）。

（2）　宮町遺跡出土木簡に関する公開情報は以下の通りである。
信楽町教育委員会『宮町遺跡出土木簡概報（1）』（一九九九年。以下、概報一、と略記）
信楽町教育委員会『宮町遺跡出土木簡概報（2）』（二〇〇三年。以下、概報二、と略記）
甲賀市教育委員会『紫香楽宮跡関連遺跡発掘調査概報―甲賀市・宮町遺跡』（甲賀市文化財報告第一〇集、二〇〇八年。以下、報告書、と略記）
また、木簡学会『木簡研究』（以下、木研、と略記）にも「滋賀・宮町遺跡」あるいは「滋賀・紫香楽宮跡」としてその都度出土事例の紹介がある。掲載号と当該調査次数は下記の通りである。
第四次調査―木研一〇（一九八八年）。木研一七（一九九五年）に訂正あり。
第一二次調査―木研三三（二〇一一年）。
第一三次調査―木研一七（一九九五年）。
第一六次調査―木研一八（一九九六年）。
第一八次調査―木研一八（一九九六年）。
第一九次調査―木研一八（一九九六年）。
第二〇次調査―木研二一（一九九九年）。
第二二次調査―木研二二（二〇〇〇年）。木研三一（二〇〇九年）に訂正あり。
第二三次調査―木研二二（二〇〇〇年）。

第二四次調査―木研二四（二〇〇二年）。
第二五次調査―木研二四（二〇〇二年）。
第二八次調査―木研三二（二〇一〇年）。
第三一次調査―木研三三（二〇一一年）。
第三七次調査―木研三一（二〇〇九年）。
これらのうち、木簡概報は出土遺構の概要と釈文のみだが、発掘調査概報と木簡研究には、木簡一点ごとに個別の解説が附されている場合がある。本来ならば一々の参照を註記しなければならないところであるが、紙幅の都合により割愛せざるを得ないことをお断りしておく。本稿で述べる私見と一致しない部分があるかもしれないが、その点はご寛恕を請いたい。

（3）内訳が不詳であるのは、報告書等に第一三次調査におけるＳＤ一三二五〇・ＳＤ一三二五五・ＳＤ一三二五六・ＳＶ一三二五八の出土点数の内訳の明記がないことによる。

（4）（5）点数が概数であるのは、報告書等で第一九次調査におけるＳＤ二〇一〇一とＳＤ二二一一三の出土点数の内訳が不詳であることによる。

（6）内訳が不詳であるのは、報告書等に第一六次調査におけるＳＤ一六一一六・ＳＤ一六二〇八・ＳＤ一六二五一の出土点数の内訳の明記がないことによる。

（7）釈文冒頭の木簡番号は、本稿において便宜付した通し番号。木簡の釈文は、赤外線写真に基づいて適宜改めた場合がある。木簡の出典の詳細については、註(2)参照。

（8）拙稿「贄貢進と御食国―淡路国と参河国の荷札の基礎的分析―」（奈良文化財研究所『文化財論叢Ⅳ』二〇一二年）。

（9）拙稿「志摩国の贄と二条大路木簡」（奈良国立文化財研究所『長屋王家・二条大路木簡を読む』二〇〇一年。初出は一九九六年）。

筑紫館の風景

坂上康俊

はじめに

一九八七年暮れ、福岡市の平和台野球場外野スタンドの改修工事に伴う発掘調査で検出された大宰府鴻臚館の遺構については、二〇一三年度まで継続的に調査が重ねられ、いわゆる南館・北館一帯を中心とする国史跡（「史跡鴻臚館跡」、二〇〇四年九月官報）指定部分に関しては、ほぼ調査を終えている。遺構が五期に分けられることは共通認識となっており、各時期の遺構のうち、北館と南館に限って通説的に言われていること(1)を表示すれば、おおよそ表1のようになる。なお、Ⅳ期以降については、瓦は大量に出土するものの、建物遺構が検出されていないので省略する。

一応このように整理されてはいるが、年代観、特に第Ⅱ期の建物の存続期間に関しては、若干の問題が孕まれているので、小稿においてこの点を検討し、新たな考え方を提示したい。

表１　鴻臚館遺構の時期区分

時期	北館	南館
Ⅰ期 （7世紀後半～8世紀初頭）	南北棟の掘立側柱建物１ 西・南を画する柱列 東門らしい柱穴群	南北棟の掘立側柱建物２ 同様の東西棟建物２ 内側の空間に東西棟の掘立側柱建物１
Ⅱ期 （8世紀前半～中頃）	布掘りの柱列（塀） 東門（八脚門） 便所２ 軒瓦出土（瓦葺き建物）	布掘りの柱列（塀） 東門 便所３ 軒瓦出土（瓦葺き建物）
Ⅲ期 （8世紀後半～9世紀前半）	南東側に東西棟の礎石建物１	回廊状の建物の内部に長大な南北棟礎石建物を配置

一　第Ⅱ期鴻臚館の造営時期

現時点で第Ⅱ期を八世紀前半と措定する根拠として、第一には、南館の便所遺構から出土した木簡には、国―郡―里制下のもの（「肥後国天草郡志記里□」）と国―郡―郷（―里？）制下のもの（「庇羅郷伊支須一斗」）とが含まれており、[2]前者は養老元年（七一七）より以前、後者は同年以降であることが確実であることが挙げられる。しかし、この年代比定には、木簡に文字が記されてから便所遺構に廃棄されるまでにどの程度の時間が想定できるか分からないという難点があり、第Ⅱ期の遺構が確かに八世紀前半に収まるか、厳密には言えないという欠点を持つ。木簡について更に述べれば、「目大夫所十四隻　□□□」という記述も注目に値する。ここに記された「目大夫」は、筑前国司の第四等官と解するのが穏当であろうが、令制では筑前国は大宰府に「帯」される国、すなわち大宰府の直轄地であり、筑前国独自の四等官の初見は、神亀五年（七二八）七月の筑前守山上憶良（『万葉集』巻五―799番、現任）であり、この木簡は神亀三年を上限とするという見解があるからである。[3]ただ、神亀五年は史料上の初見にすぎず、これ以前のどの時点で筑前国司が分置されたか不明である。[4]もちろん、先の木簡同様、本木簡についても便所遺構への廃棄までどの程度の年月を見込むかによって、遺構の年代観は異なることになる。

第二の根拠として、鴻臚館Ⅰ式の軒瓦の出土があり、これは大宰府政庁の第Ⅱ期の創建瓦であるから、大宰府の第Ⅱ期の造営が八世紀前半であるならば、鴻臚館の第Ⅱ期も同時期であろうという推定がある。大宰府の第Ⅱ期の造営がいつか、という点について、文献史学の方では、所謂「筑紫之役」が慶雲三年格（『続日本紀』慶雲三年二月一六日条、『類聚三代格』巻一七蠲免事）によって制定されており、これが大宰府の造営と密接に関係するであろうことが鎌田元一氏によって指摘されて以来、(5)和銅年間（七〇八〜七一五）から霊亀年間（七一五〜七一七）を経て養老年間（七一七〜七二四）頃までに造営されたという仮説が有力視されている。(6)「筑紫之役」の制定と同時に免除された大宰府管内の庸が、養老二年（七一八）六月に旧に復していること（『続日本紀』養老二年六月四日条）から推せば、この頃までに第Ⅱ期大宰府政庁は竣工していたと考えて良いだろうし、考古学的な所見もこれを支持している。(7)とするならば、鴻臚館の第Ⅱ期も、同様に八世紀前半でも第1四半期というかなり早い時期に造営されたのではないか、ということになる。

このように第Ⅱ期の開始については、八世紀前半の中でも早いうちに措定する考え方がある一方で、たとえば、かつて大庭康時氏は、北館の第Ⅱ期布掘り区画に先行する盛土の中から、おおむね八世紀前半から中頃の様相を示す須恵器・土師器や、少なからぬ量の鴻臚館式瓦が出土していることから、北館第Ⅱ期布掘り区画は、八世紀前半から中頃よりも時期的に下るのではないかと見ている。大庭氏は更に、北館の便所遺構であるＳＫ一一二四とＳＫ一一二五から出土した須恵器は八世紀後半の特徴を持ち、また同じ所から出土した高台付き土師器皿も八世紀第２四半期と見なされ、南館のＳＫ五七出土須恵器も八世紀中頃という年代観が正しく、総じて言えば第Ⅱ期は八世紀後半に下る可能性が高いのではないかとしている。(8)特に北館については、「北館の第Ⅱ期が八世紀後半に位置づけられることは明らか」とした上で、同一規格・同一基軸で営まれている南北館について、「それを同時に測量・設計されたものとして南館の時期を北館に合わせて引き下げるか、南館が先行しそれを規範として北館が営まれたものとして時期差を想定するか」が検討課題であるという重要な問題提起を行っている。(9) 後に吉武学氏も同様に北館第Ⅱ期の遺物の年代観を認め、「南館より遅れて建て替えられた可能性がある」と述べている。(10) このように、第Ⅱ期の年代観については必ずしも統一見解が得られているわけではなく、特に北館の造営時期については、南館よりも遅れる可能性が指摘されている状況であった。

こうした中にあって、最近、菅波正人氏は、北館・南館の建物の性格について、注目すべき見解を述べている。第Ⅰ期と第Ⅱ期との違いについて、その要点をかいつまんで述べれば、第Ⅰ期の南館は、ロの字型に配置された長舎が東西棟の中心建物を取り囲む構造と推測され、これは儀式や饗宴用の建物配置と考えられるが、これに対して北館の方は、柱列＝塀以外にはめぼしい建物がなく、南館より約一・五メートル低く整地されていることも考え合わせれば、こちらは部外者との接触が避けられた外交使節が滞在する宿舎ではないかと推定される。一方、第Ⅱ期に関しては、南館と北館とは全く同一の規格となっており、機能も同一で宿舎とみられるというのである。(11)

この見解は、第Ⅱ期の造営の契機を考える際に極めて示唆に富むものである。その理由は、第一に、第Ⅰ期の鴻臚館では儀式・饗宴も行われていたが、第Ⅱ期ではもっぱら宿舎として使用されるようになったと見なければならないからであり、第二に、第Ⅱ期の鴻臚館では、宿舎として使用されるべき施設が二つになったと見なければならないからである。このうち第一点は、近辺に儀式・饗宴用の施設が造営され、もはや第一義的には鴻臚館が儀式・饗宴用である必要がなくなったことを示している。その背景として最も考えやすいのは、大宰府政庁そのものが儀式用として整備されたからという想定であり、現に菅波氏もそのように考えている。

ところで、これまでの発掘調査によれば、大宰府政庁の第Ⅰ期の遺構には、ロの字やコの字の形といった定型的な建物配置が見いだされず、儀式の場としての庭も検出されていない。朝堂院型の建物配置・前庭を備えた政庁は第Ⅱ期で初めて登場するのであり、これを承けて儀式・饗宴の場は鴻臚館から大宰府政庁に移されたとみることができるだろう。となると、鴻臚館の第Ⅱ期は、大宰府の第Ⅱ期の造営完了、すなわち前述の想定をとるならば、養老二年（七一八）を待って、造営が開始された可能性が大きいということになる。必ずしも定期的に来航するわけではない新羅使の迎接施設として、空白期間が生じることは避けたいであろうから、政庁域の整備が済まないうちには鴻臚館の儀式・饗宴施設を撤去するわけにはいかないと思われるからである。ただし、「筑紫之役」については、これを動員する対象が第Ⅱ期大宰府政庁の造営に限られていたかどうか不明であり、水城や大野城等の門の整備、あるいは第Ⅱ期鴻臚館の造営にも充てられていた可能性がある。とするならば、第Ⅱ期大宰府政庁の造営を早めに終わらせ、七一〇年代に入ってからは、「筑紫之役」を充当して第Ⅱ期鴻臚館等の造営を進めたという想定も成り立つことになる。

第二点、即ち同一規格の宿舎が二つ並ぶという設計の背景については、次のように考えることができる。そもそも、八世紀に入る頃の鴻臚館において、迎接儀礼の対象となるべき外交使節としては、新羅のそれのみが想定されていたとみて良い。もちろん遣唐使の利用も想定されていたとは思うが、八世紀初頭においては、ともに朝貢を主眼としていた日本の遣唐使、日本への新羅使は、それぞれ唐・日本での元日朝賀に間に合うように旅程を組むので、新羅使が来着する頃には遣唐使は既に出発しているのが普通である。つまり、遣唐使と新羅使とが同時に鴻臚館を宿泊施設として利用することはないということになる。もっとも実際には大宝の遣唐使のように、大宝元年（七〇一）に任命されて一旦筑紫まで来たものの、良風が得られずに翌年渡航を果たすということも起こりうる。ただ、そういった場合、使節団が鴻臚館で越冬し、ほとんど一年を過ごすことを想定していたか、それとも使節団の大半は一旦帰京、水手は現地で解散して翌年の機会を待つというように想定していたかは不明であり、必ずしも鴻臚館での越冬が前提とされていたとは限らないだろう（『続日本紀』宝亀七年〈七七六〉一一月一五日条参照）。また遣新羅使については、鴻臚館の第Ⅰ期にあっても、新羅使の来着には関わりなく往来している。これは、鴻臚館のような宿泊施設があるにこしたことはないが（現に天平八年〈七三六〉の遣新羅使は筑紫館に宿泊している）、遣唐使に比べて小規模でもあり、また、そもそも新羅との間の往還を目的としているので、新羅使との接触を避ける必要はないと考えられたのではなかろうか。

唐使については、そもそも来日を想定していなかった、できるだけ来日を避けたかっただろうし、仮に遣唐使の帰国に伴われて来日したとしても、それは元日朝賀を終えた遣唐使と同行しての来日、つまりは基本的に夏から秋にかけてのことと想定されるので、これも新羅使とは時期がズレることになる。実際には、奈良時代後半に送使の名目で唐使沈惟岳ら九人（これに加えて水手が三〇人）が来着し、そのまま一年以上過ごすこともあった（『続日本紀』天平宝字五年〈七六一〉八月一二日条、同六年正月六日条、五月一九日条、八月九日条、同七年正月一七日条）。しかし、唐の正式な使節の来日を想定していなかったことは、唐使孫興進らを入京させる際の当惑したやりとり（『続日本紀』宝亀一〇年〈七七九〉四月二一日条）から窺うことができる。

以上に述べたことをまとめれば、少なくとも第Ⅰ期の鴻臚館を建てる際に想定された第一義的な用途としては、遣唐使や遣新羅使の宿泊施設と考えてはいなかったと考えるか、または、遣唐使・遣新羅使と新羅使とは時期がズレるので二つの宿舎を用意する必要はないと考えられたか、あるいは、新羅使と遣新羅使・遣唐使が一区画の宿舎を利用することは可能とみられていたか、このいずれかであったと見るべきだということである。だからこそ第Ⅰ期の鴻臚館は、主に新羅からの使節を想定した上で、儀式・饗宴用と宿舎用という用途の違いに合わせて、南館・北館で異なる建物配置にしたのであった。第Ⅱ期の鴻臚館を造営するときの状況認識も、これを変える理由はなかったから、南館を宿泊施設に造りかえるだけで済まされようとしたのであった。

ところが、南館と同様の宿泊施設を北側にも造営したほうが良いという事態が発生してしまう。そのうちの一つは、日本の遣唐使の宿泊施設を、新羅使のそれとは別に設置するのが望ましいという情況が生じたことである。越年を余儀なくされた大宝の遣唐使は、少なくともその一部が鴻臚館（筑紫館）に滞在・越冬した可能性があるが、この時には新羅使は来日していなかった。養老の遣唐使の往来の際も、幸い新羅使は滞日していなかった。ただ、遣唐大使の帰国については、養老二年（七一八）一〇月二〇日付の大宰府からの報告があり（『続日本紀』）、この日程では新羅使と筑紫で出会う可能性が出てくる（大使の入京は一二月一三日）。天平の遣唐使は天平六年（七三四）一一月二〇日に多褹島に帰着、翌年三月一〇日に節刀を返還しており、一方、天平六年一二月六日には大宰府から新羅使来着の報が来ているので（いずれも『続日本紀』）、この時、帰国してきた遣唐使と来着した新羅使とが、筑紫に同時に滞在していた可能性が極めて大きく、今後も同様のことが起こることが予想されただろう。一方で新羅使の方も、次第に元日の朝賀への参列を避けるような日程を選ぶようになってきており（慶雲二年〈七〇五〉は一〇月三〇日の来朝だが、和銅二年〈七〇九〉は五月二〇日に方物を貢じており、同七年は一一月二六日に入京しているものの、養老三年は五月七日に来朝、同五年は一二月に来着、同七年は八月八日に来貢、神亀三年は五月二四日に来朝、天平四年は正月二二日に来朝、同七年は二月一七日に入京。以上、いずれも『続日本紀』）、新羅側の思惑次第で、新羅使と遣唐使とが同時に鴻臚館に滞在するという事態が生じかねないこととなった。単なる接触忌避という観点からだけでなく、受け入れ人数の観点からも、南館に匹敵する宿舎の造営が考えられた可能性がある。

しかし、更に重要な事態が生じている。それは、神亀四年（七二七）、渤海が日本に使節を派遣してきたことである（『続日本紀』神亀四年九月二一日条）。ここに日本側から見た場合の、二つ目の朝貢国が現れたのである。新羅使にも渤海使にも日本での元日朝賀への参列を求めるならば、両国には同じ時期に博多湾に来着することを求めることになり、そうすると両使節の保護・管理の必要性からみて、同一規格の二つの施設が必要になるだろう。渤海使にも新羅使と同様に宿舎を用意しなければならないとすれば、八世紀第2四半期に入って早々には、二つの宿泊施設を設けなければならなかったことであろう。この推測が成り立つとすれば、二つ目の宿泊施設の同一規格での造営に駆られたのは、七二七年以降の早い時期ということになる。

こういう二つの原因で、北側に宿泊施設をもう一つ造らなければならない情況が生じてきた。この造営事業の片鱗を示すのが、北館の石垣の下から出土する八世紀前半の遺物であると考える。先述したように、北館から出土する遺物の年代観については、やや複雑な様相が指摘されていたが、最近、福岡市教育委員会では、北館出土遺物の年代観を総合的に見直し、おおむね次のように見解をまとめている。(12)

①第Ⅱ期北館の石垣については、整地層から出土した須恵器の年代観により八世紀前半の造営と判断される。

②石垣の一部が崩落した後の整地層から出土した土器は、八世紀中頃～後半（第3四半期ぐらい）に位置づけられ、布掘りの塀はそれに掘り込まれていることから、八世紀中頃～後半以降となる。

③第Ⅱ期北館の便所遺構は、出土土器から八世紀後半に位置づけられ、布掘り塀とは時期的に並行する。

つまり北館部分においては、八世紀前半に石垣が造築されたが、直ちに建物が造営されたわけではなく、八世紀中頃～後半になってようやく、宿泊施設が造られたらしいのである。『続日本紀』天平四年（七三二）一〇月三日条には「始置二造客館司一」という記事が見えており、ここでいう「客館」は平城京内のそれを指すのではないかという見解があるが(13)、必ずしも京内のそれと限定して解釈する必要はなく、むしろ石垣の造築を根拠として、鴻臚館（筑紫館）での客館整備（北館建設）をも担当させようとしたものと解釈する余地があろう。

しかし、一旦北館の造営が企図されながら、実際の宿舎造営はかなり遅れてしまった。その原因としては、より切実な理由と考えられる渤海からの使節のための宿舎は、彼らが、地理上の関係から、日本海を横断して北陸から東北にかけての地域に来着するのが殆どであったため、必要性に疑問符がついたことに求められるのではなかろうか。渤海使の来着地は、神亀四年の出羽についで、判明している限りでは出羽（天平一一年）・佐渡（天平勝宝四年）・越前（天平宝字二年）と推移しているからである。

ところが、天平宝字三年（七五九）一〇月に対馬に漂着し、大宰府に召された後に難波経由で入京、翌年二月に京を離れて帰途に就いた高南申一行の事例（『続日本紀』天平宝字三年一〇月一八・二三日条、一二月一九・二四日条、同四年二月二〇日条）から見て、渤海使が博多湾に来航することは、あながち無理ではないことを知った太政官は、宝亀四年（七七三）六月二四日、渤海使烏須弗らの帰国に際して「渤海使取二此道一来朝者、承前禁断。自レ今以後、宜下依二旧例一従二筑紫道一来朝上」と、渤海使は今後旧例により大宰府を経由すべしと通告した(14)（『続日本紀』）。渤海使に対しては、宝亀八年正月二〇日にも「去宝亀四年、烏須弗帰二本蕃一日、太政官処分、渤海入朝使、自レ今以後、宜下依二古例一向中大宰府上。不レ得下取二北路一来上。而今違二此約束一、其来如レ例」と譴責している（『続日本紀』）。

ここで注目されるのは、渤海使に大宰府経由の朝貢を求める前年、宝亀三年一一月に、「罷二筑紫営大津城監一」（『続日本紀』同年一一月二五日条）という気がかりな記事があることである。この簡略な記事については、多様な解釈が可能であろうが、筑紫の大津といえば博多湾以外には考えられず、その湾岸に設けられた「城」とも呼べるような構築物といえば、造成した結果として海浜からの比高四メートルを測る鴻臚館以外には考えにくい。実際、北館の北側は四メートル前後の段差を持ち、その崖下の砂浜は、瓦を敷いた上に盛り土をして地盤を強化している。

この記事が渤海国に対する筑紫経由の来朝要請の前年に見えることは、次のような解釈を可能とするものではあるまいか。すなわち、渤海使に対して大宰府経由の来朝を促す以上、彼らの滞在場所を博多湾岸に設けなければならない。そこで彼らに対する筑紫回航要請に先んじて鴻臚館に新たな宿泊施設を造営することとなり、それを担当したのが営大津城監であった。こうして竣工したのが第Ⅱ期鴻臚北館であり、用済みとなった営大津城監は廃止され、渤海に対しては筑紫回航が要請された、という解釈である。こう考えるならば、第Ⅱ期北館の建物そのもの（現在検出されているのは布掘りの塀）の造営は、八世紀の後半、3四半期も終わり近く、宝亀三年の竣工である可能性が大きい。

ここで、何故、北館ではなく南館の方が先に造営されたのか、その点に触れておきたい。これは、第Ⅰ期の建物がいつ造営されたかという問題に関わるのだが、持統二年（六八八）二月には新羅使を、同年九月には耽羅使を「筑紫館」で饗していることから（『日本書紀』）、遅くともそれまでには饗宴・儀式用と宿舎用との両施設を備えた鴻臚館南北第Ⅰ期建物が造営されていたと推測される(15)。その時の南北両館は掘立柱建物だったので、七二〇年代には耐用年数を超えることが予想されたはずである。つまり、第Ⅱ期大宰府政庁の造営の有無にかかわらず、第Ⅰ期鴻臚館の建物は建て替えられなければならず、饗宴・儀式用の南館のみならず、宿舎である北館も、そのまま使い続けるわけにはいかなかったのである。七一〇年代にあっては、宿泊施設は新羅使用だけで良かったから、第Ⅰ期南館の跡地か北館の跡地のいずれかを利用して造営すれば良かった。この際に南館所在地が選ばれたのは、北館所在地の方が南館所在地よりも一・五メートル《メートル》低いということと、結果的にできあがった第Ⅱ期南館と同じ規模のものを北側に作ろうとすれば、海側（北側と西側）に土盛りをして敷地を確保しなければならないという難点があったからであろう。

こうして宿泊施設としての南館第Ⅱ期建物が八世紀第1四半期の終わり頃に造営され、北側は暫く放置されていたのではないかと推測する。こののち神亀四年（七二七）に渤海が朝貢国として出現したのを大きな契機として、「造客館司」を設置して第Ⅰ期北館跡地の拡張・造成が進められ、その際に石垣も造られたが、建物の建設にまでは至らなかった。なぜなら、渤海使は東北・北陸の日本海沿岸に来着するのを常としていたので、博多湾沿岸に新たに宿泊施設を設ける必要は小さかったからである。ところが、天平勝宝四年（七五二）閏三月二二日には、大宰府から新羅使金泰廉一行七〇〇人が到着したという報告がもたらされた（『続日本紀』）。これは、それまでの新羅使の人数が百数十人前後だったのに比して極端に多いものである。これだけの人数になると、南館という一区画の宿泊施設に、遣唐使と同時に収容することは難しいだろう。これに加えて、天平宝字三年（七五九）になって渤海からの使節も博多に来航させることが可能ということが分かった。そこで政府は筑紫の「営大津城監」に、第Ⅱ期北館を造営させることにした。この竣工を待って宝亀三年（七七二）一一月、「営大津城監」は廃止され、その翌年の六月、渤海使には筑紫道を経由しての朝貢を求めるようになったのである。

ところで、北館の便所遺構のうち、第Ⅱ期布掘り塀の南西角のすぐ西側に設けられたSK一一二四からは、鞭虫卵と異形吸虫類卵を主とするやや高密度の寄生虫卵が検出されており、籌木の出土とあわせて、これが便所として使用された土坑であることは間違いない。しかし、有鉤条虫卵は検出されていない(16)。出土した土師器・須恵器については、先述したように、最近では、八世紀後半のものと訂正されている。一方、SK一一二五についても、籌木の出土や排泄物の堆積から便所として使用されたことは間違いなく、出土した須恵器・土師器の年代観は、これも八世紀後半に下げられている。なおSK二五〇四三については、形状は便所遺構に酷似しているが、籌木や種実・寄生虫卵は検出されておらず、便所として使用された痕跡は希薄である。最下層から出土した須恵器の年代は八世紀後半を示し、その後九世紀代には人為的に埋められたという(17)。以上に紹介した北館の便所の利用状況は、用地の造成はともかく、建物の建設は八世紀後半に下り、従ってその利用は、八世紀後半に始まるという先の推測と矛盾しないと言えよう。

以上、南館・北館の建物の用途に関する菅波正人氏の見解に導かれながら、第Ⅱ期鴻臚館の造営時期について臆説を述べてみた。同一規模・同一規格ということから第Ⅱ期鴻臚館の南北両館は同時に造営されたという見方が有力であったが、南館の造営は八世紀の第1四半期の終わり頃に完了し、一方、北館の方は、用地の造成は八世紀半ば以前に遡るが、建物の建築は、八世紀第3四半期の終わり頃に下ると考える方が穏当ではないかと述べた次第である。

二　第Ⅱ期南館の利用期間

次に、第Ⅱ期の南館の利用期間について、第Ⅱ期南館に附設された便所遺構の分析を通じて検討してみたい。南館の便所遺構について、現在明らかになっていることの要点を挙げれば、以下のようになる。

第一に、寄生虫卵の分析によれば、第Ⅱ期南館に附属していたと見られる三つの便所遺構のうち、一番南にある長方形の大きな土坑SK五七では、回虫・鞭虫・肝吸虫が多く、藤原京の便所遺構と同様に、野菜・野草、そしてコイ科の魚を主とする淡水魚の生食か不完全な調理での摂食を常時行っていた人々の排泄物が堆積したものと見てよい。これに対して、北側の小さな土坑SK六九・七〇からは、鞭虫・肝吸虫も検出されるものの、SK五七では見いだされなかった有鉤条虫が大量に検出されていることが注目される。有鉤条虫は、飼育されたブタないしイノシシを常食としていた人々の排泄物に含まれるものであるから、SK六九・七〇は、常食的に肉食を食習慣とする外来者専用の便所跡と見なせるという。[18] もっとも、大きなSK五七は多人数用、SK六九・七〇は個人用と見て、身分や地位による別とする見解もあり、[19] むしろSK五七が日本人専用で、SK六九・七〇は外来者と日本人高位者用であったと言う方が良いかもしれない。有鉤条虫は、鴻臚館での検出の後、秋田城鵜ノ木地区の水洗便所遺構でも検出されており、そちらでもブタを常食とする大陸からの外来者の排泄物に由来するのではないかとされている。[20]

第二に、同じ南館の南側の長方形の土坑SK五七からは、瓜の種が二つの層をなして検出されていることに注目し

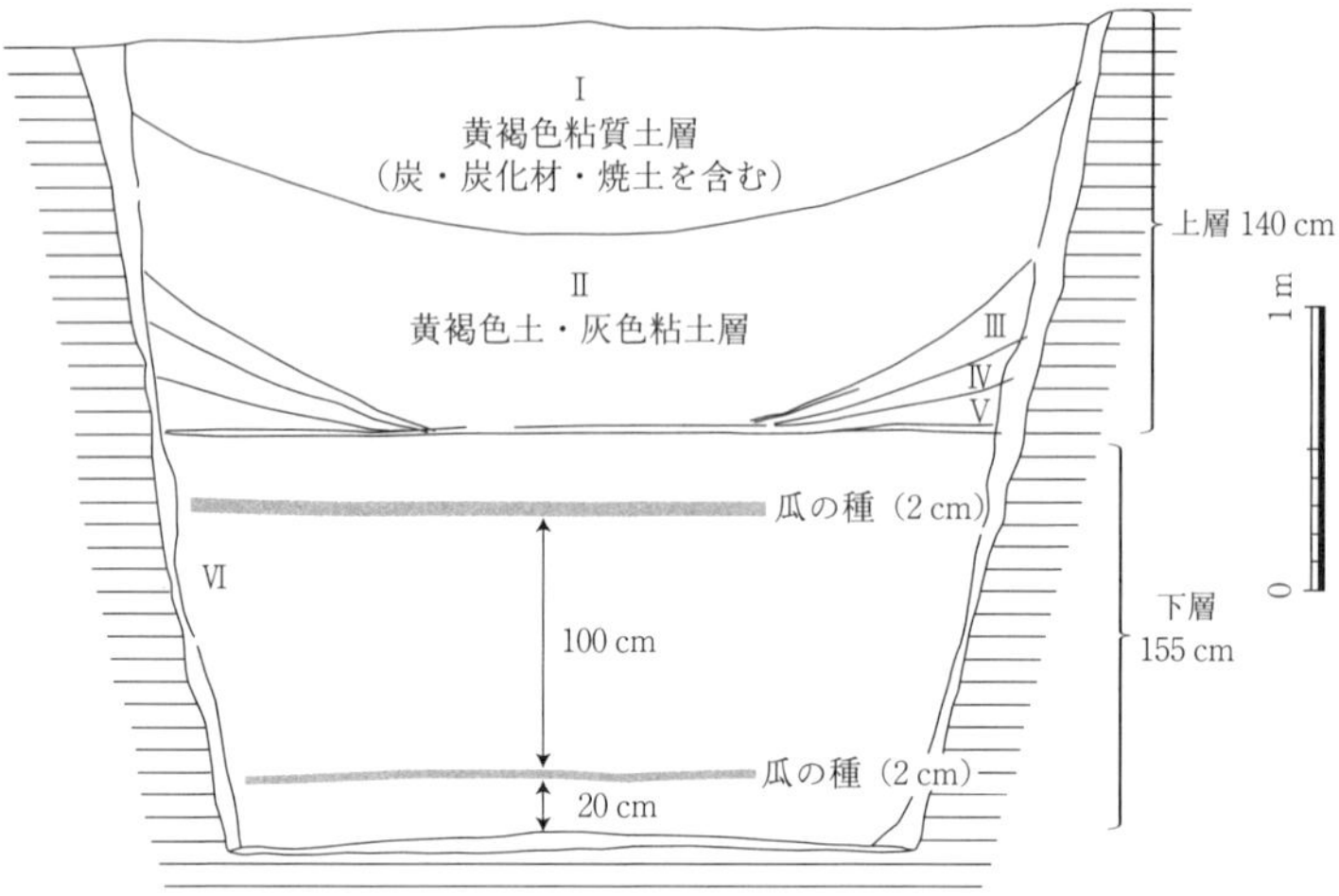

図　SK57 堆積物層位概念図

たい。これと同様の瓜の種の層は、同じく南館に附属していた北側の土坑ＳＫ六九・七〇でも見いだされており、この件については発掘調査報告書に記述されているが、[21] その記述をもとに、調査を担当された山崎純男氏よりのご教示を踏まえつつ概念的に図示すれば、ＳＫ五七では、上図のような層序となる。

瓜の種の層は、ＳＫ五七にあっては、底から約二〇センチのところに厚さ約二センチの層があり、更にその上一メートルのところに、やはり同様の瓜の種の層があったという。つまり、瓜の種の層は、間に入った一メートルに及ぶ排泄物の層を勘案すれば、年を隔てて二度にわたって食用に供された瓜に由来すると考えられることになる。ちなみに熟瓜の旬は、『延喜式』によれば六〜八月、中でも七・八月である。[22] 北側の土坑からのみ有鉤条虫卵が検出されていることと、両方の土坑から瓜の種の層が検出されていることとの関係をどう見るべきかが問題となるが、瓜の種の層が同様に堆積していることから、二つの土坑は全く同時期に併行して使用され、ただ、先に述べたように北側の土坑ＳＫ六九・七〇は外国人（及び高位の日本人？）が、南側の大型の土坑ＳＫ五七は日本人のみが使用したと考えれば説明がつくであろう。

なお、南館附属の便所遺構からも北館附属のそれからも、燃えさしの籌木が出土している。しかし、すべての籌木が燃えさしであるわけではない。便所が外国人（及び高位の日本人？）用の小さな土坑と、日本人専用の大きな土坑とに使い分けられていたこと、一部の籌木が燃えさしとなっており、燃えさしのある木片は灯明の附木として用いられたものという推測が成り立つこと、埋土より多量の瓦が出土することから瓦屋根を備えた設備であったと推測されること、以上をともに満たすということであれば、南館の三つの土坑は便所そのものであって、排泄物を運んできて捨てた場所ではないと見るべきだろう。(23) 以下、この前提にたって検討を進めることにする。

さて、時期は遡るが、『日本書紀』舒明天皇二年（六三〇）是歳条に「改修二理難波大郡及三韓館一」という記事がある。当時は高句麗・新羅・百済の使節が三々五々来日していたが、それらの使節の難波滞在に際して、混在させていたとはとうてい思えない。とすれば「三韓館」というのは、一つの施設ではなく、それぞれ独立した三つの宿泊施設の総称と見るべきであり、基本的にはそれぞれに使用国が決まっていたのではないかと思われる。事情は渤海との交渉が始まって二つの朝貢国を迎える態勢を博多湾岸に整えざるを得なくなったときも同様であろう。つまり、第Ⅱ期以降の大宰府鴻臚館の北館と南館とは、原則的には滞在使節が定められていたのではないかということになる。そうした場合、先の有鉤条虫の検出という事実を重視し、また、渤海使や唐使が博多湾に来着したのは奈良時代後半に降るということを鑑みれば、初めから用意されていた南館の方が、新羅使の宿泊に供された可能性が大きいことになり、その南館に附属した便所のうち、北側の小さな土坑二基は新羅人（及び高位の日本人？）が、南側の南北に長い大きな土坑は、新羅人の食事に陪席した日本人のみが使用したと考えられる。となると南館の北側の二つの便所ＳＫ六九・七〇は、年を隔てた二度の盛夏に、新羅人（及び高位の日本人？）によって使用されたということになる。年を隔てた二度の盛夏の便所利用痕跡をとどめているということになれば、その新羅使節はある程度絞り込める可能性が生じるのではなかろうか。

こうした目論見のもと、出土した木簡に「郷」という地方行政単位が見えることと、前節での推論によって南館第Ⅱ期の造営が第Ⅱ期大宰府政庁の造営に続いていたと考えられることから、養老元年（七一七）以降の新羅使を挙げてみれば表2のようになり、この中から第Ⅱ期南館の便所利用者候補を絞り込んでいくことになる。なお、括弧（　）内は、太陽暦（ユリウス暦）に換算した日付である。[24]

表2からは、第Ⅱ期南館で新羅人とともに日本人が熟瓜を大量に摂取する機会は、天平宝字八年（七六四）を最後とするということが分かる。遡っていくと、天平勝宝四年（七五二）にも熟瓜を日本人・新羅人が会食した機会があった可能性があるが、この夏には正使金泰廉以下使節の半分以上が上京中なので、この時には熟瓜を供する大規模な食事会はなかったのではあるまいか。更に遡った天平一〇年（七三八）には、多くの日本人と新羅人とが南館で一緒に熟瓜を食べた可能性がある。しかも、七三八年から七六四年までの間に五回も新羅使が来着していながら、いずれも熟瓜には適さない季節だったか、熟瓜の季節に正使が上京して不在であることが注目される。というのは、もちろん熟瓜の季節であれば必ずそれを提供したとは言えないが、これより遡る時期には、かなりの頻度で熟瓜がある季節に往来しており、瓜のない季節の滞在が連続したことがないからである。

ここで問題となるのが、坑底から二〇センチの高さに瓜の種の層、その上に一〇〇センチあって再び瓜の種の層、更にその上に三五センチあって、その上は埋土層という便所遺構の層序である。そもそもＳＫ五七の坑底は南北二・六メートル、東西〇・六メートルの隅丸方形とかなり大きく、しかも上に行くほどやや広がるので、瓜の種を含まない厚さ一〇〇センチの排泄物（一〇〇〇年以上の経過時間、そして土圧を考えると、利用当時は更に厚かったはずである）というのは相当の量とみなければならず、この厚さまで排泄物が堆積するにはかなりの回数の食事が摂られたと考えなければならない。仮に毎回の使節に対し

表2　養老元年以降の新羅使

年　次	行　　程	人　数	熟瓜との関係
719	5/7(5/30)来朝，7/7(8/26)貢調，閏7/17(9/5)離京.	40	入京以前に，筑紫で熟瓜を食しうる.
721	12月来着，即帰国.	不明	瓜のない季節の往来.
723	8/8(9/11)入京，8/25(9/28)離京.	15	入京以前に，筑紫で熟瓜を食しうる.
726	5/24(6/28)入京，7/13(8/14)離京.	不明	熟瓜の季節に正使一行は筑紫に不在.
732	1/22(2/22)来朝，5/11(6/7)入京，6/26(7/22)離京	不明	帰国前に筑紫で熟瓜を食しうる.
734～735	12/6(735年1/4)来着，2/17(3/11)入京，2/27(3/21)離京	不明	瓜のない季節の往来.
738	正月来着，6/24(7/15)に大宰府に使者を派遣，饗応・放還.	147	筑紫で熟瓜を食しうる．ただし，饗応自体は大宰府でだろう.
742	2/3(3/13)来着の報告が伝わる．2/5(3/15)大宰府（筑前国）に饗応させる詔を出す.	187	瓜のない季節の往来.
743	3/6(4/4)検校新羅国使を派遣，4/25(5/23)放却命令を出す.	不明	瓜のない季節に来着・帰国.
752	閏3/22(4/19)来着，6/14(7/29)拝朝，7/24(9/6)難波館.	700以上	熟瓜の季節に正使は筑紫不在．入京は370人以上.
760	9/16(10/29)，帰国命令を発出.	不明	瓜のない季節の往来.
763	2/10(3/28)，帰国命令を発出.	211	瓜のない季節の往来.
764	7/19(8/20)，朝貢使でないことが判明.	91	筑紫で熟瓜を食しうる.
769～770	11/12(12/14)，対馬来着，3/4(4/4)大宰府で饗応ののち，帰国せよとの命令を発出.	187＋39	瓜のない季節の往来.
774	3/4(4/19)，帰国命令を発出.	235	瓜のない季節の往来.
779～780	10/9(11/21)検校新羅使を発遣，のち朝賀に参列，2/15(3/25)慰労詔書を発出.	不明	瓜のない季節の往来．結果的に最後の新羅使.

て同頻度の食事会が催され、毎回変わらない数の日本人が陪席したとし、さらに坑底から低い方の瓜の種の層までか、あるいは上の方の瓜の種の層の更に上に溜まった排泄物の層が会食一、二回分の使節に陪食した日本人の排泄物だとすれば、上下の瓜の種の層の間には、三～四回分以上の使節との会食が想定されねばならない。このように考えれば、かなりの頻度で熟瓜が食事に供されただろう使節が連続する期間ではなく、熟瓜を含まない食事を提供せざるを得ない使節を間に数回挟んだ二度の使節に陪席した日本人が、問題の瓜の種を排泄したか、あるいはその際に残された種が廃棄された可能性が極めて大きいことになろう。つまり、上層の瓜の種は七六四年のもの、下層のそれは七三八年のものである可能性が極めて大きく、また四～五度の使節との会食で一《メートル》の日本人陪席者の排泄物が堆積すると言えることになる。もちろん排泄物のみでなく、食材の残滓や食器類も投げこまれているが、使用の度に土で覆ったという明確な痕跡はないようである。

もし以上のような推測が許されるならば、下の方の瓜の種の層が坑底から二〇《センチ》上にあるということにも、再度注意が向けられなければならない。大小便兼用の便所に堆積した瓜の種は上澄みに沈殿したと見て、この厚さを、瓜が供された一度の使節への陪食分と考えるべきか、それとも坑底にはまず瓜を含まない会食時の排泄物が溜まっていたと考えるべきか判断しかねるが、先ほどと同様に、毎回の使節に対して同頻度の食事会が催され、ほぼ同数の日本人が陪席したとすれば、熟瓜を含む会食は、この便所が利用され始めた当初か、せいぜい二度目の使節とのそれであったと考えることができる。とすれば、第Ⅱ期南館の便所は、ひいては第Ⅱ期南館は、七三〇年代に供用が開始された、と推測することができるだろう。この推測は、前節で述べた第Ⅱ期南館の造営時期が八世紀第1四半期末とする推測と矛盾しない。

ところで、第Ⅱ期南館附設便所が七六四年までは利用されており、上層の瓜の種の層の更に上にもう一度排泄物の層があることに鑑みれば、おそらくもう一、二度利用がなされたと思しい。とすれば、第Ⅱ期南館は七七〇年代までは利用されていたということができ、第Ⅲ期への建て替えは、その後と考えなければならないことになる。せっかく建て替えられたのに肝腎の新羅使は全く、あるいは殆ど利用しなかったことになるが、それは建て替え当事者に予測できないことであった。

おわりに

本稿を閉じるに当たって、鴻臚館第Ⅱ期、すなわち筑紫館の時代の建物の変遷について、ここで述べたことを簡潔にまとめておきたい。

七世紀後半、六八〇年代までには建てられた第Ⅰ期鴻臚館（筑紫館）のうち、南館は新羅からの使節の迎接儀礼に用いられ、北館は彼らの宿舎として利用されていたが、ともに掘立柱建物であったため、七二〇年頃には耐用の限界を迎えることが予測されていた。

八世紀の第1四半期に第Ⅱ期大宰府政庁が造営され、新羅使の迎接儀礼は政庁で行われることとなった。これに伴い、七一〇年代末〜七二〇年代初頭までには南館が建て直され、宿舎としての第Ⅱ期南館が竣工した。一方、北館は一旦放置されてしまった。

第Ⅱ期南館に附設された便所は、遅くとも七三〇年代には利用され始め、南館では天平一〇年（七三八）、天平宝字八年（七六四）に来着した二度の新羅使節に対して熟瓜が供され、多くの日本人が陪席した。この便所は七七〇年代まで利用されたと考えられるので、第Ⅲ期南館の造営は、その後と考えなければならない。

神亀四年（七二七）の渤海使の来着が契機となって、渤海使用の宿舎としての北館の造営が企図され、「造客館司」が設けられたのもこれを担当するためであった可能性が考えられるが、これは用地・石垣の造成のみで休止状態となってしまった。渤海使はその後も東北から北陸に来着するのを常としたからである。

しかし、天平勝宝四年（七五二）には新羅使金泰廉一行七〇〇人の来着という事件があって、必ずしも定期的に来着するわけではない新羅使と、五〇〇人程度が待機するはずの遣唐使一行とに、同時に南館を利用させることは、その容量からみて難しいという問題が生じた。さらに、偶然にも天平宝字三年（七五九）、渤海使が対馬に漂着し、筑紫道を通って入京した。これを契機に渤海使にも筑紫来着を求めることが可能と見た政府は、「営大津城監」を置いて筑紫館に渤海使（及び遣唐使等）用の北館を造営し始めた。第Ⅱ期北館は宝亀三年（七七二）には竣工し、これを承けて「営大津城監」は廃止され、翌年、及び宝亀八年の二度にわたって、渤海使の筑紫来航が指示された。

おおよそ以上のような経緯を考えてみたが、断片的な史料の組み合わせと便所遺構のやや機械的な分析をもとにしているため、心許ない仮説であることは承知している。特に、

①木簡が出土した層位が必ずしも判然とせず、木簡の記された年代と、先に想定した瓜の種の堆積時期とが整合的に解釈できるか検証できていない。

②日本人専用と考えた大きな便所に膨大な排泄物が溜まるには、よほどの数の日本人が饗宴に陪席しなければならなかったはずであるが、そういう想定は可能なのか。

③南館に附属する北側の便所の堆積情況が判然とせず、瓜の層が二層あったことは確かだとしても、南側の大きな土坑と全く同様の厚みをなしているか、現時点では多少心許ないものがある。今は全く同様の厚みと想定して推論したが、多少とも異なっていれば、大きな土坑の中には、夏に筑紫に滞在していた可能性が高い天平五年（七

三二）・天平勝宝四年（七五二）の遣唐使の排泄物が含まれている可能性もでてくるだろうから、瓜の種の層を新羅使接遇に伴うものとみた本稿後半の推論は、その前提を失うだろう。

④遣唐使の中にも、唐に長く滞在している間に、ブタ・イノシシを不完全な調理のまま食べていたものがいた可能性がないとは言えない。彼らが帰国後鴻臚館に宿泊したときの排泄物が北側の便所に溜まった可能性も否定できないことになる。そうなると新羅使の饗応とそれに陪席する日本人のみの南館附設便所利用を前提にした先の年代推定は崩れざるを得ない。そもそも北側の便所に溜まった排泄物のどの層から有鉤条虫卵が検出されたのか、その点も判然としない。

という様々な保留があり、特に小稿後半の推論には、前提となる諸要素が未確定という大きな問題があって、現時点での一試論の域を出ないことを自覚している。

最後にはなったが、鴻臚館の発掘調査の成果についてご教示いただいた山崎純男、大庭康時、菅波正人の三氏に心より感謝申し上げるとともに、現在、鴻臚館跡整備検討委員会の副委員長を務めておられる佐藤信先生には、今後ますますのご指導をお願いする次第である。

注

（1）菅波正人「鴻臚館跡調査の概要」（『条里制・古代都市研究』三一、二〇一六年）七七〜八〇頁。微妙な違いはあるが、この時期区分・年代観は、「鴻臚館跡検出遺構の概要と時期区分（案）」（福岡市教育委員会『福岡市埋蔵文化財発掘調査報告書　第一一七五集　鴻臚館跡一九―南館部分の調査（1）―』二〇一二年）八頁（吉武学執筆）で示され、以後の報告書でも踏襲されているので、通説的なものと言えよう。

（2）木簡の釈文については、大庭康時・松川博一「鴻臚館跡出土の木簡・年代・トイレ」（『木簡研究』二九、二〇〇七年）二二三〜

二三〇頁（松川執筆）参照。

（3）大庭康時・松川博一注(2)論文二三〇頁（松川執筆）。なお、次注参照。

（4）山上憶良は、天平三年（七三一）六月の時点でも現任の筑前守であったことが『万葉集』巻五―886番によって知られるので、通常の国司の任期を四年とすると、神亀五年（七二八）が就任の年だった可能性がある。一方で、天平二年（七三〇）一二月の時点で「天離《あまざか》る　鄙《ひな》に五年《いつとせ》　住まひつつ」（『万葉集』巻五―880番）と詠んでいることを根拠に、神亀三年（七二六）に着任したとする考え方もある。ただ、この歌からは、守として五年間筑紫にいたのか、それとも大宰府の官人から途中で転任したか、そこまでは分からない。従って、筑前国司の分置時期については、遅くとも神亀五年、早ければそれ以前としか言えないだろう。

（5）鎌田元一「平城遷都と慶雲三年格」（『律令公民制の研究』所収、塙書房、二〇〇一年。初出一九八九年）四二六～四三一頁。

（6）八木充「筑紫における大宰府の成立」（九州歴史資料館編『大宰府政庁跡』吉川弘文館、二〇〇二年）四三三頁、『太宰府市史　古代資料編』（太宰府市、二〇〇三年）一五三頁（亀井輝一郎執筆）。

（7）九州歴史資料館編注(6)書三八七頁は、「八世紀の第1四半期の後半、さらに推測を許されるならば一〇年代の後半頃」とする（横田賢次郎執筆）。他に、横田賢次郎「大宰府政庁の変遷について」（九州歴史資料館編『九州歴史資料館開館十周年記念　大宰府古文化論叢』上巻、吉川弘文館、一九八三年）、『太宰府市史　考古資料編』（太宰府市、一九九二年）二三五頁（横田賢次郎執筆）、『太宰府市史　通史編Ⅰ』（二〇〇五年）六四五～六四九頁（横田賢次郎執筆）、岩永省三「老司式・鴻臚館式軒瓦出現の背景」（『九州大学総合研究博物館研究報告』七、二〇〇九年）二三～二九頁等参照。

（8）大庭康時・松川博一注(2)論文二二二～二二三頁（大庭執筆）。

（9）福岡市教育委員会『福岡市埋蔵文化財調査報告書　第八七五集　鴻臚館跡一六』（二〇〇六年）一〇五頁（大庭康時執筆）。

（10）福岡市教育委員会注(1)報告書一三六頁（吉武学執筆）。

（11）菅波正人注(1)論文八一・八六頁、福岡市教育委員会『福岡市埋蔵文化財調査報告書　第一三〇〇集　鴻臚館跡二二―北館部分の調査（1）―』（二〇一六年）一七九～一八〇頁（菅波正人執筆）。

（12）福岡市教育委員会『福岡市埋蔵文化財調査報告書　第一三二六集　鴻臚館跡二三―北館部分の調査（2）―』（二〇一七年）一四〇～一四二頁（菅波正人執筆）。

（13）青木和夫他校注『新日本古典文学大系　続日本紀　二』（岩波書店、一九九〇年）二六三頁（黛弘道・笹山晴生担当）。

（14）石井正敏氏は、前年の宝亀三年（七七二）二月、渤海使壱万福の帰国に際して、今後渤海使は大宰府を経由して来朝すべきことが通告されていたと推測し、この通告の背景に蝦夷の動向の危険性を挙げているが、これは小稿の論旨にとって矛盾するものではない。石井正敏「大宰府の外交機能と外交文書」（『日本渤海関係史の研究』吉川弘文館、二〇〇一年。初出一九七〇年）五七〇〜五七三頁。

（15）大庭康時氏は、周辺地域における新羅土器の出土状況から、天智朝から天武朝初年の、即ち六七〇年前後の造営を想定している（「鴻臚館」三〇六頁。『列島の古代史4　人と物の移動』所収、岩波書店、二〇〇五年）。

（16）福岡市教育委員会注(11)報告書一八九〜一九〇頁（株式会社古環境研究所）。

（17）同右一〇四頁（菅波正人執筆）。

（18）金原正明・金原正子「鴻臚館跡の土坑（便所遺構）における寄生虫卵・花粉・種実の同定分析」（福岡市教育委員会『福岡市埋蔵文化財調査報告書　第三七二集　鴻臚館跡　四』一九九四年）三〇頁。

（19）大庭康時・松川博一注(2)論文二二三頁（大庭執筆）。

（20）金原正明・金原正子「秋田城跡便所遺構における微遺体分析」（秋田市教育委員会・秋田城跡調査事務所『秋田城跡Ⅱ―鵜ノ木地区―』二〇〇八年）二〇六〜二〇七頁。

（21）福岡市教育委員会『福岡市埋蔵文化財調査報告書　第二七〇集　鴻臚館跡Ⅰ』（一九九一年）一〇三頁（山崎純男執筆）。

（22）関根真隆『奈良朝食生活の研究』（吉川弘文館、一九六九年）六七頁。

（23）大庭康時・松川博一注(2)論文二二三頁（大庭執筆）。但し、ＳＫ五七からは排泄物に混じって須恵器・土師器・瓦類・新羅陶器も出土しているので、ゴミ捨て場としても利用されたと見られ（注(21)報告書一〇三頁）、瓜の種も食材の残滓として廃棄されたものが大部分であると見て良いだろう。

（24）内田正男『日本暦日原典』（雄山閣出版、一九七五年）に依る。

上野三碑試論

磐下　徹

はじめに

かつての上野国に残された古代の石碑、山上碑・多胡碑・金井沢碑の三碑を総称し、上野三碑と呼びならわしている。現在は全て群馬県高崎市に所在し、互いに近接している。日本古代の現存する石碑（七〜十一世紀）は、大化二年（六四六）以降と考えられる宇治橋断碑（京都市宇治市）が最も古く、その他に一七点を数える[1]。そのうちの三碑が上野国の、しかも半径二キロ圏内に隣接していることは大きな特徴といえよう。

上野三碑は、狩谷棭斎の『古京遺文』に代表されるように、江戸時代より耳目を集めた古碑であり、多くの先行研究[2]が蓄積されている。しかし、これら三碑はそれぞれに豊かな個性を備えていることもあり、これまでの研究は、おおむね三碑を個別的にとらえる傾向が強かったように思われる。確かに、山上碑は六八一年（天武天皇十年）、多胡碑は七一一年（和銅四年）、金井沢碑は七二六年（神亀三年）頃のものと考えられており、同時期に立碑されているわけではない。また、山上碑と金井沢碑は自然石をほぼそのまま利用しているのに対し、多胡碑は方形に成型された碑身に笠石が載せられ、しかも碑身と笠石は枘と枘穴によって固定されている。このように形状についても、必ずしも共通しているとはいえない。したがって、これら三碑が個別に検討されるのは当然のことかもしれない。

しかし小稿では、冒頭に述べたように三碑が互いに近接しているという事実の、歴史的意味を問うてみたい。仮に三碑の一体的理解が可能となれば、立碑時期の相違は、むしろ当該地域の連続的な歴史展開を見通す手がかりとなるだろう。また形状の相違についても、そこに何らかの意味が見出せるのではないかと思われる。

その意味では、山上碑文の「佐野三家」と金井沢碑文の「三家」氏に着目し、この両者が「佐野三家」を設置・管掌した地域勢力によって立てられたものとする指摘を見過ごしてはならない(3)。山上・金井沢の二碑は一体的に把握され得るのである。では、多胡碑はここにどう位置づけられるだろうか。先行研究では、多胡郡の新設を「ミヤケの支配によるような前代的な影響力の排除と新たな秩序の樹立とが目標であった(4)」などと評価し、こうした「地域の政治構造の再編」が「地方有力氏族層に動揺をもたらし(5)」、金井沢碑立碑の契機になったと指摘している。これにしたがえば、多胡碑と金井沢碑、延いては山上碑との関係を一応は見出すことができる。

しかしこれらの見解は、主に山上碑と金井沢碑の関係を論じる中で副次的に言及されるにとどまっているといわざるをえない。また、あくまで郡の新設に主眼を置いた見解であり、多胡碑やその碑文内容そのものを三碑の関係性の中に位置づけているとはいいがたい。その点では、三碑の一体的理解については、まだ議論の余地があるように思われる(6)。さらに、山上碑と金井沢碑についても、両碑間の四〇年弱の時間的隔たりも考慮する必要があるだろう。

上記のような問題関心のもと、小稿では先行研究の成果に拠りつつ、個々の石碑の概要とその地域的・歴史的背景に着目し、これらの一体的理解を目指したい。その上で、三碑の所在する上野国西部の一地域の歴史展開に肉薄することを試みたいと思う。

一　上野三碑の概要

本節では先行研究[7]に拠りながら、上野三碑の所在地、形状、碑文、年代、碑文の内容といった基礎的事実を中心に各碑を概観したい。

1　山　上　碑

山上碑は、群馬県高崎市山名町字山神谷に所在し、丘陵上の平坦部に山上古墳と並んで立っている。八世紀以降でいえば、上野国片岡郡山部里に相当し、同地域は七一一年に多胡郡に編入されることになる。輝石安山岩の自然石の平坦な面を利用して、四行五三字が刻字されている。碑文は次のとおりである（改行等は原碑のとおり、また【　】内の書き下しの／は改行箇所を示す。以下同じ）。

辛己歳集月三日記
佐野三家定賜健守命孫黒売刀自此
新川臣児斯多々弥足尼孫大児臣娶生児
長利僧母為記定文也　放光寺僧

【辛己（巳）歳、集月三日記す。／佐野三家を定め賜へる健守命の孫の黒売刀自、此れ／新川臣の児の斯多々弥足尼の孫の大児臣に娶ぎて生める児の／長利僧が、母の為に記し定むる文也。　放光寺僧】

「辛己（巳）歳」は、冒頭に干支で年次を表す記載様式から天武天皇十年（六八一）を、「集月」は音通で十月を示すとして、六八一年十月頃に建てられたものと考えたい。碑の覆い屋の建て替えにともなう発掘調査により、現在の位置は古代からのものではないことが判明しているが、他所から搬入されたという明証もなく、周辺の地形を考慮しても、もとから丘陵上の平坦部に古墳と並んで立っていたと考えるのが自然である。[8]

碑文によれば、立碑の主体は「放光寺」の僧侶である「長利」という人物で、彼が「健守命」の子孫である母の「黒売刀自」のために立てたものと判断される。また「健守命」は「佐野三家」の設定にかかわった人物とされており、その系譜に連なる、あるいは婚姻関係を持つ碑文の登場人物たちは、「佐野三家」の管理・運営を通してヤマト政権と結びついた地方豪族層であると考えられるだろう。[9]『日本書紀』大化元年（六四五）八月庚子条のいわゆる東国国司詔には、

（前略）若有二求レ名之人一、元非二国造・伴造・県稲置一、而輙詐訴言、自二我祖時一、領二此官家一、治二是郡県一。汝等国司、不レ得三随レ詐便牒二於朝一。審得二実状一而後可レ申。（後略）

とあり、この記事は評官人の候補者選定にかかわるものとされている。[10]この「自二我祖時一、領二此官家（＝ミヤケ）[11]一、治二是郡県一」という表現に着目すれば、「佐野三家」の設置にかかわった「健守命」を祖とする一族は、まさにこの時の評官人候補者の選出母体と共通する。したがって彼らを、評官人・郡司が輩出するような地方有力者層（郡司層）ととらえることができるだろう。山上碑文は、このような郡司層に属する放光寺僧の長利が、母の顕彰を通して「佐野三家」をルーツとする地域勢力の出自を強調する内容となっている。

なお、立碑主体の長利が所属する放光寺は、現在前橋市に所在する山王廃寺周辺がその遺跡であることが判明している。[12]この地は群馬郡（車評）に属しており、ここを拠点に活動する長利が、隣接する片岡郡地域に碑を立てていることに留意しておきたい。

2　多　胡　碑

多胡碑は、群馬県高崎市吉井町（旧吉井町）大字池字御門に所在する。鏑川南岸に所在し、「御門」という地名や隣接する大宮神社の存在から、近辺に郡家の存在が想定されてきた。[13] 実際に二〇一一年度以降の発掘調査により、多胡碑の南方から多胡郡の正倉院と思しき遺構群が検出されている。[14] 碑の所在地のほぼ正南方に正倉院が展開していることから、両者の規格性と関係性をうかがうことができ、碑が郡家の構成要素の一つになっていたと認めることができる。このことは多胡碑が立碑以来、郡家とともにこの地に所在していたことを示している。なお多胡郡は、『続日本紀』和銅四年（七一一）三月辛亥条に、

（前略）割二上野国甘良郡織裳・韓級・矢田・大家、緑野郡武美、片岡郡[15]山等六郷一、別置二多胡郡一。

とあるように、八世紀前半に近隣三郡の一部を割きとる形で新設された郡である。碑の所在地は、これ以前は甘良郡に所属していたと考えられる。

碑身・笠石ともに牛伏砂岩（多胡石）を用いて丁寧な成形を施し、大ぶりの楷書で六行八〇文字が刻まれている。碑文は次のとおりである。

弁官符上野国片岡郡緑野郡甘
良郡并三郡内三百戸郡成給羊
成多胡郡和銅四年三月九日甲寅
宣左中弁正五位下多治比真人
太政官二品穂積親王左太臣正二

位石上尊右太臣正二位藤原尊

【弁官符《おほ》す(16)「上野国片岡郡・緑野郡・甘／良郡并せて三郡の内、三百戸を郡と成し、羊に／給ひて多胡郡と成せ」と。和銅四年三月九日甲寅なり。／宣りたまふは左中弁正五位下多治比真人（三宅麻呂）、／太政官は二品穂積親王・左大臣正二／位石上尊（麻呂）・右大臣正二位藤原尊（不比等）なり】

碑文の内容については別稿で考察したように、初代多胡郡司の「羊」が、平城宮で挙行された郡司召に参加した際の情景を文章化したものと考えたい(17)。儀式の場で左中弁多治比三宅麻呂が多胡郡の新設とともに羊の郡司任用を口頭伝達したこと、そこに当時の太政官幹部が立ち会った様子が記されている。したがって、立碑時期は七一一年頃と考えるのが自然だろう。

地方に所在する石碑であるにもかかわらず、都の情景を描く碑文になっていることが多胡碑の大きな特徴である。新設の多胡郡や初代郡司である羊の権威を、都の朝廷（天皇）との結びつきを背景に顕示しているものと理解できる。

3　金井沢碑

金井沢碑は、群馬県高崎市山名町字金井沢に所在する。金井沢川沿いの谷間を登った丘陵上の中腹に立っているが、もともとこの場所にあったかどうかは定かではない。ただし、現在地の付近から掘り出されたという伝聞記録があること(18)や、他所から搬入する積極的な理由がないことなどを勘案すれば、原位置が遠く離れていたとは考えられない(19)。この地は多胡郡山部郷に含まれるが、多胡郡成立以前は片岡郡に属していた。

碑の材質は輝石安山岩で、自然石のやや平坦な面を利用して、九行一一二字を確認できる。碑文は次のとおりである。

上野国群馬郡下賛郷高田里
三家子□為七世父母現在父母
現在侍家刀自他田君目頰刀自又児加
那刀自孫物部君午足次馸刀自次乙馸
刀自合六口又知識所結人三家毛人
次知万呂鍛師礒マ君身麻呂合三口
如是知識結而天地誓願仕奉
石文
神亀三年丙寅二月廿九日

【上野国群馬郡下賛郷高田里の／三家子□が、七世父母と／現在侍る父母の為に、現在侍る家刀自の他田君目頰刀自、又児の加／那刀自、孫の物部君午足、次に馸刀自、次に乙馸／刀自の合せて六口、又知識を結びし所の人三家毛人、／次に知万呂、鍛師の礒部君身麻呂の合せて三口、／是の如く知識を結び、而して天地に誓願し仕え奉つる／石文／神亀三年丙寅二月二十九日】

二行目の「三家子□」は、かつて「三家子孫」と読まれることが多かったが、判読は難しい。ここでは「三家子□」を人名とする勝浦令子氏の説に左袒したい。(20) 即ち子□の妻が他田目頰刀自、この間の女子が加那刀自で、さらにその子どもたちが物部午足、馸刀自、乙馸刀自であると考えたい（したがって加那刀自の夫は物部氏）。

この三家・他田・物部の三氏からなる血縁集団は知識を結んでおり、そこに別に存在していた三家毛人、知万呂、礒部身麻呂からなる知識が合流し、その記念に立てられたのが金井沢碑であろう。二つの知識には、ともに三家氏が筆頭に名を連ねており、三家氏の主導による知識の結合、立碑であったと思われる。

ここで注目されるのが、この二つの知識を構成する人々の活動拠点である。冒頭には群馬郡下賛郷（シモサヌゴウ）高田里と示されるが、現在地から動いていないとすれば、碑の所在地は多胡郡（旧片岡郡）山部郷である。碑文に登場する人々がすべて群馬郡を活動拠点としていたならば、わざわざ碑を多胡郡（旧片岡郡）に建てる必然性はない。したがって、前沢和之氏の論じるように、群馬郡を拠点とするのは前半の三家子□を中心とした知識であり、後半の三家毛人を中心とした知識は、碑の所在する多胡郡（旧片岡郡）の人々によって構成されていると考えるべきだろう。(21)金井沢碑には、三家氏を中心に、群馬郡と多胡郡（旧片岡郡）という、郡を超えた知識結が確認できるのである。

知識結を利用した地方豪族層の結合は、八世紀代にいくつか事例を確認できる。(22)そのうち、播磨国賀茂郡の既多寺知識経（大智度論、天平六年）は、賀茂郡内の針間国造一族を中心とした複数の「地域小集団」が結束して書写したことが解明されている。(23)またこの「地域小集団」は、八世紀の郡司候補者の選考母体であるとの指摘もある。(24)このような事例を念頭に置けば、金井沢碑にあらわれる、三家氏を中心とした二つの知識も、それぞれ郡司が輩出するような現地の有力者集団（郡司層）であったと考えられるのではないだろうか。

実際に、前半の三家子□を中心とした知識には、他田氏や物部氏が参加していることが確認できるが、他田氏については、東大寺正倉院宝庫に伝わる天平勝宝四年（七五二）の調黄絁銘に、上野国新田郡擬少領として他田部足人がみえており、上野国の他田氏に郡司クラスのものが含まれたことが確認できる。また、甘良郡には中衛を出した物部氏が確認でき（『続日本紀』天平神護元年〈七六五〉十一月戊午朔条）、やはり上野国内に郡司クラスの物部氏が展開していたことが指摘されている。(25)さらに天平神護二年には、甘良郡の礒部牛麿らが物部公の賜姓を受けており（『続日本紀』同年五月甲戌条）、後半の三家毛人らの知識を構成する礒部氏についても、物部氏と並ぶ郡司輩出勢力と看做すことができるだろう。(26)このように金井沢碑にあらわれた二つの知識を郡司層と看做すことは可能である。郡司層が郡域を超えて知識を結ぶ事例は、例えば『多度郡神宮寺伽藍縁起資財帳』の縁起部分からも読み取ることができ、(27)金井沢碑も東国におけるそれらの一事例として位置づけられる。

以上、上野三碑について概観した。では、この三碑は互いにどのような関係を取り結んでいるのだろうか。次節以降はこの点について考察したい。

二　上野三碑の相互関係

本節では、上野三碑のもつ相互関係を検討したい。まずは従来からその密接なかかわりが指摘されている山上碑と金井沢碑(28)について考察し、ついでこれらとは異なる側面をもつ多胡碑に言及したい。

1　山上碑・金井沢碑と〝サヌ〟

ここではまず、山上・金井沢両碑に登場する「サノ」「サヌ」という地名に着目したい。

山上碑には「佐野三家」が登場する。山上碑と金井沢碑の所在地（片岡郡、のち多胡郡）付近には、現在でも「佐野」という地名が残されており（高崎市上佐野町・下佐野町など）、周囲に「サノ」と呼ばれる地域が広がっていたことが分かる。したがって碑の所在地は、「佐野三家」の範囲内であったと考えて差支えないだろう。さらに金井沢碑には「群馬郡下賛郷高田里」と見えている。「賛」は「サヌ」と読むことができ、「サノ」に通じることから、「佐野三家」の範囲は群馬郡に及んでいたと考えられる。

この〝サヌ〟の広がりについては、尾崎喜左雄氏が金井沢碑の「群馬郡下賛郷」の他に、『倭名抄』に片岡郡の「佐没郷」（佐沼郷の誤りとする）が確認できること、さらに同書の群馬郡・緑野郡の「小野郷」も「サノ」と読むことができるとし、片岡・群馬・緑野の三郡に及ぶと指摘している（現在の高崎市上佐野・下佐野、倉賀野、根小屋、山名、藤岡市大字中・森一帯）[29]。これについては、「小野郷」を「サノ」「サヌ」と読むことは困難であるとの指摘もあるが[30]、その場合でも〝サヌ〟は少なくとも片岡郡と群馬郡に広がる地名であることは確実である。これらを勘案すれば、かつて存在した「佐野三家」は、のちの郡域を超える範囲を有していたことになる。反対の見方をすれば、「佐野三家」は複数の郡（評）に分割されたということであり、後述するようにその分割時期は、立評やミヤケの廃止が進められた孝徳朝を想定するのが最もふさわしいだろう。

このように山上碑と金井沢碑は〝サヌ〟と呼ばれた地域を共有し、それは「佐野三家」と深くかかわるものとして理解できるのである。

2　三家氏と「佐野三家」

山上碑と金井沢碑が「佐野三家」を通じて結びつくのであれば、次に注目されるのが、後者に登場する三家氏である。金井沢碑は、多胡郡（旧片岡郡）と群馬郡にそれぞれ拠点を持つ二つの知識の結合を記念するものであった。前述したように、これら両郡に「佐野三家」の範囲たる〝サヌ〟は広がっている。したがって金井沢碑にみられる知識は、〝サヌ〟における知識結であったと理解できるだろう。現地におけるミヤケ管掌勢力が三家氏を称するようになったと考えれば、金井沢碑に登場する三家子□や三家毛人・知麻呂は、まさに「佐野三家」を管理・運営する氏族の子孫ととらえることができる。

そして「佐野三家」は山上碑に記されるように、「健守命」がその設定にかかわったとされている。「健守命」が山上碑で顕彰されている「黒売刀自」の祖とされていることを念頭に置けば、彼女の一族も三家氏を名乗った可能性が高い。(32)このように考えれば、金井沢碑と山上碑の共通項として三家氏も浮かび上がってくるだろう。

さらに、山上碑の立碑主体は、文脈上「黒売刀自」の子である長利であると考えられるが、彼の所属する放光寺が群馬郡（車評）に所在していることを想起したい。山上碑も金井沢碑同様に、群馬郡の人物・勢力が関与して、片岡郡に立碑しているのである。これまでも指摘されてきたことではあるが、このように山上碑と金井沢碑は、「佐野三家」（〝サヌ〟）や三家氏、片岡郡と群馬郡という郡域を超えた人々の関与という共通項のもと、密接に結びつくことは明らかだろう。

上記のように山上碑と金井沢碑は、「佐野三家」にかかわる地域勢力が時代を通じてその紐帯を維持してきたことを示している。(33)「佐野三家」設置の具体的な年代は判然としないが、ミヤケの設置はおおむね六世紀以降と考えられている。(34)おそらくこの頃に、ヤマト政権への服属と引き換えに〝サヌ〟地域の支配の「正当性」を確保した勢力が、「佐野三家」を立てたのではないだろうか。そしてその中心的な人物が、後世「健守命」と認識されるようになり、その系譜に連なる者たちが三家氏を名乗りつつ、金井沢碑に登場するような他田氏、物部氏、礒部氏といった他の勢力を取り込みながら、八世紀に至るまで当該地域の支配を行ってきたのだろう。山上碑と金井沢碑は、このような地域性を色濃く反映した石碑なのである。

しかしここで注意を要するのは、この二碑に密接な関係が見出せるとしても、両者には四〇年近くの時間的な隔たりがあることである。しかもその間には、多胡郡が新設され、多胡碑の立碑が行われているのである。この多胡郡・多胡碑の介在という事実を抜きにしては、山上・金井沢の二碑の性格も十分に位置づけることはできない。そこで次に多胡碑について考えてみたい。

3 多胡碑と渡来人・中央政府

多胡碑は多胡郡の新設を契機に立碑されたものであることは明白である。先に示した『続日本紀』和銅四年三月辛亥条に記されるように、甘良郡の織裳・韓級・矢田・大家里、緑野郡の武美里、片岡郡の山部里を割いて設定されている。ただしここで強調したいのは、新たに設けられた多胡郡域に、山上碑・金井沢碑の所在する片岡郡山部里が含まれることである。即ち、多胡郡は「佐野三家」の範囲＝〝サヌ〟の一部を含みこんでいるのである。多胡郡の設置によって、〝サヌ〟は再分割されたのである。このことは、片岡郡や群馬郡に展開する三家氏を中心とした勢力に少なからぬ影響を与えたであろうことは想像に難くない。

さらに多胡郡が渡来人の強い影響下に新設された可能性が高いことも見逃してはならない。以前から指摘されているように、多胡郡を構成する韓級郷や甘良郡などは、渡来系住民の存在を想起させる地名である。また『続日本紀』天平神護二年（七六六）五月壬戌条には、

（前略）在₂上野国₁新羅人子午足等一百九十三人、賜₂姓吉井連₁。

と見えている。多胡碑の現所在地は吉井町であることから、この時吉井連を賜姓された新羅人は多胡郡に居住する者たちであった可能性が高い(35)。新設された多胡郡域には、まとまった数の渡来系住民が居住していたと考えられるだろう。

『日本書紀』持統天皇元年（六八七）三月丙戌条の新羅人の下毛野国安置をはじめ、『続日本紀』霊亀二年（七一六）五月辛卯条の高麗人の武蔵国への移住にともなう高麗郡の設置、同天平宝字二年（七五八）八月癸亥条の新羅僧尼ら

の武蔵国への移植による新羅郡（のちの新座郡）の設置など、七世紀末から八世紀にかけて、朝鮮半島からの渡来人の東国への入植記事が散見する。これらは東国の未開地を開発させるべく、中央政府の主導のもとに遂行された入植政策であると考えられている。(36) 多胡郡の新設も入植による新郡設置とは明示されないものの、渡来系住民を多く含みこんでいたことを踏まえると、これら一連の政策の中に位置づけることが可能である。

叙上のように多胡碑は、〝サヌ〟の再分割、そして渡来人や中央政府の政策を背景に立碑されている。外的要素が顕著に表れている点は、六世紀頃の「佐野三家」設定以来の〝サヌ〟の地域性を色濃く反映した山上・金井沢の二碑とは鮮やかな対照をなしているといえるだろう。

このように多胡碑は、山上・金井沢の二碑とは異なる側面が濃厚であるが、これら三碑を一体的に理解する視角はないのだろうか。次にこの点について検討してみたい。

4　三碑と古代国家の地方支配政策

上記のように、山上・金井沢碑と多胡碑とではその異質な側面が目立つ。しかし、それぞれの立碑主体となった勢力に着目すると、逆にその共通性が見えてくる。

山上碑にかかわった長利やその母である「黒売刀自」は、「佐野三家」を設定した「健守命」の子孫である。既に指摘したように、評官人候補者の選定を指示した『日本書紀』大化元年八月庚子条の東国国司詔によれば、「自㆓我祖時㆒、領㆓此官家㆒、治㆓是郡県㆒」ということが、その要件の一つと看做されていた。「官家」＝ミヤケの設置や管理に携わった地域勢力が評官人に登用され得るとするならば、三家氏が想定される山上碑の立碑主体も評官人、のちの郡司が輩出するような勢力であると考えられる。

また金井沢碑についても、その立碑主体は山上碑と同じ〝サヌ〟に展開する三家氏勢力であるといえ、先述したように彼らも郡司の出身母体たり得る集団である。しかも知識による地方有力者層の結合事例の一つと考えられ、三家氏・他田氏・物部氏、三家氏・礒部氏という「地域小集団」の内実もうかがうことができる。

以上のように山上碑・金井沢碑の立碑主体は、〝サヌ〟を地盤に、三家氏を中心として結集した郡司輩出勢力＝郡司層であったと考えられる。

そして多胡碑は、かつて論じたように、平城宮における郡司召の場面を描いた石碑であった(37)。また碑文に登場する「羊」は、〝サヌ〟の一部を切り取るように新設された多胡郡の初代郡司であったと考えられる。さらに近年の発掘調査成果からは、碑と多胡郡家の強い関連性も確認されている(38)。多胡碑も郡司層たる「羊」を中心とした勢力によって立てられていることは明らかである。

このように上野三碑の立碑主体には、共通して郡司やその輩出母体となり得る勢力＝郡司層が見出される。郡司が古代国家の地方支配を考えるうえでユニークかつ重要な存在であることは贅言を要さない。とするならば、古代国家の地方支配という視点から、これら三碑の一体的理解が可能になるのではないだろうか。また地方支配という観点は、「佐野三家」に端を発する〝サヌ〟地域の展開や、東国における渡来人の入植政策とも密接にかかわるものといえよう。

そこで次節では、郡司層の動向や古代国家の地方支配の在り方を念頭に、上野三碑の一体性を論じてみたい。

三　古代国家の地方支配と上野三碑

本節では、古代国家の地方支配を念頭に、各碑の背景をなす郡司層の動向を通して上野三碑の関係性を考察したい。三碑のうち最も古い山上碑は、六八一年頃に立碑されている。その後、三〇年を経た七一一年頃に多胡碑が、さらにその一五年後の七二六年に金井沢碑が立てられている。この時系列から、どのような地域をめぐる状況を描くことができるだろうか。以下、三碑それぞれを時系列に沿って論じていきたい。

1　山上碑の立碑

山上碑について考えるにあたり、その前提として孝徳朝大化年間の「天下立評」を措定してみたい。いわゆる大化改新を契機に、新たな地方行政組織としての評と、その統治をゆだねられた評官人の任用が行われ、八世紀以降の制度に直結する中央集権的な地方支配が開始される(39)。この評制の施行については諸説あるが、ここでは大化五年（六四九）の全国一斉施行説にしたがっておきたい(40)。この「天下立評」を出発点にすることで、上野三碑の一体的理解が可能となるのではないだろうか。

孝徳朝の立評により、のちの上野国に相当する地域においても新たな評が設定されることになる。この時に成立した評の大部分が、八世紀以降の郡に継続すると考えられているが(41)、実際に藤原宮跡からは「車評」の記載がある荷札木簡が出土しており(42)、のちの群馬郡に相当する車評の存在を確認できる。同様に片岡評や緑野評、甘良評なども成立していたと考えて大過ないだろう。

したがって孝徳朝の立評に加え、『日本書紀』大化二年（六四六）正月の改新詔の「処々屯倉」廃止や、同書同年三月壬午の中大兄の奏請による「屯倉」の返納記事も踏まえれば、この時期に「佐野三家」が廃止され、車（群馬）評や片岡評などに分割された蓋然性は高い。そして「佐野三家」を中心に同地に展開していた三家氏は、「健守命」以来、「官家」＝ミヤケを「領」してきたことを根拠に、分割後の評官人に任用されたと考えられるだろう。このように七世紀半ばの立評にともなう「佐野三家」の分割は、同地に展開していた「健守命」を祖とする三家氏勢力に大きな影響を与えたことは疑いない。ここに山上碑立碑の理由を求めたい。

山上碑の立てられた辛巳年（天武天皇十年、六八一）は、孝徳朝の立評から約三〇年後のことである。これは、立評時の評官人の世代から次の世代（子の世代）にその地位の交替が進む時期に相当する。(43) 立評によって分割された〝サヌ〟の一体性を記憶にとどめるためにも、評官人の世代交替にあわせて、「健守命」によって設定された「佐野三家」をルーツとする三家氏勢力の結束を明示するモニュメントが求められたのではないだろうか。のちの片岡郡域に立てられた碑に、車評に所在する放光寺の僧侶である長利がかかわっている理由もここに見出すべきだろう。山上碑は立評という古代国家の中央集権的な地方支配政策の反映として、地方社会に立てられた碑なのである。

2　多胡碑の立碑

山上碑立碑の約三〇年後に、今度は多胡碑が立てられる。これは碑文からも明らかなように、多胡郡の新設と「羊」の初代郡司就任を契機としている。また先述したように多胡郡設置は、中央政府による東国への渡来系住民の入植政策の一環としてとらえることができる。さらにこの新郡は、山上碑の所在する片岡郡山部里、即ちかつての「佐野三家」の範囲たる〝サヌ〟の一部を切り取る形で設定されていた。これは孝徳朝の立評に続く、国家的政策による〝サヌ〟の再分割といえ、再び三家氏勢力に動揺を与えたであろうことは容易に想像がつく。

このことは逆の見方をするならば、初代多胡郡司とされた「羊」を中心とした勢力にとっても、自らの支配権が必ずしも盤石なものではなかったことを意味している。多胡郡域に旧〝サヌ〟地域が含まれている以上、同郡における三家氏勢力の存在は無視できるものではない。実際に山上碑や金井沢碑といった三家氏勢力の関与のもとで立てられた石碑は、多胡郡内に所在しているのである。すでに指摘したように、三家氏勢力は郡司層と看做しうる存在であり、だとすれば「羊」の多胡郡司就任は決して必然の結果ではない。「羊」を中心とした勢力と三家氏勢力とが、郡司職をめぐって競合する可能性は十分に想定できる。特に多胡郡の設立された和銅年間は、いまだ「譜第」などにもとづく明確な郡司の任用基準は定められておらず、様々な背景を持つ勢力が郡司に就任しうる時期であった(44)。こうした状況のもとで「羊」は、中央政府の渡来系住民の入植政策に接近することで、郡司の地位を獲得したのだろう。「羊(45)」の地域支配権の正当性は、中央政府に強く依存していたと考えられるのである。

多胡碑が地方に所在する石碑であるにもかかわらず、平城宮での郡司召の様子、さらには当時の太政官最高幹部たちの名を殊更に銘記しているのは、「羊」を中心とした勢力が、自らの地域支配権の正当性を専ら中央政府の権威に求めていたからに他ならない(46)。このように多胡碑も、「佐野三家」の三家氏勢力とは別の立場から、古代国家の地方支配政策を反映した石碑と位置づけられるのである。

3　金井沢碑の立碑

多胡碑の約一五年後、山上碑と指呼の間に金井沢碑が立てられる。これまで縷々述べてきたように、この碑も「佐野三家」をルーツとする群馬郡と旧片岡郡に展開する三家氏勢力によって立てられたものである。

立評に続く多胡郡の新設によって、彼らの支配してきた〝サヌ〟は再び分割されることになった。しかもそこには中央政府との密接な関係を誇示しながら、自らとは異なる背景を持った「羊」を中心とした勢力が進出してきたのである。再度の三家氏勢力の結束を確認するモニュメントである金井沢碑の立碑が、こうした古代国家の地方支配政策への反応であることはもはや論じるまでもない。またこのように考えることによって、山上碑との間の約四〇年という時間差も説明することができる。単に「佐野三家」(〝サヌ〟)や「三家」氏といった共通項だけではなく、立評や渡来系住民の東国入植を背景とした多胡郡の設置という古代国家の地方支配政策を念頭に置くことで、山上碑と金井沢碑の歴史的な連関がより明確に浮かび上がってくるのである。

さらに三家氏勢力による山上・金井沢碑と、彼らと異なる背景を持つ「羊」を中心とした勢力による多胡碑という立碑主体の違いは、自然石をそのまま用いた山上・金井沢碑と、丁寧かつ入念な加工を施された多胡碑という、三碑の形状の違いにも直截に表現されているといえるだろう。

なお、多胡碑の立碑(多胡郡の新設)から一五年後という時期は、多胡郡司の交替とかかわっていると推測しておきたい。奈良時代の郡司は、一〇年未満の期間で頻繁に交替していたことが明らかにされている(47)ことを念頭に置けば、金井沢碑を「羊」の退任にともなう多胡郡司の交替をめぐる地域の政治的動向の中で立てられた石碑と位置づけるのは、強ち空論とはいえないだろう。

以上、時系列に沿って上野三碑とその所在地域の歴史展開を素描した。立評や多胡郡の新設(渡来系住民の入植政策)という古代国家の地方支配をその前提とすることで、これら三碑は一体的に把握することができるのである。三碑が近接しているのは決して偶然なのではなく、地域の歴史展開の必然だったのである。

おわりに

小稿では三節にわたり、上野三碑の一体的理解の可能性を追究してみた。

個々に豊かな個性を備えた三碑であるが、それぞれの背後にひかえる郡司層の存在や古代国家の地方支配を念頭に置くことで、これらを一体的に把握することが可能となる。そして三碑の一体的理解によって、七世紀末から八世紀初頭の上野国西部地域の歴史展開を追うことができるのではないだろうか。

無論このような見通しは、既に先学による蓄積を通覧することで容易に得られる知見であろう。その意味では小稿は屋上に屋を架したに過ぎないかもしれない。しかしそれらの知見を不十分ながら整理しておくことも、全く無意味ではないと思っている。伏して諸賢のご叱正を乞いたい。

註

（1）前沢和之「地域表象としての古代石碑」（『歴史評論』六〇九、二〇〇一）。

（2）比較的近年の主要な研究としては、次のようなものがあげられる。群馬県史編さん委員会編『群馬県史　通史編2　原始古代2』（第一章第三節・第二章第二節）群馬県、一九九一、平野邦雄監修・あたらしい古代史の会編『東国石文の古代史』吉川弘文館、一九九九、東野治之・佐藤信編『古代多胡碑と東アジア』山川出版社、二〇〇五、前沢和之『古代東国の石碑』山川出版社、二〇〇八、松田猛『上野三碑』同成社、二〇〇九、佐藤信編「日本古代金石文資料集成」（二〇〇八年〜二〇一〇年度科学研究費補助金基盤研究（C）研究成果報告書『古代日本列島における漢字文化受容の地域的特性の研究』、研究代表：佐藤信、二〇一一）など。

（3）篠川賢「山上碑を読む」（前掲註（2）『東国石文の古代史』）、関口功一「「山上碑」「金井沢碑」と地域の仏教」（『古代上毛野の地勢と信仰』岩田書院、二〇一三、初出二〇〇二）、前掲註（2）前沢著書、前沢「日本古代の石文と地域社会」（『古代東アジアの情報伝達』汲古書院、二〇〇八）など。

（4）関口功一「大宝令制定前後の地域編成政策」（『地方史研究』三六―三、一九八六）。

（5）前掲註（3）前沢論文。

（6）松田猛「上野三碑の評価と今後の課題」（前掲註（2）著書）。

（7）前掲註（2）の諸研究。

（8）前掲註（1）前沢論文。

（9）前掲註（3）篠川・関口論文、前沢著書など。

（10）薗田香融「律令国郡政治の成立過程」（『日本古代財政史の研究』塙書房、一九八一、初出一九七一）、早川庄八「選任令・選叙令と郡領の「試練」」（『日本古代官僚制の研究』岩波書店、一九八六、初出一九八四）。

（11）ミヤケが「官家」と表記されることについては、弥永貞三「大化以前の大土地所有」、「「彌移居」と「官家」」（ともに『日本古代社会経済史の研究』岩波書店、一九八〇、初出はそれぞれ一九六六、六四）参照。

（12）『群馬県史　通史編2　原始古代2』第一章第四節二「山王廃寺と放光寺」。

（13）尾崎喜左雄『多胡碑』中央公論美術出版、一九六七。

（14）多胡碑周辺重要遺跡範囲確認調査現地説明会資料（高崎市教育委員会、二〇一二）、多胡碑周辺遺跡第2～6次調査（平成二十四～二十八年度）現地説明会資料（同、二〇一三～一六）。なお、多胡郡家の現在の調査内容については、滝沢匡「上野国多胡郡正倉跡と寺院」（『古代東国の地方官衙と寺院』山川出版社、二〇一七）参照。

（15）この箇所については、元来の「山部里（郷）」という里（郷）名（『法隆寺伽藍縁起幷資財帳』）が、桓武天皇（山部親王）の即位により、『続日本紀』編纂段階においてその諱を避けて「山郷」とされたのだとするのが最も自然だろう。その後、上野国分寺跡出土瓦や『和名抄』に記載がみられる「山字（ヤマナ）郷」という名称が用いられるようになったと考えておきたい。松田猛「佐野三家と山部郷」（『高崎市史研究』一一、一九九九）参照。

（16）東野治之「日本語論」（『長屋王家木簡の研究』塙書房、一九九六、初出一九九二）での指摘に従い、多胡碑文中の「符」は、公式令に規定された上意下達文書としての符ではなく「オホス」の意味と解釈したい。

（17）鐘江宏之「口頭伝達の諸相」（『歴史評論』五七四、一九九八）、川尻秋生「口頭と文書伝達」（『文字と古代日本2』吉川弘文館、二〇〇五）、平川南「多胡碑の輝き」（『多胡碑が語る　古代日本と渡来人』吉川弘文館、二〇一二）、拙稿「上野国多胡碑にみる「交通」」（『飯田市歴史研究所年報』一二、二〇一四）など。

（18）例えば、江戸の国学者である奈佐勝皐が天明六年（一七八六）に武蔵・上野・下野などを周遊した際の旅日記である『山吹日記』には、

（前略）神亀三年の古き碑たてり。この【山の】かたはらより近きころほり出せしとかや。（後略）

と、「神亀三年の古き碑」＝金井沢碑のことが記されている（五月六日条、『群馬県史料集　第六巻』群馬県文化事業振興会、一九七一より引用。【　】内の校訂は本書による）。

（19）前掲註（2）前沢著書。

（20）勝浦令子「金井沢碑を読む」（『日本古代の僧尼と社会』吉川弘文館、二〇〇〇、初出一九九九）。

（21）前掲註（2）前沢著書。

（22）拙稿「畿内の灌漑整備と行基」（『市大日本史』一八、二〇一五）において、畿内外の各地で郡司層を中心に造寺や造仏、写経などの仏教思想にもとづく事業の展開を目的とした知識の事例を集成している。

（23）佐藤信「石山寺所蔵の奈良朝写経」（『古代の遺跡と文字資料』名著刊行会、一九九九、初出一九九二）、栄原永遠男「郡的世界の内実」（『人文研究　大阪市立大学文学部紀要』五一—二、一九九九）。

（24）山口英男「地域社会と国郡制」（『日本史講座2　律令国家の展開』東京大学出版会、二〇〇四）。

（25）（26）竹本晃「金井沢碑からみた物部系氏族の展開」（『由良大和古代文化研究協会　研究紀要』一九、二〇一五）。

（27）鈴木実「奈良・平安初期における多度神宮寺の位相」（『続日本紀研究』四〇七、二〇一三）、前掲註（22）拙稿など。

（28）前掲註（3）篠川・関口論文、前沢著書など。

（29）尾崎喜左雄「山ノ上碑及び金井沢碑の研究」（『群馬大学教育学部紀要　人文・社会科学編』一七、一九六七）。

（30）東野治之「上野三碑」（『日本古代金石文の研究』岩波書店、二〇〇四、初出一九九一）。

（31）前掲註（15）松田論文。

(32)前掲註(3)篠川論文、前沢著書。
(33)前掲註(3)関口論文。
(34)舘野和己「ヤマト王権の列島支配」(『日本史講座1　東アジアにおける国家の形成』東京大学出版会、二〇〇四)。
(35)佐藤信「多胡碑と古代東国の歴史」(『古代多胡碑と東アジア』山川出版社、二〇〇五)。
(36)加藤謙吉「上野三碑と渡来人」(前掲註(2)『東国石文の古代史』)、前掲註(35)佐藤論文。
(37)前掲註(17)拙稿。
(38)前掲註(18)現説資料。
(39)拙稿「郡司読奏考」(『日本古代の郡司と天皇』吉川弘文館、二〇一六、初出二〇〇七)。
(40)鎌田元一「評の成立と国造」(『律令公民制の研究』塙書房、二〇〇一、初出一九七七)など。
(41)今泉隆雄「八世紀郡領の任用と出自」(『古代国家の地方支配と東国』吉川弘文館、二〇一七、初出一九七二)。
(42)『評制下荷札木簡集成』(奈良文化財研究所、二〇〇六)所収110木簡(藤原宮跡北辺地区北面外濠SD一四五出土木簡)には「上毛野国車評桃井里」との記載が、同111木簡(藤原宮跡北面中門地区北面外濠SD一四五出土木簡)には「上毛野国車評」との記載がみられる。
(43)拙稿「郡司譜第考」(前掲註(39)書、初出二〇一一)では『紀伊国造次第』を素材に、国造職・郡司職の世代間継承に要した時間を分析している。それによれば、七世紀半ばの立評から天平七年頃までの約八五年間で、これらの地位は孫世代〜曽孫世代まで継承されていることが分かる。これを勘案すれば、立評から約三〇年後の天武天皇十年頃は、立評世代の次世代(子世代)に評官人の地位が移りつつある頃だと考えられるだろう。天平二十年(七四八)に作成された「海上国造他田日奉部神護解」(『正倉院古文書正集』第四四、『大日本古文書(編年文書)』第三巻一五〇頁)によれば、神護の祖父の忍は「難波朝廷」=孝徳朝の「少領司」となり、父の宮麻呂は「飛鳥朝廷」=天武・持統朝に「少領司」、「藤原朝廷」=持統〜文武朝に「大領司」をつとめたとしている。この事例からも、天武・持統朝には立評世代(忍)から子世代(宮麻呂)に評官人の地位が移っていることが確認できる。
(44)須原祥二「郡司任用制度における譜第資格」(『日本史研究』四八八、二〇〇三)、前掲註(43)拙稿。
(45)なお「羊」の氏姓に関しては不明とせざるを得ない。前掲註(36)加藤論文では、「多胡」の地名と渡来系氏族を結び付け、そこに吉士系氏族である多胡吉士との関係を見出す原島礼二説(「関東地方の屯倉と渡来氏族」『日本古代王権の形成』校倉書房、一九

七七、初出一九六九）をとりあげ、「羊」がタゴ（多呉・多吾・多胡）吉士の一族であった可能性を推測している。この場合、渡来系氏族である吉士集団の多くが畿内に本拠地を持っていたことも勘案すれば、ここにも「羊」と渡来人・中央勢力との結びつきを見出すことができるだろう。

(46)　前掲註(17)拙稿。

(47)　須原祥二「八世紀の郡司制度と在地」(『古代地方制度形成過程の研究』吉川弘文館、二〇一一、初出一九九六)。

古代の烽想定地に関する試論

大高広和

はじめに

烽《とぶひ》は、火や煙を信号とすることで次々に情報を伝える、中国で発明された古代最速の情報伝達手段である。日本では、『日本書紀』天智天皇三年（六六四）是歳条に「於㆓対馬島・壱岐島・筑紫国等㆒、置㆓防与㆑烽。又於㆓筑紫㆒、築㆓大堤㆒貯㆑水、名曰㆓水城㆒」とあり、前年の白村江での大敗をうけ朝鮮半島から九州北部への侵攻に対する備えとして国家的に整備が行われた。天智紀には明記されていないものの、瀬戸内から畿内にかけての西日本にも、緊急事態を中央に伝えるための烽が間もなく整備されたとみられる。また、これらよりは遅れると考えられるものの、東日本においても古代の烽の存在が確かめられている。

養老軍防令の規定によれば烽は四〇里（約二一キロ）おきに設置することになっており、この間隔が実態に即していたかはともかく、全国には相当数の烽が設置されたはずである。そこで主に西日本において、火に関わる山名等を中心に烽の位置の想定が行われてきたが[1]、高山の山名やそれらの位置関係に多くを依拠した烽の想定には既に再検討の必要があることが明らかとなっている。

一九九五年、栃木県宇都宮市の飛山《とびやま》城跡で「烽家」と記された墨書土器が発見され、確実な古代の烽の存在が初めて判明し、烽の実態をめぐる多くの新知見がもたらされた。(2)その中世に遡る城名のように、古代の烽に由来するとみられる地名に注目する必要性が明らかとなった(3)ほか、飛山城跡は鬼怒川に面した比高差約二〇メートルの高台（標高一三三メートル）にあり、推定されている東山道のルートまでは約二・五キロの距離に立地するため、標高が高い独立峰の上よりも、主要な交通路に沿った独立丘陵等の方が古代の烽にふさわしい地理条件であることが明確となった。(4)

しかし、管見の限りでは、右のような知見を活かした上での烽の想定地に関する検討は、ほとんど試みられていない。そこで本稿では、「トビ」を冠する地名（トビ地名とする）から古代の烽の復元が可能か福岡県域を中心に検討し、それらと古代山城および交通路との関係も踏まえ、七世紀後半を中心とする辺境防衛体制の考察につなげたい。

一　古代の烽の基本的性格

まず古代の烽がどのようなものとして存在していたか、先学によりながら本稿の関心に基づいて整理しておきたい。

1　名　称

『和名類聚抄』が「烽燧」に「度布比」と和名を記しているように、(5)古代において烽は「とぶひ」と称されていた。『万葉集』巻六の「悲寧楽故郷作歌一首」（一〇四七番）に「射駒山　飛火賀嵬丹（いこまやま　とぶひがをかに）(6)」とあり、『古今和歌集』巻一にも「春日野の飛火の野守いでて見よ今幾日《いくか》ありてわかなつみてん(7)」との歌を載せる。『続日本紀』和銅五年（七一二）正月壬辰条[8]にみえる河内国の高見烽が前者に、大和国の春日烽が後者に該当するが、特に春日山西麓の春日野には飛火野の地名が残され[9]、これは烽が置かれたことから「とぶひ」を冠する地名が生まれたものである。なお、前掲の『日本書紀』天智天皇三年是歳条（巻二七、北野本）では烽に対して「ススミ」の訓があり、これに由来する地名もあるとされるが、確証を得るには至っていない[10]。

これまでのところ、古代の烽の所在と確実に結びつく地名の事例は先述の宇都宮市の飛山（城）と春日野の飛火野のみであると言え、様々な憶測を重ねる前に[11]トビ地名に注目した烽想定地の調査・検討が行われるべきである。従来注目されてきた「ヒノヤマ」系の山名など、「火（ヒ）」にまつわる地名も古代の烽の手がかりとして依然として有力だが[12]、現在の観点からは烽には適さないとみられる高山等も含まれており、トビ地名も考慮に入れて烽ネットワークの復元を見直す必要があろう。

なお、鎌倉時代にも「とぶひ」の用例はあるが[13]、中世以降は概して「のろし」という表現が一般化していくようである。

2　構造・体制

烽の構造や体制、立地等については、養老軍防令の規定によって基本的理解が形成されている[14]。烽では昼夜見張りを行い、急を知らせるべき事態には昼は煙を上げ、夜は火を焚いて次の烽に知らせるが、煙や火の数によって敵の多寡についての情報を伝える仕組みで[15]、その烽火施設は三つあった。これらは遠くから数を判別できるよう二五歩（四五メートル）以上離して設定することになっていたが、「山嶮地狭」の場合は明確に区別できればよいとされた。体制は烽長二人が三烽以下を検校すると規定されており、烽ごとに烽子四人が配置された[16]。烽火施設のほかの構造物としては、炎を上げるための発火材である火炬を濡らさずに貯えておく「舎」や、煙を出すための燃料の保管施設が存在し、烽長や烽子のための詰所もしくは望楼のような建物の存在も想定される。

これらによれば、烽の遺跡の擬定・認知にあたっては、適当な間隔をもって三つの烽火施設を設定でき、かつ付随する各種構造物の設置場所も確保できるような土地を想定する必要がある。ただし烽火施設については、火炬が乾燥させた葦や草を用いて作られ[17]、発煙装置が「筒」状の構造をもつ竈のようなものだったことは軍防令から窺われるが、その実態はよく分かっていない。概して唐制より粗漏で小規模であったとされる日本の場合、唐とは異なって土坑状の簡素な形態をとったとも想定でき[18]、実際、焼土坑や簡素な石組み等が烽の遺構と理解されている場合も少なくない[19]。烽の遺跡・遺構の様相について現状では定見がないが、そもそも検出しづらいものであった可能性がある。

3　立　地

軍防令によれば、煙もしくは火を上げても次の烽に反応のない場合、雲や霧といった気象条件によってよく見えない場合は走って知らせる必要があることから、「成るべく低い山で、上り下りが便利で、展望がよく、交通路線に近くて、前後二烽間の距離も都合がよい[20]」山が烽の立地としてふさわしい[21]。先述の飛山城跡の烽はまさにこのような立地であったとみられる。『日本後紀』延暦十五年（七九六）九月己丑朔条によれば、平安京への遷都に際して、淀川に接し交通の便の良い低山である男山（標高一四二・五メートル）が都に連絡する烽の地に選ばれている[22]。山陽道から平安京への連絡には山地を越える必要はなく、低地に突き出るように交通を扼する男山の周辺が烽の立地に最適であった。

一方、地形の関係で山地を越えなくてはならない所も必ずあり、藤原京に通じた高安烽、平城京への高見烽はこれにあたる。両者は生駒山地内に位置し、特に高安烽は、『日本書紀』天智天皇六年（六六七）十一月是月条に築城記事[23]

のある高安城が大宝元年（七〇一）に廃された(24)後に烽として存続したか、それ以前から高安城とともに高安山に存在していたものと考えられ、大和・河内両国の国境となる高安山の峠付近に存在しただろう(25)。これらの場合も交通路との関係は重要である。

また、異変を察知して烽火を上げ始める沿岸部の烽として、『肥前国風土記』所載の烽の中で唯一所在が明確な褶《ひれ》振《ふり》烽（松浦郡）がある。北に玄界灘を望み壱岐方面の海域の監視に適した、唐津市の鏡山（領巾振山。標高約二八四メートル）の山上にあったとみられる(26)。

これらの烽同士の間隔は、養老軍防令66置烽条によれば四〇里（約二一キロ）である。唐制では三〇里間隔とされているにも拘わらず、日本令があえて四〇里とする理由はよく分かっていない。これは厩牧令14須置駅条によって三〇里間隔と規定された駅家よりも長いが、置烽条には「若有三山岡隔絶、須二遂レ便安置一者、但使レ得二相照見一。不三必要限二卅里一」とあるように、実際に視認できることが最優先であろう。間隔を広げれば情報伝達速度は早くなるが視認が難しくなり、反対に縮めれば連絡の確実性は増すが、手間が増えて時間がかかる。これまでの様々な実験結果によると、天候がよほど良い条件でない限りは、二一キロ間隔を肉眼で運用することは困難だったようである。信号用の旗を利用した漢代の烽燧の間隔は五キロ未満であり、明代の烽燧や朝鮮王朝の烽燧も五キロぐらいずつに設置されたという(27)。

烽の間隔を長くするためには大規模な施設や立地点の高度上昇が必要だが、高山には霧などの天候上のリスクがあり(28)、特に天智朝の烽が実際に機能すべきものとして設置されたとすれば、その間隔は軍防令の規定より狭かったとも考えられる。交通の便が良く相対的に標高の低い地点に烽が置かれたとすれば、そもそも約二一キロという間隔は大抵の場合実現不可能だったことであろう。そして比較的小刻みに烽が設定されたとすれば、烽火施設が大がかりなものである必要もなくなる。

以上から、烽にとっては前後の烽への見通しおよび交通路との関係が基本的に重要で、それらの間隔については視認性を重視して想定を行う必要があると考えられる。なお、後世の烽火（狼煙台）等も古代の烽と立地条件は変わらず、両者の立地は重複しているとされることも多いが、江戸時代に長崎防備のために設置された狼煙台や近代まで大阪の米相場を伝えるために利用された旗振り通信[29]においては望遠鏡が用いられたことに注意したい[30]。地形の制約等から重複する場合はあっても、古代の烽の間隔は基本的にこれらよりも短かっただろう。

二　トビ地名の分布と立地

前節を踏まえ、初めに述べたように古代の烽に由来する可能性のあるトビ地名の分布や立地を見ていきたい。飛山城跡の場合、中世においては「トミヤマ」ないし「トビヤマ」と発音され、南北朝時代の「富山」「鵄山」の漢字表記が戦国時代に「飛山」に変化した[31]。「トビ（飛・鳶など）」「トミ（富など）」を冠する地名には「飛渡」などの渡河点や「飛地」であったこと、「富」が好字であること等に由来するものもあり注意が必要だが、立地条件も考慮することで古代の烽探索の有力な手がかりになるものも含まれると思われる。そこで、「トビヤマ」「トビツカ」「トビクマ」など、「飛山」と一致もしくは類似し、烽に由来する蓋然性が高いと判断される地名を[32]、明治十五年（一八八二）の調査記録が残る福岡県の小字から抽出した[33]。それらについて地名の位置の特定と現地の確認、地形の分析[34]、近隣の交通路や遺跡との関係の把握等を行った成果[35]を表（三〇〇〜三〇五頁）に示した。なお、小字以外にも神社や中世の城の名称[36]にトビ地名が残されている場合もあり、同様に表に示した（A・B）。図は、それらと主な交通路および古代山城のおおよその位置を示したものである。

小字の範囲という大まかな位置の特定までしかできず、また現地は既に地形の改変を受けている所、樹木が生い茂り立ち入れないか視界の開けない所も多いが、これらのトビ地名の半数近くが、先述したような烽にふさわしい地形で、交通路との関係からも古代の烽と想定しうる場所に立地している。場所によっては反対にトビ地名の存在から未確定の古代交通路(37)の存在を想定・補強する場合もあるだろう。また、特にカ・キ・シ・スやAなどについては古代山城との関係が窺われ、注目できる。これらはAを除いて城外の麓の高台等にトビ地名が位置するものであるが、近接する山城への連絡を確保しつつ、交通路との関係が重視されていると考えられる(38)。

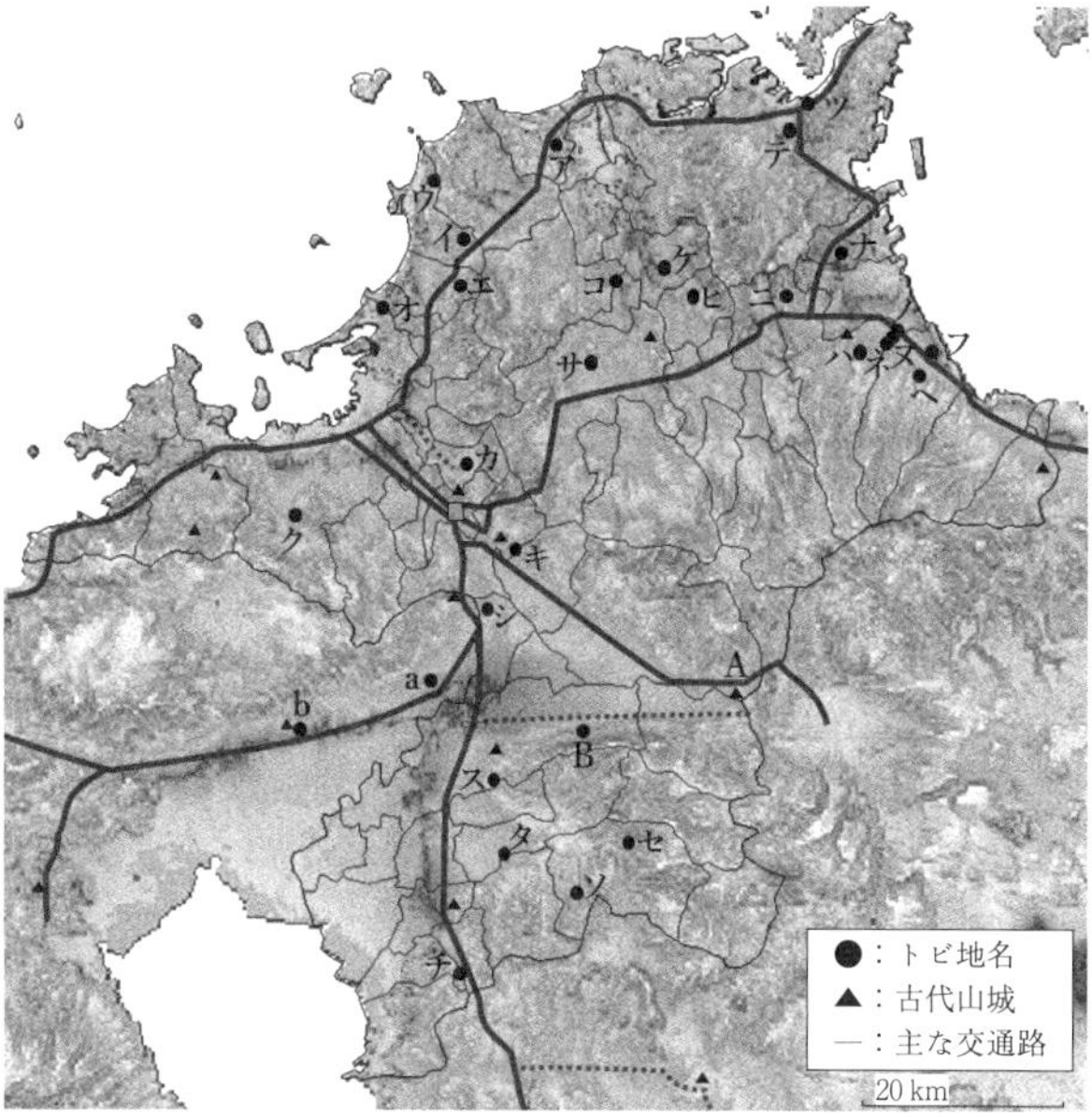

図　福岡県のトビ地名分布図

明らかに烽には適さないトビ地名も少なくないため、地名のみから短絡的に烽の存在を想定することは厳に慎まなければならないが、以上のようなトビ地名の分布と立地とを考慮すると、まずはトビ地名が烽に由来する可能性をもつことが広く共有されるべきであろう。既にトビ地名の地の多くが開発による影響を蒙っている一方で、烽が存在した可能性を意識して発掘調査が行われた事例は一つもない。前節でみたように、烽が見晴らしや交通の便の良い微高地にあり、かつ明瞭な遺構が残りにくいものであったとすれば、その遺跡は開発を受けやすい上

表　福岡県のトビ地名（抜粋）

	小字（読み）	旧郡名	旧村名（大字）	現市町村	
〔旧筑前国〕					
ア	飛熊（トビクマ）	遠賀郡	山田村	岡垣町	矢矧川西の丘陵の突端部にあたり、北側を国道3号線のバイパスが通る（『岡垣町史』一九八八年）。遠賀郡と宗像郡との間の駅路（西海道大宰府道）が通る峠までは南西に約四キロで、この峠付近に烽があったとすればこれを受けるには最適だが、標高は二〇メートル程度と低く、東の遠賀川の対岸にある、従来の烽想定地である北九州市の日ノ峰山は低山や丘陵に阻まれて見えない。遠賀郡家の存在が想定される北東の芦屋町の台地へは見通しがきくが、約二キロしか離れておらず、烽と想定するには問題もある。
イ	飛塚（トビツカ）	宗像郡	久末村	福津市	津丸駅想定地の畦町遺跡から北西に一キロ強の距離にあり、宗像郡家想定地の福津市八並の西の河岸段丘上に位置する。現在は若木台という標高五〇メートルほどの住宅地になっているが、開発前に周辺で最も高かった地点（隣接していた小字赤ハゲ）の標高は八三メートルほどで、現況よりも遠望が可能であった（＊1）。ただし、約八キロ先の宗像市の城山は見えたであろうが遠賀郡への峠は許斐山の背後になる。西は玄界灘まで下ってゆく低地を見渡せ、南方には高宮山（標高一一七メートル）、飯盛山（一五七メートル）があるが、エの古賀市米多比の飛山に連絡できた可能性もある。
ウ	飛山（トビヤマ）	宗像郡	奴山村	福津市	宗像市との境を成す山並みから降りてくる尾根が形成する標高五〇メートル程度の高台である。古代には西方に大きく入海が広がり、玄界灘も望むことができるが、近隣の古代官道の存在は肯定できず（＊2）、周辺への連絡の面からも烽が存在したと考えるのは難しい。
エ	飛山（トビヤマ）	糟屋郡	米多比村	古賀市	三郡山地から降りてくる尾根の一つの突端付近（標高約一三〇メートル）にあたり（古賀市歴史資料館の教示による）、約一キロ北西の低丘陵に切通し遺構（薬王寺小字立石）があることから、津丸駅から大宰府方面へ向かう駅路の存在が確実である（＊3）。現状は森林だが西側を中心に視界は開け、西南方向に四～五キロ先の立花山北麓の尾東山（一二二メートル）や前岳（一五九メートル）、そして八キロ先のオの飛山を視認できたはずで、北はイの飛塚へ連絡した可能性もある。特に尾東山や前岳からは谷の向こうに糟屋平野を望

					め、そこからさらにカの飛嶽が望めると想定できる。官道沿いの烽の適地と言える。
オ	飛山（トビヤマ）	糟屋郡	下和白村	福岡市東区	糟屋郡新宮町と接し、現在は美和台という住宅地に開発されている高台である（＊4）。ここも削平前は古墳群があり、標高は六九メートル程あったらしい。現況でも玄界灘、特に相島や志賀島を望むことができ、これらの島からの連絡を受けるには適地でエの飛山とも連絡が可能である。
カ	飛嶽（トビタケ）	糟屋郡	乙宇美村	宇美町	現在は宅地等に開発されているが、「とびたけ」の地名が残る。北方に糟屋平野を見渡す高台で、南に二キロ強で大野城の北側城壁に達する。文化三年（一八〇六）作成の「太宰府旧蹟全図」（北図）で大野城の北方に「トビダケ」がみえる（＊5）。近年、糟屋評家跡の可能性がある粕屋町阿恵遺跡の発掘調査により、博多方面へ向かう駅路から南東の宇美方向へ分岐し、宇美八幡宮や大野城、さらには飯塚市方面（ショウケ越え）へと続く七世紀後半から八世紀前半の交通路の存在が推定されている（＊6）。大宰府の北側に水城を出て博多方面へ向かう北西への道（『延喜式』の駅路）しかないのは軍事的に不都合であるから、大野城の東側を通って糟屋地域へ抜けるルート（現在は県道35号線が通る）の存在を想定すべきであろう。
キ	飛塚（トビツカ）	御笠郡	山家村	筑紫野市	阿志岐山城が築かれた宮地岳の東南、冷水峠越えの国道200号線および山家川を挟んだ標高五〇メートル前後の低丘陵の辺りで、隣接する小字に「飛塚浦」がある（筑紫野市歴史資料館の教示による）。低丘陵は変電所として整地済みであるが、南方に筑後川流域を見渡すことが可能である。また朝倉・杷木を経由して豊後国へ至る駅路が南東方向に走り、ここから南に一・五〜二キロの旧夜須郡（朝倉郡筑前町）中牟田には「車地」の小字もある。
ク	飛熊（トビクマ）	早良郡	東入部村	福岡市早良区	福岡平野の南、油山の西に並ぶ荒平山（標高三九四メートル）の西麓にあたる。博多方面から糸島方面へ向かう駅路は約六キロ北の海岸寄りを走るが、雷山山城や怡土城が築かれた糸島平野から日向峠を越えて大宰府方面へ向かう交通路が存在したとすれば（＊7）、この付近を通ることになる。
ケ	飛熊（トビクマ）	鞍手郡	上境村	直方市	遠賀川支流の彦山川東岸の丘陵上（標高四五メートル程度）に位置し、丘陵の下には明治期の小字一覧にはない「大道（ノ）下」とい

う小字が存在する（『上境・私たちのふるさと』直方市上境公民館、一九八二年）。現在は工場となっているが周辺の見晴らしはよい一方で、近隣のコおよびヒの飛熊は丘陵に阻まれ見えない。コとともに藤原広嗣軍が通った犬鳴峠越えの「鞍手道」(＊8)に沿っていた可能性がある。

コ	飛熊（トビクマ）	鞍手郡	鶴田村	宮若市
	詳細な位置は未特定だが遠賀川および犬鳴川に挟まれた高台があり、飯塚市の鹿毛馬山城との連絡が可能だった可能性がある。現在は工業団地となっている。交通路についてはケ参照。			
サ	飛熊（トビクマ）	穂波郡	伊岐須村	飯塚市
	建花寺川および現国道201号線に隣接し、住宅地となっている高台で、周辺も開発による地形の改変を受けている。糟屋方面から八木山峠を越えればこの辺りに出るが、古代交通路の存在は明らかではなく、鹿毛馬山城も見えない。			
〔旧筑後国〕				
A	鳶山城	朝倉郡（上座郡）	（杷木山城）	朝倉市
	杷木山城の一角に中世に築かれた長尾城の別名で、筑後川に面した尾根の先端部分を占める。西一六キロには筑後国のBの飛塚神社が見え、古代には大宰府から豊後国へ向かう駅路に加え筑後国府からの交通路（B参照）が付近を通っていた杷木山城に、烽の機能が伴っていたことを示唆している。			
シ	飛熊（トビクマ）	御原郡	三沢村	小郡市
	明治期の調査記録では「ヒクマ」とするが、『小郡市史』（第三巻通史編現代・民俗・地名、一九九八年）による(＊9)。近隣は近年の宅地開発が著しいが、南側のゴルフ場との間の丘陵付近にあたり、大きな地形の改変は受けていないとみられる。南南西には佐賀県との県境となっている駅路が南北に一直線に走り、北西約三キロ強の基肄城へ繋がる。基肄城の城外東にある「火ノ尾」（「太宰府旧蹟全図」南図）と呼ばれる頂（標高二六九メートル）付近に想定される烽に連絡した可能性がある。『肥前国風土記』の養父郡の烽に比定される佐賀県鳥栖市の朝日山との間にも遮るものはなく、約九キロの距離である。朝日山から御笠郡の天山（筑紫野市の宮地岳南麓）に連絡した江戸期の烽火のほぼ中間に位置している。			
	飛嶽（トビタケ）	御井郡	藤山村	久留米市

ス					明星山の尾根の下方が隆起した山（標高約二二二メートル）の名称である。北の高良山城までは谷を一つ挟んで約三キロで、南は八女の扇状地を越えて一三キロ程先に女山城が見えたはずである。西側四キロ強には車路地名が南北に点在し、肥後国に向かう官道の存在が考古学的にも明らかにされている。また、御井郡家から上妻郡家へと至る伝路はさらに飛嶽の近くを通ると想定されている。
セ	鳶隈（トビノクマ）	上妻郡	笠原村	八女市	山間部にあたり、古代の烽を想定することは難しい。
ソ	鳶山（トビヤマ）	上妻郡	鹿子生村	八女市	山間部にあたり、古代の烽を想定することは難しい。
タ	鳶山（トビヤマ）	上妻郡	山崎村	八女市	八女扇状地を形成した矢部川南岸にあたり、北岸には上妻郡家や伝路の存在が想定される。スの飛嶽との間は遮るものなく約八キロの距離であるが、駅路からはやや奥に入り、烽の配置としては疑問がある。
チ	鳶塚（トビツカ）	三池郡	亀谷村	みやま市	障子ヶ岳から東に伸びる尾根の突端付近で、現在地図上では「飛塚」とあり、森林となっている。東の谷部を肥後国の鞠智城や肥後国府へと続く交通路が走り、隣接する旧重富村には「車地」の小字がある。女山城はその手前の尾根までしか見えないが、交通の観点から烽の存在を想定できる（＊10）。
B	飛塚神社	浮羽郡	竹野村	久留米市	耳納連山の麓の丘陵が最も北側に張り出した先端部に建つ小社で、麓の富本という地区名も烽に由来するものか。北に筑後川流域を一望でき、東方約一六キロに杷木山城が視認できる。西方約九キロの高良山城も付近までは見え（＊11）、麓には筑後国府もしくは御井郡家から東に伸びる古道跡の存在が指摘されている（＊12）。この道は高良山城と朝倉市の杷木山城とを結ぶものとも理解できる。
〔旧豊前国〕					
ツ	富岡（トミヲカ）	企救郡	上富野村	北九州市小倉北区	関門海峡に面し、西海道大宰府道が通る交通の要衝で、大字の富野は広嗣の乱の際の「登美鎮」の比定地の一つでもある。西の

	到津（板櫃）方面や北東の門司方面への連絡、そして関門海峡の監視等が可能である。			
テ	飛岡（トビヲカ）	企救郡	片野新町村 上城野村	北九州市小倉北区 北九州市小倉南区
	両大字にまたがることから位置がほぼ特定でき、現在自衛隊の駐屯地となっている標高一〇メートル程度の台地の先端部である。土地は既に均平されたのだろうが、北九州市の中心部やその東のツの富岡への視界は開けている。東の足立山（霧ヶ岳。近世の烽火台の地）の麓を豊前国府へ向かう駅路が南北に走る。			
ト	富岡（トミヲカ）	企救郡	上城野村	北九州市小倉南区
	詳細な位置は未特定ながら、テの飛岡と元来同一のものか。			
ナ	富塚（トミツカ）	京都郡	稲光村	苅田町
	刈田駅想定地の苅田町馬場から京都峠を越えて京都郡に入っていく駅路との関係が想定できる。			
ニ	鳶山（トビヤマ）	京都郡	浦河内村	みやこ町
	現在想定されている京都平野方面と田川郡とを結ぶ古代交通路からはやや外れている。			
ヌ	トビツカ	仲津郡	下原村	みやこ町
ネ	鳶岡（トビヲカ）	仲津郡	綾野村	みやこ町
ノ	飛岡（トビヲカ）	仲津郡	呰見村	みやこ町
	詳細な位置は未特定ながらヌ・ネ・ノの三者は互いに近接し、特にヌとノの間を豊後国へ向かう駅路が通過する。いずれかに烽の存在を想定できるものと考えられる。			
ハ	鳶岡（トビヲカ）	仲津郡	久富村	みやこ町
	御所ヶ谷山城の南東約三キロに位置し、山城の北側の駅路のほかに南側にも交通路の存在が想定されている（＊13）。ただし、地形的に北東方面への連絡は難しそうである。			

ヒ	飛熊（トビクマ）	田川郡	上野村	福智町	交通路との関係は未詳で、約三キロ北西のケの飛熊を望むこともできない。
フ	飛山（トビヤマ）	築城郡	築城村	築上町	詳細な位置は未特定ながら、豊後国へ向かう駅路に近接し、築城駅も近隣に存在したと想定される。ヌ〜ノまでは約四キロの距離である。
ヘ	鳶山（トビヤマ）	築城郡	奈古村	築上町	駅路には比較的近いがフの飛山ほどではなく、また東西に丘陵がせり出し眺望が阻まれ、烽の適地とは言えない。

＊1　福岡教育大学歴史研究部考古学班『津丸・久末古墳群』（一九七四年）。頂部にも古墳が存在すると想定して発掘が行われたが、性格不明の掘り込みと土師器・須恵器の小片を検出したのみであった。

2　大高広和「古代宗像郡郷名駅名考証（三）」（『沖ノ島研究』三、二〇一七年）。

3　木下良「律令制下における宗像郡と交通」（『宗像市史』通史編第二巻、古代・中世・近世、一九九九年）。なお、古賀市域は古代においては宗像郡に属する。

4　福岡市教育委員会『福岡市和白遺跡群発掘調査報告書』（福岡市埋蔵文化財調査報告書第一八集、一九七一年）。

5　「太宰府旧蹟全図」については『太宰府市史』環境資料編（二〇〇一年）による。太宰府市文化ふれあい館編『特別展示　太宰府―人と自然の風景』（二〇〇二年）に北図の釈文付きのカラー写真が付属する。同図には大野城西南城外に「火ノヲ」、東端に「トウ見処」等の地名も記されている。

6　西垣彰博「官道にみる夷守駅と糟屋郡家」（『海路』一二、二〇一五年）。宇美八幡宮と郡家の間との交通路は『筑前国風土記』逸文によっても示唆される。

7　瓜生秀文「日向峠越えルートについて」（『古代交通研究』九、二〇〇〇年）。

8　＊3と同じ。

9　南に接する大字大保の小字「飛赤」は、式内社御勢大霊石神社の神職富赤氏のための神田に由来するという。

10　肥後国へと至る交通路および烽ルートについては木下良「古代の交通と関所」（『南関町史』特論、二〇〇二年）が言及しているが、スの飛嶽を除きトビ地名への言及はない。

11　服部英雄「烽火台にみる長崎街道の軍事的側面」（註(38)参照）は高良山の北、旧御井郡太郎原の小字火ノ尾が高良山城に関連する烽の遺称地とみている。

12　松村一良「筑後地方を縦断する古代駅路」（『Museum Kyushu』九、一九八三年）。

13　木下良「古代官道と条里制」（『香春町史』上、二〇〇一年）。

に考古学的には検知しづらいことが予想される。今後、トビ地名を参考に確実な烽の遺構が検出されることを期待したい。(39)

三　トビ地名と七世紀後半の防衛体制

前節によって、トビ地名からこれまでに知られていない古代の烽の存在を想定できる可能性が明らかとなった。これらの烽の一部には七世紀後半に築かれた古代山城との関係が想定できるが、全体として天智紀に記されている烽と関連するものであるのかは検討が必要である。

西海道、特に北部九州は国土防衛の最前線とされた地域であり、天智紀の山城および防人、烽の設置記事以降も防衛体制の維持・改変が行われている。延暦十八年（七九九）の全国的な烽の廃止においても大宰府管内は対象外とされ、(40)『延喜式』にも烽の規定が残る。(41)特に『続日本紀』天平十二年（七四〇）九月戊申条では、藤原広嗣が筑前国遠賀郡家を軍営とし、「烽火」を上げて「国内兵」を徴発している。この記述をそのまま信ずるならば、当時、筑前国内に急を伝えれば軍団兵士が参集してくるような烽のネットワークが機能していたことになる。(42)特に西海道の場合、烽は単に中央もしくは大宰府に早く情報を伝えるためだけではなく、諸地域からの迅速な軍事動員を実現する役割があったことが分かる。また、広嗣があえて大宰府ではなく遠賀郡から烽を上げたことが注意され、烽の信号で伝えられる情報にはかなり限りがあることからすれば、この時、沿岸部からの緊急の連絡を受ければ兵士は大宰府ではなく当地へ向かうことになっていたのであろう。

このような烽の運用が七世紀後半もしくは八世紀初めに遡るかは確言が難しい。広嗣の乱の記事には沿岸部に置かれた軍事施設・機関である鎮（鎮所）の存在がみえるが、これは天平四年から六年まで置かれた節度使によって整えられたものと考えられる。(43) 対外的緊張を背景に東海・東山道、山陰道、西海道に設置された天平の節度使は、沿岸警備や軍事体制の充実・強化を行ったが、その一環として出雲国・隠岐国では烽の整備を行っている。(44) 西海道では博多大津・壱岐・対馬などに船を準備して不虞に備えたことが知られ、(45) 特に沿岸警備に関連した烽に関する施策も行われた蓋然性は高い。したがって、広嗣による烽の使用法は、むしろ節度使によって整備された制度に基づくもので、トビ地名には節度使等により八世紀以降に新設もしくは移設された烽に由来するものもあり得ると考えられるのである。

ただし、現存する諸国の風土記に載せられている烽の数をみると、出雲国が五つ(46)（出雲郡二、神門・嶋根・意宇郡各一）で、西海道では豊後国が五つ（海部郡二、大野・大分・速見郡各一）、肥前国が二〇（松浦郡八、うち値嘉島三、高来郡五、彼杵郡三、藤津・小城・神埼・養父郡各一）となっており、肥前国の沿岸部を除くとかなり限られる。福岡県域の風土記が残されていないことが惜しまれるが、少なくともこれらの風土記が成立したとされる天平年間には、特に沿岸部以外では前節でみたような多くの烽の存在を想定できない恐れがある。むしろ、西海道の場合、八世紀以降烽は減少傾向にあるとみなすべきだろう。

というのも、七世紀後半に築かれたほとんどの古代山城は、一部を除いて八世紀の早い段階で廃絶している。(47) これと同様に、同時期に設置された烽には、対外的緊張の弛緩に伴って多くの山城とともに使われなくなったものも少なくないのではなかろうか。

この問題に強く関係するのが、「車路」と呼ばれる軍用道路である。西海道の『延喜式』駅路は、他地域に比して複雑な路線形態を呈しており、あまり路線の整理が行われていないと評価されているが、(48) この他にさらに古代山城と大宰府などの地方拠点、もしくは山城相互間を連絡する軍用道路が先行して存在したことが、「車路（車地）」の地名等から明らかにされている。(49)これらは七世紀の第三四半期、天智朝に敷設されたとみられており、(50)七世紀後半にはより複線的な交通路が古代山城および烽と連動して整備されていたと考えられる。前節でみたトビ地名でも、キ・ス・チ等には「車路」地名が伴い、また宇美の飛嶽（カ）や筑後の飛塚神社（B）は古代山城と連動すると考えられる駅路以外の交通路との関係が濃厚で、特にカは七世紀後半から八世紀前半の交通路に関係するとみられる。

天智紀等に築城記事のみえない古代山城を天武朝の築造とする理解等もあるが、(51)七世紀後半に交通を強く意識しながら山城と烽の整備が行われたことは疑いない。トビ地名の分布によって見出される複線的な交通構造は、右のような七世紀後半に構築された防衛体制に重なるものとみてよいだろう。したがって、トビ地名の多くは天智朝以降の七世紀後半に設置された烽の所産であり、それは大宰府や都だけではなく防衛網を成していた各山城への連絡にも用いられ、山城の大半が放棄されると交通路とともに整理されたと考えられるのである。「車路」地名と同様に、トビ地名は七世紀後半の防衛体制や交通体系の実態を窺わせるものと言えよう。

おわりに

七世紀後半の対外的危機を契機に設置された烽は、古代国家の防衛体制や交通体系を明らかにする上で見落とすことのできない存在である。しかしながら、古代の烽跡はその性格や重要性が未だ十分に明らかとなっておらず、埋もれたまま容易に開発等によって消滅してしまいかねない歴史的資産の最たるものの一つではなかろうか。本稿執筆のきっかけは、偶然見つけたいくつかのトビ地名が、押し並べて住宅地等になっているという事実に直面したことにある。現状ではこれらが古代の烽に由来するか確かめる術はなくなってしまっている。総合的な烽ネットワークの復元は、トビ地名以外の要素も考慮に入れて今後行っていく必要があるが、古代の烽の分布は東日本まで広がっており、綿密な探索・調査は到底筆者一人の手には負えない。本稿によってトビ地名および烽への関心が高まり、古代の烽遺跡の発見・保護と研究の進展に繋がることを期待したい。

註

（1）久保山善映「九州に於ける上代国防施設と烽火の遺蹟」（『肥前史談』一二―六、一九三九年）、豊元国「烽の研究」（小田富士雄編『西日本古代山城の研究』日本城郭史研究叢書一三、名著出版、一九八五年、初出一九六八年）、木下良「歴史地理的にみた交通・通信・情報の諸問題」（『歴史地理学紀要』二八、一九八六年）など。

（2）今平利幸「飛山城跡発掘調査概要」（シンポジウム「古代国家とのろし」宇都宮市実行委員会・平川南・鈴木靖民編『烽〔とぶひ〕の道』青木書店、一九九七年）、佐藤信「古代国家と烽制」（同書）。今平利幸『飛山城跡』（同成社、二〇〇八年）は、墨書土器が発見された長方形の竪穴建物を後述する軍防令にみえる烽の「舎」に比定している。

（3）峰岸純夫「中世の飛山城跡」（註(2)前掲『烽の道』）、木下良「古代道と烽」（同書）。

（4）註(1)前掲久保山善映「九州に於ける上代国防施設と烽火の遺蹟」、木下良「烽と交通路」（『日本古代道路の復原的研究』吉川弘文館、二〇一三年）。

（5）『和名類聚抄』巻十二（二十巻本）、燈火部。

（6）新編日本古典文学全集『万葉集』（小学館）。

（7）新日本古典文学大系『古今和歌集』（岩波書店）。

（8）「廃二河内国高安烽一、始置二高見烽及大倭国春日烽一、以通二平城一也」とある。

（9）瀧川政次郎「高見の烽」（『ひらおか』九、一九六一年）、同「春日の飛火野」（『大和文華』七、一九五二年）。高見烽は奈良県生駒市西畑町と大阪府東大阪市東豊浦町との境にある暗峠《くらがりとうげ》（闇峠）付近（天照山か）と想定されている。

（10）鞠智城跡（熊本県山鹿市・菊池市）では、西側土塁線に隣接する地点の小字「涼みヶ御所」が見晴らしの良い高所に位置し、「烽見ヶ御所」の字を当て、望楼の存在など烽との関連を想定する考えがある（註(1)前掲久保山善映「九州に於ける上代国防施設と烽火の遺蹟」、熊本県教育委員会『鞠智城跡Ⅱ』熊本県文化財調査報告二七六、二〇一二年）。なお、城内西側の高所には展望所になっている「灰塚」という地点もあり、やはり烽に関わる地名である可能性がある。

（11）註(1)前掲豊元国「烽の研究」は、「火」がつく名の山に加え、近世の遠見番・番所に由来するとみられる「遠見」や「番」のつく山や、火を焚く行為を伴う雨乞いを行ったとみられる「竜王山」等を烽に関連するものとみなした。その上で、相互関係や山城・国府・軍団等との関連などを考慮して烽のルートを復元しているが、問題が多い。

（12）『肥前国風土記』にみえる烽二〇ヵ所のうち、養父郡の烽が鳥栖市の「朝日山」（図のａ）に、神埼郡の烽が佐賀県神埼市の「日ノ隈山」（図のｂ）に比定されているが、これらは佐賀平野を一望できる標高一〇〇メートル台の低山で駅路にも近く、古代の烽に関係する蓋然性は高い（註(1)前掲久保山善映「九州に於ける上代国防施設と烽火の遺蹟」、註(3)前掲木下良「古代道と烽」）。なお、両烽間の距離は一三キロ弱である。

（13）服部英雄「中世・近世に使われた「のろし」」（註(2)前掲『烽の道』）。

（14）養老軍防令66〜76条（日本思想大系『律令』岩波書店、一九七六年）。瀧川政次郎「律令時代の国防と烽燧の制」（『律令諸制及び令外官の研究』法制史論叢第四冊、一九六七年、初出一九五二年）、同「唐兵部式と日本軍防令」（『律令格式の研究』法制史論叢第一冊、一九六七年、初出一九五三年）、高橋富雄「烽の制度とその実態」（『東北学院大学東北文化研究所紀要』三、一九七一年）、永留久恵「古代の烽燧」（『対馬古代史論集』名著出版、一九九一年、初出一九七九年）、註(2)前掲佐藤信「古代国家と烽制」、亀谷弘明「情報と社会―古代の烽―」（『歴史と地理』五一四、一九九八年）、松原弘宣「日本古代の通信システムとしての烽」（『日本古代の交通と情報伝達』汲古書院、二〇〇九年）など。

（15）軍防令では有事における烽を上げる数は「別式」によるとされ、『延喜式』（巻二八、兵部省）には「凡太宰所部国放レ烽者、明知二使船一、不レ問二客主一、挙二烽一炬一。若知レ賊者放二両炬一。二百艘已上放二三炬一」とある。

（16）唐制では一つの烽に烽帥一人・烽副一人、烽子六人が配置され、烽子のうち一人は文書逓送要員で、残りの烽子が五つの烽火施設をそれぞれ担当したが、日本には文書逓送の規定はない。『令義解』軍防令70配烽子条では烽子は二人ずつ交替で勤務するとしているが、烽火施設が三つあることからも、四人の人員を常に配置していたのではなかろうか。なお、日本令で烽長二人が三烽以下を検校するとしている点については理解が分かれるが、烽同士の連携の維持を企図したものであろうか。

(17) 養老軍防令72火炬条。唐制では火台の上に橛《ほぐし》を設置することになっていたが、日本令に火台はみえない。

(18) 古川一明「古代城柵官衙遺跡の烽燧についての試論」（『宮城考古学』一四、二〇一二年）。註(1)前掲木下良「歴史地理的にみた交通・通信・情報の諸問題」は、「山の多いわが国では、中国のように人工の烽火台を作る必要はなく」と述べている。

(19) これまでに報告されている烽とされる遺構については向井一雄「古代烽に対する基礎的検討」（『戦乱の空間』六、二〇〇七年）参照。さらに註(18)前掲古川一明「古代城柵官衙遺跡の烽燧についての試論」は東北の城柵に烽施設が付属した可能性を論じており、村川逸朗「長崎県域等に於ける古代の烽ネットワーク復元に向けてのアプローチ」（『高野晋司氏追悼論文集』二〇一五年）も山上や山中の石積から烽の存在を推定している。ただし、これらはいずれも古代の烽の遺構であることの決定的証拠を欠いており、古代の烽の中でも時期や地域、設置目的の違いによって施設の規模・構造に差異がある可能性も考慮すべきかもしれない。

(20) 註(1)前掲久保山善映「九州に於ける上代国防施設と烽火の遺蹟」。

(21) 註(3)前掲木下良「古代道と烽」。

(22) 記事では「勅、遷都以来、于レ今三年、牡山烽火、無レ所二相当一。非常之備、不レ可二蹔闕一。宜下山城・河内両国、相共量二定便処一置中彼烽燧上」とあり、淀川東岸で山城河内両国の境をなす男山へは、淀川西岸の摂津国の烽から連絡したものとみられる。

(23) ただし、『続日本紀』文武天皇二年（六九八）八月丁未条は天智天皇五年の築城とする。

(24) 『続日本紀』大宝元年（七〇一）八月丙寅条。

(25) 高安城は天智天皇六年には「倭国」とされるが、廃城時にはその「舎屋」と「雑儲物」とが大和河内両国に「移貯」され、先述の『続日本紀』和銅五年正月壬辰条では河内国高安烽とある。高安城推定範囲南辺の大阪・奈良県境の尾根上からは、古代の烽の可能性がある焼土坑が見つかっているが、高安城の城域は範囲が確定しておらず、当該地は近年の見解によれば城外とされている（山田隆文「高安城」『季刊考古学』一三六、二〇一六年）。

(26) 註(4)前掲木下良「烽と交通路」。ただし、沿岸部で警備や見張りを務めたとみられる防人との関係など、詳細は明らかではない。

(27) 籾山明「中国の烽燧施設とその生活」（註(2)前掲『烽の道』）、酒寄雅志「朝鮮半島の烽燧」（同書）。註(19)前掲向井一雄「古代烽に対する基礎的検討」は安定的な通信には七キロ程度が限界ではと述べている。

(28) こうした事情を古代の烽制度が長続きしなかった理由の一つとする見方もある（註(19)前掲向井一雄「古代烽に対する基礎的検討」）が、烽の廃止自体は軍事的緊張の低下や費用対効果の問題など、他でも説明は可能である。

(29) 柴田昭彦『旗振り山』（ナカニシヤ出版、二〇〇六年）。旗振り通信においては望遠鏡を用いれば通常二四㌔まで通信でき、明治時代に利用された旗振り場の間隔は四㌔から二二㌔で、平均一二㌔程とされる。濃霧の際には通信可能な平地に随時旗振り場を設ける場合があったようである。

(30) 註(13)服部英雄「中世・近世に使われた「のろし」」。同「長崎街道沿いの烽火」（長崎県教育委員会編『長崎街道』長崎県歴史の道〈長崎街道〉調査事業報告書、二〇〇〇年）も近世の烽火と古代の烽とは多くのものが重なっていただろうが、数は古代の方が多く、間隔も短かったとする。

(31) 註(3)前掲峰岸純夫「中世の飛山城跡」。同論文は飛山城に繋がる近隣の烽ルートを、「富岡」「富山」の地名を元に想定している。

(32) 古代烽との関係から既に注目されていた「トビ」地名に、対馬の海岸線の展望の利く岬にある飛岳、飛崎（鳶崎）、鳶嶽、飛坂などがある（註(14)前掲永留久恵「古代の烽燧」）。「トビノオ」（鳶尾など）や「トビガウラ」なども烽に由来する可能性があるが、前者は鳶（鳥）の尾のような形状の地を言った場合もあるようである。ほかに、「遠見山」など「遠見」が「トミ」「トビ」と称されている事例もあるが、中近世のものが多い。また、「十三塚」を「トミヅカ」と言う事例もあり、池田末則「新十三塚考」（『民俗文化』一、一九八九年）は積極的に烽関係の地名とするが、民俗信仰上の十三塚との関係を見極める必要がある。これら判断の難しいものについては今後の課題としたい。

(33) 『明治前期全国村名小字調査書』四（内務省地理局編纂善本叢書三三、ゆまに書房、一九八六年）。明治期の小字調査成果は関東大震災で焼失し、青森・秋田・宮城・福岡・熊本・大分・佐賀・鹿児島の分だけが東京大学史料編纂所に残る。『福岡県史資料』六〜一〇（一九三六〜三九年）にも収載されている。検索には上村重次編『稿本明治前期福岡県町村字名分類索引』一〜一六（私家版、一九九七〜二〇〇一年）の恩恵にあずかった。

(34) 地形の分析および図の作成にはＰＣソフト「カシミール３Ｄ」により国土地理院基盤地図情報を利用した。

(35) 古代交通路および官衙遺跡等については、木本雅康「西海道における古代官道研究史」（『古代交通研究』一二、二〇〇三年）、島方洸一企画・編集統括『地図でみる西日本の古代』（平凡社、二〇〇九年）、木下良『事典　日本古代の道と駅』（吉川弘文館、二〇〇九年）などを参照。

(36) 城名の検索は、福岡県教育委員会『福岡県の中近世城館跡』Ⅰ～Ⅲ（福岡県文化財調査報告書二四九・二五〇・二五四、二〇一四～一六年）を利用した。

(37) 天平十二年（七四〇）の藤原広嗣軍の進軍経路からも、当時駅路以外に大軍の移動が可能な道路が存在したことが窺われる（木下良「西海道の古代交通」『古代交通研究』一二、二〇〇三年）。

(38) 古代山城と烽との関係については、服部英雄「烽火台にみる長崎街道の軍事的側面」（福岡県教育委員会『長崎街道』福岡県文化財調査報告書一八四、二〇〇三年）、註(19)前掲向井一雄「古代烽に対する基礎的検討」を参照。大野城や基肄城では烽の存在が想定されている「火ノ尾」等の地名が城外すぐ近くにもあるが、これらは城内の倉庫等の火災を避ける意味があったのであろう。

(39) 管見に入った福岡県以外のトビ地名のうち注目されるものを挙げておく。①鞠智城の南、低地を隔てた熊本県菊池市泗水町の台地の付近に、飛熊・富納・富の原のトビ地名が集中している。②大分市大字東上野（旧海部郡）には飛塚横穴群が存在した。豊後国と伊予国とを結ぶ陸上・水上交通との関係が指摘でき、烽の好適地とみられる。③宮崎県西都市三納の川に面した小丘陵に鳶野の地名がある。三納は『続日本紀』文武天皇三年（六九九）十二月甲申条の三野城の比定地の一つである。④岡山県矢掛町の山陽道小田駅に比定される毎戸遺跡のすぐ北に鳶山（標高一三三メートル）があり、駅路沿いの見通しのよい低山である。⑤兵庫県篠山市の権現山には飛の山城があり、山陰道や郡家想定地に近接している（註(2)前掲今平利幸『飛山城跡』）。

(40) 『類聚三代格』巻十八関并烽候事、延暦十八年四月十三日太政官符。

(41) 註(15)所引延喜兵部式。

(42) 筑前国には四軍団四〇〇〇人の兵士があり、遠賀団、御笠団の二団の存在が出土印により明らかになっているが（橋本裕「大宰府管内の軍団制に関する一考察」『律令軍団制の研究』増補版、吉川弘文館、一九九〇年、初出一九七六年）、広嗣は大隅・薩摩・筑前・豊後国の兵五〇〇〇を率いて大宰府を出発しているから、この時点で筑前の兵士全てが動員されていた訳ではないようである。註(2)前掲佐藤信「古代国家と烽制」は、広嗣が烽によって西海道諸国からの兵士動員を目指していた可能性を指摘している。

(43) 大高広和「八世紀西海道における対外防衛政策のあり方と朝鮮式山城」（『鞠智城と古代社会』一、二〇一三年）。天平の節度使については北啓太「天平四年の節度使」（土田直鎮先生還暦記念会編『奈良平安時代史論集』上巻、吉川弘文館、一九八四年）、原田諭「天平の節度使について」（『続日本紀研究』三二一、一九九九年）などを参照。

(44)　内田律雄「『出雲国風土記』の五烽」(山本清編『風土記の考古学』三、同成社、一九九五年)、関和彦「古代出雲国の烽」(註(2)前掲『烽の道』)、門井直哉「『出雲国風土記』にみえる烽と剗について」(『条里制・古代都市研究』二七、二〇一一年)、伊藤卓爾「『出雲国風土記』の五烽と『出雲国計会帳』」(『出雲古代史研究』二三、二〇一三年)。

(45)　『続日本紀』天平宝字三年(七五九)三月庚寅条。

(46)　出雲国の場合、七世紀後半に烽が置かれたかは疑わしく、節度使体制下で設置されたものと考えられる。

(47)　註(43)前掲大高広和「八世紀西海道における対外防衛政策のあり方と朝鮮式山城」。『肥前国風土記』には「城」は一つ(基肄城)しかみえず、帯隈山城やおつぼ山城の存在は記されない(鈴木拓也「軍制史からみた古代山城」『古代文化』六一―四、二〇一〇年)。

(48)　註(37)前掲木下良「西海道の古代交通」。

(49)　木下良「「車路」考」(藤岡謙二郎先生退官記念事業会編『歴史地理研究と都市研究』上、大明堂、一九七八年)、鶴嶋俊彦「古代肥後国の交通路についての考察」(『駒沢大学大学院地理学研究』九、一九七九年)、木本雅康「大野城・基肄城と車路について」(鈴木靖民・荒井秀規編『古代東アジアの道路と交通』勉誠出版、二〇一一年)など。

(50)　註(37)前掲木下良「西海道の古代交通」。

(51)　齋藤慎一・向井一雄『日本城郭史』(吉川弘文館、二〇一六年)(古代は向井氏の執筆)。

天武朝の複都制

北村優季

はしがき

日本の古代社会では藤原京や平城京のような都城が造営され、それらが国家支配の拠点となった。それと同時に大宝律令や養老律令が編纂され、そこには京に関わる多くの条文が含まれている。その中には、京を左右の両京に分割し条坊を設けることが前提とされ、左右京職を置いてさまざまな官僚を配置することや東西市を設けることなどが規定されている。それは律令国家の支配において、京が不可欠の存在であったことを示すものでもあった。周知のように、大宝令や養老令の条文では左右京を置くほか、その周囲に畿内と畿外を配置し、さらに畿外を七道に分割する行政機構が採用された。いわゆる五畿七道制が律令制支配機構の基本となったのである。その場合、京はあくまでも単一の存在であり、それを基点として中央集権体制が維持されることとなっていた。

しかし、実際の歴史的事実を追っていくと、首都とは別に副都と呼ぶべき都が新たに造営されることがたびたび見られた。たとえば、八世紀前半には平城京とは別に難波京が聖武天皇によって造営され、長岡京に遷都されるまで一定の役割を果たしている。また、八世紀後半には保良京や由義宮が造営され、それぞれ「北京」「西京」と称された。この二つはいずれもごくわずかの時間で廃止されたが、ともかくも、こうした副都が実際に存在したことは注意しておかなければならない。

さて、こうした首都と副都との存在を複都制と名づけたのは瀧川政次郎氏であった(1)。氏は副都のことを「陪都」と表現しているが、複都制が唐の制度を導入したものであることを指摘し、その具体例として七世紀の「飛鳥京」と難波京、八世紀の平城京・難波京・恭仁京などの事例をあげている。今日から見ると、飛鳥京と呼ばれる都が果たして存在したのかどうかについては意見が分かれるところであろうし、恭仁京の存在についても、平城宮の大極殿を解体した上で移築していることから判断して、恭仁京を平城京の副都とする見解には異論も少なくないはずである。ただ、このような業績によって日本の都城制が複雑な性格をもつものであったことが注目され、都城に関する研究の転換点になったことは間違いない。

ところで、日本における複都制の存在を示す史料としては、天武天皇の時期に出された詔を看過することができない。それは、天武一二年（六八三）に出されたもので、「およそ都城宮室は一処にあらず、必ず両参を造らむ」とする『日本書紀』の記事である。これは文字通り複都制を宣言したものとして著名な史料であるが、それによれば、天武天皇は難波に都を造り、さらに新しく信濃に都を造ろうとする動きを本格化した。このことは、平城京の時代から見るときわめて不自然な方針といえようが、これについては、すでに栄原永遠男氏が専論を発表し的確にその意義を解明している(2)。その内容については、以下に述べる本論で適宜ふれることにしたいが、簡単に結論だけを述べれば、この時には藤原京のほか難波と信濃に新たな都を造営しようとしたが、七道制を採用するようになった結果複都制は放棄され、藤原京を単一の都とする行政体系が形成されるとするものであった。

本稿で取りあげるのも、またこの天武朝の一時期に採用された複都制の問題である。はたしてそれがどのような性格のものであったのか、さらにはなぜそうした政策がとられ、またなぜそれが短期間で終焉を迎えたのか、ここでは、そうしたさまざまな問題をこれまでの業績を手がかりとしながら検討していくこととしたい。

一　天武朝の複都詔

天武一二年（六八三）一二月、天武天皇は次のような詔を発した（『日本書紀』同年一二月庚午条）。

庚午、詔曰、諸文武官人及畿内有位人等、四孟月、必朝参。若有二死病一、不レ得レ集者、当司具記申二送法官一。又詔曰、凡都城宮室非二一処一。必造二両参一。故先欲レ都二難波一。是以百寮者各往之請二家地一。

ここにあるように、天武はこの時、中央の文官や武官及び畿内の有位者に対し、四孟月（正月・四月・七月・十月）に朝参することを命じるとともに、複数の都を造営することを宣言し、まず難波を都とすることを命じた。そして、ただちに官人たちに対し、実際に難波に行きそれぞれの家地を請うように指示したのである。ここには、朝参の励行と複都制の採用が並んで記されているが、朝参が飛鳥浄御原宮を舞台に実施されたのに対し、それ以外の都を造営することが記事の趣旨である。この二つの記事は全く無関係とは断定できないが、一応別のものと解釈しておきたい。

さて、天武は翌一三年（六八四）に入るとこの政策を実現すべく、具体的な政策を実施していった。同年二月には、

庚辰、遣二浄広肆広瀬王・小錦中大伴連安麻呂及判官・録事・陰陽師・工匠等於畿内一。令レ視二占応レ都之地一。

（『日本書紀』同年二月庚辰条）

として、二人の官人とともに陰陽師や工匠を畿内に遣わし、都とすべき土地を調査させている。あらためて説明する

までもなかろうが、陰陽師は地相を観察するために、また工匠は土地の測量や土地の造成計画などを担当したものと思われる。ここでは、難波とは別に、新たな都を造営する計画が開始されたのである。また、『日本書紀』ではこの文章に続けて、信濃にも使者が派遣され、都を造るための地形を調査させたことが見える。

是日、遣二三野王・小錦下采女臣筑羅等於信濃一、令レ看二地形一。将都二是地一歟。

このうち、末尾の「この地に都つくらむとするか」という文言は、『日本書紀』の編者が加えた註釈であるが、それは一面で、信濃での造都が唐突なものとして認識されていたことを示していよう。

このように、天武一二年の複都詔が出されると、翌年早々から、畿内に一ヵ所、信濃に一ヵ所の二ヵ所に都を設けることが構想されていった。そして、最初に指定された難波とあわせて合計三つの都を新たに造営することが目指されたのである。『日本書紀』には「都城宮室は一処にあらず、必ず両参を造らむ」との記述があったが、「両」は二つの意、また「参」は三のことで、栄原永遠男氏が的確に指摘したように、これは飛鳥浄御原宮の他に、二つもしくは三つの都を新しく造営することを意味した。

では、天武はなぜこのような複都制を計画したのであろうか。それについては、瀧川政次郎氏の複都制研究が強い影響を与えたためか、唐制の導入という点が強調されることが多いようである。たとえば、日本古典文学大系の『日本書紀』下巻（岩波書店）では、「唐では首都長安のほかに洛陽を陪都（準首都）とする複都制がとられていたが、これはその唐制の影響であろう」と頭注に記されている。また、比較的新しい新編日本古典文学全集『日本書紀』③（小学館）でも、「唐では首都長安の他に洛陽を陪都として、複都制がとられていたが、その種をいう」と解説を加えている。いずれも唐の長安と洛陽との関係を念頭におき、それとの類似性を指摘して、天武天皇の計画が唐の影響を受けたことを示唆しているようである。

たしかに瀧川政次郎氏をはじめ多くの業績が指摘するように、唐では当初から首都長安とともに洛陽が陪都（副都）とされ、経済的に大きな役割を果たすとともに、実際に皇帝が洛陽で政務を執ったり、巡幸したりすることが珍しくなかった。ただ、唐代の都は基本的に長安と洛陽の二つの都で構成され、それ以上の数の都が置かれるのは天武朝よりもかなり後のことであった。すなわち、唐では、七二三年（開元一一）に長安・洛陽に加え、唐王朝発祥の地である太原を北都とし、合計三京になった。さらに七五七年（至徳二）の粛宗の時代には鳳翔（西京）、成都（蜀郡）が加えられ、あわせて五京を備えるに至っている。日本でも八世紀後半の淳仁天皇の時代には、保良京を設けそれを北京と称した（『続日本紀』天平宝字五年〈七六一〉十月己卯条）。さらに、称徳天皇の時代にも、河内国の由義宮を造営し、それを「西京」と呼んだことが伝えられている（『続日本紀』神護景雲三年〈七六九〉十月甲子条）。保良京は極端な唐風化を好んだ仲麻呂政権下の史実であり、また、後者は道鏡が台頭した時期に当たり、由義宮は彼の出身地であった。そうした事情があったことは考慮しなければならないが、北京や西京の名称から判断して、それが同時代の唐の影響を強く受けたものであることは否定できないであろう。

しかし、天武朝の複都制は、飛鳥浄御原宮とは別に二つもしくは三つの都を造営しようとするものであって、とくに三つの都を同時に置くことは唐の制度には見られない大きな特色といわねばならない。結局のところ、天武朝の「複都制」は唐のそれを模倣したわけではなかったと解釈するのが自然なのではなかろうか(3)。

この後、これらの新たな都はそれぞれ以下のような展開を示し、別々の道を歩んでいった。まず、畿内に派遣し新都の地を調査された例については、翌月すなわち天武一三年（六八四）三月に「辛卯、天皇巡二行於京師一、而定二宮室之地一」（『日本書紀』）とあるように、天武自らが宮城の予定地を視察しており、「京」だけでなくそこに造営する宮城の予定地もすでに決定していたことがうかがえる。実はこの時の「京」はこれより前、天武五年（六七六）に「新城」

に都を造ろうとしたがそれが実現しなかったことが知られ、さらに天武一一年（六八二）になると再び「新城」に使者を派遣しその地形を調査させ、天武自身がその地に足を運んでいる（『日本書紀』天武五年是年条、同天武一一年三月庚午朔条、同三月己酉条）。天武一三年に調査させた畿内の地とは、おそらくかつて計画された「新城」の地を指すものと思われ、それが後の藤原京の原型となったのである。こうしてこの時期には、持統朝に遷都された藤原京の基本が形成されることになった(4)。

これに対し、信濃については天武一三年に「三野王等、進㆓信濃国之図㆒」（『日本書紀』同年閏四月壬辰条）とあって、信濃国の「図」を三野王らが献上しており、土地の選定に関わる具体的な準備がなされたことが知られる。さらに、翌天武一四年一〇月には、次のように信濃に行宮を造っている（『日本書紀』同年十月壬午条）。

遣㆓軽部朝臣足瀬・高田首新家・荒田尾連麻呂於信濃㆒、令㆑造㆓行宮㆒。蓋擬㆑幸㆓束間温湯㆒歟。

ただ、これはあくまでも臨時の宮を造ったことが書かれているだけで、都に匹敵する大規模な施設を指すものではなかろう。「けだし束間《つかま》温湯に幸さむと擬するか」とする注は『日本書紀』編者による註釈であるが、この行宮造営はよほど不審の念を抱いたのであろう、それを天武天皇の温泉行幸と結びつけているが、複都詔の存在を念頭に置くと、それはいかにも不自然な解釈である。ただ、この時の信濃行宮の造営が「束間」という土地と関係があったことは、なにがしかの事実にもとづくものと考えられるのではなかろうか。『倭名類聚抄』（元和古活字本）巻五によれば、「筑摩〈豆加萬、国府〉」（〈　〉内は原文では割注で表記されている。以下同じ）とあって、「束間」は筑摩郡と同じ土地を指すものと思われ、後の国府所在地でもあった。「信濃国〈国府在㆓筑摩郡㆒。行程上二十一日下十日〉」（同上）とあるのもそのことを示す記述であるが、『日本書紀』の記載は新都造営の候補地として筑摩郡の地が選定されたことを示唆しているように思われる。おそらくそこは、後に国府が置かれたように、中央との交通の便がよく、また信濃国の支配にも適した場所だったのであろう。(5) ただしこれ以降、『日本書紀』には信濃の都造営に関わるような記事は見えなくなり、造都自体も実現しないまま中止されたものと考えられる。

ところで、新都造営の候補地として信濃が選ばれたのはなぜだったのだろうか。栄原永遠男氏はそれまでの研究を整理し、それを軍事上の拠点とする見解や天武天皇の病気平癒を実現する手段とする説などを紹介しているが、(6) 同時にそれらが複都制の一環として設けられたことの意義が十分解明されていないことを指摘している。さらに、信濃新都と同時に都とされた難波宮が地方豪族を威圧しまた外交使節を圧倒するような効果を発揮したことを踏まえて、信濃にも同様の効果が期待されたことを述べた。信濃に壮大な都を造営することで、その東に広がる広大な地域の地方豪族掌握を目指したというのである。そして、その際にとられた手段が地方豪族による「朝参」であった。朝参については、先に紹介したように、複都詔と同じ日に出された詔で、文武官人や畿内有位者に四孟月の朝参を命じているが、それを西国においては難波で、東国にあっては信濃を舞台として行わせることで、地方豪族支配の強化を図ったものとされた。(7)

では、そもそも信濃国とは中央政府にとってどのような性格をもっていたのだろうか。養老公式令51朝集使条には、「凡朝集使。東海道坂東。東山道山東。北陸道神済以北。山陰道出雲以北。山陽道安芸以西。南海道土左等国。及西海道。皆乗㆓駅馬㆒。自余各乗㆓当国馬㆒」(史料の引用及び条文番号は『日本思想大系　律令』〈岩波書店〉による)として、朝集使が駅馬を使用する範囲を定めているが、そのうちの「東山道山東」について『令集解』は次のような註釈を加えている(『令集解』巻三十四)。

謂。信濃與㆓上野㆒界山也。釈云。科野與㆓上毛野㆒界山。

これによると、「山東」とは信濃と上野の堺の山を指し、東山道にあって、上野以東は駅馬の使用を認め、それより都に近い信濃国以西では、現地の馬を使用して都まで直行していたことがわかる。東国の基幹交通路であった東山道では、信濃までが都との連絡の容易な土地とされていたのである。また、『令集解』の古記が引用する民部省式によれば、「信野」（信濃）は中国、上野は遠国の一つとしてあげられている（『令集解』賦役令3調庸物条）。信濃国は東山道にあって、都に比較的近い「中国」の中で、もっとも遠国とアクセスのよい土地であったのである。

これに対して、時期は降るが『延喜式』（玄蕃寮）には、僧尼が受戒する場所として信濃以東は下野薬師寺が指定されている。すなわち「凡沙弥。沙弥尼応二受戒一者。限二三月上旬一。集二於僧綱所一。先勘二会度縁一。然後受戒。（中略）東海道足柄坂以東。東山道信濃坂以東。並於二下野国薬師寺一。西海道於二筑紫観世音寺一受戒（以下略）」とあるのがそれで、ここでは東海道は足柄坂以東、東山道では信濃坂（神坂峠）以東の地域が、下野薬師寺で受戒を行うことが定められているのである。これは一見すると先の記述と矛盾するようであるが、信濃が上野以東の国々といかにアクセスがよかったかを示す事例といえる。このように見ると、信濃は東山道の遠隔地に対し、中央の支配拠点を置くにふさわしい場所であったことを読みとることができよう。

さて、複都制の詔では、もう一つの都として難波があげられていた。難波宮は乙巳の変の後、孝徳天皇によって飛鳥板蓋宮から遷された宮である。『日本書紀』によれば大化二年（六四六）正月には、前年一二月に移った難波長柄豊碕宮で改新の詔を発し、大きな政治改革を宣言したように描かれている。しかし、この難波宮が完成するまでには多くの時間を要したようで、難波長柄豊碕宮に遷居したのは白雉二年（六五一）のことであった。すなわち「冬十二月晦。於二味経宮一請二二千一百余僧尼一。使レ読二一切経一。是夕。燃二二千七百余灯於朝庭内一。使レ読二安宅土側等経一。於レ是。天皇従二於大郡一遷二居新宮一。号曰二難波長柄豊碕宮一」（『日本書紀』同年一二月晦条）とあるように、この時にようやく「大郡」からの遷居が実現し、それを記念する仏事が開催されている。ただそれはいまだ完全な姿を現すには至らず、それが完成したのは翌白雉三年（六五二）九月のことであった（『日本書紀』）。

秋九月。造宮已訖。其宮殿之状不レ可二殫論一。

「その宮殿の状《かたち》、殫《ことごとく》に論ずべからず」とあるように、その規模や構成はそれまでにない画期的なものとなった。現在、大阪市の難波宮では発掘調査が進められ、上下二層の遺構のうち、下層遺構で一四堂以上の朝堂をもつ広大な朝堂院をはじめとした、さまざまな遺構が確認されているが、それがこの時の豊碕宮であることは間違いがない。こうして、この時期には飛鳥の宮殿を凌駕する大規模な宮が出現したのである。もっとも、その翌年の白雉四年には孝徳天皇と中大兄皇子との対立が表面化し、中大兄皇子らは難波を後にして飛鳥に移っていった。さらに翌年には、孝徳天皇自身も亡くなっている。こうして、難波長柄豊碕はあっけないほどの短い期間で政治的役割を奪われてしまうことになった。

しかし、施設そのものはそれ以降も存在したはずで、天武一二年（六八三）に複都制の詔が出された時にも、それ以前の姿をとどめていたものと推定される。いったん政治史の舞台から消えた難波宮は、天武朝において再び脚光を浴びることになった。栄原永遠男氏が指摘したように、難波宮は東の信濃に対して、西日本の地方豪族を支配する拠点としての機能を担うことが意図されたのである。ところが、朱鳥元年（六八六）、難波宮は火事で焼失する。「酉時、難波大蔵省失火、宮室悉焚。或曰、阿斗連薬家失火之引、及二宮室一。唯兵庫職不レ焚焉」（『日本書紀』同年正月乙卯条）とあるように、大蔵省の建物から出火した火災によって難波宮の中心部はすべて焼失した。これ以後、難波宮については、七世紀末に文武天皇が難波宮に行幸したことが見えるほか、平城遷都の後にも元正天皇が難波宮に行幸している（『続日本紀』文武三年〈六九九〉正月癸未条、養老元年〈七一七〉二月壬午条）。したがって、天皇が滞在できるような施設は火災以後も残ったと考えられるが、主要な施設はもはや姿を消していたものとみて間違いなかろう。そして朱鳥元年の火災によって、難波宮を都とすることも事実上中止されたものと考えられる。それと同時に、これ以降は信濃新都と関係するような史料も姿を消していった。

二　新羅の王都と小京

以上のように、天武朝の複都計画は日本独自の性格を示し、また、ごく短い期間に実施されただけで律令制の時代には継承されなかった。その点できわめて特異な性格を有していたと解釈できるが、実は同時代の新羅において、これと似たような制度が定着していた(8)。いわゆる新羅五京の制がそれで、統一新羅の時代には首都の金城のほか、五つの小京が全国に配置されていたのである(9)。

周知のように、新羅は四世紀の建国から一〇世紀に滅亡するまで、一貫して現在の慶州に王都金城を置いた。その場所は朝鮮半島の東南部にあるが、元来同地を領域とした新羅にとってはそれにふさわしい性格を備えていたといえる。しかし、六六〇年に百済を、六六八年には高句麗を滅ぼし、さらに六七六年に唐の勢力を朝鮮半島から追放した後にも王都は変わっていない。ただ、朝鮮半島を統一した時代の新羅にとって、全国的な支配を実施するには、金城は東南部の偏った場所に位置していたといえる。実際にもその弊害が意識されたのであろう、『三国史記』（巻八新羅本紀巻八）神文王九年（六九一）条に「秋閏九月二十六日、幸㆓獐山城㆒、築㆓西原京城㆒。王欲㆑移㆓都達句伐㆒、未㆑果」（なお、史料のテキストは学習院大学東洋文化研究所の刊本に依拠し、適宜返り点と句読点を付けた。以下同じ）とあるように、「達句伐」という土地に遷都することも試みられたようである。ただここに書かれたように、それが実現することはなかった。

しかし、統一新羅では遷都に代わるものとして、全国に小京を配置していく。その最初は六世紀の真興王の時代の例で、真興王一八年（五五七）に国原を「小京」としている（同巻四新羅本紀巻四）。これは『三国史記』（巻三五雑志第四地理二）に、

中原京、本高句麗国原城。新羅平レ之、真興王置二小京一。文武王時築レ城。周二千五百九十二歩。景徳王改為二中原京一。今忠州。

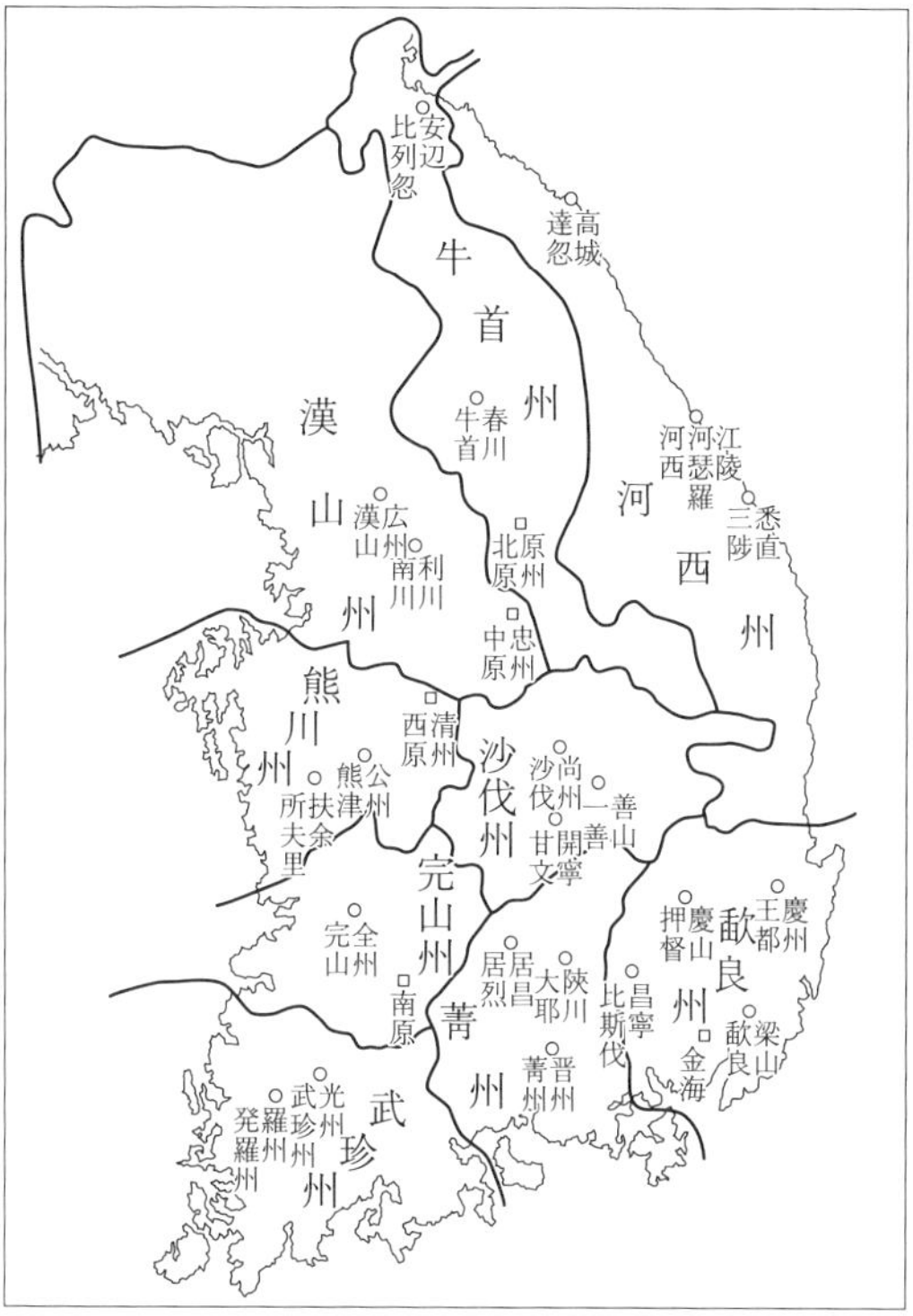

図　新羅の九州と五京（井上秀雄『古代朝鮮』日本放送出版協会，1972年より一部改変）

表　新羅の小京（井上秀雄『古代朝鮮』日本放送出版協会，1972年より一部改変）

小京名	同現地名	同創設年次	前地名	所在州名
国原（中原）小京	忠州	557	高句麗国原城	漢州
北原小京	原州	678	高句麗平原城	朔州
金海（金官）小京	金海	680	加耶金官国都	良州
西原小京	清州	685	百済娘臂城	熊州
南原小京	南原	685	百済古竜郡	全州

とあるように、三国時代に高句麗との戦いで奪った国原城を小京としたものであった。その後七世紀後半の文武王の時代に城郭が形成され、さらに八世紀半ばの景徳王の時代に中原京と改称されたことが知られる。国原小京（中原京）は高句麗の領地に設けられた支配拠点であるが、おそらく現地では高句麗の勢力が残存していたはずで、そうした勢力を制圧するため、都から遠く離れたこの地に小京を置いたのである。

なお、この時には小京を置くことが記録されているだけであるが、智証王一五年（五一四）正月に「阿尸村」を小京とした時には、その後次のような措置をとっている（『三国史記』巻四新羅本紀四）。

十五年　春正月、置二小京於阿尸村一。秋七月、徙二六部及南地人戸一、充二実之一。

すなわち、王都の支配層である六部の住人や南方の地の民戸をここに移住させ、小京の住民としたのである。それは、在地の有力者とは別に新羅の本拠地から住民を移配し、それによって小京の基盤としたのである。

こうした小京は、新羅が朝鮮半島を統一すると、全国的に展開していった。前頁の表にあげたように、文武王一八年（六七八）正月には北原小京を、同二〇年には金海（金官）小京を設置したが、これはそれぞれ、高句麗の平原城、伽耶の金官国の地に所在していた（『三国史記』巻四新羅本紀七、同巻三十四雑志三）。さらに、神文王五年（六八五）には西原小京と南原小京の二つを設けている。これらはいずれも百済の故地に置かれたもので、とくに南原小京の場合には「徙二諸州郡民戸一分二居之一」（同巻四新羅本紀八）とあるように、さまざまな地方から民戸を集め、そこに移住させていることが注目される。

こうして、六八五年には新羅の五つの小京が完成し、また六八七年には「沙伐州」が置かれ、既存の州とあわせて「九州」の制が完成した。これ以後、九州五京は新羅の地方支配の基本となっていく。五京が成立したのは、日本の時代でいえば天武一四年のことになるが、それは天武の複都計画が宣言される二年後のことであった。

ところで、こうした統一新羅後の小京について、井上秀雄氏はその意義を次のように述べている。「新羅の小京は地方に王都慶州の文化を伝える役割を持ち、王都の貴族や住民がしばしば移住を命ぜられている」とあるように、六八〇年代になって軍事的な危機が去ったことを踏まえ、中央文化の地方への浸透という面から小京の存在を評価した(10)。たしかにこの時期は唐の勢力を排し、自国の統一を成し遂げた時期に当たっている。しかし、現実にはそれ以降まだ一〇年も経過しておらず、全国的支配が安定したとはいいがたいのではなかろうか。加えて、高句麗や百済については、王朝は滅亡したものの、かつてそれらを支えた地方の勢力は依然として一定の力を保持していたことも容易に想像される。六世紀初めの智証王の時代には、高句麗の故地の小京に中央の支配層が移配されたこと、あるいは南原小京の場合にあっても諸州の民戸が移配されたことから判断すると、そこにはなお抵抗的な在地の有力者に対し、一定の対抗措置を講ずる必要があったのではなかろうか。それは中央文化の伝播という平和的な性格のものではなく、依然として一定の軍事的要素が含まれていたと見られるのである。

新羅では古都金城（慶州）が一貫して首都となっていたが、その位置が著しく南西に偏っていたにもかかわらず存続したのは、全国にバランスよく小京を配置していたからにほかならない。新羅の統一はいわば首都機能を分散することでその支配を全国に浸透させることができたのである。

三　複都計画の中止とその背景

天武朝の複都計画が企図されたのとほぼ同じ頃、新羅では五京の制度が成立した。もっとも、六八〇年前後には三つの小京が存在しており、存在という点でいえば新羅の方がやや早いことになろうか。新羅の小京は、全国の主要な地点に京を配置し、それによって全国統治を実現するものであったが、天武朝の複都制もそれと同じく、藤原京を中心に、難波と信濃に都を配置する計画であった。名称は異なるものの、両者には性格として共通する点が多いのではなかろうか。

新羅の場合には、小京を建設するとほぼ同時に民戸を移配し、そこには中央の支配層が含まれることが想定されている。一方で、天武朝のそれはそうした具体策を伴ったのかどうかはっきりしていない。ただ、難波を都とするにあたって、直ちに「是を以て百寮者各往きて家地を請へ」と命じているように、単に使者を派遣するのでなく、中央の官僚層を実際に難波に移住させる措置をとっていることが注目される。それは表現こそ違うものの、実態として中央の支配層を難波に移住させる政策であったと解さざるを得ない。直接官人を居住させ、それによって支配の拠点を作りあげようとしたのである。

難波については広大な規模の宮殿が造営され、外交使節が天皇に謁見するとともに、全国の有力者が天皇を前にして朝参を行ったことが指摘されているが、それればかりでなく、西日本に対する軍事的な拠点になったことも想定しておかなければならない。たとえば、斉明六年（六六〇）に天皇が百済救援の軍を発した時には、

天皇幸二于難波宮一、天皇方随二福信所一レ乞之意一、思下幸二筑紫一将上レ遣二救軍一、而初幸レ斯備二諸軍器一。

として、難波に武器や物資を集約し、そこを拠点として援軍を百済に送ることを実施している（『日本書紀』同年一二月庚寅条）。難波の地は朝鮮半島との軍事対立の拠点となると同時に、もし西国で反乱が起きればいつでもそれに対応できる拠点となりえたのである。

もしこのことが正しいとすると、信濃についても同じことが想定されるのではなかろうか。おそらく天武天皇は、信濃の新都に中央官人を移住させることを想定していたのであり、東国の地方豪族さらには東北地方での蝦夷との対

立に際して、それに対抗する拠点としての機能を期待したのではなかったか。いったんことが起こればそこに軍事物資を集中し、それを基点として中央の武力を展開することができたからである。想像を逞しくすれば、信濃の新都には、東国の地方豪族を制圧できるような中央政府の直轄地的な性格が付与されたのである。(11)

ところで、そもそもこのような計画はどのようにして成立したのであろうか。この時期には頻繁に新羅使が来朝しており、天武は新羅についての情勢を熟知していた可能性が高い。新羅使は、天武が即位した天武元年（六七二）から複都詔の出された天武一二年に限っても、その一二年の間に一一回も来朝している。ことに直前の時期についても、天武一一年六月に金釈起が高句麗使人の送使として筑紫に来着しており、また天武一二年年一一月には金主山・金長志の二人が進調使として来日を果たしている（『日本書紀』天武一一年六月壬戌朔条、天武一二年一一月丙申条）。

一方、遣新羅使も一二年間に四度にわたって派遣され、天武一〇年には采女臣竹羅を大使に、当摩公楯を小使に任じて新羅への派遣が実施された（『日本書紀』同年七月辛未条）。先にも紹介したように、新羅の五京が成立するのは六八五年のことであるが、六八〇年にはそのうちの三つの小京（国原・北原・金海）がすでに成立していた。したがって複都詔の出された時点には、これらの情報が日本に伝わっていたことは十分に想定される。ただ、天武の複都制が新羅の影響を受けて計画されたかどうかは判然としない。『三国史記』では一貫して地方の京を「小京」と表現しているのに対し、日本にはその名称が一切伝えられていないからである。天武が新羅の小京の制を知っていたことは、可能性としては十分にありえることである。しかし天武朝のそれは難波と信濃という場所を選んだものであり、日本の実情に即した政策であった。ここでは、二つの国において類似した制度が、たまたま同じ頃に計画されたものと考えておきたい。

以上のように、六八〇年代の前半には、新羅と日本において複都制と見なせる制度が計画されていた。しかし、新羅の小京が五京の制として定着していくのに対し、天武の複都制はやがて姿を消していく。それに関しては朱鳥元年（六八六）正月に難波宮が焼失したことが痛手となったことが想定されるが、同年九月に天武自身が亡くなったことも少なからず影響を与えたにちがいない。ただし、栄原永遠男氏はさらに、この時期に七道制が導入されたことが複都計画中断を決定づけたものと指摘された。すなわち、氏は鐘江宏之氏の研究に依拠し[12]、この時代に一つの都を起点とする七道制が採用されたことが、結果として複都制を廃止に導いたことを論じたのである。

鐘江氏によれば、七道制は天武朝に実施された国境確定事業の中で成立し、その過程で、備前・備中のような国の前後が決まり、さらにそれらを都を中心とした七道に編成する事業が達成された。それらは、天武一二年から一四年にかけて行われ、次のような経過をたどった。

（1）遣二諸王五位伊勢王、大錦下羽田公八国、小錦下多臣品治、小錦下中臣連大島并判　官・録史・工匠者等一、巡二行天下一而限二分諸国之境堺一。然是年不レ堪二限分一。（『日本書紀』天武一二年一二月丙寅条）

（2）遣二伊勢王等一定二諸国堺一。（同天武一三年一〇月辛巳条）

（3）伊勢王等亦向二于東国一。因以賜二衣袴一。（同天武一四年一〇月己丑条）

国境確定は、天武一二年（六八三）に開始されたがその年のうちには完了せず、翌一三年に再び使者が派遣されるとともに、一四年には一応の成果が達成されたらしく、その褒賞が与えられたのである。そして、同年九月には「直広肆都努朝臣牛飼為二東海使者一、直広肆石川朝臣虫名為二東山使者一、直広肆佐味朝臣少麻呂為二山陽使者一、直広肆巨勢朝臣粟持為二山陰使者一、直広参路真人迹見為二南海使者一、直広肆佐伯宿禰広足為二筑紫使者一。各判官一人・史一人、巡二察国司・郡司及百姓之消息一」（同天武一四年九月戊午条）とあるように、東海道・東山道をはじめとする七道の区分が見え、それぞれに巡察使が派遣されて国郡の調査視察が実施された。ここに示されたように、律令制下の七道制はこの時点で確立し機能していたことがわかる。

栄原氏はそうした地方行政制度を、「藤原京を中心とする放射状の地方支配構造」と表現しているが、それによって複都制を構成する難波や信濃はもはや不要の存在でしかない。換言すれば、天武の複都計画は七道制の中に吸収されてその姿を消していったということになろうか。

この指摘はきわめて説得的であって、天武朝の複都制が定着しなかったことを明快に説明していると思われる。ただ子細に検討すると、「凡そ都城宮室は一処にあらず」とする複都詔が出されたのと同じ月に最初の国境確定作業が実施されている。史料（1）がその根拠となる記述であるが、このことは複都制と七道制が同時進行的に実施されたことを示していて、栄原氏の指摘といささか矛盾するのではなかろうか。また、七道制が施行されていたとしても、首都のほかに副都を置くことは論理的に不可能なことではない。たとえば、聖武天皇の時代の難波京は平城京に対する副都として機能しており、七道制のもとでも複都制が実現可能な制度であったことは明らかである。また、新羅にあって九州五京制が施行されたように、全国の行政組織を州・郡・県に分けて統治することと、そこに副都である小京を置くことは、実現不可能な制度ではなかった。もし、栄原氏の指摘が正鵠を射ているとすれば、なぜ七道制が採用できたのかをあらためて検討する必要があるのではなかろうか。そして、そこで重要になるのは、以下の二つの論点であると考える。

一つは、日本の律令制下における地方豪族すなわち在地首長との関係についてである。かつて石母田正氏が指摘したように、日本古代には国造や有力者の系譜をひく在地首長の多くが郡司に就任し、民衆統治において大きな役割を果たしていた。班田収授の実施に象徴される条里の設定や田租の徴収、その基礎となる籍帳の作成や、それをもとに収取された調庸などの租税は、いずれも郡司を介在して実施された。律令国家は天皇を唯一の君主とする国家体制が維持される一方で、郡司を中心とする共同体支配が強固に存在し、それが天皇を君主とする国家を支えたのである。(13)それは在地首長制と呼ばれるが、日本の古代社会では、郡司の存在意義がきわめて大きかったのである。本稿では先に、新羅の小京が地方豪族を支配するための拠点であることや、そこに中央の支配層を中心とした武力が存在していたことを想定した。これに対し、日本でそのような副都を設けなかったことは、中央の武力を背景とした直接的地方支配が実施できなかったことを意味しよう。日本では地方豪族を武力で制圧するのでなく、その自立性を追認して支配体系に組み込んだが、そこでは複都制は必要性を失ったのである。

統一新羅では、その直前まで三国分立の時代が続いており、依然として抵抗的な勢力が多数存在したと想定できるが、小京はそれに対抗する、直接的な支配拠点であると解釈できる。しかし日本では基本的に古墳時代以来の支配体系が維持され、それが全国に及んでいた。日本と新羅の間の相違は、このような長い歴史に由来するのは間違いないが、武力による制圧という面で、日本の中央勢力の権力は相対的に脆弱であったといえるのかもしれない。

さて、第二の論点もまた在地首長に関する問題である。石母田正氏の在地首長論では郡司を中心とする共同体の存在が強調されているが、実際の例を見ると、郡司の支配は必ずしも安定したものではなかったらしい。たとえば、中村順昭氏は武蔵国の郡司を詳細に分析しているが、そこでは複数の有力氏族が郡司の大領や少領に任じ、特定の有力者が共同体を統治することはなかったと見てよい。(14)一つの郡であってもその中には複数の有力者が存在し、それらが郡司の職を分担する形で郡の行政が施行されていったのである。それは、郡という領域が不安定な要素を含み、それだけで強固な共同体を維持していなかったことを示している。

一つの領域に複数の有力者が複雑に入り組んで存在した時、中央から郡司に任命されることは、それによって有力者の地位を確固たるものとしたのにちがいない。郡司の任命とは、別の見方をすれば中央政府による現地支配の保証にほかならないが、そうした事実の積み重ねを通じて郡司の共同体支配が維持されていく。それは地方における「分権」が「中央集権」によって安定化されたことをも示している。地方の分権が中央集権を維持したのと同時に、中央集権が「分権」の安定化に寄与したのである。(15)

律令制下の国郡制あるいは地方支配がこのような仕組みで実施されたとすると、そこでもまた複都制は存在する必然性がない。それは中央政府による巧妙な、しかし強力な支配の一つの形態である。天武朝の複都制が存続しなかったことは、七道制とともに、このような国郡支配が採用されたからといえようか。その意味でいえば、天武朝の複都制は律令制下の国郡制の中に吸収され解体されたのである。

むすびにかえて

本稿では、天武朝の複都制を取りあげ、その内容を検討するとともに、それがごく短い期間で消滅することを紹介した。そしてそこでは、基本的に栄原永遠男氏の見解を手がかりに、なぜそれが定着しなかったかを検討することになった。また、日本の複都制を理解する上で、これまでは隋・唐の複都制との関係を重視してきたが、ここでは同じ時期における新羅の小京制度――それは、複都制と呼ぶにふさわしい性格を有していた――に注目し、それを一つの基準として日本古代の特質を考えてみた。そして、天武朝に計画された複都制は、国司や郡司を任命した国郡制の支配や、さらにそれらを編成した七道制が採用されるとともにその存在意義を失ったのである。

ところで、日本の宮や京の存在については、小墾田宮や孝徳朝の難波宮、さらに飛鳥浄御原宮や藤原京などのさまざまな施設が造られ、それらが次第に規模を拡大し、また複雑な構造を採用していったものと考えられている。七世紀から八世紀にかけて、日本の都城は一定の変化を遂げ、平城京や平安京のような整然とした都城として結実したことは、大きな流れとしてよく理解できよう。ただし、それらをあたかも考古学における型式の問題のように、都城の発展形態の過程として捉えることは可能なのだろうか。

本稿では、天武朝の複都制を取りあげ、大宝令が構想した京のあり方とは全く異質の都市計画があったことを指摘した。それは結局のところ、律令制の採用とともに、より直接的には難波宮の焼失によって中断されることになり、後世に継承されることはなかった。それには難波宮が焼失したのと同じ年、天武が死亡したことも大きな影響を与えたはずである。しかし、もしそうした出来事がなかったならば、律令制下の都城制は、また別の道をたどったのではないだろうか。現代から見ると、それは一時的な計画に過ぎず実現することはなかったが、その当時には、それもまた重要な選択肢となっていたのは間違いがない。

日本古代の都城にあっては中国大陸の都城の存在が大きく、それに影響される形で都城制は変遷していった。しかし、天武朝の複都制の存在は、日本のそれが単純に律令制下の都城制にたどりついたわけではなかったことを示している。ともすれば後世の人間は、実現した事象にはそれなりの必然性をもつものと考えがちであり、そうでないものに注目することは少ないように思われる。しかし、歴史はいくつもの試行錯誤の結果に形をなすものであり、その過程では常に取捨選択がなされていったのではなかったか。天武朝の複都制は、そうした当時の選択肢の一つであったのであり、いわば別の歴史の可能性を示す施策であったことにも注意しておく必要があろう。

註

（1）　瀧川政次郎「複都制と太子監国の制」（同『法制史論叢第二冊　京制並に都城制の研究』角川書店、一九六七年）。

（2）　栄原永遠男「天武天皇の複都制構想」（『市大日本史』第六号、二〇〇三年）。以下、本稿でふれる氏の論文の記述についてはすべてこれに依拠する。

（3）　七世紀後半、唐の都がどのように認識されていたかについては、『日本書紀』に引かれた「伊吉連博徳書」の記述が参考になる。博徳の一行は斉明五年（六五九）七月に日本を出発して閏一〇月には「入京」つまり長安に到着したが、それからすぐ皇帝高宗が滞在していた「東京」（洛陽）に向かい、そこで高宗に謁見することができた。しかし、当時唐は「海東の政」すなわち百済征討を計画していたため、博徳一行はそのまま唐に足止めされ、ただちに長安に移された。「遂逗二西京一。幽二置別処一。閉レ戸防禁。不レ許二東西一困苦経レ年」（『日本書紀』斉明五年七月戊寅条）とあるように、博徳の一行は一ヵ所の家に軟禁され、自由な行動が厳しく制限されたらしい。しかし翌年八月に唐に戦勝の報が伝わると、九月には遣使としての処遇を受けることができた。

伊吉連博徳書云。庚申年八月。百済已平之後。九月十二日。放二客本国一。十九日。発レ自二西京一。十月十六日。還到二東京一。始得二相見一。（同斉明六年七月乙卯条）

とあるように、博徳は九月に長安を発ち、一〇月には洛陽で遣唐使として派遣されていた「阿利麻ら五人」との再会をはたしている。

一次史料である伊吉連博徳の日記では、長安を京または西京、洛陽を東京と記しており、必ずしも首都と副都の区別が意識されていないことが特徴である。おそらくそれは当時高宗が洛陽に滞在していたこととも関係していようが、後世の研究者が語るような首都と副都の概念はまだ曖昧であったのかもしれない。博徳の行動はきわめて限られていたが、それでも百済征討後にはある程度自由な行動が許され、長安と洛陽の二つの都を観察することができたはずで、皇帝に謁見した宮殿の構造などとともに、その実情を日本に伝えることができたと推測されよう。ところで、七一〇年に遷都のなった平城京については、七〇四年に帰朝した遣唐使粟田真人らが長安の都の実情を報告し、それによって初めて朝廷は中国都城の実態を知ることができたとする指摘がある。日本ではそれまで長安や洛陽の実態が全く知られておらず、藤原京も『周礼』考工記冬官条の知識によって計画されたとする議論である。しかし斉明七年（六六一）に帰朝した伊吉連博徳は、その後も主として外交面で活躍し、さらに大宝元年（七〇一）成立の大宝律令の編纂者となっている（『続日本紀』大宝元年八月癸卯条、同大宝三年二月丁未条、天平宝字元年一二月壬子条）。大宝律令が編纂された当時には、博徳自身がその条文確定に参加していたことになるが、その時には長安や洛陽に関する平面プランの概略はよく知られており、大宝令の「京」に関する規定も唐都長安とその影響を受けた平城京の姿を念頭に置いて作成した可能性が高い（拙稿「日唐都城比較制度試論」『平城京成立史論』吉川弘文館、二〇一三年、一九九二年初出。西本昌弘「大藤原京説批判―十二条八坊説への回帰―」『飛鳥・藤原と古代王権』同成社、二〇一四年）。粟田真人らが入唐してはじめて長安の実態が知られるようになったとする議論は、なお検討の余地がある。

（4）小澤毅「古代都市『藤原京』の成立」（同『日本古代宮都構造の研究』青木書店、二〇〇三年、一九九七年初出）ほか。

（5）筑摩郡は現在の松本市・塩尻市・東筑摩郡にあたる地域で、長野県の中央部からやや岐阜県に近い場所に位置する（「筑摩郡」『国史大辞典』米山一政氏執筆）。

（6）栄原氏はまず松本政春「天武天皇の信濃造都計画について」（『続日本紀研究』二六四号、一九八九年）に記された研究史をまとめ、その内容を「外寇に対する防備」「東国豪族層への警戒」「東国開拓の拠点設定」「軍事的理由のほか、病を得た天武の温泉治療」などの四つの説をあげている（なお、この論文は「付記」を加え同『律令兵制史の研究』清文堂出版、二〇〇二年、に収録された）。氏はさらに、大和岩雄・桐原健氏の説、さらには宮沢和穂、直木孝次郎氏などの説を独自に紹介し、それぞれの特徴を説明するが、本文でも書いたように、総じて複都制の一環として信濃造都を理解する視点が欠けていることを指摘し、自説を展開していった。また、「束間温湯」の記事を根拠とした、温泉治療を目的としたとする論考（中山薫「天武天皇信濃都城建設計画の背景」『続日本紀研究』二六〇号、一九八八年ほか）についても、湯治であれば紀伊や摂津に適した温泉があり、信濃造都と湯治との関係を退けている。

（7）栄原永遠男氏は、まず仁藤敦史「複都制と難波京」（同『古代王権と都城』吉川弘文館、一九九八年、一九九二年初出）を紹介し、このような造都が朝参の場として利用されたことを重視している。それは、東国においては信濃宮で、西国においては難波宮で朝参を実施し、その上で藤原京での朝参を実施したものと想定されたのである。しかし、広い東日本の豪族が信濃に集まるのは、交通路が十分整備されていなかったことを考えると、実際には容易ではなかったはずである。同じことは西国と難波宮の関係についてもいえることで、西日本の地方豪族がここに集まることは困難であったと想定されるし、八世紀以降にも（たとえば聖武朝の難波京）そのような事実は確認できない。こうしたことを考慮すると、副都が朝参の場設定を目的としたとする想定には、やはり疑問を抱かざるを得ない。一方で、難波宮については外交施設としての重要性を指摘する見解がある。たとえば、舘野和己氏は七世紀の難波宮と飛鳥浄御原宮をはじめとする飛鳥の宮について、前者を外交使節を迎える宮、後者を内政の宮として、両者が機能を分けあったことを指摘している（同「日本古代の複都制」『都城制研究』第四号、二〇一〇年）。飛鳥浄御原宮と難波宮は、機能の面で相違があったということである。筆者もまたかつて、難波宮の広大な朝堂院が外交の場として設けられたことに言及したことがある（拙稿「首都論と日本古代の都城」註(3)書、二〇〇二年初出）。

(8) 天武朝の複都制と新羅の小京の制度を対比してとらえる見方は、これまでほとんど注目されていない。瀧川政次郎氏は複都制の事例として、「唐、渤海、遼、金のような国家の制をいう」とし、唐の複都のほか、金の五京、明の南北二京、清の北京・南京・盛京の三京などを挙げているが、ここには新羅の制度があげられていない（註(1)書、一五頁）。また、栄原永遠男氏の論考でも、新羅の制度に関する言及はない。

(9) 井上秀雄『古代朝鮮』（日本放送出版協会、一九七二年。なお、講談社学術文庫として二〇〇四年に再刊）、礪波護・武田幸男『世界の歴史6　隋唐帝国と古代朝鮮』（中央公論新社、一九九七年）。また、新羅小京についての近年の業績として、梁正錫「新羅五小京制と渤海五京制」（『都城制研究』第四号、二〇一〇年）があるが、そこでは新羅小京の現地比定が行われ、平面プランの復元についても研究が深められている。

(10) 井上秀雄註(9)書。

(11) くり返すことになるが、このような想定は、朝参との関係を重視した栄原氏の主張と大きく異なっている。また、松本政春氏は新羅・唐の侵攻に備え最後の拠点として信濃造都が企図されたとするが、その論証はなお不十分なように思われる（松本政春註(6)論文）。これに対し、夙に北山茂夫氏が信濃造都について「つまり、そこに都を移すというのではなく、新しい都城をつくり、東国開拓の一大拠点たらしめようとの観点に立っての都なのである」（同『天武朝』中央公論社、一九七八年、二〇八頁）と言及しているが、筆者の意図するところはこの主張に近い。ただ同氏はそれ以上の具体的な論証をなされておらず、一つの指摘にとどまっているといえる。

(12) 鐘江宏之「『国』制の成立―令制国・七道の形成過程―」（笹山晴生先生還暦記念会編『日本律令制論集』上巻、吉川弘文館、一九九三年）。

(13) 石母田正『日本の古代国家』（岩波書店、一九七一年。のち『石母田正著作集』第三巻、岩波書店、一九八九年、に収録。また岩波モダンクラシックス『日本の古代国家』岩波書店、二〇〇一年、『日本の古代国家』（岩波文庫）岩波書店、二〇一七年、として再刊されている）。

(14) 中村順昭『地方官人たちの古代史―律令国家を支えた人びと―』（吉川弘文館、二〇一四年）。

（15）　ここで論究した「集権」と「分権」の関係については、戦国大名の統治を扱った石井紫郎「中世と近世のあいだ」（同『日本国制史研究Ⅱ　日本人の国家生活』東京大学出版会、一九八六年）を参考にした。そこでは「集権」と「分権」が二者択一の存在でなく、相互に補完する関係にあったことが紹介されている。

古代饗宴儀礼の成立と藤原宮大極殿閤門

山下信一郎

はじめに

奈良平安時代、正月元日をはじめとする節日等に行われた饗宴は、その場での芸能や共同飲食、あるいは節禄の賜与を通じて、天皇と貴族・官人との間の交歓の場として、また両者の相互関係（支配・被支配関係）の再確認の場として、律令国家を維持・継続させるための重要な儀礼であった(1)。本稿では、古代饗宴儀礼の特質を明らかにする一端として、饗宴儀礼における大極殿閤門の利用形態、及び飛鳥宮から藤原宮に至る饗宴儀礼の成立過程の諸問題を取り上げる。

古代饗宴儀礼の歴史のなかで、奈良時代における特徴の一つをなすと考えられるのが、大極殿閤門を使用した開催形態である。大極殿閤門とは、大極殿院の南門として大極殿院と朝堂院との境界に位置する門であり、古代宮都では藤原宮で初めて出現し、その後平城宮時代を経て長岡宮まで存在し、平安宮では消滅した施設である。正月七日節会等の儀式の際に天皇出御の場となる門として、従来注目されているが(2)、本稿では、饗宴儀礼における大極殿閤門の利用方法をさらに検討し、その類型化を試みたい。

また、主に飛鳥宮などにおける饗宴開催場所の変遷については、蝦夷・隼人や新羅使を中心に論じた研究や、長舎構造の建物に着目した儀礼空間に関する最近の研究があるが[3]、本稿では、国内の公卿・大夫層に対する饗応の扱いや、『日本書紀』の饗宴用語等に注意しつつ、藤原宮に至るまでの古代饗宴儀礼の系統と、古代饗宴儀礼成立の諸段階を明らかにしたい。

なお、議論の前提として平城宮の構造や検討対象となる大極殿閤門の位置等について確認しておく。藤原宮では、北から内裏、大極殿院、大極殿閤門を挟んで朝堂院、朝集殿院という順で配列されていたと考えられている。平城宮では、中枢部が中央区・東区に分かれ、和銅三年（七一〇）の平城遷都から天平一二年（七四一）の恭仁京遷都までの奈良時代前半は、中央区に大極殿院、大極殿閤門を挟んだ南に朝堂院（四朝堂）がおかれ、東区には北から内裏、内裏外郭部の正殿である大安殿、大安殿の南門（中宮閤門）を挟んで朝堂院（十二朝堂）・朝集殿院が配置されていた。東区の施設配置は、藤原宮の大極殿院・朝堂院に類似し、藤原宮大極殿の位置に相当する殿舎は、「大安殿」に、この区画と北側の内裏を含めて中宮に比定するのが有力である。天平一七年（七四五）の平城還都から延暦三年（七八四）の長岡京遷都までの奈良時代後半は大極殿は東区に建築され、北から内裏、大極殿院、大極殿閤門を挟んで南に朝堂院（十二朝堂）、朝集殿院が配置され、中央区には北から西宮・朝堂院（四朝堂）が配置されていたことが、発掘調査等によって判明している[4]。

本稿では、藤原宮・平城宮の大極殿閤門（奈良時代前半は中央区、後半は東区）、奈良時代前半の平城宮東区大安殿の南門（中宮閤門）のほか、閤門として史料にみえる平城宮東院（楊梅宮）の閤門についても検討対象とし、これらを総称する場合は「閤門」と言う。

一　饗宴儀礼における大極殿閤門——「閤門出御型」と「閤門介在型」——

1　大極殿閤門をめぐる先行研究

大極殿閤門をめぐるこれまでの議論を簡単に整理しておく。古く岸俊男氏が、八十一例が特に大極殿閤門を掲げ、兵衛が開閉するとしていること、天皇出御の場であること、兵衛が開閉し、また閤門と呼ばれることは内門に準じた重要な門と認識されていたこと、発掘調査で門が相当の規模を有すること、平城宮の大極殿閤門から東西に延びる回廊が内裏と大極殿院を含み込むこと等の重要な指摘を行っている。(5)大極殿閤門の前提である大極殿の成立時期については、藤原宮段階とする意見と、飛鳥京跡（Ⅲ—Ｂ期）の発掘調査において内郭東南のエビノコ郭（東南郭）でみつかった大型建物を『日本書紀』天武紀にみえる大極殿に宛て、飛鳥浄御原宮段階とする意見とに分かれている。(6)大極殿の成立時期の議論はひとまずおくとして、この大型建物を囲繞する区画に南門が確認されておらず（西門が検出された）、大極殿院の南門としての大極殿閤門、及び大極殿院と朝堂院からなる広大な政務・儀礼空間は、藤原宮において初めて成立したと考えるのが適当である。

また、大極殿閤門は、「内裏内部を防御する内裏最南端の門としての機能」を有し、「天皇の専有空間である大極殿院と臣下の空間朝堂院との境界にあって、二つの性格の異なる空間を結ぶ結節点として、門内外の交渉の場という機能を有していた」との指摘、(7)その歴史的淵源として、元来大王宮の大殿の前面にあった「大門」の機能を受け継ぐものであるとの指摘もなされており、(8)藤原宮・平城宮では、内裏と大極殿院という二つの中枢が一体となった空間の出入り口にあたる重要な正門と位置づけることができる。

平城宮における大極殿閤門の利用形態としては、朝堂院で行われた儀式を天皇が出御する場を基準に橋本義則氏が提示した、「大極殿出御型」(即位儀等)と並ぶ「閤門出御型」がよく知られている。これは、天皇が大極殿閤門に出御して行う正月七日・一六日の節会、一七日の大射、一一月の豊明節会、外国使・化外民への賜饗等の儀式であり、大極殿閤門が天皇出御の場、朝堂が臣下の場で、それらに取り囲まれた朝庭は儀式の主要な行事・芸能等が執り行われる場であること、節会を中心とした饗宴が主で、天皇と臣下が共同飲食することによって一体となることを目的とするもので、平安宮での豊楽院型に繋がるものだとされている(9)。

これらの先行研究はいずれも重要な指摘に富み、本稿も基本的に継承するものであるが、饗宴儀礼の観点から大極殿閤門の利用形態を整理する場合、橋本氏の言う「閤門出御型」だけでは不十分な点があると考える。というのも、天皇が内裏に出御して五位以上を内裏等に宴し、六位以下官人を朝堂等に饗する形態が存在するからである(10)。この形態では、大極殿閤門(中宮閤門)に天皇は出御していないが、同門を間に挟んだ内外空間で饗宴が行われており、この場合、同門は、内外空間とその場の参列者を、物理的かつ精神的に媒介・結合する重要な機能を果たしていたと考えている。本稿ではこれを「閤門介在型」と呼び、「閤門出御型」と並ぶ類型として理解したい。以下、「閤門出御型」、「閤門介在型」の饗宴儀礼を概観していく。

2　「閤門出御型」の饗宴儀礼

天皇が「閤門」に出御して饗宴を開催したことを明記する『続日本紀』(11)記事は、奈良時代前半の平城宮での三例(蕃客・隼人来朝、大射)、奈良時代後半の平城宮は七例(大嘗祭巳日節会が二例、正月七日白馬節会が二例、蕃客参加を伴う正月一六日踏歌節会二例、正月の隼人来朝に伴う饗宴一例）、合計一〇事例である。(12) 奈良時代前半及び後半の平城宮における代表的事例をそれぞれ二例掲げよう。

史料① 天平一二年（七四〇）正月甲辰（一七日）条（傍線は筆者による）

天皇御二大極殿南門一、観二大射一。五位已上者了。乃命二渤海使己珎蒙一射焉。

史料② 天平一二年（七四〇）正月丁巳（三〇日）条

天皇御二中宮閤門一。己珎蒙等奏二本国楽一。賜二帛綿一各有レ差。

史料③ 天平宝字四年（七六〇）正月己巳（七日）条

高野天皇及帝御二閤門一。五位已上及高麗使依レ儀陳列。（中略）賜二宴於五位已上及蕃客一。賜レ禄有レ差。

史料④ 延暦二年（七八三）正月癸巳（一六日）条

天皇御二大極殿閤門一、賜二宴於五位已上一。（中略）宴訖賜レ禄有レ差。

①は正月一七日大射に際しての出御で渤海使も参列、②は同月渤海使帰国の奏楽に伴う出御事例である。①の大極殿閤門は中央区の大極殿院南門であり、②の中宮閤門は東区の大安殿の南門である。③④はいずれも奈良時代後半の東区大極殿閤門の事例である。③は孝謙上皇と淳仁天皇が正月七日、渤海使に叙位・賜禄及び五位以上とともに節宴を行うに際して出御したもの。④は桓武天皇が一六日踏歌節会に際して出御したものである。(13)

次に、大嘗祭祭事に引き続いて連日催された節会をやや詳しく取り上げたい。大嘗祭の祭事・饗宴儀礼は、平安前期の『儀式』等によれば、卯日神祭、辰日節会・巳日節会・午日豊明節会、及び未日節会（神祇官・悠紀主基国郡司等への饗宴・賜禄）から構成され、各節会には基本的に天皇が出御する規定であった。また、『儀式』では辰日・巳日節会についても午日節会と同様、六位以下官人の参加を規定する。これは平安初期の豊楽院での饗宴儀礼において、従来五位以上層を対象とした正月七日及び一一月新嘗節会に、六位以下主典以上職事官も参加するようになったことに対応して[14]、大嘗節会でも同様の扱いになっているものである。それ以前は、辰・巳日に天皇と五位以上有位者との饗宴儀礼が行われ、午日または未日には対象者を拡大して五位以上有位者・六位以下主典以上職事官を対象に天皇との饗宴儀礼（豊明節会）が行われ、悠紀・主基国奉仕者（国郡司等）への慰労の饗宴も伴うものであった。

例えば、光仁天皇の場合、宝亀二年（七七一）一一月乙巳（二三日）、「五位以上」を「閤《閣》門前幄」[15]に「宴」し、丁未（二五日）、「五位以上、其内外文武官主典以上」を朝堂に「宴」し、神祇官人や悠紀・主基国郡司役夫に物を賜っており、参加階層の具体を知ることができる。『続日本紀』には光仁が出御したとは明記されていないが、二三日・二五日ともに、大極殿閤門に出御し、群臣と饗宴を共にしたとみるのが自然であり、以下の諸例も同様と考える。

聖武天皇の場合は、神亀元年（七二四）一一月辛巳（二五日）、「五位以上」を朝堂に「宴」し、内裏に召して御酒・禄を賜い、壬午（二六日）、「百寮主典已上」を朝堂に「饗」し、また、无位宗室、諸司番上、悠紀・主基国郡司並びに妻子に酒食・禄を与えている。この聖武の例は、豊明節会の参加者を主典以上と記述し、五位以上有位者を明示していないが（淳仁・桓武も同様）、光仁天皇の事例からして、五位以上有位者も参加したと理解される。二五日は、東区中宮閤門に出御して五位以上を宴した後に内裏に召して饗応し、二六日は同閤門に出御して朝堂で五位以上・六位以下に「饗」を行ったのである。

淳仁天皇の場合は、天平宝字二年（七五八）一一月癸巳（二五日）、「閤門」（東区大極殿閤門）に出御して「五位已上」を「宴」し、甲午（二六日）、「内外諸司主典以上」を朝堂に「饗」し、主典已上・番上及び学生等に布綿を賜っている[16]。

このように、聖武・淳仁・光仁の事例はいずれも「閤門出御型」の饗宴儀礼とみてよいが、元明天皇の場合は様相が異なり、和銅元年（七〇八）一一月己卯（二一日）に大嘗を行い、同月辛巳（二三日）、「五位以上」を藤原宮の「内殿」に「宴」し、癸未（二五日）、「職事六位以下」を「宴」した。職事官六位以下だけだったのかが問題だが、「二十五日御宴」において県犬養宿禰三千代に橘姓を賜ったことが知られ（『続日本紀』天平八年〈七三六〉一一月二一条）、同日の宴には五位以上貴族層も参加していたとみるのが自然である。「内殿」が内裏とすれば、二三日は内裏で五位以上を「宴」し、二五日は五位以上を同じく内裏に、職事六位以下官人を朝堂に「宴」したものと理解できよう。

このように、大嘗祭饗宴において、聖武・淳仁・光仁・桓武の場合は、各日節会に際して閤門に出御し、貴族官人は朝堂（光仁の場合は閤門前幄）に着するという「閤門出御型」儀礼であったと考えられる。一方、藤原宮で大嘗祭を執行した元明天皇の場合は「閤門介在型」であったと推測される。この違いの背景については、後述することとしたい。

そのほか、巳日饗宴については、「宴」と表現し、午日または未日饗宴（豊明節会）については、「宴」と表現するもの（元明・光仁）と「饗」と表現するもの（聖武・孝謙・淳仁・桓武）がある。大嘗祭饗宴中もっとも盛大な午日または未日（豊明節会）の開催を「饗」と表現する用例があることにも、注意しておきたい。

以上、本節では、饗宴儀礼に果たした「閤門」の機能の一つとして、「閤門出御型」の概観を行った。

3 「閤門介在型」の饗宴儀礼

次に、「閤門介在型」の饗宴儀礼が行われた事例について検討する。「閤門介在型」は、先に述べたように、節会において臣下を侍臣と五位以上、あるいは五位以上と六位以下等に分離し、それぞれ上位層を内裏等で、下位層を朝堂で饗応し、両者の間に「閤門」が位置する形態である。「閤門」は出御の場ではないが、両者の間に介在することで、両者を物理的かつ精神的に媒介・結合する重要な機能を果たしたものと考える。

『続日本紀』の記事で本件に該当もしくは関係するのは、前節の元明天皇大嘗祭饗宴のほか、次の一二例がある。

奈良時代前半の平城宮の事例は、天平五年（七三三）元日節会、同六年元日節会、同七年元日節会、同一〇年元日節会、同一二年正月癸卯（一六日）踏歌節会の五例である。

史料⑤　天平五年正月庚子（朔日）条

天皇御二中宮一、宴二侍臣一。自余五位已上者、賜二饗於朝堂一。

天平五〜一〇年の四例はいずれも天平年間の元日節会で、史料⑤のように、中宮（東区の大安殿）に出御して侍臣を「宴」し、五位以上を東区の朝堂で「饗」したものであり、両者の間には中宮閤門が介在する形である。天平一二年踏歌節会は、天皇が「南苑」に出御して侍臣を「宴」し、百官と渤海使を朝堂に「饗」したもの。宮内における南苑の所在が不明で、朝堂との地理的関係は不詳であるが、関連史料として示しておく。

紫香楽宮の事例として、天平一七年（七四五）正月乙丑（七日）条には、天皇が大安殿に御して五位以上を「宴」し、百官主典以上が朝堂で「賜饗」されたとある。紫香楽宮の発掘調査では、朝堂と推定される長大な南北建物と九間五間の東西棟、その北側で五間門、大型建物がみつかっている。[17] 五間門を「閤門」に相当するものと考え、閤門を間に挟んで大安殿と朝堂があったと推測することが可能である。

奈良時代後半の平城宮での開催事例は七例である。

史料⑥　天平二〇年（七四八）正月壬申朔（一日）条

廃レ朝。宴二五位已上於内裏一、賜レ禄有レ差。其余、於二朝堂一賜レ饗焉。

史料⑦　天平勝宝二年（七五〇）正月庚寅朔（一日）条

天皇御㆓大安殿㆒、受㆑朝。是日、車駕還㆓大郡宮㆒。宴㆓五位以上㆒、賜㆑禄有㆑差。自余五位已上者、於㆓薬園宮㆒給㆑饗焉。

史料⑧　神護景雲三年（七六九）正月丙戌（一七日）条

御㆓東院㆒、賜㆓宴於侍臣㆒。饗㆓文武百官主典已上、陸奥蝦夷於朝堂㆒。賜㆓蝦夷爵及物㆒各有㆑差。

史料⑨　宝亀五年（七七四）正月丙辰（一六日）条

宴㆓五位已上於楊梅宮㆒、饗㆓出羽蝦夷俘囚於朝堂㆒。叙㆑位、賜㆑禄有㆑差。

〔参考〕『年中行事抄』[18]

宝亀五年正月十六日、天皇御㆓楊梅院安殿㆒豊楽。五位已上参入。儛訖賜㆓摺衣幷饗㆒。喚㆓蝦夷于御所㆒、賜㆓位幷禄㆒。即於㆓閤門外幄㆒、賜㆓饗及楽㆒。（以下略）

史料⑩　宝亀八年（七七七）正月己巳（一六日）条

宴㆓次侍従已上於前殿㆒。其余者、於㆓朝堂㆒賜㆑饗。

史料⑪　宝亀九年（七七八）正月戊申朔（一日）条

廃㆑朝。以㆓皇太子枕席不㆑安也。是日、宴㆓次侍従已上於内裏㆒。賜㆑禄有㆑差。自余五位已上者、於㆓朝堂㆒賜㆑饗焉。

史料⑫　延暦三年（七八四）正月戊子（一六日）条

宴㆓五位已上於内裏㆒、饗㆓百官主典已上於朝堂㆒。賜㆑禄各有㆑差。

⑥⑦⑪⑫は平城宮東区での開催である。⑥では五位以上を内裏に「宴」し、其余を朝堂に「賜饗」し、⑫も同様の形態であり、内裏と朝堂との間には大極殿閤門が介在する形である。⑦は平城宮大安殿での受朝後、大郡宮に還宮して五位以上を「宴」し、自余五位以上は薬園宮で「饗」されたもの。ともに平城宮外での饗宴であり、空間的に大極

殿閤門を介在する形ではなかったが、関係史料として掲げておく。

⑧⑨は東院（楊梅宮）での開催である。⑨については『年中行事抄』の記事から詳細がわかり、天皇が楊梅宮安殿に出御して五位以上を「宴」（『年中行事抄』は「饗」）し、蝦夷俘囚を（楊梅宮の）閤門外の朝堂空間に幄を設営して「饗」（同じく「饗」）したことがわかる。⑧も同様で、文武百官主典以上・陸奥蝦夷を朝堂に「饗」し、侍臣は楊梅宮閤門内部で「宴」したものである。⑩も楊梅宮での開催かもしれない。

以上の事例は、宮内の内郭とそれに近接する外郭を舞台として饗宴儀礼が行われ、内外郭をつなぐ「閤門」が介在する位置関係である。中宮（大安殿）と朝堂との間には中宮閤門が、内裏と朝堂との間には大極殿閤門が、そして東院（楊梅宮）についても、天皇の居する安殿を囲む区画があり、その南正面に閤門があり、その南側に朝堂があったと想定されているものである[19]。このような「閤門介在型」饗宴の仕組みがどのようなものであったか。開口部である門を挟んだ内外に参加者を区分することは、参加各層に天皇との親疎・身分差を明示する効果をもたらす。その一方で、両空間が全く隔離されておらず、「閤門」によって交流可能となっていることが重要である。饗宴開催時、外郭の参列者にとっては、内郭へ通じる「閤門」（開門していたであろう）を現に目の当たりにすることで、天皇が出御する内郭空間が門外の外郭空間に拡大し、外郭が内郭と一体化しているという物理的・精神的効果を受けるものであったと考える。

4　大極殿閤門の本質的意義と饗宴儀礼

以上、主に平城宮における饗宴儀礼のうち、「閤門」に天皇が出御して開催したもの、あるいは「閤門」を介在させる形で開催したものを概観してきた。従来、大極殿もしくは大極殿閤門という出御の場の違いに着目して「閤門出御型」という類型が提示されているが、本稿では、饗宴儀礼に絞って「閤門」の役割の違いに着目し、「閤門介在型」という類型を提示した。改めて整理しておくと、「閤門出御型」の饗宴とは、正月七日・一六日の節会、大嘗祭節会、正月大射・五月射騎、来朝した渤海使や隼人の服属儀礼等の饗宴儀礼において、天皇が「閤門」に出御し、出御した「閤門」の南側には、朝堂院朝庭・朝堂に官人等が配され、「閤門」は儀礼の場の中枢・中心点となった形態である。

これに対し、「閤門介在型」の饗宴とは、正月元日・一六日節会等の饗宴儀礼において、天皇と上位の廷臣は内裏（中宮）等に、より下位の廷臣は外側の朝堂等に配され、その両者間に「閤門」が介在する位置関係になるもので、「閤門」はその両方の空間と参列者を物理的かつ精神的に結合して一体化する媒介機能を果たした形態である。天皇は「閤門」ではなくその内奥空間に出御しているが、「閤門」を媒介とすることにより、内外参列者の精神的・物質的交流・結合が図られる象徴的機能を、「閤門」は有していたと考える。

「閤門」がこのように頻繁に饗宴儀礼で使用されていた理由は、「閤門」が天皇権威・権力の象徴するものとされたからであろう。推古朝以来、大殿が所在する内裏の最南に位置し、朝堂に面してきた「大門」が、内裏の前面に大極殿院が形成された藤原宮において、内裏と大極殿院からなる中枢空間の正門として初めて成立した大極殿閤門に、その役割が継受されたという経緯を有していた。しかも、藤原宮大極殿閤門（ＳＢ一〇七〇〇）は、発掘調査で確認された宮殿遺跡の大極殿院（または内裏）南門のなかで、前期難波宮内裏南門（ＳＢ三三〇一）と並び最大規模であり、かつ、藤原宮最大の門であることは[20]、当時、律令国家にとって大極殿閤門が如何に重要視されたかを物語る。内裏最南端に位置する巨大な大極殿閤門は、それ自体が天皇の存在を貴族官人に想起させるもので、いわば、宮都における天皇権威・権力の象徴の一つだったのである。

その意味でまさに示唆的なのは、元日朝賀における大極殿閤門の荘厳である。大宝元年（七〇一）元日朝賀では

（『続日本紀』大宝元年正月乙亥朔条）、

天皇御㆓大極殿㆒受㆑朝。其儀、於㆓正門㆒樹㆓烏形幢㆒。左日像・青竜・朱雀幡、右月像・玄武・白虎幡。蕃夷使者、陳㆓列左右㆒。文物之儀、於㆑是備矣。

とあるように、正門＝大極殿閤門に七本の幢幡を樹立し、蕃夷の使者が左右に参列した。『続日本紀』編纂者は文物の儀がここに備わったと誇っている。ここにみえる幢幡の実例は、平城宮東区大極殿院跡及び長岡宮大極殿院跡の発掘調査において、大極殿院内のやや閤門よりでみつかっている。また近年、藤原宮跡では、大極殿閤門南側の朝堂院庭部分で幢幡遺構がみつかった(21)。門の南か北の違いはあるが、大極殿閤門に七本の幢幡を樹立するのは、大極殿閤門がまさに天皇権威・権力の象徴と考えられており、それを視覚的により強く示すため、朝賀儀礼等において幢幡を閤門に樹立したのだと言えよう。宮都全体を俯瞰してみた場合、共に藤原宮において成立した宮城十二門と大極殿閤門は、前者が氏族門号を有するという律令国家の伝統的な氏族制的性格を証するもの(22)であるのに対して、後者は古代国家の天皇権力・権威それ自体を強く印象づける門として、それぞれ成立したのである。

ところで、「閤門出御型」「閤門介在型」――そして、本稿では触れなかった閤門内部の内裏内で饗宴を催す第三の類型も存在する――といった饗宴儀礼の形態は、どのように形成されたのであろうか。大極殿閤門の前身となる大門を軸に憶測を述べておく。推古朝の小墾田宮では、大門内の内裏の大殿とその前庭における饗宴、また南門と大門との間の朝堂・朝庭空間における饗宴が存在していたが、その後の宮殿構造の複雑化、官僚機構・官人制の充実、饗宴制度の整備等によって、饗宴の種類や規模が拡充されるに伴い、内裏内部の複数の殿舎を同時利用して開催したり、中枢部の門を挟んだ内外の空間を同時利用して開催したりするようになったのではないかと想定される。そうした状況を推知できるのが、『日本書紀』天武天皇一〇年（六八一）正月丁丑（七日）条である。天皇が向小殿に御し、親王諸王を内安殿に引き入れ、諸臣を外安殿に侍して饗宴を行ったことが知られる。内安殿・外安殿との名称から、塀等の区画施設を挟んだ内外に安殿が建ち、その両者を結ぶ開閉施設（門）の存在を想定でき、饗宴規模の拡充等を窺わせるものである。

また、大嘗祭饗宴について、聖武天皇以後の大嘗祭饗宴が「閤門出御型」であったのに対し、元明天皇のそれが「閤門介在型」であったことを先に述べたが、大嘗祭という王権の伝統的儀礼に根ざした饗宴であることからすれば、この事実は、門を介在させて催す饗宴形態がより古く、門に出御して催す饗宴形態がより新しいものであることを示すのかもしれない。このような門に関わる饗宴儀礼の形成過程については今後の課題としたい。

二　古代饗宴儀礼の成立過程

前節の考察を踏まえると、奈良時代の古代饗宴儀礼を考える上で、藤原宮において初めて大極殿閤門が出現したことは画期的なものであったと言えよう。本節では、大極殿閤門が成立した藤原宮遷都頃を古代饗宴儀礼の確立期ととらえる観点から、主に飛鳥宮における饗宴開催場所の変遷や、『日本書紀』の饗宴用語等に注意しつつ、藤原宮に至る七世紀代の饗宴儀礼の系統と、古代饗宴儀礼成立の諸段階を考察したい。

1　古代饗宴儀礼の二系統――「内裏・朝庭系」と「広場・苑池系」――

古くから存在していた饗宴という営為が国家的饗宴儀礼として昇華していく端緒は、七世紀初頭から始まる対隋唐外交において倭国に派遣された隋使・唐使、同様に朝鮮半島諸国からの使者、王権の版図拡大に伴って来朝するよう

持統天皇8年正月庚子（16日）条	百官人等を饗す.
持統天皇8年5月戊子（6日）条	公卿大夫を内裏に饗す.
持統天皇8年12月辛酉（12日）条	公卿大夫を宴す.
持統天皇9年正月丙戌（7日）条	公卿大夫を内裏に饗す.
持統天皇9年正月乙未（16日）条	百官人等を饗す.
持統天皇10年正月庚戌（7日）条	公卿大夫を饗す.
持統天皇10年正月己未（16日）条	公卿・百寮人等を饗す.
持統天皇11年正月甲辰（7日）条	公卿大夫等を饗す.
持統天皇11年正月癸丑（16日）条	公卿・百寮を饗す.

になった隼人・蝦夷等に対する饗応である。その後、七世紀後半以降の律令制の本格的な導入に伴い、天武・持統朝に年中行事として節日とその饗宴儀礼が本格的に継受され、国内の支配者層（公卿・大夫）に対する年中行事としての饗宴儀礼が整備されていった。(23)

『日本書紀』の饗宴儀礼記事を概観すると、「公卿」「王卿」「群臣」等（以下、王卿等）を対象とするものが四五件、新羅使等の外国使臣及び蝦夷・隼人等（以下、外国使臣等）を対象とするものが六一件となっている。王卿等向け饗宴の時代的動向は、推古朝から天智朝まで四件だけであり、天武・持統朝になってほぼ毎年記事がみられるようになる（表参照）。一方、外国使臣等に対する饗宴は、推古朝以降の五三件の場合、推古朝から天智朝までが二四件、天武・持統朝では二九件を数える。外国使臣向け饗宴が非日常的な事象として採録の対象になりやすいのに対し、王卿等向け饗宴は日常的な事象として採録されにくく、その記述が実録的色彩を帯びてくる天武・持統紀になって採録されやすくなったこと、また、天武・持統朝に中国的な饗宴儀礼（節日儀礼）が本格的に整備されたことを、記事の分布状況は物語る。

まず、外国使臣等に対する饗宴の変遷を確認する。今泉隆雄氏によれば、蝦夷・隼人に対する饗応の場が当初は「朝」（＝朝堂）であったが、(24)斉明天皇三年（六五七）以降は飛鳥寺の西の地域を用いるようになり、(25)大宝律令が施行された大宝二年（七〇二）を画期として大極殿・朝堂に遷ったとしている。また、新羅使についても、推古・皇極朝では大極殿・朝堂の前身である内裏・朝堂を用い、天武・持統朝については筑紫と難波における饗

表　『日本書紀』にみえる王卿等に対する饗宴儀礼（推古天皇以後）

舒明即位前紀（推古天皇36年9月条）	（蘇我蝦夷）群臣を聚め大臣家に饗す．
皇極天皇2年10月己酉（3日）条	群臣・伴造を朝堂庭に饗賜し，授位の事を議す．
斉明天皇5年3月戊寅（1日）条	天皇，吉野に幸して肆宴す．
天智天皇7年正月壬辰（7日）条	群臣を内裏に宴す．
天智天皇7年7月条	蝦夷を饗す．また舎人等に命じ所々に宴す．
天武天皇2年正月癸巳（7日）条	置酒して群臣を宴す．
天武天皇4年正月壬子（7日）条	群臣を朝庭に宴す．
天武天皇4年10月庚辰（10日）条	置酒して群臣を宴す．
天武天皇5年正月甲寅（15日）条	百寮初位以上薪を進む．即日悉く朝庭に集まり宴を賜う．
天武天皇5年正月乙卯（16日）条	禄を置き，西門庭に射す．……是日，嶋宮に御して宴す．
天武天皇5年10月朔（1日）条	置酒して群臣を宴す．
天武天皇6年11月辛巳（23日）条	百寮諸有位者等に食を賜う．
天武天皇8年8月己未（11日）条	泊瀬に幸し，迹驚淵上に宴す．
天武天皇9年正月甲申（8日）条	天皇向小殿に御し，王卿を大殿の庭に宴す．
天武天皇10年正月丁丑（7日）条	天皇向小殿に御して宴す．是日，親王・諸王，内安殿に引き入れ，諸臣は皆外安殿に侍す．共に置酒し楽を賜る．
天武天皇11年10月戊辰（8日）条	大酺す．
天武天皇12年正月乙未（7日）条	親王以下及び群卿を大極殿前に喚びて宴す．仍って三足雀を群臣に示す．
天武天皇14年9月壬子（9日）条	天皇，旧宮安殿之庭に宴す．是日，皇太子以下忍壁皇子に至るまで布を賜う．
朱鳥元年正月癸卯（2日）条	大極殿に御し，宴を諸王卿に賜う．是日，詔して曰く，朕王卿に問うに無端事を以てす．
朱鳥元年正月丁巳（16日）条	天皇大安殿に御し，諸王卿を喚びて宴を賜う．絁・綿・布を以て賜う．是日，天皇群臣に問うに無端事を以てす．
朱鳥元年正月戊午（17日）条	後宮に宴す．
朱鳥元年正月己未（18日）条	朝庭に大酺す．是日に，御窟殿に御し，倡優らに禄を賜い，歌人らに袍袴を賜う．
持統天皇3年正月庚申（7日）条	公卿を宴し，袍袴を賜う．
持統天皇3年正月己巳（16日）条	百官人等に食を賜う．
持統天皇4年正月庚辰（3日）条	公卿を内裏に宴し，衣裳を賜う．
持統天皇5年正月己卯（7日）条	公卿に飲食・衣裳を賜う．
持統天皇5年3月甲戌（3日）条	公卿を西庁に宴す．
持統天皇5年7月丙子（7日）条	公卿を宴し，朝服を賜う．
持統天皇5年11月乙未（28日）条	公卿以下主典に至るまでを饗し，併せて絹等を賜う．
持統天皇5年11月丁酉（30日）条	神祇官長上以下神部等まで，及び供奉の播磨・因幡国郡司以下百姓男女に至るまで饗す．併せて絹等を賜う．
持統天皇6年正月癸酉（7日）条	公卿等を饗す．仍って衣裳を賜う．
持統天皇6年正月壬午（16日）条	公卿以下初位以上に至るまでを饗す．
持統天皇6年7月庚子（7日）条	公卿を宴す．
持統天皇7年正月丁酉（7日）条	公卿大夫等を饗す．
持統天皇7年正月丙午（16日）条	是日，漢人ら，踏歌を奏する．
持統天皇8年正月辛卯（7日）条	公卿等を饗す．

宴の記載のみで、宮における行事の記載がなく不明、文武天皇元年（六九七）を画期として、正月行事に組み込み、大極殿・朝堂で行うようになったとされている。(26)

今泉氏の指摘は概ね妥当であるが、蝦夷・隼人を饗応する場が変化する時期を大宝令施行とする点は再検討を要する。蝦夷に関しては文武天皇三年（六九九）四月二五日に越後蝦狄に賜爵したという、正月行事参加型ではない七世紀型の記事があること、隼人に関しては持統天皇九年（六九五）五月二一日に西槻下で天皇が隼人相撲を観た記事があること、それぞれ八世紀型の記事が平城遷都後にみえることからとする。しかし、蝦夷については、記事は今泉氏の言う七世紀型であるが、これに伴う饗宴儀礼が藤原宮の朝堂で行われた可能性は否定できない。また、隼人についても、五月二一日に先立つ同年五月一三日条には大隅隼人を饗すとみえ、特に場所が記載されていないので、藤原宮で開催されたとみるのが自然であり、相撲についてはそれまでの伝統から飛鳥寺西の地域で催したものと思われる。したがって、蝦夷・隼人の饗応の場が変化する画期は、藤原京遷都としてよいと考える。

一方、王卿等に対する饗宴の開催場所は、どうであったか。王卿等に対する饗応記事が多く現れるようになる天武朝以降は、「朝庭」（天武四・五年、朱鳥元年）、「大殿庭」（天武九年）、「内安殿・外安殿」（天武一〇年）、「大極殿」（天武一二年、朱鳥元年）、「旧宮安殿庭」（天武一四年）、「大安殿」（朱鳥元年）、「内裏」（持統四・八年）「西庁」（持統五年）における饗宴開催が知られ、宮の内裏の殿舎と朝庭を舞台としていたことがわかる。記録に乏しい天武朝以前についてはどうか。推古天皇の小墾田宮の構造は、『日本書紀』推古天皇一六年（六〇八）八月壬子（一二日）条等から、南門を入ると朝庭があり、左右に庁（朝堂）があり、北の大門の奥に大殿があったと推定されており、(27)大門前面の朝堂・朝庭空間が政務・儀礼の場である「朝」として、隋使等の饗宴の場であったと推定され、同様に王卿等の饗宴の場としても機能していたと思われる。(28)したがって、飛鳥時代を通じて、基本として、南門と大門の間に位置し朝堂を備えた朝庭空間、及び大門内に位置する内裏空間が、王卿等に対する饗宴開催の場であったと考えられる。

本稿では、このような七世紀代の宮都における饗宴儀礼を、内裏内部の殿舎・殿庭や、朝堂・朝庭の区間を舞台とする「内裏・朝庭系」饗宴と、飛鳥寺西広場等を舞台とする「広場・苑池系」饗宴に類型化して把握を試みたい。推古朝の小墾田宮段階では「内裏・朝庭系」であったが、その後、斉明天皇の後飛鳥岡本宮、天武・持統天皇の飛鳥浄御原宮では両系統の饗宴が併存するようになり、藤原宮段階において、「内裏・朝庭系」饗宴に統一されていくのである。

2　饗宴儀礼成立の諸段階――画期としての持統五年――

さて、『日本書紀』の饗宴記事の使用用語に着目すると、わずかの例を除き、外国使臣等向け饗宴儀礼に対しては、ほぼ例外なく、「饗」の用語を用いている。外国使臣を飛鳥の地以外の難波や筑紫でもてなす場合も同様に「饗」と称している。[30]『日本書紀』では、外国使臣等向け饗宴儀礼に対しては、「饗」をもって表現することが特徴である。

一方、王卿等向け饗宴儀礼については、推古天皇三六年（六二八）九月（舒明天皇即位前紀）から持統天皇五年（六九一）七月丙子までの二八例では、ほぼ「宴」を用いている。「饗」を用いるのは推古天皇三六年九月、皇極天皇二年（六四三）一〇月己酉だけで、その他、天武天皇一一年（六八二）一〇月戊辰、朱鳥元年（六八六）正月己未が「大酺」、天武天皇六年（六七七）一一月辛巳、持統天皇三年（六八九）正月己巳、同五年正月己卯が「賜食（賜飲食）」、天武天皇二年（六七三）正月癸巳、同四年一〇月庚辰、同五年一〇月朔、同一〇年正月丁丑が「置酒……宴」と表現するが、残り一七例は「宴」（「肆宴」）と表現する。

ところが、持統天皇五年（六九一）一一月の大嘗祭饗宴を「饗」と称して以降の一五事例は、同六年七月庚子、同八年一二月辛酉の二例が「宴」とするのを除けば、いずれも正月儀礼である一一事例が「饗」を用いている。また同八年五月戊子条も「饗」とする。このように、王卿等向け饗宴儀礼については、同五年の大嘗祭饗宴儀礼を境に、用語が「宴」から「饗」に変化したと指摘できる。同五年以降は、従来の外国使臣等向け饗宴と王卿等向け饗宴とは同じく「饗」という表現を用いている。

問題は、「饗」の語を用いた背景である。『日本書紀』編纂時に表現を統一した可能性もあるが、持統天皇の大嘗祭記事は巻三十の途中にあって、巻三十全体が「饗」に統一されているのではないので、その可能性は低い。

ここで注目したいのは、持統天皇の大嘗祭饗宴前後における饗宴参加者の変化である。持統天皇三年正月庚申（七日）から同五年七月丙子（七日）までは、同三年正月己巳（一六日）が「百官人等」を対象とする以外は、「公卿」を対象とする。しかし、同五年一一月の大嘗祭を経て以降、同六年から同一一年に至る六年間、毎年記載がある七日と一六日饗宴の記事では、七日は「公卿等」（六・八年）、「公卿大夫等」（七・一一年）、「公卿大夫」（九・一〇年）、一六日は「公卿以下初位以上」（六年）、「百官人等」（八・九年）、「公卿・百寮人等」（一〇年）、「公卿・百寮」（一一年）とあって、特に一六日饗宴には「公卿」より下位の官人層の参加が著しい。奈良時代の一六日踏歌節会には六位以下官人層が参加しており、持統朝から始まっていたことが古市晃氏により指摘されているが(31)、七日節会についても、持統天皇五年を境に「公卿」から「公卿等」「公卿大夫等」と参加者が拡大する様相を示している。すなわち、持統天皇五年大嘗祭饗宴を境に、六年以降、正月饗宴制が整備され、七日については従来の「公卿」から「公卿大夫」へ、一六日についても「公卿」から「公卿・百官人等」へと参加階層が拡充したことが窺えるのである。

天武・持統朝において中国の節日行事を本格的に継受するなかで(32)、参加対象が拡充され、盛大な儀礼として整備されたことを踏まえ、従来の「宴」という表現にかえて、外国使臣等向けの対外的に国家的儀礼として定着していた饗宴を「饗」と呼んでいるのに合わせて、「饗」と呼ぶようになったものと推測される。なお、この「饗」「宴」の用語に関する諸問題については別の機会に論及したい[33]。

以上、古代饗宴儀礼の二系統（「内裏・朝庭系」「広場・苑池系」）、『日本書紀』の用語の変遷からみた持統五年の画期のことを述べた。七世紀から八世紀初頭に至る古代饗宴儀礼の成立過程を大きく三時期に区分して提示しておく。

まず、第Ⅰ期は、推古朝から斉明天皇二年（六五六）までの小墾田宮・飛鳥岡本宮・飛鳥板蓋宮の時期である。王卿等、隋使・新羅使・蝦夷・隼人等のすべてが、基本的には内裏や朝堂空間（「朝」）にて饗応されていた（「内裏・朝庭系」）。推古朝は国家的な饗宴儀礼成立過程の端緒にあたり、大門内の内裏の大殿とその前庭における饗宴、または南門と大門との間の朝堂・朝庭空間における饗宴が行われていたと想定される[34]。

第Ⅱ期は、斉明天皇三年（六五七）以後の後飛鳥岡本宮、天武・持統天皇の飛鳥浄御原宮の持統天皇八年（六九四）までの時期である。王卿等は内裏や朝庭空間において饗応された（「内裏・朝庭系」）。これに対して、蝦夷・隼人等は飛鳥寺西区域等にて饗応された（「広場・苑池系」）。新羅使については、飛鳥での饗応はみられない。斉明朝に比べ、天武朝・持統朝段階では饗宴儀礼全体の整備が行われたが、持統天皇五年（六九一）大嘗祭饗宴を契機として、正月七日・一六日節会において、饗応対象者を「公卿」から「大夫等」「百官人等」に拡大して盛大に催す儀礼が確立した。飛鳥浄御原宮段階では饗宴制が拡充されるに伴い、内裏内部の複数の殿舎を同時利用して開催したり、中枢部の門を挟んだ内外の空間を同時利用して開催したりするようになったと想定される。

第Ⅲ期は、藤原宮造営によって大極殿及び大極殿閤門が成立した、持統天皇九年（六九五）以降の時期である。王卿等ほかすべてが朝堂空間にて饗宴儀礼に参加した（「内裏・朝庭系」）。半島の使者に対する入京饗応が復活し、蝦夷・隼人の接遇と同様、朝堂に招き入れる形式が取られた。飛鳥時代の内裏正門を歴史的背景として有する大極殿閤門が成立したことにより、同門を使用した「閤門出御型」、「閤門介在型」の饗宴儀礼が多く実施されるようになり、その後、平城宮での饗宴儀礼の展開に繋がった。その意味で、藤原宮大極殿閤門は古代饗宴儀礼の成立に深く関わるものであったと言えよう。

ま　と　め

最後に本稿で述べたことをまとめておく。

大極殿閤門は、大極殿院と朝堂院との間に位置する閉塞・開放施設であるが、正月七日節会等の政務・饗宴儀礼において、天皇出御の場として儀礼の場の中枢となるとともに、内裏・大極殿院と朝堂院とに参加者を分離して饗宴を開催する場合には、その両者間に介在し、物理的かつ精神的に媒介・結合して一体化する機能を果たすものでもあった。藤原宮・平城宮の饗宴儀礼上に重要な役割を果たした大極殿閤門は、大王宮の内裏の「大門」に由来するものであり、藤原宮において、内裏と大極殿院という二つの中枢空間が一体となった空間の出入り口として成立した。それは宮都における天皇権威・権力の象徴と評価されるものであった。

七世紀代の宮都における饗宴儀礼は「内裏・朝庭系」と「広場・苑池系」に系統化でき、当初は「内裏・朝庭系」であったが、飛鳥宮時代は両系統が併存する状況であり、藤原宮において、大極殿閤門の成立とともに、「内裏・朝庭系」に統一される三時期に区分できる。古代饗宴儀礼の形成過程として、天武・持統朝における中国の節日行事の本格的継受が指摘され、大極殿院と朝堂院からなる空間が造営された藤原宮段階が、古代饗宴制度成立史上の画期としてしばしば指摘されているが、藤原宮遷都に先立ち、参加対象者が拡充され、その後の八世紀の節会に繋がる整備が行われたことが饗宴用語から推測できる持統天皇五年前後が、もう一つの画期として注目される。

註

（1） 古代饗宴儀礼の成立に関する最近の研究として、丸山裕美子a「仮寧令と節日―古代社会の習俗と文化―」（初出一九九二年。同氏『日本古代の医療制度』名著刊行会、一九九八年所収）、同b「唐と日本の年中行事」（初出一九九二年。同書所収）、同c「律令国家と仮寧制度―令と礼の継受をめぐって―」（大津透編『日唐律令比較研究の新段階』山川出版社、二〇〇八年）、榎村寛之「飲食儀礼からみた律令王権の特質」（『日本史研究』四四〇、一九九九年）、古市晃「奈良時代節日儀礼の特質」（『ヒストリア』一七七、二〇〇一年）、志村佳名子「古代王宮の饗宴儀礼―「共食」儀礼の意義をめぐって―」（同氏『日本古代の王宮構造と政務・儀礼』塙書房、二〇一五年）など参照。筆者も『延喜式』からみた節会と節禄」（初出一九九四年。『日本古代の国家と給与制』吉川弘文館、二〇一二年所収）において、節会で支給される節禄に重点をおいて古代饗宴の検討を試みたことがある。

（2） 大極殿閤門に関する研究として、直木孝次郎「大極殿の門」（初出一九六七年。同氏『飛鳥奈良時代の研究』塙書房、一九七五年所収）、岸俊男「都城と律令国家」（初出一九七五年。同氏『日本古代宮都の研究』岩波書店、一九八八年所収）、橋本義則a「平安宮草創期の豊楽院」（初出一九八四年。同氏『平安宮成立史の研究』塙書房、一九九五年所収）、同b「朝政・朝儀の展開」（初出一九八六年。同書所収）、浅野充「古代天皇制国家の成立と宮都の門」（『日本史研究』三三八、一九九〇年）、石川千恵子a「大極殿閤門と内裏外郭」（『続日本紀研究』二七五、一九九一年）、同b「大極殿「閤門」と内裏外郭」（初出二〇〇八年。同氏『律令制国家と古代宮都の研究』勉誠出版、二〇一〇年所収）、小澤毅「平城宮と藤原宮の「重閣門」」（独立行政法人国立文化財機構奈良文化財研究所編『文化財論叢Ⅳ』二〇一二年）など参照。

（3） 今泉隆雄「蝦夷の朝貢と饗給」（高橋富雄編『東北古代史の研究』吉川弘文館、一九八六年）、古市晃「文献史料からみた長舎と官衙―七世紀の儀礼空間―」、小田裕樹「饗宴施設の構造と長舎」（ともに独立行政法人国立文化財機構奈良文化財研究所編『第十七回古代官衙・集落研究会報告書　長舎と官衙の建物配置』二〇一四年）など参照。

（4） 平城宮の構造・変遷や殿舎の比定については、独立行政法人国立文化財機構奈良文化財研究所編『図説　平城京事典』（柊風舎、二〇一〇年）、渡辺晃宏「平城京と貴族の生活」（大津透他編『岩波講座日本歴史第三巻古代三』岩波書店、二〇一四年）などを参照。

(5)　岸俊男氏前掲註(2)論文。

(6)　代表的な見解として、藤原宮において初めて成立したとする理解（狩野久「律令国家と都市」初出一九七五年。同氏『日本古代の国家と都城』東京大学出版会、一九九〇年所収。鬼頭清明「日本における大極殿の成立」初出一九七八年。同氏『古代木簡と都城の研究』塙書房、二〇〇〇年所収）、飛鳥宮段階とそれ以降で機能の違いはあるにせよ、天武朝当時「大極殿」と呼ぶ殿舎が存在し、それが「エビノコ郭」である可能性は高いとする理解（小澤毅「飛鳥浄御原宮の構造」初出一九九七年。同氏『日本古代宮都構造の研究』青木書店、二〇〇三年所収）などがある。飛鳥宮跡の発掘調査成果及び宮の構造については、奈良県立橿原考古学研究所編『飛鳥京跡Ⅲ―内郭中枢の調査（1）―』（奈良県立橿原考古学研究所調査報告第一〇二冊、二〇〇八年）、小澤氏前掲「飛鳥浄御原宮の構造」、鶴見泰寿『古代国家形成の舞台　飛鳥宮』（新泉社、二〇一五年）など参照。

(7)　橋本氏前掲註(2)a論文及びb論文。

(8)　石川氏前掲註(2)b論文。

(9)　橋本氏前掲註(2)a論文及びb論文。

(10)　かかる分類については、前掲註(1)拙稿一九九頁において、八世紀の六位以下主典以上職事官の節会への参加形態を整理するなかで、五位以上を内裏内郭（内裏・中宮）に宴し、六位以下主典以上職事官を朝堂等に饗する形態として提示したことがある。

(11)　『続日本紀』のテキストは、新日本古典文学大系本（岩波書店）による。

(12)　奈良時代前半の例は、『続日本紀』天平元年（七二九）六月癸未（二四日）条、天平一二年正月甲辰（一七日）条、天平一二年正月丁巳（三〇日）条。奈良時代後半の例は、天平宝字二年（七五八）一一月癸巳（二五日）条、天平宝字四年正月己巳（七日）条、天平宝字七年正月庚戌（七日）条、天平宝字七年正月庚申（一七日）条、宝亀二年（七七一）一一月乙巳（二三日）条、延暦二年（七八三）正月癸巳（一六日）条、延暦二年正月乙巳（二八日）条。

(13)　このほか、『続日本紀』には「重閣門」と記載された史料があり、大極殿閤門・朝堂院南門・朱雀門に比定する諸説があるが、私見としては大極殿閤門説が妥当と考える（小澤氏前掲註(2)論文参照）。『同』和銅三年（七一〇）正月丁卯（一六日）条、宝亀四年（七七三）正月辛未条（錯誤があり癸未〈七日〉条とすべきもの）、宝亀八年（七七七）五月丁巳（七日）条が該当し、和銅三年記事は、天皇が踏歌節会のため藤原宮の重閣門に出御したもの。宝亀四・八年記事は、奈良時代後半期の平城宮で、前者は正月七日節に際して、重閣中院（朝堂院のことか）に出御したもの。具体的には大極殿閤門に出御したと想定できる。後者は五月七日の射騎を見るため重閣門に出御したもの。

(14) 前掲註(1)拙稿参照。

(15) 「閤門前幄」については、岩波新日本古典文学大系本脚注が「閤門前幄」かとしており、これに従う。

(16) そのほか、持統天皇の場合、『日本書紀』（小学館・新編日本古典文学全集本）によれば、持統天皇五年（六九一）一一月戊辰（一日）に「大嘗」を行い、同月辰日（二五日）に「公卿」に衾を賜うとあり、未日（二八日）には、「公卿以下至主典」を「饗」し、酉日（三〇日）には、大嘗祭に奉仕した神祇官関係者、悠紀・主基両国関係者を「饗」したとある。「公卿以下至主典」を対象とする未日節会は、後の午日豊明節会に相当するのであろう。孝謙天皇の場合、『続日本紀』天平勝宝元年（七四九）一一月乙卯（二五日）に宮外の南薬園新宮にて大嘗、丙辰（二六日）及び丁巳（二七日）に五位以上を「宴」し、戊午（二八日）に「諸司主典已上」等を「饗」した。桓武天皇の場合、天応元年（七八一）一一月己巳（一五日）、「五位以上」を「宴」した。辛未（一七日）、「諸司主典以上」を「饗」し、禄を支給している。元正・称徳両天皇の大嘗饗宴については、開催場所や参加者が不詳である。なお、平城宮跡東区で五時期、中央区で一期の大嘗宮遺構が発掘調査でみつかり、それぞれ各天皇の大嘗宮遺構に比定されている。

(17) 甲賀市教育委員会『天平の都と大仏建立　改訂版』二〇一二年参照。

(18) 『続群書類従』（巻一〇上）本による。

(19) 東院の中枢構造及び朝堂の存在については、岩本次郎「楊梅宮考」（『甲子園短期大学紀要』一〇、一九九一年）、吉川聡「文献資料より見た東院地区と東院庭園」（独立行政法人文化財研究所奈良文化財研究所『平城宮発掘調査報告XV—東院庭園地区の調査　本文編』二〇〇三年）、小田氏前掲註(3)論文参照。

(20) 小澤氏前掲註(2)論文、独立行政法人国立文化財機構奈良文化財研究所「大極殿院南門の調査—第一四八次」（『奈良文化財研究所研究紀要二〇〇八』二〇〇八年）参照。

(21) 独立行政法人国立文化財機構奈良文化財研究所「藤原宮朝堂院の調査—第一八九次」（『奈良文化財研究所紀要二〇一七』二〇一七年）参照。

(22) 拙稿「日本古代の都城と宮城十二門」（舘野和己編『日本古代のみやこを探る』勉誠出版、二〇一五年）参照。

(23) 丸山氏前掲註(1)各論文。

(24)「朝」における「饗」の事例としては、『日本書紀』推古天皇一六年八月丙辰（一六日）条（隋使）、同一八年一〇月乙巳（一七日）条（新羅使）、舒明天皇二年八月庚子（八日）条（高句麗・百済客）、同七年七月辛丑（七日）条（百済客）、同一一年一一月庚子（朔日）条（新羅客）、皇極天皇元年七月乙亥（二二日）条（百済客）、同一〇月甲午（一二日）条（蝦夷）等がある。

(25)後飛鳥岡本宮段階では、蝦夷・隼人・覩貨邏人・粛慎に対しては、「飛鳥寺西」、「甘檮丘東の川上」、「石上池辺」において「饗」が行われている（『日本書紀』斉明天皇三年七月辛丑条、同五年三月甲午条、同六年五月是月条）。発掘調査でみつかった石神遺跡は、斉明朝に蝦夷饗宴の場として利用されたと考えられている（石神遺跡の最新の調査成果については、「石神遺跡の調査　第一五六次」（独立行政法人国立文化財機構奈良文化財研究所『奈良文化財研究所紀要二〇〇九』二〇〇九年など参照）。また、斉明朝に引き続き飛鳥浄御原宮段階においても、多禰嶋人・隼人・蝦夷等を「飛鳥寺西槻下」「飛鳥寺西河辺」「飛鳥寺之西」「飛鳥寺西槻下」で「饗」していた（『日本書紀』天武天皇六年二月是月条、同一〇年九月庚戌条、同一一年七月戊午条、持統天皇二年一二月丙申条）。

(26)今泉氏前掲註(3)論文。

(27)岸俊男「朝堂の基礎的考察」（初出一九七五年。同氏『日本古代宮都の研究』岩波書店、一九八八年所収）参照。

(28)古市氏前掲註(3)論文。

(29)飛鳥宮跡内郭北西部の発掘調査でみつかった苑池遺構（飛鳥京跡苑地）を、『日本書紀』天武天皇一四年一一月戊申条の「白錦後苑」に比定する意見もある。この場で行われた儀礼の詳細は不明だが、「苑池」系の開催場に含めておく。

(30)中山薫「『日本書紀』にみえる饗について」（水野恭一郎先生頌寿記念会編『日本宗教社会史論叢』国書刊行会、一九八二年）参照。

(31)古市氏前掲註(1)論文。

(32)丸山氏前掲註(1)各論文。

(33)本稿に密接な『日本書紀』や『続日本紀』の饗宴記事にみえる「宴」「饗」の用語に関して、中山薫氏、榎村寛之氏による「宴」「饗」用語に関する先行研究（中山氏前掲註(30)論文、同氏「『日本書紀』にみえる宴と『続日本紀』にみえる饗について」瀧川政次郎先生米寿記念論文集刊行会編『神道史論叢　滝川政次郎先生米寿記念論文集』国書刊行会、一九八四年、榎村氏前掲註(1)論文）について言及しておく。中山氏は、『日本書紀』にみえる「宴」と「饗」の使い分けは厳密であり、「宴」は、全くのうたげ、さかもりという意味合いであるのに対し、「饗」は、国内臣下や蝦夷の天皇に対する忠誠を確認するもの、外国使臣については労いの意味をもち、服属儀礼、忠誠の意味をもつと定義される。榎村氏は中山説を承けつつ、令制前の天皇（大王）の「宴」は、大王と大夫層の親睦儀礼で、「饗」は、天皇の直接支配外の人々に行われる「徳」を示す儀礼と定義された。両氏ともに、「饗」と「宴」の用語に対照的・二項対立的な性格を認め、用字の違いをもって『日本書紀』『続日本紀』にみえる饗宴史料を解釈する手法をとっておられる。例えば、天平五年（七三三）元日節会（史料⑤）などに関して、榎村氏は「宴は天皇との信頼関係の確認儀礼、饗は天皇との格差の確認儀礼であり、宴と饗、どちらに参加するかで、単純な身分差のみならず、天皇との親疎関係がはっきりと表され」「宴と饗は、いわば天皇にキャスティングボードを得られた形で、より恣意的に使い分けられている」とされている。

このうち榎村氏説に対しては、古市氏前掲註(1)論文が節会参加者の階層は天皇の恣意ではなくある程度決まっていたものと論じ、志村氏前掲註(1)論文も宮の構造の変遷や『続日本紀』の史料的性格に留意すべきと指摘されている。筆者もかつて註(1)拙著（二一八〜二一九頁）において、榎村氏説に対する所感を述べたことがあるが、天皇が身分階層に応じて饗応の場を変え、効果的な演出をしたことはその通りと思うものの、それは、「宴」か「饗」の用語をもって参加者に認知させる次元ではなく、参加者が集う実際の空間的な舞台装置によって演出・現出されるものであり、「饗」「宴」の用語に左右されるものではないと考える。「宴」「饗」の語義に中山氏や榎村氏が指摘される意味があること自体は否定しないが、「饗」と「宴」とを対照的・二項対立的に峻別して諸史料を解釈することには無理がある。

中山氏が「宴」と「饗」を厳密に使い分けるとする『日本書紀』においても、皇極天皇元年（六四二）七月乙亥（二二日）条では、「百済使人大佐平智積等を朝に饗す。（中略）智積等、宴畢りて退き、翹岐の門を拝す」とあって、一連の儀礼を冒頭では「饗」、終了時には「宴」と表現する。これは、同語重複を避ける表現技術である（斉明天皇元年〈六五五〉七月己卯〈一一日〉条、皇極天皇元年一〇月甲午〈一二日〉条及び同月丁酉〈一五日〉条も同様）。また、中山氏は大嘗祭饗宴で五位以上の高級官僚に対しては「宴」の字を用い、下級官僚に対しては「饗」の字を用いている事例や、先の元日節会の事例をあげ、『続日本紀』では「饗」が「宴」より「一段低い会食」だとされる。しかし、第一節で論じたように、職事主典以上を対象とする大嘗祭午・未日節会は、五位以上貴族層も参加する「豊明節会」として行う大規模な饗宴儀礼であるから、「饗」が「宴」より低次の会食と評価するのは不適当である。逆に、盛大な儀として「宴」ではなく「饗」と表現したと言える。『令集解』職員令玄蕃寮条・頭職掌「讌饗」所引穴記には「小曰讌、大曰饗」とあり、小規模を讌（讌の字は宴と通用する）と言い、大規模なものを饗と解釈しているのも参考になろう。

『日本書紀』『続日本紀』等の「宴」「饗」用語については、別途詳細に検討することとし、結論的に言えば、朝廷の饗宴儀礼は大局的にはすべて「宴」であり、「饗」は「宴」の範疇に含まれる概念であって、特定の意味合いを付加する場合に「饗」の用語を使用したと言える。外交儀礼、服属儀礼、慰労儀礼等の色彩を有する外国使臣や蝦夷・蝦夷等への饗宴としての「饗」、上位者（五位以上等）だけでなく、下位者（六位以下等）にも拡大したり、外国使臣等を含めたりして、大規模、盛大に挙行する饗宴としての「饗」、上位者（五位以上等）を内裏に「宴」し、下位者（六位以下等）を朝堂に「饗」するというような、同語重複を避けるための「宴」と「饗」の併用があったと理解しておく。

（34）　白雉二年（六五一）末に孝徳天皇が大郡より遷居した難波長柄豊碕宮（翌年九月完成）段階の様相が不明である。発掘調査でみつかった孝徳朝とされる前期難波宮は、朝堂院は広大で、藤原宮大極殿閤門と同規模の内裏南門が存在していた（奈文研前掲註（20）報告など参照）。この点を重視すると、内裏南門を用いた、後の介在型や出御型に相当する饗宴形態を行おうとした可能性はある。饗宴儀礼成立過程に難波宮をどのように位置づけるのか、今後の課題としたい。

門の格からみた宮の空間

馬場　基

はじめに

半世紀を超える平城宮の発掘調査は、東張り出し部の存在など、多くの事実を明らかにしてきた。[1] そしてこれらの事実を、平城宮同様に飛躍的に進展した藤原宮・難波宮・恭仁宮・長岡宮・平安宮の調査・研究とも組み合わせつつ、歴史的に解釈して都城史の中に位置づけ、さらには古代国家論とも関連づける研究が積み重ねられてきている。[2]

本稿では、これら先学の驥尾に付しながら、平城宮の中枢区画の意義を、実際の平面形態や時期変遷の中に落とし込んで理解することで、宮殿の変遷の歴史的意義について考察をめぐらせてみたいと思う。

一　平城宮第一次大極殿南門をめぐって

1　門の「格付け」

律令では、警備の厳重さ等を基準として、都城の宮城の門を「宮城門」・「宮門」・「閤門」の三段階に規定した。この三段階を具体的に宮内の門に当てはめる研究も、既に存在している[3]。以下、やや煩雑になるが関係する資料を確認しておきたい。

宮衛令1宮閤門条は、

史料1

凡応レ入二宮閤門一者。本司具二注官位姓名一。送二中務省一付二衛府一。各従二便門一著レ籍。但五位以上著レ籍二宮門一。皆非二著レ籍之門一者。並不レ得レ出。若改任行使之類者。本司当日牒レ省除レ籍。毎月一日。十六日。各一換レ籍。〈宿衛人准レ此〉。

と規定する。「宮閤門」に関して、集解では、

史料2

謂。衛門所レ守。謂二之宮門一。兵衛守レ所。謂二之閤門一也。釈無レ別也。古記云。外門。謂最外四面十二大門也。主当門司。謂門部也。其中門。謂衛門与衛士共防守也。門始著レ籍此門也。内門。謂兵衛主当門之也。

と解説する。義解・釈では、警備を担当する衛府との対応関係が説明されているだけであり、宮門・閤門に具体的な

門号を当てていない。この条文自体も門の格式を規定するものではなく、門籍の運用の規定であり、門の格付けは自明の前提となっているのだが、養老令には宮門・閤門を直接具体的に規定する条文は見当たらない。宮殿があり、門があり、その門に宮門・閤門という格付けがされ、格付けに対応した警備部隊が配置される、という図式を考えがちであり、事実唐・宮衛令でもそうした規定が最初に示される。(4) だが、養老令にはこうした規定はない。集解の説明も具体的な門と門の格付けを明示する固定的なものではなく、相対的で曖昧さの残るものとなっている。これは、日本の宮殿の空間を考える上で興味深い点であると思われる。

さて、集解の説く内容を今一度確認しよう。義解・釈によれば、衛門府が守る門が宮門であり、兵衛が守る門が閤門である。古記によれば、(宮の)最外の四面に開く十二の「大門」が外門であり、門司=門部が主当する。中門は、衛門と衛士が共同で守り、門籍はこの中門から必要となる。内門は、兵衛が主当する門である。

この古記から、大宝令では、外門・中門・内門という三段階であったこと、中門・内門が養老令の宮門・閤門に対応することが知られる。(5) 宮門の警備担当について、古記は衛門と衛士の共同、義解・釈では衛門府と、若干の違いがあるように見えるが、衛門府にも衛士が配属されている点等も考慮すれば、ほぼ同様の規定とみてよいだろう。そして、「送中務省付衛府」の注釈で、古記は「左右衛士府不預門籍之事」と述べており、さらに宮衛令15奉勅夜開門条では、夜間に門を開ける際に経る「中務宣送衛府。衛府覆奏。然後開之」という手続きについて古記は、

史料3

古記云。門司覆奏。謂八十一例云。内門兵衛府奏。中門衛門府専奏。衛士府相随従耳。大極殿門者。兵衛開閉。

としており、中門の開閉に際しては衛門府が「専奏」し、衛士府は「相随従」だけだと注釈している。(6) 中門(宮門)の警備に責任を負う主たる担当が衛門府であることは、古記も共通していると言えよう。

ただ、この八十一例の規定でも、内門・中門がそれぞれ具体的にどの門にあたるのかを知ることはできない。一方、具体的な門を挙げながら、集解諸説が議論を展開しているのは「大門」と「諸門」である。宮衛令4開閉門条では第一開門鼓で諸門を、第二開門鼓で大門を開くと規定し、諸門・大門がそれぞれどこの門に該当するかが議論の対象で、整理すると

義解……大門：「朝堂南門」。
　　　諸門：大門以外。
釈………大門：記載なし。諸門で除外とされた門か。
　　　諸門：「除當朝堂之大極殿門以外内諸門」。
古記……大門：「大極殿及朝堂當門」
　　　諸門：大門以外。

となる。つまりは、大門とは朝堂院南門と大極殿院南門、諸門はそれ以外と理解できる。(7) しかし、大門・諸門が、閤門や宮門とどのような関係にあるのかは朱が引く貞説では「大門を除く門は宮門も閤門も同時に開閉する」と述べており、宮門・閤門にも大門とそれ以外が存在したように読みとれる。古記に至っては、「此間宮門相当難知。随時所用耳」とまるで、投げ出すような書きぶりである。

そこで次に、もう少し踏み込みながら検討を進めたい。

2　宮の変遷と「大極殿門」

さて、開閉門条に関する義解・釈・古記を比較すると、釈・古記では大極殿院南門を大門とするのに対し、義解で

表　宮城と法令の関係

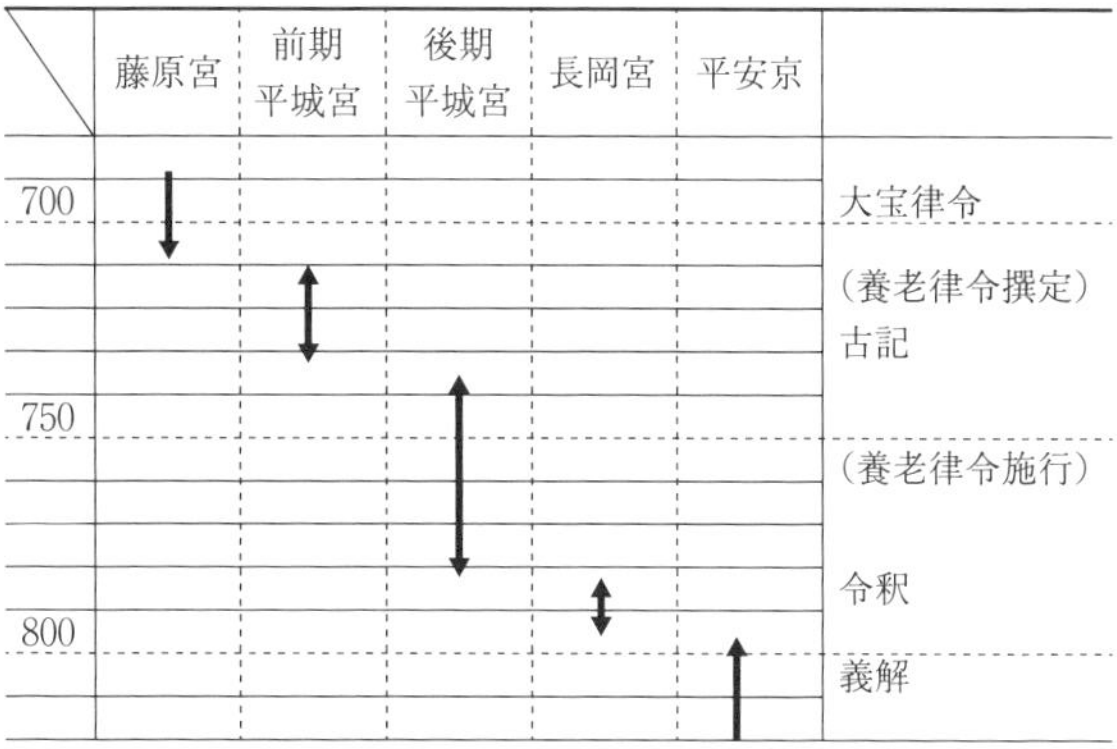

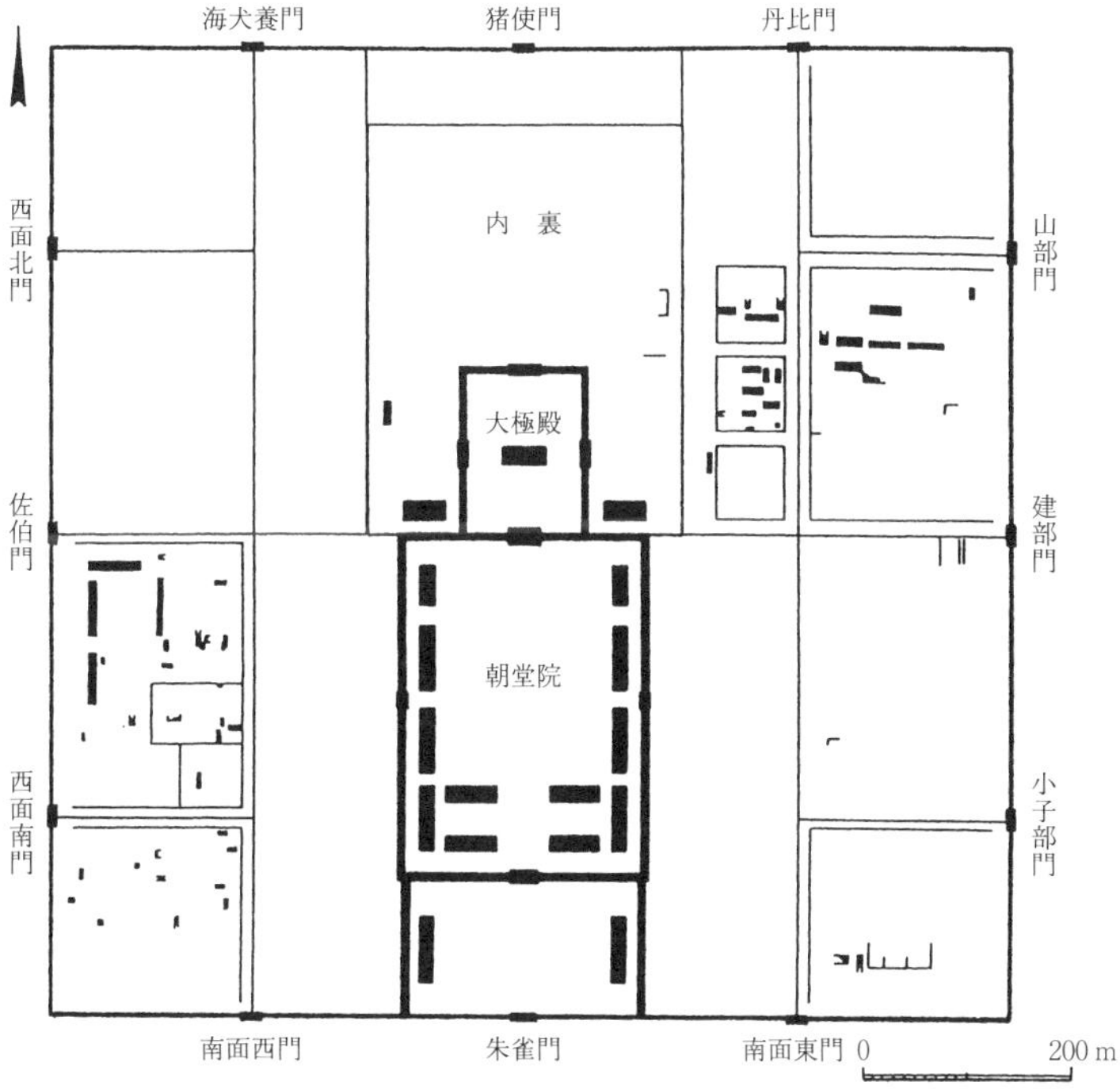

図1　藤原宮図

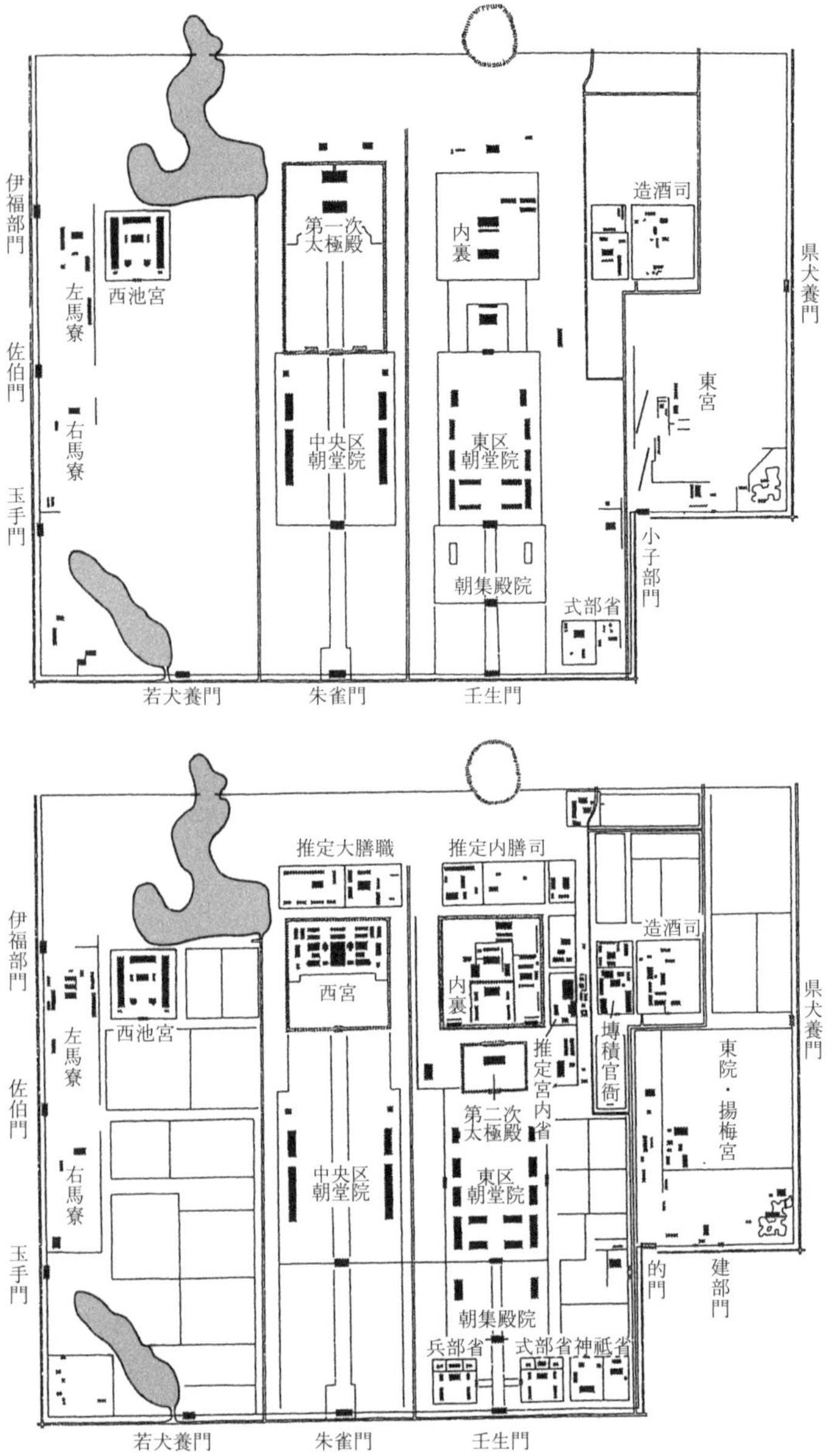

図２　平城宮図（上：奈良時代前半，下：奈良時代後半）

は大極殿院南門は挙げられていない。これは、義解が編纂された時代の宮＝平安宮では、大極殿がなく、大極殿は朝堂院と一体的空間の中の龍尾壇上に建っていたため、大極殿院南門が存在していなかったことに対応すると考えられる。

この点は非常に重要な問題を提起する。大宝令―（養老令撰定）―古記―（養老令改編・施行）―令釈―令義解という法制度の展開を、同時代の都城と対応させると、表（三六九頁）のようになる。大宝令と都城の関係で説明してみよう。大宝令制定時に実際に運用されるべき空間は藤原宮・京である。当然、大宝令の規定は、藤原宮・京の空間を前提として制定されたと考えられる。平城京遷都の後、空間構造は藤原宮・京とは変化する。法令と対象とする空間に齟齬が生じる可能性が出てくるのである。

もちろん、すべての条文が新しい都城空間に適応するように改変されたわけではない。養老職員令京職条が規定する坊令の定数は、藤原京の定数として相応しいことはよく知られる通りである。これは、藤原京を前提とした大宝令の規定が、そのまま養老令に残った事例であり、令の規定が直ちに前提とする都城空間に合わせて修正されたとは限らないことを示す。ただし、令の規定を実際に運用するためには、現実の都城空間とのすりあわせが必要であり、令文そのものを変更していなければ尚更、法解釈の整備や格式によってこのすりあわせを行う必要がある。古記・釈・義解という注釈書も、こうした役割を必ずや果たしていたであろうし、現実の都城と余りにかけ離れた規定にはしっかりとした注釈を付けられなかったであろう(8)。

さて、こうした観点から見ると、理解しやすいのが先ほど紹介した史料3奉勅夜開門条古記所引の八十一例である。ここでは、「大極殿門」という門に関してだけ、具体性が高く規定されている。なぜ大極殿院の門だけが、内門・中門・外門という通常の序列と異なる規定をされたのであろうか。

八十一例が作られたのは、前期の平城宮の時期にあたる。前期の平城宮では、第一次大極殿院という、藤原宮には存在しなかった空間が登場する。藤原宮には存在していなかったのであるから、藤原宮時代に運用されていた、大宝令の内門・中門・外門との対応関係が適用できない。そこで、新たに内門・中門・外門のどのランクに該当するかを定める必要が生じた。兵衛が開閉を担当するという点では、内門に準じるものの、内門相当とは規定しなかったわけであるから、八十一例を見る限り内門・中門・外門に対応させず、独自の位置づけを与えたとみられる。内門と中門の間に位置する格付けが与えられたと見ることができるだろう。養老律には「殿門」という門があり、格付けとしては宮門と閤門の間に位置する。そして、「大極等門為殿門」という註も存在した。(9)「殿門」が大宝律に存在していたかは不明なため、養老律で新たに付け加わった規定か否かは判断できない。ただし、八十一例で新たに規定されているという点から考えると、第一次大極殿という新しい空間を取り扱うための調整・規定が行われ、その区画施設に伴う門には内門と中門の間の格式が与えられ、「殿門」または「大極殿門」と称されたことは確かであろう。(10)

もし大宝令自体に「大極殿門」の規定があれば、新たに八十一例で規定する必要はない。したがって大宝令には「大極殿門」の格付けの規定はなかったと考えられる。一方、藤原宮大極殿は大極殿院を伴い、南面には門がつく。(11)坊令の定数規定の周到さから考えると、大宝令は藤原宮・京の構造を前提にしている可能性が高いと思われる。そして大宝令が藤原宮を前提にしているのであれば、この藤原宮大極殿院南門をどのように扱うべきか、格付けすべきか──警備すべきか──も考慮されていて然るべきであろう。すると、藤原宮大極殿院南門は大宝令が規定する内門・中門・外門のいずれかに該当していたということになる。後述する理由から、内門に相当すると考える。

さて、『続日本紀』では、基本的に大極殿院南門は「大極殿閤門」あるいは単に「閤門」と記載される。(12)一方、法制史料を整理していくと、平城宮第一次大極殿院南門は、閤門ではなく、殿門あるいは大極殿門と呼ばれていた可能性が浮上する。そこで、改めて『続日本紀』の記事を整理し、見直してみると、天平十二年（七四〇）正月甲辰条に「大極殿南門」という表現が存在する。

もし大極殿院南門が閤門であれば、閤門と記せばよいのに、なぜこのような表現をしたのだろうか。定型化された表現があれば、その表現――この場合「大極殿閤門」――を記録に用いるのが自然であり、たまたまこうした表現で記録されたと考えるには少し無理があるように感じる。

よく知られるように、『続日本紀』の前半は非常に複雑な編纂経緯を有する。そして、最終段階で『続日本紀』の編纂に関わった人物たちは、平城宮第一次大極殿院を実見していない人が多かったであろうし、こうした人物にとっては平城宮第二次大極殿院や長岡宮大極殿院のありかたこそ「当たり前」であった。彼らにとって未知の存在である奈良時代前半の第一次大極殿院に関する記述を、彼らの常識で書き直していたとしても不思議はないと思われる。

この場合、平城宮第二次大極殿院南門や長岡宮大極殿院南門は、「閤門」だったのであろう。この、奈良時代後半以降の「大極殿院南門＝閤門」という常識に基づいて、大極殿閤門に統一しようとする力が働いたのではないだろうか。しかも、編纂の最終段階で、実際に機能していた都＝平安宮には大極殿院南門は存在しなかった。そうした条件の中で生き残ったのが、天平十二年正月甲辰条の「大極殿南門」という記述なのだ、と考えたい。

以上から平城宮第一次大極殿院南門は、「閤門」ではなく「殿門」もしくは「大極殿門」と称されていたと想定した。第一次大極殿は元日朝賀や外交使節といった、重要な儀礼を執り行う殿舎であり高御座も据えられたであろう重要な建物である。いかに藤原宮には存在していなかったとはいえ、なぜ内門相当、あるいは内門の一つ、と見なさなかったのであろうか。

これは、①平城宮第一次大極殿院空間の特徴、②唐長安城大明宮含元殿との対応関係といった観点から読み解くこ

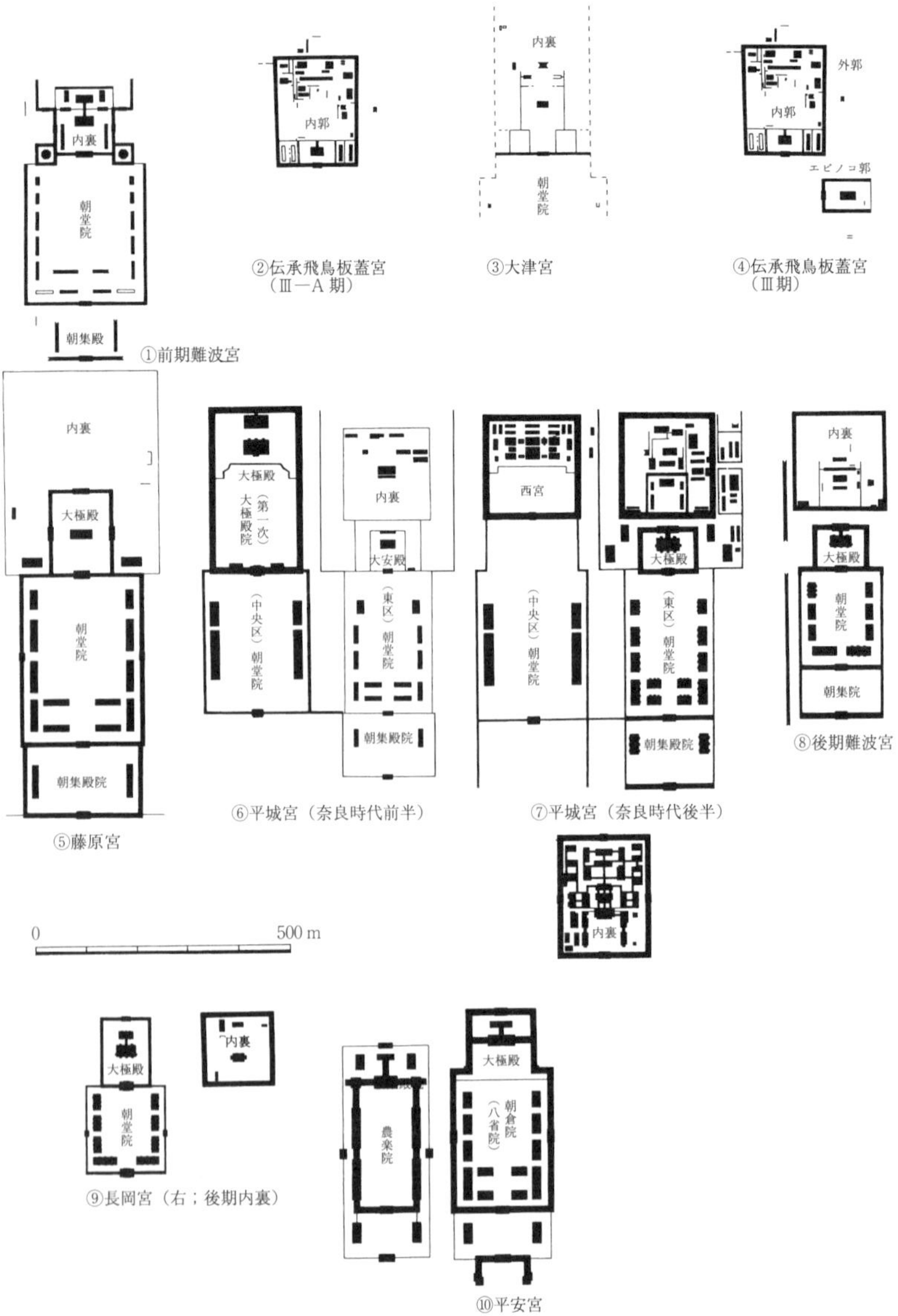

図3　都城中枢部変遷図（奈良文化財研究所『古代の官衙遺跡Ⅱ　遺物・遺跡編』2004年より一部改変）

とができると考える。

①平城宮第一次大極殿院では、大極殿院空間にも臣下が入り、列立したと想定されている[13]。第一次大極殿院南門が、第二次大極殿院南門と東西に並んで、平城宮の南北のほぼ中央に位置することに着目し、平城宮内南半が唐長安城の宮城に該当する臣下の空間で、平城宮の北半が同じく皇城に該当する天皇（皇帝）の空間である、とする見解がある[14]。だが、公的な儀式で第一次大極殿院内に臣下が入り、そこに列立していたとするならば、第一次大極殿院全体が完全に天皇の「占有」空間だ、とは言えないと思われる。そしてそこで執り行われていた儀式は、おそらく天皇と臣下が向かい合うタイプの儀式である。つまりは第一次大極殿院南門ではなく、第一次大極殿前に屹立する礴積み擁壁などの、第一次大極殿院内のどこかの場所が天皇と臣下の空間の境界となる[14]。

そして②第一次大極殿と大極殿院は、唐大明宮含元殿の模倣を目指したと指摘される。この場合、やはり建物の前面に臣下らが列立することになり、皇帝・天皇と臣下が向き合う空間となる[15]。これらを総合すると、第一次大極殿院内は、天皇の専有空間たる閤門内とは言えず、したがって第一次大極殿院南門を閤門と見なすことは問題がある。

そして、平城宮第二次大極殿院と東区朝堂院、長岡宮大極殿院と朝堂院の空間構造が、藤原宮大極殿院と朝堂院のそれと共通する構造である点が非常に重要だと考える。藤原宮中枢区画の構造の系譜に直接的に連なる区画では、大極殿院南門＝閤門であり、この点から類推すると、藤原宮大極殿院南門＝内門（閤門）だったと考えることが出来る。岸俊男氏は、藤原宮がモデルと思われる中枢区画の復原図で、大極殿院南門を「殿門」としているが（図5）、藤原宮型の中枢区画では大極殿院南門は「閤門」であり、「殿門」という呼称は、平城宮第一次大極殿院という、この系譜に直接連ならない新たな空間にのために用意された、特有の呼称であったと考える。

以上、平城宮第一次大極殿院の門を中心に検討した。次に、平城宮東区の中枢区画の門について、確認をしておくことにする。

二　平城宮の空間

1　宮門と閤門

朝堂院の成立や性格に関する研究は多く存在するが、[16]その門の格付けに関しては岸俊男氏の見解がほぼそのまま踏襲されてきている（図4・5）。これまでの検討の結果、岸氏が図化したタイプの中枢区画では大極殿院南門は「閤門」であった可能性が高いと考えられる。そこで、もう一度関連史料を整理しながら、確認作業をしてみたい。

これまで検討してきた史料以外で、注目されるのが宮衛令23宮門内条に付された集解諸説である。

史料4

凡宮門内及朝堂。〈釈云。宮門内者。門籍内也。朝堂者。大門内也。古記云。宮門。謂宮門以内也。穴云。令釈云。朝之堂大門内。謂八省院是。其次大門之内。不レ在二此例一。或云。案律。宮門之内可レ有二殿門一者。即朝堂之門也。未知。此文称二宮門内及朝堂一意。師答云。朝堂不二必宮門之内一耳。私思。此説不レ安。但疑。依レ律。必可レ在二宮門内一。然子細言耳。可レ検。《在レ穴。》朱云。朝堂。謂宮門外者。未レ知。令志何。可レ然哉。未レ明。可レ求也。〉（以下略）

「宮門内」の範囲と「朝堂」の関係をめぐって議論が展開されているが、一言で言うとかなり混乱している。最もすっきりしているのは令釈で、「宮門内とは門籍の内側と指し、朝堂とは大門の内側をさす」と説明する。「宮門内」

と「朝堂」という表現は、それぞれ空間の説明の原理・論理が異なる。宮閤門条の論理からの「宮門内」の定義と、開閉門条の論理からの「朝堂」の定義が、並立して示されている、とするのである。

一方、穴記以下の諸説は、かなり次元の異なる議論を展開している。彼らは、実際の宮殿における運用状況を前提としているらしい。穴記所引師説では、「朝堂は必ずしも宮門内にあるとは限らない」と説くが、これを「不安」としている。これらのやりとりから想定されることは、現実の宮殿では、朝堂は宮門内として扱われているのに、令文で両者が併記されているため混乱が生じ、ついには「令の志いかん。明らかならず。求むべきなり」とさじを投げ出すに至っている状況である。

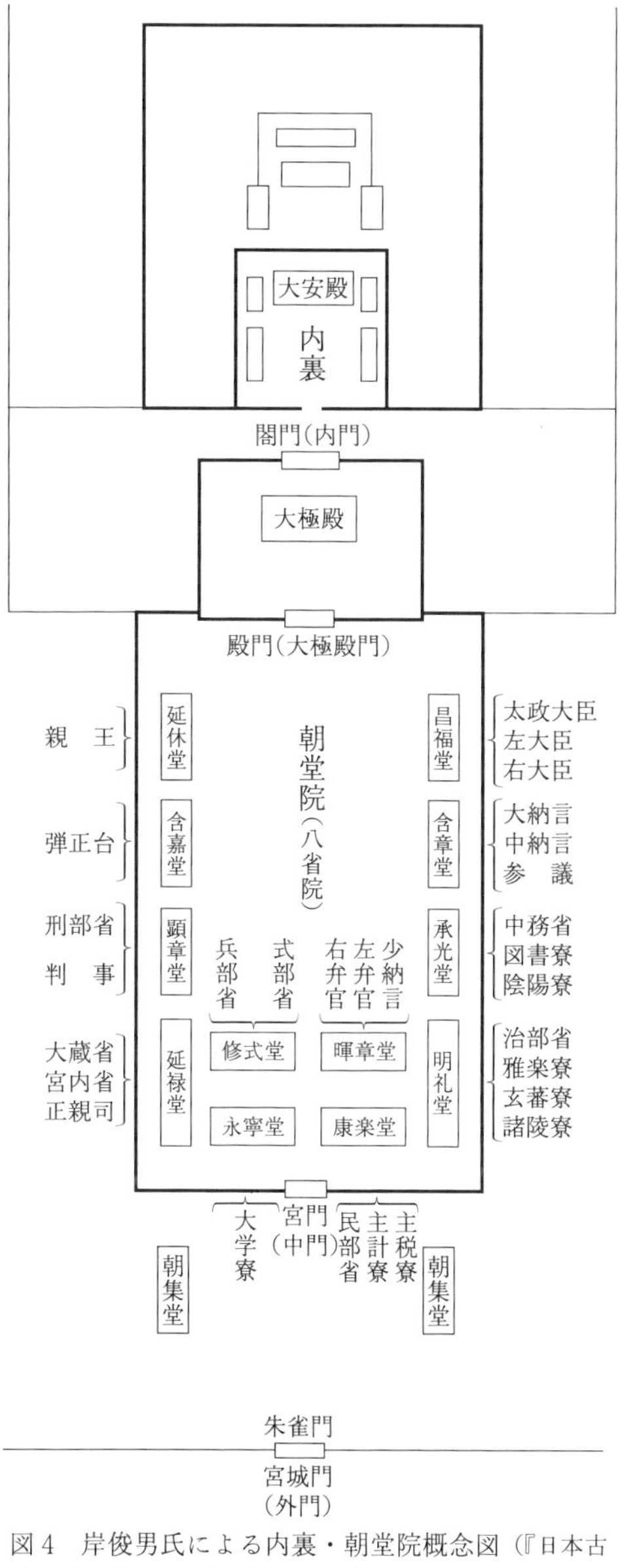

図4　岸俊男氏による内裏・朝堂院概念図（『日本古代宮都の研究』岩波書店，1988年）

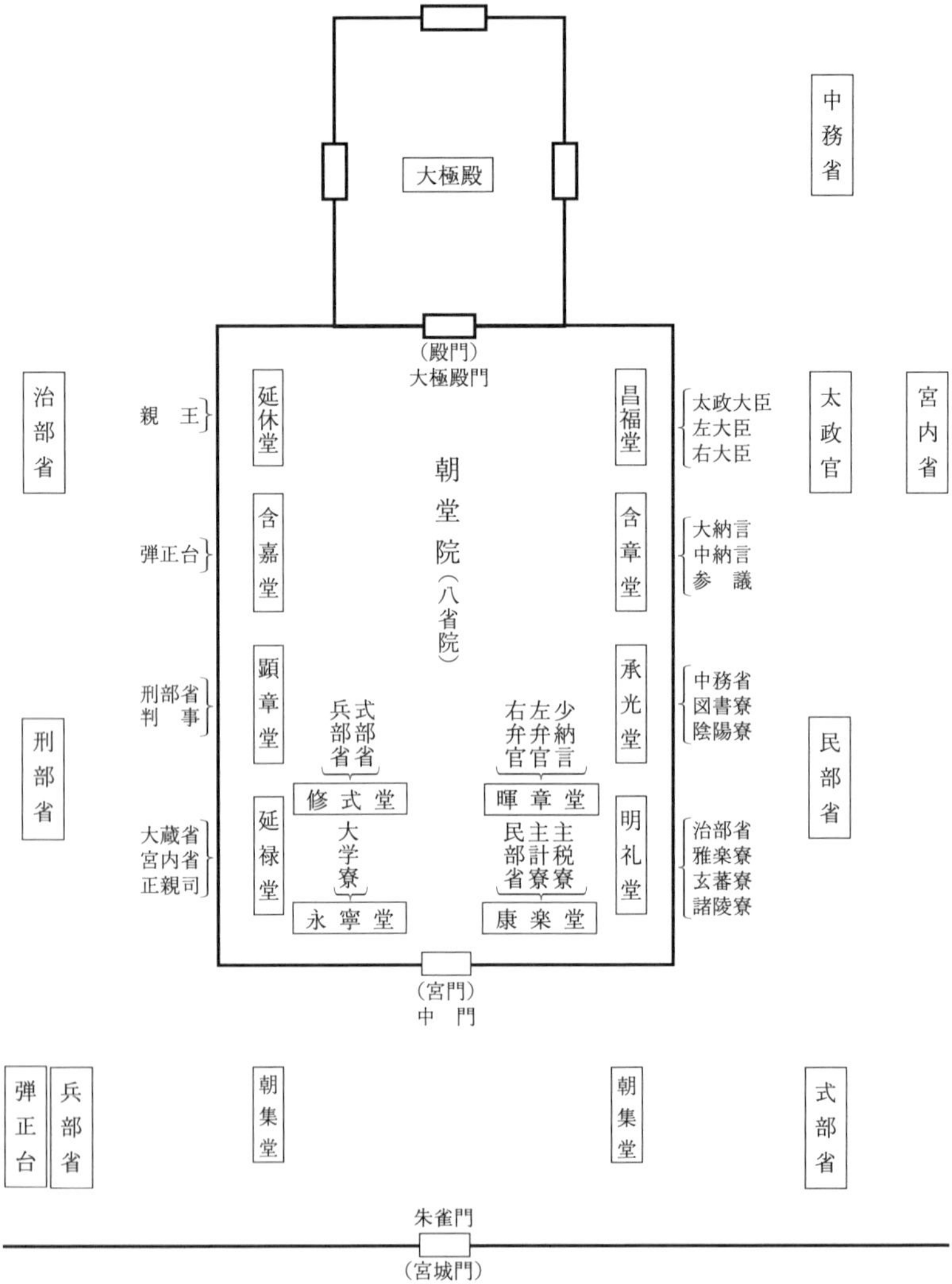

図5 岸俊男氏による朝堂院概念図(『日本古代宮都の研究』岩波書店，1988年)

法理論としては、令釈の説明が優れているように思われる一方、穴記以下の諸説も実際の運営状況を垣間見せてくれる興味深い内容と思われる。これらからは、

①平安宮では、朝堂は宮門内（朝堂院南門が宮門）として運用されていた

②令文の意図としては、朝堂院は宮門内とは限定していない

という二点が浮かび上がってくる。

すなわち、①の点からは、実態運用面では朝堂院南門が宮門であり、藤原宮・平城宮東区・長岡宮では、大極殿院南門は閤門と考えられるから、宮城門―宮門―閤門がきれいに一直線に並んでいることになる。一方、典型的な閤門であると思われる内裏の門がこの中に含まれないことになり、また内裏の門と大極殿の門の関係が判然としなくなる。

一方②の点に着目して、実際の運用を考えずに、閤門―宮門―宮城門という関係から空間構成を想定してみよう。門は、その門内の空間を伴う。宮衛令2応入禁中条でも、「禁中」という用語もあり、門は空間の出入り口であり、門の格式・性格は空間の格式・性格と対応する。つまり、閤門・宮門・宮城門はそれぞれ閤門内・宮門内・宮城門内という区画・空間を伴うはずである。これらを考慮に入れると、三つの空間が串団子のように並ぶ（城郭でいえば連郭式）か、三つの空間が三重の同心円を構成する（城郭でいえば輪郭式）のどちらかの構造を想定するのがシンプルであろう（図6）。そして、平城宮の復原図に、これらの三重構造を探すと、内裏内郭―内裏外郭―宮大垣（外郭）という三重の構造を見いだすことができる。

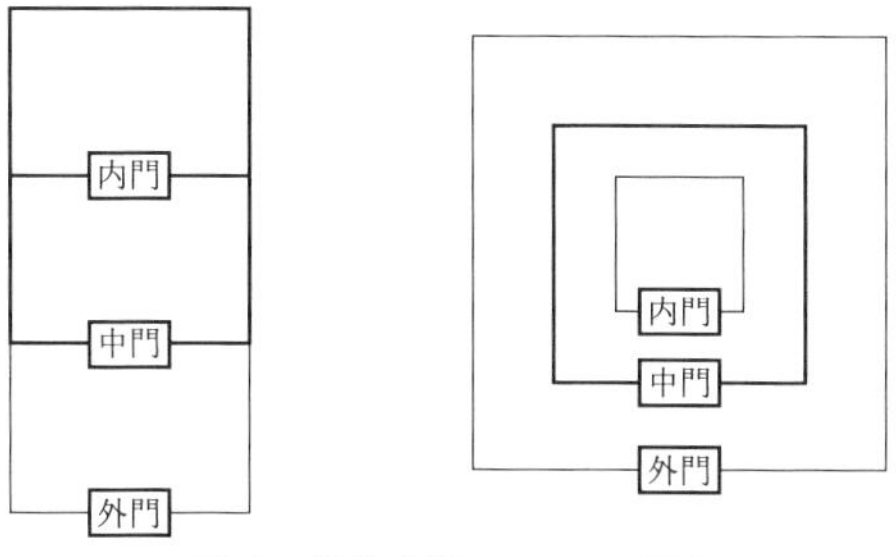

図6　宮内空間のイメージ図

この三重構造が、閤門―宮門―宮城門に対応すると考えた場合、内裏内郭が閤門内に相当し、内裏外郭が宮門内に該当すると想定される。内裏内郭内は、まさに天皇の空間である。内裏外郭内には、宮内省やその被官といった内庭官司が配置されていたと考えられている。[17]こうしたことから、内裏内郭が閤門内に相当する、というのは理解しやすいのではないかと思われる。

また、平城宮のような内裏外郭は、藤原宮では存在が想定されている一方、後期長岡宮以降には消滅してしまう。もし、内裏外郭が宮門内に相当すると考えた場合は、後期長岡宮以降の宮殿を前提にすると議論がほぼ成り立ち得ないと想像される。本来該当する区画が消滅しているのだから、令文と解釈がかみ合わないのである。これは、上述の宮門と朝堂をめぐる集解諸説の混乱とよく符合するように感じられる。

ではなぜ、第二次大極殿院南門が閤門、東区朝堂院南門が宮門というように、一段階ずつ外に押し出されるような様相を呈しているのであろうか。私見が妥当であれば、内裏内郭＝閤門内―内裏外郭＝宮門内が原則でありつつ、特例的に大極殿院が閤門内、朝堂院が宮門内として扱われた、ということになる。この特例が生じた理由の検討を通じて、大極殿や朝堂の性格や特性や古代の「宮」の特性、平城宮と平安宮の変化の意味等に迫ることができるのではないかと考えられる。

2　「宮」の空間

まず、三重構造の原則を整理してみよう。

古代都城の宮は三重構造を有しており、そのうち出入りが厳しいのは内側の二重構造である。[18]内側の二重構造内は中核に天皇の居住空間があり、その外側に天皇を支える内廷官司が展開する。天皇にとっては、この内側の二重目までの区画こそが最もその拠点となる空間と評価することができ、その外側は国家機構が配置された空間である。

さて、二重の区画の内側に居住空間、外側が内廷官司という空間構成とよく似た構造を持つ空間がある。奈良時代前期の平城京左京三条二坊一・二・七・八坪、長屋王邸である[19]。長屋王邸でも、長屋王一家の居住空間とみられる内郭の外側に、家政機関が配され、邸宅空間が構成されている。内郭＝主人一家の居住空間、内郭の外側に家政機関という構造は、内裏内郭と内裏外郭のそれと極めて類似する。

しかも、長屋王邸の占める四町という広がりは、内裏外郭とほぼ合致する。内裏外郭がやや広いが、それはほぼ大極殿院分に該当する。さらに四町分という広がりでみると、平城宮東院地区も、南端の庭園地区を除外した宮殿地区の広さは、ほぼ同規模である。東院は、皇太子の東宮であったり、宮内離宮であったりと、平城宮時代を通じてその性格に変化があるが、基本的には一つの「宮」であったと考えられる。近年、発掘調査の進展によってようやく内部空間の構造の一端が見えてきているものの、まだまだ未知の点も多い。ただ、現在明らかになった内容においてみるならば、東院も内部に内郭を有していたらしい[20]。

つまり、内裏外郭＋内裏内郭で構成される平城宮内裏は、皇子宮をはじめとする「宮」の典型的形態と捉えられると考える[21]。同様の規模・構造を有する、藤原宮内裏も同様である。前代からの「宮」をそのまま都城の「宮」の中に吸収し、配置しなおしたのが、藤原宮・平城宮の内裏と評価できると考える。中国的都城としての先進的な宮殿の中に、伝統的な空間構成を持ち込んで配置しているのであり、これこそが藤原宮や平城宮の歴史的状況であった。こうした性格を維持していたからこそ、歴代遷宮の伝統を引き継いだような代替わりごとの建て替えも行われた。してみれば、その門＝内裏外郭門が「宮門」とされたことも、その外がわに新規に設定された中国式の「宮城」の門を「宮城門」と称したことも、まことに宜なるかな、と思われる。

長屋王の家政機関について、「ミニ律令官司」というような評価がなされることがあるが、むしろ内廷官司との類似性を見いだすべきだと考える。歴史的には、おそらく、皇子クラスの皇族の「宮」の空間構造が、彼らが居住する内郭と、それを支える外郭の二重の空間で構成されていたことが内裏内郭と外郭という構造に引き継がれ、また各皇子宮が有していた家政機関が整理・発展したものこそが律令に規定された内廷官司なのであろうと想定する。

こうしたありかたが解消し、天皇の「宮」と国家機構との融合が空間構成上に確認できるのは、内裏外郭が事実上消滅した後期長岡宮や平安宮だ、と評価することができる。

また、「宮」の構造を持ち天皇や皇族が居する空間は、内裏だけではなかった。平城宮内にも、少なくとも内裏以外に東院という宮が存在していた。閤門や宮門として扱われるべき門は、藤原・平城宮内中心に位置する内裏以外の宮殿にも存在することが当然であったため、日本令では固有の門号と門の格付けを固定する規定を作らなかったと考えられる。

以上の見通しからすれば、内裏と他の「宮」との最大の相違点は、大極殿と朝堂院を伴っている点にある。この二つは、通常の皇族や皇子には不要の施設であり、国家統治者たる天皇なればこそ必要な空間である。したがって、天皇のための特例的施設が設置されれば、それに応じた特例があるのも当然ではあり、藤原宮や平城宮第二次大極殿院南門が閤門、朝堂院南門が宮門とされたことにも一定の理解をすることができよう。

大極殿は、かつては朝堂院の正殿であることが自明視されてきたが、近年ではその成立過程の検討から、内裏正殿が発展し、国家統治者としての天皇の占有空間として独立した院を構成するものという理解が強まっている(22)。つまり、藤原宮や平城宮第二次大極殿・大極殿院は内裏から張り出して、臣下、あるいはその統治する世界に相対するための天皇占有空間ということができ、その門が閤門とされることは妥当であろう。一方、朝堂院はどうであろうか。

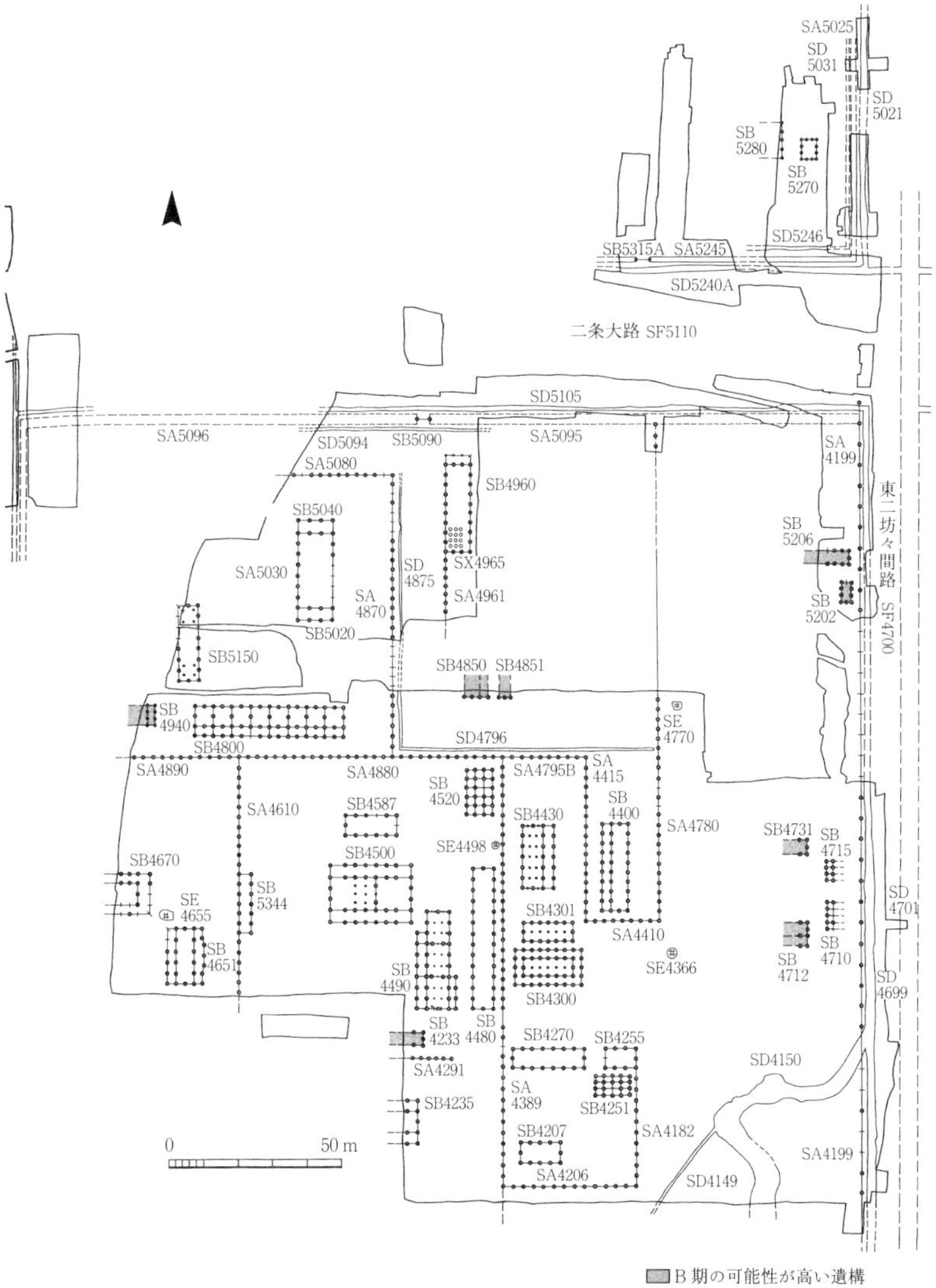

図７　長屋王邸図（奈良国立文化財研究所編『平城京左京二条二坊・三条二坊発掘調査報告―長屋王邸・藤原麻呂の調査―』奈良県教育委員会，1995 年）

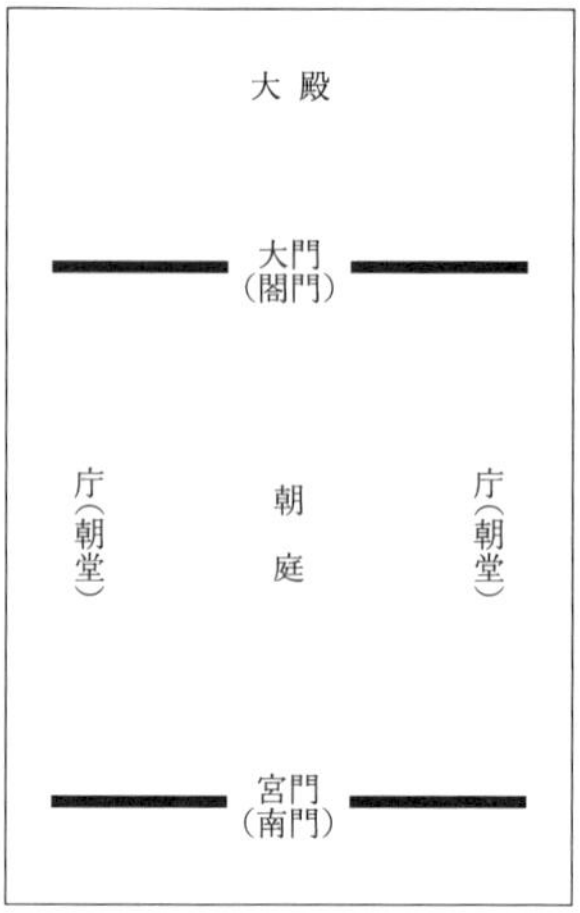

図8 小墾田宮の構造

朝堂院は朝参・朝政と朝議の場であり、(23)また五位以上官人の伺候空間であった。(24)奈良時代には「太政官院」と称されており、(25)国政の中枢機関たる太政官の拠点でもあった。岸俊男氏は、『日本書紀』の記載から小墾田宮の構造を復原し、そこに朝堂院の原型を見いだした。(26)それによれば、南門―庭中・庁―大門＝閤門―（庭中）―大殿、という空間構成である（図8）。

この空間構成が大門内と南門内の二重構造である点と、内側が大殿＝天皇の居所の存在する空間である点は、これまでみた「宮」の構造と似ている。一方、二重構造のうちの外側の空間に、「庁」が存在している点は、「宮」の構造とは異なっている。「庁」が後の朝堂の系譜に連なるとすると、小墾田宮では「宮」の中に朝堂が取り込まれているとみることができよう。逆に言えば、小墾田宮段階では「宮」の中に取り込まれていた朝堂が、藤原宮や平城宮では「宮」から南に出て、独立した空間を構成するようになったと評価できるであろう。

さて、岸氏が小墾田宮復原に用いた史料で、特に注目したいものがある。

史料5 『日本書紀』推古十八年（六一〇）十月丁酉条

客等拝㆓朝庭㆒。於㆑是、命㆓秦造河勝・土部連菟㆒、為㆓新羅導者㆒。以㆓間人連塩蓋・阿閉臣大籠㆒、為㆓任那導者㆒。共引以自㆓南門㆒入、立㆓于庭中㆒。時大伴咋連・蘇我豊浦蝦夷臣・坂本糠手臣・阿倍鳥子臣、共自㆑位起之、進伏㆓于庭㆒。於㆑是、両国客等各再拝、以奏㆓使旨㆒。乃四大夫、起進啓㆓於大臣㆒。時大臣自㆑位起、立㆓庁前㆒而聴焉。既而賜㆑禄㆓諸客㆒。各有㆑差。

秦造河勝等が新羅・任那の使者を先導し、「南門」から入って「庭中」に立つ。大伴咋連ら四人が立ち上がり、「庭」に進んで伏す。新羅・任那使が使者の口上を述べ、四人の「大夫」は立ち上がって大臣の前へと進む。大臣は「位」から立ち、「庁」の前で聴く。

大臣が立ったのは「庁前」とだけ記されるので、「庁」は一棟もしくはせいぜい二棟程度であったと想定される。(27) また、この「庁」が大臣の行動と深い関係にあることを踏まえると、小墾田宮の「庁」は藤原・平城京でいえば東第一堂に該当する建物と考えることができよう。つまり、第二堂以下の建物は未成立であった可能性が高い。

この点は、朝政の場として朝堂院を捉えた際、非常に興味深い。『延喜式』『儀式』から復原される朝政は、まず諸司が朝座に着き、庶政を行い(常政)、適宜弁官に報告(申政)・決裁を得る。その間に、大臣以下の議政官が着座し、さらに大納言以下が第二堂から第一堂に移動して官司からの申政(三省申政)や弁官からの申政(弁官申政)が行われ、大臣の決裁を受ける。つまり、八省と弁官による政務処理と、大臣以下議政官への報告・決裁という二段階に分かれている。(28) 空間的にも前者が第四堂より南の空間で行われ、後者が東第一堂およびその前面で行われるというように、朝堂院の南北の中心を境に二分されており、さらに、後者はほぼ東第一堂に収斂しているのである。

小墾田宮の「庁」が第一堂に該当する建物のみであったとすると、朝政のうち後半の議政官による決裁の場だけが存在していた、とみることができるだろう。そう考えると小墾田宮の「朝堂院」は、大臣・大夫＝後の議政官のための空間であった。(29) 一方、第四堂以下の建物に相当する空間が存在していなかったことから考えれば、諸司常政に該当する政務は、小墾田宮内の南門の内側では行われていなかった、ということになる。

奈良時代の宣命にも引き継がれるように、皇子・諸王と、大臣・大夫(＝マヘツキミ)層と、百寮(＝モモツカサヒト)には身分的・階層的な差が存在していた。(30) 小墾田宮では、大臣・大夫の空間は内包していた一方、百寮の空間は宮の外に存在していた。藤原・平城宮朝堂院では、東一・二堂が大臣・大夫の空間、西第一堂が皇子・親王の空間、四〜十二堂は各官司の庁＝百寮の空間である(31)

こうした観点で、小墾田宮と藤原・平城宮の「宮」と朝堂院を対比すると以下のように整理できる。小墾田宮で「宮」の中に存在していた大臣・大夫の空間は「宮」から外に出た。そして、「宮」の外に――どのような形態で存在していたのかは不明であるが――に展開していた百寮の空間を組み込んで、藤原・平城宮の朝堂院が成立した。

これは、官司機構の充実と政務運営体制の確立によるものと考えられるが、同時に大臣・大夫層が「宮」から排除され、空間としては百寮と連続する空間に再編成されているとみることもできるだろう。天皇の排他的空間である大極殿が内裏から発展して「宮」の南面に一院を為すようになった一方、大臣が「宮」から押し出されて百寮と連続する空間に着座するようになったという、二つの変化は、天皇と大臣・大夫層との関係の変化を示しているようにも思われる。すなわち、権威・権力の天皇への明瞭な集中と絶対化、大臣・大夫層の官僚・官人化、臣下身分内での階層の一元化（位階秩序への包摂）などである(32)。天皇の権威・権力を屹立させる一方、大王と近接して権力の中枢を構成していた大臣および親王を、「臣下」として明瞭に位置づけ、臣下としては伴造さらには国造とも連続する身分秩序に位置づけるという、天皇をただ一つの頂点とした新たな君臣秩序の確立を空間的に目指したものとみることができるだろう(33)。

こうした経緯から、朝堂の門が、宮門とされたと考えたい(34)。

おわりに

最後に、朝集殿について付言しておきたい。岸氏は、朝集殿を朝参の際に集合する＝「朝（参）に（参）集」するための建物と理解した(35)。その可能性を否定しきることは難しいが、これまで見てきた朝堂院のありかたから考えた際、朝堂院空間に包摂されていない集団のための空間とみることもできるのではないかと考える。具体的には国造がこれに該当すると考える。律令制下では国造の末裔たる郡司たちのみならず、朝集という語から想定すれば、国司も含めて「外官」のための空間と考えておきたい(36)。

以上、近年の発掘調査の成果も取り入れつつ、門の格付けを軸に、宮中枢部の変遷とその意義について、考察をめぐらせてみた。想定や推定を重ねる部分がかなり大きくなってしまったが、官人制・官司制の確立過程とも重なる見通しを得ることができたと思う。

註

（1） 平城宮の発掘調査成果は、『平城宮発掘調査報告』（～ＸⅦ）のほか、奈良文化財研究所編『図説　平城京事典』（柊風舎、二〇一〇）に既往の発掘成果の多くがまとめられている。この他、近年の平城宮の発掘調査成果は各年度の『奈良文化財研究所紀要』に概報が報告されている。

（2） 都城と国家形成の全体を俯瞰した研究の嚆矢として、岸俊男氏の研究がある（『日本古代宮都の研究』岩波書店、一九八八等）ほか、枚挙にいとまがない。ごく代表的な書籍として、狩野久『日本古代の国家と都城』（東京大学出版会、一九九〇）・今泉隆雄『古代宮都の研究』（吉川弘文館、一九九三）・橋本義則『平安宮成立史の研究』（塙書房、一九九五）・佐藤信『日本古代の宮都と木簡』（吉川弘文館、一九九七）・寺崎保広『古代日本の都城と木簡』（吉川弘文館、二〇〇六）、山中章『日本古代都城の研究』（柏書房、一九九七）・積山洋『古代の都城と東アジア』（清文堂出版、二〇一三）、小澤毅『日本古代宮都構造の研究』（青木書店、二〇〇三）・吉田歓『日中宮城の比較研究』（吉川弘文館、二〇〇二）・志村佳名子『日本古代の王宮構造と政務・儀礼』（塙書房、二〇一五）など。

（3）岸俊男「朝堂の初歩的考察」（一九七五）、「都城と律令国家」（一九七五）いずれも註(2)書所収。

（4）『唐令拾遺』は開元七年令の宮衛令の第一条を、

諸明徳等門為二京城門一、朱雀等門為二皇城門一、承天等門為二宮城門一、嘉徳等門為二宮門一、太極等門為二殿門一、通内等門並同二上閤門一。東都諸門准レ此。

と復原する。すなわち、唐令ではまず最初に、具体的な門号を掲げて門の格付けを定義する。

（5）当該の大宝令文の復原には幾つかの説が呈示されている。令文の復原そのものは、本稿の直接的な目的ではないので、検討は行わない。また、大宝令では宮衛令が軍防令の中に取り込まれていたと考えられているが、この点も本稿での考察とは直接抵触しないため扱わない。なお、理門条等の条文で、義解・釈も内門・中門・外門という呼称を用いている。

（6）衛士府が門籍の管理に関わらないことは、職員令の規定でも、衛門・兵衛両府には門の出入りを管理する規定があるのにたいし、衛士府にはないこととも合致する。

（7）令釈の「除當朝堂之大極殿門以外」について、国史大系本は「除レ當二朝堂之大極殿門一以外」と返り点を付すが、「之」字の位置づけがわかりにくい。「除下當二朝堂之大極殿一門上以外」と返して、朝堂院の門のうち大極殿と接する門、すなわち大極殿院南門のことを指すという見方もできるのではないかとも思うが、古記や義解との連続性を考慮して通説的理解に随う。また、義解と比較すると、「以外内諸門」は「以外内外諸門」の可能性もあろう。

（8）坊令は、四坊を管轄する。四坊はちょうど、平城京以降の都城では左右京それぞれの坊数に対応する（平城京の場合は東への張り出し部分を除く）。そのため、各条の一～四坊が坊令の管轄範囲となった。その結果、条単位を統轄することになったため、呼称も条令（左（右）京○条令など）と変化した。

（9）衛禁律行宮諸門条。律は注釈も含めて『訳注日本律令』によった。

（10）横田拓実・鬼頭清明氏は、「殿門は宮衛令奉勅夜開門条所引古記の引用する八十一例からみて、この三門に含まれず、大極殿門と称されたらしい」と指摘する（「文献にみえる宮城門・下垣」『平城宮発掘調査報告Ⅳ』奈良国立文化財研究所、一九七八）。

（11）図1参照。なお、藤原宮の大極殿院南門は規模も大きく、宮内の中心に位置しており、重要な門と認識されていたと考えられる。発掘調査では、地鎮具も発見されている。

（12）『続日本紀』で大極殿院の門とみられる事例は表の通り。

(13) 第一次大極殿院内に官人が列立したことを、直接的かつ確実に示す資料は見当たらないが、霊亀元年の元日朝賀での使い方等から大極殿院内に官人たちが列立したと考えられている。なお、大極殿院内に入った官人が、五位以上のみとする見解もある。大極殿院内・院外・宮外がグラデーションのように官人秩序に応じて使い分けられているという見通しである。

(14) 唐の宮城・皇城ほど明瞭ではないにせよ、中軸が意識されて南北で官司の配置や空間の違いがあった可能性は存在すると思われるが、「内廷官司」という視点で見るとむしろ後述のように内裏外郭に注目すべきであり、日本の都城の特性を見いだすことができると考えている。

(15) これらの問題を整理した近年の成果としては、吉田歓『古代の都はどうつくられたか』(吉川弘文館、二〇一一)がある。なお、同書で吉田氏は、私見と類似する空間分類を行っているが、関心・視点の違いが多い。

(16) 朝堂成立をめぐる研究史は、志村氏註(2)書に整理されている。

(17) 奈良国立文化財研究所『平城宮発掘調査報告Ⅶ』(奈良国立文化財研究所、一九七六)。

(18) 前掲史料1にもあるように、宮門以内で門籍が必要となり、出入の管理が格段に厳しくなる。

(19) 奈良国立文化財研究所『平城京左京二条二坊・三条二坊発掘調査報告』(奈良国立文化財研究所、一九九五)。なお、内裏外郭―内裏内郭の二重性と長屋王邸の二重性を指摘した研究として、山中章「都城内離宮の配置」(『日本古代都城の研究』柏書房、一九九七。初出一九九二)がある。

(20) 「東院地区の調査―第五〇三次」(『奈良文化財研究所紀要二〇一四』奈良文化財研究所、二〇一四)。なお、東院地区の調査は継続中である。

(21) なお、四町占地以下の規模の貴族邸宅でも、二つの区画に分かれる様相が見いだされる事例がある。一定規模以上の貴族邸宅であれば、居住空間とそれを支える空間という二つの空間から構成されることが通例であったのだろう。

(22) 吉田氏註(15)書等参照。

(23) 岸氏註(3)論文。

(24) 吉川真司「王宮と官人社会」(『列島の古代史3 社会集団と政治組織』岩波書店、二〇〇五)。

(25) 朝堂院の性格については飯田剛彦「「太政官院」について」(笹山晴生編『日本律令制の構造』吉川弘文館、二〇〇三)等を参照。

(26) 岸氏註(3)論文。

(27) 岸氏は、一棟もしくは数棟としている。せいぜい一〇人程度である。
(28) 以上は今泉氏註(2)書による。
(29) 史料上確実に登場する人数は、せいぜい一〇人程度である。
(30) 八木充「律令官人制論」(『岩波講座　日本通史4古代3』岩波書店、一九九四)。
(31) 第四堂以下に座を持つ八省卿は五位であり、トモを統率する大夫層と見られる。だが、「通貴」たる「五位以上」と「貴」たる三位以上を中心とする「議政官」の間には、違いが存在したとみるべきではないだろうか。例えば、朝賀の際の列立は、議政官はその官職によって列立し、議政官ではない四位以下は位階によって列立する(今泉氏註(2)書)。議政官は位階で示される秩序を超越しているかのようである。議政官、ことに大臣が、官僚制的な秩序を超越する世界を形成していた様子は、冠位十二階制定時に蘇我氏はその上位に位置していたことや、大化の冠を大臣は拒否した事例などを挙げることができるだろう。一方、四位以下、特に五位以下は完全に位階の秩序によって並んでいるのである。
(32) そしてこれらが完全に達成しなかったからこそ、後代まで影響が残ると思われる。
(33) 時に、朝堂は朝政朝議の場でもあった。マヘツキミ層とモモツカサヒト層を別の階層として捉える観点から律令官司機構をみると、議政官のみならず、百官人との連絡を担う部局まで取り込み、各官司と連続的に接続して政務を取り仕切る太政官の成立は、極めて画期的なことであったと思われる。モモツカサヒトの事務と、それをマヘツキミ層に取り次ぎ、議定・決済が行われるという「朝議」が、同一空間で連続的に行われた朝堂院空間は、こうした特徴を持つ太政官の空間として相応しい。こうした意味で、朝堂院はまさしく「太政官の院」だったのである。
　一方、朝参の場として考えると、大隅清陽氏の「律令制における官人の朝参は、マヘツキミによる朝廷への出仕を、冠位制を媒介として全官人に拡大したもの」(「律令官人制と君臣関係」『律令官制と礼秩序の研究』吉川弘文館、二〇一一。初出一九九六)という指摘が注目される。朝参の励行も、マヘツキミ層とモモツカサヒト層を「臣下」として同一次元で扱おうとする動きの一環であったと考えると、列立空間としての広大な朝堂院内庭部の成立は大きな意義を持つ。
(34) 蛇足であるが、以上の仮定が正しければ、小墾田宮の記事は朝堂院の第一堂付近で行われていた政務と比較できる可能性が生じる。使節を連れてきた「導者」は、動きとしては弁官のそれと似ている。使節の音声言語による「旨」を受け取り、大臣に報告している四大夫の動きは、導者や使節の「言」を受け止めて――「納」めて――いるかのように見える。納言という呼称の由来の一つにこの辺りの働き——百寮等から大夫層への報告を受け止める役割——があったのではないかと感じ、さらに「弁官」の呼称も、百寮を統轄する立場で大夫層を代表する「納言」に対して、名称が固まった可能性はないだろうか、と感じているが、いかがであろうか。

(35) 岸氏註(3)論文。

(36) 吉川真司氏の口頭でのご教示による。

Ⅲ　地方支配と社会

ヤツコと奴婢の間

榎本淳一

はじめに

本稿は、大化前代の「奴婢」と表記（「奴」「婢」という表記も含む）された人びとの実態を再検討するものである。即ち、律令制の下、賤民身分に編成された人びとが、それ以前はどのような人びとであったかについて、通説を批判的に検討し、その実像を捉え直そうとするものである。

これまで、「奴婢」という用語の存在に基づき、大化前代から奴隷が存在していたということが通説になっている(1)が、大化前代の「奴婢」と表記された人びとが本当に奴隷であったかについては、実は実証的に確認されたことではない。本来、「奴婢」は漢語であり、中国では確かに奴隷の意味であったことは事実だが(2)、異なる国や時代で使用された場合にも常に同じ意味であったという保証はどこにもない。むしろ、同じ用語であっても、国・地域や時代・状況などが異なれば、異なる意味で使用されるケースも稀ではない。しかしながら、これまでの研究では、「奴婢＝奴隷」ということがほとんど疑われることなく、自明のこととされてきたように思われる(3)。本稿では、こうした研究上の「常識」を問い直してみたいと思う。

「奴婢」の和訓は「ヤツコ（夜都古・夜豆古）」であったことから、[4]「ヤツコ」と呼ばれた人びとに「奴婢」という漢語を当てたと考えられるわけだが、「ヤツコ」という実態と「奴婢」という漢語表現との間には、いかほどのズレがあったのか、またはなかったのか。この問題を考えるためには、「奴婢」表記が日本側でなされたケースと、中国人によってなされたケースの二通りあることに注意する必要がある。大化前代の基礎史料として記紀と中国正史があり、その双方に「奴婢」表記が見られるが、日本史料と中国史料とでは「奴婢」と表記した事情・背景に違いがあると考えられるからである。この点に配慮し、日本史料と中国史料は区別して検討することにしたい。

一　「ヤツコ」の語義

大化前代の「ヤツコ」とはどのような存在であったのかを考えるにあたって、倭語の「ヤツコ」の意味について確認しておきたいと思う。この問題については、江戸時代以来、多くの学者によって言及されてきているが、その語源・原義が「家（屋）之子」であったであろうことは、現在ほぼ認められていると思われる。[5]後の時代の、家子（イヘノコ）、家人、家来、家臣といった、「家」が冠された家僕・従者・臣下などを意味する用語に連なるものと考えられる。[6]
「ヤツコ」の意味だが、漢字表記は「奴」に限らないが、和訓の用例から考えることが可能である。比較的多く見られる用例は、「君」（キミ）に対する「臣」に「ヤツコ」という訓が付されているものである。即ち、「ヤツコ」には臣下の意味があるということである。本居宣長は、伴造と国造の「造」は同じ意味で、「御臣（ミヤツコ）」のこととする。[7]宣長は、傍証として奈良時代の称徳天皇の詔（宣命）において、官人らを「朝廷乃御奴」、「内都奴」と表現していることを挙げている（『続日本紀』天平神護元年〈七六五〉八月庚申朔条、神護景雲三年〈七六九〉五月丙申条）。中田薫は、「造」の語原は「ツコ」であり、その意味は「宮公」とするが、[8]宣長が「御奴」という用例を挙げているように「ヤツコ」が語原であり、「ミ」は尊敬を意味する接頭語であることは間違いないであろう。伴造（トモノミヤツコ）・国造（クニノミヤツコ）の「ヤツコ」に、臣の意味があるとする宣長説は正しいと考える。[9]

君臣などの用例から見て、「キミ」と「ヤツコ」が相対する語であることは確かであるが、「キミ」には君主・主人・貴人・目上の人など様々な意味があることから、[10]それに応じて「ヤツコ」の意味も変化したものと考えられる。即ち、君主に対して臣下、主人に対して従者、貴人に対して賤人（シヅヒト）、目上に対して目下、というように、指す対象や使われた場面によって意味が異なったものと考えられる。なお、「主（ヌシ）」「尊（ミコト）」と「奴（ヤツコ）」を対称させる用法も存在した。正倉院文書中の書状に宛先を「主」「尊」として敬い、差し出し者が「奴」という謙譲の自称を用いているものが見られる。[11]上述の「キミ」と「ヤツコ」の対称性と併せ考えるならば、「ヤツコ」には相対的に下位の立場の者を指し示す意味・用法があったと言えるだろう。

相手（第三者の場合もある）を見下したり、または親しみをこめて呼ぶ際に「ヤツコ（奴）」という呼びかけ（代名詞的用法）がされたことも知られるが（次節に挙げるように記紀にも散見する）、そのような呼びかけがなされること自体、「ヤツコ」は本来特定の人びと、固定的な社会階層の人びとを指す言葉ではなかったことを示している。それ故、「ヤツコ」と称された人びとを特定するためには、「クニノミ（ヤツコ）」、「トモノミ（ヤツコ）」、「ウヂ（ヤツコ）」など修飾語を付したのであろう。なお、使用された場面・文脈によって、修飾語による限定を必要としなかったことも多かったと思われる。義江明子氏は、「ヤッコとは本来、氏《ウヂ》の結集・支配の拠りどころとしての機能をもって諸処に存在した

「宅」の周辺に居住してそこでの仕事に従事した人間のことであり、そこから氏《ウヂ》構成員の上層部分の身近な従者的な性格をもおびるに至り、さらにはその譜第隷属の積み重ねの中から次第に下層身分の称として定着していったものと考えられる(12)」と述べられているが、「ヤツコ」と呼称された人びとの存在形態としてもっとも一般的なものが王族・豪族の農業経営拠点であった宅(ヤケ)周辺に居住して王族・豪族に従属する人びとであったことから、「ヤツコ」に修飾語を冠さなくてもそれらの人びとを指す用法が生まれたのではないだろうか。

以上要するに、「ヤツコ」とは相対的に下位の立場の者を指す言葉で、使用された場面・文脈に応じて、臣下や従者・家僕などを指したり、自分・相手・第三者を指す代名詞としても使用される幅広い用法を持った。従って、奴隷など特定の社会階層の人びとを限定的に意味する言葉ではなかったと考えられる。

二　記紀に見える「奴婢」

1　『古事記』に見える「奴婢」

大化前代の基本史料は『古事記』と『日本書紀』であるが、まず、『古事記』に見える「奴婢」記事を見てゆきたい(13)。関連記事をまとめたのが、表1である。「奴」ないし「婢」という用語が見られる記事を取り上げているが、単に表音文字として用いられている「奴」字のケースは除外してある。

表1に示したように、『古事記』には「奴婢」記載が七箇所に見られる。しかし、そのうちの六箇所は自称ないし二人称・三人称の代名詞的な用法である。残る一箇所は、火遠理命(山幸彦)が海神の宮を訪問した場面に見られる

表1　『古事記』の「奴婢」記事

No.	記事の段名	「奴婢」記載	用　　法
1	大国主神	奴	須佐之男命の大国主への呼びかけ（二人称代名詞）
2	火遠理命	従婢，婢	豊玉毘売の侍女
3	神武天皇	賤奴	五瀬命が敵の登美毘古を蔑称したもの（三人称代名詞）
4	仁徳天皇	奴	大后石之日売の山部大楯への呼びかけ（二人称代名詞）
5	安康天皇	賤奴	都夫良意富（葛城円大臣）の自称謙語
6	雄略天皇	奴	雄略が志幾大県主を称したもの（三人称代名詞），志幾大県主の自称謙語
7	清寧天皇	奴	袁祁命（顕宗天皇）の自称謙語

「婢」である。海神の娘である豊玉毘売の「従婢」（単に「婢」とも記されている）として記されているものだが、この箇所の「従婢」「婢」には共に「マカダチ」という訓が付されているように、侍女・従女の意味とみてよく、奴隷を指す用法ではない。

以上によって、『古事記』には「奴婢」（「奴」「婢」も含む）という文字・用語が奴隷の意味で使用された用例がないことを確認できたと思う。

2　『日本書紀』に見える大化前代の「奴婢」

『日本書紀』（以下では、「書紀」と略称する）における大化前代の「奴婢」記載は十箇所だが、大化年間の「奴婢」記事も大化前代の「ヤツコ」の実態を窺わせる内容を持っていることから併せて検討することにしたい(14)。関連史料をまとめたのが、表2である。記事は、その史料的な性格から五種類に区別できる。神話記事、潤色記事、外国記事、事件記事、詔文記事の五つである。神話記事と潤色記事は、歴史的な事実を記したと思われないものである(15)。外国記事は、外国の奴婢について記すものであり、日本（倭）の「奴婢」を知る手がかりとはなり得ないものである。残る事件記事と詔文記事から、大化前代の「奴婢」と表記された人びとの実態について考えることになる。事件記事は歴史的な事件について記述したもので、大化前代の「奴婢」について四件の記載がある。なお、事件記事であっても、

表２『日本書紀』における大化前代の「奴婢」記事

No.	記事の年紀	「奴婢」記載	記事の種類	備考
1	神代下・海宮遊幸	奴僕	神話記事	奴僕と俳人，狗人，隼人が同列
2	神代下・海宮遊幸	奴婢	神話記事	「ツカヒビト」の訓
3	武烈８年３月	官婢	潤色記事	官奴婢制度の存在しない時代の虚構
4	欽明４年９月	奴	外国の奴婢記事	百済から奴献上
5	欽明 11 年４月	高麗奴，奴	外国の奴婢記事	百済から奴献上
6	欽明 15 年 12 月	奴，賤奴	外国の奴婢記事	聖明王を斬首した新羅の奴
7	欽明 23 年６月是月	神奴	事件記事	贖罪のため神奴となる
8	敏達 12 年	駆使奴	事件記事	徳率ら下僚が奴と呼称される
9	崇峻即位前紀	奴軍，奴	事件記事	資人捕鳥部万も奴軍か
10	皇極２年 11 月丙子	奴	事件記事	舎人と奴三成は同等か
(1)	大化元年８月庚子	婢，奴，奴婢	詔文記事	男女の法
(2)	大化元年８月癸卯	奴婢	詔文記事	寺院の奴婢
(3)	大化２年３月辛巳	奴	詔文記事	奴に関する訴えを裁く
(4)	大化２年３月甲申	奴婢	詔文記事	主人を換える奴婢
(5)	大化３年４月壬子	奴婢	詔文記事	奴婢に姓をつけたか

伝承的な要素や後世の表記が含まれていて、事実そのものとは思われないものもあるが、全くの虚構ではなく、検討に値するものと考える。詔文記事は詔の内容を記した記事で、五件全て大化年間の新政に関わって出されたもので、「奴婢」に対する新たな対処が示されており、大化前代の「奴婢」の実態を知る手がかりとなるものである。

神話記事の二つは歴史事実の記述ではないが、書紀編纂時の「奴婢」認識を示すものとして参考になるので、少し触れておきたい。神話記事はどちらも彦火火出見尊（火折尊）に関わるもので、一つは兄火闌降命（火酢芹命）が降参する際に、その命乞いの条件として「奴僕（ヤツコ）」になることを申し出たというものである。この条件は後に「俳人（ワザヒト）」に代えられ、結果としてその子孫が隼人として代々天皇に仕えるという話になっている。即ち、「奴僕」、「俳人」、「隼人」がほぼ同格なものとして挙げられているのであり、ここでの「奴僕」は貴人（天皇）に仕える従者程度の意味であることが推知される。もう一つは、海神の娘豊玉姫が出産の際の約束を破った夫の彦火火出見尊に対して述べた恨み言に見えるもので、今後は互いの「奴婢」を相手のもとに送っても、送り返さない、という絶交文言中のものである。ここでの「奴婢」には「ツカヒビト」という訓が付せられているように、使人や従者といった意味であると考えられる。この二つの神話記事から、書紀編纂にあたった人びとは「奴婢＝奴隷」という認識に縛られていなかったことが分かるであろう。

以下、事件記事について、表2に挙げた順番に、検討することにしたい。

没収後の地位・身分	備　　考
俳優之民・奴僕・俳人・狗人	『古事記』では昼夜の守護人
従者	
飼部	これとは別に人質を送る
？	
采女	
屯倉の役民（田部？）	
皇后	『古事記』安康段にも見える
養鳥人	
鳥養部	
山部	
陵戸	
钁丁（田部）	
采女丁	
神奴	

7の欽明天皇二十三年の記事は、贖罪のために子どもを「神奴」とするというものである。この「神奴」がどのような存在かは、この史料だけでは即断は難しいが、贖罪のため人身が没収（逆の見方をするならば献上）された同様なケースが参考になるだろう。なお、服属し命乞いすることも贖罪に類した行為と考えられるので、書紀中の贖罪・服属に際して人身を没収（献上）した事例を表3にまとめてみた。[16] この表によれば、献上（没収）された人びとが、上は皇后から、下は部民・従者に至るまで様々な地位・身分にされていることが分かる。何れも罪の赦し、服属を認めた相手側に対し奉仕するという共通性を有するが、奴隷ではないことは明らかであろう。人

表3 『日本書紀』の贖罪・服属記事における人身没収（献上）記事

No.	記事の年紀	犯罪（服属）者	犯罪（服属）者と被没収者との関係
1	神代下・第10段	火闌降（火酢芹）命	本人（子孫）
2	景行40年	蝦夷（一族全体）	首帥
3	神功摂政前紀	新羅王	本人（新羅国民）
4	応神9年4月	甘美内宿禰	本人
5	履中即位前紀	倭直吾子籠	妹
6	履中元年4月丁酉	阿曇連浜子	浜子に従う野島海人
7	雄略即位前紀	円大臣	娘
8	雄略10年9月戊子	水間君	（支配民？）
9	雄略11年10月	菟田人，武蔵・信濃直丁	本人
10	清寧即位前紀	吉備上道臣等	領民（山部）
11	顕宗元年5月	狭狭城山君韓帒	本人
12	安閑元年閏12月壬午	大河内直味張	（支配民？）
13	安閑元年閏12月	廬城部連枳莒喩娘幡媛	本人
14	欽明23年6月	馬飼首歌依	子

身没収の他例から推してみて、「神奴」も神に奉仕する者程度の意味である蓋然性が高いと思われる。

8の敏達天皇十二年の記事は、倭国の要請で来日した日羅を、下僚として共に来日した百済の官人らが暗殺した事件を記すもので、日羅が自分を暗殺した真犯人を明らかにする際に、百済の官人である下僚たちを「駆使奴」と称している。「奴」とされた人びとが百済の官人であることから、ここでの「奴」が奴隷という意味ではないことは明瞭であろう。

9の崇峻即位前紀の記事は、蘇我馬子らが物部守屋を滅ぼした戦いについて記述したもので、守屋が子弟と「奴軍」を率いて戦い、敗れた後に守屋の「奴」の半分が四天王寺の「奴」とされたことを記している。この記事の「奴軍」を解釈するにあたっては、次の10の皇極天皇二年（六四三）の記事と併せ考えてみたい。10の記事は、蘇我入鹿らが山背大兄王一族を襲った際に、「奴」の三成が舎人らと共に奮戦したことを記す。両記事では、「奴」が王族・豪族の重要な武力として活躍しており、資人や舎人らと同等な存在として描かれている。(17) 因みに、9で奮闘ぶりが特筆されている資人捕鳥部万は物部氏の子弟ではないことから、「奴軍」の一員とも考え得る。(18) 従って、ここでの「奴」は、資人・舎人と同様に従者・側近ほどの存在と考えて大過ないものと考える。ことさらに奴隷と解釈しなければならない理由は見当たらない。

9の記事で四天王寺の「奴」とされた守屋の「奴」については、宅（ヤケ）という農業の経営拠点と共に四天王寺に与えられたことから、宅の農業経営を支えた物部氏配下の農民的な存在であったと考えられる。(19) 物部氏から没収して、四天王寺に与えられたことから、この「奴」を奴隷的な存在と見なす向きもあるかもしれないが、表3の同様なケースを参照するならば、没収された人びとが奴隷であったとか、没収後に奴隷にされたというわけではないことが知られる。(20) 9に見える「奴」は、普段は宅周辺の農耕などに従事し、事が起こると武装して主人を護る親衛隊的な役割も果たす農民的な存在であったのではないだろうか。

3　『日本書紀』に見える大化年間の「奴婢」

表2(1)の大化元年八月庚子条の記事は、著名な「男女の法」である。大化前代の「奴婢（ヤツコ）」の実態を考える上で、重要な史料であることから、次に史料を示す。

> 又男女之法者、良男良女共所㆑生子、配㆓其父㆒。若良男、娶㆑婢所㆑生子、配㆓其母㆒。若良女、嫁㆑奴所㆑生子、配㆓其父㆒。若両家奴婢所㆑生子、配㆓其母㆒。若寺家仕丁之子者、如㆓良人法㆒。若別入㆓奴婢㆒者、如㆓奴婢法㆒。今剋見㆔人為㆓制之始㆒。

この「男女の法」は、「良人」と「奴婢」の通婚の結果生まれた子どもの帰属を新たに規定したもので、通婚を禁止するものではない。(21) 従って、これ以前（大化前代）において、「良人」と「奴婢」との通婚が広く行われており、それが禁じられるものではなかったことを意味している。また、両者の通婚が「娶（る）」、「嫁（ぐ）」と表現されており、「奴婢」を差別する意味合いがないことが注意される。因みに中国では奴隷である奴婢と良民（良人）との結婚は認められておらず、両者の性的な関係は違法行為として「奸（姦）」と捉えられた。唯一主人が自ら所有する婢と関係をもつことは「幸」と表現され合法であったが、主人が婢に恩幸を与えるという上下関係を示すもので、対等な男女関係を意味するものではなかった。(22)「男女の法」からは、大化前代における「奴婢」と「良人」の対等な関係が窺われ、「奴婢」に婚姻の自由があったことが知られる。こうした「奴婢」が奴隷でないことは、明らかであろう。なお、「男女の法」の「良人」「良男」「良女」という表記だが、良賤制の成立は持統朝と考えられることから、(23)大化年間の表記ではない。ここでの「良人」がどのような人びとを指すのかという問題は、同時に「良人」と区別された「奴婢」がいかなる存在を意味するのかという問題とも重なる。

「男女の法」が出された理由については、既に指摘があるように、同日条で東国等国司に戸籍の作成が命じられたこと、及びその三日後に寺司等・寺主に諸寺の僧尼・奴婢・田畝の調査報告（僧尼・奴婢の名籍の作成を含むと考える）が命じられたことが関係していると考えられる。(24)戸籍・名籍への登録記載方法の原則として、子どもの帰属について規定する必要があったものと考えられる。それでは、この時、戸籍・名籍作成を命じた目的はどのようなものであったろうか。この問題を考えるにあたって、戸籍作成を命じたことを記す書紀の記事を見てみたい。

凡国家所有公民、大小所領人衆、汝等之㆑任、皆作㆓戸籍㆒、及校㆓田畝㆒。其薗池水陸之利、與㆓百姓㆒倶。

この記事によれば、国家（朝廷）が支配する「公民」と「大小所領人衆」を対象に戸籍の作成が命じられたことが分かるが、「公民」と区別された「大小所領人衆」とは何かが問題となろう。「公民」以外の人民ということであれば、王族・豪族支配下の人民と見てよいのではないだろうか。そのように捉えてよいならば、これまで把握することのできなかった王族・豪族支配民までも国家（朝廷）が把握しよう（延いては支配を及ぼそう）とする意図・目的があったということになろう。ここで、先に問題にした「良人」とは何を指すのかということについて考えたい。「良人」には「オホミタカラ」という訓が付されているが、これは「公民」と同じ訓である。従って、書紀の漢字表記は異なるが、戸籍作成を命じた部分の「公民」と、「男女の法」の「良人」は同じ国家（朝廷）支配下の人民を指していると考えられる。そうなると、「大小所領人衆」と「奴婢（ヤツコ）」が同じ人びとを指していると考えられ、共に王族・豪族支配下の人民を意味していると解される。後に天智朝の甲子の宣において、氏（中央豪族）の支配民が民部（部曲）と家部に区別されることになるが、大化年間においてはその両者を一緒にして「大小所領人衆」ないし「奴婢（ヤツコ）」と捉えていたということだろう。後に「公民」とされる「部曲」には「ウヂヤツコ」という訓があるように、王族・豪族支配下の人民を一体として「ヤツコ」と捉えることがあったと考えて問題はないだろう。(25)「男女の法」に関する以上の考察によれば、大化年間及び、それ以前においては、「奴婢」という表記が広く私民（朝廷支配下にない人民）を指す用法もあったことが知られる。

表2(2)の大化元年（六四五）八月癸卯条の記事については先にも触れたが、「男女の法」が出された三日後に諸寺院の僧尼・奴婢・田畝の調査報告を命じたというものである。ここに見える「奴婢」は、「男女の法」に関する上述の考察によれば寺院配下の人民を指すものと考えてよいだろう。ただし、「男女の法」では同じ寺院配下の人民でも「寺家仕丁」と「奴婢」の区別がされていることに留意する必要がある。「寺家仕丁」には「良人法」が適用されていること、「仕丁」という呼称がつけられていることなどを勘案するならば、朝廷の支配を受ける「公民」でありながら、寺院の仕事を割り当てられた（朝廷・寺院から二重支配された）人びとではないかと推察される。「公民」的な「寺家仕丁」の中から特に「奴婢」にする場合には、「奴婢法」を適用するように、と「男女の法」が規定しているが、

寺院の場合はこの大化元年八月の段階で、支配下にあった人民を「寺家仕丁」と「奴婢」のどちらかに区別するということが行われたものと考えられる。「公民」的な「寺家仕丁」の中から「奴婢」（＝寺院専属の被支配民）とする人びとが選ばれたわけであるから、「奴婢」と「公民」とは支配主体の違い以外には本質的に大きな違いはなかったということになるだろう。

(3)の大化二年三月辛巳条には、東国国司等の一人大市連が詔に違えて中臣徳の「奴」の事を判じた罪を指摘されたことが記されている。赴任前の詔では国司等が任所において人民の訴えを自分で処断することを禁じていたわけだが、大市連はその指示に違反した過失を問われたのである。大化改新が進められたこの時期に、「奴」に関わる問題・訴訟が起こっていたことは注目されるが、どのような訴訟事件であったのか、具体的な内容を知ることはできない。

(4)の大化二年三月甲申条は、大化前代の旧俗改正を命じた詔を記すもので、「奴婢」に関して二つの問題が取り上げられている。一つは、貧困な主人を欺いて、自ら富裕な家に移り生活手段を求める「奴婢」がいるが、そうした「奴婢」を強引に留め働かせ、本の主人に送り返さない富裕な家が多いというものである。もう一つは、妻に嫌われ離縁された元の夫が、そのことで悩まされたことを恥じて、元妻を強引に「事瑕《ことさか》之婢」とするというものである。前者からは、大化の頃には「奴婢」の支配隷属関係が流動化し、それを政府が問題視していたことが分かる。旧主の没落と勢家の発展といった社会変動が影響しているのかもしれないが、少なくともこの大化の頃には「奴婢」は自ら主人を変えることが可能であったことが知られる。後者の「事瑕之婢」とはどのようなものか明瞭ではないが、離縁した元妻を何らかの口実で「婢」として自らに従属させる風習があったということであろう。「事瑕之婢」の境遇がどのようなものであったかは、不明である。

(5)の大化三年四月壬子条の「奴婢」に関する部分だけ、史料を次に記す。

又拙弱臣・連・伴造・国造、以二彼為レ姓神名・王名一、逐二自心之所一レ帰、妄付二前々処々一。（前々、猶謂人々也。）爰以二神名・王名一、為二人賂物一之故、入二他奴婢一、穢二汚清名一。

この記事は難解であるが、近年の研究によって次のように解釈する。(26)「思慮に欠ける臣・連・伴造・国造が、その氏《うぢ》の名の由来となった神名・王名を勝手に人や土地につけることにより、神名・王名が人の賂物（贈り物）となったために、他人の「奴婢」（の名前）にも入ることになり（神名・王名の）清き名を汚すことになっている」と解する。このように解釈するならば、ここでの「奴婢」には氏名《うぢな》があったことになる。先に崇峻即位前紀に見える捕鳥部万が「奴軍」の一員であった可能性を指摘したが、大化前代の「奴婢」の中には氏名や部姓を有した者もいたということになり、氏名や姓を持たない律令制下の「奴婢」とは大きく異なっていた可能性があるだろう。

以上、書紀に見える大化前代の「奴婢（ヤツコ）」の実態について検討してきたが、「奴婢」が奴隷的な存在であったことを示す史料は皆無であった。代名詞的な用法や謙語的な表現を除いた、「奴婢」と呼ばれた人びとの存在形態は「公民」と殆ど変わらず、両者の間にも身分的な差別は存在していなかったと考えられる。(27)明確な差異としては、「公民」が国家（朝廷）支配下の民であるのに対し、「奴婢」は王族・豪族支配下の民であったことである。

4　身分用語と実態との乖離

大化前代の「奴婢（ヤツコ）」が奴隷的な存在ではなかったことを確認できたと思われるが、なぜこのような用語と実態の乖離が生じたのであろうか。翻って、他の身分用語にも目を向けるならば、実は「奴婢」だけのことではないことが知られる。例えば、書紀では「部曲」は豪族の私有民の意味で使用されているが、中国においては私賤民の身分呼称であり、明らかにズレがある。また、日本では「雑戸」は律令制下の官司に所属した技術者集団を指したが、中国では官賤民の身分呼称であった(28)。私有民と私賤民、官司に所属する技術者と官賤民、全く関係のない用語が使用されているわけではなく、ある程度の関連性・類似性は認められる。「奴婢」の場合も同様であり、似て非なる用語が使用されているということである。

書紀を執筆した人びとや律令制の身分制度を策定した人びとは、身分呼称を漢語で表現しなければならなかった。日本（倭）の実態を漢語で表現する場合、造語して新たな表現をするという方法もあるが、漢語としての通用性を考えた場合、既に漢語として熟している言葉を利用した方がよいという判断が働いたのではないだろうか。できるだけ日本（倭）の実態に近い用語を選択し使用したが、もとより中国と日本（倭）では社会の発展段階や構造に大きな開きがあった以上、用語と実態との間にズレが生じるのも当然であったと思われる。日本語（倭語）を外国語に翻訳する際には、えてしてこのような問題は起こりがちであったのではないだろうか。

三　中国史料に見える「奴婢」

1　『三国志』魏書東夷伝倭人条の「奴婢」

邪馬台国の基本史料である『三国志』魏書東夷伝倭人条（以下では、『魏志』倭人伝」と略称する）には、「奴婢」の記載が二箇所見られる(29)。一箇所は卑弥呼には千人の「婢」が侍っていたという記事であり、もう一箇所は卑弥呼の冢に「奴婢」百余人が徇葬されたという記事である。前者の「婢」については具体的に検討する材料を持たないが、卑弥呼の宮殿に仕える宮女のような存在とも捉えうるもので、ここでの「婢」が女性奴隷を意味すると断定はできないものと考える。

問題となるのは、徇葬された「奴婢」である。彼らが奴隷的な存在ではなかったことは、書紀の徇葬（殉葬・殉死）記事によって明らかである。書紀の記す殉葬者は、「近習者」「隼人」「人」であり、奴隷的な存在としては描かれていない。(30)そもそも、倭・日本においては、家来・臣下が主人・君主の死に殉ずるという殉死の風習が長く存在しており、日本独特なあり方を示している。しかし、文化や風習の違う中国人（具体的には魏の派遣した使節）には、中国における奴隷殉葬の歴史が念頭にあり、墓に徇葬されるのは「奴婢＝奴隷」であるという先入観が存在していたと思われる。(31)外国人の記述には、異文化を理解せず、自国の文化を基準にした誤解が含まれることはよくあることであり、『魏志』倭人伝の奴婢の徇葬記事もそうした誤解によるものとみてよいだろう。

邪馬台国時代に「奴婢＝奴隷」が存在したと考えられてきた根拠には、「生口」の贈与・献上記事、妻子を没収するという刑罰記事もある。(32)「奴婢」という表記の問題から少し外れるが、「生口＝奴婢・奴隷」「妻子の没収＝妻子の奴婢・奴隷化」という理解もあることから、これらの記事についても検討を加えることにしたい。生口も漢語であり、本来は「生きた人間」というほどの意味であるが、中国の正史では牛馬や物品と同様に獲得・贈答・献上・下賜されるものとして記されており、奴隷と同様な意味で理解されている。(33)中国では普通の人間が贈答や献上されることは考えられず、そうした贈答・献上の対象となる存在は牛馬・資財と同一視された奴隷（＝奴婢）に他ならないと理解されていた。しかし、前節の表3に見るように、大化前代には奴隷ではない人びとが献上された事例が散見する。

表3の事例は贖罪・服属という特殊なケースであり、『魏志』倭人伝の「生口」とは事情が異なるのではないかという疑問があるかもしれない。しかし、中国への朝貢に際して「生口」を貢ぐという行為は、中国への服属の証として「生口」を献上するという意味合いがあったわけであり、表3の服属のケースと本質的な差異はないと思われる。

奈良時代の事例であるが、女楽という氏女・采女などから成る宮廷女性音楽演奏者たちが渤海使に贈られたということがあり、大化前代からの人身贈与・献上の慣習に基づいたものと考えられる[34]。日本（倭）では、贖罪・服属に限らず、奴隷ではない人びとが贈与・献上されることがあったと考えてよいだろう。「生口」が漢語であり、中国史料に記されていることから、「生口」という記述はあくまでも中国人の認識によるものであることは言うまでもない。倭国における人身贈与・献上の事例を見知った魏の人びとが、自国で贈与・献上されていた「生口」と同様なものと誤認して記述した可能性が高く、『魏志』倭人伝中の「生口」の記述を根拠に古代日本（倭）に奴隷が存在したと主張することはできないものと考える。

妻子を没収するという刑罰記事だが、次に示すように極めて簡略なものである。

其犯レ法、軽者没二其妻子一、重者滅二其門戸宗族一。

この記事は、犯罪の軽重により妻子の没収か、門戸宗族の皆殺しか、が区別されたと解される場合もあると思われるが、大化前代の事例に照らしてみるならば、妻子を献上し赦される場合と、赦されず皆殺しにされる場合があった、ということを表記したものと考えるべきであろう。どのような犯罪が軽く、どのような犯罪が重いかが明示されていないこともあり、この記事での軽重は犯罪の軽重ではなく、処罰の軽重と考えられる。『魏志』倭人伝の妻子没収記事は、表3に見える贖罪のため人身を献上（逆の立場から見ると「没収」）したケースと同様なものであり、没収された妻子は奴隷化したわけではないと考えられる。

以上の検討により、『魏志』倭人伝中の「奴婢」が奴隷を意味するものとは限らず、奴隷が存在したという確証もないことを明らかにすることができたものと思う。

2　『隋書』東夷伝倭国条の「奴婢」

『隋書』東夷伝倭国条（以下、『隋書』倭国伝と略称する）には、一箇所だけ「奴」の記載が見られる。[35]

　其俗殺人強盗及姦、皆死。盗者計㆑贓酬㆑物、無㆑財者没㆑身為㆑奴。自余軽重、或流或杖。

井上光貞氏は、ここに記された倭国の刑罰には中国的な刑罰の影響が見られるとするが、果たしてそうだろうか。[36]死・流・杖の刑罰が中国の五刑に対応していることなどを根拠とされているが、井上氏自身認められているように、これらの刑罰は倭国でより古い起源を有するものであり、中国の五刑の影響で成立したものではない。また、石尾芳久氏が指摘されているように、中国刑罰で特徴的な徒刑が入っていないことからも左祖することはできない。[37]この刑罰記事は、中国人が自らの刑罰観に基づいて倭国の刑罰を記述していることから、中国的な刑罰の説明になっているだけで、実態としては倭国古来の固有法に基づく刑罰と考えられる。[38]

「身を没して奴と為す」という記述は、犯罪を処罰する側からの見方であり、犯罪者の側から記述するならば、我が身（親族や配下の場合もあるだろう）を献上するということになろう。盗罪を犯し、その贖罪のために人身を献上した事例は、書紀にも見えるところであり（表3の13・14など）、そうした事例によれば、『隋書』倭国伝に記された「奴」も実際には奴隷を意味するものではなかったと考えられる。これもまた、没収（献上）された人びとは「奴婢」にされるものだという中国人の先入観による記述と考えてよいであろう。

『魏志』倭人伝、『隋書』倭国伝という中国史料中の「奴婢」記事について検討したが、書紀など日本（倭）側の史料と照らし合わせてみると、どちらにおいても中国人という外国人による見方・先入観が反映しているものであることが明らかになった。両史料中の「奴婢」を根拠に、大化前代に奴隷が存在したとすることはできないものと考える。

おわりに

この拙論では、大化前代の「奴婢」史料を再検討し、その実態の解明を目指した。その結論として、倭語の「ヤツコ」と漢語の「奴婢」の間には意味的に大きな懸隔が存在することを明らかにすることができたと思う。中国で生まれた「奴婢」という用語は奴隷の意味を持ったが、日本（倭）では「ヤツコ」という言葉の漢字表記として用いられた。「ヤツコ」には様々な用法・意味があり、そのため「奴婢」という言葉も色々な用法・意味を持つことになった。その中で、大化前代の王族・豪族の私的支配を受ける人びとを指す用法もあったが、それらの人びとは朝廷支配下の「公民（オホミタカラ）」と存在形態に基本的な差異は認められず、奴隷とは考えられない存在であった。また、中国史料に見られる「奴婢」も奴隷の存在を示す証拠とはなり得ないことを明らかにした。

奴隷的な境遇に置かれた人びとはどの時代にも存在するが、日本（倭）の大化前代には奴隷という社会的な集団・階層は存在しなかったのではないだろうか。倭語の「ヤツコ」と漢語の「奴婢」との懸隔とは、日本と中国の社会の発展段階の差、社会構造の違いを意味するものと言えるだろう。

これまで「奴婢＝奴隷」という理解が続いてきた理由として、倭語を漢語で表現する際の意味のズレ、中国人の倭国風俗・法制に対する誤解に基づく記録、という史料上の問題が十分認識されてこなかったことがあると思われる。本稿も先入観から全く免れているとは言えず、思わぬ偏見・誤解を含んでいることを惧れる。諸賢のご批正を仰ぐものである。

註

(1) 例えば、高校の日本史教科書である『詳説日本史』(山川出版社、二〇一二年) 三三頁の記述など。
(2) 瀧川政次郎「奴の字と夜都古の語義」(『増補日本奴隷経済史』名著普及会、一九八五年、初出一九二二年) などを参照。なお、本稿では中国唐代の奴婢身分を奴隷の典型とし、牛馬や資財と同様に売買・相続の対象とされ、婚姻をはじめ様々な活動・生活の自由を奪われ、主人の命令に絶対服従しなければならない存在と考える。唐代の奴婢身分については、濱口重國『唐王朝の賤人制度』(東洋史研究会、一九六六年) などを参照。
(3) これまでの研究においては、大化前代の奴婢が賤民身分であったかどうかが問題とされ、奴隷かどうかは問題とされてきていないように思われる。大化前代の「奴婢」についての研究史については、神野清一「律令賤民制の前史」(『律令国家と賤民』吉川弘文館、一九八六年) を参照。
(4) 瀧川「奴の字と夜都古の語義」(註(2)) を参照。
(5) 「ヤツコ」の語義に関する研究史は、昭和以前の研究史については、瀧川「奴の字と夜都古の語義」(註(2))、その後の研究史については神野「律令賤民制の前史」(註(3)) などを参照。
(6) 平野邦雄「大化前代の奴婢」(『大化前代社会組織の研究』吉川弘文館、一九六九年) などを参照。
(7) 本居宣長『古事記伝』巻七、神代五之巻・男御子女御子御詔別の段。
(8) 中田薫「可婆根 (姓) 考」(『法制史論集』第三巻下、岩波書店、一九六四年、初出一九〇五・〇六年)。
(9) 平野「大化前代の奴婢」(註(6)) も参照。
(10) 『日本国語大辞典 (縮刷版)』(小学館、一九八一年) の「きみ【君・公】」の項を参照。
(11) 瀧川政次郎「主と奴」(註(2)『増補日本奴隷経済史』初出一九二八年) を参照。
(12) 義江明子「日本古代奴婢所有の特質」(『日本古代の氏の構造』吉川弘文館、一九八六年、初出一九八〇年) 一一〇頁。
(13) 『古事記』のテキストは、岩波書店の古典文学大系本及び思想大系本を使用した。
(14) 『日本書紀』のテキストは、岩波書店の古典文学大系本を使用した。
(15) 武烈天皇条の官婢記事だが、この時代には官奴婢制度は存在しておらず、武烈の残虐さを強調するための創作的な記事か、事実をかなり脚色した記事と思われ、事実そのものとは考えがたい。武光誠「日本律令と良賤制」(『日本古代国家と律令制』吉川弘文館、一九八四年）、神野「律令賤民制の前史」（註(3)）なども参照。

(16) 表3で取り上げた事例については、長谷山彰「日本古代における賠償制と固有法」（『日本古代の法と裁判』創文社、二〇〇四年、初出一九九三年）が詳しく検討を加えている。長谷山氏はこれらの事例に中国を中心とする東アジア法の影響を認められているが、本稿では本文で述べるように固有法の性格が強いものと考える。

(17) 大化前代ではないが、律令制以前に「奴」が武力として活躍した例としては、壬申の乱において、大井寺の奴徳麻呂ら五人が大伴吹負軍の先鋒として戦った例がある。書紀・天武天皇元年七月是日（癸巳）条を参照。

(18) 平野「大化前代の奴婢」（註(6)）、義江「日本古代奴婢所有の特質」（註(12)）を参照。

(19) ヤケについては、吉田孝「ヤケについての基礎的考察」（井上光貞博士還暦記念会編『古代史論叢』中巻、吉川弘文館、一九七八年）を参照。

(20) 書紀・雄略天皇十四年四月条には、犯罪発覚後、抵抗して戦い、敗れ殺された根使主の子孫が部民や負嚢者にされたことが記されている。

(21) 関晃「古代日本の身分と階級」（『関晃著作集第四巻　日本古代の国家と社会』吉川弘文館、一九九七年、初出一九六三年）を参照。

(22) 唐戸婚律29以妻為妻条の疏議に、「婢為主所幸、因而有子。即雖無子、経放為良者、聴為妾」とある。

(23) 神野清一「律令賤民制の成立過程」（註(3)『律令国家と賤民』）を参照。

(24) 武光「日本律令制と良賤制」（註(15)）を参照。

(25) 「部曲」に「ウヂヤツコ」という訓が見られるのは、書紀・安閑天皇元年閏十二月壬午条である。

(26) 北康宏「大王とウヂ」（『岩波講座日本歴史』第二巻（古代二）、岩波書店、二〇一四年）を参照。

(27) 七世紀後半の斉明・天智期の史料（「法隆寺幡銘」）であるが、豪族の娘（「阿久奈弥評君女子」）や戸に編成された「公民」と思われる女性（「山部五十戸婦」）などと同じく、山部連公の奴が法隆寺に幡を奉献していたことが知られる。大化から年代は多少降るが、大化前代の「奴婢」の存在形態を窺わせる史料として注目される。狩野久「額田部連と飽波評」（『日本古代の国家と都城』東京大学出版会、一九九〇年、初出一九八四年）などを参照。

(28) 中国唐代の賤民については、濱口『唐王朝の賤人制度』（註(2)）を参照。

(29)『三国志』のテキストは、中華書局の標点本を使用した。

(30)書紀・垂仁天皇三十二年七月朔己卯条、清寧天皇元年十月朔辛丑条、大化二年三月甲申条などを参照。なお、『播磨国風土記』飾磨郡貽和里条に雄略天皇の時代の殉葬が記され、「婢」と馬が殉葬されたことが記されているが、「婢」の実態は「つかひめ（使女）」であり、中国的な教養による文飾的な記載と考えられる。

(31)中国における奴隷殉葬については、白川静「殷代の殉葬と奴隷制」（『立命館大学人文科学研究所紀要』二、一九五四年）などを参照。

(32)「生口」については、『魏志』倭人伝以外にも、『後漢書』東夷伝倭条の安帝永初元年に倭国王帥升等が「生口」百六十人を献じたことが記されている。

(33)榎本淳一「生口」（武光誠編『邪馬台国辞典』同成社、一九八六年）を参照。

(34)榎本淳一「藤原仲麻呂と女楽」（武光誠編『古代国家と天皇』同成社、二〇一〇年）を参照。

(35)『隋書』のテキストは、中華書局の標点本を使用した。

(36)井上光貞「隋書倭国伝と古代刑罰」（『井上光貞著作集第二巻　日本古代思想史の研究』岩波書店、一九八六年、初出一九七六年）を参照。

(37)石尾芳久「井上光貞氏「隋書倭国伝と古代刑罰」について」（『古代の法と大王の神話』木鐸社、一九七七年）を参照。

(38)流罪の固有法的な性格については、利光三津夫「流罪考」（『律令制の研究』慶応通信、一九八一年、初出一九八〇年）を参照。

郡内支配の様相

――古代庄園と郡符木簡からみた――

浅野啓介

はじめに

本稿では郡司層による郡内支配の様相を、古代庄園史料や郡符木簡から検討してみたい。これまで郡内支配については、首長層が階級として持つ現実の権力が国家内的権力として制度化され集中された官職として、郡司があるといってよいとの記述に象徴的な石母田正氏の在地首長制論のもとに考えられてきているが、近年はこの視点を変える研究が出ている。須原祥二氏は終身官であるはずの郡司が実際には短期間で交替している事実から、在地社会の主体は一、二の少数の首長（郡領）ではなく複数の郡司層であるとし、中村順昭氏は、郡司による郡務が個々の郡司に分担されて行われることが多く、その下で活動する郡雑任も、個々の郡司によって、それぞれの場に応じて編成されたであろうとしている。また、郡司層が拠点とする地域の観点からは、森公章氏が郡領がそれぞれ別の拠点にいる事例を取り上げたり、郡領でなくても郡雑任のレベルで、郡家出先機関を運営する権力・権威を持つ豪族が歴史的に構築し

(1) (2) (3)

てきた支配形態があるとするなど、一つの郡内でもさまざまで、かつ重層的な権力関係と地域があることが明らかになってきている。[4]

またこれと関連して、一郡内での郡家郷や郡家所在郷の特殊性が指摘されている。[5] 中村氏は、郡家の所在にともなって、一般の郷と違って存在する人々として、郡司、郡司子弟、伝子、郡司職分田の耕作にあたる人々、郡雑任を挙げている。平川南氏は、中村氏の指摘を踏まえ郡家所在郷は他郷と異なる負担が課されていたとする。

これらの研究は、一つの郡の中でそれぞれの郡司や郡雑任によるそれぞれの支配が存在し、また、郡家所在郷のあり方からは一郡内で郡家所在郷とその他の郷での負担のあり方が異なる可能性がある、とまとめられるだろう。本稿ではこの視点から、郡内支配についてそれぞれの支配のあり方や負担の違いを考察していきたい。アプローチとしては二つをとる。一つは、これまでの研究は一つの郡内でのある地域とある地域の比較という観点ではあまり行われていないので、資料の多い越前国足羽郡の例をとって郡内の地域の比較を行う。もう一つは、郡内支配の内容がわかる資料として各地の遺跡で発掘されている郡符木簡の宛所に焦点を当て、郡内の負担のあり方を考えていく。

一　古代庄園からみた郡内支配――越前国足羽郡を例として――

ここでは、一つの郡内での支配のあり方がわかる事例を取り上げたい。一郡内でのある地域の特殊性がわかるほど史料がそろっている郡は極めて限られており、東大寺領の史料が多い越前国足羽郡はその一つである。その中でも東大寺領道守村の史料は多く、足羽郡全体の中での道守村の位置づけも可能である。したがって、これまでもさまざまな研究がこの道守村を舞台にして行われてきた。[6] まず、道守村を足羽郡全体の中から考えることで道守村の位置づけを図りたい。

まず足羽郡全体について触れておく。足羽郡は主要部が九頭竜・日野・足羽川の三大河川が合流する福井平野で、足羽山には古墳群があり、『和名類聚抄』には十五郷あり、延喜式内社は十三座ある。(7) 足羽郡司は、生江臣氏が天平年間は大領職をほぼ独占していたようである。(8) 郡領（少領）になる人物を送り出す氏族には他に阿須波臣氏がいる。

1　東大寺領道守村

奈良時代の足羽郡東大寺領には糞置村・栗川村・道守村・鴫野村があり、(9) これらの庄園は天平感宝元年（七四九）に野地占定されて成立したとされている。(10)

道守村についての史料としては主に天平神護二年（七六六）越前国司解、(11) 同年のものと考えられる道守村開田地図、(12) 同年十月十九日足羽郡大領生江東人解などがあげられる。(13) このうち道守村開田地図は再編後の東大寺領の景観を描いたもので、越前国司解と同一期日に作成されたものである。

次に、東大寺領道守村の成立過程をまとめる。道守村は天平感宝元年に占定された北部の野地と足羽郡の郡領氏族である生江臣東人が郡領に就任する前に施入した南部の百町からなる東大寺領である。(14) おそらく、道守村開田地図に記載されている「占野堺」より北の部分が天平感宝元年に占定されたのであろう。(15) その野地占定メンバーには当時造東大寺司史生であった生江臣東人も入っていた。(16) 開田地図によれば開墾された田は、生江臣東人によって開墾され施入された南部の百町がほとんどであり、(17) 天平感宝元年に占定されたと考えられる北部の野地には開墾された耕地がほとんどない。(18) このことは道守村において東大寺自体による開発がほとんど行われなかったことを意味する。そして南部は、東人が施入した寺田と一般百姓の墾田・若干の口分田が細かく入り交じっている。(19)

ところで、道守村開田地図に描かれた地域で行われた最も早い開発は、自然の灌漑用水源を利用した一般百姓の小規模な開発であったと考えられる。(20)一般百姓による小規模な開発が行われていたことを背景にして、生江臣東人は開発に着手した。東人解(21)によれば彼は「私功力」によって百町という面積を灌漑する長さ二千五百丈（約九キロ）の溝を開削した。私功力で開かれた溝の中には、開田地図に記載されている「寺溝」も含まれていたのではないかと思われる。(22)ここで注目したいのは、その溝の流れである。その溝は寺領の最も南を条里の方格線に沿って流れ、「東大寺道守庄」の辺りから北に流れを変えている。このことは東大寺領道守村の条里がこの溝に平行するように計画されていることを示していると考えられる。道守村の条里は足羽郡統一条里に比べて約五度西に傾けられていたと考えられているが、(23)それを考慮に入れるならば東人によって溝が開削されたあとに一般百姓がその溝を利用し耕地を開墾したということになる。つまり一般百姓の墾田のうち、一部はもともとの自然用水を用いて灌漑していた耕地であったが、残りの大半が東人の私功力で開削された溝によって灌漑された墾田であったと想定される。このように、道守村の状況からは地方豪族である生江臣東人による開発の影響がきわめて大きいことが読みとれる。

2　道守村での郡内支配の様相

道守村の耕地が生江臣東人による開発であったことを踏まえて、足羽郡内における生江臣氏と道守村の耕地との関係について足羽郡内の他の東大寺領と比較しながら考えてみたい。まず、道守村に墾田を所有する百姓が天平神護三年（七六七）に墾田を売却した事実を示す七通の文書案(24)から検討する。例示としてそのうちの一つを見てみたい。

草原郷戸主酒部牛養戸口同戸口酒部小国解　申請墾田直事

「道守庄」合墾田三段　　直稲漆拾弐束

西北一條十一上味岡里十三味岡田三段

右、田直稲、依ㇾ員請已畢。仍注（護脱か）二事状一申上。謹解。

天平神三年二月廿二日　酒部小国

上件稲、充畢。二月廿六日　郡目代生江臣長濱

目代生江臣息嶋

（『東南院文書』二—二五一、「　」は別筆）

この文書は、足羽郡草原郷の酒部小国が文書を保管する東大寺に墾田三段を売却したものである。東大寺への売却であったことは、天平神護二年十月二十一日越前国司解の道守村の部分（『東南院文書』二—二一四）に、同一の場所について同一束で寺田としたと書かれていることからわかる。他の六通の文書すべてについても、「上件稲、充畢」や「上件直稲、充既畢」などに続いて郡目代生江臣長浜と目代生江臣息嶋や、場合によっては知外少初位上生江臣村人や道守庄目代宇治連知麻呂（生江臣東人が私的に誂えて道守村の水守に充てた人物(25)）の署名がある。これらの文書については、墾田所有者が直稲を請うてその稲を支給しただけであり、正式な墾田売券とはいえないという指摘がある(26)。正式な墾田売券の例示をすると、以下に掲げる天平勝宝三年（七五一）の伊賀国阿拝郡の墾田売買の文書がある。

阿拝郡司解　申売二買伯姓常地墾田一立ㇾ券事

合田肆段伯捌拾歩　柘殖郷戸主車持首牛麻呂墾田者

付價直弐貫弐伯伍拾文　二段充五百六十文　二段充五百六十五文

九條三里廿五小川原田壱段　今治、二段一百八十歩

廿六小川原田北西田壱段　今治者

右田、得二買東大寺一已訖者、依ㇾ法立ㇾ券如ㇾ件、仍具注ㇾ状、以解

天平勝宝三年四月十二日売人車持首牛麻呂

取レ券

大領従六位下敢朝臣安万呂　　擬主帳稲置代首宮足

「国判聴許已訖

天平勝宝三年四月十三日従六位上行目勲十二等山部宿禰「馬養」

正六位上行守池田朝臣「足床」　　　　　　　　　　　　　　」

（以下略、「阿拝之印」と「伊賀国印」が捺印）（『東南院文書』二―八八）

この文書は、阿拝郡柘殖郷の戸主車持首牛麻呂が自分の墾田を東大寺に売却した際のものである。養老田令では宅地の売買についての規定はあるが、田地のものはなく、どのような規定があったか明確にはわからないが、この文書には「法によって券を立てる」とあるように、売買に際しては何らかの法があったらしい。また、郡司による解が国に出されて、郡と国で売買を認める署名がなされている。

この文書と比べ、道守村の文書は、郡司や国司の署名がなく、立券がなされておらず、小口氏がいうように正式な売買文書とはいえないのも一定程度理解できる。しかしこれらの文書のうち、天平神護三年（七六七）二月二十四日伊何我部廣麻呂解については他六通の文書と異なっており、(27)墾田売券ではないと単純に結論つけてしまうのも早計と考えられる。彼は七通の文書で墾田を売却している人物の中で唯一位を持っている人物であるが、その廣麻呂解案を見てみよう。

伊何我部廣麻呂解　申売買墾田事

「道守庄」合弐町壱段拾陸歩

請直稲肆伯陸拾伍束伍把
西北一條十寒江里廿四寒江田七段二百六十歩直稲百八十束四把男伊何我部春野墾
廿一寒江田一段二百九十二歩直稲廿八束九把男同熊野墾
廿二寒江田一段直稲十六束同熊野墾
十一上味岡里八味岡田六段直稲百卌四束孫同野焼墾
廿六味岡田四段百八十歩直稲百八束二把同長野墾
右墾田、売二進於東大寺一既畢。仍注二具状一、立二券文一。
天平神護三年二月廿四日　外従八位下伊何我部廣麻呂
郡目代生江臣長濱
上件直稲充既畢
目代生江臣息嶋
（『東南院文書』二―二四九、「　」は別筆）

この文書からわかるように、文書の冒頭には「申売買墾田事」とあり、墾田の売買についての文書であることを示しており、事実書の最後には「立券文」と記し、立券している。土地売買の文書の形式として他の六通と比べ整っている。したがって、他六通の文書の墾田所有者はともかく、外従八位下伊何我部廣麻呂だけは直稲を申請するだけでなく、墾田を売却し券文を立てることを意識していた。宮本氏の述べるように、彼の社会的地位によるのであろう。それにもかかわらず郡司としての判がなく、その代わりに直稲を廣麻呂に対して支払ったという郡目代の生江臣氏の署名があるだけである。この文書に「売買墾田」や「立券文」と記されているということは、稲の授受のみを内容とする文書というだけでなく、売買を兼ねた内容であったと考えられる。また、他の六通も東大寺で同じように保管されてきたことを考えると、これら七通の文書はそれぞれの墾田所有者が東大寺に墾田を売却したことを示す文書であり、このほかに正式な売買文書はなかったと考えられる。このことは足羽郡が正式な売買文書を作成せず、郡領の署名がなくても、生江臣氏が関わるだけで売買が成立したことを示している。

続いて、郡が正式な売買文書を作成しようとせず、郡領の署名がなくても、生江臣氏が関わるだけで売買が成立したということがこの足羽郡全体でいえるのか、それとも道守村だけにとどまることなのか考えていきたい。

このことを考えるために、まず天平神護二年（七六六）十月二十一日越前国司解(28)の提出直前の十月十日に、道守村と道守村に隣接する鴫野村を開発するために溝を掘ることを注進した足羽郡司解案の署名部分に注目したい。

足羽郡司解　申応㆑掘㆓開東大寺田溝㆒事

（中略）

大領正六位上生江臣東人　　寺使　生江臣黒足

生江臣息嶋

国使　伊香男友

この文書によれば大領生江臣東人の署名、国使伊香男友の署名とともに寺使である生江臣黒足と生江臣息嶋の署名があることがわかる。それに対して次に掲げる同じ足羽郡の東大寺領栗川村の文書(29)の署名部分は、

東大寺為㆓南野開治㆒溝事栗川庄云

（中略）

天平神護二年三月十八日目代秦弟嶋

使僧

「郡印卅六所」

この文書には一応郡印が押されていたようではあるが、この文書に署名しているのは生江臣氏でない（郡）目代の署名であり、もう一人は僧のものであり二人とも生江臣氏ではないと思われる。[30]このように栗川村では道守村のように生江臣氏の署名が見えない。

さらに栗川村は、生江臣氏の勢力でなく阿須波臣氏の勢力が窺われる。生江臣東人は天平神護二年十月の自身の解において、「栗川田寺使与百姓相訴事」[31]（栗川村の田について、東大寺使と百姓が訴えあっている件）について、「右、実寺田知判充奉已訖。後他司所﹅勘事、東人不﹅知」（確かに寺田の領有については判を行ったが、あとのことは他司が行ったことなので東人は知らない）と東大寺側の尋問に答えており、栗川村にはあまり関与していない。また、東大寺領栗川村に隣接する土地を耕作していた野田郷百姓車持姉売は、この相論で生江臣氏ではなく少領阿須波臣東麻呂に憂いを持ちかけている。[32]そして、東麻呂の指示によって動いている田領別竹山[33]は栗川村に墾田を所有していた。[34]つまり栗川村では道守村とは対照的に、阿須波臣の勢力が多く存在している。

さらに、天平神護二年足羽郡司解の形をとる三通の伏弁状[35]に関しても足羽郡内における道守村の位置づけを見取ることができる。伏弁とは、罪名を告げられた被告が記す承伏状のことをいう。[36]仲麻呂政権下で東大寺領庄園はさまざまな圧迫を受けるが、道鏡政権下ではその失地回復に努めており、仲麻呂政権下の東大寺領圧迫に関与した事実を東大寺側から追及された人々が伏弁している。[37]この三通のうち一通は栗川村のもの、もう一通は庄園名は記載されていないのでわからないもの、[38]最後の一通が道守村のものである。その前者二通の文書の署名部分は、

大領正六位上生江臣「東人」　　主政少初位下大宅「人上」
少領外八位下阿須波臣「東麻呂」　　主政外少初位下出雲部「赤人」

とあるように、当事者の署名と大領少領らの郡司の郡判、そして省略したが最後に国判がある。しかし、残りの一通である道守村内の道守男食の耕地についての伏弁状は、

足羽郡司解　申伏弁人事
道守男食部下草原郷戸主
「道守庄」合田伍段貳伯漆拾貳拾貳歩西北一條十一上味「　」廿「
右人申云、件田所レ奏如二寺図一、伏二弁□件一者、郡依二申状一収二伏弁手実状一申上。謹解。
□□神護□□「　」伏弁道守男食
大領正六位上生江臣「東人」　　主政少初位下大宅「人上」
□□外少初位下出雲部「赤人」
（異筆の国判は省略）　　（『東南院文書』二―一七一）

となっていて、当事者・国判、それと大領生江臣東人らが郡司の署名があるにもかかわらず、少領である阿須波臣東麻呂の署名がない。阿須波臣東麻呂が東大寺領道守村の田地改編において排除されていた可能性がある。

このように考えると、生江臣氏は栗川村よりも道守村の方で影響力を持っていたということは確かである。先に問いかけた、郡が正式な売買文書を作成しようとせず、郡領の署名がなくても、生江臣氏が関わるだけで売買が成立したということがこの足羽郡全体でいえるのか、それとも道守村だけにとどまることなのかについては、道守村にとどまると考えるべきであろう。道守村については栗川村に比べ生江臣氏が阿須波氏の介入がなく支配を行っていると考えられる。それは、生江臣東人が私功力で溝を開削したことによるのだろう。

生江臣氏は当時越前国足羽郡の大領であった。大領一族である生江臣氏は、足羽郡に均質な支配を及ぼしていたの

ではなく、ある程度その影響力に道守村と栗川村で違いがあることが明らかになったと思う。また、影響力のある方の村である道守村では、生江臣氏のみで土地売買が行われるほど独占的な影響力を持っていたと考えられる。

二　郡符木簡からみた郡内支配

前節では、越前国足羽郡の例から、足羽郡司であった生江臣一族が道守村において同郡内の他の地域に比べ影響力を持ち、均質な支配を行っていなかったことを述べてきたが、これと同じようなことが他の郡でも考えられるのだろうか。つまり、一つの郡内で支配のあり方が郡内の地域によって異なることがあるのだろうか。近年出土例が増えてきた郡符木簡の内容から考えてみたい。

郡内の地域差については、先述の中村氏が、郡家付近には一般の郷と違って存在する人々がいると述べ、平川氏は郡家所在郷は他郷と異なる負担が課されていたとする。そこで、まずは、郡家所在郷は他郷と異なる負担があったかどうかについて考えていきたい。

1　郡家所在郷について

平川氏が郡家所在郷が他郷と負担が異なるとした根拠として挙げる資料は二つである。
まず一つめは、以下に掲げる福島県いわき市の荒田目条里遺跡出土第二号木簡[39]である。

・「郡符　ˏ里刀自　ˏ手古丸　ˏ黒成　ˏ宮沢　ˏ安継家　ˏ貞馬　ˏ天地　ˏ子福積　ˏ奥成　ˏ得内＝
ˏ宮公　ˏ吉惟　ˏ勝法　ˏ円隠　ˏ百済部於用丸

ヽ真人丸　ヽ奥丸　ヽ福丸　ヽ蘇日丸　ヽ勝野　ヽ勝宗　ヽ貞継　ヽ浄人部於日丸　ヽ浄野　ヽ舎人丸＝
ヽ佐里丸　浄継　ヽ子浄継　ヽ丸子部福継「不」足小家
ヽ壬部福成女　ヽ於保五百継　ヽ子槐本家　ヽ太青女　ヽ真名足「不」子於足　「合卅四人」
右田人為以今月三日上面職田令殖可扈発如件　」
・「　大領於保臣　奉宣別為如任件□〔宣カ〕
以五月一日　」　592・45・6　011

里刀自ら三十六人に対して職田で働くように命令した、大領からの郡符木簡である。平川氏は、郡司職田での田植えを磐城郡家所在郷である磐城郷の里刀自に命じており、郡家所在郷は他郷と異なる負担が課されていたとする(40)。この木簡に関しては特定の郷を記していないものの、郡司職田を荒田目条里遺跡に有し、従来からの強い支配関係に基づき里刀自らに田植えを命じたとすれば、郡符の宛所として里名を省略したと考えるべきということである(41)。荒田目条里遺跡が磐城郡家と考えられている根岸遺跡から近接した場所にあり、かつ荒田目条里遺跡からは条里遺構がみつかっていることなどからの推測と思われる。しかし、平川氏は他の論考で、郡符木簡は主に人の召喚を内容として、宛所で廃棄されることなく、召喚先で召喚人とともに提示され、そののち廃棄されたのだろう(42)、と述べているように、郡符木簡は郡内を移動するものであり、近い場所を行ったり来たりするとは限らないので、里刀自が磐城郷の人物だということはあくまで推測だろう。本木簡の他の用途への転用を考えないのであれば、職田のあった場所で、里刀自以下の出席がチェックされ、雇直の支払いについての計算がなされ、用済みとなって官衙的施設であった荒田目条里遺跡で廃棄された、ということにとどまる。逆に、郡司職田の所在する郷が自明であれば郷名はなくても問題ないように思われる。つまり、この木簡からいえることは郡司職田のある郷が他の郷と異なって郡司職田の耕作を請け負うことが付け加わっていたという認識にとどめておくべきだろう。

もう一つの史料は、岩手県奥州市胆沢城跡出土四三号漆紙文書である。陸奥国柴田郡から胆沢城に送られた兵士歴名簿で、この文書断簡には十郷の名が書かれているが、柴田郡の郡名所在郷である柴田郷の記載がないことから他郷と異なる負担が課されていたとした。ただ平川氏本人も指摘している通り、この文書は断簡であり、他の個所にある可能性は否定しきれない。

以上述べたように、これら二つの史料のみからでは、郡家所在郷に他郷と異なる負担が課されていたと確実にいうことはできない。ここでは、切り口を変えて、郡符木簡を全体的に分析して、郡内の負担の違いについて考えていきたい。

2　郡符木簡の概要

郡符木簡(43)は現在のところ、新潟県長岡市（旧三島郡和島村）八幡林遺跡、兵庫県丹波市（旧氷上郡春日町）山垣遺跡、滋賀県野洲市（旧野洲郡中主町）西河原遺跡群、京都府向日市長岡京跡、岐阜県飛騨市（旧吉城郡古川町）杉崎廃寺跡、長野県千曲市（旧更埴市）屋代遺跡群、静岡県浜松市伊場遺跡、福島県いわき市荒田目条里遺跡、石川県金沢市畝田・寺中遺跡などで出土している。このうち屋代遺跡群と荒田目条里遺跡では、それぞれ二例が出土している。また、郡符そのものではないが、福岡県北九州市上長野A遺跡や岐阜県関市弥勒寺西遺跡では郡からの召喚状、石川県河北郡津幡町加茂遺跡では郡符と記された牓示札、静岡県菊川市宮ノ西遺跡では礎板に記された郡符の習書が出土している(44)。先述のように、郡符木簡は、主に人の召喚を内容として、宛所で廃棄されることなく、召喚先で召喚人とともに提示され、そののち廃棄されたのであろうことや、発給元や宛所ではなく郡符木簡によって指示されたところで廃棄されることがすでに指摘されている。[45] ただその宛所（特定の人物の場合以外）には特徴があると思われるので、その検討を行いたい。

3　各郡符木簡の宛所

まず挙げるのは、兵庫県丹波市の山垣遺跡出土の木簡[46]である。山垣遺跡は丹波国氷上郡の東部を司る郡家別院のようなものであると考えられている。[47] 木簡は建物を囲む壕から出土した。

・「符春部里長等　竹田里六人部　□□　□依而□　」

・「春マ君広橋　神直与□　□〔部カ〕里長□□〔弟足カ〕木参出来　四月廿五日　碁萬侶
　少領
　春マ鷹麻呂　右三人　今日莫不過急々　□　」

619・52・7　011

この木簡は氷上郡司から郡内の春部里長等への郡符木簡である。里長とあることから、国郡里制の時代（七〇一〜七一七）のものと考えられる。内容ははっきりしないが、春部里長等に人々（三人）の召喚を命令していると思われる。山垣遺跡からは「春部」や「春部里長」などと記載された墨書土器が多数出土した。他の里に関わりそうな墨書土器は見あたらない。本遺跡は春日町であり、春部郷の比定地であると考えられる。この木簡の動きとしては、氷上郡氷上郷にあったと考えられる氷上郡家から春部里長等に届けられ、春部里の中心地であった山垣遺跡で廃棄された、あるいは山垣遺跡で発給された可能性もある。

次に挙げるのは長野県千曲市の屋代遺跡群出土木簡である。[48] 屋代遺跡群は埴科郡家や信濃国府に関わる遺跡である。

溝SD七〇三一から出土した。

・「符　屋代郷長里正等　敷席二枚　鱒□一升　芹□
　　匠丁粮代布五段勘夫一人馬十二疋
　　□〔神ヵ〕宮室造人夫又殿造人十人

・「□持令火急召□□者罪科　少領　(392)・55・4　019

埴科郡司から屋代郷長里正等に宛てられた郡符木簡である。国郡郷里制（七一七〜七四〇）の木簡である。物品（蓆、鱒、芹、匠への給料に支払う布、勘夫？一人、馬十二匹）と人夫（宮室を造る人夫や殿を造る人十人）の徴発を命令している。屋代遺跡群は屋代郷の比定地にあたる。

屋代遺跡群にはもう一つ郡符木簡がある。

・「符　余戸里長

・「□　□□□　(99)・35・3　019　屋代木簡16号

こちらは余戸里長宛の木簡で、余戸里の場所は不明である。里長とあることから、国郡里制の時代（七〇一〜七一七）のものと考えられる。屋代遺跡群からは時代は異なるけれども、二つの里・郷に向けた郡符木簡が出土しており、郡符木簡が一度宛先にもたらされ、その宛先にあたる人などが、発給元に持ってきてそこで廃棄される、という典型的な例となっている。

その次に石川県金沢市の畝田・寺中遺跡出土木簡を取り上げる。(49) この遺跡は加賀郡津に関わる遺跡と考えられている。河跡から奈良時代の遺物と共に出土した。

「・郡□〔符ヵ〕大野郷長□　□件□　□

「・罪科知此旨火急　「主政」「主帳」　(294)・34・4　019

加賀郡司から大野郷長に出された郡符木簡である。国郡郷里制下以降（七一七以降）の木簡と考えられる。「火急」など書かれているから、急いで人を召集した木簡であろうか。畝田という地名は、『日本霊異記』下巻第十六話に「加賀郡大野郷畝田村」が現れることから、畝田・寺中遺跡は大野郷に所属していたと見られる。この木簡の動きは、加賀郡家から大野郷長に届けられ、大野郷の中心地であった畝田・寺中遺跡で廃棄されたと考えられる。

以上が、宛先が廃棄場所と同一と考えられる場合である。

続いて、静岡県浜松市の伊場遺跡出土木簡[50]を取り上げる。伊場遺跡は遠江国敷智郡家に関わる遺跡である。伊場大溝の枝溝から出土した。

「□〔符ヵ〕竹田郷長里正等大郡×　(282)・49・10　019　一八号

敷智郡司から竹田郷長里正等に宛てられた郡符木簡であると考えられている。国郡郷里制（七一七～七四〇）の木簡である。伊場遺跡から出土している墨書土器で郷名が記されているものの中で竹田郷のものが他の郷に比べて圧倒的に多い[51]。また、八二号木簡も竹田郷長里正らを召集している木簡の可能性がある。さらに、城山遺跡一九号木簡は嶋□郷の人物を召喚する召文である可能性がある。竹田郷の比定地は定かではないが、伊場遺跡から出土した文字資料に竹田が多いことから伊場遺跡付近に考える説[52]や、伊場遺跡とは離れた場所であるという説[53]がある。この木簡の動きとしては、敷智郡家から郡家とは別にある竹田郷長里正らに届けられ、敷智郡家である伊場遺跡に帰ってきた可能性と、敷智郡家から、敷智郡家そばにある竹田郷長里正らに届けられ、ほとんど移動せぬまま廃棄された可能性の両方がある。

次に挙げるのは滋賀県野洲市の西河原遺跡群出土木簡[54]である。この遺跡群は野洲郡家に関わる遺跡である。掘立柱建物群の西に位置する、七世紀末から九世紀後半まで機能した溝ＳＤ三三〇一の中層から出土した。

・「郡司符馬道里長令
・「　又来□女□
　女丁　□□〔来又カ〕道□□
(145)・34・5　019

野洲郡司から馬道里長へ出された女丁に関することを命令した郡符木簡である。馬道郷ははっきりとした場所がわからないが、守山市吉身町にある馬路石辺神社付近と考えられている。[55] この比定が正しいとすると、西河原遺跡群から約六キロ近く離れている。[56] 馬道郷については次に掲げる西河原遺跡群（西河原森ノ内遺跡）出土木簡にも記載がある。[57]

・「　戸主□　　□馬道□□□　　□□臣馬麻呂
□□郡馬道郷□□里　戸主□□□□　馬道首□□
　戸主三寸造得哉　□　□
　戸主大友主寸□□□　□　」

・「戸主石辺君玉足　戸主大友行□□　戸主□□□□□　□□□□□〔戸主カ〕年廿正丁
戸主三宅連唯麻呂　戸主佐多直鳥　戸主黄文□　□　□　□年卅正丁
戸主登美史東人　戸主石木主寸□□呂　戸主□　□　同戸　人足年卅二正丁
戸主馬道首少廣　戸主郡主寸得足　□□□　□　□□□　□」
520・64・8　011（点線は刻線）

大型掘立柱建物などのある区画の南を限る溝ＳＤ二二〇一から出土した。[58] この木簡は先の郡符木簡と異なり郷里制下のもので、馬道郷の某里の戸主たちの人名を列記したものである。戸主だけでも十五人記載されており、五十戸の三分の一弱の人数であることから、馬道郷某里のすべての戸主が記されていると考えられる。この人々が何のために記されていたのかは不明だが、「同戸」との記載があり、この者は戸主ではない。つまり単に戸主だけを集めたものではないので、何らかの収取に関わるものと思われる。他にも光相寺遺跡からも「馬道」と記された木簡が出土しており(59)、また、他の郷についての文字資料は少ないので、西河原遺跡群と馬道郷とは他の郷とは違う密接な関係が現れている。この木簡の動きとしては、伊場遺跡出土木簡と同様で、野洲郡家から郡家とは別にある馬道里長に届けられ、西河原遺跡群に帰ってきた可能性と、野洲郡家から、野洲郡家そばにある馬道里に届けられ、ほとんど移動せぬまま廃棄された可能性の両方がある。

以上の二つが宛所と異なる場所で廃棄された木簡であるが、その宛所は、その遺跡出土の文字資料に多く見られる地名であった。

最後に挙げるのは、岐阜県飛騨市古川町の杉崎廃寺跡出土木簡である。杉崎廃寺跡は古川盆地北西隅に位置する白鳳寺院跡で、次に掲げる郡符木簡は、伽藍の西を南北に限る一号溝状遺構(排水施設)から、多数の木製品とともに発見された(60)。

・「符　飽□〔見ヵ〕

・「急□

(85)・30・7　019

「飽□」は飛騨国荒城郡飽見郷を指すものとみられている。ほかに「見寺」等と書かれた墨書土器も見つかっている。ただし、他の郷の資料は見つかっていないので、荒城郡内での飽見郷が特殊な存在であるかどうかはわからない。

これ以外の郡符木簡については、特定の人に出されたものであるので、今回の考察からは除外することにする。

4　郡符木簡の宛所と郡内支配

このように、これまでに見つかっている郡符木簡の宛所のほとんどが、その遺跡付近の郷・里の場合（山垣、屋代、畝田・寺中）か他の文字資料に多く名前を出す郷・里の場合（伊場、西河原）である。ただ、後者については両方とも、竹田郷や馬道里の故地の比定によっては前者である可能性も残っている。山垣遺跡は氷上郡東部の中心地、屋代遺跡は埴科郡の中心地、畝田・寺中遺跡は加賀郡の津と考えられ、いずれも郡内の中で一、二の拠点の一つである。また敷智郡竹田郷と野洲郡馬道里は、文字資料に多く現れ、郡内でも特殊な位置づけである。このようなことを考えると、郡符木簡の宛所である地点のほとんどは、ある一つの郡内で、他の郷と位置づけが異なっていた郷であると考えられる。だからこそ郡符木簡で命令を受け、さまざまな仕事を引き受けることになったのではないだろうか。

郡符木簡の指示内容のわかる屋代遺跡群出土の郡符木簡について、吉川真司氏は雑徭として物品や力役を求めたものとしている[61]。また、川尻秋生氏は、屋代遺跡群出土の郡符木簡や安芸国分寺出土木簡の検討から、郷充が存在したと想定している[62]。ただし、屋代遺跡群出土木簡によれば、宮室を造ることが命じられていて、これが各郷で行われていたと考えるよりも、郡の中心地で行われていたことと考える方が考えやすいと思われる。『続日本紀』和銅元年（七〇八）九月庚辰条には、「行二幸山背国相楽郡岡田離宮一。賜下行所レ経国司目以上、袍袴各一領、造二行宮一郡司禄上各有レ差。并免二百姓調一。特給二賀茂・久仁二里戸稲卅束一」とあって、元明天皇による山背国相楽郡の岡田離宮への行幸の際には随行した国司や行宮を作った相楽郡司に禄などが与えられたが、どの範囲かは不明ながら百姓の調が免ぜられるとともに相楽郡の賀茂・久仁の二里の戸が特に稲を与えられた。このことは、一郡内での均質な徴発が行われなかったことを意味しよう。

また、「火急」などの緊急性の読み取れる文言[63]が郡符木簡には比較的多く見られることは、それぞれの郷の賦課を均質にしようとゆっくり考えていたのでは、目的が達成されなかったことを想起させる。

おわりに

以上、東大寺領のある越前国足羽郡道守村に関する史料の分析では、開発者である生江臣氏が郡内の他の場所に比べて影響力を持っていたこと、郡符木簡の宛所の分析からは、郡内で郡符木簡などの命令を多く受け取る他郷と位置づけの異なる郷があったことを述べてきた。いずれも一郡内で均質な支配が行われていなかったことを示している。郡符木簡で命令を受ける郷・里が足羽郡でいうところの道守村のような存在であったかはわからないが、表面的には均質な収取が国郡により行われたと考えられる租調庸とは異なって、数々の雑役の賦課は特定の郡司層の指示のもと、特定の人々に賦課される傾向があったのではないだろうか。日本全体で畿内と畿外、陸奥国・出羽国や西海道諸国で支配形態が異なるように、また、一つの国にも奥郡や養郡があり支配形態が異なるように、一つの郡にも賦課の頻度が郷などによって異なる支配形態があったと考えられる。

注

（1）石母田正「古代国家と生産関係」『日本の古代国家』岩波書店、一九七一、三九一頁。
（2）須原祥二「八世紀の郡司制度と在地」『古代地方制度形成過程の研究』吉川弘文館、二〇一一、初出一九九六。著書の序の部分（二頁）と本論文のおわりにも参照。
（3）中村順昭「郡雑任の諸様相」『律令官人制と地域社会』吉川弘文館、二〇〇八、二三八頁。

（4）森公章「郡符木簡再考―郡家出先機関と地域支配の様相―」『東洋大学大学院紀要』五二、二〇一五、四〇七、三九六頁。
（5）中村順昭「郡家の所在と郷の編成」前掲注(3)、初出一九九五。平川南「古代の郡家と所在郷」『律令国郡里制の実像』上、吉川弘文館、二〇一四、初出二〇一三。
（6）弥永貞三『奈良時代の貴族と農民―農村を中心として―』至文堂、一九五六。鬼頭清明『古代の村』岩波書店、一九八五。森田悌「八・九世紀の村落」『解体期律令政治社会史の研究』国書刊行会、一九八二、初出一九七七、など。
（7）『日本歴史地名大系一八　福井県の地名』平凡社、一九八一。
（8）天平三年（七三一）の足羽郡の郡大領は生江臣金弓（天平三年越前国正税帳、『大日本古文書』一―四三三）、天平勝宝元年（七四九）には生江臣安麻呂（天平神護二年九月十九日足羽郡司解、『大日本古文書』家わけ第十八東大寺文書之二、東南院文書之二、以下『東南院文書』とする。二―一六八）、天平勝宝七歳（七五五）（天平勝宝七歳越前国使解、『大日本古文書』四―五二）から天平神護二年（七六六）（天平神護二年九月十九日足羽郡司解、『東南院文書』二―一六九）の間は生江臣東人である。他の奈良時代の足羽郡の大領については管見の限りでは史料がない。また、阿須波臣氏の少領には天平三年（七三一）に阿須波臣真虫（天平三年越前国正税帳）が、天平神護二年には阿須波臣東麻呂（天平神護二年足羽郡少領阿須波束麻呂解、『東南院文書』二―一七四）がいる。ちなみに天暦五年（九五一）足羽郡司牒（『東南院文書』二―二五七）によれば生江氏と阿須波氏、古市氏がそれぞれ擬大領となっている。
（9）天平神護二年越前国司解（『東南院文書』二―一八六～二四四）。
（10）丸山幸彦「越前・越中・伊賀における東大寺庄園の展開―天平神護二年八月二六日官符を中心に―」『古代東大寺庄園の研究』渓水社、二〇〇一、初出一九七六、三四頁。
（11）前掲注(9)。
（12）『日本荘園絵図聚影』一下、三。『日本荘園絵図聚影　釈文編一古代』一八。
（13）（14）『東南院文書』二―一七二。
（15）藤井一二「東大寺領越前国道守荘の形成」『初期荘園史の研究』塙書房、一九八六、初出一九八〇。
（16）小口雅史「初期庄園の経営構造と律令体制」土田直鎮先生還暦記念会編『奈良平安時代史論集』上巻、吉川弘文館、一九八四、六〇八頁注八〇。「占野堺」は西北三條十二野田西里の卅一坊と卅二坊の境界に位置する。

(17) 天平神護二年九月十九日足羽郡司解（『東南院文書』二―一六九）。
(18) 藤井一二「東大寺領越前国道守荘の形成」前掲注(15)一三三頁。
(19) 金坂清則「5越前b越前国足羽郡道守村開田地図」金田章裕・石上英一・鎌田元一・栄原永遠男編『日本古代荘園図』東京大学出版会、一九九六、四〇六頁図五。
(20) 原秀三郎「八世紀における開発について」『日本史研究』六一、一九六二、一九頁。
(21) 『東南院文書』二―一七三。
(22) 弥永貞三『奈良時代の貴族と農民』前掲注(6)一六三頁。
(23) 金田章裕「越前国足羽郡道守村開田地図」『古代日本の景観』吉川弘文館、一九九三、初出一九九一、一六二頁。
(24) 『東南院文書』二―二四五～二五一。
(25) 前掲注(13)東人解。
(26) 小口雅史「日本古代における農業経営単位について―初期庄園を主たる舞台として―」虎尾俊哉編『律令国家の地方支配』吉川弘文館、一九九五、二六九頁注八。
(27) 宮本救「付、天平神護二年「越前国司解」について」『律令田制と班田図』吉川弘文館、一九九八、初出一九五七、二〇八頁。
(28) 『東南院文書』二―二五二。
(29) 天平神護二年栗川庄南野治溝功食注文案『東南院文書』二―二五三。
(30) もし僧が生江臣氏の人物であるとしても署名がない。
(31) 前掲注(13)東人解。
(32)(33) 天平神護二年足羽郡少領阿須波束麻呂解。『東南院文書』二―一七四。
(34) 越前国司解。『東南院文書』二―一九八。
(35) 天平神護二年足羽郡司解という文書名で、別鷹山伏弁状（『東南院文書』二―一六八）、額田国依伏弁状（『東南院文書』二―一七〇）、道守男食伏弁状（『東南院文書』二―一七一）。
(36) 伏弁は養老獄令3国断条に規定されている。岩波日本思想大系『律令』一九七六、補注は六八七頁。
(37) 小口雅史編著『デジタル古文書集　日本古代土地経営関係史料集成　東大寺領・北陸編』同成社、一九九九、一六四頁。

(38) 小口氏はこの文書で伏弁を行っている額田国依の田は、東大寺領内改正田リストに見えないので、庄域外の田であろうとしている(『日本古代土地経営関係史料集成』前掲注(37)一六四頁)。額田国依はほかの史料に出てこない人物なので正確にはわからないが、同じ野田郷の人々が墾田を所有するのは栗川村か鴨野村付近なので、どちらかの庄園付近の墾田を持っていたと考えられ、道守村ではないだろう。おそらく国依が開削した溝が東大寺庄の使用する溝と同じで、溝を東大寺に奉ったのであろう。

(39) いわき市教育委員会『荒田目条里遺跡』二〇〇一。釈文は岩宮隆司「釈文の訂正と追加(五)福島・荒田目条里遺跡(第一七号)」『木簡研究』二四、二〇〇二による。

(40) 平川南「古代の郡家と所在郷」前掲注(5)三四六頁。

(41) 平川南「古代の郡家と所在郷」前掲注(5)三四〇頁。同「里刀自論―福島県いわき市荒田目条里遺跡」『古代地方木簡の研究』吉川弘文館、二〇〇三、初出一九九六、四九〇頁。

(42) 平川南「郡符木簡」『古代地方木簡の研究』前掲注(41)、初出一九九五、一九六頁。

(43) 郡符木簡については平川南「郡符木簡」前掲注(42)、佐藤信「郡符木簡にみる在地支配の様相」『古代の遺跡と文字資料』名著刊行会、一九九九、初出一九九六。早川万年「郡符木簡」平川南・沖森卓也・栄原永遠男・山中章編『文字と古代日本1 支配と文字』吉川弘文館、二〇〇四、などを参照。

(44) 森公章「郡符木簡再考」前掲注(4)表一。

(45) 平川南「郡符木簡」前掲注(42)一九六頁。早川万年「郡符木簡」前掲注(43)一七九頁。

(46) 加古千恵子・平田博幸・古尾谷知浩「釈文の訂正と追加(一)兵庫・山垣遺跡(第六号)」『木簡研究』二〇、一九九八、二二八頁。『山垣遺跡発掘調査報告書 近畿自動車道舞鶴線関係埋蔵文化財調査報告書(XIII)』兵庫県文化財調査報告書第七五冊、兵庫県氷上郡春日町、一九九〇。

(47) 平川南「郡符木簡」前掲注(42)。ただ、筆者は郡東部をすべて管轄していたとは限らないと考えている(浅野「日本古代の末端官衙と木簡」『木簡研究』三七、二〇一五、二六三頁)。

(48) (財)長野県埋蔵文化財センター『長野県 屋代遺跡群出土木簡』一一四、一九九六。「屋代遺跡群出土木簡補遺」(財)長野県埋蔵文化財センター『長野県埋蔵文化財センター発掘調査報告書五四 更埴条里遺跡・屋代遺跡群―総論編』二〇〇〇。

(49) 石川県教育委員会・(財)石川県埋蔵文化財センター『金沢西部第2土地区画整理事業に係る埋蔵文化財調査報告書一〇 金沢

市　畝田西遺跡群Ⅴ』二〇〇六。和田龍介「石川・畝田・寺中遺跡」『木簡研究』二四、二〇〇二も参照。

(50) 浜松市教育委員会『伊場遺跡総括編（文字資料・時代別総括）』伊場遺跡発掘調査報告書第一二冊、二〇〇八。

(51) 竹田郷に関係する墨書土器は『伊場遺跡総括編（文字資料・時代別総括）』の番号で人名の可能性のあるものも加えて列挙すると、9・10・22・23・24・25・26・27・30・459・城山三次2・3・4・5・16・17・20。向坂鋼二「伊場・城山遺跡の古代文字資料」伊場木簡から古代史を探る会編『伊場木簡と日本古代史』六一書房、二〇一〇、一〇四頁表一も参照。

(52) 向坂鋼二「伊場・城山遺跡の古代文字資料」前掲注(51)一二七頁。

(53) 平川南「郡符木簡」前掲注(42)一八〇頁。

(54) 釈文は『古代地方木簡の世紀—文字資料から見た古代の近江—』滋賀県立安土城考古博物館第三六回企画展・滋賀県文化財保護協会調査成果展図録、二〇〇八、二七頁による。濱修「滋賀・西河原森ノ内遺跡（第一四号）」『木簡研究』三三、二〇一一。

(55) 市大樹「西河原遺跡群の性格と木簡」『飛鳥藤原木簡の研究』塙書房、二〇一〇、初出二〇〇八、五六一頁。

(56) 大橋信弥「近淡海安国造と葦浦屯倉—西河原木簡群から見えてくるもの—」（財）滋賀県文化財保護協会編『古代地方木簡の世紀—西河原木簡から見えてくるもの—』サンライズ出版、二〇〇八、一五四頁によれば、西河原遺跡群である可能性も否定し去ることはできないとする。

(57) 釈文は『古代地方木簡の世紀』前掲注(54)三七頁による。濱修「滋賀・西河原森ノ内遺跡（第八・一二・一四・一八号）」『木簡研究』三三、二〇一一。

(58) 『古代地方木簡の世紀』前掲注(54)八六頁。

(59) 『古代地方木簡の世紀』前掲注(54)二五頁、辻広志「滋賀・光相寺遺跡」『木簡研究』一〇、一九八八、五九頁。

(60) 『岐阜県吉城郡古川町　杉崎廃寺跡　発掘調査報告書』古川町教育委員会、一九九八、一一七頁。河合英夫「岐阜・杉崎廃寺」『木簡研究』一六、一九九四。

(61) 吉川真司「九世紀の国郡支配と但馬国木簡」『木簡研究』二四、二〇〇二、二三〇頁。

(62) 川尻秋生「郡充制試論」吉村武彦編『律令制国家と古代社会』塙書房、二〇〇五。

(63) 「火急」屋代遺跡群・畝田遺跡群。「急々」山垣遺跡。「急」杉崎廃寺跡。

日本古代における庄と初期荘園

小倉真紀子

はじめに

日本古代の荘園に関する研究は、これまで、天平十五年（七四三）の墾田永年私財法発布以後の諸史料に見られる「庄」を主な対象としてなされてきた。それは、同法を契機として、貴族や寺社などによる大規模な土地の占有と開墾地の集積が進展したためである。この時期から九世紀頃にかけて成立した荘園は、領主が荘地と共に荘民も支配する中世的な荘園と経営方法の違いによって区別され「初期荘園」と呼ばれることは周知のとおりである。この初期荘園については、東大寺などに伝来した、経営の実態を物語る関係史料を手掛かりとして、今日までに多大な研究成果が蓄積されてきた。

これらの初期荘園は、史料上では「庄」と称される。しかしながら、さまざまな史料に目を通していくと、「庄」と記される土地の全てが必ずしも初期荘園に該当するわけではないことに気付く。墾田永年私財法の発布以前から「庄」が存在することはすでに指摘されているが、従来の研究では、交易や出挙の拠点としても機能していた可能性を想定しつつも、基本的には「庄」は農業経営の拠点として理解されている(1)。そして、古代の「庄」に関しては、初期荘園に該当する「庄」とそうではない「庄」が暗黙のうちに区別され、初期荘園である「庄」を専らの対象として論じられているのが現状である。すなわち、農地ではない「庄」は捨象され、荘園研究において顧みられることがなかったのである。このような視点は、後の中世的な荘園の成立に繋がるものとして初期荘園のあり方を考究する上では有効であろう。だが、後代の荘園に繋がっていく初期荘園が成立した歴史的な意義を考えるには、初期荘園には該当しない「庄」も含めて、そもそも「庄」とはどのような性質の土地として存在したのか、という点を検証し、その上で、墾田永年私財法の施行以後に初期荘園である「庄」がいかにして生じたのかを捉え直す必要があるのではなかろうか。

以上のような観点から、本稿では、まず大宝・養老令に見られる「庄」を検討の対象とし、それがいかなる土地として当時の土地制度に位置付けられたのかを解明した上で、墾田永年私財法の発布前後における「庄」のあり方を分析していくことにしたい。

一　日本令における「庄」

日本令には、散逸して正確な条文が不明である倉庫令と医疾令を除き、唯一、以下に示す養老軍防令65東辺条に「庄」字を含む文言が見られる(2)。

凡縁㆓東辺北辺西辺㆒諸郡人居。皆於㆓城堡内㆒安置。其営田之所。唯置㆓庄舎㆒。至㆓農時㆒。堪㆓営作㆒者。出就㆓庄田㆒。収斂訖勒還。其城堡崩頽者。役㆓当処居戸㆒。随㆑閑修理。

本条は、辺境諸郡における住人の居所や農作、及び城堡の修理に関する規定である。大宝令文については、後半部分の「其城堡崩頽者。役㆓当処居戸㆒。随㆑閑修理」の存在が『令集解』賦役令雑徭条古記によって確認できるのみで、本稿で問題としている「庄」字を含む前半部分の存否は不明とせざるを得ない。[3] しかしながら、前半部分の文言が大宝令になかったことを示す積極的な証左も特にないため、ここでは本条が大宝令・養老令共に同じ文言であったと仮定して論を進めることにする。

この条文では、「縁㆓東辺北辺西辺㆒諸郡」において、営田の場所には「庄舎」を置き、農作時に当たって営作に従事できる者は「庄田」に就け、ということが述べられている。「縁㆓東辺北辺西辺㆒諸郡」は、具体的には、東海・東山・北陸道の蝦夷に接する地域と、西海道の隼人に接する地域を指すと見られる。また、「庄田」は、「堪㆓営作㆒者。出就㆓庄田㆒」に関する『令義解』の注釈に「謂。強壮者。出就㆓田舎㆒。老少者留在㆓堡内㆒也」とあることにより、[4]「田舎」すなわち田地と舎屋（建物）を指した語であることがわかる。『令義解』には「庄舎」に関する注釈はないが、この「田舎」の「舎」が「庄舎」に相当すると解してよいであろう。つまり、蝦夷と隼人に接する辺境の地域では、田地に「庄舎」が設置され、農作時にはその「庄舎」に耕作者が出向いて農作業に従事せよ、ということが令に定められていたのである。この「庄舎」は、初期荘園関係史料に見られる「庄所」などと同様に、農具を保管するなど現地で農作業や田地経営の拠点として機能した施設であろうと推測される。

ここで問題となるのは、この「庄舎」や「庄田」という文言が何に基づいて軍防令65東辺条に盛り込まれたのか、という点である。通常であれば、本条に相当する唐軍防令の条文が存在し、そこに同じ文言があった、と想定するのが穏当な考え方である。しかしながら、本条に関しては、対応する唐令の条文が見出されておらず、[5] このような方法で確認することはできない。そこで、唐軍防令の他の条文（復元案を含む）や、軍防令に関係する諸文献に目を向けることが必要になるのであるが、それらの諸史料を通覧しても、日本の養老軍防令65東辺条で言及されているような辺境の地域において「庄舎」や「庄田」、もしくは「庄」を設置したという内容の法制や記事は、管見の限り存しないようである。このような状況を踏まえると、日本の軍防令65東辺条は、唐の軍防令になかった規定を独自の条文として作成したものであり、特に前半部分の「庄舎」「庄田」という文言は、唐の「庄舎」「庄田」とは異なる意味をもって用いられたのではないかと考えられるのである。

そこで、日本の軍防令65東辺条に「庄舎」「庄田」の語が盛り込まれた意図を探るために、まず唐における「庄舎」「庄田」は何を指すのか、という点について確かめることにしたい。加藤繁氏によれば、唐の「荘（庄）」は、以下に示すようなものであったという(6)。

①唐の「荘」は、本来は今日の別荘を指す語であるが、単なる娯楽の場所ではなく、経済的な資源となる田園を包含しているものが多く存在した。

②「荘」と「田」もしくは「園」は、元は別のものであったが、荘には田園を含むものが多かったため、中唐（八世紀後半～九世紀前半）以後、別荘としての設備がない場合でも「荘田」「田荘」「荘園」という語が王公以下富豪貴人の所有する広大な土地を意味するようになった。

③「荘宅」は、荘（別荘）と宅（第宅）であるが、荘には田園も含まれたため、実際には別荘・第宅・田園の三者を意味した。官有の荘宅も存在し、それらを管理する内荘宅使という官職が設けられた。

④官有の荘宅は、買い上げ、献納、没収、無主の土地建物（前代の朝廷・王公等の所有地や、廃絶した寺院など）の接収によって成立した。これらの官有荘宅は、朝廷自らが使用した他に、喜捨、下賜、貸付けといった用途に供された。

加藤氏の指摘を踏まえると、日本の軍防令65東辺条の文言「庄舎」「庄田」に含まれる「庄」は、唐の「荘（庄）」とは性質が大きく異なるものであったといえる。「庄田（荘田）」が農作地を意味する点では共通しているが、辺境の地で住民が耕作する日本の軍防令の「庄田」は、王公や富豪の私有地ではない。仮に、官有（国家所有）の荘も存したことに接点を見出したとしても、唐で内荘宅使が管掌した荘宅のように買い上げや献納・没収などによって官有に帰した土地とは成立の経緯が全く異なっているため、やはり日本の軍防令の「庄田」と唐の「荘（庄）」とを同質であるとは見なし難いであろう。

それでは、なぜ日本令の制定者は、辺境の地域に存在する農作地を指し示すのに、唐の用法とは異なる「庄舎」「庄田」の語を採用したのであろうか。ここまでは唐における「荘（庄）」のあり方を基点として検証してきたため、今度は少し視角を変えて、日本の軍防令65東辺条の「庄舎」「庄田」に相当するものが唐ではどのように存在していたのか、という観点から考察してみたい。

唐において、軍備を要する辺境の地域に存在した農作地として想起されるのは、屯田である。『通典』巻二食貨二の「屯田」の項には、前漢の始元二年（前八五）から唐の開元二十五年（七三七）に至るまでの、中国の歴代王朝で設置・運営された屯田制度の変遷が記されているのであるが、その中で、日本の軍防令65東辺条との関わりから注目される記事は、以下に示す北斉の河清三年（五六四）詔である(7)。

縁辺城守堪二墾食一者営二屯田一、置二都子使一以統レ之。一子使当二田五十頃一、歳終課二其所レ入、以論二褒貶一。

この詔は、辺境地域の城守のうち農作地の開墾・耕作に堪える者に屯田を営ませ、都子使という官職を置きその屯田を管掌させること、一子使には田五十頃を担当させ、一年の終わりに屯田からの収量を調べ、それによって職務成績を評価することを命じたものである。ここに見える「城守」は、おそらく現地で城壁の守備に当たった者を指すのであろう。これらの内容のうち、冒頭の「縁辺城守堪二墾食一者営二屯田一」には、対象となる地域が辺境である点、農耕に堪える者に田地の営作をさせている点、耕作者は同時に城壁の守備者としての機能を持ち合わせていた点において、日本の軍防令65東辺条との共通性を認め得るのではなかろうか。文言も「凡縁二東辺北辺西辺一諸郡人居。皆於二城堡内一安置。其営田之所。唯置二庄舎一。至二農時一。堪二営作一者。出就二庄田一」と似ている部分があり（傍点は筆者）、このように両者を比較すると、日本の軍防令65東辺条は、北斉の河清三年詔を参考にして作成されたのではないかと考えられるのである。唐令では、屯田に関する詳細な規定は田令に設けられていたが(8)、大宝・養老令の作成時点においてそれらの内容が日本の辺境地域の実情と合わなかったために、日本令では唐令を直接の範とせず遡って北斉の制を参照したのであろう。

日本の軍防令65東辺条が北斉の河清三年詔に倣ったものであったと推測すると、ここで新たに問題となるのは、規定の対象となる田地を日本令ではなぜ「屯田」ではなく「庄田」と称したのか、という点である。これについて考察するには、日本令における「屯田」の継受のあり方を検証する必要があろう。先述したように、唐令では屯田に関する規定が田令に存したのであるが、日本でもこれを継承し、大宝令では田令に「屯田」に関する条文が設けられた。ところが、この「屯田」は唐の屯田とは内容が異なるものであったため、養老令では「官田」という呼称に改められている。三谷芳幸氏によれば、日本令の屯田（官田）は以下のような特徴を有していた(9)。

①唐令に規定された屯田は、国家の直営田であり、兵卒が軍粮生産のために耕作する軍屯と、百姓が傜役労働によって宮廷用の食料生産のために耕作する民屯に大別される。畿内の屯田は民屯で司農寺に所属し、畿外の屯田は軍屯で州鎮諸軍に所属していたと考えられる。

②唐において司農寺に属した畿内の民屯には、皇帝の供御料田としての側面があり、日本令の屯田（官田）はこれ

に相当する。日本令では、唐の屯田制全体を継受せず、軍屯を中心とする唐令の屯田関係条文の大部分を削除した。

③日本令の屯田（官田）制は、畿内にあったミヤケの田地と経営体制を継承したもので、唐の屯田制とは根本的に異なり、熟田を固定的に維持する制度であった。

これらの指摘に鑑みると、日本の大宝令は、唐における畿外の軍屯に相当する田地と畿内の民屯に相当する田地を区別し、畿内に設けられた皇帝（日本では天皇）の供御料田に相当する田地のみを「屯田」と称する方針で編纂したと考えられる。その結果、天皇の供御料田ではない畿外の軍屯に相当する田地を指す語として「屯田」の代わりに「庄田」を用い、軍防令65東辺条を作成したのではなかろうか。なお、この「庄田」は先に述べたように唐の「荘（庄）」とは性格が異なるのであるが、大宝令の編者は、経営施設としての舎屋が付随する農作地を指す語としてはこれが最も適切であると判断して採用したのであろう。

このような推測を支える一つの傍証になると思われるのは、『日本書紀』大化二年（六四六）正月甲子朔条の以下の文である(10)（傍点は筆者）。

賀正礼畢、即宣㆓改㆑新之詔㆒曰、其一曰、罷㆓昔在天皇等所立子代之民・処々屯倉、及別臣連伴造国造村首所有部曲之民・処々田荘㆒。（後略）

これは、いわゆる大化改新詔の第一条で、かつて天皇が立てた子代とミヤケ、及び臣・連・伴造・国造・村首が所有する部曲とタドコロを廃止するよう命じたものである。ここでのミヤケは朝廷直轄の農業経営地を指し、タドコロは諸豪族が私的に領有していた農業経営地を指すのであるが、前者に「屯」字を含む「屯倉」、後者に「荘」字を含む「田荘」の表記を当てている点は興味深い。大化改新詔の文章は、当時実際に作成されたものではなく、例えば地方行政組織のコホリを「郡」と記すなど大宝令の文言によって潤色を加えられた可能性が高いとされている。この点を勘案すると、ここでの「屯倉」「田荘」も大宝令の文言を意識して採用された表記と捉えてよいのではなかろうか。『日本書紀』では、これらの「屯倉」「田荘」の他に、天皇の領有するミタを「屯田」（仁徳天皇即位前紀など）、寺院の領有するタドコロを「田荘」（崇峻天皇即位前紀など）と表記している。[11]この用字からは、天皇に直接関わる領地のみに「屯」字を使い、諸豪族や寺院の領地など天皇・皇室とは直接関わらない農業経営地には「屯」字を使わず「荘」字を使う、という『日本書紀』の編纂方針を読み取ることができる。裏を返せば、大宝令において、「屯田」が指す田地を天皇の供御料田のみに限定し、それ以外の農業経営地を「屯」ではなく「庄」によって示すことにしたために、その表記法が『日本書紀』に反映されたということになるであろう。

以上、本節では、軍防令65東辺条に焦点を当てて、日本の大宝令では唐と異なり天皇の供御料田に限って「屯田」と称したこと、その結果、唐の屯田に相当する辺境地域の農作地が「屯田」ではなく代わりに「庄田」と称されたこと、唐の「荘（庄）」は田園を含む王公や富豪の私有地であるが、大宝令においては、そのような私有地ではなくても、舎屋が付随する農作地を指す語として「庄田」を採用したと推測されることを論じた。このような「屯田（屯）」「庄田（荘）」の表記法は『日本書紀』でも用いられ、天皇・朝廷の直轄領であったミヤケ・ミタが「屯倉」「屯田」、諸豪族や寺院の領地であったタドコロが「田荘」と記されたのである。

しかしながら、特に「屯田」に関しては元来の中国における「屯田」と大きく内容が異なっていたためにその使用法は定着しなかったようであり、養老令では天皇の供御料田は「官田」と改称され、また、軍防令65東辺条に規定された辺境地域の「庄田」に類する田地は、『類聚三代格』延暦十五年（七九六）十二月二十八日太政官符に「陸奥国屯田」、『日本後紀』弘仁三年（八一二）七月癸酉条に「陸奥国言。屯田元二百町。伏望定㆓一百町㆒。為㆓鎮守儲㆒者。許レ之」と見られるように、[12]結局は中国の用例と同じように「屯田」と称されるに至った。それでは、舎屋が伴う農作地を指す語として大宝令に現れた「庄」は、その後、どのような形で存在したのであろうか。次節では、この点について検証することにしたい。

二　八世紀における「庄」の実態

天平十五年（七四三）の墾田永年私財法発布以前にも「庄」が存在したことは先述したとおりであるが、その事例として史料上確認できるのは、正倉院文書に残存する天平十年（七三八）八月十五日粟籾検定啓に見られる「山口庄」「宮庄」「櫟本庄」である。[13]櫟本庄の名が東南院文書の天暦四年（九五〇）十一月二十日東大寺封戸庄園幷寺用雑物目録に見られることから、[14]これらの庄も東大寺の庄かと思われるが、本文書は粟・籾の収納量について報告したものであり、粟の収納先が「山口庄」、籾の収納先が「宮庄」「櫟本庄」となっている。これらの庄は、穀物を収納し得る施設を伴った農作地であったと考えられる。

現存する文書で墾田永年私財法以前の庄として確認できるものはこの一例に留まるのであるが、天平十九年（七四七）から翌二十年にかけて諸寺で作成された資財帳に「庄」の事例がいくつか存するため、次にこれらを見ていくことにしたい。天平十九年二月十一日法隆寺伽藍縁起幷流記資財帳には、「合処処庄肆拾陸処／合庄庄倉捌拾肆口　屋壱佰拾壱口」（／は改行）という記載がある。[15]これらは「水田」や「陸地」（内訳は「薗地」と「山林岳島等」）とは別に項目が立てられており、かつ内訳には「右京九条二坊壱処」「近江国壱処」などのように所在地と数のみを記すばかりで面積を記していない点が注目される。ここからは、庄は「倉」「屋」といった建物を伴う土地で、面積よりもその建物に資産価値があったのではないか、ということが窺われる。本文書に示された法隆寺の庄には、「水田」や「陸地」がない地（右京九条二坊や摂津国西成郡、備後国、讃岐国、伊予国など）に所在するものもあり、これらは、農作地とは関係のない施設と見ざるを得ないであろう。同年月日の大安寺伽藍縁起幷流記資財帳にも「合処処庄拾陸処　庄庄倉合廿六口　屋卌四口」の記載がある。(16) やはり法隆寺と同じく「墾田地」「水田」「薗地」とは別に項目が立てられている。田地・薗地がない摂津国西成郡に庄があることも法隆寺と同様である。但し、「薗地」の項にはない薗地の記載が「庄」の内訳に含まれており、山背国相楽郡所在の庄に「泉木屋幷薗地二町」とある点には注意を要する。薗（園）地は、田令において桑漆を植えるとされた地目（実際には広く穀物以外の蔬菜も植えたか）で、一般には班給・収公の対象地であった。本文書で薗地が異なる項目に書き分けられた理由は、「薗地」の項にある薗地（左京七条二坊十四坪・同条三坊十六坪）は公地に、「庄」の項にある薗地は私地にそれぞれ所在した、という区別があったためかと推測される。天平二十年二月十一日弘福寺三綱牒にも「庄家壱処」の項目があり、内訳に「甲倉」「板倉」「屋」といった建物が列記されている。(17) ここでも「庄家」は「水田」「墾田」「墾陸田」とは別の項目となっている。

これらの資財帳によれば、庄には農作地が付随するものもあるが、農作地とは関係のないと目されるものもあることが判明する。また、いずれの庄にも墾田は含まれておらず、これは、墾田永年私財法の施行後間もない時期における庄のあり方として特筆すべき点であろう。

続いて、その後の史料に見られる庄について検証していくと、天平二十年十月二十七日太政官符案に「東大寺庄」という記述がある。(18) 本官符は、勅旨により伊賀国阿拝郡柘殖里にある家一区（地二町・墾田七町一段・屋八宇・板倉七間から成る）を東大寺の庄とするために小治田藤麻呂から買得したため、その立券手続きをするよう伊賀国守に命じたものであるが、ここでは「家地幷墾田」が「東大寺庄」とされている。庄が倉屋を伴う地であることは先に掲げた諸寺の資財帳と同じであるが、ここに初めて「墾田」を含む庄が登場する。

さらに史料を見ていくと、天平勝宝四年（七五二）正月十四日安宿王家牒案に「寺家庄」という記述がある。[19] この「寺家」は東大寺であり、本文書は東大寺の庄として摂津国西生郡美努郷（ママ）にあった安宿王家の地を買得した際に作成されたものであるが、この後に続く一連の文書より、この庄には建物が伴うのみで墾田等の農作地はなかったことがわかる。天平勝宝六年（七五四）二月三十日西市庄解には「西市庄」、これとほぼ同時期のものと推測される年欠五月一日造東大寺司政所符案には「東市庄」の名が見られる。[20] 前者は宛所が、後者は差出が造東大寺司であるため、これらの「西市庄」「東市庄」は東大寺の庄であったと判断し得る。所在地は文字どおり京の東西市であろう。したがって、この二庄にも農作地は付随しない。後者の文書は、造東大寺司が東市庄の領に対し、仏師のために生菜を買うよう命じたものである。この内容から、東市庄・西市庄は、東大寺（造東大寺司）が必要な物品を市で購入する際に使用した施設であったと考えられる。

これらに続いて「庄」が見られる文書は、天平宝字元年（七五七）十一月十二日越前国使解である。[21] 本文書は、東大寺領越前国桑原庄の決算報告書としてよく知られた史料であるが、ここでは「桑原庄所」が野地（未墾地）・見開田（墾田）・稲・倉屋・雑物（道具類）によって構成されている。この庄（庄所）は、墾田・野地（開墾予定地）・倉屋（経営拠点となる施設）から成る典型的な初期荘園といってよいであろう。東大寺は、田使曾祢乙万呂に対し、国司（国史生安都雄足）・郡司（足羽郡大領生江東人）と共に確認・署名して報告書を提出するよう命じており、墾田を含む庄（初期荘園）の経営に、領主が派遣する使者と現地の国司・郡司が共に関与していたことがわかる。北陸以外の地域における東大寺の庄に関する史料としては、天平宝字六年（七六二）三月七日造石山院所符案・同年閏十二月一日造東大寺司符案を挙げることができる。[22] 前者は、藁を買って石山院へ運ぶよう造石山院所が近江国勢多庄の庄領猪名部枚虫に命じた文書で、後者は、租米（封戸の田租）の未納分を徴収するよう造東大寺司が同じく勢多庄の庄領猪名部枚虫に命じた文書である。後者については、造東大寺司が同日に、愛智郡司へも田租の進上を催促する文書を発給しており(23)、封戸租の徴収に造東大寺司（造石山院所）派遣の庄領と共に現地の郡司が関わっていたことがわかる。勢多庄は墾田を含まない庄であるが、これらの文書からは、庄が物品の購入・運送や封戸租米徴収などの拠点として機能していたこと、庄の経営には桑原庄と同様に現地の郡司が関与したことが知られるであろう。

このようにさまざまな史料を見ていくと、大宝令における庄（「庄舎」「庄田」）は舎屋を伴う農作地を指す語であったが、実際の庄は、必ずしも農作地であったとは限らず、倉屋などの建物を伴う私的領有地として存在し、穀物の収納や物品の調達・運送など領主の経済的な活動拠点として主に機能した施設であったといえる。庄は、地方ばかりではなく京内にも置かれ、広範な経済活動を担っていたが、それが農耕の拠点として設けられる場合には農地を含んだ形で庄が営まれた、と解すべきであろう。

庄に含まれる農地は、墾田永年私財法施行の前では、収公の必要がない限られた範囲の土地であったと推測されるが、墾田永年私財法の施行後、大規模な野地・墾田を含む庄が成立するようになる。これがいわゆる初期荘園であるが、このように庄の系譜を辿っていくと、初期荘園は新しい類型の庄として墾田永年私財法の施行後に突如として現れたのではなく、従前から存在する庄に墾田という要素が加わったものと理解することができるのではなかろうか。

東大寺領の桑原庄と勢多庄の事例に鑑みると、墾田の有無に関係なく庄の経営方式に大きな違いはなかったと考えられる。桑原庄の例からは、庄の経営に現地の国司・郡司が関与している点が初期荘園に特有の要素であると捉える向きもあるかもしれないが、墾田を含まない勢多庄においても郡司の関わりが見られたことを考慮するならば、庄の経営に国司や郡司が関与した理由については、庄が私的領有地であっても律令制的土地制度の適用を受ける土地であり、そこには田租の徴収や納付などの手続きが付随するためであったといえるであろう。

なお、農地を含まない庄は、墾田永年私財法の施行後も存続していた。具体的な例としては、摂津国西成郡・東生郡にあった東大寺領新羅江庄[24]や、播磨国赤穂郡にあった同じく東大寺領の赤穂庄[25]を挙げることができる。新羅江庄は、難波堀江の近くの交通の要地に所在し、瀬戸内海水運を利用して送られる西日本からの物資の集積地として、また物品調達のための交易拠点として機能した。赤穂庄は、塩田の近くにあった塩生山《はぶやま》という山に所在し、製塩に必要な木材を提供する塩山として機能した。製塩従事者に木材の伐り出しを認め、その利用料（対価）として塩（地子）を収取していたと見られる。新羅江庄には「難波使」と呼ばれる使者が造東大寺司から派遣され、赤穂庄には「山守使」と呼ばれる使者が駐在し、それぞれ現地の経営・管理を担当していたが、いずれの庄においても行政上の必要に応じて当地の国司や郡司が関与したことは初期荘園と称される庄と同じであったであろう。

おわりに

以上、本稿では、日本古代において「庄」がそもそもどのような土地として存在し、そしていわゆる初期荘園がどのような背景から生まれたのかを問題とする視点から、大宝・養老令における「庄」について考察し、加えて、墾田永年私財法発布前後の八世紀における諸史料に見られる「庄」を検証した。本稿で述べた事柄は、以下のとおりである。

①日本令には、軍防令65東辺条に唯一、「庄」字を含む「庄舎」「庄田」の語が見られる。これは辺境地域の農作地を指しており、唐の屯田（軍屯）に相当する。日本の大宝令では、唐の屯田のうち畿内に存在した民屯の要素の

みを継受し、天皇の供御料田に限って「屯田」と称したため、唐の軍屯に当たる辺境地域の農作地は「屯田」以外の語で称されることになり、舎屋が付随する農作地を示す語として「庄田」が採用された。

②天平十年（七三八）以後の諸史料に見られる「庄」より、実際の庄には農地を含まないものも存在し、物品の調達・運送や穀物の収納など領主の幅広い経済活動の拠点として機能したことが判明する。この点は、墾田永年私財法発布の前後で一貫して変わらず、墾田永年私財法の施行後も農地を含まない庄は存続した。

③墾田永年私財法の施行によって生じた変化は、墾田や野地（開墾予定地）を含む庄が成立したことである。これが初期荘園と称されるものであるが、初期荘園は、従前から存在した庄に墾田という要素が加わったものであり、墾田の有無に関わらず庄の経営方式に大きな違いはなかった。

初期荘園に関しては、最初に触れたように膨大な研究成果が蓄積されており、その歴史的な背景や経営の実態を究明するに当たっては、地域社会との関係など考慮すべき点は多い。それらの全てを本稿で論じることはできなかったが、日本古代における庄の本質を問うことによって、初期荘園ならびにそれを含む当時の土地制度を新たな視野で捉え直すことも可能になるのではなかろうか。この点については、今後の研究の課題としたい。

注

（1）小口雅史・吉田孝「律令国家と荘園」（網野善彦・石井進・稲垣泰彦・永原慶二編『講座日本荘園史2　荘園の成立と領有』所収、吉川弘文館、一九九一年）の「一　律令制と庄」（吉田氏執筆）。

（2）日本思想大系新装版『律令』（岩波書店、一九九四年）三三八頁。

（3）新訂増補国史大系『令集解』四三六頁。養老軍防令65東辺条の大宝令文復元については、仁井田陞著・池田温編集代表『唐令拾遺補―附唐日両令対照一覧』（東京大学出版会、一九九七年）一一七五頁参照。

（4）新訂増補国史大系『令義解』二〇〇頁。
（5）注(3)『唐令拾遺補―附唐日両令対照一覧』一一七五頁。
（6）加藤繁「唐の荘園の性質及び其の由来に就いて」（一九一七年初発表）・「内荘宅使考」（一九二〇年初発表、共に『支那経済史考証　上巻』所収、東洋文庫、一九五二年）。
（7）『通典』（中華書局、一九八八年）四四頁。
（8）天一閣博物館・中国社会科学院歴史研究所天聖令整理課題組校証『天一閣蔵明鈔本天聖令校証　附唐令復原研究』（中華書局、二〇〇六年）二六一～二六三頁。
（9）三谷芳幸「令制官田の構造と展開」（『律令国家と土地支配』所収、吉川弘文館、二〇一三年）一八七～一九〇頁。
（10）日本古典文学大系『日本書紀』下（岩波書店、一九六五年）二八一頁。以下、『日本書紀』は全て日本古典文学大系により、下巻の二八一頁を「下―二八一頁」のように示す。
（11）『日本書紀』上―三八五頁、下―一六五頁。具体的には、仁徳天皇即位前紀では倭のミタが「倭屯田」、崇峻天皇即位前紀では四天王寺のタドコロが「田荘」と記されている。
（12）新訂増補国史大系『類聚三代格』四三二～四三三頁、新訂増補国史大系『日本後紀』一一六頁。
（13）『大日本古文書』（編年）第二巻一〇〇頁。以下、『大日本古文書』（編年）からの引用は「古二―一〇〇」のように示す。
（14）『大日本古文書　家わけ第十八　東大寺文書之二（東南院文書之二）』三三七頁。以下、『大日本古文書　家わけ第十八　東大寺文書』からの引用は「東二―三三七」のように示す。
（15）古二―六一八。
（16）古二―六五七。
（17）古三―四五～四六。
（18）古二十四―五二五～五二六。
（19）東三―一三。
（20）古二十五―一六二・一五九～一六〇。
（21）東二―一四九～一五四。

（22）古十五―一六〇～一六一、古十六―一一〇。
（23）古十六―一一一～一一二。
（24）延暦二年（七八三）六月十七日太政官牒（東三―八四～八五）。
（25）延暦十二年（七九三）二月二十九日播磨国符案（『平安遺文』七号）、年月日欠東大寺牒案（『平安遺文』八号）、延暦十二年四月十七日播磨国坂越・神戸両郷解案（『平安遺文』九号）。これらの文書は、『平安遺文』に未収の部分も含めて、兵庫県史編集専門委員会編『兵庫県史　史料編　古代1』（兵庫県、一九八四年）・赤穂市史編さん専門委員編『赤穂市史　第四巻』（赤穂市、一九八四年）にも収録されている。勝浦令子「史料紹介「播磨国坂越・神戸両郷解」補遺」（『史学論叢』六、一九七六年）、小口雅史「延暦期「山野」占有の一事例」（『史学論叢』一〇、一九八二年）参照。

天平宝字年間の東大寺領圧迫と問民苦使

飯田剛彦

はじめに

奈良時代、越前・越中国に設定された東大寺領の北陸荘園については、荘園図や券文が東大寺の印蔵に収められて多数伝来した。その大半は明治時代に帝室に献納され、現在は正倉院宝物として管理されている。これまで、これら正倉院に収蔵された東大寺領北陸荘園の図は、基本的には国司と東大寺側から派遣された検田使とが作成主体となり、全て券文と一体となって太政官に提出され、その後東大寺に下されて伝来したものと位置づけられてきた(1)。しかしながら、図における加署のあり方、関連史料から窺える作成の背景などを検討すると、作成年次によってそれぞれ状況は異なり、現存図で確実に京進された例はほとんどないことについて筆者は先稿で論じた(2)。

北陸地方に設定された東大寺の寺領墾田の図としては、天平宝字三年(七五九)の越前・越中国、天平神護二年(七六六)の越前国、神護景雲元年(七六七)の越中国という二ヵ国三時期について、それぞれ図数点と券文が残されている(3)。それぞれの描写には年次ごとの特徴が認められるが、それが何に起因するものであるのか、定かにはされていない。本稿では、多数残された古代の東大寺領荘園図のうち、天平宝字三年作成にかかる荘園図・券文を俎上に載せてその性格・特徴を明らかにし、次いで作成の背景について検討を加えて、荘園図・券文の性格・特徴が何に由来するものであるのか、考察するものである。

東大寺の北陸荘園については、荘園図と共に伝来した東南院文書の中に、民部省等の中央官庁や、現地の国司・郡司、寺家等の間で取り交わされた関連文書が多数残されており、これまで盛んに検討が加えられてきた。北陸地方における初期荘園の展開の端緒は天平一五年（七四三）の墾田永年私財法であり、墾田を図籍に登録して国司の管理下に置いたうえで、開墾者には永年所有が認められることとなった。特に寺院の墾田に関しては、天平勝宝元年（七四九）に上限額（東大寺は四〇〇〇町）に収まる範囲内での大規模な所有が認められ、東大寺は造営財源として北陸地方において多くの寺領荘園を設定し、開墾を進めた。北陸地方の東大寺領に関しては、大まかに三つの時期に分けて考えることが定説化している。(4)第一期は天平勝宝元年の東大寺領の設定から天平宝字三年頃までで、この時期には仲麻呂と良弁との提携に基づき、比較的安定的に造東大寺司が寺領経営を行っていたとされる。第二期は衰退期とされる。北陸地方における経済的な利害の衝突によって、当時権力の中枢にあった藤原仲麻呂と東大寺とが対立関係となる。仲麻呂は息子の薩雄・辛加知を越前国守に任命して体制を整え、校班田を通して、また、その他の実力行使によって寺領に圧迫を加え、それによって寺領は衰退したとされる。第三期は復活期で、天平宝字八年（七六四）に仲麻呂の乱で同人が敗死し、代わった道鏡政権の仏教優遇政策によって、東大寺三綱主導のもと寺領は回復され、一円化が進展したとされる。

このうちの第二期、即ち東大寺領の衰退期に関連して、藤原仲麻呂によってなされた寺領墾田への圧迫が大きな鍵となっている。実際、仲麻呂は天平宝字八年の敗死以前、越前国に二〇〇町の墾田を所有していたことが分かっている。[5]その他、仲麻呂に近い人々も同地方に多くの墾田を所有していることが知られ、実際、仲麻呂一派と東大寺とは墾田を巡って対立関係にあり、天平宝字年間において仲麻呂が寺領に圧迫を加えたことは様々な史料から疑う余地はない。

このような流れの中で、現存する天平宝字三年の荘園図と券文は如何なる位置づけが可能であるのか、以下に検証していきたい。

一　天平宝字三年荘園図・券文の作成主体と目的

ここで、天平宝字三年（七五九）図・券文の作成主体と作成目的について検討してみたい。天平宝字三年図としては、越前国の足羽郡道守村・糞置村、越中国の新川郡丈部野・大藪野、射水郡須加野・鳴戸村・椯田野、礪波郡石粟村・伊加流伎野の地図が現存している。[6]また、越中国に関しては、各郡の荘園ごとに坪付を記した券文（東大寺越中国諸郡荘園惣券第一、東南院二—五四一号）[7]も伝来する。以下は、主にこれらの記載に基づく検討の結果である。

まず、天平宝字三年図の署名部分に注目すると、国司が作成主体であれば、天平神護二年（七六六）作成の図・券文のように、国司・検田使（東大寺側）の順に加署されるはずであるが、天平宝字三年図・券文はいずれも検田使・国司の順となっている。よって、同図・券文の作成主体はあくまで検田使であり、国司の加署は公的な認証の付与と位置づけられる。図・券文の作成に当たって、中央や国司から指示があった形跡はなく、東大寺側の動因によって、主体的に検田使を派遣して図・券文を作成したと考えられる。

次に、天平神護三年二月一一日民部省符案（東大寺諸荘文書案、東南院二—五四八号）中の「天平宝字三年、検田使佐官

法師平栄・造寺司判官上毛野真人等、就元野地、取捨勘定、造図籍申上已畢」との文言について、これが民部省符に引かれた越中国解の記載内容であることを根拠として、「造図籍申上已畢」は国司から中央政府への図・券文の進上であるとこれまで解釈されてきたが[8]、一連の行為の主体は検田使であり、検田使から国司への「申上」とすべきである。

また、同年の図・券文ともに国司解の形式を採らず、天平神護二年の越前国荘園図と対になる券文、神護景雲元年の越中国荘園図と対になる券文がいずれも国司解であることと好対照をなす。これまで図・券文の全面に国印が押捺されていることなどを理由に、実質的には券文は越中国司解として機能し、中央に進上されたと考えられてきたが[9]、国印の押捺も先述の公的な認証を意味するのであって、それをもって中央への報告とみなす必要はない。解形式を採らないことは、天平宝字三年図・券文が中央への報告として差し出されたものではないとする想定に適合的である。

天平神護二年、仲麻呂敗死後に東大寺が寺領回復を図った際、かつて土地を巡って同寺と争った道守男食が東大寺の主張を認めた、と越前国の足羽郡司が国司に報告した解（東南院二―五一一号）の中に、「右人（男食）申云、件田所奏如寺図、伏弁□(如カ)件者」との文言がある。越前国において、寺領回復の根拠となったのは、天平宝字三年の図・券文であり、この「寺図」は天平宝字三年図を指すと考えられる。同図が「寺図」と認識されているのは、越前国ではなく寺家が作成した図であったためであろう。

以上のように、天平宝字三年の荘園図・券文は京進を目的として越前国・越中国が東大寺と共に作成したというこれまでの解釈は成り立ち難く、同四・五年の校班田を控えて判断根拠としての活用を期待して東大寺が国に提出すると共に、国司の認証を経た別本を公験として所持したものと考えた方がよい[10]。正倉院に現存するのは、公験として東大寺が所持したセットと考えられる。

上記と関連して注目したいのが、天平宝字三年の券文の書式である。天平宝字三年の券文である、天平宝字三年一一月一四日東大寺越中国諸郡荘園惣券第一（東南院二―五四一号）について、冒頭は「越中国検定東大寺墾田地漆処」で始まり、末尾は「以前、去天平勝宝元年占定野地、且墾開如件」で終わる。差出―宛所がある訳ではなく、検田の結果のみを書き上げたものである。このような体裁を採ったのは何故であろうか。太政官から指示があった訳でも、越中国司に報告の動因があった訳でもないので、越中国から太政官への上申文書の案が東大寺側に引き渡されるという事態はあり得ない。また、越中国が東大寺に対してこのような内容の資料を国司牒のような文書形式で発給することも、越中国側に積極的な動機がないので考え難い。荘園図と券文を作成するに至った経緯等については一切触れることもなく、坪付の記載を「以前、去天平勝宝元年占定野地、且墾開如件」という至極シンプルな文言のみでまとめている。署名の順から窺知し得るように、この文書は東大寺側の検田使が作成し、国が認証したものであるということは明らかである。実状としては、東大寺が越中国に交渉して、検田の実施とその結果の認証を許諾してもらったのであるが、その際、図と券文自体からは、その作成に至る経緯の説明や、東大寺側が求めて実現に至ったというニュアンスは全て排除している。「越中国検定東大寺墾田地漆処」という書き出しも、あたかも越中国が主導して作成したような体をなし、公験として十分に効力を発揮するよう意図して選択されたものと考えられる。鎌田元一氏は、戸籍や弘福寺田数帳の記載形式を手掛かりとして、田籍の冒頭も差出文言等は備えていなかったと類推される(11)。天平宝字三年の券文も、その形式上のあり方を模倣した可能性もある。結果的に、天平宝字三年図と券文は同四・五年の校班田の際には完全に無視されるが、その危険性も予見して形式が練られていた可能性が高い。

現存する天平宝字三年図をみれば、国司の主導による作成と考えられる天平神護二年図と比べて絵画的表現が少なく、同図に施されたような彩色も認められない。また、特に天平宝字三年越中国射水郡須加野地図において顕著なように、記載や描写の訂正痕がかなり目立つ形で残されている。文字の重ね書き、墨や朱による抹消、描写の失敗箇所に「誤」字を書き入れての無効化など、仕上がりとしては用意周到かつ丁寧に作成されたものとは言い難い。天平宝字三年に東大寺から派遣された検田使は、現地においてさほど時間的な余裕があったとは考えられない。現地調査に基づいて、荘園図と券文を作成するという作業自体も多大なる労力を要したと思われるが、その前提として、野占した土地がなんらかの原因で寺領から外れて現地勢力等の所有に帰しているような場合には、買得によって取り戻すなどの交渉を速やかに進めねばならなかった。極めて限られた時間の中で、校班田までには確実に作業を終えねばならなかったため、絵画的表現や彩色等は割愛され、実用性重視で図が作成されたのであろう。

二　天平宝字三年図・券文作成の背景の検討——天平宝字二年の状況——

東大寺領北陸荘園の設定がなされたのは、天平勝宝元年（七四九）のことである。その後、天平勝宝六年（七五四）・同七歳に校班田が実施されているが、その際には東大寺から検田使は派遣されておらず、校班田前の遣使、荘園図・券文の作成は天平宝字三年における危機的な状況で実施された特例と考えられる。

ここで、天平宝字三年図・券文作成に到るまでの、東大寺領北陸荘園を巡る状況をみておきたい。まず、寺領への圧迫はいつ頃から確認できるようになるのだろうか。その様相が具体的に窺える事例を検討しながら、その時期について明らかにしたい。

東南院文書には、仲麻呂の乱後、それまで寺領を圧迫していた在地勢力からその間の事情について申し開きをさせ、寺領の回復に異存ないことを確認する伏弁状や、係争地について言及した券文が残されている。

史料　越前国足羽郡司解（東南院二―五〇九号）

足羽郡司解　申伏弁人事

別鷹山部下上家郷□（即ヵ）戸主

所訴田八段西南四条七桑原西里八坊　栗川庄所

右人申云、以去天平勝宝元年八月十四日、郡司判給、大領外正（ママ）位下生江臣安麻呂、擬主帳无位槻本公老等、鷹山親父豊足已畢、以同年五月、寺家野占、寺使法師平栄、造寺司史生大初位上生江臣東人、国使医師外従八位下六人部東人、郡司擬主帳槻本老等、寺家野占畢、而以天平宝字二年二月廿二日、国司守従五位下佐伯宿禰美濃麻呂依郡判給畢鷹山此乎、寺田勘使佐官法師平栄、造寺司判官上毛野真人、国司史生紀朝臣真木等、充直買取、而為寺田、件田申（ママ）以天平宝字四年、校田朝使石上朝臣奥継、授己名治田、又以天平宝字五年、田班国司介高丘連枚麻呂、亦授己名、今国司検勘図并券文、寺地占事在前、今竹山所給在後、加以所給直、而所進寺田、更已名付申事、竹山誤無更申述所、仍注伏弁状進如件、謹解、

天平神護二年九月十九日伏弁別　鷹山

（後略）

この文書によれば、足羽郡栗川村においては、天平勝宝元年五月の東大寺の野占後、西南四条七桑原西里八坊の地を同年八月に別鷹山の父豊足のものとする郡判が出され、更に天平宝字二年（七五八）二月に国司が郡判に基づいて鷹山に改めて判給してしまう。のち、他の文書では検田使とも称される、東大寺側の使者「寺田勘使」平栄・上毛野真人らが同三年に買い取ったが、天平宝字四・五年の校班田では再度鷹山の墾田と認定されてしまう。天平神護二年（七六六）の寺領回復期となって鷹山の主張の誤りが漸く認められている。鷹山の父豊足の墾田とする郡の判断は寺家

による野占直後に下されているが、それが問題化して国の判断が下されるのはほぼ一〇年後の天平宝字二年であった。恐らくその間は、郡判の存在にもかかわらず、相変わらず東大寺による開墾が継続されたのではなかろうか。それゆえ、天平宝字二年に国の裁定が下される必要があったのである。

もう一点、越前国における別の事例を取り上げる。天平神護二年の越前国券文（越前国司解。東南院二―五一五号）には、東大寺領に加えられた圧力に関する記述が認められる。

史料　天平神護二年越前国券文（東南院二―五一五号）

（前略）

丹生郡椿原村

合田壱拾陸町弐段弐伯壱拾陸歩

国分金光明寺田所注今改正漆町弐伯陸拾肆歩

芹川郷人佐味入麻呂前訴給時、将進寺之開功申田者、

佐味入麻呂更奪取寺田弐町壱段漆拾弐歩

百姓墾田改正漆町弐伯肆拾歩

（中略）

右、検案内、件田地、以去天平三年七月廿六日、国司介正六位上大蔵伊吉美石村《（ママ）》、掾正七位上坂合宿禰葛木麻呂、少目従八位上林連上麻呂等、判給丹生郡岡本郷戸主佐味公入麻呂等已訖、然不為墾開、是依天平感宝元年四月一日詔書、国司守従五位下粟田朝臣奈勢麻呂、掾従六位上大伴宿禰潔足等、以同年閏五月四日占東大寺田地已訖、比年之間、寺家墾開成田、然後依入麻呂等訴訟、以天平宝字二年八月十七

日、国司守従五位上佐伯宿禰美濃麻呂、掾正六位上内真人魚麻呂等、偏随前公験、復判給入麻呂等、仍以天平宝字三年、検寺田使造寺司判官外従五位下上毛野公真人等論併、荒野寺家墾開成田、何輙給他人者、即入麻呂申云、寺家墾開功力者、以稲壱仟弐拾弐束、将進上者、至今未進、売入国分金光明寺、以天平宝字五年、付図田藉、加以、更寺田弐町壱段漆拾弐歩、己田云妨不佃荒之、今国司等勘覆、入麻呂有姧端、前国司判已似不理、因茲、今改為東大寺田者、

（後略）

丹生郡の佐味入麻呂が占定した野地について、未開墾であったために天平感宝元年の詔書によって東大寺の寺領となり、同寺が開墾した。しかし、入麻呂の訴えがあり、天平宝字二年八月一七日、国司は「偏に前の公験に随」って再び入麻呂の土地との裁定を下した。同三年、東大寺側の検田使が開墾したのは東大寺であるという理由で訴えたが、入麻呂の土地とする判断は覆らず、入麻呂が功料を東大寺に支払うことで妥結した。しかし、それすら忌避するために入麻呂は同地を国分寺に売却してしまい、天平宝字五年には国分寺領として図籍に登載されてしまった。寺領として回復されたのは鷹山の件と同じく天平神護二年である。天平宝字二年には入麻呂が先に占定したという事実を重視しての判断が国司によって下されたことが窺えるが、その時点までは両者の間で特段争いがあった形跡はない。この案件に至っては、天平宝字二年以降、入麻呂・郡司・国司・国分寺等、現地の様々な勢力が協調して東大寺領への圧力を加えているような観がある。

東大寺領への圧力が高まった時期を推し量ることのできる事例は、越前国以外においても確認できる。

史料　伊賀国司解案（東南院二―四七三号）

伊賀国司解　申検定東大寺田并地事

合地卌町二段百一歩

（中略）

通分田八町九段二百六十八歩五段二百六十四歩、今開

阿拝郡

（中略）

十条二里七畝川田南田二段二百十四歩

（中略）

卅土殿西田一段二百卌歩先為公田、今改正之

五里廿川原田南田一段百六十歩先為公田、今改正之

（中略）

不空羂索菩薩御料田十五町九段廿九歩四段八十八歩、今開

阿拝郡十町三段百九十九歩

（中略）

伊賀郡田五町一百九十歩

（中略）

十五条五里廿三楮田西田一町

廿四神田西田一町五段先為公田、今改正之

（中略）

十九条十三里廿一牟久原東南田七段三百歩一段三百歩、先為公田、今改正之

（中略）

律供分田三町三段百六十四歩三段百八十九歩、今開

阿拝郡

（中略）

以前田、以去天平勝宝元年、買為寺田、而天平宝字二年、国司守正六位上六人部連鯖麻呂、就天平元年図、勘取件田、今依天平廿年勝宝六年校図幷券文、改正如前、仍具注事状、謹解、

天平神護二年十二月五日正八位下行目都努朝臣長殯

従五位下行守勲十二等久米朝臣子虫

校田使

小寺主伝灯進守法師承天

（後略）

この解は、伊賀国司による阿拝・伊賀郡所在の東大寺領に関する調査報告である。天平勝宝元年（七四九）に寺家が売得した田地を、天平宝字二年になってから国守六人部鯖麻呂が「天平元年図」を根拠として「勘取」したことが記されている。この件に関しても、天平神護二年の段階で、天平二〇年（七四八）と天平勝宝六年の校図と券文によって寺領に改正されている。

この件については、もう一点関連史料を掲げる。

史料　民部省符案（東大寺諸荘文書案、東南院二―五四八号）

民部省符伊賀国司

合田一町七段六十五歩

阿拝郡一町百廿五歩

伊賀郡六段三百歩

右田、元公田、然百姓奸為己墾田、立券進寺、其時国司等不練勘検、券文判許、加以、天平勝宝六年計田国司等、不検天平元年・十一年合二歳図、為百姓墾田、以後天平宝字二年、前国司守正六位上六人部連佐婆麻呂、依先図勘収、為公田也、天平宝字五年、巡察使石川豊麻呂所勘亦同之、

以前、被太政官今月六日符偁、得国解偁、被太政官去年八月廿六日符偁、得東大寺鎮・三綱等牒偁、伊賀国田使僧聞崇・越前国田使僧勝緯等状云、去天平宝字五年、巡察使幷国司等、割取寺家雑色供分之田、給百姓等、又雖乞溝堰処、无所判許、加以、郡司百姓等、捉打寺田使、堀塞寺溝、堰水不通、荒地不少者、今鎮・三綱等、具注申状、牒上如前、望請、遣件人等、依前図券、勘定虚実、若有誤給百姓、更収返入寺家、改正図籍、並宛溝堰、永得无損者、官判依請、国宜承知、准状施行者、謹依符旨、覆検田籍、件田元有公田、後為寺田、仍不得理定、今具注状、謹請官裁者、被左大臣今月五日宣偁、奉　勅、検東大寺田使少寺主伝灯進守法師承天・造寺司判官外従五位下美努連奥麻呂所請田者、並依　奏者、省宜承知、依　勅施行者、国宜承知、准　勅施行、今以状下、符到奉行、

（中略）

少輔従五位下大伴宿禰　　　正六位下大録三田毘登

天平神護三年二月十一日

この天平神護三年(七六七)二月一一日付の民部省符は、前掲の天平神護二年一二月五日付伊賀国司解における調査と関連して、太政官の判断が伊賀国に伝えられたものである。伊賀国司解では、阿拝郡三段四〇歩、伊賀郡六段三〇〇歩が公田から寺田に改正されており、伊賀郡に関しては民部省符の記載に一致する。阿拝郡に関しては、民部省符記載の田積一町一二五歩との間にかなりの開きがあるが、伊賀国司解が出されてから民部省符が発給されるまで二カ月が経過しており、この間に伊賀国から阿拝郡の改正田に関する新たな情報が寄せられたのであろう。経緯の説明についても、民部省符の方が詳細であり、追加情報の存在が窺える。

この民部省符によれば、伊賀国阿拝郡と伊賀郡の公田一町七段六五歩が百姓の奸計によって奪い取られ、東大寺に売却されてしまったが、当時の国司が勘検の作業を誤ってそれを認めてしまったという。前掲の伊賀国司解によれば、この事案の発生は天平勝宝元年のようである。天平勝宝六年の校田の際には、国司が天平元年図と同一一年図を参照しなかったため、百姓墾田と認定してしまった。天平宝字二年には、国司はその二図に基づいて公田として処理し、同五年の班田に際してもそれが追認されている。先にみたように、伊賀国司解によれば、このうちの阿拝郡所在田の一部と伊賀郡の田が、天平神護二年に、天平二〇年・天平勝宝六年の校図と券文によって寺領に改正されている。ただし、そもそもは公田であったという事実が問題化したためか、天平神護三年に国司は太政官の判断を仰ぎ、官は東大寺の奏請に基づく勅許によって改めて寺領と認定したという。

前掲の伊賀国司解では、元は公田であった事実、そして、天平勝宝六年に百姓墾田との判断が下された事実は伏せられており、天平宝字二年に至って純然たる寺領が収奪されたかのような表現は、東大寺の主張をそのまま引き写したものであろう。田地の所有に関しては複雑な経緯を辿って変転しているようにみえるが、天平宝字二年には公田と判断され、校班田を迎えている。実態を類推すれば、天平勝宝六年の校田時に国司が過去の図等を参照することなく当該地を百姓墾田としたのは、百姓が東大寺への売却後も現地での管理・開墾に当たっていたためと考えられる。公田を略取した後、百姓が東大寺に土地を売却したのは国郡司の追求から逃れるためであり、東大寺領の現地管理者となって経営に関与していたのであろう。天平宝字二年に国司が当該地を公田としたのは、東大寺・百姓いずれも排除するのが目的であったと考えられ、これも寺領に対する圧迫と解釈可能である。

以上、三つの事例において寺領を巡る争いについてみてきたが、寺領の占定や立券の行われた年、校班年など、公的な判断を下す理由が明確な時を除いては、天平宝字二年に集中して問題化していることが分かる。また、そのいずれもが東大寺の寺領に対する権利を否定するなどの不利な裁定が下されるケースであり、寺領に対する圧迫とみなすべきものである。越前国、伊賀国と、国の範囲を越えて同じ傾向が見出せることからすれば、中央からの指示があった可能性も窺える。冒頭で紹介した三つの時期区分を提唱する小口雅史氏は、天平宝字三年末以降が寺領の衰退期であるとされ、同二年の動きは「仲麻呂による寺田圧迫の兆し」というとらえ方をされている。小口氏は、天平宝字三年一一月に仲麻呂の子薩雄が越前国守になったことを重視し、それが仲麻呂による寺領圧迫開始の契機とみなすのであろうが、これらの事例を検討するならば、同二年には既に圧迫は始まっていたと考えた方がよいのではなかろうか。次節では、その点についてより詳しい検証を加え、寺領墾田への圧迫が天平宝字二年に始まった背景を明らかにしていきたい。

三　寺領への圧迫と問民苦使

天平宝字二年（七五八）の寺領への圧迫を考える前に、まず同四・五年の圧迫の状況について確認しておきたい。

天平宝字四・五年の校班田時に寺領の受けた圧迫については、天平神護二年（七六六）一〇月二一日越前国司解（東南院二―五一五号）に「亦以天平宝字四年、校田駅使正五位上石上朝臣奥継等、寺家所開、不注寺田、只注今新之田、即入公田之目録数、申官已訖、仍以天平宝字五年班田之日、授百姓口分、幷所注公田、今改張（帳）並為寺家田已訖、但百姓口分代者、以乗田替授之」、「去天平宝字五年、巡察使幷国司等、割取寺家雑色供分之田、給伯姓等、又雖乞溝堰処、无所判許、加以、郡司伯姓等捉打寺田使、堀塞寺溝堰、水不通、荒地不少」等の記述があって、寺家の認識に基づく具体的な被害状況が判明する。これら国司・郡司・百姓等の所業は、天平宝字四年（七六〇）に派遣された巡察使を介しての中央からの指示によるものと考えられる。

天平神護二年一〇月二一日越前国司幷東大寺田使等解案（東南院二―五一四号）は、のちに鯖田国富荘となる寺領について、天平宝字五年段階における一円化の動きに対しての国司の妨害行為について述べる。即ち、坂井郡大領品治部公広耳が天平勝宝九歳に東大寺へ寄進した一〇〇町の墾田は散在した耕地であり、「従元零落、彼此秋収不便」との状況であったため、天平宝字五年の班田の際に相替によって一円化すべき旨、東大寺から要望を提出したが、国守である恵美薩雄は、仲麻呂から東大寺を利するような耕地の相替は認めないとの指示を受けているとして許可しなかった。仲麻呂から薩雄に対する「莫相換東大寺田」との指示の存在が判明し、天平宝字四・五年の校班田に際しての寺領への圧迫には、仲麻呂がかなり直接的に関与していたことが分かる。

それでは、天平宝字二年における寺領への圧迫とみられる動きについては、仲麻呂政権の関与は果たして窺えるのであろうか。ここで注目すべきは、同年正月に全国に派遣された問民苦使の存在である。問民苦使は、仲麻呂政権下の唐風化政策の一つとして、唐・貞観八年（六三四）正月に全国に派遣された観風俗使に倣った、臨時の地方行政監察官である。(12)『続日本紀』天平宝字二年正月戊寅条所引の孝謙天皇の詔には、「（前略）是以、別使八道、巡問民苦、務恤貧病、矜救飢寒、所冀、撫字之道、将神合仁、亭育之慈、与天通事、疾疫咸却、年穀必成、家無寒窶之憂、国有来蘇之楽、所司宜知差清平使、勉加賑恤、称朕意焉」とあり、疾病や貧苦等による民衆の窮状を救うことを目的として、天平宝字二年に京畿内・東海東山道・北陸道・山陰道・山陽道・南海道・西海道に使者が派遣された。

問民苦使の具体的な成果としては、東海東山道使藤原浄弁の復命に基づく、天平宝字二年七月に実施された老丁・耆老の下限年齢の引き下げ(13)、同じくその復命による、下総・常陸両国間を流れる毛野川の改修工事の開始(14)、同年九月、西海道使藤原楓麻呂の調査で確認された、大宰府管内での「民之疾苦廿九件」に対応する施策の実施等が知られる(15)。北陸道問民苦使は紀広純であり、伊賀国の属する東海道には、先述の、仲麻呂の三男・藤原浄弁が派遣されているが、越前・伊賀両国における具体的な成果については知られていない。

この問民苦使が、越前国・伊賀国で認められた天平宝字二年における東大寺領への圧迫に関与していたことは、以下の諸点から推察可能であると考える。まず、問民苦使の派遣されたタイミングと、寺領への圧迫が行われた時期との一致が確認できることである。問民苦使派遣に関する詔は、天平宝字二年正月五日に発せられている。一方、寺家と現地勢力との土地を巡る係争は同二年に集中的に認められ、いずれも寺家に不利な処分がなされているが、時期的に最も遡る事例は、先述の足羽郡栗川村における別鷹山と寺家との争いに国司が裁定を下した同年二月のものである。問民苦使の派遣と寺領への圧迫の関連性を考える時、時期的な齟齬は全くない。

次に、史料の残り方に規制されてはいるが、東大寺領への圧迫が、限られた地域での出来事とは考えられないことである。先述のごとく、越前国と伊賀国という、国を越えてそのような事案が認められるということは、中央からのなんらかの指示の存在を示唆するものである。この時点で中央からの指示を伝えた可能性があるのは、地方の情勢を調べ、問題があれば適切な処置を検討するという任務を帯びた、問民苦使を措いて他にないのではなかろうか。

さらに、問民苦使の関与を窺わせる理由として、問民苦使と天平宝字四年の巡察使との類似性を挙げることができよう。問民苦使は仲麻呂政権においては天平宝字二年の一度しか派遣されておらず、その任務は同四年の巡察使に引き継がれたと考えられる。巡察使は、養老職員令2太政官条に「掌、巡察諸国、不常置、応須巡察、権於内外官、取清正灼然者充、巡察事条及使人数、臨時量定」と規定された、臨時の地方監察官であった。この規定によれば、時々の事情・目的に応じて派遣され、人員構成もその都度定められたようである。天平宝字四年の巡察使は、武蔵国・備中国での隠没田の発覚を期に全国で検田を実施するために、前年一二月四日にその派遣が予告されている(16)。

また、七道巡察使を任命した際の『続日本紀』の記事には「観察民俗、便即校田」とあり、主目的である校田のほかに、民衆の状況視察がその任務として掲げられている(17)。さらに、派遣中の同年五月には、疾疫の流行に伴って国司と共に民衆の被害状況を直接聞き取って賑給を行うことが勅によって命じられており(18)、かつての問民苦使の役割は巡察使が担ったものと考えて間違いない。既に天平宝字二年一〇月二五日の勅で、従来四年間であった国司の任期を六年とし、三年ごとに巡察使を派遣すること(「其毎至三年、遣巡察使、推検政迹、慰問民憂」)が定められており(19)、問民苦使派遣から数ヵ月後には、それに代わって令に定められた巡察使により、地方監察を強化して定期的に実施すべく措置が講じられたことになる。

この巡察使が実際に派遣される直前に、先述の、地方における隠没田が発覚し、全国的な検田が派遣の主目的に浮上するが、しかし、それは降って湧いたような案件ではなく、地方における土地問題の打開はかねてからの大きな課題であった。巡察使がその役割を引き継いだ問民苦使の派遣においても、地方での貴族や寺院による大土地所有が、在地勢力による小規模な墾田の経営を阻害し、また、口分田の不足解消にも繋がらず、それが地方の民衆を苦しめ、疲弊させているという中央の認識が基底にあった可能性は高い。もしくは、そういった建前に基づいて、とりわけ利害の衝突する地域における大土地経営において東大寺に牽制を加えるべく、仲麻呂が近しい官人（具体的には仲麻呂政権の議政官の近親者）を問民苦使として差し向けたという側面があったと考えても大過ないのであろう。(20)

最後の理由は、地方において大寺院の大土地経営を抑制するといった行為が、在地の視点から見た場合、問民苦使の任務に極めて適合的なことである。この作業の具体的な流れを想定するならば、問民苦使は別鷹山や佐味入麻呂等の在地勢力より、東大寺領として「不当に」占拠されている土地に関する訴えを聴き、訴訟を起こすよう指導して、訴訟に際しては国司が彼らに有利な裁定を下すよう促すといった形が考えられる。この一連の動きは、実際には自らの利益を保護するために寺領を圧迫せんとする仲麻呂政権の既定路線に則った処置であり、本質的には百姓撫育に名を借りた弾圧行為にすぎないが、表面上はまさに「問民苦」に相応しい仕事内容といえる。(21)以上、天平宝字二年に越前国・伊賀国で確認できる東大寺領への圧迫が、問民苦使の指示に基づくと考えられる理由を挙げた。

ただし、ここで一つ問題であるのは、天平神護二年の伏弁状の内容や係争地に関する券文の記載に、天平宝字二年の東大寺領への圧迫に問民苦使が関与した形跡が全く認められないことである。巡察使については、例えば別鷹山の件では、越前国足羽郡司解（東南院二―五〇九号）に「以天平宝字四年、校田朝使石上朝臣奥継授己名治田」とあって、北陸道巡察使石上朝臣奥継が鷹山に授田したことが示され、また、天平神護二年一〇月二一日越前国司解（東南院二―五一五号）には、「亦以天平宝字四年、校田駅使正五位上石上朝臣奥継等、寺家所開、不注寺田、只注今新之田、即入公田之目録数、申官已訖」として同じく奥継による不当な処分が明記される。一方、天平宝字二年の諸事案に関しては、例えば別鷹山の件では先の文書に「而以天平宝字二年二月廿二日、国司守従五位下佐伯宿禰美濃麻呂依郡判給畢鷹山此乎」とあって、東大寺にとって不当な処分を下したのが国守佐伯宿禰美濃麻呂であるとするように、他の史料においても問民苦使ではなく国司による圧迫であったことが記される。それゆえ、問民苦使が寺領圧迫の端緒を開いたと考えられることはこれまで全くなかった。

しかし、このことは、問民苦使が一連の圧迫に関与しなかったことを示すのではなく、巡察使が直接的に地方における作業に従事したのに対して、問民苦使の関与が間接的であったことの表れなのではなかろうか。実際、先に挙げた問民苦使の成果として知られる事例では、いずれもその調査結果を問民苦使が奏上し、それに基づいて中央からの命令でなんらかの施策がなされたというものである。現地での調査、中央への報告が問民苦使の主な任務であったと考えられる。一方、巡察使は、派遣先において隠没田の摘発を含む校田を主導したことが分かる。

また、『続日本紀』天平宝字四年五月戊申条には「勅、如聞、頃者、疾疫流行、黎元飢苦、宜天下高年、鰥寡孤独、廃疾及臥疫病者、量加賑恤、当道巡察使与国司、視問患苦賑給、若巡察使已過之処者、国司専当賑給、務従恩旨」とあって、巡察使が実際に国司と共に賑給の実務にあたり、巡察使が既に移動してしまった場合に限って国司のみで実施したことが分かる。問民苦使と巡察使とでは、派遣先における実地作業に対する関与の仕方に大きな違いがあったのである。

巡察使の派遣目的について、市大樹氏は、国司・郡司の監察、民政への積極的な関与、重要政策の推進の三つに大きく分けられるとされ、一方、問民苦使は、民政への積極的な関与という限定された課題に取り組むために派遣されたとされる(22)。両者の違いは、このように派遣される目的の範囲の広さであるとともに、その関与の仕方においても見出すことができるのである。公民の負担軽減のための老丁・耆老の下限年齢引き下げ、口分田の荒廃を防ぐための治水工事の実施、「民之疾苦廿九件」に基づく施策の実施等、問民苦使の成果として判明している事案において、いずれも問民苦使が直接的に国司と共に作業に従事した訳ではなく、あくまで現地調査の結果を中央に奏上して施策実施の端緒を開くという間接的な関わり方であった。

この関わり方を前提に考えれば、東大寺領への圧迫において、問民苦使の存在が表面化しないことも腑に落ちる。即ち、先に想定した流れのように、問民苦使は現地調査を実施して在地勢力に訴訟を起こすよう仕向け、それに対する裁定という形での直接的な圧迫は背後で国司に指示を出して実行させたのであろう。(23) 問民苦使が圧迫に関与した形跡が表面的には認められない点については以上のように説明することが可能である。

問民苦使が派遣された天平宝字二年中に、その役割を代わって担う巡察使の派遣が予告された理由は奈辺にあろうか。まず、先述の如く、問民苦使に比べて巡察使の方が派遣先でより直接的に作業に従事していることから、地方行政に対して中央がより強力に統制を加えることが可能になると考えられる。天平宝字四年には校田の実施が予定されており、問民苦使のできる範囲の仕事では不十分であることが、実際の派遣を通じて実感されたためであろう。また、既に天平宝字元年七月に起こった橘奈良麻呂の乱を鎮圧して反対派政治勢力を一掃し、八月には大納言として太政官筆頭の地位を手にしていた仲麻呂であったが、天平宝字二年八月には淳仁天皇が即位し、太政官の首班である大保に就任した。その直後に巡察使派遣が予告されているから、太政官を完全に掌握したことも、地方監察の強化に動いたことの一つの契機になったのかもしれない。

四　天平宝字三年の検田使の意義

以上のように、仲麻呂政権は、天平宝字二年（七五八）の問民苦使、同四年の巡察使といった臨時の派遣官を利用し、段階を踏んで東大寺領の圧迫を行った。この二回にわたる圧迫の狭間で、東大寺は天平宝字三年に越中・越前国に検田使を派遣した。これまで見てきたように、天平宝字二年に東大寺領で具体的に被害が確認できるのは越前国・

伊賀国の墾田のみであったが、仲麻呂政権による天平宝字年間の寺領圧迫が、用意周到に段階を踏んで行われたことから類推すれば、越中国などにおいても、天平宝字二年の問民苦使による寺領圧迫が起こっていた可能性は高い。なお、天平宝字三年に検田使が派遣されたのは越前国・越中国のみであり、伊賀国には派遣されていない。様々な事情が想定できようが、最大の理由は、校班田までの時間的な制約もあって、より必要性の高い地域への限定的な遣使となったため、といったところであろう。

天平宝字三年は天平勝宝元年の寺領の占定から丁度一〇年という節目の年ではあったが、そのことに特に意味があった訳ではない。検田使の目的は、まず前年に問民苦使の派遣に端を発して寺領に加えられた不利な裁定に対して、ある程度の失地回復を図ることであった。但し、この局面において、検田使の採った方策は極めて穏健的なものであった。具体的にみてみれば、先述の別鷹山の案件においては、寺家の占取が先であると主張して鷹山と争うこともできたはずであるが、それをせずに対価を支払って墾田を買い戻している。また、佐味入麻呂の案件では、長期間にわたって開墾したのは寺家であったにもかかわらず、国司の裁定は覆らないと判断して、金銭による解決の道を選んでいる。

検田使が係争の泥沼化を避けたのは、翌年・翌々年の校班田に備えて荘園図・券文を速やかに作成するため、また、彼らが作成すべき図・券文は、国司の認証を経ねば公験としての有効性が獲得できないので、国司の裁定に無闇に抗うことは得策ではないとの判断が働いたためであろう。このような穏健的な方法で最低限の利益を確保したうえで、検田使は主目的である荘園図・券文の作成に着手した。天平宝字二年の寺領への圧迫の様相を現地で目の当たりにした彼らは、同四・五年の校班田を控えて、その判断根拠となる確たる資料を作成する必要性を痛感したはずである。天平宝字三年の荘園図・券文はそのような状況下で作成されたものであり、絵画的要素の乏しさ、生々しい誤記訂正の残存等に象徴される、実用性重視で急いで作成されたような印象は、その辺りに由来するものとみなし得る。

また、先に指摘した、東大寺が主導して作成したという要素を極力排除したような券文の書式も、これらの資料の証拠能力を高める工夫であったと考えられる。東大寺にとっては、校班田での不利な裁定が十分予想できただけに、急ぎつつも、周到な準備を進めたのであった。

最後に、天平宝字年間の東大寺領への圧迫において急先鋒となった国司が、何故東大寺側の作成した荘園図・券文に対して認証を与えたのか、その点について考えてみたい。まず、越前国・越中国の、行政機関としての性格によるところが大きかったのではなかろうか。即ち、国司にとって、土地を巡る個別の係争事案については、天平宝字二年の事例から推察できるように、都合のよい証拠資料を選択し、それに基づいて東大寺に不利な裁定を下すことは可能であった。しかしながら、仲麻呂の命によって寺領へ圧力を掛けている只中とはいえ、国府や郡家に保管された資料を含む、確かな根拠に基づいた荘園図・券文が提出されるに及んでは、それを認めざるを得なかったものと考えられる。そこには国の、行政機関としての公的な性格が強く表れているといえよう。また先述のごとく、天平宝字二年の寺領への圧迫の結果に対して、検田使は最低限の利益確保のための措置は取ったものの、国司の裁定を尊重して従っている。そのような検田使の態度も、国司の判許をスムーズに得る上では重要であったと考える。さらにいえば、たとえ荘園図・券文を認証したとしても、校班田に際してはそれを全く無視することが可能であるという国司の認識の存在が最も大きかったであろう。実際、そのような処分がなされたことについては、縷述したとおりである。

検田使の必死の努力にもかかわらず、天平宝字四・五年の校班田においてこれらの荘園図・券文は巡察使・国司に顧みられることはなく、意図的に無視されたが、仲麻呂敗死後には一転して寺領回復の主要な根拠として機能することとなった。作成時点での東大寺の第一目標は結果的には期待はずれに終わったものの、政治状況の変化によって、直近の有効な資料として寺領回復の上で欠くべからざる役割を果たすこととなったのである。そういった意味では、天平宝字三年における検田使の働きは、地方における東大寺の大土地経営の維持において大きな意義を有し、その作成にかかる荘園図・券文は最重要の公験として永らく東大寺に伝えられることとなったのである。

まとめにかえて

以下、本稿での結論を箇条書きの形でまとめてみたい。

・天平宝字三年（七五九）の荘園図・券文は中央へ進上するために作成された報告ではなく、同四・五年の校班田に際する判断根拠としての活用を期待して東大寺が作成して国に提出すると共に、国司の認証を経た別本を、公験として所持したものと考えるべきである。その描写や記載のあり方も、その目的に適合的な性格を有している。これらは複数作成され、校班田に際して判断根拠に供してもらえるよう、国府には備え置かれたものと考えられるが、現存する図・券文は東大寺が所持した分であると推定できる。

・天平宝字二年に越前国・伊賀国で確認できた東大寺と在地勢力との墾田を巡っての争いは、偶然同年に集中している訳ではなく、臨時の朝使である問民苦使の派遣を通じての、中央からの指示に基づいて惹起されたものであった。冒頭に紹介した三期の区分でいえば、第二期、即ち寺領の衰退期とされるのは、天平宝字四・五年の校班田からとされてきたが、実際には仲麻呂政権による東大寺領への圧迫は同二年から第一段階が始まっており、同三年も東大寺がそれへの対応に追われていることからすれば、衰退期に突入しているとみなせる。

・天平宝字二年の問民苦使、同四年の巡察使は系譜的に繋がっており、東大寺領墾田への圧迫を加えるという共通の目的を有していたが、前者は間接的、後者は直接的な方法をそれぞれ採る点で異なっていた。

・仲麻呂政権による圧迫の加え方も、計画的かつ巧妙であった。まずは天平宝字二年に、土地をめぐって東大寺と潜在的な対立関係にある在地勢力を利用して争いを惹起もしくは顕在化させ、寺領の切り崩しを図った。その上で天平宝字四年の校田で同二年の在地勢力を利する裁定を追認し、さらに寺家の開墾した土地や様々な供料として設定されていた田を公田に組み込んでしまうなどの処分を行った。

・この二回にわたる圧迫の狭間で、東大寺は天平宝字三年に検田使を派遣した。越前国・越中国に派遣された検田使の派遣目的は、まず前年に問民苦使の派遣に端を発して寺領に加えられた不利な裁定に対して、ある程度の失地回復を図ること、そして、翌年以降に実施予定の校班田に際して、寺領を守るための公験となる荘園図・券文を作成することであった。

これまでは、荘園図・券文は、中央政府による地方の土地の支配において大きな役割を果たしていたとの考えが一般的であった。券文には国司解の形式を採るものがあり、それと一体となる荘園図も共に京進され、遠隔地でも手に取るように現地の状況を把握し、中央からの管理を可能にするものとされていた。具体的には、荘園図と券文に基づいて、墾田地の占定の妥当性や、占定が限度額内に収まっているか否かの確認等を行い、統制を加えてきたとするのである。しかしながら、実際には荘園図・券文が京進されるケースは稀であり(24)、天平宝字三年図も東大寺が国に提出して校班田時の資料としての活用を期待すると共に、別本を所持して公験としたものであった。このように考えることについては、律令国家の土地支配を過小評価するものではないか、との批判があるかもしれないが、天平宝字三年の荘園図・券文には京進の痕跡はなく、現地での作業に資する資料として作成されたという点については間違いないであろう。東大寺が寺領への圧迫という事態を受けて、自ら公験となる荘園図・券文を準備して校班田に備えるという意味では、吉川聡氏の提示した古代における当事者主義の問題と関わるであろう(25)。この点については、他の史料も含めて、より詳細に検討を加える必要がある。

また、本稿では天平宝字四・五年の校班田に備える前提として、同二年において仲麻呂政権による東大寺領墾田への圧迫があったことを確認することができた。天平宝字二年に国司によって東大寺にとっては不当と思われる裁定が下されており、その実体験があったからこそ、校班田において将来予想される寺領への圧迫も、現実的で切実な問題として意識されたのであろう。天平宝字二年の寺領に対する圧迫を小口氏は「兆し」程度のものと評価される。それは、東大寺と在地との係争は、地域限定的、散発的、自然発生的になされたにすぎないとの理解によるものであろう。しかし、それまで顕在化していなかった土地を巡る争いが、天平宝字二年に至り、国の範囲を越えて幾つも引き起こされていることは、偶然とは考え難い。その背後には中央の意図が確実に存在すると考えられる。係争が問題化した背後には、全国への問民苦使の派遣によって計画的に実施された措置があり、これこそが寺領に加えられた圧迫の正体であった。即ち、これは「兆し」というものではなく、東大寺の大土地経営に掣肘を加えるためになされた仲麻呂政権の施策の第一段階と位置づけられる。仲麻呂は、校田に至る前に、土地を巡って東大寺との潜在的な対立関係にある当事者に働きかけ、訴訟を起こさせて東大寺領をある程度切り崩しておき、その下準備を経て、校田で東大寺の寺領経営の弱体化を達成しようと目論んだのであろう。これまでは、天平宝字四・五年の校班田で仲麻呂政権側の攻勢が一気に始まったようなイメージで語られることが多かったが、天平宝字二年頃から段階を踏んで周到に準備されていたことが分かった。

天平宝字二年の問民苦使についていえば、形骸的な制度として低い評価を下されることが多かったが、一方、地方の実情を把握しつつ、それに応じた施策を行う実質的な意味を持つものとの考えもあった(26)。今回の検討を通じて、問民苦使の活動の一端がさらに明らかになり、巡察使の働きと比較すると間接的にではあるものの、地方の土地問題にも関与していた状況が窺えた。

本稿では、天平宝字四・五年の校班田に先駆けて、同二年から東大寺領墾田に対して圧迫が加えられていたことを主張したが、その契機までは明らかにできなかった。仲麻呂が何を契機として東大寺領への圧迫を行うようになったのか、東大寺との関係、政治状況等、様々な要素の検討が今後必要であることを確認して擱筆したい。

注

(1) 栄原永遠男「古代荘図の作成と機能」(金田章裕・石上英一・鎌田元一・栄原永遠男編『日本古代荘園図』東京大学出版会、一九九六)。
(2) 拙稿「正倉院収蔵の東大寺領北陸荘園の図をめぐって」(栄原永遠男・佐藤信・吉川真司編『東大寺の新研究2　歴史のなかの東大寺』法蔵館、二〇一七)。
(3) 先掲注(1)書所掲付表「古代荘園図一覧」。
(4) 小口雅史「律令制下寺院経済の管理統制機構―東大寺領北陸初期庄園分析の一視角として―」(同編著『〈デジタル古文書集〉日本古代土地経営関係史料集成―東大寺領・北陸編―』同成社、一九九九。初出は一九八〇)。
(5) 岸俊男「三国湊と東大寺荘園」(印牧邦雄編『三国町史』三国町教育委員会、一九六四)。
(6) これらのうち、鳴戸村と石粟村の二図が奈良国立博物館の所蔵である他は、すべて宮内庁正倉院事務所が管理を行っている。
(7) 本稿における東南院文書の引用は、『大日本古文書』家わけ第一八　東大寺文書之二(東南院文書之二)に拠り、「東南院二―〇〇〇号」のように表示する。
(8) 先掲注(1)栄原論文。
(9) 先掲注(1)栄原論文。
(10) 校田時における判断根拠としての活用を期待して提出した天平宝字三年図・券文であったが、結果的には校田時に顧みられることはなかった。さらにいうならば、国府で適切に保管されていたかどうかも疑わしい。越前国糞置村地図としては、天平宝字三年図と天平神護二年の両図が現存し、それらを比較すると、後者は前者の描写の不正確な部分を誤認して踏襲する箇所があって、後者の作成にあたって前者が参照されたことは明白である。このことについては、仲麻呂政権から道鏡政権へと代わったことに伴い、前者に基づいて同四・五年の校班田における錯誤を正した結果を示すのが後者作成の目的であったので、作成にあたって前者が参照されているのは、至極当然のことである。一方、越中国に関しても、天平宝字三年図と神護景雲元年図とが現存しており両者を比較できるが、後者は越前国の天平神護二年図と同じ作成目的を有するにもかかわらず、前者を参照した形跡が認められない。糞置村地図の例を鑑みれば、越前国とは何か別の事情が介在した可能性を想定すべきである。その事情とは、天平神護二年、越前国には検田使が派遣されて図が作成されたのに対し、翌神護景雲元年の越中国における図の作成に際しては、検田使は派遣されず、専当国司と現地に常駐する田使が作業に当たったことである。神護景雲元年に当然参照されるべき天平宝字三年図が越中国で参照されなかったのは、検田使の不在という事情による可能性が高く、そのことは即ち、東大寺の検田使が持参する以外、天平宝字三年図を参照する術がなかったからではなかろうか。以上のように考えれば、神護景雲元年の時点では、現地の国府には天平宝字三年図は備えられていなかったと推定できるのである。

(11) 鎌田元一「律令制的土地制度と田籍・田図」(同『律令公民制の研究』塙書房、二〇〇一。初出は一九九六)。

(12) 瀧川政次郎「問民苦使考」(『歴史学研究』三—三、一九三五)、木本好信「東海東山問民苦使藤原浄弁と毛野川掘防工事」(同『奈良平安時代の人びとの諸相』おうふう、二〇一六)。

(13) 『続日本紀』天平宝字二年七月癸酉条。

(14) 『続日本紀』神護景雲二年八月庚申条。

(15) 『続日本紀』天平宝字二年九月壬申条。「民之疾苦廿九件」の具体的な内容については不詳。

(16) 『続日本紀』天平宝字三年一二月丙申条。また、『続日本紀』天平宝字四年一一月壬辰条によれば、巡察使が勘出した田については、国司に命じて全輪の正丁に班給させ、全輪の正丁にいきわたるほどの勘出田がない国では、それを乗田として賃租させるよう命じている。

(17) 『続日本紀』天平宝字四年正月癸未条。

(18) 『続日本紀』天平宝字四年五月戊申条。

(19)『続日本紀』天平宝字二年一〇月甲子条。
(20)天平宝字三年の券文によれば、寺領の置かれた鹿田村の西方には、石川豊成の所領が展開していた。豊成は京畿内問民苦使であり、当事者が直接利害関係のある地方に赴いて寺領への圧迫を指示することは避けられているが、問民苦使に派遣された者を含む仲麻呂周辺の人々には、土地を巡って東大寺と利害の対立する者が多数存在していた。
(21)現存する史料は、東大寺側の主張に基づいて寺領への圧迫と判断された事例に関するものしか残っておらず、可能性としては寺家にとって有利な裁定が下された場合があったかもしれない。しかしながら、そもそも民衆の救済のために派遣された問民苦使の立場からすれば、寺家は民衆を抑圧する主体という認識が前提であり、本来の目的からしても、寺家を利する可能性はほぼ皆無といえる。
(22)市大樹『すべての道は平城京へ―古代国家の〈支配の道〉―』(吉川弘文館、二〇一一)。同「巡察使とそれをめぐる諸使」(『塚口義信博士古稀記念　日本古代学論叢』和泉書院、二〇一六)。
(23)問民苦使の現地での滞在期間を知る手掛かりはほぼ皆無であるが、調査を除いては巡察使のような実地作業があった訳ではないので、かなり短いものであった可能性が高い。寺領への圧迫に関しても、大まかな方針を国司に伝達するのみで、個別具体的な対処については国司に一任したものと考えられる。
(24)先掲注(2)拙稿。
(25)吉川聡「律令制下の文書主義」(『日本史研究』五一〇、二〇〇五)。
(26)木本好信「問民苦使発遣とその政治的背景」(同『藤原仲麻呂政権の基礎的考察』高科書店、一九九三)。

律令国家と「商人」

宮川麻紀

はじめに

従来、日本古代には「商人」が存在しなかったとされてきた。それは、物を売り買いする商行為に携わる人がいなかったということではない。あくまで商業を専業とし、なおかつそれを政府によって公認された者が存在しなかったという意味である。換言すれば、「商人」という身分が律令制の中で設定されていなかったということになる。(1) 先行研究では、その理由として次の二つを挙げている。一つは農業経営から分離した「商人」がいないこと、もう一つは官人による兼業が多いことである。

まず、農業経営からの未分離という点について簡単に説明しておく。日本では農業経営から分離した商業専従者が存在せず、それはマルクスが「アジア的形態」とした社会的分業の未発達(2)を実証するものとして注目されてきた。(3) こうした主張の背景には、日本古代の商業が未発達であるという考え方があり、それは律令国家の経済が基本的には実物貢納経済で、流通経済は補完的な役割に留まっていたという考え方とも関連する。(4) ただし、流通経済の役割の大きさを再評価する反論や、(5)都城では社会的分業が達成され、「商人」が存在していたという説もあり、(6)見直しが進んでいる。

もう一つの理由である、官人身分と「商人」身分との未分離という点についてふれておくと、日本では古くから官人が交易に携わることや、逆に「商人」を官人として採用することが多かったことから、「商人」身分が独立して設定されなかったといわれている。(7)しかし、官人による私財を用いた交易活動の事例とされてきたものの中には、彼らが業務の一環として行ったものも含まれており、商業を兼業として行っていたか否かは疑問も残る。(8)

以上のように、古代には農民や官人により兼業の形で商業が行われており、「商人」身分が確立していなかったとされている。しかし、商業専従者の存在が見受けられないかといえば、そうではない。様々な史料から、恒常的に交易活動を行う者の存在を拾い集めることは可能である。確かに、法制上は「商人」という身分が設定されていないが、そのことと実態としての商業専従者の問題とは切り離して考えるべきである。

そこで、本稿では日本古代において商業を専業としていた人々に着目し、その実像に迫りたい。律令国家の「商人」の検証は、市や交易についての限定された問題ではなく、日本古代国家の支配体制や社会の実相に関わる根本的な問題を多分に含んでいる。それゆえに、すでに多くの研究が重要な指摘を提示しているが、本稿では彼らの実像や活動実態について、奈良時代を中心に捉え直してみたい。

一　「商人」身分の設定に関する問題

先に述べたように、律令国家は「商人」身分を設けなかった。このことについて、既知の事柄ではあるが、確認しておきたい。唐選挙令には「諸官人、身及同居大功已上親、自執㆓工商㆒、家専㆓其業㆒、不㆑得㆑仕（後略）」という条文があるが、[9]日本ではこれを継受せず、工・商業を専業とする者やその近親者が官人として出仕することを禁じていない。また、『令集解』養老営繕令7解巧作条古記に、「（前略）此是戸令巧作貿易為㆑工、屠沽興販為㆑商一種耳」とあり、大宝戸令には手工業製品を作り貿易する者を「工」、動物を屠殺し販売する者を「商」とすることが規定されていたが、唐令の引き写しに過ぎず、[10]養老戸令には引き継がれなかった。[11]

さらに、復原唐田令18条の「諸以㆓工商㆒為㆑業者、永業・口分田、各減㆑半給㆑之、在㆓狭郷㆒者並不㆑給」という工・商身分に対する永業田・口分田支給に関する条文も、[12]日本では継受されていない。日本では律令制を導入する際、「工人」「商人」身分を設定しなかったのである。従来、「商人」身分の未設定に注目されることが多かったが、「工人」も設定されていないのであり、その理由を単に商業の未発達と結びつけることは性急である。中国では古くから工・商身分を低く見る思想があり、官人身分とは明確に区別していた。一方、日本では工・商業従事者が朝廷に出仕することも多く、「商人」身分に対する卑賤観が薄い。[13]そうした事情から、日本では「商人」と官人とを区別する必要がなく、「商人」身分を設定する意義もほとんどなかった。

それでは、奈良時代に「商人」として把握されていた者がいなかったのかというと、そうではない。律令には規定されていないものの、商業を専業とする者は政府に把握されていた。それは京に置かれた東西市の市人たちである。東西市で販売に従事する者たちには、「市籍」に登録されて店舗を営む者と、行商人として商品を売り歩く者とがいた。このうち、史料に「市人」と記されている者の多くは、前者の「市籍」に登録された者であると考えてよいだろう。

「市籍」とはもともと唐で作られていた帳簿である。[14]日本でも平安時代の史料に散見されるが、後述するように、平城京でも特定の店舗経営者が定まっていた様子がうかがわれるので、同様に作られていたと考えられる。(15) 延喜東西市司式に「凡居二住市町一之輩、除二市籍人一令レ進二地子一。即以充二市司廻四面泥塗道・橋、及当堀河等造料一」とあり、「市籍」に登録された者は「市籍人」と呼ばれていた。同式には「凡市人籍帳、毎年造進」ともあり、東西市では市人の籍帳が毎年作られている。この「市人籍帳」を「市籍」と区別する説もあるが、(16) 以下に挙げる貞観六年（八六四）の太政官符からは、両者が同じものであると分かる。(17)

太政官符

応レ禁三断市籍人仕二諸司諸家一事

右得二左京職解一偁、凡在二市籍一者、市司所二統摂一。而市人等属二仕王臣家一、不レ遵二本司一。事加二召勘一、則称二高家従者一、要結二衆類一凌二轢官人一。違乱之甚無レ由二禁止一。望請、施二厳制一懲二将来一者。右大臣宣、奉レ勅、朝家之制、別置二市籍一者、専事二商賈一不レ預二他業一也。而今如聞、去就任意好仕二勢家一、勢家不レ加二簡閲一、竊自容遇。仮以二威権一擅二其奸濫一、既忘二司存一似レ無二憲法一。是而不レ粛豈云二善政一。宜二一切禁断勿レ令二更然一。諸司諸院及諸家知而不レ糺、責二其知事者一、必科二違勅罪一。四位已下無位已上如レ有二隠仕一者、同科二違勅罪一。仍須下録二其犯過一具レ状申上レ官。但市人於二職家一決二杖八十一、右京職亦准レ此。

貞観六年九月四日

本官符に記される「市籍人」「在二市籍一者」「市人」はすべて同じものを指す。ここからは、市人が市籍人であり、東西市の店舗で販売する者が「市籍」に登録されたことが分かる。

平城京には商品を売り歩く行商人も存在したが、(18) 市籍に登録されるのは東西市に店舗を構える者に限られていた。そのことは、後掲の『日本三代実録』貞観十四年（八七二）五月二十二日条に「市廛人」という表現があることからも分かる。市籍人とは彼らのように、市の「廛」すなわち店舗で販売に携わる者を指したと考えられる。つまり、店舗をもたない行商人は、たとえ東西市で商売をしていたとしても、市籍には登録されなかったと考えてよいだろう。

以上のように、律令の条文からみると「商人」身分は設けられていなかったが、実際には東西市の店舗で商業を営む者が市籍に登録されていたのであり、きわめて限定的に「商人」が登録され把握されていたことが分かる。

二　市籍人と都城

先に述べたように、律令国家は商業従事者のうち、東西市の店舗で商品を販売する者のみを市籍で把握していた。日本では中国のように「商人」全般を官人から峻別する思想はなく、田制や徴税の上でも公民一般から区別しない。そのため、市籍を設ける理由は、それらとは別のところにあったと考えねばならない。ここでは、市籍人がどのように管理され、なぜ「商人」のなかでも彼らのみが政府に把握される必要があったのか考察していく。

市籍に登録される者については重要な条件が一つあり、それは皇族や貴族の従者でないということであった。養老雑令24皇親条には、

凡皇親及五位以上、不レ得下遣二帳内・資人及家人・奴婢等一、定二市肆一興販上。其於レ市沽売、出挙、及遣二人於外処一貿易、往来者、不レ在二此例一。

とあり、皇親や五位以上官人が従者を派遣し、店舗を経営することは禁じられている。このことは、延喜弾正台式にも定められており、東西市を開く際には以下のような巡察が行われ、店舗で販売行為をする者の身分の確認がなされた。

凡市人集時、入レ市召二市司一、令二市廛静定一、毎レ肆巡行糺二弾非違一。（中略）問乙有下皇親及五位以上、遣二帳内・資人若家人・奴婢等一、興販与二百姓一倶争レ利者上耶甲。

本条によれば、弾正台と市司の官人たちが巡行し、皇親および五位以上官人が帳内らを派遣して販売していないかを確認する。この作業は市籍をもとに進められ、市籍に記載されている内容を各店舗の市籍人に確認して回ったと推測できる。したがって、市籍には出店者の身分や名前、本貫地などの情報が登録されていたと考えられる。また、延喜東西市司式が商品の品目ごとに店舗の種類を列挙していることから、市籍には各店舗で取り扱う商品も記されていたはずである。

こうして管理されていた市籍人は、外交の場にも登場する。『日本三代実録』貞観十四年（八七二）五月二十二日条に「聴下諸市人与二客徒一私相市易上。是日、官銭卅万賜二渤海国使等一。乃喚二集市廛人一、売二与客徒此間土物一」とあり、「諸市人」が渤海使との個人的な交易を許可されるとともに、「市廛人」が渤海使に日本の特産物を売却するために招集されている。「諸市人」は東西市以外の市の「商人」や行商人も含むのに対し、「市廛人」は市籍人と考えられる[19]。市籍人は政府に管理される一方で、渤海使に商品を買い取ってもらえるという恩恵に預かることができたのであり、政府の御用商人としての一面をうかがうことができる。

彼らはしばしば政治的な場に登場する。『続日本紀』天平十六年（七四四）閏正月戊辰条に、

遣二従三位巨勢朝臣奈弖麻呂・従四位上藤原朝臣仲麻呂一、就レ市問二定レ京之事一。市人皆願下以二恭仁京一為上レ都。但有下願二難波一者一人、願二平城一者一人上。

とあるように、恭仁京から難波京への遷都について、市人が意見を聴取されている。別の機会には官人や寺院の僧侶たちも意見を聞かれており、彼らと同様に京の象徴的存在であった市人たちが政治に利用されたことが分かる。意見

を聴取された市人たちは、人数が把握されていたこと、店舗経営と遷都とが密接に関係することから考えて、やはり市籍に登録された者たちであっただろう。

　市籍人は遷都に関わる記録に必ずといってよいほど登場する。例えば、平城京から恭仁京への遷都時には「遷㆓平城二市於恭仁京㆒」とあり、東西市が移転している[20]。そして、恭仁京から平城京への還都時には「是日、恭仁京市人徙㆓於平城㆒。暁夜争行、相接无㆑絶」とあり[21]、恭仁京の市人が平城京へ移動している。つまり、平城京の市籍人たちは市の移転にともなって恭仁京に移動し、平城還都の際には再び平城京へ戻っているのである。また、長岡京から平安京への遷都においても「遷㆓東西市於新京㆒。且造㆓廛舎㆒、且遷㆓市人㆒」とあり[22]、店舗を建設するとともに市人が移っている。したがって、新京の市ができたからといって、新たな市人が店舗を構えるのではなく、以前の京で政府に公認されていた市人たちが継続して店舗を営んだのである[23]。このことからは、市籍人と京とが密接な関係を有したことが分かる。彼らは京の東西市で商業をすることで経済的な利益に加えて社会的地位も獲得できたが、一方でその存在は京にとっても必要不可欠であったといえる。政治や外交の場に登場し、京とともに移動する市と市籍人は、京という空間を構成する要素の一つであった。

　以上のように、市籍人は京と密接な関係を有し、京を象徴する存在として市司に管理された。各州県に官設市が置かれた唐と異なり、日本では市司により管理される官設市が左右京に限定され[24]、市籍人も左右京の東西市のみに存在した。そのため、彼らは首都たる左右京の象徴的存在であり、そうしたことから政治や外交にも活用されたといえる。したがって、市籍人は政治的利用に供される、政府の御用商人としての側面ももっていたといえるだろう[25]。商業従事者のなかでも市籍人のみが政府によって登録され、政治や外交の場に関わったのは、彼らが京と強く結びつき、首都を象徴する存在として捉えられていたためである。市籍人は都城を経済的・政治的に支えていたということができる。

三　市籍人の実像

市籍人は具体的にどのような階層の者たちであったのだろうか。前掲の養老雑令24皇親条では、皇親や五位以上官人が従者に店舗経営をさせることが禁じられていたが、神亀五年（七二八）格には「欲レ令下家人・奴婢居二住市廛一興販上即聴」とあるように、[26]外五位の者が家人や奴婢を店舗に住まわせて、販売事業を担わせることは例外として認められた。外五位になりうるのは郡領を中心とする地方豪族であることから、[27]彼らが家人・奴婢に東西市の店舗を経営させることも多かったと考えられている。[28]

また、そうした店舗経営者の実例として、漆部直伊波という人物が栄原永遠男氏により挙げられている。[29]漆部直伊波は国司や中央の官職を歴任しつつ、相模国造に任じられており、伝統的な国造家の一員である。彼は出身地の相模国と中央とを結ぶ遠距離交易をしながら、摂津国に交易拠点を置き、東西市にも出店していたと推測されている。栄原氏に限らず、先行研究では市籍人のなかに遠距離交易をする地方豪族も多く含まれていたとされている。[30]そして、国司や郡司、中央官司の官人を兼ねる場合も多いと考えられてきた。[31]しかし、いくら潤沢な資本があるとはいえ、市籍人がそのような官人による兼業であったとしてよいのだろうか。

日本の律令では官人による商業を禁じていないが、市籍人に関しては商業を専業とすべきであるという原則があった。前掲の貞観六年官符に「朝家之制、別置二市籍一者、専事二商賈一不レ預二他業一也」とあり、ここからは市籍を有する者が他の生業と兼業してはならない、という市籍登録上の前提条件が読み取れる。律令には規定されていないものの、官人が市籍に登録されることは許可されなかったと考えるべきではないだろうか。先述したように、市籍人は政府により特別に登録された「商人」であり、政治的・経済的に都城を支えることを期待されていた。そのことから考えても、市籍人は官人を兼ねず、専業として市での販売を行う者であったといえるだろう。

ここで、奈良時代の市籍人として明確に分かる唯一の事例を挙げておく。平城宮跡から出土した以下の木簡にみえる服部真吉である(32)。

・東□〔市カ〕交易銭計絁黶人服部

・真吉

(94)・16・3　039（城十七—十六、木六—十一）

この木簡は、平城京東西市の店舗で販売行為をしていた者の実名を示す史料として注目されてきた。ここに記された服部真吉は、東市で絁の店舗を営む者であり、市籍人であったといえる。

元来、服部は機織りを職務とする部であった。それを率いるのが服部連氏であり、彼らは繊維製品の生産でヤマト王権に奉仕していた(33)。律令制下において、彼らは織部司に組織されたのであり、服部真吉をそこに仕える官人とする考え方もあるが(34)、やはり市籍人が商業専従者であることからすれば、彼の親族が織部司に仕えていたとしても、彼自身は仕えていなかったとすべきである。むしろ、服部真吉は織部司に出仕する氏族内の人脈を活かして、市に出店する機会を獲得した可能性が高い。神亀五年格では外五位の官人が家人・奴婢を派遣して店舗を経営するかのように記されているが、実際には官人自身でなく、その一族の中から官司とのつながりを活用して市籍人となる者も多かったのではないだろうか。

四　「店」の販売従事者

京の経済を支えていた市籍人について考察してきたが、実例が少ないため、彼らの他に京内で店舗を営む者についても検討しておきたい。それは、長屋王家木簡などで「店」と表記される施設において販売行為をする者である。長屋王家が経営する「店」では、コノシロ（鮗）の交易、米の進上と受給、雇工の存在、飯・酒の販売が確認されている。そのなかでも特に注目すべきは、飯や酒を「店物」として売っていることである。吉野秋二氏は、長屋王邸で発生した食事の残飯が「店」で販売された可能性を指摘している。(35)そして、『続日本紀』和銅四年（七一一）五月己未条にある穀六升（米三升）を銭一文とする換算基準からすると、利益を約二割上乗せして販売しているという。

酒食を販売する「店」の存在は、他の史料からもみてとれる。『日本後紀』大同元年（八〇六）九月壬子条には、日照りによる米価高騰により「左右京及山埼津・難破津酒家甕」に封をしたとあり、この平安京の酒家こそが「店」の発展形であると指摘されている。(36)

以上のような酒食を販売する「店」は、はたして平城京東西市の中にあったのか、議論が尽きないところである。先述したように、雑令では皇親や五位以上の官人が東西市に家人・奴婢を派遣して、店舗経営をすることは禁じられていた。そのため、長屋王家が東西市の中で「店」を営むことには疑問が残る。舘野和己氏が述べるように東西市の外にあったとする説(37)や、東野治之氏のように東西市近辺にあったからこそ肆と区別して「店」と名乗ったとする説(38)など、諸説が併存するが、両者の説は決して矛盾するものではない。「店」は市の外にありながら、その周りに存在することが多かったため、市の店舗と明確に区別されたのだとも考えられる。

所在地については別の機会に考察することとし、ここでは「店」で販売業務を行う人物について検討しておきたい。長屋王家木簡には、以下のような「店」で雇った工人への米支給伝票がある。

・□〔店カ〕□□雇工三口米六升□
・　四月二日許知祖□
(245)・(12)・2　081（城二七―一二）

この木簡で雇工に支給する米を王家から受けた「許知祖□」は、他の木簡の「許知祖父末呂」（城二七―五）、「許知祖麻呂」（平二―二〇八四）と同一人物であろう(39)。彼は「店」関連の木簡にみえるうえに、複数回登場することから、「店」での販売業務に専従していた者と考えられる。

ここで、許知氏についてふれておくと、彼らは許智・己智・己知・巨智とも表記する渡来系氏族であった。『日本書紀』神功皇后摂政前紀の仲哀天皇九年十月辛丑条の「微叱己知波珍干岐」や、神功皇后摂政五年三月己酉条の「微叱許智伐旱」にみえるように、己知・許智などは古代朝鮮語の首長に由来すると考えられる(40)。なお、『新撰姓氏録』大和国諸蕃には「己智　出レ自二秦太子胡亥一也」とある(41)。

許知氏には他にも、金光明寺写一切経所（後の東大寺写経所）の経師「許知蟻石」（大日古八―一二五）(42)や「己知安利芳」（大日古八―五〇二）、造石山寺所解にみえる仏工の「己知帯成」（大日古十五―二一八）、大養徳国添上郡仲戸郷於美里戸主の「奈良許知伊加都」（大日古八―一三四）(43)、『続日本紀』和銅七年（七一四）十一月戊子条にみえる添上郡の人「奈良許知麻呂」などがいる。「許知蟻石」は「楢許智蟻石」（大日古三―二八二）、「己知安利芳」は「楢許智蟻羽」（大日古十―三三八）とも記されており、伊加都と同様に添上郡楢中郷を本拠とする楢許智氏の一族であったと考えられる。

なお、許知氏と同祖の氏に山村忌寸もおり、『播磨国風土記』飾磨郡巨智里条に韓人山村等の上祖、柞巨智賀那がこの地を開墾したとある。また、『日本書紀』欽明天皇元年二月条に「百済人己知部投化、置二倭国添上郡山村一。今、山村己知部之先也」とあり、許知氏や山村氏の祖は百済からの渡来人であったと考えられる。この他、やはり許知氏と同祖とされる長岡忌寸は、『続日本紀』宝亀八年（七七七）七月甲子条に「左京人従六位下楢曰佐河内等三人賜二姓長岡忌寸一」とあり、もとは楢曰佐と称したことが分かる。[44]『日本書紀』推古天皇十六年（六〇八）九月辛巳条の「奈羅訳語恵明」も同一氏族で、彼らも添上郡楢中郷に居住した渡来人の子孫と考えられる。

ここで想起されるのが、『日本霊異記』に登場する楢磐嶋である。[45]彼は平城京左京六条五坊の人であり、大安寺の銭を借りて越前敦賀津まで赴き、交易をしていた。「楢」という氏の名からすれば、楢許智や楢曰佐と同族であった可能性が高い。[46]彼は左京六条四坊に所在する大安寺の近くに住み、寺から資金を調達して、敦賀津で物資を購入して持ち帰ろうとしていた。おそらく、購入した物は平城京で販売するのであろう。その活動のあり方には、長屋王家の「店」で販売に従事する許知祖父末呂との共通性もみられ、寺院や貴族の出資金を元手として交易するというものであった。

以上のように、渡来系氏族の許知氏は訳語、時代が下ると写経所経師といった形で出仕したり、寺院や貴族と結びつきながら交易したりしていた。彼らはもともと添上郡という平城京に隣接する地域を本貫としており、平城京遷都とともに活躍の場を広げていく。そのなかには許知祖父末呂や楢磐嶋のように、京内での販売行為を通して、平城京の流通経済を発展させていく役割を果たした者もいた。彼らは官人を輩出する氏族の一員であったが、自身は官人でなく、商業を専業とする「商人」であった。こうした「商人」の活躍のあり方は、市籍人服部真吉の事例にも通じるものである。彼らは氏族内の縁故を活用して、官司や貴族、寺院から資本を得て交易していたのである。

五　商業を専業とする「白丁」

ここまで、市籍人や「店」で販売に従事する者について検討してきた。彼らは店舗での業務に専従していたと考えられるが、他にも地域間や地方と中央とを結ぶ遠距離交易に従事する者など、様々な形態が存在した。特に、中央と地方とを結ぶ交易者の多くは、難波や京に物資を運搬し、東西市へ商品を提供した可能性も高いため、市籍人の検討と合わせて「商人」の分析に不可欠である。そこで、地域間や地方—中央間を遠距離交易する人々に注目し、どのような階層が物資の流れを作り出していたのか考えていきたい。

当時、地方から中央へ物資を運び、市籍人に提供していた遠距離交易者には、前掲の神亀五年格にあるような外五位の位階を有する者も多く含まれたとされている。外五位は献物叙位により地方豪族が叙されることの多い位階であり、特に郡領を中心とする階層への授与が多かった[47]。そのため、遠距離交易者も郡領などの地方豪族であったといわれることが多いが、彼らの交易は栄原氏も述べているように、「大勢としては、偶然性・一回性を強くおびていた」のであり、「無限定に彼らを古代的商人などとはいえない」ことに注意したい[48]。彼らは、郡司として貢納物運送に乗じて交易することも多く、一回性の強い交易を行っていた。

他方、これまで挙げられてきた献物叙位の史料の中には、彼ら以外にも大量の物資を蓄え、運送し交易する人々がいたことを示唆するものがある。『続日本紀』天平神護元年（七六五）六月癸酉条に記されている勅には、

天下諸国郡司六位已下及㆓白丁㆒、糶㆓米三百石㆒、叙㆓位一階㆒。毎㆑加㆓二百石㆒、進㆓一階㆒叙。（中略）又令、諸司六位已下雑任已上者、糶㆓米二百石㆒、叙㆓位一階㆒。毎㆑加㆓一百五十石㆒、進㆓一階㆒叙。他物亦准㆑此。皆限㆓七月廿九日㆒、

於㆓東西市㆒出売。唯五位以上及正六位上、別奏㆓其名㆒。

とあり、飢饉で市の商品が不足する状況に陥ったため、物資提供を呼び掛けている。この史料に関しても郡司や中央諸司の官人ばかりが注目されてきたが、白丁までを含む幅広い層を対象としていることが重要である。郡司や諸司官人に限らずとも、物資を保有する富裕な者が存在し、政府もそのことを把握していたことが分かる。

翻って考えてみると、日頃から東西市の店舗で販売に携わる市籍人も、実はこのような者たちであった可能性が高い(49)。当該史料に登場する白丁までを含む富裕者たちは、普段から物資を東西市に投入しており、彼らが作り出す物資の流れが、京内の生活や官司運営を支えていたと考えられる。

当時、京内への財の投入を期待された富裕者は、貴族に限られなかった。平城遷都から五年後のこととして『続日本紀』霊亀元年（七一五）六月丁卯条に「諸国人廿戸、移㆓附京職㆒。由㆓殖貨㆒也」とあり、諸国の富裕な者たちが京内に移されている(50)。彼らは東西市への出店とそれによる京内の物流の形成を期待されたといわれている。こうした人々はもともと諸国で活動して財を貯蓄していたのであり、その活動とは後述するような遠距離交易であったと考えられる(51)。そして前掲の天平神護元年勅の「白丁」には、そのような者も含まれていた可能性が高い。

このように、京内には市籍人や彼らに商品を提供する商業専従者が存在していたことが分かる。市籍人は政府が市籍で把握していたが、その他にも京外から物資を運び込み、市籍人に提供する者がいたと推測できる。彼らは史料の中で「白丁」と記されているに過ぎないが、政府にもその財を頼られるような富裕者であった。

こうした官人以外の交易者の姿は、複数の史料にみることができる。天平十八年（七四六）七月二十一日太政官符(52)には、「官人・百姓・商旅之徒、従㆓豊前国草野津、豊後国々埼・坂門等津㆒、任㆑意往還擅漕㆓国物㆒」とあり、官人・百姓・商旅の徒(53)が豊前や豊後の津から難波津へ物資を運送する様子が記されている。彼らは難波津で荷揚げして、難波の市や東西市などへ運んだと考えられる。同様に、延暦十二年（七九三）八月十四日官符にも「大宰部内出米先有二禁制一。而今同官人任レ意運レ米。郡司・百姓寄二言他物一、詐受二過所一、往来商賈相続不レ絶」とあり、大宰府官人や郡司・百姓が米を運び出し、大規模交易を行っている。(54)これらは官人による遠距離交易の史料として注目されてきたが、「百姓」や「商旅之徒」と記される交易者に着目したい。先述した京内の富裕な「白丁」と通じる存在であり、官人の交易者以外にこのような商業専従者が大規模な遠距離交易を行い、京内へと物資を流入させていたことがうかがえるのである。

ここまで中央―地方間の交易に従事する者をみてきたが、次に地域間の交易者についても考えていく。先行研究において、郡領層を中心とする地方豪族の交易の史料とされてきた『日本霊異記』中巻第四縁の説話を見直し、考察することとしたい。

この説話は、美濃国片県郡小川市の力女と、尾張国愛智郡片輪里の力女とが対決する話である。小川市の力女は美濃国大野郡に住む人の子である狐直という者(55)の玄孫とされている。一方、尾張国の力女は愛智郡片輪里の農夫の子である元興寺の道場法師(56)の孫である。尾張国の力女は、同国中嶋郡の大領の妻であった。しかし離縁され、片輪里に戻って草津川の河津で洗濯をしていた時に、大きな船で移動する「商人」集団の船長と争い、勝利する。(57)この力女は、小川市の力女が往還する「商人」を威圧してその物資を取り上げていることを聞き、蛤を商品として船に載せ、小川市へ出向く。そして力女二人の争いの結果、尾張国の力女が勝利し、小川市の力女を追放する。

松原弘宣氏はこの説話から多くのことを読み取っている。(58)ここでは特に、交易者に関する記述に限定して挙げるが、以下のような指摘がある。それは、小川市の力女の活動が出身氏族である大野郡の豪族の力を背景としたこと、尾張国の力女は新興氏族の出身で、草津川を利用した地域交易権を掌握することで台頭したが、津周辺の人々を完全に服従させたわけではないこと、力女たちの争いは両地域の豪族たちによる交易権をめぐる争いを反映していること、小川市は水上交通により尾張・伊勢と結節し、国郡を超えた地域交易圏が広がっていたことなどである。

栄原氏も述べるように、諸国にまたがる交易圏や、そこでの交易をめぐる豪族同士の抗争を想定する松原氏の説は説得力がある。さらに付け加えるとすれば、尾張の力女は中嶋郡大領の妻であったことから、愛智郡の豪族であったと考えられるが、草津川の津においては他に大規模交易をする「商人」が活躍しており、津を支配できていたわけではない。また、小川市では、力女から商品を収奪されながらも交易を続ける「商人」たちがおり、豪族に物資を納めながら交易する多くの商業従事者の姿が描き出されている。(59)彼らは市や津を利用する際に物資を納めるものの、豪族の指示を受けて交易を請け負っているわけではなく、主体的に交易しているのである。

従来、郡領層を中心とする豪族による交易が注目されがちであったが、この説話からは、むしろ本来ならば彼らの支配を受けるような、彼らより下層の人々の中に交易者が存在していたことがうかがえる。すなわち、尾張国の力女や小川市の力女は、郡領層やそれと結びつこうとする新興の氏族の様子を反映しており、彼らの支配に屈したり、反発したりする「商人」たちは、彼らより下位の者である。それにも拘わらず、草津川の河津の「商人」たちは尾張国の力女に従おうとしないのであり、彼らは交易により富を蓄積しつつある別の新興氏族であったと考えられるのではないか。かつて拙稿では、津の管理にあたる郡雑任と同様に、地方の市も彼らが管理にあたった可能性を指摘したが、まさにそうした郡雑任となるような郡領層より下位の者たちの中に、商業を専業とする者も多く含まれていたのではないだろうか。(60)

このような交易者は、専業として交易活動に従事していたと考えられるが、律令制下では「商人」身分が設定されていないため、他の公民と同様に口分田を班給され、課役を賦課される存在であった。ただし史料を見ると、彼らは政府により「商人」あるいは「商旅」と認識されており、商用での関の通過も許されている。[61]実質的には専業的に商業を行うことが認められていたのであり、一般の「公民」あるいは「白丁」の中に大規模な交易を行う「商人」が活躍していたのである。

おわりに

従来、日本古代の流通経済が未発達であったため、専業的な「商人」は存在せず、官人が交易を行っていたと捉えられてきた。また、国司や郡司による交易が史料上に散見されるため、貢納物の運京に乗じた交易が行われていたとされ、そうした点からも商業を専業とする者が注目されてこなかった。

しかし、律令制では「商人」身分が設定されていなかったものの、東西市の店舗で販売にあたる者は市籍に登録され、首都を象徴する存在として政治や外交に利用されていた。彼ら市籍人も京内の「店」を営む者も、あるいは彼らに物資を提供する遠距離交易者も、官人による兼業ではなく、商業を生業として専業的な形態で交易を行っていた。

こうした交易者たちは、市籍人の服部真吉や「店」の許知祖父末呂、遠距離交易者である楢磐嶋の例にしても、官司へ出仕する出身氏族内の者とのつながりを活かして、官司や貴族、寺院などと結びつき、そこから資本を獲得して交易した。彼らこそ商業を生業とする「白丁」あるいは「百姓」であったといえる。また、地方で遠距離交易をする人々についても、郡領層の支配を受ける下位の氏族たちに注目すべきであり、郡領層の支配下で市や津の管理にあたる郡雑任レベル以下の者たちを想定できる。

以上のことからすれば、律令国家が「商人」と官人とを分離しなかったことから、官人による商業の兼業が多かったことや、生業としての商業の未成立を導き出すことはできない。より正確に言えば、官人とその近親者が商業に関わることを禁じる唐令を継受しなかったのであり、その理由は「商人」を朝廷に採用する例もあったことに加えて、「商人」が官人の近親者であることを活かして交易活動を行う場合が多かったからである。したがって、法制度のあり方とは異なり、実際には律令国家の「商人」は官人と明確に区別することができ、生業としての商業が確立していたといえる。

律令国家は市籍人のみ把握し、その他の「商人」は統制の対象としなかった。しかし、そうした人々の交易活動は「商旅」として認められており、東西市を支えるものと認識されていた。政府は京内への富裕者の取り込みや、献物叙位による東西市への物資提供を通して、彼らの富を活用したのである。官司に出仕せず、国司や郡司に任じられていない者のなかにも、交易で富を蓄積する富裕者が存在しており、彼らの富をいかにして京内に取り込むかが課題であった。東西市はそうした富の流入口であり、政府が流通経済を操作できる唯一の場所といえる。律令国家は律令制導入により実物貢納経済を創出したが、その外側には律令では律することのできない流通経済が広がっており、京内にその一部を引き入れることで律令国家が運営されていたと考えるべきである。論じきれなかった部分は別の機会に考察することとし、ご寛恕を請いたい。

注

（1）滝川政次郎「新古令の比較」（『律令の研究』刀江書店、一九三一年）、中村修也「奈良時代の商人像」（『日本古代商業史の研究』思文閣出版、二〇〇五年、初出一九八九年）。
（2）カール・マルクス著、手嶋正毅訳『資本主義的生産に先行する諸形態』（大月書店、一九六三年）。
（3）石母田正「日本古代における分業の問題」（『日本古代国家論　第一部』岩波書店、一九七三年、初出一九六三年）。

(4) 鬼頭清明「八、九世紀における出挙銭の存在形態」(『日本古代都市論序説』法政大学出版局、一九七七年、初出一九六八年)、狩野久「律令財政の機構」(『日本古代の国家と都城』東京大学出版会、一九九〇年、初出一九七六年)。

(5) 菊地康明「律令制収取体系と土地所有の関係」(『日本古代土地所有の研究』東京大学出版会、一九六九年、初出一九六八年)、栄原永遠男「和同開珎の誕生」(『日本古代銭貨流通史の研究』塙書房、一九九三年、初出一九七五年)。

(6) 狩野久「古代都城研究の視角」(前掲注(4)書、初出一九六二年)。

(7) 吉田孝「律令時代の交易」(『律令国家と古代の社会』岩波書店、一九八三年、初出一九六五年)、栄原永遠男「東西市と律令制」(『奈良時代流通経済史の研究』塙書房、一九九二年、初出一九八七年)、櫛木謙周「商人と商業の発生」(桜井英治・中西聡編『新体系日本史一二　流通経済史』山川出版社、二〇〇二年)。

(8) 吉田氏前掲注(7)論文では、下級官人の私財を用いた交易が官司運営に利用されたことが述べられているが、それらは官司財政に依拠したもので、官人の私経済とはいえないとする山本幸男氏の指摘もある(山本幸男「造東大寺司主典安都雄足の『私経済』」『史林』六八―二、一九八五年)。下級官人の交易には、官司の財源を用いて、業務の一環として行われる交易も多く、再検討の必要がある。

(9) 『唐令拾遺』選挙令17条、開元七年(七一九)および二十五年(七三七)令。仁井田陞『唐令拾遺』(東方文化学院東京研究所、一九三三年)、仁井田陞著、池田温編集代表『唐令拾遺補』(東京大学出版会、一九九七年)。

(10) 唐の戸令は、「諸習㆓学文武㆒者為㆑士、肆㆓力耕桑㆒者為㆑農、巧作貿易者為㆑工、屠沽興販者為㆑商」というもので、工・商身分の者が士となることや、その逆は禁じられていた(『唐令拾遺補』復原唐戸令26条武徳令〈武徳七年(六二四)〉・開元七年令)。唐では商業に対する卑賤観とともに、「商人」保護の面から士身分と商身分とを明確に区別したとされている。中村氏前掲注(1)論文。

(11) 滝川氏前掲注(1)論文。

(12) 『唐令拾遺』『唐令拾遺補』開元二十五年令。なお、天聖令不行唐令19条に同文がある。

(13) 舘野和己氏は、日本では官人による商業を想定していることから分かるように、中国のような「商人」への卑賤観がみられず、士農工商の身分設定は不可能かつ無意味であったと指摘している(舘野和己「律令制下の交易民」『歴史公論』九―一二、一九八三年)。

(14) 日野氏によれば、唐で市籍に登録されるのは、両京・州県の官設市に出店する商人である。中でも、同業者組合に所属する常設店舗「行肆」や、飲食販売・旅宿業・倉庫業を営む「邸店」を経営する者が登録された。したがって、定期市に集まる「街肆」のような大道商人や、遠方から来る客商は登録されないと考えられている。日野開三郎『唐代邸店の研究』（九州大学文学部東洋史研究室、一九六八年。『日野開三郎東洋史学論集』第十七巻、三一書房、一九九二年に再録）。

(15) 市籍が奈良時代から存在した可能性については、北村優季「京戸について」（『平城京成立史論』吉川弘文館、二〇一三年、初出一九八四年）も参照。

(16) 中村修也「市人・市籍人と市の構造」（前掲注(1)書、初出一九八七年）。

(17) 『類聚三代格』巻十九禁制事、貞観六年九月四日官符。

(18) ゴマ油を売り歩く者がいたことは、天平宝字六年（七六二）「奉写二部大般若経銭用帳」（続々修四帙十、『大日本古文書』〈以下、大日古と略す〉十六―九一～）に「司中到来〈油〉、便買如レ件」（同―九五）とあることから分かる。また、神護景雲四年（七七〇）「奉写一切経所食口帳」（続々修三十九帙一、大日古十七―三二九～）には、間食を支給した対象として、「菜売女三人」（同―四一〇）とあり、野菜を売り歩く女性がいた。さらに、『日本霊異記』中巻第十九縁には、盗品の経典を売り歩く者が登場する。

(19) 中村氏前掲注(16)論文。

(20) 『続日本紀』天平十三年（七四一）八月丙午条。

(21) 『続日本紀』天平十七年（七四五）五月丁卯条。

(22) 『日本紀略』延暦十三年（七九四）七月辛未朔条。

(23) このことから、市人が独自の経済拠点をもたず、市に寄生する存在であったとする見解もある（吉田和代「東西市の運営と市人に関する一考察」門脇禎二編『日本古代国家の展開』下、思文閣出版、一九九五年）。しかし、地方豪族が出店する例も多く、彼らは市以外にも拠点をもったと考えられる。

(24) 拙稿「律令国家の市支配」（『ヒストリア』二二四、二〇一一年）。

(25) 彼らは政府に優遇されて富を蓄積し、次第に華美な暮らしぶりが問題視されるまでになった。延暦十一年（七九二）の太政官符には「豪富之室、市郭（鄽カ）之人、猶競二奢靡一、不レ遵二典法一」と記されている（『類聚三代格』巻十九禁制事、延暦十一年七月二十七日官符）。なお、平城京の市人は新興庶民層であるとする伊東彌之助氏の説がある。彼ら交易者が大化前代には豪族の隷属民であったとする部分には疑問もあるが、市人すなわち市籍人が新興庶民層であり、その地位が向上していくという考え方には、従うことができる。伊東彌之助「奈良時代の商業及び商人について」(『三田学会雑誌』四一―五、一九四八年)。
(26)『類聚三代格』巻五定内外五位等級事、神亀五年三月二十八日格。
(27) 地方豪族が献物叙位により、外五位を与えられる事例の多いことについては、野村忠夫「律令官人の構成と出自」(大阪歴史学会編『律令国家の基礎構造』吉川弘文館、一九六〇年)、同「内・外位制と内・外階制」(『律令官人制の研究』吉川弘文館、一九六七年、初出一九五二年)を参照のこと。
(28) 吉田氏および栄原氏前掲注(7)論文、中村氏前掲注(1)論文。
(29) 栄原永遠男「奈良時代の遠距離交易」(前掲注(7)書、初出一九七六年)。
(30) 中村氏前掲注(1)(16)論文。
(31) 前掲注(7)の諸論文を参照。
(32) 以下、奈良国立文化財研究所『平城宮発掘調査出土木簡概報』(「城」と表記)や『木簡研究』(「木」と表記)の号数と頁数を「城十七―十六」のように書く。
(33) 服部ならびにそれを統括していた服部連については、佐伯有清『新撰姓氏録の研究』考証篇第四(吉川弘文館、一九八二年)、二四頁。
(34) 中村氏前掲注(16)論文。
(35)(36) 吉野秋二「古代の「米」と「飯」」(『日本古代社会編成の研究』塙書房、二〇一〇年、初出二〇〇七年)。
(37) 舘野和己「長屋王家の交易活動」(『奈良古代史論集』三、一九九七年)。
(38) 東野治之「長屋王家木簡管見」(『日本古代史料学』岩波書店、二〇〇五年、初出二〇〇一年)。
(39) 以下、奈良文化財研究所『平城京木簡』を「平」と表記し、出典を表す。
(40) 以下、己智氏については、佐伯有清『新撰姓氏録の研究』考証篇第五(吉川弘文館、一九八三年)三四四～三四六頁参照。
(41)『新撰姓氏録の研究』本文篇(吉川弘文館、一九六二年)三一二頁。
(42) この人物は「許知荒石」(大日古八―三二四)など多様な表記がある。
(43) 大倭国添上郡楢中郷戸主で大初位上の「己知伊香豆」としてもみえる(大日古二五―九三)。
(44)『新撰姓氏録の研究』考証篇第五(吉川弘文館、一九八三年)三四七頁。

(45)『日本霊異記』中巻、第二十四縁。

(46)楢磐嶋と楢曰佐氏との関係については、栄原氏前掲注(29)論文にも指摘がある。

(47)野村氏前掲注(27)両論文。

(48)栄原氏前掲注(29)論文。

(49)喜田新六「奈良朝に於ける銭貨の価値と流通とに就いて」(『史学雑誌』四四―一、一九三三年)。

(50)村井康彦『古京年代記』(角川書店、一九七三年)一四五頁。北村氏前掲注(15)論文。

(51)遠距離交易を生業としていた者の存在は、欽明朝に官人として抜擢された交易者の秦大津父の事例(『日本書紀』欽明天皇即位前紀)からもうかがえる。交易を生業とする者の中には、官人に採用される者もいる一方、交易を生業とし続ける者も多く存在したであろう。

(52)『類聚三代格』巻十六船瀬并浮橋布施屋事、延暦十五年(七九六)十一月二十一日官符所引。

(53)商旅のような遠距離交易者の存在は、『続日本紀』和銅七年(七一四)二月庚寅条にも「其帯レ関国司、商旅過日、審加二勘捜一、附レ使言上」とあり、広範に存在していたことが分かる。中村太一「日本古代の交易者」(『国立歴史民俗博物館研究報告』一一三、二〇〇四年)、栄原永遠男前掲注(29)論文。

(54)『類聚三代格』巻六公粮事、大同四年(八〇九)正月二十六日官符所引。

(55)『日本霊異記』上巻第二縁。

(56)『日本霊異記』上巻第三縁。

(57)『日本霊異記』中巻第二十七縁。

(58)松原弘宣「地方市と水上交通」「地域交易圏の形成と交通形態」(『日本古代水上交通史の研究』吉川弘文館、一九八五年、初出一九八二年)、同「瀬戸内海の地域交通・交易圏」(『古代瀬戸内の地域社会』同成社、二〇〇八年)。

(59)交易者が市や津の支配にあたる豪族に利用料となる物資を納めていたであろうことは、『日本書紀』大化二年(六四六)三月甲申条に「罷二市司・要路・津済渡子之調賦一、給二与田地一」とあることからも推測できる。市や要路、津などの統括者は、それらの利用者から収奪した物を王権に納めていた。

(60)前掲注(24)拙稿。

（61）　前掲注（53）の史料や、『続日本紀』天平神護元年（七六五）二月乙亥条「又聞、諸人等詐称二商人一、多向二彼部一。国司不レ察、遂以成レ群」など。後者は淡路島配流の淳仁天皇の元へ向かう人々が「商人」と詐称して渡ったとする史料で、商業は関通過の正当な理由であったことが分かる。

孝徳朝における土地政策の基調

北村安裕

はじめに

時代の転換点としてのイメージと戦後の懐疑的な見方に引き裂かれていた孝徳朝の評価[1]が、近年大きく転換しつつある。

その一つの契機となったのが、難波長柄豊埼宮に対応するとされる前期難波宮の発掘調査の成果であった。前期難波宮が朝堂院区画と朝庭を有し、九間×五間という大規模な内裏前殿や、独創的な一対の楼閣風八角形建築などをともなっていたことが明らかになってきたのである。[2]こうした前期難波宮の構造は、それ以降に飛鳥に営まれた宮と断絶しており、斉明・天智朝などと比較しても孝徳朝が画期的な政治体制をとっていたことを想起させる。

また、七世紀代の木簡の発掘事例が増加し、天智朝の庚午年籍以前に「某部」以外の名辞を有する五十戸に関する木簡が発見されたことで、天智朝以前の段階で五十戸制に基づく人民編成がかなり進んでいたことを想定する見解も支持されるようになってきた。[3]これらは、ともすれば文飾として退けられる傾向が強かった孝徳紀の記述に新たな息吹を与えうる材料である。孝徳朝、そして「大化改新」の評価は、今まさに問い直される段階に入りつつあるのである。

周知のように、孝徳紀には土地に関係する政策が多くみられる。これらは人民編成の問題とならぶ「大化改新」の主要政策として描出されており、総体として理解することで、孝徳朝および「大化改新」の実相にもせまりうる。しかし、律令制的土地制度については、唐令からの改変のあり方や、歴史的展開といった面で議論が深められている中[4]にあって、孝徳朝の土地政策については、研究上あまり顧みられていないのが実情である。

かつて「大化改新」をめぐる研究史を回顧した石上英一は、孝徳朝における土地所有や経営は「忘れられた視角」となり、石母田正の「賦田」制論（後述）を除いては本格的な議論がなされていないと述べ、大化期における古代土地所有の転回過程をふまえた律令制成立過程の研究が必要だとした[5]。この状況は、現在まで基本的には変わっていないと思う。

「改新」の諸政策を体系的に示した、大化二年（六四六）正月の「改新の詔」を掲げる。

史料1 『日本書紀』大化二年正月甲子条

賀正礼畢、即宣二改新之詔一曰、①其一曰、罷二昔在天皇等所レ立子代之民・処々屯倉、及別臣・連・伴造・国造・村首所レ有部曲之民、処々田荘一。仍賜二食封大夫以上一、各有レ差。降以二布帛一、賜二官人・百姓一、有レ差。又曰、大夫所レ使レ治レ民也。能尽二其治一、則民頼之。故、重二其禄一、所二以為レ民也。……③其三曰、初造二戸籍・計帳・班田収授之法一。……凡田、長卅歩、広十二歩為レ段。十段為レ町。段租稲二束二把。町租稲廿二束。……④其四曰、罷二旧賦役一、而行二田之調一。凡絹・絁・糸・綿、並随二郷土所一レ出。田一町、絹一丈。長四丈、広二尺半。絁二丈、二町成レ匹。長広同レ絹。布四丈、長広同二絹・絁一。一町成レ端。〈糸・綿絇屯、諸処不レ見。〉別収二戸別之調一。一戸貲二布一丈二尺一。凡調副物塩・贄、亦随二郷土所一レ出。……

第一条（①）では「昔在天皇等」が設定した「子代之民」「処々屯倉」と、「臣・連・伴造・国造・村首」らの所有に帰する「部曲之民」「処々田荘」を廃止し、食封を給付する体制に移行することが宣言されている。第三条（③）においては「戸籍」「計帳」とともに「班田収授之法」の創始が述べられ、「田」の寸法や田積法、田租の負担額などが規定される。第四条（④）では「戸別之調」とともに「田之調」を創設することが載せられる。

『書紀』に準拠して精緻な「大化改新」像を構築した坂本太郎の所説によると、この詔は、「貴族の擅権に本づく社会状態の紛乱をその根本において革正」するために、皇族・貴族等の所有する私地私民を廃止して公地公民制に移行し（第一条）、律令制下の班田制とほぼ同様の内実をもつ「班田収授之法」を現実に施行する（第三条）ものであったという。[6] これは、『書紀』の構想に忠実に沿った理解といえ、一九四〇年代までは土地制度研究の分野でも広く受容された史観であった。[7]

しかし、戦後の史料批判の進展や、「大化改新」否定論の提起などを経て、「屯倉」「田荘」の廃止や「班田収授之法」の制定などの史実性が鋭く問われるに至った。[8] 例えば、第三条の「凡田長卅歩〜租稲廿二束」は養老田令1田長条とまったく同文であり、潤色が施されていることはほぼ確実である。一方で、第四条にみえる「田之調」の収取などは律令制下にはみえない独自の内容であり、「改新の詔」すべてが『書紀』編者の創作ではないことを示唆している。現在の研究段階では、「改新の詔」に全面的に依拠することはできないが、そこに孝徳朝の実像が反映されている可能性も否定できないのである。

孝徳紀には、「改新の詔」以外にも、事実とは思われない部分や、修辞と考えられる部分が散見される。しかし、関連史料が現状で見いだせない部分については、戦後の否定論の達成や近年の知見も加味しつつ、孝徳紀を再解釈していく作業が必要となろう。少なくとも信憑性の問題からそこに立ち入らなくは、怯懦の誹りを免れえぬと思う。

以上をふまえ、本稿では「改新の詔」にみえる主要な政策である「屯倉」「田荘」の廃止と「班田収授之法」に着目しながら、孝徳紀にみえる土地政策の実相について全体的な見通しを得ることを第一の目標に掲げる。その上で、孝徳朝および「大化改新」の特質や、孝徳朝の土地政策と律令制的土地制度の関係についても知見を深めていきたい。

一　豪族層の土地経営と「屯倉」「田荘」

本節では、孝徳朝の土地政策の前提となる豪族層の土地経営のあり方、および「屯倉」「田荘」との関係について考察する。

孝徳紀によると、大化元年（六四五）九月には諸国に「民元数」を記録するための使者が派遣された。これは、先に東国と「倭国六縣」で行った「戸籍」作成（後掲史料4）を全国に敷衍する政策である。[9]

史料2『日本書紀』大化元年九月甲申条

遣㆓使者於諸国㆒、録㆓民元数㆒。仍詔曰、自㆑古以降、毎㆓天皇時㆒、置㆓標代民㆒、垂㆓名於後㆒。其臣連等・伴造・国造、各置㆓己民㆒、恣㆑情駆使。又割㆓国縣山海林野池田㆒、以為㆓己財㆒、争戦不㆑已。或者兼㆓并数萬頃田㆒。或者全無㆓容針少地㆒。進㆓調賦㆒時、其臣連伴造等、先自収斂、然後分進。修㆓治宮殿㆒、築㆓造園陵㆒、各率㆓己民㆒、随㆑事而作。易曰、損㆑上益㆑下。節以㆓制度㆒、不㆑傷㆑財。不㆑害㆑民。方今、百姓猶乏。而有勢者、分㆓割水陸㆒、以為㆓私地㆒、売㆓与百姓㆒、年索㆓其価㆒。従㆑今以後、不㆑得㆑売㆑地。勿㆔妄作㆑主、兼㆓并劣弱㆒。百姓大悦。

詔文には、『三国志』魏書の文と酷似する部分があり、[10]全体の論理展開も追いにくいが、孝徳朝以前のある段階の豪族層の土地経営を活写した史料として早くから注目されてきた。(11)前段では、「臣連等・伴造・国造」が「己民」を私的に使役するとともに、「国縣山海林野池田」を「己財」としていたことが述べられる。後段でも、分割した「水陸」を農民に「売与」して「其価」を得ていたことが述べられる。

前段にみえる「臣連等・伴造・国造」の経営は、「山海林野池田」という多様な土地に及んでいる。前稿(12)でも指摘したように、これは古代の有力者の大土地経営の一般的なあり方に合致している。孝徳朝以前から広範に存在していた有力者の大土地経営は、中心となる施設・倉などを核として、周辺に広がる耕地（水田・ハタケ）と非耕地（山野・林・牧など）を集約的に経営するものであり、経営体を構成する各地目は相互に密接な連関をもちながら、全体として複合的な機能を有していた。(13)当該期の中央・地方の豪族層は、競合をともないつつ、こうした土地経営を拡大させていたのである。

詔の冒頭には、「標代民」に関する記述があり、それと土地経営との関係がやや難解である。「標代民」は、主として王・王族の名号や宮の名を冠し、最終的には大王・王族に貢納・奉仕する部民（名代・子代）である。(14)それを全うするためには、拠点が置かれ、そこで現地の豪族による統括がなされる必要がある。こうした貢納・奉仕の拠点は、現地の統括者や、中央でとりまとめる豪族にとっては、土地支配・経営の根拠地でもあった。言うまでもなく、名代・子代の貢納・奉仕の拠点は、「改新の詔」第一条で廃止が謳われた「屯倉」にあたる。「屯倉」は王権に関わる拠点を本質とするが、(15)同時に豪族層の土地経営の基盤でもあったのである。

一方、後段（民衆への「水陸」の「売与」に関する部分）からは、豪族層の土地経営のもう一つの側面を読み取ることができる。これは一見律令制下の賃租に類似した行為にもみえるが、この行為が「劣弱を兼併する」行為であることを考慮すると、「売与」の対象となっていたのは、元来その土地を利用していた人民であったと解しうる。こうした行為は全くつながりのない状態からは生じがたく、人民がもともと豪族が統括すべき人々、「標代民」であったことが強く推測される。つまり、豪族層は貢納・奉仕の拠点を基盤とした自らの直接的な土地経営に加えて、統括すべき農民が生業を営んでいる土地にも進出して、私的に賃租に類似する行為を強いていたのである(16)。人民支配と土地支配は、こうした面からも結びつき、拡大しつつあったといえる。この図式は、貢納・奉仕の対象が中央豪族となる場合（人民は「部曲之民」、拠点は「田荘」に対応する）も同様であろう。これが、孝徳朝の政策の直接的な前提となる状況であった。

二 「屯倉」「田荘」の廃止と人民・土地の調査

本節では、「改新の詔」第一条に記された「屯倉」「田荘」の廃止の実情と、それと平行して進められた人民・土地調査の性格についてみていく。

「改新の詔」第一条と密接な関係を有するのが、著名な皇太子中大兄の奏請である。

史料3 『日本書紀』大化二年三月壬午条

皇太子使レ々奏請曰、昔在天皇等世、混二斉天下一而治。及二逮于今一、分離失レ業。〈謂二国業一也。〉属下天皇我皇、可レ牧二万民一之運上、天人合応、厥政惟新。是故、慶之尊之、頂戴伏奏。現為明神御八島国天皇、問二於臣一曰、其群臣・連及伴造・国造所レ有、昔在天皇日所レ置子代入部、皇子等私有御名入部、皇祖大兄御名入部〈謂二彦人大兄一也。〉、及其屯倉、猶如二古代一、而置以不。臣即恭承レ所レ詔、奉答而曰、天無二双日一。国無二二王一。是故、兼二并天下一、可レ使二万民一、唯天皇耳。別以二入部及所封民一、簡二充仕丁一、従二前処分一。自余以外、恐二私駆役一。故献二入部五百廿四口・屯倉一百八十一所」。

ここでは、孝徳が群臣に「群臣・連及伴造・国造」らが所有する「子代入部」、「皇子等」の「御名入部」、そして中大兄らの「皇祖大兄入部」(17)(刑部)および「屯倉」の存廃を問うたのを承け、皇太子中大兄が、所有する「入部」五二四口と一八一ヵ所の「屯倉」を天皇に献納したことが述べられている。

本史料で最も難解な中大兄の「奉答」(傍線部)については、「入部及所封民」、献納した「入部」「屯倉」、「前処分」の内容や相互関係をめぐって、様々な解釈が乱立しているが、本稿ではその論理を以下のように解したい。人民を自由に使役することは「天皇」の専権事項であるが、「前処分」(18)によって皇子等には「入部及所封民」より仕丁を撰定する権限が与えられている。但し、認められた仕丁以外の「私駆役」が生じてしまう恐れがあるので、「入部」と「屯倉」の全てを献納するのだ、と。

ここで中大兄は、「入部及所封民」から所定の仕丁を選び取る権限を留保しつつ、残る「入部」(「皇祖大兄御名入部」)の全てを国家民とし、そこからの貢納・奉仕の拠点である「屯倉」(19)も放棄する姿勢をみせている。その意図は、旧来の名代・子代、および拠点たる「屯倉」を、貢納・奉仕の単位としては廃止し、前代の複線的な人民支配のあり方を大王(政府)に集約するところにあったとみるのが妥当だろう。

壬申の乱においてミブを引き継ぐ「湯沐」が大海人の勝利に貢献したこと(20)からみても、王族の人民支配は形を変えて残っていく。旧来の貢納・奉仕の拠点も人民支配の拠点としての公的地位を失ったに過ぎず、以降も政策を実行する上では利用せざるを得ない状況が続いただろうし(21)(後述)、農業経営の拠点などとしては後代まで機能し続けたと考えられる(第三節)。一方で、ここで政府が一元的な人民支配を指向したことは否定できず、「改新の詔」第一条もそうした方針を背景として述作されたものとみることができる。

以上の名代・子代および「屯倉」の位置づけの転換とともになされたのが、人民と土地の調査である。

史料4　『日本書紀』大化元年八月庚子条

拝二東国等国司一。仍詔二国司等一曰、……凡国家所レ有公民、大小所レ領人衆、汝等之レ任、皆作二戸籍一、及校二田畝一。

其薗池水陸之利、与二百姓一倶。……

其於二倭国六縣一被レ遣使者、宜下造二戸籍一、幷校中田畝上。〈謂レ検二覈墾田頃畝及民戸口年紀一。〉……

蘇我本宗家の滅亡からまもなく、「東国等国司」および倭国六縣への使者が派遣された。彼らは、「国家所有公民」と「大小所領人衆」の双方について、「戸籍」作成（以下、「造戸籍」）とともに「田畝」[22]（水田）調査（以下、「校田畝」）を共通の任務としており、「薗地水陸」（水田以外の生産力ある土地）を民とともに公平に利用することも求められている。派遣先としては東国と倭国六縣しか明示されていないが、史料2の「録民元数」が「造戸籍」を全国化したものであることから、「校田畝」も同様に全国を視野に入れた政策だった可能性は高い。「造戸籍」「校田畝」は、全土かつ全人民を対象とすることを目指した本格的な人民・土地調査の出発点として位置づけられるのである。

これらの実相については、「録民元数」が人民の概数把握とも解釈できる[23]ことなどから、「造戸籍」も同様の行為であり、関連する「校田畝」もやはり耕地の概数把握にとどまったとする考えが一般的である[24]。他方、「造戸籍」「校田畝」の実効性を高く評価する見解もある。石母田正は、「造戸籍」を全人民の調査・登録を意味するとし（ただし令制に準じる「編戸」はまだなされない）、「校田畝」についても、所有形態にかかわらず一律に実施された校田であり、新たな田土を把握して収公する徹底したものであるとした[25]。

この点について、「改新の詔」第四条にみえる「田之調」「戸別之調」との関係から考えてみたい。本稿では、「田之調」「戸別之調」について、ともに孝徳朝の暫定的な税制であり、対象は全国、賦課の対象は人民とみる説に従う[26]。

そうすると、「戸別之調」の収取の必要上、「戸」が存在しなければならないことになる。もちろん、その内実は律令制下の戸とは大きく異なることが予想されるが、少なくとも「戸」が編成されたこと自体は否定できないのではないか。「造戸籍」はこうした「戸」ごとに、代表者と成員数を把握して記録する作業だったと考えられる(27)。

吉備の白猪屯倉において「籍」(「田部丁籍」)を定めて「田戸」を編成したという伝承(28)にみられるように、「屯倉」を単位とした名簿の作成は、大化以前にも存在した。旧来の貢納・奉仕の拠点を利用すれば人民の簿を作成することは技術的には可能だったのである。ここでの「造戸籍」も、旧来の貢納・奉仕の拠点に依拠して、その管掌者であった豪族の協力を仰げば、無理なく遂行できたであろう。前代の拠点は、貢納・奉仕の単位としては公的には廃止されたが、現実的には、そこに依存して政策を進めなければいけない状況が続いていたのである。なお、「録民元数」については、こうした作業をふまえた上での全国的な人民の計数だったとみることができる。

一方、「校田畝」は「田之調」を実現するための作業であり、「造戸籍」と関連づけると、「戸」の成員が生業の核として耕作していた水田の面積の概数を把握するものと解しうる。「田之調」が一町単位というやや大雑把な数値で賦課されることも、個人ではなく「戸」を前提としたものであることを強く想起させる。この段階で水田を厳密に測地することが難しいとすれば、代制に基づいて穫稲から地積を割り出す措置がとられたのだろう。いずれにしても、こうした水田の把握も、「造戸籍」と同様に旧来の拠点を基盤としてなされたことが想定される。石母田説のように、この土地調査を耕地の収公や勘出をともなうもの、換言すれば律令制下の校田と同種のものとみなすことは難しいが、こうして曲がりなりにも政府は全国の水田を把握できるようになったのである(29)。

孝徳朝には前代の複雑な貢納・奉仕のあり方を整理すべく、貢納・奉仕の拠点(「屯倉」「田荘」など)を公的には廃止する方針が出された。これと併行して、人民と水田の調査がなされ、一定の人間集団である「戸」を単位とした把握が進められた。これらの政策は、前代のあり方に外面上、大きな変更をせまるものだったといえる。

三　豪族層の大土地経営の行方

前節でみたように、前代以来の拠点は貢納・奉仕の単位としては否定されるにいたった。では、こうした拠点に密着してなされていた豪族層の大土地経営はどのような状況におかれていったのだろうか。

第一節の検討によれば、豪族層は、Ⓐ直接的な大土地経営を進める一方で、Ⓑ管掌すべき人民の生業に関わる土地も「私地」として地代を徴収していた。

このうちⒷについては、史料2においても賃租的行為の禁止が述べられている。また、前節でみたような土地・人民調査は、人民支配と不可分に推し進められた豪族層の土地支配を掣肘する効果が期待できる。全体として、Ⓑは否定される方向にあったとみてよいだろう。

Ⓐについては直接的な史料を欠いているが、以下よりその方向性を推し量ることができる。

史料5　『日本書紀』大化二年（六四六）三月辛巳条

詔二東国朝集使等一曰、……宜レ罷二官司処々屯田、及吉備島皇祖母処々貸稲一。以二其屯田一、班二賜群臣及伴造等一。

史料5は、東国での任務を終えて帰還してきた「国司」（「東国朝集使」）たちへの詔の末尾に記載されているが、その内容は必ずしも東国のみに関わるものではない。そこでは、「官司」の所有する「処々屯田」を廃して「群臣及伴造等」に分配すること、「吉備島皇祖母」（皇極二年（六四三）に薨去した皇極・孝徳の母）の「処々貸稲」を廃止すること、が指示されている。

「屯田」のもとの所有主体とされる「官司」については、『日本書紀』大化五年二月是月条に「詔二博士高向玄理与一釈僧旻一、置二八省百官一」とみえることが参考になる。「百官」は、他の箇所に現れる「将作大匠」[30]「刑部尚書」[31]「衛部」[32]などの官名と関連すると考えられる。「衛部」について検討した笹山晴生によると、中国風の官名を称しているものの、実態としては旧来の大夫層による国制の分掌が続いており、官名を帯びたのも統括者である大夫のみであった可能性が高いという[33]。大化五年の「八省百官」は、結局は従来の大夫層の活動に基礎を置くものだったと考えられる。「八省百官」がこのような内実であった以上、それ以前の存在である「官司」も豪族層に依存する存在だったとみるのが自然だろう。これを前提にすると、「屯田」を分与された「群臣」「伴造」、そして「屯田」の正体と、「屯田」分与自体の意味も理解しやすくなる。すなわち、「群臣」「伴造」こそかつて「官司」の活動の実態を担っていた豪族層であり、「屯田」は孝徳朝以前から彼らに付属させられていた耕地とみなしうるのである。「屯田」の分与は、そうした耕地を正式に豪族層の所有に帰さしめたことに他ならない。

次に問題となるのが、「屯田」の性格である。律令制下の屯田（養老令では官田）は、大和・摂津・河内・山背に分在する計一〇〇町の供御領田で、その前身は畿内に置かれていた「屯倉」に附属する水田を主体とする[34]。すなわち、「屯倉」を基点とする多様な土地経営のうち、水田部分を切り取って令制下に残したものこそ、「屯田」だったことになる。大王・天皇への供御を担った令制の「屯田」とはやや性格が異なるが、「官司処々屯田」にもこれと共通する部分があったと想定できる。この「屯田」も元来は「屯倉」にともなう土地経営の一部であり、本来は「屯倉」およびその附属地の全てが王権の職務を遂行する限りにおいて各豪族に附されていたと考えられるのである。

この解釈が容れられるとすれば、史料5の措置から二つの方向性を読み取ることができる。一つは、豪族層にそれまで経営が委ねられてきた水田の支配が認められたことである。本来、王権に関わる業務の分掌の代償として付与されていた土地すら、政府の下に取り戻すのではなく、豪族層に分与してしまったわけである。豪族層が自ら開発した土地の収公など、ほとんど念頭になかったのではないだろうか。他方、ここでの措置は、それまで「屯倉」の付属地全体に及んでいた豪族層の支配を、公的には「屯田」のみに制限する意味合いもある。政府は、「屯倉」を基点とする土地経営の総体を一括して認めようとはせず、その中の一部を豪族層に正式に付与したのである。このことは、政府が多様な地目を包摂する大土地経営体を所有の単位としては認めず、それを構成していた個別の地目に分解した上で掌握・管理しようとしていたことを示唆する。

同様の方向性が看取されるのが、寺院の所領に関する次の史料である。

史料6　『日本書紀』大化元年八月癸卯条

遣二使於大寺一、喚二聚僧尼一、而詔曰、……今拝三寺司等与二寺主一。巡二行諸寺一、験二僧尼・奴婢・田畝之実一、而尽顕奏。

……

史料7　『日本書紀』大化二年三月辛巳条

於二脱レ籍寺一、入二田与一レ山。

史料6は、豪族層の造寺活動を支援するなどして、今後は大王が仏教を主導することを宣言した詔である。ここでは、寺院の「田畝」の実態の調査と上申が命じられている。史料7は、史料5と同時に出されたもので、「脱籍寺」という、ある属性を有する寺院に「田」「山」が施入されている。

これらの史料は、孝徳朝を公地公民の創出の画期とみなす立場からは、寺院に一定の土地所有が認められた点において、「改新」の不徹底を示すものとして捉えられ(35)、土地の把握と規制という側面には注目されなかった。現在でも、土地に関する研究においては、正面から取り上げられることの少ない史料といえる。しかし、この段階の寺院は、有力な大土地経営の主体であり、実際には檀越たる豪族層がその経営に強い権利を有していた。[36]したがってこれらは有力者の大土地経営と土地調査の関係、さらには孝徳朝の大土地経営体規制のあり方を考える上でも重要な意味をもつ。

史料6・7の解釈については別稿[37]で詳述したが、要点を示すと以下のようになる。史料6では寺院に対する土地調査が実行され、旧来からの寺領が史料7にみえる「籍」（あるいはその他の帳簿）に記載された。この帳簿には、寺領が「田」「山」などの地目別に記録された。史料7では「脱籍寺」に所領を充当することを述べているが、これも史料6の調査に漏れた寺院について、旧来の寺領を地目別に認定したことを示している。

物部氏の討滅後にその「田荘」を四天王寺に附したという『書紀』の記述[38]からも明瞭なように、孝徳朝以前の寺領は、豪族層の大土地経営体と同様の内実を有していた。しかし、大化の調査では、元来は経営体そのものであった寺領が地目ごとに編成替えされている。ここでも、旧来の土地経営の中核部分を基本的には認める方針と、大土地経営体を地目別に把握していくという指向性が貫徹されている。

史料からたどれるのは以上の二例であるが、八世紀初頭においても貴族・豪族・寺院による大土地経営が一定の社会的広がりをもつこと[39]を考慮すると、豪族層や寺院が拠点に依拠して直接的に進めていた土地経営の殆どは孝徳朝にただちに否定されるようなことはなかっただろう。但し、非耕地と耕地が密接に結びつく大土地経営体は単位としては認められず、経営体内の中核的な水田が、第二節でみたような土地調査の機会に把握されていったと思われる。こうして、土地経営の単位としての大土地経営体も公的には終焉を迎え、以降は地目に即して個別に規制されるようになっていったのである。

四　「班田収授之法」

本節で検討するのは、「改新の詔」（史料1）第三条にみえる「班田収授之法」である。すでに述べたように、「改新の詔」第三条には養老令と同文の箇所がみえ、記述が後代の知識で修飾されていることはほぼ確実である。また、

史料8　『日本書紀』白雉三年（六五二）正月条

自二正月一至二是月一、班田既訖。凡田、長卅歩為レ段。十段為レ町。〈段租稲一束半、町租稲十五束。〉

と、白雉三年の正月から「是月」の間に「班田」が終了したことや、「田」の規格・田積法・租法などに言及した記述についても、正月の記事であるにもかかわらず「自正月至是月」と記されていることや、この記事の後に本来は先行しなければいけない造籍の記事がみえること[40]、「班田収授之法」が制定されてからちょうど六年後（律令制下の班田のサイクルと同じ）の記事であることなどから、記載に全幅の信頼は置きえないとされる[41]。こうしたことから、孝徳朝の「班田収授之法」は近年ではほとんど評価されなくなっている[42]。

一方で、孝徳朝の土地政策を通覧すると、律令制下の班田制と結びつきうるものが含まれている。令制下の班田制の最も基本的な要素は、①国司らによる土地の調査と上申、②中央からの指令に基づいた口分田の収公・分給に整理できる[43]。このうち①と結びつく土地調査事業のあり方については、第二節で述べた。

②に関しては、前節でみた「官司処々屯田」の分配も該当する[44]。その実態が、以前からの豪族層と水田の関係を追認するものであったことは既に確認した。これと合わせて考えなければならないのが、次の史料である。

史料9　『日本書紀』大化二年八月癸酉条

詔曰、……今発遣国司、幷彼国造、可二以奉聞一。去年付二於朝集一之政者、随二前処分一。以二収数田一、均給二於民一。勿レ生二彼我一。凡給レ田者、其百姓家、近接二於田一、必先二於近一。如レ此奉レ宣。……国々可レ築レ堤地、可レ穿レ溝所、可レ墾レ田間、均給使レ造。当レ聞二解此所一レ宣。

史料9では「収数田」（政府が収公して測地したという耕地）を「民」に「均給」している。その具体的な給付法として、住居に近い水田を割り当てることとしている。これと同時に、堤や溝の建造予定地や開墾予定地なども均等に割り当てて、開墾を推進することも指示されている。

まず検討したいのが、後段で述べられている、政府の主導による統一的な土地開発である。これが地方でも実行されたことは、別の史料から確認できる。(45)

史料10　『常陸国風土記』行方郡条

古老曰、石村玉穂宮大八洲所馭天皇（継体天皇）之世、有人、箭括氏麻多智。献二自レ郡西谷之葦原墾闢新治田一。此時、夜刀神、相群引率、悉尽到来、左右防障、勿レ令二耕佃一〈俗云、謂レ蛇為二夜刀神一。其形蛇身頭角。率引免レ難時、有二見人一者、破二滅門一、子孫不レ継。凡此郡側郊原、甚多所レ住之〉。於レ是、麻多智、大起二怒情一、着二被甲鎧一之、自身執レ仗、打殺駈逐。乃至二山口一、標梲置二堺堀一、告二夜刀神一云、自レ此以上、聴レ為二神地一、自レ此以下、須レ作二人田一。自レ今以後、吾為二神祝一、永代敬祭。冀勿レ祟勿レ恨。設レ社初祭者。即還、発二耕田一十町余一、麻多智子孫、相承致レ祭、至レ今不レ絶。其後、至二難波長柄豊前大宮臨軒天皇（孝徳天皇）之世一、壬生連麻呂、初占二其谷一、令レ築二池堤一。時夜刀神、昇二集池辺之椎・槻一、経レ時不レ去。於レ是、麻呂、挙レ声大言、令レ修二此池一、要孟活レ民。何神誰祇、不レ従二風化一。即令二役民一云、目見雑物魚虫之類、無レ所二憚懼一、随尽打殺。言了応時、神蛇避隠。所謂其池、今号二椎井一也。池面椎株。清泉所レ出、取レ井名レ池。

行方郡家の西谷の葦原は、継体朝に箭括麻多智という豪族が、夜刀神の妨害を排除して開発した地であったという。孝徳朝になると、壬生麻呂が谷に池堤を築造してさらなる開発を実行した。この開発行為は麻多智が夜刀神との住み分けをはかるために引いた境界を侵犯するものだったとみえ、夜刀神は再び現れて開発を脅かした。ところが麻呂は、この開墾が「活民」のためであるから神も「風化」に従うべきとして、神を駆逐してしまったのだという。「活民」「風化」という言葉からみて、麻呂の開発は単に豪族の私的行為だったのではなく、天皇（大王）の命をうけた事業であった。壬生麻呂自身は前段に「茨城国造」とみえ、地域に根付く箭括氏よりも広域に勢力を築いていた豪族だったと考えられる。こうした階層は孝徳朝における立評にも積極的に参与し、中央との強いつながりをもっていた。この記載によれば、評の官人となっていく地方豪族を担い手として、地方でも公的性格を帯びた耕地の開発が進められていたことになる。

各国の風土記の撰上が命じられた和銅六年（七一三）は、孝徳朝から七〇年ほど後のことである。この段階では、麻呂の開発を直接目にした人物、ないし開発に立ち会った者から直接伝え聞いた人物も複数存命であったと考えられる。とすれば、ディテールはともかく、壬生麻呂が政府の命令を承けて灌漑施設の整備をはかったことは事実とみられる。このように、史料9にみえる開発政策は『風土記』からも確認されるのであり、前段に記された「収数田」の「均給」も実際の政策だった可能性は高い。

さて、ここで「均給」の対象となった「収数田」とはどのような土地だったのだろうか。坂本太郎は、史料9を律令制下同様の班田の実施に関するものとみなし、「収数田」を「改新の詔」第一条の方針に沿って収公された「屯倉」「田荘」に附属する水田とする。(46) この見方に異を唱えた石母田正は、「収数田」の主体を「校田畝」の結果として新たに検出された耕地と考えた。(47) そして、この一回限りの「収数田」の分配を以て、律令制下の班田とは異質な「賦田」

制と仮称した。石母田によれば、この「賦田」こそが、全国的に統一された基準によってなされた初めての土地分配であり、持統朝以降の班田制の源流だという。また、同時に指示された農民への開墾地等の割り当てについては、在地首長による条里や計画村落の開発をともなうもので、そこで生じた田土が後の口分田の母体となったと結論づけた。村山光一は、「収数田」は史料2にみえる賃租的行為の禁止に違反して摘発された土地とみなす。(48)この土地は共同体の分割地であったが、豪族層の進出により不当に地代を収取される状況に置かれていた。政府はこうした土地で賃租的行為を抑制するとともに、一定の基準で支給したというのである。

これらの三説は「収数田」の分配を実態としての権利関係の移動をともなうものとみなす点で共通するが、坂本説については、「屯倉」「田荘」に附属する水田が単純に収公されたとはみられないため、採用できない。但し、滅亡した上宮王家・蘇我本宗家が直接的に経営していた土地の一部が新規に農民に割り当てられる場合はあったかもしれない。

村山説に関しては、さきに解釈したように、史料2で賃租的行為が禁止された土地が元来農民が耕作していた土地だったことが問題となる。賃租的行為の禁止以降も、そこでは農民の耕作が続けられたはずであり、新たに農民に分給する必然性はない。

では石母田説はどうか。すでに検討したように、「校田畝」は律令制下の校田のように新たな水田の摘発・収公をともなうものではなかった。故に、「校田畝」と「収数田」の分与は石母田の構想通りには結びつかない。「校田畝」は、「戸」ごとにその時に耕作していた耕地の面積概数を明らかにする作業であった。そこで「収数田」の候補として有力になってくるのは、「校田畝」によって政府が把握した耕地である。こうした耕地は、農民の生業のための土地であるとともに、豪族層が上級的な統括権を有している場合もあった。また、この耕地に対する農民の権利も決して成熟しておらず、豪族層や共同体の強い規制を受けていたと考えられる。こうした耕地に対して、豪族層や共同体の上級権限を廃した上で、人間集団としての「戸」との間に一対一の関係を結んでいくことこそ、「収数田」分与の具体相だったといえるのではないか。

これにより、あくまで名目上ではあるが、全ての耕地の上級的な支配権は大王に一本化された(49)。また農民が耕地を所有するという状況も生じることになり、それが律令制下の農民の土地所有を準備したとも評価できる。

以上のように、孝徳朝には農民と土地の関係についての把握が進められるとともに、「収数田」の分与という形で、農民の耕地所有が公的に認められることになった。律令制下の班田制の原初的な構成要素を耕地の調査と分給に求めるのであれば、第二節でみたように土地調査も実施されていたと推定できるのであり、両者とも何らかの形で実行されていたことになる。改新の詔にみえる「班田収授之法」や、白雉三年の班田完了記事は、単なる文飾なのではなく、こうした実態を集約的に表現したものだったとみることも可能だろう。

おわりに

孝徳朝には、前代以来の拠点（「屯倉」「田荘」など）に依拠した貢納・奉仕のあり方が見直されるとともに、人民・土地の調査が実施された。これにより貢納・奉仕の拠点に基づく豪族層の人民支配、およびそれと結びついた土地支配は抑制されることになった。一方で豪族層・寺院の直接的な土地経営についてはある程度容認されることになったが、大土地経営体は土地経営の単位としては公的には否定され、地目ごとに保有を確認する方式が導入されることになった。また、土地調査によって把握された人民の生業に直接関わる水田については、豪族層や共同体が保持していた上級の権利が否定され、農民の「戸」が永続的に耕作できる関係が結ばれた。

以上の政策は、改新政府が直面する現実に対処するために打ち出していったものであり、令制下の班田制のような完成された制度として構築されるには至らなかった。一方で、各政策には一定の連関がみられ、そこに留学生らが体得していた均田制の知識の影響があった可能性も否定できない。その意味において、孝徳朝の土地政策の総体を「孝徳朝の班田制」と称することも、あながち過大な評価とは言えない。

律令制的土地制度との関連でいえば、ここで政府が地目ごとに土地と人の関係を認定していくという方式や、人民が豪族層や共同体の制約を受けずに耕地と永続する関係を結ぶというあり方も、孝徳朝を出発点として土地支配体制の基本的な要素として定着していく。こうした点からすれば、孝徳朝を律令制的土地制度の基層が築かれた時期として高く評価することも可能であろう。一方で、孝徳朝の半ば以降から改革は失速し、そこから斉明朝にかけて土地をめぐる新規の政策はみられない。国際戦争の敗戦を受けた天智朝に至ってようやく豪族層の経営体の把握が再始動するものの(50)、孝徳朝の土地政策は直接的には後代に接続しなかったのである。「唐の制度をかなり意欲的に摂取しようとした、やや特異な時代」との孝徳朝の評価(51)は、少なくとも土地制度の面からは首肯できる。

近年、古代国家の形成期に関する議論が喧しいが、律令制へとつながっていく諸制度については、連続性と断絶の両面を見すえながら、また他の政策分野との関連や政治情勢の推移も考慮しながら、安易な画期論を喧伝するのではなく、時期ごとの達成を慎重に考えていくことが肝要と思われる。議論の性質上、推測に頼った面が多くなってしまったが、七世紀史については可能性を提示することにこそ意味があると信じる。残された課題の大きさには茫然とするばかりであるが、ここでひとまず筆を擱きたい。

註

（1）「大化改新」の研究史の概要については、野村忠夫『研究史　大化改新』（吉川弘文館、一九七三年）、石上英一「大化改新論」（『律令国家と社会構造』名著刊行会、一九九六年、初出一九九四年）、市大樹「大化改新と改革の実像」（大津透他編『岩波講座日本歴史　古代2』岩波書店、二〇一四年）など参照。

（2）古市晃「難波宮と難波津」（木下正史・佐藤信編『古代の都1　飛鳥から藤原京へ』吉川弘文館、二〇一〇年）、高橋工「前期・後期難波宮跡の発掘成果」（中尾芳治・栄原永遠男編『難波宮と都城制』吉川弘文館、二〇一四年）、積山洋『東アジアに開かれた古代王宮　難波宮』（新泉社、二〇一四年）など。

（3）市大樹「飛鳥藤原出土の評制下荷札木簡」（『飛鳥藤原木簡の研究』塙書房、二〇一〇年）、吉川真司『シリーズ日本古代史③飛鳥の都』（岩波新書、二〇一一年）など。

（4）服部一隆『班田収授法の復原的研究』（吉川弘文館、二〇一二年）、三谷芳幸『律令国家と土地支配』（吉川弘文館、二〇一三年）など。

（5）石上英一前掲註（1）論文。

（6）坂本太郎「大化改新の研究」（『坂本太郎著作集』六、吉川弘文館、一九八八年、初出一九三八年）。以下、坂本の見解はこれによる。

（7）今宮新『班田収授制の研究』（龍吟社、一九四四年）など。

（8）虎尾俊哉は孝徳朝に「班田収授之法」が成立したことを認めつつ、制度としては端緒的なものにとどまったとした（『班田収授法の研究』吉川弘文館、一九六一年）。さらに岸俊男は、造籍の問題から論を進めて「班田収授之法」の策定に疑義を呈した（「造籍と大化改新詔」『日本古代籍帳の研究』塙書房、一九七三年、初出一九六四年）。

（9）井上光貞「大化改新と東国」（『井上光貞著作集』一、岩波書店、一九八五年、初出一九六三年）。

（10）魏書巻四斉王芳に「易称損上益下、節以制度、不傷財、不害民、方今百姓不足而……」とみえる。

（11）北村文治「改新前夜の土地状況史料について」（『大化改新の基礎的研究』吉川弘文館、一九九〇年、初出一九七〇年）なども参照。

（12）拙稿「律令制下の大土地経営と国家的規制」（『日本古代の大土地経営と社会』同成社、二〇一五年、初出二〇〇九年）も参照。

(13) 石上英一「古代荘園と荘園図」(金田章裕・石上英一・鎌田元一・栄原永遠男編『日本古代荘園図』東京大学出版会、一九九六年)、鷺森浩幸『日本古代の王家・寺院と所領』(塙書房、二〇〇一年)。

(14) 狩野久「部民制」(『日本古代の国家と都城』東京大学出版会、一九九〇年、初出一九七〇年)、鎌田元一「「部」についての基本的考察」(『律令公民制の研究』塙書房、二〇〇一年、初出一九八四年)など。

(15) 舘野和己「屯倉制の成立」(『日本史研究』一九〇、一九七八年)、同「ミヤケ制再論」(奈良古代史談話会編『奈良古代史論集』二、真陽社、一九九一年)、同「ヤマト王権の列島支配」(歴史学研究会・日本史研究会編『日本史講座1　東アジアにおける国家の形成』東京大学出版会、二〇〇四年)など。

(16) こうした行為は現地の豪族による租税的賦課とも不可分であったとみられる。吉村武彦「八世紀「律令国家」の土地政策の基本的性格」(『史学雑誌』八一―一〇、一九七二年、改稿して『日本古代の国家と社会』岩波書店、一九九六年、に収録)も参照。

(17) 薗田香融「皇祖大兄御名入部について」(『日本古代財政史の研究』塙書房、一九八一年、初出一九六八年)など。

(18) 仕丁の差点基準の変更に言及した「改新の詔」第四条と見なす見解もあるが、「入部及所封民」から仕丁を差点することに関する命令、という以上は不明とすべきである。

(19) 仁藤敦史「古代王権と「後期ミヤケ」」(『古代王権と支配構造』吉川弘文館、二〇一二年、初出二〇〇九年)など。

(20) 横田健一「壬申の乱前における大海人皇子の勢力について」(『白鳳天平の世界』創元社、一九七三年、初出一九五六年)、早川万年「和珥部臣君手と大海人皇子の湯沐邑」(『岐阜史学』九一、一九九六年)など。

(21) その中には、初期の評家や駅家などといった新たな公的拠点としての機能を付与されたものがあったと考えられる。初期評家については、山中敏史「古代地方官衙の成立と展開」(『古代地方官衙遺跡の研究』塙書房、一九九四年)など、ミヤケと駅家の類似については、永田英明「古代駅家の成立」(『古代駅伝馬制度の研究』吉川弘文館、二〇〇四年、初出一九九九年)なども参照。

(22) 「田畝」には「タハタケ」の古訓が附されているが、ハタケを意味する「薗」について別に指示が出ていることからしても、対象は水田に限定されていたとみられる。

(23) 井上光貞前掲註(9)論文、関晃「新稿　大化改新」(『関晃著作集一　大化改新の研究　上』吉川弘文館、一九九六年)など。

(24) 近年では、市大樹前掲註(1)論文など。

(25) 石母田正『日本の古代国家』(『石母田正著作集』三、岩波書店、一九八九年、初出一九七一年)など。

（26）長山泰孝「律令調制の成立」（『律令負担体系の研究』塙書房、一九七六年）、今津勝紀「班田制と調庸制」（『日本古代の税制と社会』（塙書房、二〇一二年、初出一九九八年）など。
（27）但し、ここで想定した「戸」がただちに五十戸編成に結びつくとは即断できない。両者の関係性については後考に期したい。
（28）『日本書紀』欽明三十年正月辛卯条、同年四月条。また同書敏達三年十月丙申条には蘇我馬子が「田部名籍」を作成したことがみえる。「田部丁籍」「田部名籍」を同一とみる見解が主流である（栄原永遠男「白猪・児嶋屯倉に関する史料的検討」『日本史研究』一六〇、一九七五年など）が、別種の帳簿とみる見解もある（笹川尚紀「白猪屯倉・児嶋屯倉に関する初歩的研究」『日本書紀成立史攷』塙書房、二〇一六年）。
（29）一代は、元来は一束の穫稲が得られる土地であり、実際の地積は地味によって異なっていた。彌永貞三「半折考」（『日本古代社会経済史研究』岩波書店、一九八〇年、初出一九六七年）など。
（30）『日本書紀』白雉元年十月条。
（31）『続日本紀』和銅元年閏八月丁酉条。
（32）『続日本紀』養老元年三月己卯条。
（33）笹山晴生「難波朝の衛部」をめぐって」（『日本古代衛府制度の研究』東京大学出版会、一九八五年、初出一九七八年）。「八省百官」を律令官司制の基礎として高く評価する見解もある（吉川真司「律令体制の形成」歴史学研究会・日本史研究会編前掲註（15）書など）が、現時点ではその明証は得がたい。
（34）彌永貞三「律令制的土地所有」（前掲註（29）書、初出一九六二年）、三谷芳幸「令制官田の構造と展開」（前掲註（4）書、初出一九九八年）など。
（35）坂本太郎前掲註（6）論文。
（36）田中史生「七世紀の寺と「家」」（『国史学』一六九、一九九九年）など。
（37）拙稿「「寺田」の成立」（前掲註（12）書、初出二〇一二年）。
（38）崇峻天皇即位前紀。
（39）前掲註（12）拙稿。
（40）『日本書紀』白雉三年四月是月条。

(41)　岸俊男前掲註(8)論文など。一方で、「凡田」以降は養老田令田長条に類似するが、田長条では①「長卅歩」の後に「広十二歩」がみえる、②「段租稲」が「二束二把」、「町租稲」が「廿二束」となっている、という二点の相違が確認でき、単純な引き写しとはなっていない点にも注意を要する。森田悌は、この記事は冒頭に「二月戊子朔」の文字を脱しており、律令制との手続きの違いもむしろ記事の信憑性を高める要素だとする（『天智天皇と大化改新』同成社、二〇〇九年）。

(42)　服部一隆「班田収授法の成立とその意義」（前掲註(4)書）など。

(43)　三谷芳幸「律令国家と校班田」（前掲註(4)書、初出二〇〇九年）。

(44)　このほか、『日本書紀』大化二年三月甲申条では「市司」「要路津済渡子」の「調賦」を停止して、「田地」を支給することがみえる。この措置は、王権に対する「調賦」の前提となる「市司」「要路津済渡子」による人民への賦課を禁止する代わりに、その後の活動の財源となる「田地」を支給するものだったと考えられる。彼らに与えられた「田地」には、乙巳の変やそれに先立つ上宮王家の討滅事件などの際に生じた、帰属未定の水田が充てられた可能性があるが、詳細は不明である。

(45)　拙稿「班田制と土地開発」（天野努・田中広明編『古代の開発と地域の力』高志書院、二〇一四年）も参照。

(46)　坂本太郎前掲註(6)論文など。

(47)　石母田正前掲註(25)書など。

(48)　村山光一「班田収授制の前段階としての「アカチダ」制について」（村山編『日本古代史叢説』慶應通信株式会社、一九九二年）。

(49)　前掲註(45)拙稿では、「収数田」の分与を滅亡した蘇我本宗家の旧領などを主体とすると解したが、本文のように見解を改めたい。なお、虎尾俊哉は既述のように孝徳朝における班田制の成立を認めていたが、その実態は、水田を校田によって国家の直接的な掌握下にいれ、耕作者を登録して農民の従来の水田占有状況を認めるものだったとしている（前掲註(8)書）。「収数田」の分与を班田制と評価しうるか問題であるが、結果として本稿の立場は虎尾の構想にきわめて近い。

(50)　前掲註(12)拙稿。

(51)　市大樹前掲註(1)論文。

律令制成立期の国造と国司

中村順昭

はじめに

律令制による地方行政は国司と郡司によって担われていた。その中で郡司は、旧来の国造の系譜を引く在地首長から任用され、郡司のあり方は日本の律令制の大きな特色とされている。そして、国造制から郡司制への転換が、氏姓制から律令制への転換の一つの大きな要素であった。その転換は、いわゆる大化改新から大宝令成立に至る七世紀後半に行われ、国造から評造（評督・助督の評司、本稿では評の官人の総称として評造とする）を経て郡司の四等官制度へと変化していった。

国造は有力地方豪族がヤマト政権に服属して、種々の奉仕を行う一方で、その支配地域に対する統治を委ねられた存在であったと考えられている。近年の研究では、国造の統治に関して、屯倉や部民との関わりや、支配領域の問題に注目が集まることが多く、国造の成立と屯倉の成立とを関連させて理解する見解が有力である（1）。しかし、国造はヤマト政権に奉仕する立場であり、ヤマト政権から認められた地位であったことも看過してはならない。そして国造から評造を経て郡司へと変化する七世紀後半は、国司制度が成立する時期でもある。国司の成立と国造の変化がどのように関わるのかを追究することは、律令制による地方行政を明らかにする上でも重要な課題となる。

国司制度も郡司制度も、それぞれの成立過程について、さまざまな観点からの研究が蓄積されている。(2)しかし、七世紀後半の評制段階の地方行政の実態については、史料が乏しいこともあって未解明な部分が多い。また国造についても、八世紀以降のいわゆる律令国造と大化以前の国造とは、どのように連続し、あるいはどのように異なるのか見解が分かれ、(3)この見解の対立は、七世紀後半の地方行政の理解にも関わる問題である。筆者は、かつて国司制度の成立について見解を発表したことがあるが、(4)その際に国造については十分に論及していなかった。国司制度の成立と国造の変化に焦点をあてて七世紀後半の地方行政のあり方を考えることを本稿の課題としたい。

一　国造とヤマト政権

七世紀前半までの、いわゆる大化前代の国造は地方の統治にあたったが、必ずしも在地にとどまって活動していただけではない。子弟を舎人として出仕させたり、種々の貢納を行ったり、屯倉の管理や部民の統轄などでヤマト政権に奉仕していた。

『日本書紀』のなかでは、国造は朝鮮半島関係記事に現れることが多い。たとえば、欽明一五年（五五四）一二月条では、百済と新羅の抗争のなかで「能射人筑紫国造」が新羅軍の包囲を破って百済王子余昌を救出したとあり、欽明二三年七月条では新羅との交戦で倭軍が退却する際に「倭国造手彦」は軍を捨てて逃走したとしている。敏達一二年（五八三）七月丁酉朔条では火葦北国造阿利斯登の子である日羅を百済から召喚するために紀国造押勝と吉備海部直羽島が派遣されている。推古一〇年（六〇二）二月己酉朔条には、「来目皇子為下撃二新羅一将軍上。授二諸神部及国造・伴造等、并軍衆二万五千人一」とあり、実際には来目皇子が筑紫で病死して朝鮮半島までは出陣しなかったが、国造が軍に加えられていた。このように対外戦争の軍に加わるのは、在地の人々を兵士として編成する支配力があることが前提となるが、国造自身も本拠地を離れて活動しているのである。国造がヤマト政権に参画・奉仕していて、その奉仕の一つの形態として朝鮮派遣軍への参加があったとみられる。

ヤマト政権に参画していることの表れとして、国造がヤマトに出ている場合があることが注目される。国造の子弟が舎人としてヤマト政権に奉仕していたことは従来から知られるところであるが、子弟に限らず、国造自身がヤマトにいることがある。たとえば皇極天皇四年（六四五）六月戊申（一二日）条の乙巳の変の記事では、中大兄皇子らは蘇我入鹿を殺害した後に法興寺に入った時に「諸皇子・諸王・諸卿大夫・臣連・伴造・国造」が従ったとある。この表記には文飾もあるが、国造が政変当日に飛鳥にいたとして記述されている。また孝徳天皇即位前紀では、その二日後の六月庚戌（一四日）の即位にあたり、「百官臣連・国造・伴造・百八十部羅列匝拝」として国造も参列している。国造自身がヤマトに出仕していることを前提にした記述である。

国造はヤマトに出仕しているといっても、常にヤマトに滞在しているとは限らない。一般に考えられているように、本拠地で活動することも多かった。安閑元年（五三四）四月癸丑朔条には、次の記事がある。

内膳卿膳臣大麻呂奉レ勅、遣レ使求二珠伊甚一。伊甚国造等詣レ京遅晩、踰レ時不レ進。膳臣大麻呂大怒、収二縛国造等一、推二問所由一。国造稚子直等恐懼、逃二匿後宮内寝一。春日皇后不レ知二直入一、驚駭而顚、慙愧無レ已。稚子直等兼坐二闌入罪一当二科重一。謹専為二皇后一、献二伊甚屯倉一、請レ贖二闌入之罪一。因定二伊甚屯倉一。今分為レ郡、属二上総国一。

内膳卿膳臣大麻呂が勅によって使者を派遣して伊甚国造に珠の貢納を命じたが、その貢納が遅れたため、その理由を推問したところ国造の稚子直らが後宮に逃げ込み、それに驚いた春日皇后が転倒してしまった。その乱入の罪の贖罪として稚子直は皇后のために伊甚屯倉を献上し、その伊甚屯倉は今は郡となり、上総国に属しているという内容である。伊甚屯倉の由緒を示す話であるが、屯倉の設置以前には伊甚にいる国造がヤマトからの要求により珠を貢納していて、そのような貢納もヤマトに対する奉仕の一つの形態であった。ここで注目すべきことは、国造みずからがヤマトに出向いて貢納していることである。国造自身がヤマトと本拠地の間を往還する存在であったのである。

ヤマトから伊甚への使者は膳臣大麻呂が派遣したことになっているが、このような使者について参考になるのが雄略七年（四六三）八月条の、いわゆる吉備の反乱記事である。

官者吉備弓削部虚空、取レ急帰レ家。吉備下道臣前津屋〈或本云、国造吉備臣山〉、留二使虚空一、経レ月不レ肯レ聴二上京都一。天皇遣二身毛君大夫一召焉、虚空被レ召来言。前津屋以二小女一為二天皇人一、以二大女一為二己人一、競令二相闘一、見二幼女勝一、即抜レ刀而殺。復以二小雄鶏一呼為二天皇鶏一、抜レ毛剪レ翼、以二大雄鶏一呼為二己鶏一、著二鈴金距一、競令レ闘之、見二禿鶏勝一、亦抜レ刀而殺。天皇聞二是語一、遣二物部兵士三十人一、誅二殺前津屋幷族七十人一。

官者の吉備弓削部虚空が吉備に戻ったところ、吉備下道臣前津屋（或本では、国造吉備臣山）が、虚空を留めてヤマトに戻さなかったので、天皇は身毛君大夫を派遣して虚空を呼び戻した。虚空は、前津屋が天皇の人とした小女と自分の人とした大女を闘わせて小女が勝つとこれを殺し、天皇の鶏とした小鶏と自分の鶏とした大鶏を闘わせて小鶏が勝つとこれを殺したということを報告した。それを聞いた天皇は、物部兵士三〇人を遣わして前津屋とその一族七〇人を誅殺したという内容である。説話的な話であり、また近年の研究では国造の成立を六世紀初期とする見解が有力で、ここに記された吉備の有力豪族である吉備下道臣前津屋、あるいは国造吉備臣山が吉備国造であるかどうかは、ここでは問わない。着目したいのは、前津屋の行動を報告した吉備弓削部虚空のことを傍線部で「官者」「使」としていることである。官者はトネリに相当すると考えられ、その氏姓からみて吉備の人間であるが、吉備下道臣前津屋の子弟ではない。国造子弟に限らず、吉備からヤマトに出仕している人物がいて、本拠地への使いとなったとして描かれているのである。吉備の例から類推すると、伊甚国造に珠の貢進の命令を伝えた使者も、伊甚国造の配下でトネリなどとしてヤマトに滞在する人であった可能性が高い。

ヤマトに滞在する国造やその周辺の人がヤマトからの使者になる例として、大化二年（六四六）三月甲申（二二日）条が注目される。この条は、いわゆる薄葬令と旧俗矯正令とからなる長文の詔であるが、その末尾には「宜下差二清廉使者一告中於畿内上、其四方諸国国造等、宜下択二善使一依レ詔催勤上」とある。畿内には清廉の使者を派遣し、四方諸国には国造らが「善使」を選んで詔を伝えよ、として畿内と四方諸国とで異なる伝達方式を命じている。この国造らが選ぶ「善使」は、国造がその支配領域に命令を周知させるための使者と考えられ、使者を選ぶことを国造らに対して直接に命じているのである。ヤマトにいる国造もしくはその配下の人が、朝廷で命令を受けているのである。

すなわち、ヤマトと各地との間の命令伝達・情報交換は国造を介して行われている。各地の国造は、ヤマト周辺に舎人などからなる出先機関のようなものを持っていて、国造自身も本拠地とヤマトの間を往還していたのである。鎌田元一氏が指摘されたように、国造の称は特定の族長個人の官職的なものだけでなく、族長に代表される一族全体にかかる身分的称号でもあった(5)。それはトネリなどとしてヤマト政権に奉仕した人々が国造と呼ばれることもあったからであろう。そして、中央と地方との連絡・命令伝達が地方の側の人々によって行われていたのは、律令制下で中央から派遣される国司によって行われたのと大きな違いであり、国司制度の成立の大きな意義である。

二　大化の東国国司と旧俗矯正令

国司制度の成立過程についてはさまざまな検討課題があるが、大化元年（六四五）八月の東国国司派遣が大きな画期になったとすることに異論はないだろう。この国司が派遣された東国の範囲については諸説があり、特定することは難しいが、翌大化二年三月には都で成績審査が行われていて、約半年で帰還していた。大化二年三月甲子条では、「前以二良家大夫一使レ治二東方八道一」とあり、八つの地域に分けて中央の有力豪族が派遣されたものである。大化元年八月庚子条の東国国司に対する詔で、造籍・校田や兵器の収公が命じられ、また裁判を行うことを禁じている。造籍・校田は国司自身が短期間で行えることではなく、在地の国造らを通じて行うことと考えられるので、国司は国造らに対する命令伝達の使者、ミコトモチの役割である。それに対して、この東国国司の役割として特徴的なことは、国造らを連れて京に上ることがある。その部分は次のような内容である。

上京之時。不レ得三多従二百姓於己一。唯得レ使レ従二国造・郡領一。但以二公事一往来之時。得レ騎二部内之馬一。得レ飡二部内之飯一。（中略）若有二求レ名之人一、元非二国造・伴造・県稲置一而輙詐訴言、自二我祖時一、領二此官家一、治二是郡県一。汝等国司、不レ得三随レ詐便牒二於朝一。審得二実状一而後可レ申。

上京の時にただ国造・郡領のみを従わせてよいとしているが、郡領とは、多くの先学が解釈するように、評の官人（評造）に任ずべき候補者のことと考えられ、評造となる候補者を選抜して京に連れて行くことが東国国司の重要な任務の一つであったことが知られる。(6) それと関連して、「名を求める人」が「国造・伴造・県稲置」でないのに祖先の時から「官家を領し、郡県を治めた」と詐ることを戒めて実情を調べること命じている。「名を求める人」とは評の官人となることを望む人であり、その選抜が国司に命じられているのである。官家（屯倉）を領したり、郡県を治めたとする主張の虚実を調べることを国司に命じているのだから、中央政府はそのような立場の人を必ずしも掌握していなかったのである。国造・伴造はヤマト政権に奉仕していたであろうから、政権がその人物を掌握していなかったとは考えがたい。掌握していなかったのは県稲置であろう。県稲置についても諸説があって厳密に定義するのは難しいが、郡県とされる国より小さい地域を支配したり、屯倉の管理にあたっていた人々が県稲置と呼ばれたと考えられる。

屯倉について見ておくと、宣化元年（五三六）五月辛丑朔条で筑紫の那津屯倉の修造のために、各地の屯倉から穀を運ぶことを命じた記事が知られている。その命令は、

宣化天皇は、阿蘇仍君を遣わし、河内国茨田郡屯倉の穀、
蘇我稲目は、尾張連を遣わし、尾張国屯倉の穀、
物部麁鹿火は、新家連を遣わし、新家屯倉の穀、
阿倍臣は、伊賀臣を遣わし、伊賀国屯倉の穀、

を、それぞれ運ばせることである。この中で、尾張国屯倉は単一の屯倉ではなく、尾張地域の複数の屯倉と考えられている。森公章氏が指摘するように、尾張国の春部郡と愛知郡で八世紀の郡司主政・主帳に三宅連姓者がみえ、この三宅連がそれぞれの地域の屯倉の管理にあたっていた氏族のうちの一つであろう（7）。尾張連は、国造として、それら複数の屯倉の管理者を統轄していて、中央からの命令も尾張連を介して伝えられているのである。伊賀国屯倉も同様である。尾張・伊賀の諸屯倉が設置された当初は、その管理者はヤマト政権から任じられたと考えられるが、命令伝達や貢納が国造を介して行われていたので、屯倉とヤマト政権の関わりも間接的となり、その管理者の交代については

ヤマト政権が関わらなかったのであろう。

なお、新家屯倉は尾張と伊賀の間にあげられていることから伊勢地域とみられ、『倭名類聚抄』では伊勢国の郡郷名に新家はないが、『皇大神宮儀式帳』では度会評の初代の督領に新家連阿久多、助督に磯連牟良が任じられている。新家屯倉の管理者が新家連であり、物部麁鹿火から直接に命令を受ける立場にあったのだろう。[8] 中央豪族が直接に掌握する管理者もいたことになる。また欽明紀にみられる吉備の白猪屯倉は、蘇我稲目らを遣わして設置され、田令に葛城山田直瑞子、その副に白猪史胆津を任じたように中央から派遣される監督官が置かれることもあった。屯倉の管理者のあり方はさまざまであり、国造と屯倉との関わり方も一律に考えるべきではない。

それら屯倉の管理者や、国造の下の統治者をヤマト政権が直接に把握して、評を単位として一元化しようとしたのが東国国司の最大の目的であったと考えられる。そして同時に造籍・校田を命じているのは、評からの貢納の多寡を人口や田地面積に応じたものにすることを目指したものと推測される。

また東国国司詔のなかで国司が罪を判ずることを禁じている。実際に大化二年三月辛巳条の国司の成績審査では国司の大市連が、前詔で「国司等、莫㆘於㆓任所㆒、自断㆗民之訴㆖」としたのに反して、菟度の人の訴えと中臣徳の奴婢のことを裁いたことが犯とされている。その一方で、国司の平群臣は「三国人所訴、有而未㆑問」が犯とされている。訴えに対して判決を下すことは禁じられていたが、訴えを聴取しないことも犯とされたのである。訴えを聞くこと、すなわち地方の状況を調査することも東国国司の重要な任務の一つであったと考えられる。

その状況調査と関わるのが、大化二年三月甲申条のいわゆる旧俗矯正の詔である。大化二年三月甲申の詔は、長文であるが、大別して次の五つの部分からなる。

Ⅰいわゆる薄葬令。墳墓の大きさの規制や殉死・副葬品などの規制。

Ⅱ婚姻での財物の強要や、行旅の人への祓えの強制など一一条の旧俗の是正。
Ⅲ上京する百姓の馬を預かる場合の手続き。
Ⅳ市司・津の渡子の調賦を廃して田地を与えること。
Ⅴ美物や酒を飲食させることの禁止。

前述したように、Ⅴの末尾に「宜㆘差㆓清廉使者㆒告㆗於畿内㆖。其四方諸国国造等、宜㆘択㆓善使㆒依㆑詔催勤㆖」とあり、畿内には清廉の使者を派遣し、それ以外の四方諸国には国造が善使を選んで人々に指示することを命じている。この使者派遣は、Ⅴの最初に「凡始畿内及四方諸国」とあることから、Ⅴのみにかかるとみる可能性もあるが、Ⅰの薄葬令でも庶民の墓制についてもふれており、また「凡そ畿内より諸国等に及ぶまで一所に定めて収埋めしむべし」とあって、畿内から全国に至る内容であり、Ⅱ〜Ⅳも全国に関わる内容であるから、使者の派遣はⅠからⅤのすべてに関するものと考えるべきである。そしてⅡの旧俗は一一箇条からなるが、その第二条では有力者が奴婢を奪うことをあげていて、これは東国国司の大市連が奴婢のことを裁いて犯とされたことに結びつく。またⅢの馬を預かることについて、参河・尾張という地域の事例をあげており、東国国司の報告に基づくのであろう。

Ⅱの一一条の旧俗の中には、路次で病死した役民の同伴者に路頭の家が祓除を強要すること（第八条）、川で溺死した人の同伴者に付近の人が祓除を強要すること（第九条）、路次で炊飯する役民に路頭の家が祓除を強要すること（第一〇条）、甑を借りて転倒させると貸し主が祓除を強要すること（第一一条）のように役民などとして往還する人々に対する祓除強要の旧俗があげられている。祓除の強要とは、祓除の名目で財物を取ることであり、行旅の人々をめぐるトラブルである。祓除の強要のような習慣は地域によって異なることも考えられ、役民として往来する人と路頭の人とは習慣が異なり、国造の支配領域を超えたトラブルが起こっていたのだろう。

またⅢでは上京する百姓が疲弊した馬を参河・尾張の人に代価を払って飼養してもらって、帰路に返してもらおうとしても預かった人が馬を養わず死なせたり、返さなかったりすることがあるので、預ける時には村首に申告して報酬を与えることを命じている。この上京する百姓は乗馬して往還する人であるから、役民ではなく国造などの使者や役民を率いる人であり、そのような人々もトラブルの当事者となっていたのである。このような国造の支配領域を超えた対立であるから国造自身では解決できず、それを仲裁する権力としてヤマト政権が介入することになったのである。

国造や役民の往還は古くからあったであろうが、舒明天皇一一年（六三九）からの百済大宮と大寺の造営、とくに皇極天皇元年（六四二）九月に百済大寺造営に近江と越の丁、宮室造営に東は遠江から西は安芸までの丁を徴発するとしているように、宮や寺などの大規模な造営のための役民徴発の拡大がみられる。このような力役による人の移動の増加によって、国造の支配領域を超えたトラブルが増大したと考えられる。

旧俗矯正詔のⅡであげられた一一条の旧俗には、奴婢の奪取（第二条）、婚姻をめぐる祓除の強要（第三～七条）のように国造の部内で処理できそうな事柄も含まれている。旧俗が地域によって異なっていたのであろう。東国国司詔で国司に裁判を断ずることを禁じていて、地域の裁判権は国造にあり、それは律令制下での郡司の裁判権につながるので、評制下では評造にも裁判権があったと考えられる。旧俗矯正詔では国造の領域を超えた争いにヤマト政権が裁判権を行使するとともに、国造の領域内部の秩序維持にもヤマト政権が一定の基準を示し、ヤマト政権が国造より上位の裁判権を持つことを示したのである。これにより中央から派遣される国司は、国造の裁判を監督する権限を持つことになる。そのような意味で、旧俗矯正詔は国造と国司の関係の上で一つの大きな画期となったと位置づけられる。

三　大化から大宝期の国司と国造

評の設置は、『常陸国風土記』では己酉年（大化五年〈六四九〉）と癸丑年（白雉四年〈六五三〉）の立郡記事があるので、多くは孝徳朝（六四五〜六五四）の約一〇年間に行われたと考えられる。その時期から天智朝まで、『日本書紀』には穴戸国司による白雉の進上など、いくつかの記事で国司が散見されるが、国司のあり方の詳細は明らかでない。祥瑞出現の報告などを行っているから、中央から地方への命令伝達だけでなく、地方から中央への報告も国司が担当していることになり、諸国に国司が滞在していることが分かる。大化元年（六四五）の東国国司でも、それぞれ長官・次官・主典の複数で構成されていた。大化元年の東国国司は翌年に全員帰京したようだが、その後の国司は複数者のうち一部が京と国を往還し、一部は国に留まるような分担が行われたと考えられる。

『日本書紀』によれば、天武五年（六七六）に国司に関わる注目すべき政策が出されている。一つは天武五年正月甲子条で、「詔曰、凡任二国司一者、除二畿内及陸奥・長門国一以外皆任二大山位以下人一」として、一部を除き国司を大山位以下から任じることを命じている。大山位は大宝令制の六位に相当し、養老官位令で大国・上国の守が五位であるのに比べるとやや低い。この直前の正月癸卯条・丙午条で「小錦以上大夫」に禄などが与えられていて、錦位と山位との間の格差は大きかったと思われる。いわば中級官人を任じているのは、国司が評造を指揮・統率するというよりは、中央との連絡にあたる立場であったことによるものと考えられる。

天武五年五月庚午条では、「宣下進レ調過二期限一国司等之犯状上云々」とあり、調の貢進の期限が定められていて、それを守ることが国司の責任となっていたことが窺える。安閑紀で伊甚国造が珠の貢進を行っていたのとは大きな変化である。貢調使は、四度使の一つとして国司の重要な職務の一つとなっていく。ただし、律令制下でも実際には貢調使のもとで綱領郡司が大きな役割を果たしているので、天武五年の段階では調の貢進は評造らによって行われていて、国司はそれをとりまとめる役割であったのではないだろうか。

同じく天武五年の八月辛亥条では、四方に大解除を行い、その祓柱として国造に馬・布を出すことが命じられている。天武一〇年七月丁酉条でも大祓に国造が祓柱の奴婢を出すことが命じられている。大祓で国造が馬を出すことは、大宝・養老令の神祇令にも規定されていて、祭祀を担当する一国一員のいわゆる律令国造が天武五年には現れていて、旧国造から律令国造への変化が天武五年以前に行われたと考えられている。しかし、天武一二年正月丙午条では祥瑞が多く出現していることにより「諸国司・国造・郡司及百姓等」に対して恩赦と課役免除が命じられている。ここに国司と並んで国造もあげられているのであるから、国造が祭祀のみを担当したとは考えがたい。この段階でも裁判権が国造・評造にあったから、恩赦を伝える対象として国造が加えられたのだと考えられる。

また天武天皇没後の陵墓造営に際して、持統元年（六八七）一〇月壬子（二二日）条に「皇太子率㆓公卿・百寮人等幷諸国司・国造及百姓男女㆒、始築㆓大内陵㆒」とあり、国司と国造がならんで、百姓男女とともに築造に参加している。陵墓造営のための人夫貢進には、国造も関与してヤマトに出向いていたのである。国造が持っていた種々の権限は、評の官人に分割されたり、国司に吸収されたりしたが、祭祀・裁判や役民貢進は天武朝でも国造の権限に残されていたのである。ヤマトと地方を結ぶ存在として、国司と国造が併存する状態であったと考えるべきである。

国造のヤマト政権に対する奉仕の一つとして、子弟を舎人として貢進することがあり、それが律令制下の郡司子弟の兵衛貢進に受け継がれたと考えられている。兵衛の語の史料上の初見は、天武八年三月丙戌条の大分君稚見の死亡記事である。天武八年の段階で兵衛の呼称が成立していたか確証はないが、大分稚見は豊後の豪族とみられ、壬申の乱で大海人皇子方の舎人の一人として活躍している。壬申の乱での大海人皇子方の舎人としては、稚見のほか大分恵尺や、美濃出身の村国男依、身毛広などの地方豪族層の人々が知られる。これらは国造氏族ではないので、評の官人の子弟として舎人となっていたと考えられる。舎人貢進という国造が行っていたヤマトへの奉仕が評に拡大されたのである。評の官人が評督・督領とも記される一方で評造とも記されたのは、国造の性格を継承したことによって造の文字が用いられたのではないだろうか。(9)

こののち、天武一二年から一四年にかけて諸国の堺が定められた。この国境画定は国司の管轄範囲を明確にしたもので、のちの令制国につながるが、評を前提にして区画されたと考えられる。評の設置は国造の支配下の領域を評に分割したものであったが、今度は評の組み合わせによって国司の管轄する国の領域が定められたのである。『隋書』倭国伝の「軍尼一百二十人」の軍尼が国造であるとすれば、約一二〇の国造の国があったことになるが、令制国は六〇余りである。国造の国と必ずしも一致しない国司の管轄する国が定められた場合もあった。国司の国と国造の国の二通りの国が併存したことになる。(10)評造は調の徴収や貢進では国司に属し、祭祀や人夫の貢進では国造に属する状態であったと考えられる。

その後、持統四年七月辛巳条に「大宰・国司皆遷任焉」とあり、飛鳥浄御原令による国司（この段階では国宰であったか）の任命と考えられ、持統八年七月丙戌条では諸国に巡察使が派遣されている。国司の諸国常駐が進み、その権限が拡大するとともに、その監察のために巡察使が送られるようになっていたことが知られる。国司の国が律令制下の国として定着していったが、大宝令施行直後に田領や税司主鎰の機能が国司に吸収されていて、国司が行政全般を統轄するようになるのは大宝令施行後である。(11)

四　律令制下の国造に関する試論――国造兵衛をめぐって――

大宝・養老令では、職員令（大宝令では官員令）には国造の規定はないが、神祇令19諸国条に諸国大祓に「国造出二馬一疋一」とする規定と、選叙令13郡司条に郡司の任用に際して「其大領少領、才用同者、先取二国造一」の規定がある。神祇令にみえる国造については、『続日本紀』大宝二年（七〇二）二月庚戌（一三日）条に「為レ班二大幣一、馳駅追二諸国国造等一入京」とあり、その二ヵ月後の四月庚戌（一三日）条に「詔、定二諸国国造之氏一。其名具二国造記一」とあることなどにより、一国一員で祭祀を担当する職と考えられている。この国造は、律令国造・新国造などと呼ばれ、大化以前の国造と異なるものとすることが多いが、前述したように天武紀にみえる大祓で祓柱を出す国造は、旧来の国造のあり方の一部分と考えられるので、神祇令にもそれが存続したものと解釈すべきである。そうだとすると、一国一員の国造は令制国ではなく、大化以前からの国造の国を単位として置かれていたことになる。(12)祭祀を中央政府の統制下に置くにあたり、中央派遣の国司では困難な部分が多いので、旧来の国造がもっていた地域の祭祀を統轄する権限が維持されたのであろう。(13)

選叙令の郡領任用における「才用同者、先取二国造一」の国造については、神祇令の国造（律令国造）と同一のものか旧国造かで議論が分かれている。神祇令における国造も旧来の国造の存続であると考える本稿の立場からは、その区別は意味がない。その国造の例として、慶雲三年（七〇六）の難波行幸に際して摂津国造と山背国造が在地勢力を代表する形で叙位されていて（『続日本紀』慶雲三年一〇月壬午条）、国造は郡司より格上の存在のように見受けられ、それが郡領任用の候補となるのは不自然である。また一国で一員の国造が複数の郡の大領・少領の任用にあたって優先されるというのは、才用が同じであるという条件のもとであっても、釈然としない。そこで、選叙令の国造は、国造本人だけでなく、その子弟や一族を指すとする解釈もある。(14) しかし、国造の一族とすると族長の兄弟・子孫の多くが候補となるので、才用が同じ場合に優先する規定として実効性がないように思われる。選叙令の郡司任用における国造は、神祇令の国造と切り離した上で、改めて考えてみる必要があるのではないだろうか。そこで注目されるのは、延暦一七年（七九八）の史料に現れる国造兵衛である。

国造兵衛についての史料は、『類聚国史』の三つの史料である。

A『類聚国史』巻一九国造、延暦十七年三月丙申（一六日）条

詔曰。昔難波朝庭。始置二諸郡一。仍択二有労一。補二於郡領一。子孫相襲。永任二其官一云々。宜下其譜第之選。永従二停廃一。取二芸業著聞堪レ理レ郡者一為上レ之云々。其国造兵衛。同亦停止云々。

B『類聚国史』巻四〇後宮の采女項の同日条

詔曰云々。郡司譜第之選。永従二停廃一。取二芸業著聞堪レ理レ郡者一為レ之。国造兵衛。同亦停止。但采女者依レ旧貢之。

C『類聚国史』巻一九国造、延暦一七年四月甲寅（四日）条

勅。依去三月十六日勅云々。郡領譜第。既従二停廃一。国造兵衛。同亦停止。但先補二国造一。服二帯刀杖一。宿衛之労。不レ可レ不レ矜。宜下除二国造之名一。補中兵衛之例上。

また、『類聚三代格』巻四には、延暦一七年六月四日太政官符として、日付は異なるが、Cの四月甲寅条とほぼ同内容の法令が収められている。

AとBは同一の詔で、郡領任用にあたっての譜第之選を停止したのにともなって国造兵衛も停止すること、Bでは采女の貢進は停止しないことが述べられている。そしてCでは国造として「宿衛の労」にあたっていたことにより、

国造の名を除いて兵衛としては残すことを命じている。

この国造兵衛については、いわゆる律令国造であり、郡司子弟から貢進された兵衛のなかに国造を兼帯して神祇のことを担当する者があり、ＡＢはそのような兵衛の国造兼任を停止した法令であり、Ｃは現に兼任している場合は国造を免除するとしたとするのが通説的理解である(15)。しかし、この理解では郡司の譜第を停止することと兵衛を兼帯する国造を停止することの連関が不明瞭である。それに対して、磐下徹氏は、ＡとＢの国造兵衛は国造と兵衛と読み、郡領の「譜第之選」と同様に国造と兵衛の「譜第之選」を停止したものであると解釈し、兵衛の「譜第之選」停止は郡領子弟であることによる兵衛任用の停止であるから、郡領子弟からの兵衛貢進の廃止を意味するとし、Ｃの国造兵衛は国造と兵衛を兼任することを禁じた法令であるとする解釈を示した(16)。しかし、ＡとＢの「国造兵衛、同亦停止」を国造と兵衛の譜第之選を同じく停止すると読むのは、少し強引な読み方であり、またＣの中の「国造兵衛、同亦停止」はＡＢの内容を示した語句であり、それをＡＢとＣとで異なる解釈をするのは不自然である。以上のように、従来の国造兵衛停止についての解釈には再検討が必要だと思われる。

周知のように、軍防令38兵衛条には郡司の子弟・子女のうちから、国ごとに三分の二の郡は兵衛を、三分の一の郡は采女を貢進すると定められていた。Ｂの詔で国造兵衛を停止したが、「采女は旧に依りて貢ず」としているのは、軍防令兵衛条に結びつけると、兵衛の貢進は停止するが采女の貢進は続けると読むのが自然な解釈であろう。またＣでは先に国造に補して、刀杖を服帯しているとして、宿衛の労をあわれむべきであるとしており、この国造は兵衛の仕事をしていて、少なくとも文面上では祭祀とは無関係である。兵衛は郡司子弟と内六位～八位の嫡子で強幹な者から任用されたが、そのなかの郡司子弟の兵衛が国造兵衛と呼ばれたと考えると、ＡＢとＣは整合的に理解できるだろう。郡司子弟から兵衛となり、郡領に任じられるというコースは、郡領任用の最有力なコースであったと考えられ(17)、そもそも郡領子弟であるから譜第の有力な一人であったはずで、郡領の譜第之選と郡司子弟の兵衛貢進とは密接につながっている。したがって、Aも郡領の譜第之選を停止するのにともなって郡領子弟の兵衛（国造兵衛）貢進を停止すると読むのが、もっとも自然な解釈である。[18]

国造兵衛をこのように郡領子弟から貢進された兵衛と解すると、選叙令での「其大領少領、才用同者、先取国造」とある国造も、国造兵衛をさし、郡領候補者の才用が同じ場合は兵衛となっている郡領子弟を優先するという意味であったと理解できる。すなわち、神祇令における国造と選叙令における国造とでは、その指し示す内容が全く異なっていたのである。大宝令・養老令それぞれ一つの律令の中で国造の語が異なる内容を持っていたことになるが、律令の中では、たとえば官人の「官」の語が広狭二つの意味を持っていることは野村忠夫氏が詳細に検討されたところであり[19]、また課役の語に租や雑徭を含むか否か必ずしも統一されておらず[20]、律令の中の語句を厳密に一つの定義づけで理解しようとするのは、かえって事実を見誤る恐れがある。『類聚国史』でAとCとを神祇部の国造の項目に収めていることは、このような誤りによるものと考えられる。

国造の語に関しては、『令集解』職員令神祇官条に引く官員令別記に「津島上県国造一口、京卜部八口、斯三口。下県国造一口、京卜部九口、京斯三口。伊岐国造一口、京卜部七口、斯三口。伊豆国島直一口、卜部二口、斯三口」とあり、この国造は、国造・卜部・斯の記載順からみて卜部の統率者あるいは筆頭格とみられる。亀卜に従事する卜部は大祓にも関わることがあり、この国造卜部は神祇令の国造と重なるかもしれないが、対馬島では上県・下県二郡それぞれから国造が出されているので、一国一員の国造とは差異がある。また卜部のような伴部が兵衛を兼ねた例は知られず、国造兵衛と国造卜部を兼任したとも考えにくい。この国造卜部は、対馬・壱岐の限られた地域だが、神祇令の国造とも選叙令の国造とも異なるものであった可能性が高い。

また『万葉集』に見られる防人の国造丁についても、防人集団のなかの祭祀を担当する者とする説が有力であるが、これも神祇令の国造に引きつけすぎた解釈であると思われる。防人集団には国造丁だけでなく助丁、主帳丁もあり、助丁・主帳丁までも祭祀の役割で理解するのは困難である。むしろ国ごとの防人集団のなかに統率者的な役割の防人が指定されていて、その長が国造丁と呼ばれていたとするのが妥当であろう。防人集団の長が国造と呼ばれたのは、旧来の国造が役夫らの貢進を統率していたことの名残と考えられ、六世紀の国造が兵士を率いて従軍したことにもつながるのであろう。(21)

このように国造の語は、律令制下において多様な意味合いで用いられている。防人の国造丁も卜部の国造も中央政府への奉仕という性格によって国造の称が用いられたと考えられ、その点は国造兵衛も同様で、兵衛という形での中央政府への奉仕者である。六世紀の国造が持っていた中央政府（ヤマト政権）に対する奉仕という側面が共通することから、国造の語が用いられたと考えられる。それに対して神祇令の国造は、六世紀の国造が持っていた地方統治のさまざまな権限のうち、多くが国司と郡司に吸収されて、在地の祭祀の権限のみが残されたものである。旧来の国造は、地方統治とヤマト政権への奉仕という二つの側面を持っていたが、その地方統治のうちの祭祀の権限を維持したのが神祇令の国造で、ヤマト政権の奉仕の側面が兵衛・卜部・防人などの国造に分散して残ったと考えられるのである。

ただし、選叙令の「国造」について『令集解』諸説が神祇令の国造と同一のものとして注釈していて、郡司子弟の兵衛を国造とする注釈がない。郡領の任用については、天平七年（七三五）に国擬のほかに譜第重大の四五人を副えることが命じられ（『続日本紀』天平七年五月丙子条）、兵衛となっていることで優先されることがなくなっていたことや、兵衛府のなかで郡司子弟である兵衛と内六位以下の嫡子の兵衛とで勤務に差がなかったことなどから、明法家たちには郡司子弟の兵衛に関する知識が乏しくなっていたのかと思われる。(22)それにしても、選叙令の条文と延暦一七年の一連の国造兵衛に関する史料以外には、国造に関する史料のなかに郡司子弟の兵衛をさすとみられるものがないので、上述の国造兵衛の解釈は試案にとどまるが、この試案により大化改新詔の郡司に関する条文について従来と少し異なる解釈が可能となる。

大化改新詔第二条のなかで「其郡司、並取㆘国造性識清廉、堪㆓時務㆒者㆖、為㆓大領・少領㆒、強幹聡敏工㆓書算㆒者、為㆓主政・主帳㆒」とあり、傍線部は養老選叙令郡司条と同文である。大領・少領などの語が大宝令による文飾であることは明らかだが、「並取国造」の部分は、養老令の「才用同者、先取国造」と違い、国造であることが郡領（評督・助督）任用の必要条件となっていて、大宝令文の転載ではない。かつては飛鳥浄御原令や近江令の転載とする説もあったが、評から郡への変化が大宝令からであったことが確実となったので、現在では否定されている。しかし、この差違がある理由は必ずしも明らかにされていない。

この違いがあることが、改新詔のこの部分には原詔があったと考える説の根拠の一つとなっている。すなわち、「並びに国造を取れ」の国造はいわゆる旧国造で、評制施行によって従来の国造が廃止され評造に編成されたと解釈し、旧国造だけですべての評造を満たすことはできないので、ここでの国造は東国国司詔にみえる「国造・伴造・県稲置」を国造をもって代表させたと読むことで、東国国司詔と改新詔とを整合的に解釈する説である。しかし、前節まで論じてきたように、いわゆる旧国造は廃止されてはおらず、大宝令以後まで存続したと考えられる。また、旧国造を廃止して評造とするという条項であるとすると、国造から評造への変更を命じた一時的な命令となるが、選叙令の規定は郡司の任用方法に関する恒常的な規定であり、規定としての性格が異なることになる。改新詔のなかの凡条は、大宝令の転載であるかどうかはともかく、いずれも恒常的な制度の条項であり、この条項のみを一時的なものとするのは不自然である。

評制下においても、評造の子弟が舎人（天武八年〈六七九〉に兵衛の表記があるが、兵衛の成立時期が不詳なので舎人で代表させておく）となっていた。国造兵衛と同様に、この舎人が国造と呼ばれたと考えれば、改新詔の「並びに国造を取れ」はその舎人であることを評造任用の必要条件としたものと解釈できる。評造は評督と助督の二人からなるが、「並びに」とあるので評督・助督のいずれも舎人からの任用となるので、評督・助督どちらも子弟を舎人に貢進していたことになり、大宝令で郡ごとに一人の兵衛貢進とは違いがある。大化元年（六四五）の東国国司詔では、中央政府が掌握していない県稲置からも評造の候補者が送られたが、この時点で二人の評造それぞれに子弟の舎人貢進を義務づけたかどうかは疑問である。むしろ天武五年四月に外国人の出身について、臣・連・伴造・国造の子を聴すとしており、その時期の方がふさわしいと思われる。(23) そしてそれ以降の評造は、舎人として中央政府の掌握下にある人から任用するシステムを採用したと考えられる。

このように考えると、「並びに国造を取れ」は、最初に任命される評造には不可能であり、大化二年（六四六）正月の詔とすることはできない。大化から大宝までの間のどこかの段階で定められたシステムとみるべきである。それが大化改新詔の一部分に含まれているのは、『日本書紀』編纂の過程で、後の法令を大化二年正月の詔のなかに組み入れ、さらに大宝令の知識によって文飾を加えたものであったと考えなければならない。改新詔のこの条項は、少なくとも二段階の文飾が加えられていると考えるべきである。

評制下では、評造は舎人となった者から任用されたが、大宝令では兵衛貢進は郡別一人となり、兵衛経験は郡領任用の必要条件ではなくなった。中央出仕の経験を経ずに、地方に在住したままで郡領に任じられることが可能となったのである。この変更が行われた理由としては、一つには、評督・助督の両方の子弟を舎人としたことで地方出身の中央下級官人が多くなりすぎたことがあり、また律令制度の整備により評造にも行政能力が求められることになったが、舎人となった評造子弟のなかに地方行政官としての能力が不足する人があり、逆に在地に居住する人のなかに評造となり得る能力を持つ人があったことなどが考えられる。それに加えて、国司制度の定着によって、国司が在地の人を能力で選抜することがある程度できるようになったことも、その背景に考えられる。

ただし中央政府からすれば、官人経験のない候補者を国司の判断だけで郡領に任用するのは難しい。大宝・養老令制下で郡領の任用にあたり式部試練が行われ、それが他の官人にはない郡領の特色の一つとされている[24]。歴史的経緯からみると、郡司候補者を上京させて試練するのは、舎人として官人経験を積ませて能力をみることの代替措置とすることができる。大宝・養老令制下では、兵衛から郡領となる場合を除けば、郡領が上京する必要があるのは、制度上では任用時の郡司試練のための一回だけである。国司制度の整備によって、中央政府と郡司のつながりが国司を介した間接的なものになったのである。それは国司制度を通じた中央集権の強化であったが、地方で支配力を持つ郡司層の首長を統制するのは中央政府ではなく国司となっていき、中央と地方との乖離を強めることにもなったのである。

おわりに

六世紀に各地で地域を統治した首長のなかには国造の支配下にあり、ヤマト政権とは必ずしも直結していない者があった。七世紀後半の評制は、在地首長層を評造として官人に組織して中央政府の統制下に置くとともに、国造と国司を通じてその統制を行った。国司が整備されるのにともない、郡司となった在地首長層は、国司の強い統制下に置かれ、再び中央政府との関係は間接的なものとなったのである。在地首長と中央政府の間にいるのが、地方勢力である国造から中央官人である国司に変わったことが、律令制成立による大きな変化であったのである。

以上、国造について、ヤマト政権への奉仕という側面から、その変化を考えてきた。国造は地方の統治者であり、在地社会との関わりが追究すべき課題であることはもちろんである。しかし、七世紀以前の国造に関する史料は、ほとんどが『日本書紀』であり、そこから窺えるのはヤマト政権（中央政府）からみた国造である。国造のあり方の変化から在地社会の構造を考えるためには、その前提としてヤマト政権と国造の関係のあり方を踏まえる必要がある。本稿は、そのための作業である。論拠が乏しいまま推測を重ねた部分が多く、また国造に関する膨大な先行研究のなかで見落としも多いかと恐れている。大方のご批正をお願いしたい。

注

（1）国造については、篠川賢・大川原竜一・鈴木正信編著『国造制の研究―史料編・論考編―』（八木書店、二〇一三年）に近年までの研究の到達点が示されている。

（2）研究史を詳述する余裕はないが、国司については、渡部育子『律令国司制の成立』（同成社、二〇一五年）、郡司については、森公章『古代郡司制度の研究』（吉川弘文館、二〇〇〇年）、須原祥二『古代地方制度形成過程の研究』（吉川弘文館、二〇一一年）を近年の代表的な研究としてあげておく。

（3）律令制下の国造を「旧国造」と切り離して一国一員の神祇祭祀を担当する職とする代表的な研究が、新野直吉『謎の国造―知られざる律令国造―』（学生社、一九七五年）。両者の連続性を重視する代表的な研究は、森公章「律令制下の国造に関する初歩的考察」（前掲注（2））。

（4）中村順昭「国司制と国府の成立」（『古代文化』六三―四、二〇一二年）。また同『地方官人たちの古代史』（吉川弘文館、二〇一四年）において郡司制度の成立過程についての私見を略述している。

（5）鎌田元一「評の成立と国造」（『律令公民制の研究』塙書房、二〇〇一年）。

（6）早川庄八「選任令・選叙令と郡領の「試練」」（『日本古代官僚制の研究』岩波書店、一九八六年）。

（7）森公章「国造制と屯倉制」（『岩波講座日本歴史　第二巻』岩波書店、二〇一四年）。

（8）新家連と儀連の二人が度会評の初代官人となっているように、新家屯倉はそのまま評となったわけでなく、二人の県稲置を組み合わせて評が設けられたことも重要である。

（9）推測を加えれば、評の官人の地方行政官としての側面による呼称が督・督領・助督で、ヤマト政権への奉仕者の側面による呼称が評造であったかと思われる。七世紀後半には、「柵造」（『日本書紀』斉明四年七月甲申条）、「五十戸造」（石神遺跡出土木簡など）の「造」がみられ、伴造・国造が拡大された時期であった。大宝二年御野国戸籍などにみえる県造の氏姓もこの時期に生まれたと考えられる。なお五十戸造は、私見では律令制下の里長と異なり中央政府に直接に奉仕する立場であったと考える（『地方官人たちの古代史』前掲注（4）一三五～一三九頁）。

（10）国司と国造が併存し、国司の国と国造の国が異なる場合があったことが、その上に総領が置かれた背景にあったと思われる。

（11）中村順昭「国司制と国府の成立」（前掲注（4））。

（12）篠川賢「律令制下の国造」（『日本古代国造制の研究』吉川弘文館、一九九六年）は、律令制下の国造田が「旧国造」を単位に設定されていたことを指摘している。

（13）律令の中に国造が存続して、祭祀を担っていたことは、日本の律令官制で神祇官が太政官と並ぶ位置づけを持ったこととも関連すると思われるが、この点は後考に委ねたい。

（14）篠川賢「律令制下の国造」（前掲注（12））。

（15）新野直吉『謎の国造』（前掲注（3））など。

（16）磐下徹「延暦十七年三月丙申詔試解」（『日本古代の郡司と天皇』吉川弘文館、二〇一六年）。

（17）今泉隆雄「八世紀郡領の任用と出自」（『史学雑誌』八一―一二、一九七二年）。

（18）笹山晴生「兵衛と畿内の武力」（『平安初期の王権と文化』吉川弘文館、二〇一六年）は、国造兵衛を一国一員の国造の兵衛兼任としながら、郡領子弟の兵衛貢進が実際には国造の子弟を主な対象としていたとして、国造兵衛の停止が郡司子弟の兵衛貢進を停止したものとされた。また磐下徹「延暦十七年三月丙申詔試解」（前掲注（16））は、兵衛の譜第之選の停止であるから郡領子弟の兵衛貢進の停止であったとされた。これらは国造兵衛の停止が郡領子弟の兵衛貢進停止であったとする点では賛同できるが、その論拠が私見とは異なっている。

（19）野村忠夫「官人の定義と官人制構造の基本構成」（『官人制論』雄山閣出版、一九七五年）。

(20)　日本思想大系『律令』（岩波書店、一九七六年）賦役令の補注9ｂ参照。
(21)　岸俊男「防人考」（『日本古代政治史研究』塙書房、一九六六年）。
(22)　笹山晴生「兵衛と畿内の武力」（前掲注(18)）。
(23)　東国国司詔で国司が上京する時に従わせることを認められた「国造・郡領」の国造は、評造候補者だけでなく、中央出仕する舎人の国造とも考えられるが、それは旧来の国造が中央に出仕したことの継続であり、この段階ですべての評造候補者の子弟まで舎人としたとは考えにくい。
(24)　早川庄八「選任令・選叙令と郡領の「試練」」（前掲注(6)）。

執筆者紹介（生年／現職）―執筆順

北　啓太（きた　けいた）　一九五三年／京都橘大学非常勤講師
森　公章（もり　きみゆき）　一九五八年／東洋大学文学部教授
大平　聡（おおひら　さとし）　一九五五年／宮城学院女子大学学芸学部教授
山口英男（やまぐち　ひでお）　一九五八年／東京大学史料編纂所教授
杉本一樹（すぎもと　かずき）　一九五七年／宮内庁正倉院事務所宝物調査員
小倉慈司（おぐら　しげじ）　一九六七年／国立歴史民俗博物館准教授
新井重行（あらい　しげゆき）　一九七三年／宮内庁書陵部編修課主任研究官
渡辺晃宏（わたなべ　あきひろ）　一九六〇年／奈良文化財研究所都城発掘調査部史料研究室長
坂上康俊（さかうえ　やすとし）　一九五五年／九州大学大学院人文科学研究院教授
磐下　徹（いわした　とおる）　一九八〇年／大阪市立大学文学研究院准教授
大高広和（おおたか　ひろかず）　一九八二年／福岡県世界遺産登録推進室主任技師
北村優季（きたむら　まさき）　一九五六年／青山学院大学文学部教授
山下信一郎（やました　しんいちろう）　一九六六年／文化庁文化財部記念物課文化財調査官（史跡部門）
馬場　基（ばば　はじめ）　一九七二年／奈良文化財研究所都城発掘調査部主任研究員
榎本淳一（えのもと　じゅんいち）　一九五八年／大正大学文学部教授
浅野啓介（あさの　けいすけ）　一九七五年／文化庁文化財部記念物課文化財調査官（史跡部門）
小倉真紀子（おぐら　まきこ）　一九七四年／北海道大学大学院文学研究科准教授
飯田剛彦（いいだ　たけひこ）　一九六八年／宮内庁正倉院事務所保存課長
宮川麻紀（みやかわ　まき）　一九八三年／帝京大学文学部講師
北村安裕（きたむら　やすひろ）　一九七九年／岐阜聖徳学園大学教育学部専任講師
中村順昭（なかむら　よりあき）　一九五三年／日本大学文理学部教授

編者略歴

一九五二年、東京都生まれ

一九七八年、東京大学大学院人文科学研究科博士課程中退

現在、東京大学大学院人文社会系研究科教授

〔主要著書〕

『日本古代の宮都と木簡』(吉川弘文館、一九九七年)、『古代の遺跡と文字資料』(名著刊行会、一九九九年)、『出土史料の古代史』(東京大学出版会、二〇〇二年)、『上宮聖徳法王帝説―注釈と研究―』(共著、吉川弘文館、二〇〇五年)、『古代の地方官衙と社会』(山川出版社、二〇〇七年)

史料・史跡と古代社会

二〇一八年(平成三十)三月十日　第一刷発行

編　者　佐《さ》藤《とう》信《まこと》

発行者　吉川道郎

発行所　株式会社　吉川弘文館

郵便番号一一三―〇〇三三

東京都文京区本郷七丁目二番八号

電話〇三―三八一三―九一五一(代)

振替口座〇〇一〇〇―五―二四四番

http://www.yoshikawa-k.co.jp/

印刷＝株式会社 精興社

製本＝誠製本株式会社

ISBN978-4-642-04645-9